Wörterbuch
Rechnungslegung und Steuern

Accounting and Tax
Dictionary

Wörterbuch Rechnungslegung und Steuern

einschließlich wichtiger
Rechts- und Finanzterminologie

Deutsch / Englisch
Englisch / Deutsch

Accounting and Tax Dictionary

including related legal and
finance terms

German/English
English/German

Verfasser/Author

StB/CPA Dipl.-Kfm. Uwe Woywode

Herausgegeben von / Edited by

PricewaterhouseCoopers GmbH
Frankfurt am Main 2000

PRICEWATERHOUSECOOPERS

Die Deutsche Bibliothek - CIP-Einheitsaufnahme

Woywode, Uwe:
Wörterbuch Rechnungslegung und Steuern : einschließlich wichtiger Rechts- und Finanzterminologie ; Deutsch-Englisch, Englisch-Deutsch = Accounting and tax dictionary / Verf.: Uwe Woywode. Hrsg. von PricewaterhouseCoopers GmbH. - Willingshausen : e-Lex, 2000
ISBN 3-934284-01-9

Herausgeber:	PricewaterhouseCoopers GmbH, Frankfurt am Main www.pwcglobal.com/de
Gesamtherstellung:	Druckerei Parzeller, Fulda www.parzeller.de
Umschlaggestaltung:	Elke Galenski, PwC Frankfurt
© 2000:	Uwe Woywode, Frankfurt/Main
Verlag:	e-Lex GmbH Raiffeisenstr. 4 34628 Willingshausen Fax 06691-928490 e-mail elexverlag@aol.com

ISBN 3-934284-01-9

Vorwort

Wir leben in einer Zeit, in der räumliche Entfernungen immer leichter zu überwinden sind und moderne Telekommunikations- und Logistiksysteme globale Unternehmensaktivitäten auf breiter Front erleichtern. Internationale Unternehmenszusammenschlüsse und Allianzen sind fast an der Tagesordnung, deutsche Unternehmen lassen sich an Auslandsbörsen notieren und bilanzieren nach IAS oder US-GAAP-Vorgaben, und auch mittelständische Unternehmen sehen sich im Wettbewerbsdruck mit der Herausforderung konfrontiert, ein grenzüberschreitendes Engagement einzugehen. Hierfür ist ein ständiger Austausch von fachlichen Informationen über Ländergrenzen hinweg erforderlich, der sich fast selbstverständlich in englischer Sprache vollzieht.

Wie alle Fachgebiete sind auch die Bereiche Rechnungslegung und Steuern von einer Vielzahl von Fachtermini gekennzeichnet, die kaum Eingang in allgemeine Wörterbücher finden. So ist es Zielsetzung der vorliegenden PricewaterhouseCoopers-Publikation, dem Nutzer die tägliche Kommunikation speziell über steuerliche Fragen sowie Themen der Rechnungslegung zu erleichtern. Zur Abrundung enthält das Wörterbuch auch wichtige Begriffe aus dem Wirtschaftsrecht und der Finanzwirtschaft, die einen praktischen Bezug zu den vorgenannten Gebieten aufweisen.

Wir danken unserem Mitarbeiter Herrn Uwe Woywode, der das Wörterbuch "Rechnungslegung und Steuern" verfaßt und mit viel Einsatz über 42.000 Einträge für die vorliegende Vokabelsammlung zusammengetragen hat. Um dieses Buch in der täglichen Berufspraxis noch wertvoller zu machen, hat Herr Woywode bei seiner fachsprachlichen Wörtersammlung auch auf bestehende Unterschiede zwischen britischem und US-amerikanischem Vokabular hingewiesen.

Anregungen zur Ergänzung und Verbesserung des Wörterbuchs sind jederzeit willkommen. Der Herausgeber hofft, daß es Ihnen als Nutzer bei der berufstypischen Kommunikation und Korrespondenz behilflich ist.

Der Herausgeber
Dezember 1999

Preface

In these days of wide-spread global activities supported by modern telecommunications and logistics systems, distances are fast losing their meaning. International mergers and alliances can almost be said to be the order of the day, many German companies are quoted on foreign stock exchanges and prepare their financial statements in accordance with IAS or US GAAP, but also smaller businesses increasingly have to rise to the challenge of expanding abroad in order to withstand competitive pressures at home. All this requires a constant exchange of technical information across country borders, for which English has long since become the generally accepted medium.

As in other fields, accounting and tax professionals regularly use a multitude of terms often not adequately explained - or even found - in most general dictionaries. Our PricewaterhouseCoopers publication seeks to fill the gap with a dual-language dictionary of those accounting and tax technical terms most frequently used by specialists in their daily correspondence. This work extends into related legal and financial fields to the extent relevant for accountants and tax specialists.

Our thanks go to our staff member, Uwe Woywode, for his initiative in conceiving this dictionary and for his energy in collecting over 42,000 entries. The value of this work for daily business is enhanced by Mr. Woywode's references to the more important distinctions between US American and British usage of business English.

We welcome any and all suggestions and corrections for future editions of this dictionary. As the publisher, we hope that it will help the reader with his or her daily professional correspondence and communications.

The Publisher
December 1999

Benutzungshinweise

US-amerikanischer/britischer Sprachgebrauch

Manche Übersetzungsalternativen eines Eintrages berücksichtigen einen unterschiedlichen Sprachgebrauch in den USA (gekennzeichnet durch "AE") und Großbritannien (gekennzeichnet durch "BE"). Diese Kennzeichnung sollte nicht überbewertet werden. Oft ist der jeweilige US-amerikanische Begriff auch im britischen geläufig und umgekehrt: Die Kennzeichnung gibt in diesen Fällen mehr eine Tendenz in der Häufigkeit des Sprachgebrauchs an. Aber auch wenn ein Begriff im jeweils anderen Land gewöhnlich keine Verwendung findet, so ist er dort dennoch inhaltlich oft bekannt (insbesondere in den entsprechenden Fachkreisen). Teilweise hat die Kennzeichnung auch nur mit einer unterschiedlichen Schreibweise zu tun und es ist hier eine Frage des guten Stils in Schreiben eine einheitliche Linie durchzuhalten.

Abkürzungen

Es gibt kein gesondertes Abkürzungsverzeichnis. Die Abkürzungen sind in alphabetischer Ordnung im Vokabelteil enthalten.

Verwendung von Bindestrichen im Englischen

Die Verwendung von Bindestrichen bei zusammengesetzten Substantiven etc. ist ein undurchsichtiges Gebiet. Häufig finden sich in der US-amerikanischen und britischen Literatur Varianten mit und ohne Bindestrich und hier zusammengeschrieben oder nicht. Der Tendenz entspricht es, eher Bindestriche wegzulassen oder Wörter zusammenzuschreiben. Die Eintragungen im Buch sind uneinheitlich je nach (mehr oder weniger zufälligem) Nachweis in der Fachliteratur und geben keinesfalls eine alleingültige Schreibweise vor.

Notes for the User

American English versus British English

Some translations included in this book for one entry take into consideration the usage in the United States (noted with "AE") and Great Britain (noted with "BE"). These assignments should not be overvalued. The respective American term is often used in Great Britain as well and vice versa. However, even if one term is not used in the other country, the word is probably known (especially in professional circles). Sometimes the differences are due to the spelling of the word and here it is just a question of using a proper style of writing to maintain consistency.

Abbreviations

A table of abbreviations has not been included in this book. All abbreviations can be found alphabetically in the vocabulary section.

Use of Hyphens in English

Use of hyphens is a gray area which is not clearly defined when joining together nouns and other words. Examples can be found in American and British literature whereby hyphens are used in one case but not in the other. The trend is not to use hyphens or to write two words as one. The entries in this book use hyphens inconsistently, depending on the literature source in which the words in question were found. One single rule is not prescribed.

Deutsch – Englisch
German – English

183-Tage-Klausel 183-day-rule
4. EG-Richtlinie 4th EC Directive
7. EG-Richtlinie 7th EC Directive

A

abändern amend
Abänderung amendment {of/to}
Abbau *(Naturvorkommen)* depletion
Abbaurecht mineral right
– mining right
abberufen discharge
– dismiss
– remove from office
Abberufung discharge
– dismissal
– removal from office
– revocation of an appointment
abbezahlen pay off
abbezahlen: Schuld abbezahlen pay off debt
abbrechen: diplomatische Beziehungen abbrechen suspend diplomatic relations
Abbruch *(Abriß)* demolition
Abbruchkosten cost of demolition
– demolition cost
– demolition costs
– removal costs
Abbuchung im Lastschriftverfahren direct debit
Abfallgesetz Waste Removal Act
Abfertigung: Aufwendungen für Abfertigungen und Pensionen *OE* expenses for severance payments and pensions
Abfertigung: Rückstellung für Abfertigungen *OE* accrual for severance payments
– *OE* provision for severance payments
Abfertigung: Zollabfertigung customs clearance
Abfindung *(Entschädigung)* indemnification
– *(Entschädigung)* indemnity
– *(Entlassung)* lay-off pay
– *(Entlassung)* redundancy pay
– *(Entlassung)* severance pay
Abfindung bei Entlassung severance pay
Abfindungsangebot freeze-out offer
Abfindungssumme indemnity
Abfluß *(Finanzmittel)* outflow *(funds)*
Abgabe charge
– duty
– levy
– tax
Abgabe: Fristverlängerung für die Abgabe der Steuererklärung extension of time for filing the tax return
Abgabe: Nebenabgabe accessory charge
– accessory duty
Abgabe: soziale Abgaben social contributions
– social security contributions
– social security taxes
Abgabe: Steuern und Abgaben taxes and other fiscal charges
Abgabe: Termin für die Abgabe der Steuererklärung filing date for the tax return
– tax return filing date
Abgabe: Zeitpunkt für die Abgabe der Steuererklärung filing date for the tax return
– tax return filing date
Abgabe auf bestimmte Privilegien excise duty
Abgabe der Steuererklärung filing of tax return
Abgabe eines Angebotes making of an offer
Abgabefrist *(Termin)* filing date
– *(Termin)* filing deadline
– *(Zeitraum)* filing period
Abgaben dues
– duties
Abgaben: soziale Abgaben und Aufwendungen für Altersversorgung und für Unterstützung social security, pension and other benefits
Abgaben: vom Entgelt abhängige Abgaben payroll-related taxes
Abgabenerhebung collection of duties
– collection of taxes

abgabenfrei duty-free
Abgabenfreiheit exemption from duties
– exemption from taxes
Abgabenordnung *AO* General Fiscal Code
abgabenpflichtig liable to pay duties
– liable to pay taxes
– subject to payment of duties
– subject to payment of taxes
Abgabenpflichtiger taxpayer
Abgabenschuldner person liable to duties or taxes
Abgabetermin filing date
Abgabetermin für die Steuererklärung due date of tax return
Abgabezeitpunkt filing date
Abgang von Gegenständen des Anlagevermögens disposal of fixed assets
Abgänge asset retirements
– disposals
– retirements
abgeben: Angebot abgeben make an offer
abgeben: Steuererklärung abgeben file a tax return
abgeben: Willenserklärung abgeben express one's intention
– make a declaration of intent
abgeben {bei} file {with}
– submit {to}
abgebend transferring
abgegrenzt accrued
abgegrenzt: antizipativ abgegrenzt accrued
abgegrenzt: transitorisch abgegrenzt deferred
abgekürzte Außenprüfung summary examination
– summary tax audit
abgelaufen lapsed
abgelaufenes Geschäftsjahr past accounting year
Abgeld disagio
– discount
Abgeld: Ausgabeabgeld original issue discount *OID*
Abgeld: Emissionsabgeld original issue discount *OID*
abgeleitet derivative
abgelöst {von} superseded {by}
Abgeordneter delegate
– Member of Parliament
abgerechnete Leistungen invoiced sales
abgeschlossen am made as of
abgeschrieben depreciated
– *(voll)* written off
abgeschrieben: sofort abgeschrieben expensed as incurred
abgestufte Steuersätze graduated tax rates
abgetretene Forderung: Schuldner einer abgetretenen Forderung debtor under an assigned claim
Abgleich reconciliation
Abgleichprüfung cross validation
Abgleichung matching
abgrenzen accrue
– *(transitorisch)* defer
Abgrenzung *(antizipativ)* accrual
– *(transitorisch)* deferral
– delimitation
– matching
– *(Aufwands- und Ertragsabgrenzung)* matching of deduction and income
– segregation
Abgrenzung: aktive Rechnungsabgrenzung *(Aufwandsabgrenzung/ mit Ausweis als Anlagevermögensgegenstand = Nutzungsdauer über 1 Jahr) AE* deferred charges *(e.g., start-up costs, plant rearrangement costs, reinstallation costs, deferred income tax charges)*
– *(Aufwandsabgrenzung)* deferred expenses
– *(Aufwandsabgrenzung/mit Ausweis als Umlaufvermögensgegenstand = Nutzungsdauer bis 1 Jahr) AE* prepaid expenses
– *(Aufwandsabgrenzung/siehe Klammererläuterungen unter 'prepaid expenses' und 'deferred charges') AE* prepaid expenses and deferred charges
Abgrenzung: Aufwandsabgrenzung interperiod expense allocation

Abgrenzung: Ertragsabgrenzung interperiod income allocation
Abgrenzung: Grundsatz der Periodenabgrenzung matching principle
– matching-of-revenue-and-cost principle
Abgrenzung: Jahresabgrenzungen year-end accruals and deferrals
Abgrenzung: latente Steuerabgrenzung deferred taxation
– interperiod tax allocation
Abgrenzung: passive Rechnungsabgrenzung *(Ertragsabgrenzung)* deferred income
Abgrenzung: Periodenabgrenzung matching of expenses and income
– matching of revenue and expense
Abgrenzung: periodengerechte Abgrenzung accrual method
Abgrenzung: Prinzip der Periodenabgrenzung accrual basis principle of accounting
Abgrenzung: Rechnungsabgrenzungen *(transitorisch: deferrals/antizipativ: accruals)* accruals and deferrals
Abgrenzung: transitorische Rechnungsabgrenzung deferral
Abgrenzung: transitorischer Rechnungsabgrenzungsposten deferred item
Abgrenzung latenter Steuern deferred taxation
– interperiod tax allocation
Abgrenzungen *(transitorisch: deferrals/antizipativ: accruals)* accruals and deferrals
Abgrenzungsposten *(antizipativ/in Deutschland Ausweis unter 'sonstige Vermögensgegenstände' oder 'sonstige Verbindlichkeiten' bzw. 'sonstige Rückstellungen')* accrued item
– *(transitorisch)* deferred item
– *(transitorisch)* prepaid item
Abgrenzungsposten: aktiver Rechnungsabgrenzungsposten *(Aufwandsabgrenzung)* deferred expenses *(balance sheet item)*
Abgrenzungsposten: passiver Rechnungsabgrenzungsposten *(Ertragsabgrenzung)* deferred income *(balance sheet item)*
Abgrenzungsposten: Rechnungsabgrenzungsposten *(transitorisch)* deferred item
– *(transitorisch)* prepaid and deferred items
– *(transitorisch)* prepaid item
Abgrenzungsposten: transitorischer Abgrenzungsposten deferred item
abhaken check off
– tick off
abhalten hold
abhängig {von} dependent {on}
– subject {to}
abhängige Beschäftigung dependent employment
Abhängigkeitsbericht controlled company report
– controlled company report on relations with associated companies
– dependence report
– dependent company report
Abhängigkeitsprüfung dependence audit
abheben withdraw
abheben: von einem Konto abheben draw money from an account
– withdraw money from an account
Abhebung withdrawal
Abhebung: Barabhebung cash withdrawal
Abhilfe relief
– remedy
Abhilfeverfahren remedial procedure
– remedial proceedings
Abkommen accord
– agreement
– convention
– double tax convention
– double tax treaty
– tax treaty
– treaty
Abkommen: sich auf die Bestimmungen des Abkommens berufen invoke the provisions of the treaty
Abkommen schließen conclude an agreement
Abkommensanwendung treaty application

Abkommensberechtigung treaty entitlement
Abkommensbestimmung für den Wechsel von der Freistellungs- zur Anrechnungsmethode switch-over clause
Abkommensfortentwicklung treaty development
Abkommenskonflikt treaty conflict
Abkommensmißbrauch treaty abuse
Abkommenspraxis treaty practice
Abkommensschutz treaty protection
Abkommensverdrängung treaty override
Abkommensvergünstigung treaty relief
Abkommensvergünstigung: Einschränkung von Abkommensvergünstigungen limitation on benefits *(tax treaty)*
Abkommensvergünstigungen treaty benefits
Abkommensverpflichtung: Verletzung einer Abkommensverpflichtung treaty override
Abkommensvorteil treaty relief
Abkommensvorteile treaty benefits
Abkömmling descendent
Ablauf expiry
– termination
Ablauf: mit Ablauf {des} upon expiration {of}
Ablaufdatum expiration date
– expiry date
ablaufen elapse
– expire
– lapse
Ablaufhemmung suspension of expiry of a time limit
ablegen: Rechenschaft ablegen {über} account for
ablehnen decline
– refuse
– reject
– turn down
ablehnen: Angebot ablehnen decline an offer
– refuse an offer
– reject an offer
ablehnen: Antrag ablehnen *(Gericht)* dismiss a motion
ablehnen: Gesetz ablehnen reject a bill
Ablehnung denial
– objection {to}
– refusal
– rejection
Ablehnung eines Angebots refusal of an offer
– rejection of an offer
Ablehnung eines Richters objection to a judge
Ablehnungsantrag stellen file a challenging motion
Ablehnungsgrund grounds for objection
ableiten infer
Ablösungsrecht right of redemption
abmachen stipulate
Abmachung stipulation
Abnahme acceptance
Abnahme des Werkes acceptance of the work
Abnahmezeugnis acceptance certificate
abnehmen accept
abnehmend decreasing
Abnehmer customer
Abnehmer: Endabnehmer ultimate consumer
abnutzbar subject to depreciation
– subject to wear and tear
abnutzbarer Vermögensgegenstand limited-life asset
abnutzbares Wirtschaftsgut limited-life asset
Abnutzung wear and tear
Abnutzung: substantielle Abnutzung physical wear and tear
Abordnung delegation
abrechenbare Leistungen: nocht nicht abrechenbare Leistungen services not yet invoiced
Abrechnung detailed statement
Abrechnung: interne Abrechnung internal billing
Abrechnungsbeleg voucher
Abrechnungsbereich accounting unit
Abrechnungsbogen: Betriebs-

abrechnungsbogen *BAB* overhead allocation sheet
Abrechnungseinheit accounting unit
Abrechnungskonto settlement account
Abrechnungsperiode accounting period
Abrechnungsstelle *AE* accounting center
- *BE* accounting centre
- accounting unit
Abrechnungsstelle: zentrale Abrechnungsstelle central accounting unit
Abrechnungssystem: monatliches Abrechnungsystem monthly accounting system
Abrechnungstermin settlement date
Abrechnungszeitraum accounting period
- settlement period
Abrede agreement
abredegemäß as agreed {upon}
Abriß *(Abbruch)* demolition
abrunden round off
Abrundung rounding off
Absatz paragraph
- subsection
Absatzweg distribution channel
- sales chain
Absatzwert: Nettoabsatzwert net sales value
Absaugung: Gewinnabsaugung earnings stripping
- profit erosion
- stripping of earnings
- stripping of profits
Absaugung von Erträgen earnings stripping
abschaffen abolish
Abschichtungsbilanz balance sheet of a partnership prepared upon a partner's departure
abschirmen protect
- shelter
Abschlag *(Bewertung)* allowance
Abschlagsdividende interim dividend
Abschlagszahlung *AE* installment payment
- instalment payment
- *BE* payment on account
abschließen conclude
- enter into
- make
- sign
abschließen: Bücher abschließen close the books
abschließen: Konto abschließen balance an account
- *(Buchführung)* close an account
- close out an account
abschließen: mit Verlust abschließen close at a loss
- report a loss
abschließen: Vertrag abschließen conclude a contract
- enter into a contract
- make a contract
- sign a contract
abschließend conclusive
- enumerativ
- *(Aufzählung)* exhaustive
abschließend: nicht abschließend non-exhaustive
abschließende Aufzählung exhaustive enumeration
Abschluß *(Jahresabschluß) BE* accounts
- closure
- *(Jahresabschluß)* financial statements
Abschluß: Aufstellung des Jahresabschlusses *BE* drawing up of annual accounts
- preparation of annual financial statements
Abschluß: Feststellung des Jahresabschlusses adoption of financial statements
Abschluß: handelsrechtlicher Jahresabschluß financial statements
Abschluß: Jahresabschlußprüfung financial statement audit
Abschluß: konsolidierter Abschluß *BE* consolidated accounts
- consolidated financial statements
- *BE* group accounts
Abschluß: konsolidierter Jahresabschluß consolidated annual accounts

Abschluß: nicht testierter Abschluß *BE* unaudited accounts
– unaudited financial statements
Abschluß: testierter Abschluß *BE* audited accounts
– audited financial statements
Abschluß: veröffentlichter Abschluß *BE* disclosed accounts
– disclosed financial statements
– *BE* published accounts
– published financial statements
Abschluß: vorläufiger Abschluß preliminary financial statements
Abschluß machen draw up financial statements
– prepare financial statements
– *BE* prepare the accounts
– prepare the financial statements
Abschlußanalyse financial statement analysis
Abschlußanalyse: Jahresabschlußanalyse financial statement analysis
Abschlußarbeiten closing procedures
– closing work
– year-end procedures
Abschlußbuchung closing entry
Abschlußbuchung: Jahresabschlußbuchungen year-end closing entries
Abschlußkonto closing account
Abschlußkosten audit fees
Abschlußprüfer auditor
– statutory auditor
Abschlußprüfung annual audit
– audit
– *BE* audit of accounts
– audit of financial statements
– financial audit
– financial statement audit
– statutory audit
Abschlußprüfung: Grundsätze ordnungsmäßiger Abschlußprüfung generally accepted auditing standards
Abschlußprüfung: Jahresabschlußprüfung *BE* audit of annual accounts
– audit of annual financial statements
Abschlußprüfung: Konzernabschlußprüfung group audit
Abschlußsaldo closing balance
Abschlußstichtag balance sheet date
– closing date
– cutoff date
– date of the financial statements
Abschlußzahlung final payment
Abschnitt section
Abschöpfung levy
abschreibbar *(immaterielle Vermögensgegenstände)* amortizable
– depreciable
abschreiben *(immaterielle Vermögensgegenstände)* amortize
– depreciate
abschreiben: sofort abschreiben expense as incurred
Abschreibung allowance for depreciation
– *(immaterieller Wirtschaftsgüter)* amortization
– *BE* capital allowance
– *(planmäßig)* depreciation
– depreciation allowance
– *(außerplanmäßig, teilweise)* write-down
– *(außerplanmäßig, vollständig)* write-off
Abschreibung: akkumulierte Abschreibung accumulated depreciation
Abschreibung: arithmetisch-degressive Abschreibung sum-of-the-years-digit method of depreciation
Abschreibung: aufgelaufene Abschreibungen accumulated depreciation
Abschreibung: ausschüttungsbedingte Teilwertabschreibung distribution induced write-down of a shareholding to fair value
– distribution induced write-down of a shareholding to going concern value
Abschreibung: außerordentliche Abschreibung extraordinary depreciation
Abschreibung: außerplanmäßige Abschreibung irregular depreciation
– non-scheduled depreciation
– unplanned depreciation
Abschreibung: beschleunigte Ab-

A

schreibung accelerated depreciation

Abschreibung: bilanzielle Abschreibung book depreciation
- depreciation for financial reporting purposes

Abschreibung: buchhalterische Abschreibung book depreciation

Abschreibung: buchmäßige Abschreibung book depreciation

Abschreibung: degressive Abschreibung declining-balance depreciation
- declining-balance method of depreciation
- reducing-balance depreciation

Abschreibung: erhöhte Abschreibung accelerated depreciation

Abschreibung: geometrisch-degressive Abschreibung declining-balance depreciation
- declining-balance method of depreciation

Abschreibung: handelsrechtliche Abschreibung book depreciation

Abschreibung: indirekte Abschreibung indirect method of depreciation

Abschreibung: individuelle Abschreibung single-asset depreciation

Abschreibung: kalkulatorische Abschreibung imputed depreciation

Abschreibung: kumulierte Abschreibung accumulated depreciation

Abschreibung: leistungsbezogene Abschreibung production-unit-basis method
- unit-of-production method

Abschreibung: lineare Abschreibung linear depreciation
- straight-line depreciation
- straight-line method of depreciation

Abschreibung: nachgeholte Abschreibung backlog depreciation

Abschreibung: nutzungsbedingte Abschreibung wear-and-tear depreciation

Abschreibung: ordentliche Abschreibung ordinary depreciation

Abschreibung: passive Abschreibung indirect method of depreciation

Abschreibung: periodische Abschreibungen periodic depreciation charges

Abschreibung: planmäßige Abschreibung depreciation
- planned depreciation
- regular depreciation
- scheduled depreciation

Abschreibung: progressive Abschreibung progressive depreciation

Abschreibung: steuerliche Abschreibung tax depreciation

Abschreibung: unterlassene Abschreibungen depreciation shortfall

Abschreibung: vorzeitige Abschreibung accelerated depreciation

Abschreibung: zeitanteilige Abschreibung pro-rata-temporis depreciation

Abschreibung auf Basis der Wiederbeschaffungskosten replacement method of depreciation

Abschreibung auf den Geschäfts- oder Firmenwert amortization of goodwill

Abschreibung auf den Geschäftswert amortization of goodwill

Abschreibung aus bilanzpolitischen Gründen policy depreciation

Abschreibung des Geschäfts- oder Firmenwertes amortization of goodwill

Abschreibung für das laufende Jahr depreciation for the year

Abschreibung für Substanzverringerung depletion

Abschreibung geringwertiger Wirtschaftsgüter write-off of low-cost assets

Abschreibung in gleichen Beträgen straight-line depreciation

Abschreibung nach Leistungseinheiten unit-of-production depreciation

Abschreibung nach Maßgabe der

Beanspruchung production-unit-basis method
– service-output method of depreciation
– unit-of-production method of depreciation
Abschreibung vom Wiederbeschaffungspreis replacement method of depreciation
Abschreibung vom Wiederbeschaffungswert replacement method of depreciation
Abschreibung von Naturvorkommen *(Rohstoff-, Mineralvorkommen etc.)* depletion
Abschreibung wegen technischer Veralterung write-down due to technical obsolescense
Abschreibungen auf Anlagevermögen depreciation of fixed assets
Abschreibungen auf Aufwendungen für das Ingangsetzen, Erweitern und Umstellen eines Betriebes amortization of capitalized start-up, business expansion and restructuring expenses
Abschreibungen auf Beteiligungen write-down of investments
Abschreibungen auf Betriebsanlagen depreciation of plant and equipment
Abschreibungen auf Fertigerzeugnisse inventory adjustments - finished goods
Abschreibungen auf Finanzanlagen *BE* amounts written off financial assets
– *BE* amounts written off financial investments
– write-down of financial assets
Abschreibungen auf Finanzanlagen und auf Wertpapiere des Umlaufvermögens *BE* amounts written off financial assets and short-term investments
– write-down of financial assets and short-term investments
Abschreibungen auf Gebäude depreciation of buildings
Abschreibungen auf geringwertige Wirtschaftsgüter write-off of low-cost assets
Abschreibungen auf immaterielle Vermögensgegenstände amortization of intangible assets
Abschreibungen auf immaterielle Wirtschaftsgüter amortization
Abschreibungen auf Roh-, Hilfs- und Betriebsstoffe *AE* inventory adjustments - raw materials and supplies
– *AE* write-down of raw materials and consumables
Abschreibungen auf Sachanlagen depreciation of fixed assets
– fixed asset depreciation
Abschreibungen auf unfertige Erzeugnisse *AE* inventory adjustments - work in process
– write-down on finished goods
Abschreibungen auf Warenbestände *(teilweise)* write-down of inventories
– *(vollständig)* write-off of inventories
Abschreibungen auf Wertpapiere write-down of securities
Abschreibungsarten methods of depreciation
Abschreibungsaufwand depreciation expense
Abschreibungsausgangsbetrag cost to be depreciated
– depreciable cost
– depreciation base
Abschreibungsbasis depreciation base
Abschreibungsbemessungsgrundlage depreciation base
Abschreibungsbetrag amount of depreciation
– *BE* depreciation allowance
– depreciation amount
– *(bei vollständiger Abschreibung)* write-off amount
Abschreibungsdauer depreciation period
– period of depreciation
Abschreibungserleichterung depreciation relief
abschreibungsfähig *(immaterielle*

Vermögensgegenstände) amortizable
– depreciable
Abschreibungsfonds depreciation fund
Abschreibungsgegenstand depreciation item
Abschreibungsgesellschaft tax loss company based on accelerated depreciation schemes
– tax shelter company *(based on accelerated depreciation)*
– tax shelter company based on tax loss allocations due to accelerated depreciation or non-capitalizable expenses
Abschreibungsgrundlage depreciation base
Abschreibungskonto depreciation account
Abschreibungsmethode depreciation method
Abschreibungsmöglichkeiten depreciation alternatives
– depreciation facilities
– depreciation possibilities
Abschreibungsperiode depreciation period
abschreibungspflichtig subject to mandatory depreciation
Abschreibungsplan *AE* depreciation program
– depreciation schedule
Abschreibungspolitik depreciation policy
Abschreibungsprozentsatz depreciation rate
Abschreibungsrechnung depreciation accounting
Abschreibungssatz depreciation rate
– rate of depreciation
Abschreibungssatz: konstanter Abschreibungssatz fixed-rate of depreciation
Abschreibungstabelle depreciation rate table
– depreciation table
Abschreibungsverfahren depreciation method
Abschreibungsverfahren: degressives Abschreibungsverfahren declining-balance method
– declining-balance method of depreciation
Abschreibungsvergünstigungen depreciation privileges
Abschreibungsvolumen depreciation capacity
Abschreibungswagnis depreciation risk
Abschreibungszeitraum depreciation period
– period of depreciation
absenden dispatch
absetzbar deductible
absetzbar: steuerlich absetzbar tax deductible
absetzen deduct
absetzen: steuerlich absetzen deduct for tax purposes
Absetzung: steuerliche Absetzung tax deduction
Absetzung für Abnutzung depreciation
– *AfA* tax depreciation
Absetzung für Substanzverringerung *AfS* depletion
– *AfS* depletion allowance
Absetzungen: erhöhte Absetzungen accelerated tax depreciation
Absetzungen für Abnutzung depreciation
Absicherungsfazilität note issuance facility *NIF*
Absicht intention
Absicht: gesetzlich verfolgte Absicht legislative intention
Absicht des Gesetzgebers legislative intent
Absichtserklärung letter of intent
– statement of intent
absondern separate
Absonderung separate satisfaction
– separation
absonderungsberechtigter Gläubiger secured creditor
Abstammung: eheliche Abstammung legitimate descent
Abstammung: uneheliche Abstammung illegitimate descent

abstimmen reconcile
- reconciliation
abstimmen: Konten abstimmen reconcile accounts
Abstimmliste: Inventurabstimmliste inventory reconciliation list
Abstimmung matching
- reconciliation
- vote
- voting
Abstimmung des Bankkontos reconciliation of bank account
Abstimmung durch Handzeichen voting by show of hands
Abstimmung von Konten reconciliation of accounts
Abstimmungsbogen reconciliation sheet
Abstockung step-down
- step-down in basis
Abtreibung abortion
abtrennen detach
Abtrennung stripping
abtretbar assignable
- transferable
Abtretbarkeit assignability
abtreten assign
- cede
- transfer
abtreten: Forderung abtreten assign a claim
- cede a claim
- transfer a claim
Abtretender assignor
- transferor
Abtretung assignment {of}
- cession
- transfer
Abtretung: Forderungsabtretung assignment of a claim
Abtretung von Gesellschaftsanteilen assignment of shares
Abtretungsempfänger assignee
Abtretungserklärung declaration of assignment
- statement of assignment
Abtretungsurkunde assignment deed
- deed of assignment
Abtretungsvertrag assignment contract
- contract of assignment
abwälzen pass on
Abwälzung passing on
Abwasser sewage
abweichen diverge
abweichen: inhaltlich abweichen diverge in substance
Abweichung divergence
- variance
Abweichungsanalyse variance analysis
abweisen dismiss
abweisendes Urteil adverse judgment
abwenden avert
- avoid
- stave off
abwenden: Konkurs abwenden avoid bankruptcy
abwerfen yield
Abwertung devaluation
- write-down
Abwesenheitsrate absence rate
abwickeln liquidate
- wind up
Abwicklung liquidation
- winding up
Abwicklung des laufenden Geschäfts winding up of current business affairs
- winding up of current business transactions
Abwicklungsbilanz liquidating balance sheet
- winding-up balance sheet
Abzahlung paying off
Abzahlungsgeschäft *BE* hire-purchase transaction
- *AE* installment transaction
- instalment transaction
Abzahlungskauf *BE* hire-purchase
- *AE* installment buy
- instalment buy
Abzahlungskredit *AE* installment credit
- *AE* installment loan
- instalment credit
Abzahlungsverkauf credit sale
- *AE* installment sale
- instalment sale

abziehbar deductible
abziehen: Verluste abziehen deduct losses
abzinsen discount
Abzinsung discounting
Abzinsungsfaktor discount factor
Abzug deduction
Abzug: bar ohne Abzug net cash
Abzug: nach Abzug von net of
Abzug: Summe der Abzüge total deductions
abzüglich net of
Abzugsbescheinigung: Steuerabzugsbescheinigung withholding tax certificate
Abzugsbetrag deduction amount
abzugsfähig deductible
– tax deductible
abzugsfähig: in voller Höhe abzugsfähig fully tax deductible
abzugsfähig: nicht abzugsfähig disallowed
– nondeductible
abzugsfähig: nicht abzugsfähige Betriebsausgaben nondeductible business expenses
abzugsfähig: nicht abzugsfähiger Aufwand nondeductible expense
abzugsfähig: steuerlich abzugsfähig deductible
– tax deductible
abzugsfähig: steuerlich abzugsfähige Beträge tax deductions
abzugsfähig: steuerlich nicht abzugsfähig nondeductible for tax purposes
abzugsfähig: steuerlich voll abzugsfähig fully tax deductible
abzugsfähige Betriebsausgaben deductible business expenses
abzugsfähiger Betrag allowable deduction
Abzugsfähigkeit deductibility
Abzugsfähigkeit: steuerliche Abzugsfähigkeit tax deductibility
Abzugsmethode *(Doppelbesteuerung)* deduction method
Abzugsmöglichkeit: steuerliche Abzugsmöglichkeiten tax deduction opportunities
Abzugsposten allowance
– deduction item
Abzugsposten: steuerlicher Abzugsposten allowable deduction
Abzugsteuer tax at source
– withholding tax
Abzugsverbot deduction disallowance
Abzugsverfahren withholding procedure
– *(USt)* VAT withholding procedure
Abzugsverbot disallowance of deductions
adequat adequate
adequat: nicht adequat inadequate
adoptieren adopt
Adoptiveltern adoptive parents
Adoptivkind adopted child
– adoptive child
AfA Absetzung für Abnutzung *(tax depreciation)*
AfA: degressive AfA declining-balance tax depreciation
AfaA Absetzung für außergewöhnliche Abnutzung
AfA-Nutzungsdauer depreciation period for tax purposes
AfA-Tabellen tax depreciation tables
affecting expenses aufwandswirksam
affecting income ertragswirksam
AfS Absetzung für Substanzverringerung
Agent: Inkasso-Agent collection agent
Agentur agency
Agio premium
– share premium
Agio: Darlehensagio loan premium
Agio: Emissionsagio share premium
Agio: Rückzahlungsagio loan discount
– maturity premium
Agiorücklage share premium account
– share premium reserve
ähnlich similar
ähnliche Erträge similar income
Ähnlichkeit similarity
AIG Auslandsinvestitionsgesetz *(Foreign Investment Act)*

Akkord: Gruppenakkord group piecework
Akkordarbeit piece work
Akkordarbeiter piece worker
Akkordlohn piece wage
Akkreditiv letter of credit *L/C*
Akkreditiv: Dokumentenakkreditiv documentary credit
– documentary letter of credit
Akkreditiv: übertragbares Akkreditiv transferable credit
Akkreditiv eröffnen establish a letter of credit
– open a letter of credit
akkumulierte Abschreibung accumulated depreciation
Akt: Hoheitsakt sovereign act
Akte file
– record
Akten records
Akten: zu den Akten nehmen file
Akteneinsicht file inspection
– inspection of documents
– inspection of files
– inspection of records
Akteneinsicht gewähren allow inspection of files
Aktennotiz memorandum *memo*
– memorandum for file *memo*
Aktenübersendung transfer of file
Aktenvermerk memorandum *memo*
– memorandum for file *memo*
Aktenvorlage presentation of documents
– presentation of files
– production of files
Aktenzeichen file number
– reference number
AktG Aktiengesetz *(Stock Corporation Act)*
Aktie share
– *AE* stock
Aktie: Ausgabe von Berichtigungsaktien *BE* scrip issue
Aktie: eigene Aktien *AE* treasury stock
Aktie: einziehbare Aktien redeemable shares
Aktie: Einziehung von Aktien redemption of shares
Aktie: Emission von Berichtigungsaktien *BE* scrip issue
Aktie: junge Aktie new issue share
– *AE* new issue stock
– new share
– *AE* new stock
Aktie: nennbetragslose Aktie nonpar value share
Aktie: nennwertlose Aktie no par share
– *AE* no par stock
– no-par-value share
– *AE* no-par-value stock
Aktie: stimmberechtigte Aktie voting share
Aktie: stimmrechtslose Aktie non-voting share
– *AE* non-voting stock
Aktie: vinkulierte Aktie registered share with restricted transferability
– tied share
Aktien: Einziehung von Aktien cancellation of shares
Aktien zeichnen subscribe for shares
Aktienausgabe issuance of shares
– *AE* issuance of stock
Aktienbesitz share ownership
– *AE* stock ownership
Aktienbezugsrecht share option
– *AE* stock option
– *AE* stock warrant
Aktienbuch *AE* stock record book
Aktienemission issuance of shares
– *AE* issuance of stock
Aktienemissionskurs issue price of a share
Aktiengattung class of shares
– *AE* class of stock
Aktiengesellschaft *BE* public company limited by shares
– *BE* public limited company *plc*
– *AE* stock corporation
Aktiengesetz *AktG AE* Stock Corporation Act
Aktienkapital *AE* capital stock
– share capital
Aktienkurs share price
Aktienmarkt stockmarket
Aktienoption share option
– *AE* stock option

Aktienoptionsschein equity warrant
- *AE* stock warrant

Aktienpaket block of shares

Aktienschein share certificate
- *AE* stock certificate

Aktiensplit share split
- *AE* stock split

Aktienurkunde share certificate

Aktionär shareholder
- *AE* stockholder

Aktionär: Mehrheitsaktionär majority shareholder

Aktionär: Minderheitsaktionär minority shareholder

Aktionärsbeschluß shareholders' resolution

Aktionärsbezugsrecht shareholder's pre-emptive right
- *AE* stockholder's pre-emptive right

Aktiva assets

Aktiva: immaterielle Aktiva intangible assets
- intangibles

Aktiva: produktive Aktiva active assets

Aktiva: sonstige Aktiva other assets

Aktiva: Summe der Aktiva total assets

Aktiva: unproduktive Aktiva dead assets

aktive Rechnungsabgrenzung *(Aufwandsabgrenzung/mit Ausweis als Anlagevermögensgegenstand = Nutzungsdauer über 1 Jahr) AE* deferred charges *(e.g., start-up costs, plant rearrangement costs, reinstallation costs, deferred income tax charges)*
- *(Aufwandsabgrenzung)* deferred expenses
- *(Aufwandsabgrenzung/mit Ausweis als Umlaufvermögensgegenstand = Nutzungsdauer bis 1 Jahr) AE* prepaid expenses
- *(Aufwandsabgrenzung/siehe Klammererläuterungen unter 'prepaid expenses' und 'deferred charges') AE* prepaid expenses and deferred charges

aktiver Rechnungsabgrenzungsposten *(Aufwandsabgrenzung)* deferred expenses *(balance sheet item)*
- *(Aufwandsabgrenzung/mit Ausweis als Umlaufvermögensgegenstand = Nutzungsdauer bis 1 Jahr) AE* prepaid expenses *(balance sheet item)*
- *(Aufwandsabgrenzung)* prepaid expenses *(balance sheet item)*

aktivierbar capitalizable

aktivierbar: nicht aktivierbar non-capitalizable

aktivieren capitalize
- carry as an asset

aktivieren: nachaktivieren post-capitalize

aktivieren: Posten aktivieren capitalize an item

aktiviert capitalized

aktivierte Aufwendungen capitalized expenses

aktivierte Eigenleistungen *BE* internal expenditure capitalized
- own work capitalized
- *AE* self-construction - own expenses capitalized

aktivierte Gemeinkosten capitalized overhead

aktivierte Kosten capitalized cost

Aktivierung capitalization
- carrying as an asset

aktivierungspflichtig: nicht aktivierungspflichtig not subject to mandatory capitalization

aktivierungspflichtige Anschaffungs- bzw. Herstellungskosten capital expenditure
- nondeductible capital cost

aktivierungspflichtige Ausgaben capital expenditure

aktivierungspflichtiger Aufwand capital expenditure
- expenditure to be capitalized
- nondeductible capital expenditure

aktivierungspflichtiger Vermögensgegenstand item to be booked to an asset account
- item to be capitalized

Aktivierungswahlrecht option to capitalize

Aktivitätsklausel activity clause

– activity test
Aktivitätsklausel: Schachtelprivileg mit Aktivitätsklausel participation exemption with activity test
Aktivitätsvorbehalt activity clause
– activity test
Aktivkonto asset account
Aktivlegitimation capacity to sue
Aktivsaldo credit balance
Aktivseite asset side
Aktivsumme total assets
Aktivtausch accounting exchange on the asset side of the balance sheet
Aktivum asset
Aktivvermögen assets
aktueller Marktpreis current market price
aktueller Tageskurs current market price
Akzept acceptance *(bill of exchange)*
Akzept: Bankakzept banker's acceptance
Akzept: Wechselakzept acceptance of a bill
Akzeptant acceptor
Akzeptant: Wechselakzeptant acceptor of a bill
akzeptieren: Wechsel akzeptieren accept a bill
Akzeptkredit acceptance credit
Akzeptobligo bills payable
Akzessorietät accessoriness
akzessorisch accessory
akzessorische Sicherheit accessory security
Alkoholabgabe alcohol tax
Alkoholsteuer alcohol tax
alle Rechtsmittel erschöpfen exhaust all legal remedies
Allein... exclusive ...
Alleinauftrag exclusive contract
Alleinerbe sole heir
– universal heir
Alleinverkaufsrecht exclusive right of sale
Alleinverschulden sole and exclusive fault
Alleinvertreter exclusive agent
allen Gesichtspunkten Rechnung tragen deal with all aspects
Allgemeine Geschäftsbedingungen general terms and conditions
– standard conditions
– standard terms
– standard terms of business
allgemeine Haftpflichtversicherung general liability insurance
allgemeine Sorgfaltspflicht common duty of care
allgemeine Verwaltungskosten general administration expenses
allgemeines Rechnungswesen general accounting
Allgemeininteresse public interest
allowing for unter Berücksichtigung von
als Aufwand verbuchen expense
als Aufwand verrechnen expense
als Erbe eingesetzt werden be appointed as heir
als Erbe einsetzen appoint as heir
als Gegenleistung {für} in consideration {of}
– in return {for}
Altersentlastungsbetrag old-age allowance
Altersfreibetrag old-age allowance
– old-age exclusion
– old-age exemption
Altersgrenze age limit
Altersversicherung old-age insurance
Altersversorgung: soziale Abgaben und Aufwendungen für Altersversorgung und für Unterstützung social security, pension and other benefits
Altersversorgungsbezüge old-age benefits
– postretirement benefits
Altfall: Übergangsregelung für Altfälle grandfather clause
– grandfather rule
Altmaterial scrap
Altmaterialwert salvage value
– scrap value
Amnestie amnesty
Amnestie: Steueramnestie tax amnesty
Amortisationsdauer payback period

Amortisationsmethode amortization method
Amortisationsrechnung payback method
Amt office
Amt: von Amts wegen ex officio
– the authorities in their own motion
amtierend incumbent
amtlich official
Amts- und Rechtshilfe administrative and legal assistance
Amtsanmaßung unauthorized assumption of authority
– unauthorized assumption of public authority
– unlawful assumption of authority
– unlawful assumption of public authority
Amtsenthebung removal from office
Amtsgericht lower court
Amtsgewalt authority
– public authority
Amtshaftung government liability
– liability of an official
Amtshilfe administrative assistance
Amtshilfe in Steuersachen administrative assistance in tax matters
Amtsinhaber officer
Amtsinhaberschaft incumbency
Amtsinhabung incumbency
Amtslöschung ex officio deletion
Amtsperson public officer
– public official
Amtssprache official language
Amtsträger administrative functionary
– person in charge
– public officer
– public official
Amtsträger: öffentlicher Amtsträger public official
Amtsweg official channel
Amtsweg: auf dem Amtsweg through official channels
an der Quelle at source
an die Börse gehen going public
an die Stelle treten supersede
an ein anderes Gericht verweisen transfer to another court
an Erfüllungs Statt accord and satisfaction
– in lieu of performance
an Order lauten be made out to order
an Zahlungs statt in lieu of payment
analog analogous
Analogie analogy
Analyse: Funktionsanalyse functional analysis
Analyse: Kosten-Nutzen-Analyse cost benefit analysis
Analyse: Kreditwürdigkeitsanalyse analysis of credit standing
Analyse: Vergleichbarkeitsanalyse comparability analysis
Anbauten additions to buildings
Anbetracht: in Anbetracht in respect of
– with respect to
anbieten offer
Anbietender offeror
anderer Auffassung dissenting
andererseits on the other hand
Anderkonto escrow account
ändern amend
– modify
Änderung amendment {of/to}
– modification {of}
Änderung des Steuerbescheides amendment of tax assessment
Änderung einer bestandskräftigen Veranlagung reopening of an assessment
Änderung einer Veranlagung reopening of an assessment
Aneignung appropriation
Aneignung: Schadensersatzklage wegen rechtswidriger Aneignung beweglicher Sachen action of trover
anerkannt approved
– effective
– regarded
anerkannt: nicht anerkannt disregarded
anerkannt: steuerlich anerkannt effective for tax purposes
– regarded for tax purposes
anerkannt: steuerlich nicht anerkannt disregarded for tax purposes
anerkennen regard

anerkennen: nicht anerkennen disregard
Anerkenntnis acknowledgement
– acknowledgment
– confession
Anerkenntnis: Schuldanerkenntnis acknowledgment of indebtedness
– certificate of indebtedness
Anerkennung: Nichtanerkennung disregarding
Anerkennung eines Staates recognition of a state
Anfall einer Erbschaft devolution of an inheritance
anfallen *(Erträge, Aufwendungen)* accrue
Anfang inception
anfangen commence
anfängliche Unmöglichkeit initial impossibility
– orginal impossibility
Anfangsbestand beginning inventory
– opening inventory
Anfangsbilanz opening balance sheet
Anfangssaldo opening balance
anfechtbar avoidable
– voidable
anfechtbare Rechtsgeschäfte wegen Gläubigerbenachteiligung transactions avoidable by creditors due to fraudulent transfer of property
Anfechtbarkeit contestability
– voidability
Anfechtbarkeit: Unanfechtbarkeit incontestability
anfechten avoid
– challenge
– contest
– void
anfechten: Verwaltungsakt anfechten challenge an administrative act
– contest an administrative act
Anfechtung avoidance
– challenge
Anfechtung: Testamentsanfechtung contesting of a will
Anfechtung wegen Irrtums avoidance on the ground of error
Anfechtung wegen Nötigung avoidance on the ground of duress
Anfechtungsgesetz *AE* Fraudulent Conveyances Voidance Act
Anforderung: auf Anforderung {von} at the request {of}
– on demand {of/from}
Anfrage: auf Anfrage on request
Angabe declaration
Angabe: Nichtangabe non-declaration
Angabe: unrichtige Angaben misrepresentation
Angabepflichten disclosure requirements
angeben declare
– specify
Angebot bid
– offer
– proposal
– quotation *(offer)*
Angebot: Abgabe eines Angebotes making of an offer
Angebot: Ablehnung eines Angebots refusal of an offer
– rejection of an offer
Angebot: Annahme eines Angebots acceptance of an offer
Angebot: bedingtes Angebot conditional offer
Angebot: bindendes Angebot legally binding offer
Angebot: Festangebot firm offer
Angebot: Gegenangebot counter-offer
Angebot: Pauschalangebot package deal
– package offer
Angebot: Übernahmeangebot takeover bid
– tender offer
Angebot: verbindliches Angebot binding offer
Angebot: Zahlungsangebot offer to pay
Angebot: Zeichnungsangebot subscription offer
– *(im Tenderverfahren)* tender offer
Angebot abgeben make an offer
Angebot ablehnen decline an offer
– refuse an offer
– reject an offer

Angebot annehmen accept an offer
Angebotsabgabe: Aufforderung zur Angebotsabgabe invitation to make an offer
Angebotsempfänger offeree
– promisee
angefochtener Verwaltungsakt contested administrative action
angeführt: wie oben angeführt abovementioned
– as listed above
– as stated above
Angehörige relatives
Angehöriger member
– *(einer Organisation)* member {of}
– *(Verwandtschaft)* relative
Angehöriger: Familienangehöriger family member
Angehöriger: naher Angehöriger close relative
Angeklagter accused
– defendant
Angelegenheit: wirtschaftliche Angelegenheiten economic affairs
Angelegenheiten affairs
Angelegenheiten: steuerliche Angelegenheiten tax affairs
– tax matters
angemessen adequate
– appropriate
– *(Fremdvergleich)* at arm's length
– fair
– reasonable
angemessen: der Höhe nach angemessen appropriate in amount
angemessene Sorgfalt due care
– due diligence
– ordinary diligence
angemessene Sorgfalt walten lassen exercise due care
angemessener Wert fair value
Angemessenheit adequacy
angenommen deemed
angenommen: fiktiv angenommen deemed
angerechnet accounted for
Angeschuldigter defendant
angesehen *(fiktiv)* deemed
angesichts in consideration of
– in view of
angestellt {als} employed {as}
angestellt sein {als} be employed {as}
Angestellter employee
– white-collar worker
Angestellter: leitender Angestellter executive
– executive employee
– officer
angestellter Anwalt employed lawyer
anhalten {zu} cause {to}
Anhang annex
– attachement
– attachment
– *(Jahresabschluß)* notes *(to financial statements)*
– notes to financial statements
Anhang: im Anhang attached hereto
Anhang: Konzernanhang notes to consolidated financial statements
– notes to group financial statements
Anhang zum Konzernabschluß *BE* notes to consolidated accounts
– notes to consolidated financial statements
anhängen append
anhängig pending
anhängig: bei Gericht anhängig pending before the court
anhängiges Patentverfahren patent pending
Anhängigkeit pendency
Anhörung hearing
Anhörung: öffentliche Anhörung public hearing
Anhörung der Parteien hearing of the parties
Ankaufsrecht purchase option
Anklage accusation
– charge
– indictment
Anklage: Zurücknahme der Anklage withdrawal of the indictment
Anklage erheben indict
Anklageschrift indictment
– written accusation
Anklagevertreter prosecutor
Anklagevertretung prosecution
anknüpfen attach
Anknüpfung attachment

Anknüpfung: durch die Anknüpfung der Besteuerung {an} by attaching taxation {to}
Anknüpfung der Besteuerung {an} attaching taxation {to}
Anknüpfungskriterium attachment criterion
– connecting factor
– point of attachment
Anknüpfungsmerkmal attachment criterion
– connecting factor
– point of attachment
Anknüpfungspunkt attachment criterion
– connecting factor
– point of attachment
Anknüpfungspunkt: Besteuerungsanknüpfungspunkt tax attribute
Anlage: Bilanzanlage balance sheet supplement
Anlage: eingebaute Anlage fixture
Anlage: geschlossene Anlage self-contained unit
Anlage: im Bau befindliche Anlagen plant under construction
Anlage: immaterialle Anlagen intangible assets
Anlage: immaterielle Anlagen intangible fixed assets
Anlage: maschinelle Anlagen machinery
– plant and equipment
Anlage: Maschinen und maschinelle Anlagen machinery
– machinery and equipment
– plant and equipment
– plant and machinery
Anlage: Mietanlagen rental equipment
Anlage: Sachanlagen property, plant and equipment
– tangible fixed assets
Anlage: Sachanlagen im Bau *BE* tangible assets - construction in progress
– tangible assets under construction
Anlage: technische Anlagen technical equipment
Anlage: Transportanlagen transportation equipment
Anlageabgang: Verluste aus Anlageabgängen losses from the disposal of fixed assets
Anlageberater investment adviser
Anlagegegenstand fixed asset
Anlagegeschäft investment transaction
Anlagegesellschaft: Kapitalanlagegesellschaft investment fund
– *AE* mutual fund
Anlagegut: Leasing beweglicher Anlagegüter equipment leasing
Anlagegut: Stillegung eines Anlagegutes retirement of a fixed asset
Anlagekonto fixed asset account
Anlagen: im Bau befindliche Anlagen *AE* construction in process
– *BE* construction in progress
Anlagen: technische Anlagen und Maschinen plant and machinery
– technical equipment and machinery
Anlagen im Bau assets in the course of construction
– assets under construction
– *AE* construction in process
– *BE* construction in progress
– fixed assets under construction
– plant under construction
Anlagenabgänge disposals of fixed assets
– fixed asset disposals
– fixed asset retirements
– retirement of fixed assets
Anlagenbewertung fixed asset valuation
Anlagenbuchhaltung *BE* capital expenditure register
– fixed asset accounting
– fixed asset detail ledger
Anlagenkartei fixed asset file
Anlagenkonto fixed asset account
Anlagenspiegel fixed-asset movement schedule
Anlagenverkauf sale of fixed assets
Anlagenzugänge additions to fixed assets
– fixed asset additions
Anlageschutz investment protection

Anlagevermögen fixed assets
– noncurrent assets
Anlagevermögen: Abgang von Gegenständen des Anlagevermögens disposal of fixed assets
Anlagevermögen: Abschreibungen auf Anlagevermögen depreciation of fixed assets
Anlagevermögen: Gegenstand des Anlagevermögens fixed asset
Anlagevermögen: immaterielles Anlagevermögen intangible fixed assets
Anlagevermögen: materielles Anlagevermögen tangible fixed assets
Anlagevermögen: Sachanlagevermögen property, plant and equipment
– tangible assets
– tangible fixed assets
Anlagevermögen: Wertberichtigung auf Anlagevermögen valuation allowance for fixed assets
Anlagevermögen: Wertpapiere des Anlagevermögens long-term securities
– noncurrent securities
Anlagevermögen: Zugang zum Anlagevermögen addition to fixed assets
Anlagevermögen: Zuschreibung von Gegenständen des Anlagevermögens write-up of fixed assets
Anlagevermögens... noncurrent ...
Anlagevermögensgegenstand noncurrent asset
Anlagewert: immaterielle Anlagewerte intangible fixed assets
Anlagewert: Sachanlagen und immaterielle Anlagewerte property, plant, equipment and intangible assets
Anlaufkosten launching costs
– *BE* running-in expenses
– start-up costs
– start-up expenditures
– start-up expenses
Anlaufverlust start-up loss
anlegen invest
anlegen: Konto anlegen open an account
Anleger investor
Anleger: institutioneller Anleger institutional investor
Anlegerschutz investor protection
Anleihe bond
– *BE* debenture loan
– loan
Anleihe: Annuitätenanleihe annuity bond
– perpetual bond
Anleihe: endfällige Anleihe bullet
Anleihe: Fremdwährungsanleihe foreign currency denominated bond
Anleihe: Indexanleihe index-linked security
Anleihe: Nullkuponanleihe zero bond
Anleihe: öffentliche Anleihe government bond
Anleihe: Optionsanleihe bond/warrant package
Anleihe: Staatsanleihe government bond
Anleihe: variabel verzinsliche Anleihe floater
– floating rate note
Anleihe mit Emittentenkündigungsrecht callable bond
Anleihe ohne Laufzeitbegrenzung perpetual bond
Anleihe ohne planmäßige Tilgung des Anleihebetrages perpetual bond
Anleihe ohne Zinseinschluß flat bond
Anleihekapital loan capital
Anliegen concern
anmelden: Vergleich anmelden petition for the institution of composition proceedings
Anmeldepflicht duty to register
Anmeldung: Lohnsteueranmeldung self-assessment wage tax return to be filed by employer
Anmeldung: Steueranmeldung self-assessment return
Anmeldung einer Forderung *(Konkurs)* debt filing

Anmeldung einer Konkursforderung file proof of debt in bankruptcy
Anmeldung zur Eintragung application for registration
Anmerkung note
Anmerkung: mit Anmerkungen {von} with annotations {from}
Anmerkung: mit Anmerkungen versehen {von} annotated {by}
Annahme acceptance *(offer)*
– adoption
Annahme: Fortführungsannahme going concern principle
Annahme an Erfüllungs Statt accord and satisfaction
Annahme der Erbschaft acceptance of the inheritance
Annahme der Fortführung der Unternehmenstätigkeit going concern principle
Annahme eines Angebots acceptance of an offer
Annahmeverzug default in taking delivery
– default of acceptance
Annahmeverzug: sich in Annahmeverzug befinden be in default of acceptance
annehmen accept
– adopt
– take
annehmen: Angebot annehmen accept an offer
Annehmender acceptor
Annehmlichkeit amenity
Annuität annuity
Annuität: ewige Annuität perpetual annuity
Annuität: unendliche Annuität perpetual annuity
Annuitätenanleihe annuity bond
– perpetual bond
Annuitätenfaktor annuity factor
Annuitätsmethode annuity method
– annuity method of investment analysis
annulierbar voidable
annullierbar annullable
Annullierung annulment
anordnen *(amtlich/richterlich)* decree
Anordnung decree
– order
Anordnung: gerichtliche Anordnung injunction
Anordnung: gerichtliche Anordnung der Vormundschaft court order appointing a guardian
Anordnung: Verwaltungsanordnung administrative decree
anrechenbar creditable
anrechenbar: nicht anrechenbare ausländische Einkommensteuer noncreditable foreign income tax
anrechenbare Steuer allowable credit
– creditable tax
anrechenbare Vorsteuer recoverable input VAT
anrechenbarer Betrag creditable amount
anrechnen credit
– impute
Anrechnung *(ausländische Steuern)* crediting of foreign taxes
– *(Körperschaftsteuerguthaben)* imputation
Anrechnung: direkte Steueranrechnung direct foreign tax credit
– direct tax credit
Anrechnung: einzellandbezogenes Anrechnungssystem per country limitation *(tax credit)*
Anrechnung: fiktive Anrechnung *(allgemein)* credit for notional tax
– *(allgemein)* deemed foreign tax credit
– *(allgemein)* deemed tax credit
– *(Wohnsitzstaat rechnet eine höhere Quellensteuer an, als sich diese nach den Vorschriften des DBA oder dem jeweiligen internen Recht des Quellenstaates ergäben hätte)* matching credit
– *(Wohnsitzstaat rechnet die Quellensteuer an, die sich nach dem Recht des Quellenstaates ohne eine Sonderermäßigung ergeben hätte)* tax sparing credit
Anrechnung: fiktive Steueranrech-

A

nung *(allgemein)* credit for notional tax
– *(allgemein)* deemed tax credit
– *(Wohnsitzstaat rechnet eine höhere Quellensteuer an, als sich diese nach den Vorschriften des DBA oder dem jeweiligen internen Recht des Quellenstaates ergäben hätte)* matching credit
– *(Wohnsitzstaat rechnet die Quellensteuer an, die sich nach dem Recht des Quellenstaates ohne eine Sonderermäßigung ergeben hätte)* tax sparing credit

Anrechnung: Höchstbetrag der Anrechnung credit limitation
– maximum credit allowed
– maximum tax credit allowed
– tax credit limitation

Anrechnung: indirekte Anrechnung fiktiver Steuern indirect credit for notional taxes

Anrechnung: indirekte Steueranrechnung credit for underlying taxes
– deemed paid credit
– indirect tax credit
– relief for underlying taxes
– underlying tax relief

Anrechnung: Steueranrechnung crediting of taxes
– tax credit

Anrechnung: Steueranrechnungsmethode tax credit method

Anrechnung: Steueranrechnungsverfahren tax credit procedure

Anrechnung: Vollanrechnung full tax imputation

Anrechnung: Vollanrechnungssystem full tax imputation system

Anrechnung ausländischer Steuern foreign tax credit

anrechnungsberechtigt entitled to imputation credit

anrechnungsberechtigt: nicht anrechnungsberechtigter Anteilseigner shareholder not entitled to imputation tax credit

anrechnungsberechtigter Anteilseigner shareholder entitled to an imputation credit

Anrechnungsbetrag credit amount

Anrechnungsguthaben imputation credit

Anrechnungsguthaben: körperschaftsteuerliches Anrechnungsguthaben corporate imputation credit

Anrechnungshöchstgrenze tax credit limitation

Anrechnungsmethode tax credit method

Anrechnungsmethode: Abkommensbestimmung für den Wechsel von der Freistellungs- zur Anrechnungsmethode switch-over clause

Anrechnungsüberhang excess foreign tax credit
– excess tax credit

Anrechnungsverfahren *(Körperschaftsteuer)* imputation credit system
– imputation system

Anrechnungsverfahren: körperschaftsteuerliches Anrechnungsverfahren corporate imputation system
– corporate income tax imputation procedure
– corporate income tax imputation system

Anrechnungsverfahren: Steueranrechnungsverfahren tax credit system

Anrechnungszeitraum tax credit period

Anreiz incentive

Anreiz: Investitionsanreiz investment incentive

Anreiz: Steueranreiz tax incentive

Anreiz: steuerlicher Anreiz tax incentive

anrufen invoke

ansässig domiciled
– resident

ansässig: doppelt ansässig dual resident

ansässig: doppelt ansässige Gesellschaft dual residence company
– dual resident company

ansässige Person resident
Ansässiger: Gebietsansässiger resident
Ansässigkeit residence
- residency
Ansässigkeit: Doppelansässigkeit double residency
Ansässigkeit: doppelte Ansässigkeit double residency
- dual residency
Ansässigkeitsstaat state of residence
Ansatz: Bilanzansatz balance sheet value
- carrying amount
- carrying value
Ansatz der Höhe nach reported amount
Ansatzvorschrift capitalization rule
Anschaffung acquisition
- purchase
Anschaffung: aktivierungspflichtige Anschaffungs- bzw. Herstellungskosten nondeductible capital cost
Anschaffung: Neuanschaffung acquisition of an unused asset
Anschaffungs- bzw. Herstellungskosten original cost
Anschaffungs- oder Herstellungskosten cost
Anschaffungs- und Herstellungskosten historical cost
Anschaffungsdatum date of acquisition
- date of purchase
Anschaffungsgeschäft acquisition transaction
- purchase
- purchasing transaction
Anschaffungskosten acquisition cost
- historic cost
- historical cost
Anschaffungskosten: aktivierungspflichtige Anschaffungs- bzw. Herstellungskosten capital expenditure
Anschaffungskosten: Bewertung zu Anschaffungs- und Herstellungskosten valuation at acquisition and production cost
- valuation at historical cost
Anschaffungskosten: fortgeführte Anschaffungskosten net book value
Anschaffungskosten: Verteilung der Anschaffungs- und Herstellungskosten spreading of acquisition and production costs
Anschaffungskostenminderung acquisition cost reduction
Anschaffungskostenprinzip historical cost principle
Anschaffungsnebenkosten incidental acquisition costs
Anschaffungspreis acquisition cost
- acquisition price
Anschaffungswert acquisition cost
- acquisition value
- cost value
- historical cost
Anschaffungswert: zu Anschaffungs- oder Herstellungskosten at cost
Anschaffungswertprinzip historical cost accounting
Anschaffungszeitpunkt date of acquisition
- date of purchase
Anschauung opinion
Anschein: Beweis des ersten Anscheins prima facie evidence
anscheinend ostensible
Anscheins... ostensible ...
Anscheinsbeweis prima facie evidence
Anscheinsvertreter ostensible agent
Anscheinsvollmacht apparent authority
- ostensible authority
Anschluß- und Benutzungszwand mandatory public service
Anschlußberufung cross appeal
Anschlußkonkurs bankruptcy proceedings following failure of composition proceedings
Anschrift: Geschäftsanschrift business address
Ansicht opinion
Anspruch claim

Anspruch: dinglicher Anspruch real right
– right in rem
Anspruch: Durchsetzung eines Anspruches enforcement of a claim
Anspruch: gesetzlicher Anspruch statutory claim
Anspruch: Kredit in Anspruch nehmen make use of a credit
Anspruch: verjährter Anspruch claim barred by the statute of limitations
– statute-barred claim
Anspruch: vertraglicher Anspruch contractual claim
Anspruch {auf} entitlement {to}
– title {to}
Anspruch {gegen/auf} claim {against/for}
Anspruch aus unerlaubter Handlung tort claim
Anspruch begründen justify a claim
Anspruch gegen einen anderen aufrechnen set off a claim against another claim
Anspruch geltend machen assert a claim
– raise a claim
Ansprüche an jemanden stellen make demands on somebody
Anspruchsberechtigter claimant
Anspruchsgrundlage legal basis for a claim
Anstalt des öffentlichen Rechts public law body
– public-law institution
anstatt von in place of
Anstellung hiring
Anstellungsverhältnis employment relationship
Anstellungsvertrag employment contract
Anstifter instigator
Anteil share
Anteil: Ausgabe von Anteilen issue of shares
Anteil: eigene Anteile own shares
– *AE* treasury stock
Anteil: gewöhnliche Anteile ordinary shares
Anteil: ideeller Anteil undivided interest
Anteil: Rücklage für eigene Anteile reserve for own shares
Anteil: stimmberechtigter Anteil voting share
Anteil: vinkulierter Geschäftsanteil registered share with restricted transferability
Anteil am Kapital zeichnen subscribe {for/to} *(capital)*
Anteile an verbundenen Unternehmen shares in affiliated companies
– *BE* shares in affiliated undertakings
– *BE* shares in group undertakings
anteilig pro rata
anteilig verteilen prorate
anteilmäßig proportional {to}
Anteilsbesitz share ownership
Anteilsbezugsrecht share option
Anteilseigner shareholder
Anteilseigner: anrechnungsberechtigter Anteilseigner shareholder entitled to an imputation credit
Anteilseigner: ausländischer Anteilseigner nonresident shareholder
Anteilseigner: nicht anrechnungsberechtigter Anteilseigner shareholder not entitled to imputation tax credit
Anteilseinbringung contribution of shares
– *(Aktien) AE* contribution of stock
Anteilsinhaber shareholder
Anteilspaket block of shares
Anteilspapier equity security
Anteilsschein share certificate
Anteilstausch share exchange
– share swap
– share-for-share exchange
Anteilstausch nach dem Tauschgutachten like-kind share exchange qualifying under the 'Tauschgutachten'
antizipativ abgegrenzt accrued
antizipative Aktiva *(Ertragsabgrenzung/in Deutschland Ausweis unter 'sonstige Vermögensgegenstände')* accrued assets
– *(Ertragsabgrenzung/in Deutschland*

Ausweis unter 'sonstige Vermögensgegenstände') accrued income
– *(Ertragsabgrenzung/in Deutschland Ausweis unter 'sonstige Vermögensgegenstände')* accrued revenue
antizipative Passiva *(Aufwandsabgrenzung/in Deutschland Ausweis unter 'sonstige Verbindlichkeiten' oder 'sonstige Rückstellungen')* accrued charges
– *(Aufwandsabgrenzung/in Deutschland Ausweis unter 'sonstige Verbindlichkeiten' oder 'sonstige Rückstellungen')* accrued expenses
– *(Aufwandsabgrenzung/in Deutschland Ausweis unter 'sonstige Verbindlichkeiten' oder 'sonstige Rückstellungen')* accrued liabilities
antizipative Posten *(in Deutschland Ausweis unter 'sonstige Vermögensgegenstände' oder 'sonstige Verbindlichkeiten' bzw. 'sonstige Rückstellungen')* accruals
Antrag application
– motion
– request
Antrag: Billigkeitsantrag application for equitable relief
Antrag: Fristverlängerungsantrag application for extension of time limit
Antrag: Konkursantrag bankruptcy petition
– petition for bankruptcy
Antrag: Löschungsantrag application for deregistration
Antrag: Stundungsantrag request for respite
Antrag: Vergleichsantrag petition for instituting composition proceedings
Antrag {auf} motion {for}
Antrag ablehnen *(Gericht)* dismiss a motion
Antrag auf Erteilung einer verbindlichen Auskunft ruling request
Antrag auf Fristverlängerung application for extension of time
– application for extension of time limit
Antrag auf Konkurseröffnung petition in bankruptcy
Antrag auf Steuerrückerstattung stellen file a refund claim
Antrag aus formellen Gründen zurückweisen reject a request due to formal reasons
Antrag aus materiellen Gründen zurückweisen reject a request due to substantive reasons
Antragsgegner defendant
– defending party
– respondent
Antragsteller applicant
– claimant
– moving party
antreten: Beweis antreten submit evidence
Anwalt *AE* attorney
– *AE* attorney-at-law
– *BE* barrister
– *BE* barrister at law
– counsel
– *BE* solicitor
Anwalt: angestellter Anwalt employed lawyer
Anwalt: Patentanwalt *AE* patent attorney
Anwalt: Rechtsanwalt *BE* solicitor
Anwaltshonorar *AE* attorney's fees
– lawyer's fees
Anwaltskammer: Bundesrechtsanwaltskammer *AE* German Federal Chamber of Attorneys
Anwaltskosten *AE* attorneys' fees
– lawyer's fees
Anwartschaft expectancy
– future interest
– *(auf Grundbesitz)* remainder
– *(auf Grundbesitz)* reversion
anweisen: Bank zur Zahlung anweisen instruct the bank to pay
Anweisung direction
– directive
– instruction
Anweisung: Zahlungsanweisung money order
– payment order
Anweisung: Zahlungsanweisungen payment instructions
Anweisung {an} directive {to}

Anweisungen befolgen comply with directives
– comply with instructions
anwendbar applicable
– does apply
anwendbar: nicht anwendbar {auf} inapplicable {to}
anwendbar: unmittelbar anwendbares Recht self-executing law
anwendbares Recht applicable law
– governing law
Anwendbarkeit applicability
anwenden: entsprechend anwenden apply mutatis mutandis
anwenden: Gesetz anwenden apply the law
anwenden {auf} apply {to}
Anwendung application
Anwendung: Abkommensanwendung treaty application
Anwendung {von} application {of}
– operation {of}
Anwendung ausschließen exclude the application
Anwendung des Gesetzes application of the law
Anwendungsbereich scope
– scope of application
Anwendungsbereich: persönlicher Anwendungsbereich personal scope
Anwendungsbereich: räumlicher Anwendungsbereich territorial application
– territorial scope
Anwendungsbereich: territorialer Anwendungsbereich territorial application
Anwendungserlaß application decree
anzahlen deposit
– make a deposit
– pay a deposit
– pay down
– pay on account
anzahlen: bar anzahlen pay down in cash
Anzahlung advance payment
– deposit
– down payment
– downpayment
– *BE* payment on account
– prepayment
Anzahlung: erhaltene Anzahlungen {auf} *BE* payments received on account {of}
Anzahlung: erhaltene Anzahlungen auf Bestellungen *BE* payments received on account of orders
Anzahlung: erhaltene Kundenanzahlungen advance payments by customers
Anzahlung: geleistete Anzahlungen advance payments to suppliers
– advances paid
– *BE* payments on account
– prepayments
Anzahlung: geleistete Anzahlungen {auf} *BE* payments on account {of}
Anzahlung: Kundenanzahlungen advances received
Anzahlung leisten pay in advance
– prepay
Anzahlungen *BE* payments on account
Anzahlungen {auf} advance payments {on}
Anzahlungen von Kunden *AE* advance payments from customers
– *BE* payments on account received
Anzeige notification
Anzeige: Belastungsanzeige debit note
Anzeige: Gutschriftsanzeige credit advice
– credit note
Anzeige: Lastschriftanzeige debit advice
Anzeige: Selbstanzeige self-accusation
– self-incrimination
Anzeige eines Schadens notice of loss
Anzeigepflicht duty to give notice
Anzulernender trainee
anzuwendender Steuersatz applicable tax rate
AO Abgabenordnung *(General Fiscal Code)*
Apostille appostille
Apparat appliance *(apparatus)*

Arbeit work
Arbeit: körperliche Arbeit physical work
Arbeit: nichtselbständige Arbeit dependent employment
Arbeit: unselbständige Arbeit dependent personal services
Arbeit leisten carry out work
– perform work
Arbeit niederlegen stop work
Arbeit verrichten carry out work
– perform work
Arbeit wiederaufnehmen return to work
Arbeiten: Abschlußarbeiten closing procedures
Arbeiter blue-collar worker
– *AE* laborer
– *BE* labourer
– worker
Arbeiter: ungelernter Arbeiter unskilled worker
Arbeitgeber employer
Arbeitgeberanteil employer's share
Arbeitgeberverband association of employers
– employers' association
Arbeitnehmer employee
– worker
– workman
Arbeitnehmer: Mitbestimmung der Arbeitnehmer worker's participation in management
Arbeitnehmeranteil employee's share
Arbeitnehmerfreibetrag employee allowance
Arbeitnehmerschaft *AE* labor force
Arbeitnehmervertreter employees' representative
Arbeitnehmervertretung employees' representation
Arbeitsamt Employment Office
Arbeitsbedingungen conditions of work
– terms of work
Arbeitsblatt work sheet
Arbeitserlaubnis employment permit
– *AE* labor certification
– *BE* labour certification
– *BE* labour permit
– work permit
Arbeitsertrag productive result of work
– return of work
Arbeitsfähigkeit ability to work
– working capacity
Arbeitsgebervereinigung association of employers
Arbeitsgruppe task force
Arbeitskampf *AE* labor conflict
– *AE* labor dispute
– *BE* labour conflict
– *BE* labour dispute
Arbeitskollege colleague
– fellow-employee
Arbeitsleistung work performance
arbeitslos jobless
– out of work
– unemployed
Arbeitslosengeld unemployment benefits
– unemployment compensation
Arbeitslosenunterstützung unemployment benefits
– unemployment compensation
Arbeitslosenversicherung unemployment insurance
– workers' compensation insurance
Arbeitsloser jobless person
– unemployed
– unemployed person
– unemployed worker
Arbeitslosigkeit joblessness
– unemployment
Arbeitsniederlegung work stoppage
Arbeitsortprinzip place-of-work principle
Arbeitspapiere working papers
Arbeitspause work break
Arbeitspflicht duty to work
– obligation to work
Arbeitspflicht: Freistellung von der Arbeitspflicht leave from employment
Arbeitsplatz employment
– job
Arbeitsplatzbeschreibung job description
– job specification

A

Arbeitsrecht *AE* labor law
- *BE* labour law

Arbeitsschutz protection of workers
- work security

Arbeitssicherheit safety at work
- work safety

Arbeitsstätte place of work
- work place
- work-site

Arbeitssuchender applicant for work
- job-seeker
- person seeking employment

arbeitsunfähig incapable to work
- unfit for work

Arbeitsunfähigkeit disability
- incapability to work
- incapacity to work

Arbeitsverhältnis employment relationship

Arbeitsverhältnis: auf Grund früheren Arbeitsverhältnisses in respect of past employment

Arbeitsverhältnis: faktisches Arbeitsverhältnis factual employment

Arbeitsverhältnis: Probearbeitsverhältnis employment for a trial period
- employment on trial

Arbeitsverhältnis: rechtliches Arbeitsverhältnis legal employment

Arbeitsverhältnis: Rente auf Grund früheren Arbeitsverhältnisses annuity paid in respect of past employment

Arbeitsverhältnis: Rente aufgrund eines früheren Arbeitsverhältnisses annuity paid in respect of past employment

Arbeitsvertrag contract of employment
- contract of service
- employment contract

Arbeitsvertrag: befristeter Arbeitsvertrag contract of employment for a limited period of time

Arbeitsvertrag: unbefristeter Arbeitsvertrag contract of employment for an indefinite period of time

Arbeitszeit working hours

Arbeitszeit: flexible Arbeitszeit flexible working hours

Arbeitszeit: gleitende Arbeitszeit flexible working hours

Arbeitszeitabweichung *AE* labor efficiency variance
- *BE* labour efficiency variance

Arbeitszimmer *(häusliches Arbeitszimmer)* home office

Arbeitszimmer: Aufwendungen für Arbeitszimmer office-at-home expenses

Arbeitszimmer: häusliches Arbeitszimmer home office

Arbeitszimmeraufwendungen home office expenses
- office-at-home expenses

Architekt architect

Architektenplan architectural plan

arglistige Täuschung wilful deceit

arglistiges Verschweigen fraudulent concealment

arglistiges Verschweigen von Tatsachen fraudulent concealment of facts

arithmetisch-degressive Abschreibung sum-of-the-years-digit method of depreciation

Arrest anticipatory seizure
- attachment
- detention
- prejudgment seizure

Art manner

Art: welcher Art auch immer of whatsoever nature

Artikel article

Artikel: Markenartikel proprietary goods

Artikelkarte item card

Artikelnumerierung item numbering

Artikelnummer item number

Artikelstammdatei item master file

ärztlicher Befund medical report

Aspekt: steuerliche Aspekte tax aspects

Assistent: Prüfungsassistent assistant auditor
- audit assistant

AStG Außensteuergesetz *(Foreign Transactions Tax Act)*

Asylrecht right of asylum

Attraktivkraft der Betriebsstätte

force of attraction of permanent establishment
atypische Unterbeteiligung subparticipation taxed as partnership
– *(Personengesellschaftsanteil)* subpartnership
auf Abruf at call
– on call
auf Abruf: Waren auf Abruf merchandise on call
auf Anforderung {von} at the request {of}
– on demand {of/from}
auf Anfrage on request
auf Betreiben {von} at the instigation {of}
auf Bewährung on probation
auf Bundesebene at the federal level
– at the national level *(federal)*
auf das Jahr hochrechnen annualize
auf Dauer on an ongoing basis
– perpetual
auf dem Amtsweg through official channels
auf eigene Gefahr on own risk
auf eigene Rechnung on own account
auf ein Konto buchen post to an account
auf ein Konto einzahlen pay into an account
auf ein Recht verzichten renounce a right
auf Erfüllung klagen sue for specific performance
auf fremde und eigene Rechnung handelnde Wertpapierfirma broker-dealer firm
auf frischer Tat ergreifen catch in the very act
auf Gegenseitigkeit on mutual terms
auf Grund früheren Arbeitsverhältnisses in respect of past employment
auf Grund von by reason of
auf Kommission kaufen buy on commission
auf Kosten eines anderen at another person's expense
auf Kredit kaufen buy on credit
auf Lager on hand
– on stock
auf nationaler Ebene *(Bundesebene)* at the federal level
– at the national level
auf neue Rechnung: Übertrag auf neue Rechnung brought forward to new account
auf neue Rechnung: Vortrag auf neue Rechnung balance brought forward to new account
– balance carried forward to new account
auf Provisionsbasis on a commission basis
auf Rechnung und Gefahr von for account and risk of
auf Schadensersatz klagen sue to recover damages
auf Scheidung klagen petition for divorce
– sue for divorce
auf unsere Kosten at our expense
auf Verlangen {von} on demand {of/from}
auf Ziel on credit
Aufbewahrungsfrist records retention period
– retention period
Aufbewahrungspflicht duty to retain records
– obligation to retain records
aufblähen blow up
– blowing up
– inflate
aufbringen raise
aufbringen: Kapital aufbringen raise capital
Aufdeckung stiller Reserven realization of hidden reserves
Aufenthalt abode
Aufenthalt: gewöhnlicher Aufenthalt customary place of abode
– habitual abode
Aufenthalt: kurzweiliger Aufenthalt sojourn
Aufenthalt: ständiger Aufenthalt permanent residence
Aufenthalt: vorübergehender Aufenthalt temporary stay

A

Aufenthalt: zeitweiliger Aufenthalt sojourn
Aufenthaltsdauer: Mindestaufenthaltsdauer minimum stay
Aufenthaltsgenehmigung residence permit
Aufenthaltsland *(zeitweilig, kurzweilig)* country of sojourn
Aufenthaltsort *(zeitweilig, kurzweilig)* place of sojourn
Aufenthaltsort: gewöhnlicher Aufenthaltsort customary place of abode
- habitual abode
Aufenthaltsort: ständiger Aufenthaltsort place of residence
auferlegen levy
Auffangaktion bail-out
Auffangbestimmung catch-all clause
- residuary clause
Auffanggesellschaft bail-out company
Auffangvorschrift catch-all clause
- residuary clause
Auffasssung: Rechtsauffassung legal opinion
Auffassung opionion
- view
Auffassung: anderer Auffassung dissenting
Auffassung: gleicher Auffassung assenting
- concurring
- endorsed {by}
Auffassung: Rechtsauffassung legal conception
- legal view
Auffassung: überholte Auffassung antiquated opinion
- antiquated view
auffordern zu erscheinen summon
Aufforderung summons
Aufforderung: Einzahlungsaufforderung *(teileingezahlte Einlagen)* call *(partly paid-in contributions)*
Aufforderung zur Angebotsabgabe invitation to make an offer
Aufführung: Einzelaufführung itemization
Aufgabe *(Preisgabe)* abandonment
- duty
- task
Aufgabe: Betriebsaufgabe cessation of business
- relinquishment of business
- termination of business
Aufgabe: Geschäftsaufgabe cessation of business
- relinquishment of business
- termination of business
Aufgabe: Rechtsaufgabe waiver of rights
Aufgabenbereich duties
- scope of duties
aufgeben: Besitz aufgeben relinquish possession
aufgeben: Bestellung aufgeben place an order
aufgebläht blown up
- inflated
aufgeführt: oben aufgeführt aforementioned
- listed above
- stated above
aufgehoben repealed
aufgelaufen accumulated
aufgelaufene Abschreibungen accumulated depreciation
aufgelaufene Zinsen accrued interest
Aufgeld agio
- premium
- share premium
Aufgeld: Darlehensaufgeld loan premium
aufgeschoben deferred
Aufgliederung analysis
- breakdown
aufgrund due to
aufgrund von owing to
aufhebbar annullable
- voidable
aufheben repeal
aufheben: früheres Urteil aufheben overrule a case
aufheben: Staatsvertrag aufheben abrogate a treaty
- rescind a treaty
aufheben: Urteil aufheben overrule a case
- vacate a judgment

aufheben: Verwaltungsakt aufheben repeal an administrative act
Aufhebung *(Vertrag)* cancellation
– *(Gesetz)* repeal
– *(Gerichtsurteil)* vacation *(judgment)*
Aufhebung: Urteilsaufhebung vacation of a judgment
Aufhebung: Vertragsaufhebung rescission *(contract)*
Aufhebung eines Gerichtsurteiles vacation of a judgment
Aufhebung eines Steuerbescheides annulment of tax assessment notice
Aufhebung eines Urteils reversal of a judgment
Aufhebungsvertrag cancellation agreement
Aufklärung: Sachaufklärung investigation of facts
Aufkommen: Steueraufkommen tax revenue
aufkommensneutral revenue neutral
Auflage condition
Auflage: behördliche Auflage administrative condition
Auflage: testamentarische Auflage charge imposed by will
Auflage: Vermächtnis unter Auflage conditional legacy
– modal legacy
Auflassung closing
auflaufen *(Zinsen)* accrue
Auflegung floatation
– flotation
auflösen dissolve
– rescind
auflösen: Konto auf einer Bank auflösen close an account at a bank
– close an account with a bank
auflösen: Parlament auflösen dissolve the parliament
auflösen: Personengesellschaft auflösen dissolve a partnership
auflösen: Rücklage auflösen liquidate a reserve
– retransfer a reserve
– reverse a reserve
auflösen: Rücklage erfolgswirksam auflösen release a reserve to income
auflösen: Rückstellung auflösen liquidate a provision
– retransfer a provision
– reverse a provision
auflösende Bedingung condition subsequent
– dissolving condition
– resolutory condition
Auflösung *(Vertrag)* cancellation
– *(Gesellschaft)* dissolution
– *(Rechnungsabgrenzungsposten)* release
Auflösung: Erträge aus der Auflösung von Rückstellungen income from the reversal of accruals
– income from the reversal of provisions
Auflösung: gerichtliche Auflösung judicial dissolution
Auflösung: Rücklagenauflösung liquidation of reserves
– retransfer of reserves
– reversal of reserves
Auflösung: rückwirkende Auflösung rescission
Auflösung: Vertragsauflösung termination of a contract
– termination of an agreement
Auflösung einer Gesellschaft dissolution of a company
Auflösung von Rücklagen release of reserves
– reversal of reserves
Auflösung von Rückstellungen reversal of accruals
– reversal of accrued liabilities
Auflösung von Wertberichtigungen retransfer of valuation allowances
Auflösungsbeschluß resolution to dissolve
Aufnahme: Kreditaufnahme borrowing
– raising of credit
Aufnahmeliste: Inventuraufnahmeliste inventory sheet
aufnehmen: Bestände aufnehmen inventory
– take inventory
aufnehmen: diplomatische Bezie-

hungen aufnehmen {mit} enter into diplomatic relations {with}
aufnehmen: Kredit aufnehmen borrow
– raise a credit
– take up a loan
aufnehmen: Lagerbestände aufnehmen take inventory
aufnehmen: mit Vermögen der Gesellschaft besicherten Kredit aufnehmen borrow against the company's assets
aufnehmen {in} *(Rechnung)* include {in}
– *(Liste)* include {on}
aufnehmende Gesellschaft surviving company
– surviving corporation
aufrechenbar be subject to set-off
– offsetable
aufrechnen offset
– set off
– set-off
aufrechnen: Anspruch gegen einen anderen aufrechnen set off a claim against another claim
aufrechnen {mit} offset {against}
– set off {against}
Aufrechnung offset
– set-off
Aufrechnung: Erfüllung im Wege der Aufrechnung performance by way of set-off
Aufrechnung {mit} offset {against}
– set-off {against}
Aufrechnungsdifferenz set-off difference
aufrunden round up
Aufrundung rounding up
aufschieben defer
aufschiebende Bedingung condition precedent
– suspensive condition
aufschiebende Einrede dilatory plea
aufschiebende Wirkung suspensive effect
Aufschlag: Gewinnaufschlag mark-up *(profit)*
– profit mark-up
Aufschlag: Preisaufschlag mark-up *(price)*
– price mark-up
Aufschub deferral
– extension
Aufschub: Steueraufschub deferment of tax
– postponement of tax
– tax deferment
– tax deferral
Aufschub gewähren defer
– grant a delay
– grant a respite
aufsetzen: Testament aufsetzen draw up a will
Aufsicht supervision
Aufsicht: Berufsaufsicht professional oversight
Aufsicht: Börsenaufsicht stock exchange supervision
Aufsichtsamt inspectorate
Aufsichtsbehörde inspectorate
– regulatory agency
– supervisory authority
Aufsichtsorgan supervisory body
Aufsichtsrat supervisory board *(under German company law: body of persons nominated to supervise a company's management)*
– supervisory body
Aufsichtsrat: Mitglied des Aufsichtsrats member of the supervisory board
Aufsichtsratsbericht supervisory board's annual report
Aufsichtsratsmitglied supervisory board member
Aufsichtsratssitzung supervisory board meeting
Aufsichtsratsteuer directors' fee tax *(withholding tax on supervisory board members' fees)*
Aufsichtsratsvergütungen directors' fees
– supervisory board members' fees
Aufsichtsratsvorsitzender chairman of the supervisory board
aufspalten {in} split {into}
Aufspaltung de-merger
– divisive reorganization

– split-up
aufstellen: Bilanz aufstellen draw up a balance sheet
aufstellen: Jahresabschluß aufstellen *BE* draw up the annual accounts
– prepare the financial statements
aufstellen: Jahresabschluß erstellen prepare the financial statements
aufstellen: Nachlaßverzeichnis aufstellen draw up an estate inventory
Aufstellung *(Bilanz etc.)* preparation
– schedule
– setting-up
– set-up
– statement
Aufstellung: Einzelaufstellung detailed statement
Aufstellung: Gebührenaufstellung statement of fees
Aufstellung: Kostenaufstellung statement of costs
Aufstellung: Saldenaufstellung balance-of-account statement
Aufstellung: Vermögensaufstellung statement of assets
– statement of financial position
Aufstellung des Jahresabschlusses *BE* drawing up of annual accounts
– preparation of annual financial statements
Aufstockung step-up
– step-up in basis
Aufstockung: Buchwertaufstockung step-up
– step-up in basis
Aufteilung apportionment
Aufteilung von Gemeinkosten apply overhead to apportionment
Aufteilungsmaßstab apportionment rule
Auftrag mandate
– order
Auftrag: Dauerauftrag standing order
Auftrag: Erstauftrag initial order
Auftrag: im Auftrag von on behalf of
Auftrag: im Namen und im Auftrag von in the name and on behalf of
Auftrag: Prüfungsauftrag audit assignment
– audit engagement
Aufträge hereinholen solicit business
Auftraggeber principal
auftrags: namens und auftrags in the name and on behalf of
Auftragsbestätigung order acknowledgement
– order acknowledgment
Auftragseingänge incoming orders
– orders received
Auftragsentwicklung contract development
Auftragsfertigung contract manufacturing
Auftragsforschung und -entwicklung contract research and development
Auftragsstornierung order cancellation
Aufwand expense
Aufwand: aktivierungspflichtiger Aufwand capital expenditure
– expenditure to be capitalized
– nondeductible capital expenditure
Aufwand: als Aufwand verbuchen expense
Aufwand: außerordentlicher Aufwand extraordinary expenses
Aufwand: betriebsbedingter Aufwand operating expense
Aufwand: betriebsbezogener Aufwand operating expense
Aufwand: in den Aufwand buchen expense
Aufwand: in den Aufwand gebucht expensed
Aufwand: mit dem damit verbundenen Aufwand with the attendant expenses
Aufwand: Personalaufwand personnel costs
Aufwand: vorgezogener Aufwand accelerated deductions
Aufwand und Ertrag expense and income
– expense and revenue
Aufwands- und Ertragskonten expense and revenue accounts
– income accounts
Aufwands- und Ertragsrechnung accrual method

Aufwandsabgrenzung interperiod expense allocation
Aufwandsart type of expense
Aufwandsbuchung expense entry
Aufwandskonto expense account
Aufwandsposten expense item
Aufwandsteuer deductible tax
– excise duty
– excise tax
– expenditure tax
– tax deductible as expense
aufwandsverbucht expensed
aufwandsverrechnen expense
Aufwandszuordnung: Prinzip der periodengerechten Aufwandszuordnung matching principle
aufwandverrechnet expensed
aufwenden: Kosten aufwenden {für} incur costs {for}
Aufwendungen expenses
Aufwendungen: aktivierte Aufwendungen capitalized expenses
Aufwendungen: betriebliche Aufwendungen operating charges
Aufwendungen: betriebsfremde Aufwendungen nonoperating expense
Aufwendungen: diverse Aufwendungen sundry expenses
Aufwendungen: einmalige Aufwendungen non-recurring expenses
Aufwendungen: laufende Aufwendungen current expenses
Aufwendungen: nicht aktivierungsfähige Aufwendungen noncapitalizable expenditures
Aufwendungen: sonstige Aufwendungen miscellaneous expenses
– other expenses
– sundry expenses
Aufwendungen: sonstige betriebliche Aufwendungen *BE* other operating charges
– *AE* other operating expenses
Aufwendungen: soziale Aufwendungen social security costs
Aufwendungen: verschiedene Aufwendungen sundry expenses
Aufwendungen aus Beteiligungen expenses on participating interests
Aufwendungen für Abfertigungen und Pensionen *OE* expenses for severance payments and pensions
Aufwendungen für Arbeitszimmer office-at-home expenses
Aufwendungen für berufliche Weiterbildung job-related continuing education expenses
Aufwendungen für bezogene Leistungen cost of purchased services
Aufwendungen für das Ingangsetzen, Erweitern und Umstellen eines Betriebes start-up, business expansion and restructuring expenses
Aufwendungen für die Berufsfortbildung job-related continuing education expenses
Aufwendungen für die Bewirtung entertainment expenses *(excluding employee entertainment)*
Aufwendungen für die Ingangsetzung und Erweiterung des Geschäftsbetriebs expenses for the start-up and expansion of the business
– start-up and business expansion expenses
Aufwendungen für Fahrten zwischen Wohnung und Arbeitsstätte commuting expenses
Aufwendungen für Geschäftsfreundebewirtung entertaining expenses
Aufwendungen für Roh-, Hilfs- und Betriebsstoffe und für bezogene Waren *BE* cost of raw materials, consumables and goods for resale
– *AE* cost of raw materials, supplies and goods for resale
Aufwendungen machen {für} incur expenses {for}
Aufwendungen und Erträge expense and income
– expense and revenue
Aufzählung enumeration
Aufzählung: abschließende Aufzählung exhaustive enumeration
Aufzählung: nicht abschließende Aufzählung non-exhaustive enumeration

aufzeichnen record
Aufzeichnung memorandum *memo*
– recording
Aufzeichnung: Bücher und sonstige Aufzeichnungen books and records
Aufzeichnungen records
Aufzeichnungen: Einzelaufzeichnungen detail records
Aufzeichnungen: Uraufzeichnungen records of original entry
Aufzeichnungspflicht duty to keep records
– record keeping requirement
Aufzeichnungssystem recording system
auzuteilende Vorsteuer input tax to be apportioned
Augenschein: Beweis durch Augenschein evidence by inspection
Auktion auction
Auktionsverfahren bidding process
aus Billigkeitsgründen for reasons of equity
– on grounds of equity
aus diesen Gründen on these grounds
aus Gründen der for reasons of
aus öffentlichen Mitteln subventioniert subsidized out of public funds
aus Zweckmäßigkeitsgründen as a matter of convenience
ausbedingen stipulate
Ausbedingung stipulation
Ausbildung training
Ausbildung: Berufsausbildung professional training
Ausbildungsfreibetrag education allowance
Ausbildungsvertrag contract of apprenticeship
ausbuchen write off
Ausbuchen einer uneinbringlichen Forderung bad debt write-off
Ausdruck: einem Ausdruck eine bestimmte Bedeutung beilegen ascribe a specific meaning to a term
Ausdruck: fachsprachlicher Ausdruck vernacular term
ausdrücklich express
ausdrücklich erteilte Vollmacht express authority
ausdrückliche Bestimmung express provision
ausdrückliche Regelung express provision
– express rule
ausdrückliche Zusicherung *(ggf über gesetzliche Gewährleistung hinausgehend)* express warranty
Auseinandersetzung: Nachlaßauseinandersetzung distribution of the estate
Auseinandersetzungsbilanz balance sheet for settlement purposes
Auseinandersetzungsguthaben settlement balance
Ausfall: Einkommensausfall loss of income
Ausfall: Lohnausfall loss of wage
Ausfall: Nutzungsausfall loss of use
Ausfall: Verdienstausfall loss of earnings
– *(Gehalt)* loss of salary
– *(Lohn)* loss of wages
Ausfall: voraussichtliche Ausfälle contingent losses
Ausfallbürgschaft *BE* deficiency guarantee
– *AE* deficiency guaranty
Ausfallquote default rate
Ausfallrisiko default risk
Ausfallwagnis default risk
Ausfallzeit down time
Ausfertigung *(Kopie)* counterpart *(copy)*
Ausfuhr export
Ausfuhrbestätigung export certificate
ausführen: genauer ausführen amplify
ausführlich ample
ausführlicher erläutern amplify
Ausfuhrlieferung export delivery
Ausfuhrnachweis export certificate
Ausführung carrying out
– implementation
Ausführung: technische Ausführung technical design
Ausführungen: nähere Ausführungen machen amplify

A

Ausgabe disbursement
– expenditure
– floatation
– flotation
Ausgabe: Aktienausgabe *AE* issuance of stock
Ausgabe: Forschungs- und Entwicklungsausgaben research and development expenditures
Ausgabe von Anteilen issue of shares
Ausgabe von Berichtigungsaktien *BE* scrip issue
Ausgabe von Gratisaktien *BE* scrip issue
Ausgabeabgeld original issue discount *OID*
Ausgabedamnum original issue discount *OID*
Ausgabedisagio original issue discount *OID*
Ausgabekosten issue costs
Ausgabekurs issuing price
Ausgaben outlays
Ausgaben: aktivierungspflichtige Ausgaben capital expenditure
Ausgaben: Betriebsausgaben business expenses
– operating expenses
Ausgabenbeleg disbursement voucher
Ausgabepreis issue price
Ausgangsbetrag: Abschreibungsausgangsbetrag depreciation base
Ausgangsfrachten freight-out
ausgegeben: nicht ausgegebenes Kapital unissued capital
ausgegebenes Kapital issued capital
ausgeglichenes Konto account in balance
– balanced account
ausgelegt construed
ausgenommen: von der Besteuerung ausgenommen tax-exempt
ausgeschiedenes Wirtschaftsgut retired asset
ausgeschlossen barred
ausgeschüttet distributed
ausgeschüttet: nicht ausgeschüttet retained
– undistributed
ausgeschüttet: nicht ausgeschütteter Gewinn retained earnings
ausgeschütteter Gewinnanteil distributed profit share
ausgesetzte Steuerfestsetzung suspended tax assessment
Ausgestaltung arrangement
– design
ausgewiesen accounted for
– reported
ausgewiesen: nicht ausgewiesen werden go unreported
ausgewiesen: nicht ausgewiesene Rücklage off-balance-sheet reserve
– undisclosed reserve
ausgewiesener Betrag reported amount
Ausgleich: Barausgleich cash settlement
Ausgleich: Verlustausgleich loss set-off
Ausgleich: Vorteilsausgleich set-off of benefits
ausgleichen: Konto ausgleichen balance an account
ausgleichen: Saldo ausgleichen balance
ausgleichen: Verluste ausgleichen set off losses
ausgleichender Fehler offsetting error
Ausgleichsberichtigung compensating adjustment
Ausgleichsbuchung balancing entry
– offsetting entry
Ausgleichsfonds compensation fund
Ausgleichsposten balancing account
– balancing item
– offsetting item
Ausgleichsposten: Konsolidierungsausgleichsposten consolidation excess
Ausgleichsrücklage equalization reserve
Ausgleichszahlung balancing payment
– *(Finanzinstrument)* cash settlement
aushandeln bargain {for}
Aushändigung delivery

– handing over
Aushilfskraft temporary worker
Auskunft: Kreditauskunft credit report
Auskunft: verbindliche Auskunft advance ruling
– binding ruling
Auskunftsersuchen: Kreditauskunftsersuchen credit inquiry
Auskunftspflicht duty to provide information
Auskunftsverkehr exchange of information
Auslage disbursement
– outlay
Auslage: Barauslage cash outlay
Auslagen disbursements
– out-of-pocket expenses
auslagern outsource
Auslagerung outsourcing
Auslagerung einzelner Aufgabenbereiche an externe Dienstleister outsourcing *(outside resourcing)*
Ausland: in das Ausland outbound
Ausland: nach dem Ausland outbound
Ausländer alien
Ausländer: Steuerausländer nonresident taxpayer
ausländisch alien
– foreign
ausländische Einkünfte foreign source income
– income earned abroad
ausländische Kapitalgesellschaft foreign corporation
ausländischer Anteilseigner nonresident shareholder
ausländisches Einkommen foreign source income
ausländisches Recht foreign law
Auslandsberührung foreign implications
Auslandsberührung: mit Auslandsberührung with foreign implications
Auslandsgesellschaft foreign company
Auslandsinvestitionsgesetz *AIG* Foreign Investment Act
– Foreign Investment Tax Act
Auslandsschuld foreign debt
– foreign liability
auslassen omit
Auslassung omission
auslaufen lassen phase out
auslegen construe
– interpret
auslegen: unter Bezugnahme auf nationales Recht auslegen construe by reference to domestic law
Auslegung construction
– interpretation
Auslegung: enge Auslegung narrow interpretation
– restrictive interpretation
– strict construction
– strict interpretation
Auslegung: extensive Auslegung broad construction
– broad interpretation
– expansive interpretation
– liberal interpretation
– wide interpretation
Auslegung: historische Auslegung historical interpretation
Auslegung: restriktive Auslegung narrow interpretation
– restrictive interpretation
– strict interpretation
Auslegung: teleologische Auslegung teleological interpretation
Auslegung: weite Auslegung broad construction
– broad interpretation
– expansive construction
– expansive interpretation
– liberal interpretation
– wide interpretation
Auslegung: wörtliche Auslegung formal interpretation
– linguistic interpretaion
– literal interpretation
Auslegungsregel interpretative rule
– rule of interpretation
Auslegungsvorschrift interpretative rule
– rule of interpretation
ausleihbar loanable
Ausleihungen loans

A

Ausleihungen: sonstige Ausleihungen other loans
Ausleihungen an Gesellschafter loans to shareholders
Ausleihungen an nahestehende Personen loans to related persons
Ausleihungen an Unternehmen, mit denen ein Beteiligungsverhältnis besteht loans to enterprises in which participating interests are held
– *BE* loans to undertakings in which participating interests are held
Ausleihungen an verbundene Unternehmen *BE* loans to affiliated companies
Ausmaß: im erforderlichen Ausmaß to the extent necessary
Ausnahme: mit Ausnahme {von} except {for}
Ausnahmegenehmigung special exception
– special permission
Ausnahmevorschrift derogation rule
ausnutzen exploit
Ausnutzungsgrad utilization rate
ausrechnen compute
Ausrechnung calculation
– computation
ausrufen: Streik ausrufen call a strike
Ausrüstung equipment
Ausrüstungsgegenstände fittings
Aussage statement
– testimony
Aussage: Sachverständigenaussage *(Gericht)* expert testimony
Aussage: uneidliche Aussage unsworn statement
Aussage: Zeugenaussage testimony
aussagen *(als Zeuge)* testify
Ausscheiden eines Gesellschafters departure of a partner
ausscheidender Gesellschafter departing partner
ausschlagen *(Angebot)* decline
– *(Erbschaft)* disclaim
Ausschlagung: Erbausschlagung repudiation of an inheritance
Ausschlagung einer Erbschaft disclaimer of inheritance
– repudiation of an inheritance
Ausschlagung eines Vermächtnisses disclaimer of legacy
ausschließen bar
– exclude
– preclude
ausschließen: Anwendung ausschließen exclude the application
ausschließlich exclusive
ausschließlich: nicht ausschließlich non-exclusive
ausschließlicher Zweck sole purpose
Ausschluß: Haftungsausschluß disclaimer of liability
– exclusion of liability
Ausschluß: Kündigungsausschluß exclusion of grounds for termination
Ausschluß: unter Ausschluß der Öffentlichkeit behind closed doors
– in closed session
Ausschluß des Rücktrittsrechts exclusion of the right to rescind
– exclusion of the right to withdraw
Ausschlußfrist preclusive period
– preclusive time limit
– term of preclusion
Ausschlußgebiet: Zollausschlußgebiet customs enclave
Ausschlußklausel: Haftungsausschlußklausel liability exclusion clause
– liability exemption clause
Ausschöpfung aller Rechtsmittel exhaustion of all remedies
Ausschreibung *(öffentliche Aufforderung zur Abgabe von Angeboten)* invitation to bid
– *(öffentliche Aufforderung zur Abgabe von Angeboten)* invitation to tender
Ausschreibung: öffentliche Ausschreibung public bid
Ausschuß committee
– panel
– spoilage
Ausschuß: Bankenfachausschuß *BFA* Bank Technical Committee
Ausschuß: Prüfungsausschuß audit committee
Ausschuß: Steuerausschuß tax committee

Ausschuß: Vermittlungsausschuß mediation committee
Ausschuß: zuständiger Ausschuß competent committee
Ausschußwagnis risk of spoilage
ausschütten: weiterausschütten distribute onwards
– redistribute
ausschüttende Gesellschaft distributing corporation
– distributor *(distributing company)*
ausschüttende Körperschaft distributing corporation
Ausschüttender distributor
Ausschüttung distribution
Ausschüttung: Barausschüttung cash distribution
Ausschüttung: Dividendenausschüttung dividend distribution
Ausschüttung: Gewinnausschüttung distribution of profits
– profit distribution
Ausschüttung: Sachausschüttung distribution in kind
– distribution of assets
– dividend in kind
Ausschüttung: verdeckte Gewinnausschüttung constructive dividend
– disguised profit distribution
– hidden profit distribution
Ausschüttung: Vorabausschüttung interim dividend
– predistribution
Ausschüttung: Weiterausschüttung onward distribution
– redistribution
ausschüttungsbedingte Teilwertabschreibung distribution induced write-down of a shareholding to fair value
– distribution induced write-down of a shareholding to going concern value
Ausschüttungsbelastung corporate tax burden on distributed profits
– distribution rate *(split rate corporate tax system)*
– tax burden on distributed earnings
Ausschüttungsbeschluß distribution resolution
Ausschüttungsempfänger distributee
ausschüttungsfähig available for distribution
– distributable
ausschüttungsfähiger Gewinn distributable profit
ausschüttungsgleicher Betrag dividend equivalent amount
Ausschüttungspolitik distribution policy
Außenbereich outlying area
Außenfinanzierung external financing
Außenhandelsvertreter export agent
Außenprüfer field auditor
Außenprüfung field audit
Außenprüfung: abgekürzte Außenprüfung summary examination
– summary tax audit
Außenprüfung: Lohnsteueraußenprüfung wage tax field audit
Außenprüfung: steuerliche Außenprüfung tax field audit
Außenstände accounts receivable
– debts outstanding
– outstanding accounts
– receivables
– receivables outstanding
Außensteuergesetz *AStG* Foreign Transactions Tax Act
Außenumsatz: Konzernaußenumsatz group external sales
– *BE* group external turnover
Außenumsatzerlöse external sales
Außenverhältnis: im Außenverhältnis vis-à-vis third parties
Außenwirtschaftsgesetz *AWG* Foreign Trade Act
Außenwirtschaftsverordnung Foreign Trade Ordinance
außer other than
außer Kraft out of force
außer Kraft setzen abrogate
– set aside
außer Kraft setzen: Gesetz außer Kraft setzen abrogate a law
außer Kraft treten becoming void
– expire
außerbundesstaatlich *(Einzelstaat)* out-of-state

äußerer Preisvergleich external price comparison
außergerichtlich out-of-court
- pre-trial
außergerichtliche Einigung settlement out of court
außergerichtlicher Rechtsbehelf administrative appeal
- pre-trial remedy
außergerichtlicher Vergleich out-of-court settlement
- workout
außergewöhnlich extraordinary
außergewöhnliche Belastungen extraordinary personal expenses
außergewöhnlicher Verschleiß extraordinary wear and tear
außerhalb des Protokolls off the record
Außerkrafttreten becoming void
- expiration
- go out of force
- going out of force
außerordentlich extraordinary
außerordentliche Abschreibung extraordinary depreciation
außerordentliche Aufwendungen extraordinary charges
- extraordinary expenses
außerordentliche Bilanz extraordinary balance sheet
außerordentliche Einkünfte extraordinary income
außerordentliche Erträge extraordinary income
- nonrecurrent income
außerordentliche Kündigung exceptional cause termination
- extraordinary notice
- extraordinary termination
- termination for exceptional reasons
außerordentliche Posten extraordinary items
außerordentlicher Aufwand extraordinary expenses
- nonrecurrent charges
- nonrecurrent expenses
außerordentliches Ergebnis extraordinary profit (loss)
- extraordinary results
außerplanmäßige Abschreibung irregular depreciation
- non-scheduled depreciation
- unplanned depreciation
außervertragliche Haftung non-contractual liability
aussetzen: sich freiwillig einer Gefahr aussetzen consent to assume a risk
Aussetzung suspension
Aussetzung: Notierungsaussetzung quotation halt
Aussetzung der Notierung quotation halt
Aussetzung der Steuerfestsetzung suspension of tax assessment
Aussetzung der Vollziehung stay of execution
- suspension of execution
Aussichten: Berufsaussichten job prospects
aussondern release from bankrupt's estate
Aussonderung release from bankrupt's estate
- segregation from bankrupt's estate
Aussonderungsanspruch claim for release from bankrupt's estate
- claim for segregation and recovery of assets not belonging to the bankrupt's estate
Ausstattung equipment
- fittings
Ausstattung: Geschäftsausstattung office equipment
Ausstattung: Kapitalausstattung capitalization
- funding
Ausstattungsgegenstände fittings
ausstehend outstanding
- unpaid
ausstehende Einlagen outstanding contributions
ausstehende Einlagen auf das gezeichnete Kapital share capital - unpaid
- subscribed capital - unpaid
- unpaid contributions to subscribed capital

ausstehende Forderung account receivable
ausstellen make out
ausstellen: Scheck ausstellen *AE* make out a check
– *BE* make out a cheque
Aussteller drawer
– maker
– writer
Aussteller: Scheckaussteller *AE* writer of a check
– *BE* writer of a cheque
Aussteller: Wechselaussteller drawer of a bill
– drawer of a bill of exchange
– issuer of a bill
– issuer of a bill of exchange
– maker of a bill
– maker of a bill of exchange
Austausch: Informationsaustausch exchange of information
austreten opt out
– to opt out
ausüben carry on
– exercise
– perform
– *AE* practice
– *BE* practise
ausüben: Besitz ausüben enjoy possession
– exercise the right of possession
ausüben: Ermessen mißbräuchlich ausüben abusive use of discretionary powers
ausüben: Gerichtsbarkeit ausüben exercise jurisdiction
ausüben: Recht ausüben exercise a right
ausüben: Vorkaufsrecht ausüben exercise the right of pre-emption
Ausübung: Ermessensausübung execution of discretionary power
Ausübung: in Ausübung eines Rechtes in exercise of a right
Ausübung {von} *(Option, Recht)* exercise {of}
Ausübung einer selbständigen Arbeit performance of independent personal services
Ausübungspreis *(Option)* strike price
Auswahl: bewußte Auswahl audit sampling
Ausweis breakdown
Ausweis: Bruttoausweis gross presentation
– gross statement
Ausweis: Bruttoausweisverfahren method of gross presentation
Ausweis: Gewinnausweis profit reporting
Ausweis: Nettoausweis net presentation
– net statement
Ausweis: Nettoausweisverfahren method of net presentation
Ausweis: Verlustausweis reporting a loss
– showing a loss
Ausweis: vorzeitiger Erfolgsausweis profits shown prematurely
Ausweis von Umsatzsteuer separate stating of VAT
– stating of VAT
ausweisen: gesondert ausweisen present separately
– show separately
ausweisen: Gewinn ausweisen show a profit
ausweisen: in der Bilanz ausweisen show on the balance sheet
ausweisen: überhöht ausweisen overstate
ausweisen: Verlust ausweisen report a loss
– show a loss
ausweisen: zu hoch ausweisen overstate
ausweisen: zu niedrig ausweisen underreport
– understate
Ausweispflichten disclosure requirements
ausweiten extend
auswerten evaluate
Auswertung evaluation
auszahlen disburse
Auszahlung cash outflow
– disbursement
Auszahlungsreihe stream of cash outflows

Auszug abstract
- excerpt
- statement
Auszug: beglaubigter Auszug certified excerpt
Auszug: Grundbuchauszug abstract of land register
Auszug: Kontoauszug account statement
- statement
- statement of account
Auszug aus dem Handelsregister extract from the commercial register
automatische Fristverlängerung automatic extension of time to file the tax return
autorisieren authorize
autorisiert authorized
AWG Außenwirtschaftsgesetz *(Foreign Trade Act)*

B

BAB Betriebsabrechnungsbogen *(overhead allocation sheet)*
Bagatellbetrag de minimis amount
Bagatellfall de minimis case
Bagatellgrenze de minimis threshold
Bagatellregelung de minimis rule
Bank bank
Bank: Bundesbank Federal Bank
Bank: Emissions- und Effektenbank investment bank
Bank: Geschäftsbank commercial bank
Bank: Hausbank house bank
Bank: Hypothekenbank mortgage bank
Bank: Konsortialbank consortium bank
Bank: Korrespondenzbank correspondent bank
Bank: Privatbank private bank
Bank: Universalbank universal bank
Bank: Verbindlichkeiten gegenüber Banken due to banks
Bank: Wechselverbindlichkeiten gegenüber Banken bills payable to banks
Bank zur Zahlung anweisen instruct the bank to pay
Bankakzept banker's acceptance
bankbestätigter Scheck *AE* certified check
Bankbestätigung bank certificate
- bank confirmation
Bankbilanz bank balance sheet
Bankbilanzrecht bank accounting law
Bankbuchhaltung bank accounting
Bankdarlehen bank loan
Bankeinlage bank deposit
Bankendebitoren due from banks
Bankenfachausschuß *BFA* Bank Technical Committee
Bankenkreditoren due to banks
Bankenverein banking association
Bankfiliale bank branch
Bankgebühren bank charges
- bank fees
Bankgeheimnis bank secrecy
Bankgeschäft banking operation
- banking transaction
Bankgeschäft: im Bankgeschäft tätig sein do banking business
Bankgeschäft betreiben do banking business
Bankguthaben bank balance
- cash at bank
- cash in bank
- cash in banks
Bankkonzession bank charter
Bankkredit bank loan
Banknote bank note
- bill
Bankprüfung bank audit
Bankrecht banking law
bankrott bankrupt
- bankruptcy
Bankrott machen go bankrupt
- go into bankruptcy
Banksaldenbestätigung bank certificate
- bank confirmation
Bankscheck banker's draft
Bankschulden bank debts
- due to banks
Bankspesen bank charges
- bank fees
- banking charges

– banking fees
Banküberweisung bank remittance
– bank transfer
Bankverbindlichkeiten due to banks
Bankverbindung banking connection
Bankverbindung: in Bankverbindung stehen {mit} bank {with}
Bankverschuldung bank debts
– bank indebtedness
Bankzinsen bank interest
bar cash
bar: in bar in cash
bar anzahlen pay down in cash
bar bezahlen pay cash
– pay in cash
bar ohne Abzug net cash
Barabhebung cash withdrawal
Baraufwendungen cash expenses
Barausgleich cash settlement
Barauslage cash outlay
Barausschüttung cash distribution
Barbestand cash on hand
Barbetrag cash amount
Barbezüge remuneration in cash
Bardividende cash dividend
Bareinkauf cash purchase
Bareinlage cash contribution
– contribution in cash
Barentnahme cash drawing
– cash withdrawal
Bargeld cash
– ready money
bargeldlos cashless
– non-cash
Bargeschäft cash transaction
Barkauf cash purchase
Barliquidität cash position
Barmittel cash
Barschaft cash
– property in cash
– ready money
Barscheck *AE* cash check
– *BE* cash cheque
– *BE* uncrossed cheque
Barüberschuß cash return
– cash throw-off
Barverkauf cash sale
Barvermögen cash
– cash assets
– property in cash
– ready money
Barwert cash value
– present value
Barwert: Nettobarwert net present value
Barwert aller künftigen Einnahmen und Ausgaben discounted cash flow
Barwertabschreibung present-value depreciation
Barwertmethode net present value method
Barzahlung cash payment
Barzahlung: gegen Barzahlung for cash
Basis: Abschreibungsbasis depreciation base
Basisgesellschaft base company
Basispreis strike price
Basispunkt basis point
Basiswährung base currency
– functional currency
Bau: im Bau befindliche Anlagen *AE* construction in process
– *BE* construction in progress
– plant under construction
Bauausführung building site
– construction project
Baubehörde building authority
Baubeschränkung building restriction
Baudarlehen construction loan
Baufortschritt: Ergebnisrealisierung nach Baufortschritt percentage-of-completion-method
– stage-of-completion-method
Baufortschritt: Gewinnrealisierung nach Baufortschritt percentage-of-completion-method
– stage-of-completion-method
Baugenehmigung building permission
– building permit
Baugewerbe construction industry
– construction sector
Baugrundrisiko building ground risk
Bauherrenmodell builder-owner model
Bauleitplan development plan
baulicher Mangel structural defect
Bauordnung Building Code

– zoning ordinance
Baurecht building law
– zoning law
Bausparkasse building and loan association
– savings and loan bank
Bauten: Grundstücke ohne Bauten undeveloped land
– *AE* unimproved real property
Bauten: Grundstücke und Bauten land and buildings
Bauten auf fremden Grundstücken buildings on leasehold land
– buildings on third party land
Bauträger developer
Bauzeitzinsen construction period interest
Beamtenbestechung bribery of officials
Beamter civil servant
– official
– public officer
– public official
Beamter: Steuerbeamter tax official
Beamter: Steuerfahndungsbeamter tax ferret *(informal)*
Beamter: Vollzugsbeamter law enforcement official
beanspruchen claim
Beanspruchung: Abschreibung nach Maßgabe der Beanspruchung production-unit-basis method
– service-output method of depreciation
– unit-of-production method of depreciation
beantragen apply {for}
– move {for}
– request
beantragen: Erlaß einer einstweiligen Verfügung beantragen apply for an injunction
beantragen: Konkurs beantragen file a petition in bankruptcy
bearbeiten process
bearbeitet processed
beauftragen mandate
Beauftragung: Stimmrechtsbeauftragung proxy
bebaute Grundstücke developed land
– *AE* improved properties
bebaute Grundstücke: sonstige bebaute Grundstücke other developed land
– *AE* other improved properties
Bebauungsplan zoning ordinance
– zoning plan
Bebauungsvorschriften zoning laws
bedarf der Schriftform shall be in writing
bedenklich: unbedenklich unobjectionable
bedeutsames Ereignis material event
Bedeutung meaning
– significance
Bedeutung: breite Bedeutung broad meaning
– broad significance
Bedeutung: eigenständige Bedeutung meaning of its own
– significance of its own
Bedeutung: materielle Bedeutung materiality
Bedienungsgelder tips and gratuities
bedingt durch conditional on
– dependent on
bedingtes Angebot conditional offer
bedingtes Vermächtnis conditional legacy
Bedingung condition
– stipulation
Bedingung: auflösende Bedingung condition subsequent
– dissolving condition
– resolutory condition
Bedingung: aufschiebende Bedingung condition precedent
– suspensive condition
Bedingung: Zug um Zug zu erfüllende Bedingung concurrent condition
Bedingungen terms and conditions
Bedingungen: vertragliche Bedingungen contractual terms
Beeinflussung: ungebührliche Beeinflussung undue influence
Beeinflussung: unzulässige Beeinflussung undue influence
beeinträchtigen impair

Beeinträchtigung impairment
- nuisance
beenden terminate
Beendigung cessation
- discontinuation
- termination
Beendigung: bei Beendigung upon termination
Beendigung: Vertragsbeendigung termination of a contract
- termination of an agreement
beerben succeed to
Beerdigungskosten funeral expenses
befähigen enable
befangen biased
- biassed
- partial *(biassed)*
befangen: sich für befangen erklären declare oneself biased
- declare oneself biassed
Befangenheit bias
- prejudice
befolgen: Anweisungen befolgen comply with directives
- comply with instructions
befolgen: Weisungen befolgen follow directions
- follow instructions
Befolgung gesetzlicher Vorschriften legal compliance
Befolgung rechtlicher Bestimmungen legal compliance
befördern: Fracht befördern carry freight
Beförderung conveyance
- promotion
Beförderungsbedingungen transportation conditions
Beförderungsteuer transportation tax
Beförderungsteuergesetz Transportation Tax Act
Beförderungsvertrag transportation contract
befreien: steuerlich befreien exempt from taxation
befreit {von} relieved {from}
Befreiung exemption
Befreiung: persönliche Befreiung personal exemption
Befreiung: Quellensteuerbefreiung withholding exemption
Befreiung: Steuerbefreiung tax exemption
Befreiung mit Progressionsvorbehalt exemption with progression
Befreiungsmethode exemption method
Befreiungsvorschrift exemption provision
- exemption rule
befristet for a fixed time
- limited in time
- limted in time
befristeter Arbeitsvertrag contract of employment for a limited period of time
befristetes Mietverhältnis tenancy for a term
befristetes Pachtverhältnis tenancy for a term
Befristung time limitation
BefStG Beförderungsteuergesetz
Befugnis authority
Befugnis: Besteuerungsbefugnis jurisdiction to tax
- right to tax
- taxing jurisdiction
- taxing power
Befugnis: Delegation von Befugnissen delegation of powers
Befugnis: Weisungsbefugnis authority to give directions
- right to give instructions
Befugnisse delegieren {an} delegate power {to}
Befugnisse übertragen {auf} delegate power {to}
Befund: ärztlicher Befund medical report
begebbar negotiable
begebbares Wertpapier negotiable instrument
begeben issue
- negotiate
begeben: Wechsel begeben negotiate a bill
Begebung floatation
- flotation
- issuance

begehen *(Straftat)* commit
begehen: Ehebruch begehen commit adultery
begehen: Straftat begehen *BE* commit an offence
– *AE* commit an offense
begehen: unerlaubte Handlung begehen commit a tort
Begehung: Versuch der Begehung einer Straftat attempt to commit a crime
Begehung einer Straftat *BE* commission of an offence
– *AE* commission of an offense
Beginn inception
beginnen commence
beginnend {mit} commencing {with}
beglaubigen attest
– authenticate
– certify
– verify
beglaubigt certified
beglaubigt: notariell beglaubigt *BE* notarised
– *AE* notarized
beglaubigter Auszug certified excerpt
Beglaubigung attestation
– certification
Beglaubigung: notarielle Beglaubigung notarial attestation
– notarization
Beglaubigung: öffentliche Beglaubigung official authentication
– official verification
begleichen *AE* honor
– *BE* honour
Begleichung settlement
beglichen: nicht beglichen outstanding *(invoice, debt)*
Begnadigung grant of pardon
begrenzt limited
begrenzt: der Höhe nach begrenzt limited as to the amount
begrenzt: nach oben begrenzt *(Zins)* capped
begrenzt: nach unten begrenzt *(Zins)* floored
Begriff term
Begriff: Hilfsbegriff auxiliary concept
Begriff: Oberbegriff generic term
Begriff: Rechtsbegriff legal term
Begriff: Sortierbegriff sorting term
Begriff: umgangssprachlicher Begriff colloquial term
Begriff: zusammengesetzter Begriff composite term
Begriffsbestimmung: steuerliche Begriffsbestimmung definition for tax purposes
begründen constitute
– justify
– substantiate
begründen: Anspruch begründen justify a claim
begründen: steuerlichen Wohnsitz begründen establish a tax residence
begründet for cause
begründet: rechtlich begründet legally established
– legally founded
– legally justified
Begründungsfrist time limit for statement of reasons
begünstigend {für} *AE* favorable {to}
– *BE* favourable {to}
begünstigt subject to preferential treatment
begünstigt: steuerbegünstigt tax-privileged
begünstigt: steuerlich begünstigt fiscally privileged
– *AE* tax-favored
– *BE* tax-favoured
– tax-privileged
begünstigte Behandlung preferential treatment
Begünstigter beneficiary
begünstigter Personenkreis beneficiaries
behandelt provided for
behandelter Gegenstand subject matter
Behandlung treatment
Behandlung: begünstigte Behandlung preferential treatment
Behandlung: bevorzugte steuerliche Behandlung preferential tax treatment

Behandlung: buchhalterische Behandlung accounting treatment
Behandlung: buchmäßige Behandlung accounting treatment
Behandlung: steuerliche Behandlung tax treatment
Behandlung: steuerrechtliche Behandlung tax treatment
Behauptung allegation
– assertion
Behauptung aufstellen make an assertion
Behauptung widerlegen refute an assertion
beherrschend controlling
beherrschender Einfluß controlling influence
beherrscht controlled
beherrschte Gesellschaft controlled company
Beherrschung control
Beherrschung: gemeinsame Beherrschung joint control
Beherrschungsvertrag control agreement
– dependency agreement
– domination agreement
behoben remedied
Behörde agency *(authority)*
– authority
– government agency
Behörde: Aufsichtsbehörde inspectorate
– regulatory agency
– supervisory authority
Behörde: Finanzbehörden tax authorities
Behörde: örtliche Behörde local authority
Behörde: Steuerbehörde *BE* revenue authority
Behörde: Steuerbehörden tax authorities
Behörde: veranlagende Behörde tax-assessing authority
Behörde: Verwaltungsbehörde administrative authority
Behörde: zuständige Behörde competent authority
behördlich administrative
behördliche Auflage administrative condition
bei Beendigung upon termination
bei Bekanntgabe upon notice
bei der Bank einzahlen deposit money into a bank
– deposit money with a bank
bei Fälligkeit at maturity
– on due date
– on maturity
bei Gefahr im Verzug in case of emergency
bei Gericht anhängig pending before the court
bei Lieferung upon delivery
beiderseitige Zustimmung {zu} mutual assent {to}
beiderseitiges Einverständnis mutual agreement
beidseitiger Irrtum bilateral mistake
– mutual mistake
beifügen enclose
Beihilfe aiding and abetting
– subsidy
Beihilfe leisten {zu} assist in the commission {of}
Beilage attachment
– enclosure
– *AE* insert
– *AE* insertion
beilegen *(Bedeutung)* ascribe {to}
– ascribe to
– enclose
beilegen: einem Ausdruck eine bestimmte Bedeutung beilegen ascribe a specific meaning to a term
beilegen: Streit durch Vergleich beilegen settle a dispute by compromise
beilegen: Wert beilegen attribute value {to}
Beilegung settlement
Beilegung: schiedsgerichtliche Beilegung settlement by arbitration
Beilegung: Streitbeilegung conciliation
– dispute settlement
Beilegung von Streitigkeiten settlement of disputes

beim Treuhänder hinterlegte Gelder escrow fund
beimessen ascribe to
beinhalten encompass
beiseite legen set aside
Beistandspflicht duty to assist
Beistatut by-laws
Beitrag contribution
Beitrag: Deckungsbeitrag contribution margin
Beitrag: Pensionsbeitrag pension contribution
Beiträge dues
Beiträge: Mitgliedsbeiträge dues
Beitreibung collection
Beitreibung: Steuerbeitreibung tax collection
Beitreibung einer Steuerschuld enforced tax collection
beitreten join
– opt in
beitreten: Staatsvertrag beitreten accede to a treaty
beitretende Partei acceding party
Beitritt accession
Beitritt: Schuldbeitritt collateral promise
Bekanntgabe announcement
– *(Steuerbescheid)* notification
Bekanntgabe: bei Bekanntgabe upon notice
bekanntmachen *(öffentlich)* promulgate
bekanntmachen: öffentlich bekanntmachen *(Gesetz)* promulgate
Bekanntmachung notification
– promulgation
Bekanntmachung: öffentliche Bekanntmachung promulgation
Bekanntmachungspflicht disclosure requirement
beklagte Partei defendant
Beklagter defendant
– respondent
belastbar {an} chargeable {to}
belasten charge
– *(Konto)* debit
belasten: Grundstück mit einer Hypothek belasten charge land with a mortgage
– encumber land with a mortgage
– mortgage property
belasten: Konto belasten charge an account
– debit an account
belasten: nachbelasten charge subsequently
belasten: weiterbelasten on-bill
– on-charge
belasten {an} charge out {to}
belastet {mit} encumbered {with}
Belästigung nuisance
Belastung burden
– charge
– encumbrance
Belastung: Doppelbelastung double burden
Belastung: effektive Steuerbelastung effective tax burden
Belastung: Eigenbelastung self-retention
Belastung: Gesamtbelastung total burden
Belastung: Grundstücksbelastung land charge
Belastung: Nachbelastung additional charge
– subsequent charge
– subsequent debit
Belastung: Rückbelastung billback
– chargeback
– return charge
– return debit
Belastung: Steuerbelastung tax burden
Belastung: zumutbare Belastung reasonable self-retention
Belastung von Eigentum charge on property
– encumbrance on property
Belastungsanzeige debit note
Belastungsbetrag debit amount
Belastungsvergleich: Steuerbelastungsvergleich comparison of effective tax burden
– comparison of tax burden
belaufen: sich belaufen {auf} amount {to}
Beleg document
– slip

– voucher
Beleg: kontieren von Belegen allocate to accounts
Beleg: Kontierung von Belegen account allocation
– account distribution of vouchers
Belegbuchführung ledgerless accounting
– slip system of accounting
– voucher-based accounting
Belegbuchhaltung bookless accounting
Belegdoppel voucher copy
belegen levy
– substantiate
belegen {in} located {in}
– situated {in}
Belegenheit: Staat der Belegenheit country of situs
Belegenheitsfinanzamt local tax office the district of which includes the situs of qualified taxpayer property
Belegenheitsgemeinde municipality the district of which includes the situs of qualified taxpayer property
Belegenheitsprinzip situs principle
– situs-of-property principle
Belegenheitsstaat situs state
– state of situs
Belegkontierung account distribution of vouchers
Belegkopie document copy
– voucher copy
Beleglauf voucher routing
beleglos paperless
Belegnumerierung voucher numbering
Belegnummer voucher number
Belegorganisation voucher system
Belegprinzip no-posting-without-voucher principle
Belegprüfung voucher audit
Belegregister voucher register
Belegschaft personnel
– staff
Belegschaftsaktienfonds *AE* employee stock ownership plan
Belegsystem voucher system
Belegzwang legal duty of taxpayer to support taxable transactions by the underlying documents
– legal duty of taxpayer to support taxable transactions by the underlying vouchers
Beleidigung insult
beleihbar eligible as collateral
– suitable as collateral
beleihen lend against collateral *(collateral security)*
– lend against collateral security
– use as collateral
Beleihung lending against collateral
– using as collateral
beleihungsfähig eligible as collateral
– suitable as collateral
Beleihungsgrenze lending ceiling
– lending limit
Beleihungswert collateral value
– value as collateral security
Bemessungsgrundlage basis of assessment
– tax base
– taxable base
Bemessungsgrundlage: Abschreibungsbemessungsgrundlage depreciation base
Bemessungsgrundlage: Steuerbemessungsgrundlage tax base
– taxable base
Bemessungszeitraum assessment period
Bemühen: nach bestem Bemühen best efforts
Benachrichtigung notification
benachteiligt: steuerlich benachteiligt tax-discriminated
Benachteiligung: steuerliche Benachteiligung tax discrimination
Benutzungszwang: Anschluß- und Benutzungszwand mandatory public service
Benzinsteuer fuel tax
beraten: steuerlich beraten advise in tax matters
– render tax advice
beratend consultative
Berater: Lizenzberater licensing consultant

Berater: unabhängiger Berater outside advisor
Berater: Unternehmensberater management consultant
Beratung: Steuerberatung tax consultancy
Beratungsgebühr consulting fee
Beratungskosten consulting fees
Beratungskosten: Rechts- und Beratungskosten legal and consulting fees
Beratungspflicht duty to advise
berechnen bill
– charge
– compute
– invoice
Berechnung calculation
– computation
Berechnung: Steuerberechnung tax computation
Berechnung: überschlägige Berechnung rough calculation
berechtigen enable
berechtigt duly authorized
– for just cause
– justified
berechtigt {zu/an/am} entitled {to}
Berechtigter: Bezugsberechtigter beneficiary
Berechtigter: Nutzungsberechtigter beneficial owner
Berechtigter: Vertretungsberechtigter authorized agent
– authorized representative
Berechtigter: Zeichnungsberechtigter authorized signatory
– person authorized to sign
berechtigtes Interesse legitimate interest
Berechtigung authority
– justification
– legitimation
– power
– right
Berechtigung: dingliche Berechtigung {an} title {to}
Berechtigung: Hebeberechtigung right to collect
Berechtigung: Vertretungsberechtigung authority to represent
Berechtigung {an/am} entitlement {to}
– title {to}
Bereich: Geschäftsbereich business line
– business operation
– line of business
– operation
Bereich: Informationen nach Bereichen segmental information
Bereich: Regelungsbereich scope
Bereich: verlustbringender Bereich loss maker
Bereicherung: ungerechtfertigte Bereicherung enrichment without cause
– unjust enrichment
bereinigt adjusted
bereinigt: inflationsbereinigt adjusted for inflation
bereits entstandene, jedoch noch nicht realisierte Wertsteigerung built-in gain
Bereitschaftsdienst standby duty
Bereitstellungsgebühr loan commitment fee
Bereitstellungsgebühren standby charges
Bereitstellungskonto appropriation account
Bereitstellungskosten standby charges
Bereitstellungsprovision commitment fee
– loan commitment fee
– stand-by fee
Bergarbeiter miner
Bergmann miner
Bericht report
Bericht erstatten {über} account for
– report {on}
berichtend reporting
Berichterstattung reporting
Berichterstattung: detaillierte Berichterstattung detailed reporting
Berichterstattung: Segmentberichterstattung segmental reporting
Berichterstattung: Zwischenberichterstattung interim financial reporting

berichtigen adjust
- rectify
berichtigen: Kapital berichtigen recapitalize
berichtigt adjusted
berichtigte Bilanz adjusted balance sheet
Berichtigung adjustment
- amendment {of/to}
- correction
- corrective adjustment
Berichtigung: Buchwertberichtigung basis adjustment
Berichtigung: Gewinnberichtigung profit adjustment
Berichtigung: kompensierende Berichtigung compensating adjustment
Berichtigung der Steuerfestsetzung amendment of tax assessment
Berichtigung früherer Jahre prior-period adjustments
Berichtigungsaktie scrip share
Berichtigungsaktie: Ausgabe von Berichtigungsaktien *BE* scrip issue
Berichtigungsaktie: Emission von Berichtigungsaktien *BE* scrip issue
Berichtigungsbescheid notice of adjustment
Berichtigungsbetrag adjustment amount
Berichtigungsbuchung adjusting entry
Berichtigungsfeststellung adjusting assessment
Berichtigungskonto adjustment account
Berichtigungsveranlagung adjusted assessment
- adjusting assessment
Berichtsjahr reporting year
Berichtsnormen reporting standards
Berichtswesen reporting
Berichtswesen: Konzernberichtswesen group reporting
Berichtszeitraum reporting period
Berücksichtigung: unter Berücksichtigung von Steuern net of tax
berücksichtigungsfähig claimable
- *(abziehbar)* deductible
Beruf occupation
- profession
Beruf: freier Beruf independent profession *(e.g., lawyer, physician, accountant, architect etc.)*
- liberal profession
berufen: sich auf die Bestimmungen des Abkommens berufen invoke the provisions of the treaty
berufen: sich auf ein Recht berufen base oneself upon a right
berufen: sich berufen {auf} invoke
beruflich occupational
- vocational
berufliche Weiterbildung: Aufwendungen für berufliche Weiterbildung job-related continuing education expenses
Berufs... occupational ...
- vocational ...
Berufsaufsicht professional oversight
Berufsausbildung professional training
Berufsaussichten job prospects
Berufsfortbildung: Aufwendungen für die Berufsfortbildung job-related continuing education expenses
Berufsgeheimnis professional confidentiality
Berufshaftpflichtversicherung malpractice insurance
- professional indemnity insurance
- professional malpractice insurance
berufsmäßig professionally
Berufsregister professional register
Berufsrichter professional judge
Berufsstand profession
Berufstätigkeit occupation
Berufsurkunde professional certificate
Berufsverband professional association
Berufsvergehen professional misconduct
Berufszulassung *BE* professional licence
- *AE* professional license
Berufung appeal *(permitting review of questions of fact and law)*
- appeal on questions of fact and law

B

– appointment
Berufung: Anschlußberufung cross appeal
Berufungs... appellate ...
berufungsfähiges Urteil appealable judgment
Berufungsgericht appellate court
– court of appeal
– court of review
Berufungsinstanz appellate jurisdiction
Berufungsinstanz: in die Berufungsinstanz gehen make an appeal
Berufungskläger appellant
Berufungsverfahren appeal procedure
Beschädigung damage
Beschädigung: Sachbeschädigung damage to property
Beschaffung: Mittelbeschaffung fund raising
Beschäftigung *(Kostenrechnung)* activity *(cost accounting)*
– occupation
Beschäftigung: abhängige Beschäftigung dependent employment
Beschäftigung: lohnsteuerpflichtige Beschäftigung employment subject to wage tax
Beschäftigung: Unterbeschäftigung subnormal capacity usage
beschäftigungsabhängig volume-related
beschäftigungsabhängiger Kostenverursachungsfaktor volume-related cost driver
Beschäftigungsabweichung capacity usage variance
– volume variance
Beschäftigungsbereich activity range *(cost accounting)*
– production activity range
– production range
Beschäftigungsbezugsgröße activity base
Beschäftigungsgrad activity level
– activity ratio
– level of activity *(cost accounting)*
Beschäftigungshöhe activity level *(cost accounting)*
– level of activity *(cost accounting)*
Beschäftigungsland country of employment
Bescheid assessment notice
– notice
– notice of termination
Bescheid: Berichtigungsbescheid notice of adjustment
Bescheid: Haftungsbescheid notice of liability
Bescheid: Veranlagungsbescheid tax assessment notice
Bescheid: Zerlegungsbescheid notice of apportionment
bescheinigen: Empfang bescheinigen receipt
Bescheinigung certification
Bescheinigung: Freistellungsbescheinigung certificate of exemption
– exemption certificate
Bescheinigung: Lohnsteuerbescheinigung certificate of wage tax deduction
Bescheinigung: Quellensteuerabzugsbescheinigung certificate of deduction of withholding tax
Bescheinigung: Steuerabzugsbescheinigung withholding tax certificate
Bescheinigung: Unbedenklichkeitsbescheinigung certificate of non-objection
– clearance certificate
Beschenkter donee
Beschlagnahme attachment
– confiscation
– seizing
– seizure
– *(gerichtlich angeordnet)* sequestration
beschlagnahmen confiscate
– seize
– sequestrate
beschlagnahmt seized
beschleunigen accelerate
beschleunigt accelerated
beschleunigte Abschreibung accelerated depreciation
beschließen *(Gesetz)* enact

- resolve

Beschluß decision
- *(Gesetz)* enactment
- order
- *(Dividende)* resolution

Beschluß: Aktionärsbeschluß shareholders' resolution

Beschluß: Auflösungsbeschluß resolution to dissolve

Beschluß: Ausschüttungsbeschluß distribution resolution

Beschluß: Dividendenbeschluß dividend resolution

Beschluß: Gerichtsbeschluß court order

Beschluß: Gesellschafterbeschluß shareholders' resolution

Beschluß: Gewinnverteilungsbeschluß resolution on distribution of profits

Beschluß: Verwaltungsratsbeschluß supervisory board resolution

Beschluß: Verweisungsbeschluß order for transfer of an action

beschlußfähig competent to pass a resolution

beschlußfähig sein constitute a forum

Beschlußfähigkeit quorum

Beschlußfassung decision making

beschränkt einkommensteuerpflichtig subject to income taxation of nonresidents

beschränkt geschäftsfähig sein be of limited legal capacity
- be of restricted legal capacity

beschränkt haftender Gesellschafter limited partner

beschränkt steuerpflichtig subject to nonresident taxation

beschränkt Steuerpflichtiger nonresident
- nonresident taxpayer

beschränkte Einkommensteuerpflicht income taxation of nonresidents

beschränkte Erbenhaftung limited liability of the heir

beschränkte Haftung limited liability

beschränkte Steuerpflicht nonresident tax liablility
- nonresident taxation
- source-based taxation

beschränkte Vollmacht limited power of attorney

Beschränkung: Devisenbeschränkungen foreign exchange restrictions

Beschränkung: Haftungsbeschränkung limitation of liability

Beschränkung {hinsichtlich} restraint {on}

Beschränkung der Geschäftsfähigkeit limitation of legal capacity
- limitation of legal competency

Beschränkungen des Kapitalverkehrs restrictions on the flow of funds

beschreibend descriptive

beschrieben: wie oben beschrieben as described above

Beschuldigter defendant

Beschwerde appeal against the dismissal of an application concerning a procedural issue
- complaint

Beschwerde: Verfassungsbeschwerde complaint of unconstitutionality

Beschwerdeführer appellant
- complainant

beseitigen eliminate

beseitigen: Doppelbesteuerung beseitigen eliminate double taxation

beseitigen: Mangel beseitigen remedy a defect

besichert: dinglich besichert secured by property

Besitz possession

Besitz: Beteiligungsbesitz shareholding

Besitz: in Besitz nehmen take possession {of}

Besitz: mittelbarer Besitz constructive possession

Besitz: unmittelbarer Besitz actual possession
- physical possession

B

Besitz aufgeben relinquish possession
Besitz ausüben enjoy possession
– exercise the right of possession
Besitz entziehen dispossess
Besitz erlangen obtain possession
Besitzaufgabe relinquishment of possession
Besitzdauer holding period
Besitzdiener possessor's agent
besitzen hold
– occupy
– possess
Besitzentziehung dispossession
Besitzer holder
– occupant
– possessor
Besitzer: rechtmäßiger Besitzer lawful possessor
Besitzer: unrechtmäßiger Besitzer unlawful possessor
Besitzgesellschaft holding company
Besitzposten asset
Besitzstörer trespasser
Besitzstörung interference with possession
– private nuisance
– trespass
Besitzwechsel bills receivable
Besitzzeit holding period
Besorgnis concern
Besprechung: Schlußbesprechung final audit conference
Bestand existence
Bestand: Erhöhung oder Verminderung des Bestands an fertigen und unfertigen Erzeugnissen *BE* changes in stock of finished goods and work in progress
– *AE* increase or decrease in finished goods inventories and work in process
Bestand: Erhöhung/Verminderung des Bestandes an fertigen und unfertigen Erzeugnissen sowie an noch nicht abrechenbaren Leistungen *BE* changes in stock of finished goods and work in progress
– *AE* increase or decrease in finished goods inventories and work in process
Bestand: rechtlicher Bestand legal existence
Bestand: Wechsel im Bestand bills of exchange on hand
Bestand an unfertigen Erzeugnissen *AE* work-in-process inventory
– *BE* work-in-progress inventory
Bestände aufnehmen inventory
– take inventory
Beständewagnis inventory risk
Bestandsaufnahme inventory
– inventory count
– inventory taking
– stocktaking
Bestandsaufnahme: körperliche Bestandsaufnahme inventory count
– physical inventory taking
Bestandsaufnahme: Lagerbestandsaufnahme stock taking
Bestandsberichtigungen inventory adjustments
Bestandsbewertung inventory valuation
Bestandsbewertung: Lagerbestandsbewertung inventory valuation
Bestandsbewertung zu Anschaffungs- oder Herstellungskosten inventory valuation at acquisition or production cost
Bestandsdaten inventory data
Bestandsdifferenz inventory discrepancy
Bestandsermittlung inventory taking
– stocktaking
Bestandskarte inventory record card
Bestandskartei inventory file
Bestandskonto asset account
– real account
Bestandskonto: Materialbestandskonto material account
Bestandskraft non-appealability
– unappealability *(assessment)*
Bestandskraft: Durchbrechung der Bestandskraft suppression of non-appealability
bestandskräftig final and absolute
– final and conclusive

- non-appealable *(assessment)*
bestandskräftig: nicht bestandskräftig appealable *(assessment)*
bestandskräftigen Veranlagung: Änderung einer bestandskräftigen Veranlagung reopening of an assessment
Bestandsliste inventory
- inventory list
- stock list
Bestandsmehrung increase in inventories
Bestandsminderung decrease in inventories
Bestandsrisiko inventory risk
Bestandsveränderungen *BE* changes in stock of ...
- *AE* changes in ... inventories
Bestandsverzeichnis inventory
Bestandswagnis inventory risk
Bestandteil building bloc
- component part
Bestandteil eines Grundstückes fixtures
bestätigen confirm
Bestätigung confirmation
Bestätigung: Auftragsbestätigung order acknowledgment
Bestätigung: Ausfuhrbestätigung export certificate
Bestätigung: Bankbestätigung bank certificate
- bank confirmation
Bestätigung: Banksaldenbestätigung bank certificate
- bank confirmation
Bestätigung: Empfangsbestätigung receipt
Bestätigung: Saldenbestätigung confirmation of balances
- statement of balance
Bestätigungsvermerk audit certificate
- audit opinion
- auditor's report
Bestätigungsvermerk: eingeschränkter Bestätigungsvermerk qualified opinion
Bestätigungsvermerk: Einschränkung des Bestätigungsvermerks qualification of auditor's report
Bestätigungsvermerk: negativer Bestätigungsvermerk adverse audit opinion
Bestätigungsvermerk: uneingeschränkter Bestätigungsvermerk clean opinion
- unqualified audit certificate
- unqualified audit opinion
Bestätigungsvermerk: Verweigerung des Bestätigungsvermerks disclaimer of audit opinion
Bestattungskosten funeral expenses
bestechen bribe
- corrupt
bestechlich corrupt
- corruptible
Bestechung bribery
- corruption
Bestechung: Beamtenbestechung bribery of officials
bestehen bleiben remain operative
bestehende Gesellschaft existing company
bestellen *(Geschäftsführer)* appoint
- *(Auftrag erteilen)* order
- place an order
bestellen: Hypothek bestellen create a mortgage
bestellen: Pfandrecht bestellen create a pledge
bestellen: Pfleger bestellen appoint a curator
bestellt: gerichtlich bestellt court-appointed
Bestellung *(Geschäftsführer)* appointment
- order
- purchase order
Bestellung: Nachbestellung re-order
- repeat order
Bestellung aufgeben place an order
Bestellvertreter order-filling agent
besteuern tax
besteuert taxed
besteuert: niedrig besteuertes Einkommen low-taxed income
Besteuerung taxation
Besteuerung: Anknüpfung der Be-

B

steuerung {an} attaching taxation {to}
Besteuerung: der Besteuerung unterliegen attract taxation
– be subject to taxation
Besteuerung: der Besteuerung unterliegend subject to taxation
Besteuerung: durch die Anknüpfung der Besteuerung {an} by attaching taxation {to}
Besteuerung: geringe Besteuerung low taxation
Besteuerung: indirekte Besteuerung indirect taxation
Besteuerung: Nichtbesteuerung non-taxation
– zero taxation
Besteuerung: von der Besteuerung ausgenommen outside the scope of taxation
– tax-exempt
Besteuerung gewerblicher Unternehmen taxation of businesses
Besteuerung von Einkommen taxation of income
Besteuerungsanknüpfungspunkt tax attribute
Besteuerungsbefugnis fiscal jurisdiction
– jurisdiction to impose taxes
– jurisdiction to tax
– right to tax
– taxing jurisdiction
– taxing power
Besteuerungseinheit fiscal unit
– tax unit
Besteuerungsfolgen: nachteilige Besteuerungsfolgen adverse tax consequences
Besteuerungsfolgen: nachteilige Besteuerungswirkungen adverse tax effects
Besteuerungsfolgen: negative Besteuerungsfolgen adverse tax consequences
Besteuerungsgegenstand tax object
Besteuerungsgrundlage basis for taxation
– tax attribute
– tax basis
Besteuerungshoheit taxing power
Besteuerungslücke tax loophole
Besteuerungsrecht fiscal jurisdiction
– jurisdiction to impose taxes
– jurisdiction to tax
– right to tax
– taxing jurisdiction
– taxing power
– taxing right
Besteuerungssystem tax system
Besteuerungstatbestand taxable event
Besteuerungsunterschiede tax differentials
Besteuerungsverfahren tax procedure
Besteuerungsvorbehalt retention of right to tax
Besteuerungswirkungen: negative Besteuerungswirkungen adverse tax effects
Besteuerungszeitraum taxation period
Besteuerungszugriff tax take
bestimmt: soweit nicht anders bestimmt unless provided to the contrary
bestimmtes Vermächtnis specific bequest
– specific legacy
Bestimmung provision *(contract)*
– rule
– stipulation
Bestimmung: ausdrückliche Bestimmung express provision
Bestimmung: Einhaltung rechtlicher Bestimmungen legal compliance
Bestimmung: gesetzliche Bestimmung legal provision
– statutory provision
Bestimmung: wesentliche Bestimmungen essential terms
Bestimmung für Stichentscheid *AE* tie-breaker rule
Bestimmungen über Stimmrechtsbevollmächtigung proxy regulations
bestimmungsgemäßer Gebrauch intended use

Bestimmungsland country of destination
Bestimmungslandprinzip country of destination principle
- country of destination system
- destination principle
Bestimmungsort destination
Bestimmungsort: Fracht zahlbar am Bestimmungsort freight payable at destination
Bestimmungsort: frachtfrei bis zum Bestimmungsort freight paid to destination
bestreiten contest
- deny
bestritten contested
beteiligt: mehrheitlich beteiligt majority-owned
Beteiligter concerned
- participant
Beteiligter: Unterbeteiligter subparticipant
Beteiligung equity interest
- holding
- investment
- participation
- shareholding
Beteiligung: Abschreibungen auf Beteiligungen write-down of investments
Beteiligung: Aufwendungen aus Beteiligungen expenses on participating interests
Beteiligung: Erträge aus Beteiligungen income from participating interests
Beteiligung: kapitalmäßigen Beteiligung gleichkommende Mitgliedschaftsrechte membership rights tantamount to participation in a corporation's capital
Beteiligung: wechselseitige Beteiligungen cross holdings
- cross shareholdings
Beteiligung: Wertberichtigung auf Beteiligungen valuation allowance for investments
Beteiligung: wesentliche Beteiligung material participation *(interest)*
- material shareholding
- substantial shareholding
Beteiligung an einer Wohnungsbaugenossenschaft gekoppelt an ein Mietverhältnis bezogen auf eine Wohneinheit cooperative ownership
Beteiligungen investments *(balance sheet)*
- *(iSd § 171 Abs 1 HGB) BE* participating interests
Beteiligungsbesitz shareholding
- *AE* stock ownership
Beteiligungserträge income from participating interests
Beteiligungsgesellschaft affiliated company
Beteiligungshöhe: Mindestbeteiligungshöhe minimum holding quota
- minimum holding requirement
Beteiligungsquote: Mindestbeteiligungsquote minimum holding quota
- minimum holding requirement
Beteiligungsverhältnis shareholding relationship
Beteiligungsverhältnis: Ausleihungen an Unternehmen, mit denen ein Beteiligungsverhältnis besteht loans to enterprises in which participating interests are held
- *BE* loans to undertakings in which participating interests are held
Beteiligungsverhältnis: Forderungen gegen Unternehmen, mit denen ein Beteiligungsverhältnis besteht *BE* amounts owed by undertakings in which the company has a participating interest
- receivables from companies in which the company has a participating interest
Beteiligungsverhältnis: Verbindlichkeiten gegenüber Unternehmen, mit denen ein Beteiligungsverhältnis besteht *BE* amounts owed to undertakings in which the company has a participating interest
- *AE* payable to enterprises in which

the company has a participating interest

Betrachtungsweise: wirtschaftliche Betrachtungsweise economic point of view
– substance over form

Betrag amount

Betrag: abzugsfähiger Betrag allowable deduction

Betrag: anrechenbarer Betrag creditable amount

Betrag: ausgewiesener Betrag reported amount

Betrag: Bagatellbetrag de minimis amount

Betrag: Einmalbetrag lump sum amount

Betrag: fälliger Betrag amount due

Betrag: geschuldeter Betrag amount due

Betrag: Höchstbetrag maximum amount

Betrag: Kleinbetrag de minimis amount

Betrag: offener Betrag amount outstanding

Betrag: Pauschalbetrag lump sum

Betrag: Rechnungsbetrag invoice amount

Betrag der Gesamtbewegungen movement total

betragen amount to

betreffs as far as ... is concerned
– as for
– as to
– concerning
– regarding

betreiben carry on
– operate

Betreiben: auf Betreiben {von} at the instigation {of}

betreiben: Bankgeschäft betreiben do banking business

betreiben: Geschäft betreiben conduct a business

betreiben: Handelsgewerbe betreiben carry on a trade

Betreuung guardianship

Betreuung: medizinische Betreuung medical treatment

Betrieb *(Unternehmen)* commercial establishment
– operating unit
– operation
– *(Werkstatt)* shop
– *(Unternehmen)* trade establishment
– *(Werkstatt)* workshop

Betrieb: eingestellter Betrieb discontinued operation

Betrieb: Geschäftsbetrieb business

Betrieb: Gewerbebetrieb trade
– trade or business

Betrieb: gewerblicher Betrieb trade or business

Betrieb: Teilbetrieb operating unit *(tax technical term)*
– operational unit
– qualified business unit of an enterprise which is capable of organizationally independent operations *(tax technical term)*

Betrieb: Versorgungsbetrieb utility

Betrieb gewerblicher Art *(einer juristischen Person des öffentlichen Rechts)* business enterprise run by a body corporate organized under public law

betrieblich operational
– operative

betrieblich: sonstige betriebliche Aufwendungen *BE* other operating charges
– *AE* other operating expenses

betrieblich: sonstige betriebliche Erträge other operating income

betrieblich: zwischenbetrieblich interfirm

betriebliche Aufwendungen operating charges
– operating expenses

betriebliche Bruttoerträge gross operating revenue

betrieblicher Ertrag operating income

Betriebs- und Geschäftsausstattung factory and office equipment
– fixtures and fittings
– fixtures, fittings, tools and equipment
– furnitures and fixtures

Betriebsabrechnungsbogen *BAB* overhead allocation sheet
- *AE* statement of indirect cost apportionment to cost centers
- *BE* statement of indirect cost apportionment to cost centres

Betriebsangehöriger: Darlehensforderungen gegenüber Betriebsangehörigen due from officers and employees
Betriebsanlage: Abschreibungen auf Betriebsanlagen depreciation of plant and equipment
Betriebsaufgabe cessation of business
- relinquishment of business
- termination of business

Betriebsaufwand operating expenses
Betriebsaufwendungen operating expenses
Betriebsausgabe: abzugsfähige Betriebsausgaben deductible business expenses
Betriebsausgabe: nicht abzugsfähige Betriebsausgaben nondeductible business expenses
Betriebsausgaben business expenses
- business-related expenses
- operating expenses

betriebsbedingte Kündigung dismissal due to operational requirements
betriebsbedingter Aufwand operating expense
betriebsbereit operational
betriebsbezogener Aufwand operating expense
Betriebsbuchführung cost accounting
Betriebsbuchhaltung cost accounting
Betriebseinheit operating unit
Betriebseinnahmen business receipts
- operating receipts

Betriebseinstellung cessation of business
- discontinuation of business

Betriebsergebnis operating income
- operating results

Betriebsergebnis: ordentliches Betriebsergebnis operating result
Betriebsergebnisrechnung *AE* operating income statement
- operating statement
- statement of operations

Betriebsertrag operating income
- operating revenue

betriebsfremd nonoperating
betriebsfremde Aufwendungen nonoperating expense
betriebsfremde Erträge nonoperating revenue
betriebsfremder Aufwand nonoperating expense
betriebsfremder Ertrag nonoperating revenue
Betriebsgeheimnis business secret
- trade secret

Betriebsgesellschaft operating company
Betriebsgewinn operating profit
betriebsgewöhnliche Nutzungsdauer useful life
Betriebskapital operating capital
- working capital

Betriebskosten operating expenses
Betriebsmittel operating assets
Betriebspachtvertrag business leasing contract
Betriebsprüfer examiner
- tax auditor
- tax examiner

Betriebsprüferbilanz balance sheet prepared by the tax auditor according to his findings
Betriebsprüfung audit
- examination *(tax audit)*
- tax audit
- tax examination

Betriebsprüfung: steuerliche Betriebsprüfung tax audit
Betriebsprüfungsbericht tax audit report
Betriebsprüfungsbilanz balance sheet prepared by the tax auditor according to his findings
Betriebsprüfungsgrundsätze tax audit guidelines
Betriebsrat *BE* labour council

– workers' council
– works council
Betriebsrat: Einberufung des Betriebsrates convening of the works council
Betriebsratmitglied member of the works council
Betriebsratsvorsitzender chairman of the works council
Betriebsratswahl election of the members of the works council
Betriebsschulden business debt
Betriebsstätte branch
– permanent establishment
Betriebsstätte: Attraktivkraft der Betriebsstätte force of attraction of permanent establishment
Betriebsstätte: Dienstleistungsbetriebsstätte service establishment
Betriebsstätte: Prinzip der Attraktivkraft der Betriebsstätte force-of-attraction principle
Betriebsstättenprinzip permanent establishment principle
Betriebsstättenvorbehalt permanent establishment prerogative
Betriebsstoffe *BE* consumables
– *AE* supplies
Betriebsstoffe: Hilfs- und Betriebsstoffe *BE* consumables
– *AE* supplies
Betriebsstoffe: Roh-, Hilfs- und Betriebsstoffe *BE* raw materials and consumables
– *AE* raw materials and supplies
Betriebstätte branch
– permanent establishment
Betriebsübergang transfer of business
Betriebsüberlassung leasing of operating facilities
Betriebsüberlassung: Betriebsüberlassungsvertrag operational facility lease
Betriebsüberlassungsvertrag operational facility lease
Betriebsüberschuß operating surplus
Betriebsunfallversicherung industrial injuries insurance
Betriebsunterbrechung business interruption
Betriebsunterbrechungsversicherung business interruption insurance
Betriebsveräußerung sale of business
Betriebsverlust operating loss
Betriebsvermögen business property
– business-connected property
Betriebsvermögensvergleich accrual basis accounting
– balance sheet accounting
Betriebsverpachtung leasing of business
Betriebsversammlung works meeting
Betriebsvorrichtung trade fixture *(for tax purposes)*
Betrug fraud
Betrug: Steuerbetrug tax fraud
Betrug: Subventionsbetrug subsidy fraud
Betrug: Versicherungsbetrug insurance fraud
betrügen deceive
– defraud
Betrüger fraudster
betrügerisch fraudulently
beurkunden record in an official document
beurkundet: notariell beurkundet *BE* notarised
– *AE* notarized
Beurkundung recording in an official document
Beurkundung: notarielle Beurkundung executing of a notarial deed
– notarial recording
– notarization
Beurkundung: öffentliche Beurkundung official recording
beurteilen evaluate
Beurteilung rating
Bevollmächtigter agent
– attorney
Bevollmächtigter: Stimmrechtsbevollmächtigter person holding proxy
– proxy
Bevollmächtigter: Zeichnungs-

B

bevollmächtigter authorized signatory
Bevollmächtigter: Zustellungsbevollmächtigter authorized recipient
- person authorized to accept service
Bevollmächtigung authorization
bevorrechtigt senior
bevorrechtigte Forderung preferential claim
bevorrechtigte Konkursforderung preferential debt
bevorrechtigter Gläubiger preferential creditor
- privileged creditor
- senior creditor
bevorzugt: nicht bevorzugter Gläubiger ordinary creditor
bevorzugte steuerliche Behandlung preferential tax treatment
bevorzugter Gläubiger preferential creditor
Bewährung probation
Bewährung: auf Bewährung on probation
Bewährungsfrist period of probation
Bewährungshelfer probation officer
bewegen move
bewegliche Sache chattel
bewegliche Sachen movable property
bewegliche Vermögensgegenstände movable property
bewegliches Vermögen chattel
- movable property
- movables
- personal estate
- personal property
- personalty
bewegtes Konto active account
Bewegung: Gesamtbewegung *(Konto)* movement total
Bewegung: Habenbewegung credit transaction
Bewegung: Kontenbewegung account activity
Bewegung: Konto mit Bewegungen active account
Bewegung: Konto ohne Bewegungen inactive account
Bewegung: Kontobewegung account movement
Beweis evidence
- proof
Beweis: Anscheinsbeweis prima facie evidence
Beweis: Indizienbeweis circumstantial evidence
- presumptive evidence
Beweis: Sachverständigenbeweis expert evidence
Beweis: Urkundenbeweis documentary evidence
Beweis antreten submit evidence
Beweis des ersten Anscheins prima facie evidence
Beweis durch Augenschein evidence by inspection
Beweisangebot offer of proof
Beweisaufnahme taking of evidence
beweisbar provable
Beweisbeschluß order to take evidence
beweisen substantiate
Beweiskraft probative value
beweiskräftig having probative value
Beweislast burden of proof
Beweislast: Umkehr der Beweislast reversal of the burden of proof
Beweismaß standard of evidence
Beweismaterial evidence
Beweismittel evidence
- piece of evidence
- proof
Beweisrecht law of evidence
Beweissicherung conservation of evidence
- preservation of evidence
Beweissicherungsverfahren procceedings for the preservation of evidence
Beweisstück piece of evidence
Beweistermin hearing of evidence
Beweisurkunde documentary evidence
Beweisverhandlungen argument in court concerning the admission of evidence
Beweiswürdigung: freie Beweiswür-

digung free consideration of evidence
– free evaluation of evidence
bewerben apply {for}
Bewerber applicant
– applicant for
Bewerbung application
– application for a job
– application for employment
Bewerbungsunterlagen applicant's papers
– application documents
bewerten evaluate
bewerten: überbewerten overprice
– overstate
– overvalue
bewerten: unterbewerten underprice
– understate
– undervalue
Bewertung assessment
– evaluation
– measurement
– rating
– valuation
Bewertung: handelsrechtliche Bewertung book valuation
– valuation for financial statement purposes
Bewertung: sachgerechte Bewertung proper valuation
Bewertung: steuerrechtliche Bewertung tax valuation
Bewertung des Vorratsvermögens inventory valuation
Bewertung nach dem Niederstwertprinzip valuation at the lower of cost or market
Bewertung nach dem Stuttgarter Verfahren appraisal following the Stuttgart formula
Bewertung zu Anschaffungs- und Herstellungskosten valuation at acquisition and production cost
– valuation at historical cost
Bewertung zu Durchschnittspreisen average cost method
Bewertung zum Wiederbeschaffungspreis valuation at replacement cost
Bewertungs- und Gliederungsvorschriften rules of valuation and classification
Bewertungsabschlag {auf} valuation allowance {for}
Bewertungsbasis basis of valuation
Bewertungsdifferenz valuation variance
Bewertungseinheit valuation unit
Bewertungsgesetz Valuation Act
– *BewG* Valuation Tax Act
Bewertungsgrundsatz measurement concept
– valuation rule
Bewertungsgutachten expert appraisal
– valuation opinion
Bewertungskonzept measurement concept
Bewertungsmaßstab standard of valuation
Bewertungsmethode method of valuation
– valuation method
Bewertungsrecht valuation law
Bewertungsregel valuation principle
Bewertungsregeln valuation rules
Bewertungsreserve valuation reserve
Bewertungsrichtlinien valuation guidelines
Bewertungsunterschied valuation difference
Bewertungsverfahren method of valuation
– valuation method
Bewertungsvorschrift valuation rule
Bewertungsvorschrift: steuerliche Bewertungsvorschriften tax valuation rules
Bewertungswahlrecht valuation option
BewG Bewertungsgesetz *(Valuation Tax Act)*
bewilligen: Erleichterung bewilligen grant relief
bewilligen: Kredit bewilligen allow a credit
– grant a loan
Bewilligung authorization
Bewilligung: Daueraufenthaltsbewilligung *AE* green card

Bewilligung erteilen approve
- give authorization
- grant permission

Bewirtschaftung: Devisenbewirtschaftung exchange control
Bewirtung: Aufwendungen für die Bewirtung entertainment expenses *(excluding employee entertainment)*
Bewirtung: Aufwendungen für Geschäftsfreundebewirtung entertaining expenses
Bewirtung: Geschäftsfreundebewirtung business entertainment
Bewirtungsaufwendungen entertainment expenses
Bewirtungskosten entertainment expenses
bewußt knowingly
- wilful
- wilfully

bewußte Auswahl audit sampling
bezahlen: bar bezahlen pay cash
- pay in cash

bezahlt paid
bezahlt: unbezahlt unpaid
bezahlter Urlaub paid vacation
Bezeichnung description
Bezeichnung: Kontenbezeichnung account title
Bezeichnung: Kontengruppenbezeichnung account group title
Bezeichnung: Kontobezeichnung account heading
Bezeichnung: Kurzbezeichnung short description
beziehen *(Einkommen)* derive
beziehen: Einkommen beziehen derive income
Bezirk county
Bezirk: Gerichtsbezirk court district
Bezirksfinanzdirektion regional fiscal office
bezogene Leistungen purchased services
- services received

bezogene Leistungen: Aufwendungen für bezogene Leistungen cost of purchased services
Bezogener drawee
Bezüge emoluments
- remuneration

Bezüge: Altersversorgungsbezüge old-age benefits
- postretirement benefits

Bezüge: Barbezüge remuneration in cash
Bezüge: Sachbezüge remuneration in kind
Bezüge: sonstige Bezüge other income
Bezüge: steuerfreie Bezüge tax-free income
Bezüge: wiederkehrende Bezüge recurring income
bezüglich as for
- as to
- concerning
- in regard of
- in respect of
- referring {to}
- regarding
- relating to
- with reference to
- with respect to

Bezugnahme: ohne Bezugnahme auf without reference to
Bezugnahme: unter Bezugnahme auf by reference to
Bezugnahme: unter Bezugnahme auf nationales Recht auslegen construe by reference to domestic law
- interpret by reference to domestic law

bezugnehmend {auf} referring {to}
bezugnehmend auf with reference to
Bezugsberechtigter beneficiary
Bezugsgröße *(Kostenrechnung)* acitvity base
Bezugsgröße: Beschäftigungsbezugsgröße activity base
Bezugskosten delivery costs
Bezugsrecht pre-emptive right
- *AE* stockholder's pre-emptive right
- subscription right

Bezugsrecht: Aktienbezugsrecht share option
- *AE* stock option
- *AE* stock warrant

Bezugsrecht: Aktionärsbezugsrecht shareholder's pre-emptive right
- *AE* stockholder's pre-emptive right

Bezugsrecht: Anteilsbezugsrecht share option

Bezugsrechtsemission *BE* rights issue

BFA Bankenfachausschuß *(Bank Technical Committee)*

BfF Bundesamt für Finanzen

BFH Bundesfinanzhof *(Federal Fiscal Court)*

BGB Bürgerliches Gesetzbuch *(Civil Law Code)*

BGB-Gesellschaft unincorporated civil-law association

BGBl. Bundesgesetzblatt *(Federal Law Gazette)*

BGH Bundesgerichtshof *(Federal Civil Court)*

Biersteuer beer tax

Bietungsgarantie bid bond

Bietungskosten bid costs

Bietungsverfahren bidding process

Bilanz balance sheet
- statement of financial position

Bilanz: außerordentliche Bilanz extraordinary balance sheet

Bilanz: berichtigte Bilanz adjusted balance sheet

Bilanz: Erläuterungen zur Bilanz und zur Gewinn- und Verlustrechnung *AE* notes to balance sheet and income statement
- *BE* notes to balance sheet and profit and loss account

Bilanz: Frisieren der Bilanz doctoring a balance sheet

Bilanz: genehmigte Bilanz approved balance sheet

Bilanz: Genehmigung der Bilanz adoption of the balance sheet

Bilanz: geprüfte Bilanz audited balance sheet

Bilanz: Gliederung der Bilanz balance sheet format

Bilanz: in der Bilanz ausweisen report on the balance sheet
- show on the balance sheet

Bilanz: konsolidierte Bilanz consolidated balance sheet
- *BE* group balance sheet

Bilanz: Kontoform der Bilanz account-type presentation of a balance sheet

Bilanz: Probebilanz preliminary balance sheet

Bilanz: unverkürzte Bilanz uncondensed balance sheet

Bilanz: vorläufige Bilanz preliminary balance sheet
- trial balance sheet

Bilanz: zusammengefaßte Bilanz balance sheet in condensed form

Bilanz aufstellen draw up a balance sheet

Bilanz frisieren cook a balance sheet
- doctor a balance sheet

Bilanzanalyse balance sheet analysis
- financial statement analysis

Bilanzanlage balance sheet supplement

Bilanzansatz balance sheet value
- carrying amount
- carrying value

Bilanzansatz der Höhe nach reported amount
- reported amount on the balance sheet

Bilanzbuch balance sheet book

Bilanzbuchhalter accountant

Bilanzentwurf draft balance sheet

Bilanzerläuterungen balance sheet notes

Bilanzerstellung preparation of the balance sheet

Bilanzfälschung falsification of a balance sheet

Bilanzgewinn profit shown on the balance sheet after appropriation to or transfer from reserves *(profit shown on the balance sheet after appropriation to or transfer from reserves)*
- unappropriated retained earnings *(profit shown on the balance sheet after appropriation to or transfer from reserves)*
- unappropriated surplus *(profit shown*

on the balance sheet after appropriation to or transfer from reserves)
Bilanzgliederung balance sheet classification
- balance sheet lay-out
- layout of balance sheet
bilanziell balance sheet ...
- balance-sheet
bilanzielle Abschreibung book depreciation
- depreciation for financial reporting purposes
bilanzieren capitalize
- draw up a balance sheet
- prepare a balance sheet
- prepare accounts
- show in the balance sheet
- strike a balance
Bilanzierung balancing the accounts
- capitalization
- drawing up a balance sheet
- preparation of accounts
- striking a balance
Bilanzierung: Grundsätze ordnungsmäßiger Bilanzierung financial accounting standards
- generally accepted accounting principles *GAAP*
Bilanzierungsgesetzgebung accounting legislation
Bilanzierungsgrundsatz accounting concept
- accounting principle
- accounting rule
Bilanzierungsgrundsatz: steuerliche Bilanzierungsgrundsätze tax accounting principles
Bilanzierungsgrundsatz der kaufmännischen Vorsicht accounting principle of prudence
Bilanzierungsgrundsätze accounting principles
Bilanzierungshandbuch accounting manual
- manual of accounting
Bilanzierungsmethode accounting method
Bilanzierungspolitik accounting policy
Bilanzierungspraxis accounting practice
Bilanzierungsrichtlinien accounting guidelines
Bilanzierungsvorschrift accounting rule
Bilanzierungswahlrecht option to capitalize
Bilanzierungszeitraum accounting period
Bilanzinhalt contents of the balance sheet
Bilanzjahr accounting year
- financial year
Bilanzkennzahl balance sheet ratio
Bilanzklarheit: Grundsatz der Bilanzklarheit principle of fair presentation
Bilanzkonsolidierung consolidation of balance sheets
Bilanzkontinuität continuity of financial statement presentation
Bilanzkonto balance sheet account
bilanzmäßig balance-sheet
bilanzneutral off balance sheet
bilanzorientiert balance sheet oriented
Bilanzpolitik accounting policy
bilanzpolitisch: Abschreibung aus bilanzpolitischen Gründen policy depreciation
Bilanzposition balance sheet account
- balance sheet item
Bilanzposten balance sheet account
- balance sheet item
Bilanzposten bilden set up a balance sheet account
Bilanzprüfer auditor
Bilanzrecht accounting law
Bilanzrecht: Bankbilanzrecht bank accounting law
Bilanzrevision internal audit
Bilanzrichtlinie Accounting Directive
Bilanz-Richtlinie 4th EC Directive
Bilanzrichtlinien-Gesetz Accounting Directives Act
Bilanzschema balance sheet classification
Bilanzstatistik balance sheet statistics

Bilanzsteuerrecht statutory provisions and case law relating to the preparation of tax balance sheets
Bilanzstichtag balance sheet date
– closing date
– cutoff date
Bilanzstichtag: wertbegründendes Ereignis nach dem Bilanzstichtag und vor Ausgabe des Prüfungsberichtes subsequent event
Bilanzstruktur balance sheet structure
Bilanzsumme balance sheet total
Bilanzsumme erhöht sich balance sheet totals increase
bilanztechnisch balance-sheet
bilanzunwirksam off balance sheet
bilanzunwirksame Transaktion off-balance-sheet transaction
Bilanzvergleich balance sheet comparison
– comparison of balance sheets
Bilanzvergleich: externer Bilanzvergleich external balance sheet comparison
Bilanzvergleich: interner Bilanzvergleich internal balance sheet comparison
Bilanzverkürzung balance sheet contraction
Bilanzverlängerung balance sheet extension
– increase in total assets and liabilities
Bilanzverlust accumulated deficit *(deficit shown on the balance sheet after appropriation to or transfer from reserves)*
– balance sheet deficit *(deficit shown on the balance sheet after appropriation to or transfer from reserves)*
– deficit shown on the balance sheet after appropriation to or transfer from reserves *(deficit shown on the balance sheet after appropriation to or transfer from reserves)*
Bilanzvermerk balance sheet note
Bilanzverschönerung window dressing
Bilanzvolumen balance sheet total
Bilanzvorlage presentation of balance sheet
Bilanzwert balance sheet basis
– book basis
bilden *(Bilanzposten)* set up
bilden: Bilanzposten bilden set up a balance sheet account
bilden: Rücklage bilden set up a reserve
bilden: Rücklagen bilden create reserves
bilden: Rückstellung bilden accrue
– form a provision
– set up a provision
Bildung setting-up
– set-up
Bildung: Reservebildung set-up of reserves
Bildung: Rücklagenbildung set-up of reserves
Bildung von Rücklagen formation of reserves
– setting-up of reserves
Bildung von Rückstellungen forming of accruals
– set-up of accruals
– set-up of accrued liabilities
billig equitable
– fair
billig: recht und billig fair and equitable
– just and equitable
Billigkeit equity
– fairness
Billigkeitsantrag application for equitable relief
Billigkeitserlaß equitable relief
– equitable tax relief
– *(von Steuern)* remission of tax for reasons of equity
Billigkeitserwägungen considerations of equity
– equity considerations
Billigkeitsgründe: aus Billigkeitsgründen for reasons of equity
– on grounds of equity
Billigkeitsrecht equity
Billigung assent
bindend {für} binding {on/upon}

bindendes Angebot legally binding offer
Bindung *(Bindungswirkung)* binding
- binding effect
Bindung: wirtschaftliche Bindung an einen Staat economic bonds with a country
Bindung {an} *(Land)* bonds {with}
Bindungswille: Rechtsbindungswille intention to contract
Bindungswirkung binding effect
Binnenmarkt *(national)* domestic market
- *(EU)* EU market
- *(EU)* single market
Binnenumsätze *(national)* domestic sales
- *(EU)* EU sales
bitten: um Zahlungsaufschub bitten ask for payment extension
blanko unterschreiben sign a blank document
- sign in blank
Blankoindossament blank indorsement
Blatt: Kontoblatt ledger card
Blockprüfung block check
BMF Bundesminister der Finanzen *(Federal Minister of Finance)*
Boden land
Boden: fremder Grund und Boden third party land
Boden: Grund und Boden land
Bodenschätze minerals
Bodenverschmutzung soil contamination
Bonität credit rating
- credit standing
- credit worthiness
Bonitätsprüfung credit rating
Börse exchange
Börse: an die Börse gehen going public
Börse: Effektenbörse securities exchange
- stock exchange
Börse: Gang an die Börse going public
Börse: Wertpapierbörse stock exchange
Börsenaufsicht stock exchange supervision
börsenfähig marketable
börsenfähige Wertpapiere marketable securities
börsengängig marketable
börsengängige Wertpapiere marketable securities
Börsengesetz Stock Exchange Act
Börsenhandel stock exchange trading
Börsenkapitalisierung capitalization
- market capitalization
Börsenkurs price
- quotation
- stock market price
Börsenmakler stock exchange broker
börsennotiert listed *(exchange)*
- quoted
Börsenumsatzsteuer exchange turnover tax
- securities turnover tax
- stamp duty on stock exchange transfers
- stock exchange turnover tax
Börsenwert stock market price
Börsenzulassung listing *(stock exchange)*
bösgläubig in bad faith
böswillig malicious
- maliciously
Botschaft embassy
Botschafter ambassador
Boykott boycott
boykottieren boycott
Branche industry
Branche: Wertpapiermaklerbranche brokerage business
Brandstiftung arson
Branntweinsteuer tax on liquors
Brauch: Handelsbrauch trade practice
- trade usage
break down aufgliedern
brechen: Gesetz brechen break the law
- violate the law
brechen: Vertrag brechen break a contract
breite Bedeutung broad meaning

– broad significance
Brief: eingeschriebener Brief registered letter
Brief: Einschreibebrief *AE* certified mail
Brief: Frachtbrief bill of freight
– freight bill
Brief: Pfandbrief mortgage bond
Briefkastenfirma brass-plate company
– letterbox company
Briefkastengesellschaft brass-plate company
– letter box company
Bruch infringement
Bruchteil fractional interest
Bruchteil: Miteigentum nach Bruchteilen co-ownership
– tenancy in common
Bruchteil: Miteigentümer nach Bruchteilen tenant in common
Bruchteil des Nachlasses fractional part of an estate
Bruchteilseigentum ownership in common
– tenancy in common
Bruchteilseigentümer owner in common
– tenant in common
Bruchteilsgemeinschaft tenancy in common
brutto gross
Bruttoausweis gross presentation
– gross statement
Bruttoausweisverfahren method of gross presentation
Bruttodividende gross dividend
Bruttoeinkommen gross income
Bruttoeinkünfte gross income
Bruttoergebnis vom Umsatz gross profit (loss) on sales
Bruttoerlöse gross receipts
– gross revenue
– gross sales
Bruttoerträge gross earnings
Bruttoerträge: betriebliche Bruttoerträge gross operating revenue
Bruttogehalt gross salary
Bruttogewinn gross profit
Bruttolohn gross wage
Bruttomietwert gross annual rental
Bruttoumsatz gross sales
– gross turnover
Bruttoumsatzerlös gross sales revenue
Bruttoverfahren method of gross presentation
Bruttoverlust gross loss
Bruttowarenumsatz gross sales
BStBl. Bundessteuerblatt *(Federal Tax Gazette)*
Buch: Führung von Büchern keeping of accounts
buchen book
– enter in the books
– make an entry in the books
– post
– record
buchen: auf ein Konto buchen post to an account
buchen: in den Aufwand buchen expense
buchen: umbuchen transfer to another account
Bücher accounts
– books
– books and records
– books of account
Bücher: Einblick in die Bücher nehmen inspect the books and records
Bücher: Einsicht in die Bücher inspection of books and records
Bücher: Einsicht in die Bücher nehmen inspect the books and records
Bücher: führen von Büchern keep books
Bücher: Prüfung der Bücher audit of books and records
Bücher: Recht auf Prüfung der Bücher right to inspect books and records
Bücher abschließen close the books
Bücher einsehen inspect books
Bücher fälschen doctor books
– falsify books
Bücher führen keep books
– maintain books
Bücher und sonstige Aufzeichnungen books and records

Buchersitzung acquisition of a prescriptive title to land
Buchforderung book claim
- book debt
Buchführung accountancy
- accounting
- bookkeeping
- record keeping
- recordkeeping
Buchführung: doppelte Buchführung double-entry bookkeeping
Buchführung: einfache Buchführung single-entry bookkeeping
Buchführung: formelle Buchprüfung arithmetical and procedural check of accounting records
Buchführung: Grundsätze ordnungsmäßiger Buchführung *GoB* financial accounting standards
- *GoB* generally accepted accounting principles *GAAP*
Buchführung: Grundsätze ordnungsmäßiger Buchführung und Bilanzierung *GoB* accounting principles
Buchführung: kameralistische Buchführung *AE* governmental accounting
- *BE* public service accounting
Buchführung: kaufmännische Buchführung commercial bookkeeping
Buchführung: kontenlose Buchführung ledgerless accounting
Buchführung: periodengerechte Buchführung accounting on an accrual basis
Buchführungsmethode accounting method
Buchführungspflicht duty to keep books and records
- *BE* duty to keep books of account
- *BE* obligation to keep books of account
- record keeping requirement
Buchführungspflichten bookkeeping requirements
Buchführungssystem accounting system
Buchführungssystem: EDV-gestütztes Buchführungssystem computer-based accounting system
Buchführungstechnik accounting method
- accounting technique
- bookkeeping method
Buchführungsverfahren accounting method
Buchführungsvorschrift: handelsrechtliche Buchführungsvorschriften commercial accounting rules
Buchgeld bank money
- deposit money
Buchgewinn book profit
Buchhalter accountant
- bookkeeper
Buchhalter: Bilanzbuchhalter accountant
Buchhalter: Finanzbuchhalter financial accountant
buchhalterische Abschreibung book depreciation
buchhalterische Behandlung accounting treatment
buchhalterische Übersicht accounting statement
Buchhaltung accountancy
- accounting
- *(Abteilung)* accounting department
- *(Gesamtheit)* accounting records
- *BE* accounts department
Buchhaltung: kaufmännische Buchhaltung commercial accounting
Buchhaltung: projektbezogene Buchhaltung project accounting
Buchhaltungsabteilung accounting department
- bookkeeping department
Buchhaltungstheorie accounting theory
Buchinventur book inventory
buchmäßig book...
- for book purposes
buchmäßig erfassen book
- post
- record
buchmäßige Abschreibung book depreciation
buchmäßige Behandlung accounting treatment

buchmäßige Erfassung entry in the accounts
buchmäßiger Gewinn accounting profit
buchmäßiger Verlust book loss
Buchprüfer auditor
Buchprüfer: vereidigter Buchprüfer sworn auditor
Buchprüfung audit
– financial audit
Buchprüfung: formelle Buchprüfung audit of clerical accuracy
Buchprüfung: materielle Buchprüfung pysical check *(audit)*
Buchprüfungsgesellschaft accountancy firm
Buchrestwert residual value
Buchsachverständiger accountant
– accounting expert
Buchsachverständiger: vereidigter Buchsachverständiger sworn accounting expert
Buchung entry
Buchung: Jahresabschlußbuchungen year-end closing entries
Buchung: manuelle Buchung manual posting
Buchung: nachträgliche Buchung subsequent entry
– subsequent posting
Buchung: zusammengefaßte Buchung compound entry
Buchung: zusammengesetzte Buchung compound entry
Buchung erzeugen generate an entry
Buchung ohne Gegenbuchung unbalanced entry
Buchung stornieren reverse an entry
Buchungsbeleg bookkeeping voucher
– entry-supporting voucher
Buchungsdatum date of entry
Buchungsdurchlauf accounting cycle
Buchungsfehler false entry
Buchungskreis set of books
Buchungskreislauf accounting cycle
buchungspflichtig accountable
Buchungsposten entry
Buchungsposten im Journal journal entry
Buchungssatz entry formula
Buchungssatz: einfacher Buchungssatz simple entry
Buchungssatz: zusammengesetzter Buchungssatz compound entry
Buchungsschluß closing date of entries
Buchungsstatus posting status
Buchungssystem recording system
Buchungstext entry description
– entry memo
– narrative
Buchungsunterlagen: Fälschen von Buchungsunterlagen falsification of acounting documents
Buchungsvorfall accountable event
– accounting event
Buchungsvorfall: interner Buchungsvorfall internal accounting transaction
Buchungsvorgang bookkeeping operation
Buchungszeitpunkt date of entry
Buchungszwang mandatory recording
Buchverlust book loss
Buchwert basis
– book value
– carrying amount
– carrying value
Buchwert: fortgeführter Buchwert depreciated book value
– net book value
Buchwert: Nettobuchwert amortized cost
– depreciated cost
– net book value
Buchwert: Restbuchwert residual book value
Buchwertaufstockung step-up
– step-up in basis
Buchwertberichtigung basis adjustment
Buchwertfortführung basis rollover
– rollover of basis
– rollover of basis of assets and liabilities
– tax neutral rollover of basis
Buchwertfortsetzung basis rollover
Buchwertübernahme basis carryover

Buchwertverknüpfung basis rollover
- determination of the basis in the hands of the transferee by reference to the basis in the hands of the transferor
- rollover of basis
- rollover of basis of assets and liabilities
- tax neutral rollover of basis

Budgetkonto budgetary account
Budgetkosten budgeted cost
Bummelstreik go-slow strike
Bundes... federal ...
Bundesamt Federal Office
Bundesamt für Finanzen Federal Office of Finance
- Federal Tax Office

Bundesbank Federal Bank
Bundesbetriebsprüfungsstelle Federal Tax Examination Office
Bundesebene: auf Bundesebene at the national level *(federal)*
Bundesfinanzhof *BFH* Federal Fiscal Court
- *BFH* Federal Tax Court
- *BFH* Supreme Tax Court

Bundesfinanzminister Federal Finance Minister
Bundesfinanzministerium Federal Ministry of Finance
Bundesgerichtshof *BGH* Federal Civil Court
Bundesgesetzblatt *BGBl.* Federal Law Gazette
Bundeskanzler Federal Chancellor
Bundesminister der Finanzen *BMF* Federal Minister of Finance
Bundespräsident Federal President
Bundesrechnungshof Federal Accounting Office
Bundesrechtsanwaltskammer *AE* German Federal Chamber of Attorneys
Bundesregierung Federal Government
Bundesrepublik Deutschland Federal Republic of Germany
Bundesstaat state
bundesstaatlich: außerbundesstaatlich *(Einzelstaat)* out-of-state
bundesstaatliche Einkommensteuer state income tax
bundesstaatliche Ertragsteuer state income tax
bundesstaatliche Steuer state tax
Bundessteuer federal tax
Bundessteuerberaterkammer German Federal Chamber of Certified Tax Advisors
Bundessteuerblatt *BStBl.* Federal Tax Gazette
- Official Gazette of the Federal Ministry of Finance

Bundestag Federal Parliament
Bundesunternehmen federal enterprise
Bundesverfassungsgericht *BVerfG* Federal Constitutional Court
Bündnis alliance
Bürge guarantor
- surety

Bürge: Mitbürge co-surety
bürgen guarantee
bürgen: für eine Schuld bürgen guarantee debt
bürgen: gesamtschuldnerisch bürgen guarantee jointly and severally
bürgen {für} be surety {for}
Bürgen stellen provide a guarantor
Bürgerliches Gesetzbuch Civil Code
- *BGB* Civil Law Code
- *BGB* Code of Civil Law
- *BGB* German Civil Code

bürgerliches Recht civil law
- private law

Bürgermeister mayor
Bürgschaft *BE* guarantee
- *AE* guaranty
- suretyship

Bürgschaft: Ausfallbürgschaft *BE* deficiency guarantee
- *AE* deficiency guaranty

Bürgschaft: Erfüllungsbürgschaft builder bond
- completion bond
- performance bond

Bürgschaft: selbstschuldnerische Bürgschaft *BE* absolute guarantee
- *AE* absolute guaranty

Bürgschaft: Wechselbürgschaft *BE* bill guarantee
– *BE* guarantee of a bill of exchange
Bürgschaftskredit guaranteed credit
Bürgschaftsrisiko *BE* guarantee risk
– *AE* guaranty risk
Bürgschaftsverpflichtung: Rückstellung für Bürgschaftsverpflichtungen reserve for guaranties
Bürgschaftsvertrag contract of guarantee
– contract of suretyship
Büro office
Büroausstattung office equipment and furniture
Bürobedarf office stationery
Büromaterial *AE* office supplies
– stationary
Büroräume office space
Bußgeld fine
BVerfG Bundesverfassungsgericht *(Federal Constitutional Court)*

C

Cash-Flow-Rechnung cash flow statement
Clearingstelle clearing house
computergestützt computer-based
Computerkriminalität computer criminality
Controlling: Ertragscontrolling revenue controlling
Copyright-Inhaber copyright owner
Copyright-schutzfähiges Werk copyrightable matter
Copyright-Schutzfähigkeit copyrightability
Courtage broker fee
– brokerage
– broker's commission
– commission
Cum-Dividende cum-dividend

D

Dachfonds fund of funds
Damnum disagio
– discount
Damnum: Ausgabedamnum original issue discount *OID*
danach thereafter
– thereon
– thereupon
Darlehen loan
Darlehen: Bankdarlehen bank loan
Darlehen: Durchlaufdarlehen back-to-back loan
Darlehen: Fremdwährungsdarlehen foreign currency denominated loan
Darlehen: Gesellschafterdarlehen shareholder debt
– shareholder loan
Darlehen: gesichertes Darlehen secured loan
Darlehen: partiarisches Darlehen participating loan
– profit-participating loan
– profit-sharing loan
Darlehen: Scheindarlehen bogus loan
Darlehen: tilgungsfreies Darlehen balloon loan
Darlehen: Überbrückungsdarlehen bridging credit
– bridging loan
– interim credit
– interim loan
Darlehen: uneinbringliches Darlehen bad debt
– bad loan
Darlehen: unverzinsliches Darlehen interest-free loan
– loan without interest
Darlehen: verzinsliches Darlehen interest-bearing loan
Darlehen: Wucherdarlehen loan at usurious interest
– usurious loan
Darlehen: zinsloses Darlehen interest-free loan
– loan without interest
Darlehen: Zwischendarlehen interim credit
– interim loan
Darlehen einer Tochtergesellschaft an ihre Muttergesellschaft upstream loan
Darlehen sichern secure a loan

Darlehen von Kreditinstituten bank loans
Darlehensagio loan premium
Darlehensaufgeld loan premium
Darlehensforderungen gegenüber Betriebsangehörigen due from officers and employees
Darlehensgeber lender
Darlehenskonto loan account
Darlehensnehmer borrower
Darlehenssumme loan principal
– principal *(loan)*
Darlehensvertrag loan contract
Darlehenszinsen loan interest
Darlehn loan
Darlehnsschuld loan
darstellender Künstler performing entertainer
Darstellung: irreführende Darstellung misrepresentation
Darstellung: kontenmäßige Darstellung account-type presentation
das Innenverhältnis regelnde Statuten *(ergänzendes Satzungsdokument) AE* by-laws
Datei file
Datei: Artikelstammdatei item master file
Datei: Debitorendatei accounts receivable file
Datei: Stammdatei master file
Daten: Stammdaten master files
Daten: Vergleichsdaten comparative data
Datenbank data bank
– data base
Datenverarbeitung data processing
Datenverarbeitung: elektronische Datenverarbeitung *EDV* electronic data processing *EDP*
datieren: vordatieren postdate
Datum: Ablaufdatum expiration date
– expiry date
Datum: Buchungsdatum date of entry
Datum: Fälligkeitsdatum due date
Datum: mit einem späteren Datum versehen postdate
Dauer duration
– term
Dauer: auf Dauer on an ongoing basis
– perpetual
Dauer: Besitzdauer holding period
Dauer: Haltedauer holding period
Daueraufenthaltsbewilligung *AE* green card
Dauerauftrag standing order
dauerhaft on an ongoing basis
dauerhafte Wohnstätte permanent domicile
dauernd getrennt lebend living apart permanently
dauernd getrennt lebende Ehegatten spouses living apart permanently
dauernde Einrede peremptory plea
dauernde Wertminderung permanent diminution in value
Dauerschuld long-term debt for trade tax purposes
Dauerschuldverhältnis contract for the performance of continuous obligations
Dauerschuldzinsen interest on long-term debt for trade tax purposes
Dauerzustand permanent condition
davon hereof
– of which
– thereof
davon aus verbundenen Unternehmen *AE* of which from affiliated companies
– *BE* of which relating to group undertakings
davon fällig in mehr als einem Jahr thereof falling due after more than one year
davon fällig in weniger als einem Jahr thereof falling due in less than one year
davon konvertibel of which convertible
DBA Doppelbesteuerungsabkommen
de facto de facto
de iure de jure
Debetsaldo debit balance
Debitoren accounts receivable
Debitoren: Wechseldebitoren bills receivable

Debitorenbuchhaltung accounts receivable accounting
– accounts receivable department
Debitorenbuchung accounts receivable entry
Debitorendatei accounts receivable file
Debitorenkartei accounts receivable file
Debitorenkonto accounts receivable account
Debitorenkontoauszug accounts receivable statement
Debitorenumschlag receivables turnover
Debitorenwagnis accounts receivable risk
Deckblatt coversheet
– front page
– header
Deckung collateral
– collerteral
– *(Versicherung)* cover *(insurance)*
– *(Versicherung)* coverage *(insurance)*
Deckung: Deckung durch Vermögenswerte asset cover
Deckung: ohne Deckung unsecured
Deckung: Überdeckung *(Kostenabweichung)* overestimate of costs *(cost variance)*
Deckung durch Vermögenswerte asset cover
Deckungsbeitrag contribution margin
Deckungsbeitragsrechnung cost-volume-profit analysis *CVP*
Deckungsgeschäft cover
– covering transaction
Deckungshöhe scope of coverage
Deckungskonto cover account
Deckungskonto: Garantiedeckungskonto *AE* guaranty cover account
Deckungslücke contribution shortfall
Deckungssumme amount covered
– insured sum
Deckungsumfang coverage
Deckungsverhältnis: Zinsdeckungsverhältnis interest coverage ratio
Deckungszusage *(Versicherung) AE* binder *(insurance)*
– *(Versicherung) BE* cover note *(insurance)*
– *(Versicherung) AE* insurance binder
Deckungszusage: vorläufige Deckungszusage *(Versicherung) AE* binder *(insurance)*
– *(Versicherung) AE* insurance binder
Definiton: eigenständige Definition autonomous definition
Defizit deficiency
degressive Abschreibung declining-balance depreciation
– declining-balance method of depreciation
– reducing-balance depreciation
degressive AfA declining-balance tax depreciation
degressives Abschreibungsverfahren declining-balance method
– declining-balance method of depreciation
Dekonsolidierung deconsolidation
Dekret decree
Delegation von Befugnissen delegation of powers
delegieren: Befugnisse delegieren {an} delegate power {to}
Delikt tort
Delikt: Steuerdelikt *BE* tax offence
– *AE* tax offense
Delikthaftung liability in tort
deliktisch tortious
deliktische Haftung tortious liability
deliktische Handlung tortious conduct
Deliktsfähigkeit capacity for tortious liability
Deliktsrecht law of torts
Delkredere del credere
Delkredereprovision del credere commision
Delkredererisiko del/credere risk
Delkredererückstellung del credere provision
Delkredere-Vertreter del credere agent
– del/credere agent
dem Grunde und der Höhe nach on the merits and in terms of amount
Demokrat democrat

Demokratie democracy
demokratisch democrat
Demonstrationsrecht right to demonstrate
Demontagekosten cost for removal
– removal costs
den Nießbrauch betreffend usufructuary
den Tatsachen nach according to the facts
– de facto
den Umständen nach considering
Denkmal historical monument
– landmark
Denkschrift zum DBA official memorandum on the tax treaty
Depositen deposits
Depot: Sammeldepot collective custody account
Depotgebühr safe-custody charge
– safe-custody fee
der Besteuerung unterliegen attract taxation
– be subject to taxation
der Besteuerung unterliegend subject to taxation
der Einkommensteuer unterliegen be subject to income tax
der frühere the former
der Höhe nach as to the amount
der Höhe nach: Bilanzansatz der Höhe nach reported amount on the balance sheet
der Höhe nach angemessen appropriate in amount
der Höhe nach begrenzt limited as to the amount
der Meinung sein be of the opinion
der spätere the subsequent
der Steuer unterliegen be subject to tax
Deregulierung deregulation
Derivat derivative
derivativ derivative
derivativer Firmenwert acquired goodwill
– purchased goodwill
Desinvestitionsperiode recovery period
detaillierte Berichterstattung detailed reporting
Devisen foreign exchange
Devisenbeschränkungen foreign exchange restrictions
Devisenbewirtschaftung exchange control
– foreign exchange control
Devisenhandel foreign exchange trade
Devisenkurs exchange rate
Devisenposition foreign exchange position
Devisentermingeschäft *(unstandardisiert)* foreign exchange forward contract
Dezimalklassifikation decimal classification system
Diebstahl larceny
– theft
Diebstahlversicherung insurance against theft
Dienst: öffentlicher Dienst civil service
Dienstaufsicht supervision
Dienstbarkeit easement
– subservience
Dienstleister provider of services
– service provider
– service renderer
Dienstleistung service
Dienstleistung: Erbringung von Dienstleistungen supply of services
Dienstleistung: Erbringung von freiberuflichen Dienstleistungen performance of professional services
Dienstleistung: Finanzdienstleistungen financial services
Dienstleistung: freiberufliche Dienstleistungen independent professional services
– professional services
Dienstleistung: Waren und Dienstleistungen goods and services
Dienstleistungen erbringen perform services
– render services
Dienstleistungsbetriebsstätte service establishment

Dienstleistungsempfänger service recipient
Dienstleistungsmarke service mark
Dienstpflicht obligation to perform services
- obligation to provide services
Dienstreise business trip
Dienstverhältnis employment relationship
Dienstverpflichteter person obliged to perform services
Dienstvertrag contract for services
- employment contract
Dienstwagen company car
- employer-provided car
Dienstwohnung employer-provided housing
Differenz conflict
- controversy
- *(Meinungsverschiedenheit)* disagreement
- spread
Differenz: Inventurdifferenz inventory difference
- stock difference
Differenzausgleich in Geld cash settlement
Differenzbesteuerung *(USt)* margin scheme *(VAT)*
Digitalabschreibung sum-of-the-years-digit method of depreciation
dilatorische Einrede dilatory plea
dinglich besichert secured by property
dingliche Berechtigung {an/am} title {to}
dingliche Sicherheit property collateral
dinglicher Anspruch real right
- right in rem
dingliches Recht property right
- right in rem
dingliches Recht: urkundlicher Nachweis eines dinglichen Rechts title
Diplomat diplomatic agent
Diplomatie diplomacy
diplomatische Beziehungen abbrechen suspend diplomatic relations
diplomatische Beziehungen aufnehmen {mit} enter into diplomatic relations {with}
diplomatische Immunität genießen enjoy diplomatic immunity
diplomatische Vertretung diplomatic mission
diplomatischer Dienst diplomatic service
direkt direct
direkte Gewinnermittlungsmethode direct profit allocation method
direkte Gewinnzurechnungsmethode direct profit allocation method
direkte Methode *(der Betriebsstättengewinnermittlung)* direct method *(profit determination of a permanent establishment)*
- *(der Betriebsstättengewinnermittlung)* direct profit allocation method *(profit determination of a permanent establishment)*
- *(der Betriebsstättengewinnermittlung)* separate accounting method *(profit determination of a permanent establishment)*
direkte Steuer direct tax
direkte Steueranrechnung direct foreign tax credit
- direct tax credit
Direktimporteur direct importer
Direktionsrecht authority to give directions
- right to give instructions
Disagio discount
- loan discount
- maturity premium
Disagio: Ausgabedisagio original issue discount *OID*
Disagio: Emissionsdisagio loan discount
- maturity premium
Diskont discount *(discounting on a note)*
Diskont: Wechseldiskont bill discount
- discount of a bill
Diskontaufwendungen discounts allowed
Diskonterlöse discounts earned
Diskonterträge discounts received

D

diskontieren discount
Diskontierung discounting *(note)*
Diskontierung: Wechseldiskontierung discounting of a bill
Diskontierungssatz discount rate
Diskontsatz discount rate
Diskontsatz: Wechseldiskontsatz bill discount rate
diskriminierend discriminatory
diskriminiert: steuerlich diskriminiert tax-discriminated
Diskriminierung: steuerliche Diskriminierung fiscal discrimination
– tax discrimination
Diskriminierungsverbot non-discrimination rule
Diskussionsgruppe panel
Dispens dispensation
Dispositionsmaxime principle of party disposition
dispositives Recht law alterable by agreement
– optional law
Distributionsweg distribution channel
diverse Aufwendungen sundry expenses
Diverses sundries
Diversifikation diversification
Dividende dividend
Dividende: Abschlagsdividende interim dividend
Dividende: Bardividende cash dividend
Dividende: Bruttodividende gross dividend
Dividende: Cum-Dividende cum-dividend
Dividende: Ex-Dividende ex-dividend
Dividende: Liquidationsdividende liquidating dividend
Dividende: mit Dividende cum dividend
Dividende: Zwischendividende interim dividend
dividendenausschüttende Gesellschaft dividend distributor
Dividendenausschüttung dividend distribution
Dividendenbeschluß dividend resolution
Dividendenbesteuerung dividend taxation
Dividendenbogen dividend coupon sheet
Dividendeneinkünfte dividend income
Dividendenerträge dividend income
Dividendenforderungen dividends receivable
dividendengleicher Betrag dividend equivalent amount
Dividendenpapier equity security
Dividendenpolitik dividend policy
Dividendenschein dividend coupon
Dividendensteuer dividend tax
Dividendenstrom dividend stream
Dokument document
Dokument: in diesem Dokument enthalten contained herein
Dokumentation documentation
Dokumentation: Grundsätze ordnungsmäßiger Dokumentation generally accepted documentation principles
Dokumentenakkreditiv documentary credit
– documentary letter of credit
Dokumentenkredit documentary credit
Domizil domicil
Domizilgesellschaft base company
domizilieren domicile
Doppel: Belegdoppel voucher copy
Doppelansässigkeit double residency
Doppelbelastung double burden
Doppelbesteuerung double taxation
Doppelbesteuerung: juristische Doppelbesteuerung juridical double taxation
Doppelbesteuerung: Vermeidung der Doppelbesteuerung avoidance of double taxation
Doppelbesteuerung: wirtschaftliche Doppelbesteuerung double taxation in economic terms
– economic double taxation
Doppelbesteuerung beseitigen eliminate double taxation

Doppelbesteuerungsabkommen double tax convention
- double tax treaty
- double taxation agreement
- tax treaty
- treaty

Doppelbuchung duplicated entry
Doppelfreistellung double exemption
Doppelnichtbesteuerung double non-taxation
Doppelspalte double column
doppelt ansässig dual resident
doppelt ansässige Gesellschaft dual residence company
- dual resident company

doppelte Ansässigkeit double residency
- dual residency

doppelte Buchführung double-entry bookkeeping
doppelte Haushaltsführung job-related maintenance of two households
- maintenance of two households

doppelter Steuervorteil dual tax advantage
- dual tax benefit

Doppelverrechnung double counting
Doppelwohnsitz dual residence
Doppik double-entry bookkeeping
Dotationskapital *(intern zugeführte Finanzausstattung einer Betriebsstätte)* allotted capital *(branch taxation)*
dotieren: Rücklagen dotieren add to reserves
- transfer to reserves

Dotierung: Rücklagendotierung allocation to reserves
- funding of reserves
- transfer to reserves

Dotierung von Rücklagen transfer to reserves
Dreiecksfall triangular case
Dreiecksverhältnis triangular relationship
dreimonatige Kündigungsfrist three months' notice
dreistufig three-tiered
dringender Verdacht strong suspicion
Dritter third party
Dritter: fremder Dritter third party
- unrelated party

Dritter: Haftung für Verschulden Dritter *(zB für Verrichtungsgehilfen, Erfüllungsgehilfen)* vicarious liability
Dritter: Leistung durch einen Dritten performance by a third party
Dritter: unbeteiligter Dritter bystander
Dritter: Vertrag zugunsten Dritter contract for the benefit of a third party
Drittland third country
Drittvergleich dealing-at-arm's-length comparison
Drittwiderspruchsklage third-party action against execution
drohende Verluste contingent losses
Drohverlustrückstellung accrual for contingent losses
- provision for contingent losses

Druck print
dubiose Forderungen doubtful accounts
duchsetzbar: undurchsetzbar unenforceable
dulden acquiesce
- tolerate

Duldung acquiescence
- toleration

Duldungsvollmacht authority by estoppel
Duplik rejoinder
Duplikat duplicate
durch by means of
- owing to

durch die Anknüpfung der Besteuerung {an} by attaching taxation {to}
durch Indossament übertragbar negotiable by endorsement
durch notariellen Vertrag gründen establish by agreement in notarial form
durch schlüssiges Verhalten erteilte Vollmacht agency by estoppel
durch Steuerabzug erhobene Einkommensteuer income tax withheld at source

D

Durchbrechung der Bestandskraft suppression of non-appealability
durchfließen flow through
– pass through
Durchfuhr transit
Durchführung carrying out
– implementation
Durchführung einer Veranlagung levying of an assessment
Durchführungsbestimmung implementing regulation
Durchführungspflicht duty of enforcement
– duty of implementation
Durchführungsverordnung *DV/DVO* implementing ordinance *(to individual tax laws)*
Durchführungsverordnung: Einkommensteuer-Durchführungsverordnung *EStDV* Income Tax Implementing Ordinance
Durchführungsverordnung: Kapitalverkehrsteuer-Durchführungsverordnung *KVStDV* Capital Transfer Tax Implementing Ordinance
Durchführungsverordnung: Lohnsteuer-Durchführungsverordnung Wage Tax Implementing Ordinance
Durchführungsverordnung: Umsatzsteuer-Durchführungsverordnung *UStDV* Value Added Tax Implementation Ordinance
Durchführungsverordnung: Wechselsteuer-Durchführungsverordnung *WStDV* Bills of Exchange Implementation Ordinance
Durchgangsposten transitory item
Durchgriffshaftung *(Kapitalgesellschaft)* piercing the corporate veil
Durchlaufdarlehen back-to-back loan
durchlaufend transitory
durchlaufende Steuer transitory tax
durchlaufender Kredit back-to-back loan
durchlaufender Posten item in transit
– transitory item
Durchlauffinanzierung back-to-back financing
– conduit financing
Durchlaufgesellschaft conduit company
Durchlaufkonto interim account
– transitory account
Durchlaufposten transitory item
Durchlaufzeit cycle time
– throughput time
durchleiten pass through
durchreichen pass through
durchschleusen pass through
Durchschnitt average
Durchschnitt: gewichteter Durchschnitt weighted average
Durchschnitt: gewogener Durchschnitt weighted average
Durchschnitt: gleitender Durchschnitt moving average
Durchschnitt: gleitender gewogener Durchschnitt moving weighted average
durchschnittlicher Steuersatz average tax rate
Durchschnittsbewertung valuation at average prices
Durchschnittseinstandspreis average cost price
Durchschnittskosten average cost
Durchschnittskostenmethode average cost method
Durchschnittspreis average price
Durchschnittspreise: Bewertung zu Durchschnittspreisen average cost method
Durchschnittssatz average rate
Durchschnittssteuersatz average tax rate
Durchschreibebuchführung carbon-copy bookkeeping
– *AE* one-write system
– *AE* one-write system of bookkeeping
Durchschüttung onward distribution
durchsetzbar enforceable
durchsetzbar: rechtlich durchsetzbar legally enforceable
Durchsetzbarkeit enforceability
Durchsetzbarkeit: Undurchsetzbarkeit unenforceability
durchsetzen {durch} enforce {by}
Durchsetzung enforcement

Durchsetzung: Rechtsdurchsetzung law enforcement
Durchsetzung eines Anspruches enforcement of a claim
Durchsuchung search
DV Durchführungsverordnung
DV/DVO Durchführungsverordnung *(implementing ordinance)*
DVO Durchführungsverordnung

E

EAV Ergebnisabführungsvertrag
Ebene: auf Bundesebene at the national level *(federal)*
Ebene: auf nationaler Ebene *(Bundesebene)* at the federal level
– at the national level
Ebene: Gesellschaftsebene corporate level
– entity level
ebenso assenting
– concurring
– endorsed {by}
echtes Factoring factoring without recourse
– non-recourse factoring
Echtheit authenticity
EDV-Buchführung computer-based accounting
EDV-gestütztes Buchführungssystem computer-based accounting system
Effekten fungible securities
Effektenbörse securities exchange
– security exchange
– stock exchange
Effektenmakler securities broker
– stockbroker
effektive Inventur physical inventory
effektive Steuerbelastung effective tax burden
Effektivsteuersatz effective tax rate
Effektivverzinsung effective rate of return
– effective yield
EG-Recht Community law
– EC law
EG-Richtlinie EC Directive
EG-Richtlinie: 4. EG-Richtlinie 4th EC Directive
EG-Richtlinie: 7. EG-Richtlinie 7th EC Directive
Ehe marriage
Ehe: in erster Ehe in first marriage
Ehe: Ungültigkeitserklärung der Ehe annulment of marriage
Ehe: verheiraten get married
Ehe: wilde Ehe extramarital cohabitation
Ehe: zerrüttete Ehe failed marriage
Ehe eingehen marry
Ehe ohne Trauschein extramarital cohabitation
Ehe schließen marry
eheähnlich connubial
Eheanfechtung avoidance of marriage
Eheaufhebung annulment of marriage
Eheauflösung dissolution of marriage
Ehebruch begehen commit adultery
Ehefähigkeit capacity to marry
Ehegatte spouse
Ehegatte: überlebender Ehegatte surviving spouse
Ehegatten husband and wife
Ehegatten: dauernd getrennt lebende Ehegatten spouses living apart permanently
Ehegattenabzug marital deduction *(estate tax)*
Ehegattenbesteuerung taxation of spouses
Ehegattenfreibetrag marital deduction *(estate tax)*
Ehehindernis marriage impediment
Eheleute husband and wife
– spouses
ehelich: für ehelich erklärtes Kind legitimated child
ehelich: Kind für ehelich erklären declare a child legitimate
– legitimate a child
eheliche Abstammung legitimate descent
eheliche Gütergemeinschaft community of property
eheliche Rechte und Pflichten conjugal rights and duties

- marital rights and duties
eheliche Treue conjugal fidelity
eheliches Vermögen matrimonial property
Ehelichkeit legitimacy of a child
Ehemündigkeit capacity to marry
Ehenichtigkeit invalidity of marriage
- nullity of marriage
Ehescheidung divorce
Ehescheidungsgrund ground for divorce
Ehescheidungsurteil divorce decree
Eheschließung act of marrying
Ehestand marital status
Ehestreitigkeiten matrimonial disputes
Eheversprechen promise of marriage
Ehevertrag matrimonial property agreement
- prenuptial agreement
eidesstattliche Erklärung affidavit
eidliche Vernehmung examination under oath
eidliche Zeugenaussage deposition
Eigenbelastung self-retention
Eigenbelastung: zumutbare Eigenbelastung reasonable self-retention
Eigenbeleg internal voucher
- self-prepared document
- self-prepared voucher
eigene Aktien *AE* treasury stock
eigene Anteile own shares
- *AE* treasury stock
eigene Anteile: Rücklage für eigene Anteile reserve for own shares
- *AE* reserve for treasury stock
eigene Gefahr: auf eigene Gefahr on own risk
eigene Rechnung: für eigene Rechnung for one's own account
eigener Hausstand own household
eigener Wechsel promissory note
eigengenutzt owner-occupied
eigenhändiges Testament holographic will
Eigenkapital equity *(capital)*
- investments by owners
- owners' equity
- *(Einzelunternehmen)* proprietors' equity
- shareholders' equity
- *(Aktiengesellschaft) AE* stockholders' equity
Eigenkapital: Nettoeigenkapital net equity
Eigenkapital: Nettoeigenkapitalposition net equity position
Eigenkapital: nicht durch Eigenkapital gedeckter Fehlbetrag deficit not covered by equity
Eigenkapitalkonto equity account
Eigenkapitalquote capital ratio
Eigenkapitalspiegel *BE* statement of shareholders' equity
- *AE* statement of stockholders' equity
Eigenleistung: aktivierte Eigenleistungen *BE* internal expenditure capitalized
- own work capitalized
- *AE* self-construction - own expenses capitalized
Eigenleistungen: im Anlagevermögen berücksichtigte Eigenleistungen own work capitalized as fixed assets
Eigenmittel internal funds
Eigennutzung owner occupation
Eigenschaft quality
Eigenschaft: wesentliche Eigenschaft einer Sache essential quality of a subject matter
Eigenschaft: zugesicherte Eigenschaft guaranteed quality
- guranteed quality
- warranted quality
Eigenschaft: Zusicherung einer Eigenschaft *BE* guarantee of quality
- *AE* guaranty of quality
- warranty of quality
Eigenschaftsirrtum mistake as to material qualities of the subject matter
eigenständig autonomous
- independent
- of its own
eigenständig: rechtlich eigenständig legally separate
eigenständige Bedeutung meaning of its own

– significance of its own
eigenständige Definition autonomous definition
Eigentum ownership
– property
Eigentum: Belastung von Eigentum charge on property
– encumbrance on property
Eigentum: geistiges Eigentum intellectual property
Eigentum: öffentliches Eigentum public property
Eigentum: rechtliches Eigentum legal ownership
Eigentum: rechtliches Eigentum {an/am} legal title {to}
– title {to}
Eigentum: rechtsmängelfreies Eigentum {an/am} good title {to}
– marketable title {to}
Eigentum: sich das Eigentum vorbehalten {an/am} retain title {to}
Eigentum: unbelastetes Eigentum {an/am} good title {to}
– unencumbered title {to}
Eigentum: von Rechten Dritter freies Eigentum {an/am} good title {to}
Eigentum: wirtschaftliches Eigentum beneficial ownership
– economic ownership
Eigentum {an/am} legal title {to}
– title {to}
Eigentum erwerben acquire property
Eigentum geht über property passes
– title passes
Eigentum übertragen transfer property
– transfer title
Eigentümer owner
– proprietor
– titleholder
Eigentümer: formeller Eigentümer legal owner
Eigentümer: rechtlicher Eigentümer legal owner
Eigentümer: wirtschaftlicher Eigentümer beneficial owner
– economic owner
Eigentümer: zivilrechtlicher Eigentümer legal owner
Eigentümergemeinschaft home owners' association
Eigentümergrundschuld *AE* land charge in favor of the owner
– *BE* land charge in favour of the owner
Eigentümerhypothek mortgage for the benefit of the owner
Eigentumsbeschränkung restriction of title
Eigentumserwerb acquisition of property
Eigentumsrecht property right
Eigentumsrecht: von Rechten Dritter freies Eigentum {an/am} good title {to}
Eigentumsrecht: von Rechten Dritter freies Eigentumsrecht {an/am} good title {to}
Eigentumsrecht {an/am} legal title {to}
– ownership right {to}
– title {to}
Eigentumsübergang passage of title
– passing of property
– passing of title
– title passage
Eigentumsübertragung ownership transfer
– transfer of ownership
– transfer of property
– transfer of title
Eigentumsurkunde certificate of title
Eigentumsverlust loss of property
Eigentumsvermutung presumption of title
Eigentumsvorbehalt ownership reservation
– reservation of ownership
– reservation of property
– reservation of title
– retention of property
– retention of title
Eigentumsvorbehalt: Kauf unter Eigentumsvorbehalt conditional sale
Eigentumsvorbehalt: Verkauf unter Eigentumsvorbehalt conditional sale
Eigentumsvorbehaltsklausel retention-of-title clause

Eigentumswohnung *AE* condominium
Eigenverbrauch *(USt)* self-supply *(VAT)*
– deemed taxable supply of goods and services *(VAT)*
Eigenwechsel promissory note
Eignung fitness
Einbau fitting
Einbauten fixtures
– improvements
Einbauten: Gebäude einschließlich Ein- und Umbauten buildings and improvements
Einbauten: gewerbliche Einbauten trade fixtures
Einbauten: Mietereinbauten leasehold improvements
– tenant improvements
Einbehalt retention
– withholding
Einbehalt: Garantieeinbehalt *BE* guarantee retention
– *BE* guarantee withholding
– *AE* guaranty retention
– *AE* guaranty withholding
Einbehalt: Steuereinbehalt tax withholding
einbehalten retain
– retained
– withhold
einbehaltene Gewinne retained earnings
einbehaltene Lohnsteuer wage tax withheld
einbehaltene Steuern withheld taxes
Einbehaltung: Lohneinbehaltung retention of wage
Einbehaltung von Steuern deduction of taxes at source
– withholding of taxes
einberufen *(Hauptversammlung)* convene
einberufen: Gesellschafterversammlung einberufen convene a shareholders' meeting
einberufen: Hauptversammlung einberufen call a general meeting
Einberufung des Betriebsrates convening of the works council
Einblick in die Bücher nehmen inspect the books and records
einbringen: Gesetzesvorlage einbringen bring in a bill
Einbringlichkeit collectability
Einbringung: Anteilseinbringung contribution of shares
– *(Aktien) AE* contribution of stock
Einbruchsdiebstahl burglary
Einbruchsversicherung burglary insurance
Eindämmung: Kosteneindämmung cost containment
eindeutig unequivocal
eindeutig: nicht eindeutig ambiguous
eindeutiger Wortlaut clear-cut wording
einem Ausdruck eine bestimmte Bedeutung beilegen ascribe a specific meaning to a term
einerseits on the one hand
eines Rechts verlustig gehen forfeit a right
einfache Buchführung single-entry bookkeeping
einfacher Buchungssatz simple entry
Einfamilienhaus single-family home
Einfluß influence
Einfluß: beherrschender Einfluß controlling influence
Einfluß {auf} bearing {on}
Einflußnahme exercise of influence
Einflußnahme: unzulässige Einflußnahme undue influence
einfordern call in
Einforderung call
– calling in
Einfuhr import
Einfuhrabgabe import duty
einführend preliminary
Einfuhrumsatzsteuer turnover tax on imports
Einfuhrumsatzsteuerwert basis for assessing VAT on imports
Einfuhrzoll import duty
Eingang: Geldeingänge monies received
Eingang: Kasseneingänge cash receipts

Eingang abgeschriebener Forderungen bad debts recovered
Eingangsabgabe import duty
eingangsabgabenpflichtig subject to import duties
Eingangsfrachten inbound freight
Eingangsrechnung invoice received
– purchase invoice
Eingangssatz *(Steuertarif)* entry-level-bracket rate
Eingangsstufe *(Steuertarif)* entry-level bracket
eingebaute Anlage fixture
eingebaute Kontrolle built-in check
eingefordert called
– called in
– called up
eingefordert: nicht eingefordert uncalled
eingefordert: nicht eingefordertes Kapital uncalled capital
eingefordert: noch nicht eingefordertes Kapital uncalled capital
eingefordert, noch nicht eingezahlt called up, not yet paid in
eingefordertes Kapital called in capital
eingegliedert integrated
eingegliedertes Unternehmen integrated corporation
eingehen: Risiko eingehen run a risk
eingehen: Verbindlichkeit eingehen incur a liability
– undertake a liability
eingelegtes Kapital *(der Teil des Eigenkapitals, der auf Bar- oder Sacheinlagen beruht) AE* paid-in capital *(contributed capital)*
eingelöst *(Scheck)* paid *(cheque)*
eingeräumt granted
eingeschlossen: Spesen eingeschlossen all expenses included
eingeschränkte Prüfung limited audit
– limited examination
– limited review
– partial audit
eingeschränkter Bestätigungsvermerk qualified opinion
eingeschriebener Brief registered letter
eingesetzt: als Erbe eingesetzt werden be appointed as heir
eingesetztes Kapital capital employed
eingestellt discontinued
eingestellter Betrieb discontinued operation
eingetragen registered
eingetragene Zweigniederlassung registered branch
eingetragenes Kapital registered capital
eingetragenes Warenzeichen registered trademark
eingetretenes Wagnis encountered risk
eingezahlt: eingefordert, noch nicht eingezahlt called up, not yet paid in
eingezahlt: nicht voll eingezahlt partly paid
eingezahlt: teileingezahlt partly paid in
eingezahltes Kapital *(der Teil des Eigenkapitals, der auf Bar- oder Sacheinlagen beruht) AE* paid-in capital *(contributed capital)*
Eingliederung: finanzielle Eingliederung financial integration
Eingliederung: organisatorische Eingliederung organizational integration
Eingliederung: wirtschaftliche Eingliederung economic integration
einhalten abide {by}
– adhere {to}
– observe
einhalten: Frist einhalten comply with a period of time
– observe a period of time
einhalten {von} comply {with}
Einhaltung adherence {to}
– observation {of}
Einhaltung: Nichteinhaltung non-compliance
Einhaltung {von} compliance {with}
Einhaltung eines Staatsvertrages adherence to a treaty
Einhaltung gesetzlicher Vorschriften legal compliance

Einhaltung rechtlicher Bestimmungen legal compliance
Einheit: Abrechnungseinheit accounting unit
Einheit: Besteuerungseinheit fiscal unit
- tax unit
Einheit: Betriebseinheit operating unit
Einheit: Bewertungseinheit valuation unit
Einheit: Funktionseinheit functional unit
Einheit: Geschäftseinheit business unit
Einheit: rechtlich selbständige Einheit legal entity
- legally distinct entity
Einheit: wirtschaftliche Einheit economic entity
- economic unit
Einheit: Wirtschaftseinheit economic entity
- economic unit
einheitlich abschreiben subject to the same depreciation treatment
einheitliche Gewinnfeststellung uniform determination of profits
einheitliche Leitung: unter einheitlicher Leitung under common control
Einheitsbewertung assessed uniform valuation
- assessed valuation
Einheitskurs middle price
Einheitssatz flat rate
Einheitstheorie entity theory of consolidation
Einheitswert assessed uniform value
- assessed value
Einheitswert: Fortschreibung des Einheitswertes adjustment of assessed value
- adjustment of uniformly assessed value
einhellig unanimous
einigen: sich einigen {über} agree upon
Einigung: außergerichtliche Einigung settlement out of court
Einigung {über} agreement {on}
Einkauf: Bareinkauf cash purchase
Einkaufskommission buying commission
Einkaufskommissionär buying commissionaire
Einkaufskonto purchasing account
Einkaufskonto: Wareneinkaufskonto merchandise purchase account
Einkaufsniederlassung purchasing branch office
Einkaufspreis purchase price
Einkaufspreis: Nettoeinkaufspreis net purchase price
Einkaufswert: Nettoeinkaufswert net purchase price
einklagbar actionable
- enforceable
- suable
Einkommen income
Einkommen: ausländisches Einkommen foreign source income
Einkommen: Besteuerung von Einkommen taxation of income
Einkommen: Bruttoeinkommen gross income
Einkommen: Ermittlung des Einkommens determination of income
Einkommen: Ermittlung des zu versteuernden Einkommens determination of taxable income
Einkommen: Erwerbseinkommen business income
Einkommen: Jahreseinkommen annual income
Einkommen: Nettoeinkommen net income
Einkommen: niedrig besteuertes Einkommen low-taxed income
Einkommen: quellenbesteuertes Einkommen income taxed at source
Einkommen: Reineinkommen net income
Einkommen: Roheinkommen gross income
Einkommen: steuerpflichtiges Einkommen taxable income
Einkommen: Welteinkommen worldwide income

Einkommen: zu versteuerndes Einkommen taxable income
Einkommen: zuzurechnendes Einkommen attributable income
Einkommen beziehen derive income
Einkommen erwirtschaften generate income
Einkommen vor Steuern pretax income
Einkommensausfall loss of income
Einkommensermittlung determination of taxable income
– income determination
Einkommenserzielung income generation
– income production
Einkommensgrenze income limit
Einkommensgruppe income group
Einkommensgruppe: untere Einkommensgruppen lower income brackets
– lower income groups
Einkommensklasse income bracket
Einkommensquelle income source
Einkommensstufe income bracket
Einkommensteuer income tax
– tax on income
Einkommensteuer: bundesstaatliche Einkommensteuer state income tax
Einkommensteuer: der Einkommensteuer unterliegen be subject to income tax
Einkommensteuer: nicht anrechenbare ausländische Einkommensteuer noncreditable foreign income tax
Einkommensteuer: progressive Einkommensteuer progressive income tax
Einkommensteueraufwand income tax expense
Einkommensteuer-Durchführungsverordnung *EStDV* Income Tax Implementing Ordinance
Einkommensteuererklärung income tax return
Einkommensteuergesetz *EStG* Income Tax Act
Einkommensteuer-Grundtabelle basic income tax schedule
Einkommensteuerpflicht income tax liability
Einkommensteuerpflicht: beschränkte Einkommensteuerpflicht income taxation of nonresidents
einkommensteuerpflichtig liable for income tax
– subject to income tax
einkommensteuerpflichtig: beschränkt einkommensteuerpflichtig subject to income taxation of nonresidents
Einkommensteuerpflichtiger person liable to income tax
Einkommensteuerrecht income tax law
Einkommensteuer-Richtlinien *EStR* Income Tax Regulations
Einkommensteuer-Splittingtabelle income tax splitting schedule
Einkommensteuer-Tarif income tax scale
Einkommensverhältnisse income means
Einkommensverteilung income distribution
Einkommenszuwachs growth of income
– increase of income
Einkünfte: ausländische Einkünfte foreign source income
– income earned abroad
Einkünfte: außerordentliche Einkünfte extraordinary income
Einkünfte: Bruttoeinkünfte gross income
Einkünfte: Dividendeneinkünfte dividend income
Einkünfte: gewerbliche Einkünfte trade or business income
Einkünfte: Grundvermögenseinkünfte real property income
Einkünfte: inländische Einkünfte domestic income
– domestic source income
Einkünfte: Kapitaleinkünfte unearned income *(periodical income*

E

received from property and investments)
Einkünfte: lohnsteuerpflichtige Einkünfte income subject to wage tax
Einkünfte: Mieteinkünfte rents
Einkünfte: nachträgliche Einkünfte income from previous activities
- subsequent income
Einkünfte: Pachteinkünfte rents
Einkünfte: passive Einkünfte passive income
Einkünfte: sonstige Einkünfte other income
Einkünfte: Vermietungseinkünfte rental income
- rents
Einkünfte: weiße Einkünfte zero-taxed income
Einkünfte: Wirtschaftsgüter zur Erzielung von Einkünften income-producing assets
Einkünfte {aus} income {from}
Einkünfte aus Gewerbebetrieb income from trade or business
- trade or business income
Einkünfte aus Kapitalvermögen income from capital investments
Einkünfte aus Land- und Forstwirtschaft income from agriculture and forestry
- income from farming and forestry
Einkünfte aus nichtselbständiger Arbeit employment income
- income from employment
Einkünfte aus selbständiger Arbeit income from independent personal services
- self-employment income
Einkünfte aus Spekulationsgeschäften income from speculative transactions
Einkünfte aus unbeweglichem Vermögen income from real property
Einkünfte aus Vermietung und Verpachtung rental and royalty income
- rental income
Einkünfte erwirtschaften generate income
Einkünfteerzielung income generation
- income production
- production of income
Einkünfteerzielungsabsicht profit motive
Einkünftequalifikation income qualification
Einkünftequalifikationskonflikt income qualification conflict
Einkünfterealisationstatbestand income realization event
Einkunftsart income category
Einkunftsarten categories of income
Einkunftsquelle income source
- source of income
Einlage capital contribution
- contribution
- contribution to capital
- deposit
Einlage: ausstehende Einlagen outstanding contributions
Einlage: ausstehende Einlagen auf das gezeichnete Kapital share capital - unpaid
- subscribed capital - unpaid
- unpaid contributions to subscribed capital
Einlage: Bankeinlage bank deposit
Einlage: Bareinlage cash contribution
- contribution in cash
Einlage: Festgeldeinlage time deposit
Einlage: Geldeinlage cash contribution
Einlage: Gesellschaftereinlage shareholder contribution
Einlage: Haftung ist auf die Einlage beschränkt liability is limited to the contribution
Einlage: Kapitaleinlage capital contribution
- contribution to capital
Einlage: Kommanditeinlage limited partner's capital contribution
Einlage: Sacheinlage contribution in kind
Einlage: Sichteinlage sight deposit
Einlage: verdeckte Einlage concealed equity contribution
- constructive equity contribution
- informal contribution

Einlagen investments by owners
einlagennehmend deposit-taking
einlagennehmendes Institut depository institut
Einlagensicherung deposit insurance
Einlagenversicherung deposit insurance
Einlagenzertifikat Certificate of Deposit *CD*
Einlassung appearance
Einlassungsfrist time for entering an appearance
einlegen: Einspruch einlegen make an objection
einlegen: Rechtsbehelf einlegen {gegen} appeal {against}
– bring an appeal {against}
– file an appeal {against}
– *BE* lodge an appeal {against}
einlegen: Rechtsmittel einlegen {gegen} appeal {against}
– bring an appeal {against}
– file an appeal {against}
– *BE* lodge an appeal {against}
einlegen: Widerspruch einlegen make a protest
– make an objection
– object
– raise an objection
einleiten initiate
– set in motion
einleiten: Konkursverfahren einleiten {gegen} institute bankruptcy proceedings {against}
einleitend introductory
– preliminary
Einleitung setting in motion
einlösen *BE* honour
einlösen: Scheck einlösen *AE* cash a check
– *BE* cash a cheque
– *AE* honor a check
– *BE* honour a cheque
Einlösung redemption
Einlösung: Wechseleinlösung payment of a bill
Einmalbetrag lump sum
– lump sum amount
Einmalgebühr lump sum fee
einmalig one-time
einmalige Aufwendungen non-recurring expenses
einmalige Erträge non-recurring income
einmaliger Vermögensanfall one-off wealth accrual
Einmalzahlung lump sum
– lump sum payment
– one-off payment
Einmanngesellschaft one-shareholder company
Einmischung {in} interference {with}
– intervention {in}
einmonatige Kündigungsfrist one month's notice
Einnahmeerzielung income production
Einnahmen proceeds
– receipts
Einnahmen: Betriebseinnahme business receipts
Einnahmen: Betriebseinnahmen operating receipts
Einnahmen: Kasseneinnahmen cash receipts
– cash takings
Einnahmen: Lizenzeinnahmen income from royalties
– *AE* income under license agreements
– royalty income
Einnahmen: Miet- und Pachteinnahmen rentals
Einnahmen und Ausgaben receipts and disbursements
Einnahmen- und Ausgabenrechnung cash basis of accounting
Einnahmen-Ausgabenrechnung cash basis accounting
– cash basis of accounting
– cash method
– cash method of accounting
– cash receipts and disbursement method
Einnahmenbuch cash receipts journal
Einnahmenstrom revenue stream
Einnahmen-Überschußrechnung cash basis accounting
– cash flow accounting
– cash method

– cash method of accounting
Einnahmestruktur revenue pattern
einordnen file
Einordnung classification
einräumen grant
Einräumung grant
Einrede *BE* defence
– *AE* defense
– objection {to}
– plea
Einrede: aufschiebende Einrede dilatory plea
Einrede: dauernde Einrede peremptory plea
Einrede: dilatorische Einrede dilatory plea
Einrede: peremptorische Einrede peremptory plea
Einrede der Nichterfüllung plea of non-fulfilment
– plea of non-performance
Einrede der Unzuständigkeit plea as to jurisdiction
einreichen: Scheidungsklage einreichen file a petition for divorce
einreichen {bei} file {with}
– submit {to}
Einreichung {von} filing {of}
einrichten set up
einrichten: Konto einrichten set up an account
Einrichten von Büchern set-up of books
Einrichtung: feste Einrichtung fixed base
Einrichtung: feste Geschäftseinrichtung fixed place of business
Einrichtungen furnitures and fixtures
Einrichtungskosten cost of setting up
Einsatz: Kapitaleinsatz capital employment
– investment outlay
Einsatz: Wareneinsatz cost of sales
einschließen comprise
Einschränkung des Bestätigungsvermerks qualification of auditor's report
Einschränkung von Abkommensvergünstigungen limitation on benefits *(tax treaty)*
Einschreibebrief *AE* certified mail
– registered letter
– registered mail
Einschreibesendung certified mail
– registered mail
Einschreiten intervention
einsehen: Bücher einsehen inspect books
einseitig unilateral
einseitig verpflichtender Vertrag unilateral contract
einseitige Maßnahme unilateral measure
einseitiger Irrtum unilateral mistake
einsetzen: als Erbe einsetzen appoint as heir
Einsetzung: Erbeinsetzung appointment of an heir
– designation of an heir
Einsicht: Akteneinsicht inspection of documents
– inspection of records
Einsicht in die Bücher inspection of books and records
Einsicht in die Bücher nehmen inspect the books and records
Einsichtsrecht in die Geschäftsbücher right to inspect the books
Einspruch appeal
– protest
Einspruch {gegem} objection {to}
Einspruch einlegen make an objection
Einspruch erheben make an objection
Einspruch erheben {gegen} object {to}
Einspruch gegen den Steuerbescheid appeal against the tax assessment
Einspruchsfrist time limit for appeal
Einspruchsführer complainant
Einspruchsrecht right ot objection
Einstandskosten purchase cost
Einstandspreis cost price
Einstandspreis: Durchschnittseinstandspreis average cost price

Einstandspreis: zu Einstandspreisen at cost
Einstandspreis der verkauften Handelsware cost of merchandise sold
Einstandswert cost value
einstehen: für die Verbindlichkeiten eines anderen einstehen answer for somebody else's debt
einstellen employ
einstellen: Zahlungen einstellen suspend payments
Einstellung cessation
- discontinuation
- employment
- recruitment
- termination
Einstellung: Betriebseinstellung cessation of business
- discontinuation of business
Einstellung: Konkurseinstellung stay of bankruptcy proceedings
Einstellung: Zahlungseinstellung suspension of payments
Einstellung {in} transfer {to}
Einstellung der Tätigkeiten cessation of activities
Einstellung in die Gewinnrücklagen transfer to profit reserves
Einstellung in die Rücklagen transfer to reserves
Einstellung mangels Masse suspension of bankruptcy preceedings due to insufficiency of assets
Einstellung zur Probe employment on a trial basis
- trial employment
einstimmig unanimous
Einstimmigkeitserfordernis unanimous vote requirement
einstweilige Verfügung injunction
- interim injunction
- *AE* restraining order
- temporary injunction
- *AE* temporary restraining order
einstweilige Verfügung: Erlaß einer einstweiligen Verfügung beantragen apply for an injunction
eintragen record
eintragen: ins Grundbuch eintragen enter into the title register
eintragen {beim/im} register {with}
eintragen {in/im} enter {in}
eintragen {in} register {in}
Eintragung recording
Eintragung: Anmeldung zur Eintragung application for registration
Eintragung: Handelsregistereintragung entry in the commercial register
Eintragung: Löschung einer Eintragung cancellation of an entry
- deletion of an entry
Eintragung: Tagebucheintragung journal entry
Eintragung {bei} registration {with}
Eintragung einer Gesellschaft registration of a company
Eintragung einer Hypothek recording of a mortgage
- registration of a mortgage
Eintragung in das Handelsregister registration in the commercial register
Eintragungsfähigkeit registrability
Eintragungsgebühr registration fee
eintragungspflichtig be subject to mandatory registration
Eintritt: Schadenseintritt occurrence of damage
Eintritt der Rechtshändigkeit commencement of pendency
Eintritt in die Rechte {von} subrogation to the rights {of}
Eintritt in eine Personengesellschaft joining as partner
Eintrittsbilanz special balance sheet prepared upon entry of a new partner into a partnership
einvernehmlich by mutual agreement
einverstanden: sich einverstanden erklären consent
einverständlich by mutual consent
Einverständnis consent
Einverständnis: beiderseitiges Einverständnis mutual agreement
Einwanderungsvisum immigrant visa
Einwendung objection {to}
Einwendung erheben object {to}
einwilligen consent
Einwilligung previous assent

einzahlen: auf ein Konto einzahlen pay into an account
einzahlen: bei der Bank einzahlen deposit money into a bank
- deposit money with a bank
Einzahler depositor
Einzahlung cash inflow
Einzahlungen monies received
Einzahlungsaufforderung *(teileingezahlte Einlagen)* call *(partly paid-in contributions)*
Einzahlungsreihe stream of cash inflows
Einzahlungsüberschuß net cash flow
einzeilig single-line
Einzelabschluß *BE* individual accounts
- individual financial statements
- stand-alone financial statements
Einzelabschreibung unit depreciation
Einzelabstimmung detail reconciliation
Einzelaufführung itemization
Einzelaufstellung detailed statement
Einzelaufzeichnungen detail records
Einzelbewertung item-by-item valuation
- single-asset valuation
Einzelfall case at issue
Einzelfirma individual proprietorship
Einzelgewerbetreibender individual proprietor
Einzelhandel retail trade
Einzelhändler retailer
Einzelkaufmann sole proprietor
- sole trader
Einzelkonto individual account
Einzelkosten direct cost
- direct costs
- prime cost
Einzelkostenmaterial direct material
einzellandbezogenes Anrechnungssystem per country limitation *(tax credit)*
Einzellizenz *BE* individual licence
- *AE* individual license
Einzellöhne *AE* direct labor
- *BE* direct labour
Einzelmaterial direct material
Einzelnachweis itemization
Einzelnachweis führen *(über Aufwendungen)* itemize expenses
Einzelpreis price per unit
- unit price
Einzelrechtsnachfolge singular succession
Einzelstaat state
Einzelunternehmen individual proprietorship
- sole proprietorship
- *BE* sole trader enterprise
- *BE* sole tradership
Einzelunternehmer sole proprietor
Einzelverkauf selling off in bits and pieces
Einzelwertberichtigung itemized valuation allowance
- specific provision
Einzelwertberichtigung auf Forderungen valuation allowance for losses on individual accounts receivable
Einzelwertberichtigung zu Forderungen provision for specific doubtful accounts
einziehbar redeemable
einziehbar: nicht einziehbar irredeemable
einziehbare Aktien redeemable shares
einziehbare Gesellschaftsanteile redeemable shares
einziehen collect
einziehen: Steuern einziehen collect taxes
Einziehung collection
- confiscation
- forfeiture
Einziehung: Steuereinziehung collection of taxes
- tax collection
Einziehung von Aktien cancellation of shares
- redemption of shares
Einzug: Wechseleinzug bill collection
Einzugsermächtigung direct debit authorization
Elektrizität electricity
elektronische Datenverarbeitung *EDV* electronic data processing *EDP*

Eliminierung der Innenumsatzerlöse elimination of internal sales
Eliminierungsbuchung eliminating entry
elterliche Sorge parental custody
Emission floatation
– flotation
– issuance
– issue
Emission: Aktienemission issuance of shares
– *AE* issuance of stock
Emission: Bezugsrechtsemission *BE* rights issue
Emission: Erstemission initial public offering *IPO*
Emission: Wertpapieremission offering of securities
– securities offering
Emission im Tenderverfahren tender issue
Emission von Berichtigungsaktien *BE* scrip issue
Emission von Gratisaktien *BE* scrip issue
Emissions- und Effektenbank investment bank
Emissionsabgeld original issue discount *OID*
Emissionsagio share premium
Emissionsbedingungen conditions of issue
Emissionsdisagio loan discount
– maturity premium
Emissionsgarant underwriter
Emissionsgarant: Übernahme der gesamten Emission durch den Emissionsgaranten und Verkauf auf eigenes Risiko firm commitment underwriting
Emissionsgarantie underwriting
Emissionskosten issue expenses
Emissionsrendite yield upon issue
Emittent issuer
emittieren issue
Empfang receipt
Empfang bescheinigen receipt
Empfang quittieren receipt
Empfänger recipient
Empfänger: Ausschüttungsempfänger distributee
Empfänger: Dienstleistungsempfänger service recipient
Empfänger: Zahlungsempfänger payee
Empfangsbestätigung receipt
Endabnehmer end user
– intended user
– ultimate buyer
– ultimate consumer
Endbestand closing balance
endet: Frist endet term expires
endfällige Anleihe bullet
– bullet bond
Endfälligkeit: ohne feste Endfälligkeit perpetual
endgültige Steuerfestsetzung final tax assessment
endgültige Veranlagung final assessment
endgültiger Steuerbescheid final notice of assessment
Endsaldo closing balance
– ending balance
Endspalte end column
Energiesteuer energy tax
enge Auslegung narrow interpretation
– restrictive interpretation
– strict construction
– strict interpretation
enger Markt narrow market
Enkelgesellschaft second-tier subsidiary
– sub-subsidiary
Enklave enclave
entbinden {von} *(Vertrag)* release {from} *(contract)*
Enteignung *AE* condemnation
– expropriation
Enteignungsrecht des Staates *(an Grundvermögen)* eminent domain
enterben disinherit
Enterbter disinherited person
Enterbung disinheritance
entfallen lapse
entflechten break up
Entflechtung breakup
entgangener Gebrauchsvorteil loss of use

E

entgangener Gewinn loss of profit
- lost profit
Entgelt compensation
- consideration
- remuneration
Entgelt: vom Entgelt abhängige Abgaben payroll-related taxes
enthalten comprise
enthalten: in diesem Schreiben enthalten contained herein
Enthaltung abstention
Enthaltung: Stimmenthaltung abstention
Enthebung: Amtsenthebung removal from office
entlassen laid off
- lay off
Entlassung dismissal
- lay-off
Entlassung: Abfindung bei Entlassung severance pay
Entlastung discharge
- exoneration
- formal approval
- formal discharge
Entlastung: Steuerentlastung tax benefit
- tax relief
Entlastung zur Vermeidung von Härten hardship discharge
entleihen borrow
Entleiher borrower
Entlohnung emolument
- pay
- remuneration
Entlohnungssystem payment system
entmündigen place under the control of a guardian
Entnahme drawing
- partnership drawing
- withdrawal
Entnahme: Barentnahme cash drawing
- cash withdrawal
Entnahme: Lagerentnahme inventory withdrawal
- withdrawal from stock
Entnahme: Privatentnahme private drawing
Entnahme: Privatentnahmen private withdrawals
Entnahme {aus} withdrawal {from}
Entnahme aus den Rücklagen transfer from reserves
Entnahmerecht right to withdraw
Entnahmeschein: Materialentnahmeschein material issue note
entnehmen take drawings
- take out
entrichten: Steuern entrichten pay taxes
entrichtet: nicht entrichtete Steuern unpaid tax
Entrichtung: Steuerentrichtung payment of taxes
entschädigen compensate
- indemnify
Entschädigung compensation
- indemnification
- restitution
Entschädigung: Vorfälligkeitsentschädigung breakage costs
- early termination fee
Entschädigung für Folgeschäden *(einschl. entgangener Gewinne)* consequential damages
Entschädigung in Geld monetary compensation
- pecuniary compensation
Entschädigungsbetrag indemnity
entscheiden: sich entscheiden {für} opt {for}
Entscheidung decision
- *(Behörde, Gericht)* ruling *(authority, court)*
Entscheidung: Ermessensentscheidung discretionary decision
Entscheidung: finanzgerichtliche Entscheidung tax court ruling
Entscheidung: gerichtliche Entscheidung court ruling
- judicial decision
- judicial decree
Entscheidung: Gerichtsentscheidung court decision
- court judgment
- court ruling
- judgment
- judicial decision

– ruling *(court)*
Entscheidung: sich eine Entscheidung vorbehalten hold a decision in abeyance
Entscheidung: Vorentscheidung legal precedent
– precedent
Entscheidungsbefugnis power of decision
entscheidungsorientiertes Rechnungswesen management accounting
– managerial accounting
Entscheidungsurteil decision
– decree
– judgment
entschuldbar defensible
entsprechen accord {with}
– correspond to
entsprechend pursuant to
entsprechend: gelten entsprechend apply accordingly
entsprechend anwenden apply mutatis mutandis
entstehen *(Erträge, Aufwendungen)* accrue
– arise
– originate
Entstrickung: Steuerentstrickung taxable disjunction *(taxation of profits deemed to arise in connection with the transfer of assets from one country to another)*
– taxation upon leave of the tax net
Entstrickungsbesteuerung taxation upon leave of the tax net
entwerfen draft
Entwertung: Geldentwertung inflation
Entwicklung: Forschung und Entwicklung research and development
Entwicklung: Geschäftsentwicklung development of business
Entwicklung: voraussichtliche Entwicklung anticipated development
– expected development
Entwicklung: Wertentwicklung performance
Entwicklungsaufwand development expenses
Entwicklungshilfe-Steuergesetz Development Aid Tax Act
Entwicklungskosten development cost
Entwicklungskosten: Versuchs- und Entwicklungskosten experiment and development costs
Entwicklungstätigkeit development activity
Entwicklungswagnis development risk
Entwurf draft
Entwurf: Bilanzentwurf draft balance sheet
Entwurf: Gesetzesentwurf draft bill
Entwurf: Vertragsentwurf draft contract
entziehen: Besitz entziehen dispossess
Equity-Methode equity accounting
Erbanfall accrual of an inheritance
Erbanfallsteuer *BE* estate duty
Erbausschlagung repudiation of an inheritance
Erbbauberechtigter tenant under a building lease
Erbbaurecht building lease
– hereditary building right *(right to construct a building on land owned by another person)*
Erbe *(Person)* heir
– *(Vermögen)* inheritance
– inheritor
– successor
Erbe: Alleinerbe sole heir
– universal heir
Erbe: als Erbe eingesetzt werden be appointed as heir
Erbe: als Erbe einsetzen appoint as heir
Erbe: gesetzlicher Erbe legal heir
– statutory heir
Erbe: Nacherbe reversionary heir
Erbe: testamentarischer Erbe testamentary heir
Erbe: Universalerbe sole heir
– universal heir
Erbeinsetzung appointment of an heir

– designation of an heir
erben: ganzes Vermögen erben inherit the entire estate
erben: Vermögen erben fall heir to a property
erben: zu gleichen Teilen erben inherit equally
– inherit in equal proportions
erben {von} inherit {from}
Erbengemeinschaft community of heirs
Erbenhaftung liability of the heir
Erbenhaftung: beschränkte Erbenhaftung limited liability of the heir
Erbenhaftung: unbeschränkte Erbenhaftung unlimited liability of the heir
Erbenmehrheit pluralty of heirs
erbfähig competent to inherit
– inheritable
Erbfall death of the testator
– event of succession
Erbfolge hereditary succession
– succession
– succession upon death
Erbfolge: gesetzliche Erbfolge hereditary succession
– intestate succession
– legal succession
Erbfolge: gewillkürte Erbfolge testamentary succession
Erbfolge: Nacherbfolge reversionary succession
Erbfolge: testamentarische Erbfolge testamentary succession
Erbin heiress
– inheritrix
Erblasser deceased
– *AE* decedent
– testator
erblich hereditary
Erbmasse estate
Erbpachtrecht hereditary leasehold
Erbrecht inheritance law
– law of inheritance
– law of succession
erbringen yield
erbringen: Dienstleistungen erbringen perform services
– render services
erbringen: Nachweis erbringen furnish proof
Erbringung sonstiger Leistungen supply of services
Erbringung von Dienstleistungen supply of services
Erbringung von freiberuflichen Dienstleistungen performance of professional services
Erbschaft heritage
– inheritance
Erbschaft: Anfall einer Erbschaft devolution of an inheritance
Erbschaft: Annahme der Erbschaft acceptance of the inheritance
Erbschaft: Ausschlagung einer Erbschaft disclaimer of inheritance
– repudiation of an inheritance
Erbschaftsteuer death duty
– estate tax
– inheritance tax
Erbschaftsteuer- und Schenkungsteuergesetz Inheritance and Gift Tax Act
Erbschaftsteuergesetz *ErbStG* Inheritance Tax Act
Erbschein certificate of inheritance
Erbschleicher legacy hunter
Erbschleicherei legacy hunting
ErbSt Erbschaftsteuer
ErbStDV Erbschaftsteuer-Durchführungsverordnung
ErbStG Erbschaftsteuer- und Schenkungsteuergesetz
erbunwürdig unworthy to inherit
Erbunwürdigkeit unworthiness to inherit
Erbvertrag contract of inheritance
– contract of succession
Erbverzicht renunciation of future successional rights
– renunciation of future successional rights of a future inheritance
Ereignis: bedeutsames Ereignis material event
Ereignis: realisationsauslösendes Ereignis realization triggering event
Ereignis: rechenschaftspflichtiges Ereignis accountable event

Ereignis: Schadensereignis damaging event
- occurrence of damage
Ereignis: steuerbares Ereignis taxable event
Ereignis: steuerpflichtiges Ereignis taxable event
Ereignis: wertbegründendes Ereignis nach dem Bilanzstichtag und vor Ausgabe des Prüfungsberichtes subsequent event
erfassen record
erfassen: buchmäßig erfassen book
- post
- record
Erfassung: buchmäßige Erfassung entry in the accounts
Erfassung von Geschäftsvorfällen recording of business transactions
Erfindung invention
Erfolg: Jahreserfolg result for the year
Erfolg: neutraler Erfolg nonoperating income
Erfolg: Stückerfolg unit profit
Erfolgsanalyse profit analysis
Erfolgsausweis: vorzeitiger Erfolgsausweis profits shown prematurely
Erfolgshonorar contingent fee
Erfolgskonsolidierung income consolidation
Erfolgskonto income account
- revenue and expense account
Erfolgsposten income item
Erfolgsrechnung *AE* income statement
- profit and loss statement
Erfolgsrechnung: Konzernerfolgsrechnung *AE* consolidated income statement
- *BE* consolidated profit and loss account
Erfolgsrechnung: monatliche Erfolgsrechnung *AE* monthly income statement
Erfolgsrechnung: Nettoerfolgsrechnung *AE* net income statement
erfolgswirksam: Rücklage erfolgswirksam auflösen release a reserve to income
erforderliche Form required form
Erfordernis: Einstimmigkeitserfordernis unanimous vote requirement
Erfordernis: Formerfordernis formal requirement
- requisite of form
erfüllen fulfil
- *AE* fulfill
- meet
- perform
erfüllen: noch zu erfüllen executory
erfüllen: Verbindlichkeiten erfüllen meet liabilities
erfüllen: zu erfüllen executory
Erfüllung discharge *(obligation)*
- *AE* fulfillment
- fulfilment
- *(Vertrag, Leistung)* performance {of}
Erfüllung: an Erfüllungs Statt in lieu of performance
Erfüllung: Annahme an Erfüllungs Statt accord and satisfaction
Erfüllung: auf Erfüllung klagen sue for specific performance
Erfüllung: Leistung an Erfüllungs Statt accord and satisfaction
Erfüllung: mangelhafte Erfüllung defective performance
Erfüllung: Nichterfüllung default
- failure to perform
- non-compliance
- non-fulfilment
- non-performance
Erfüllung: teilweise Erfüllung partial performance
Erfüllung: vergleichsweise Erfüllung accord and satisfaction
Erfüllung: Vertragserfüllung consummation of a contract
- fulfilment of a contract
- performance of a contract
Erfüllung: vertragsgemäße Erfüllung specific performance
Erfüllung {von} compliance {with}
Erfüllung eines Vertrages performance of a contract
Erfüllung gesetzlicher Vorschriften legal compliance
Erfüllung im Wege der Aufrechnung performance by way of set-off

Erfüllung rechtlicher Bestimmungen legal compliance
Erfüllung verweigern *(Vertragspflicht)* repudiate
Erfüllung Zug um Zug contemporaneous performance
- simultaneous performance
Erfüllungsanspruch claim to performance
- claim to specific performance
Erfüllungsbürgschaft builder bond
- completion bond
- performance bond
erfüllungshalber on account of performance
Erfüllungsklage action for specific performance
Erfüllungsort place of performance
Erfüllungsschaden damage caused by non-performance
ergänzen amend
ergänzende Regelung supplementary provision
Ergänzung amendment {of/to}
Ergänzungsabgabe income tax surcharge
- supplementary tax
- surtax
Ergänzungsbilanz supplementary tax balance sheet *(carrying values relate to the individual partner and are solely tax base adjustments to the carrying values of the partnership's tax balance sheet)*
Ergebnis finding
- result
Ergebnis: außerordentliches Ergebnis extraordinary profit (loss)
- extraordinary results
Ergebnis: Betriebsergebnis operating income
- operating results
Ergebnis: Finanzergebnis financial results
Ergebnis: Geschäftsergebnis operating result
Ergebnis: Halbjahresergebnis semi-annual result
Ergebnis: handelsrechtliches Ergebnis vor Steuern pretax accounting income
- pretax financial income
Ergebnis: Jahresergebnis result for the year
Ergebnis: Konzernergebnis consolidated profits
Ergebnis: Monatsergebnis monthly result
Ergebnis: Nettoergebnis net earnings
- net result
Ergebnis: neutrales Ergebnis nonoperating results
Ergebnis: Vorjahresergebnis prior-year result
Ergebnis: Zinsergebnis net interest income
Ergebnis: Zwischenergebnis intermediate results
Ergebnis der gewöhnlichen Geschäftstätigkeit profit (loss) on ordinary activities
- results from ordinary activities
Ergebnis nach Steuern result after taxes
Ergebnisabführung profit pooling
Ergebnisabführungsvertrag profit and loss transfer agreement
- profit pooling agreement
ergebnisneutral not affecting income
Ergebnisrealisierung nach Baufortschritt percentage-of-completion-method
- stage-of-completion-method
Ergebnisrealisierung nach Beendigung der Herstellung completed contract method
Ergebnisrealisierung nach Herstellungsfortschritt percentage-of-completion-method
- stage-of-completion-method
Ergebnisrechnung: Vorschauergebnisrechnung *AE* projected income statement
Ergebnisrechung statement of earnings
Ergebnisübersicht statement of results
ergebniswirksam affecting income

Erhalt {von} receipt {of}
erhalten maintain
– obtain
– preserve
– receive
erhalten: Kapital erhalten maintain capital
– preserve capital
erhaltene Anzahlungen {auf} *BE* payments received on account {of}
erhaltene Anzahlungen auf Bestellungen *AE* advance payments from customers
– *BE* payments received on account of orders
erhaltene Gewinne aufgrund einer Gewinngemeinschaft income from profit pooling
erhaltene Kundenanzahlungen advance payments by customers
Erhaltung maintenance
Erhaltungsaufwand maintenance expenses
– repair and maintenance expenses
Erhaltungsaufwand: gewöhnlicher Erhaltungsaufwand ordinary maintenance expenses
Erhaltungsaufwendungen maintenance
– maintenance expenses
– repair and maintenance expenses
– repairs
erheben charge
– impose
– levy
erheben: Einspruch erheben make an objection
erheben: Einspruch erheben {gegen} object {to}
erheben: Einwendung erheben object {to}
erheben: Klage erheben bring action
erheben: Steuern erheben levy taxes
erheblich material
erheblich: rechtserheblich of legal relevance
erhebliche Vertragsverletzung material breach
– material breach of contract
erheblicher Vertragsbruch material breach
– material breach of contract
Erheblichkeit: Rechtserheblichkeit relevancy in law
Erhebung collection
– imposition
Erhebung: Abgabenerhebung collection of duties
– collection of taxes
Erhebung: Steuererhebung imposition of taxes
– tax collection
erhöhte Abschreibung accelerated depreciation
erhöhte Absetzungen accelerated tax depreciation
Erhöhung increase
– upward adjustment
Erhöhung: Gehaltserhöhung salary increase
– salary raise
Erhöhung oder Verminderung des Bestands an fertigen und unfertigen Erzeugnissen *BE* changes in stock of finished goods and work in progress
– *AE* increase or decrease in finished goods inventories and work in process
Erhöhung von Rücklagen additions to reserves
Erhöhung/Verminderung des Bestandes an fertigen und unfertigen Erzeugnissen sowie an noch nicht abrechenbaren Leistungen *BE* changes in stock of finished goods and work in progress
– *AE* increase or decrease in finished goods inventories and work in process
Erinnerungsposten memorandum item *memo*
Erinnerungswert memo item
– memorandum item
– pro memoria figure
Erkenntnis finding
erklären: für vollstreckbar erklären declare as enforceable
– declare as executionable

E

erklären: Kind für ehelich erklären declare a child legitimate
erklären: Rücktritt vom Vertrag erklären rescind a contract
- withdraw from the contract
Erklärung: Absichtserklärung statement of intent
Erklärung: eidesstattliche Erklärung affidavit
Erklärung: gemeinsame Erklärung joint statement
Erklärung: Nichterklärung non-declaration
Erklärung: Patronatserklärung comfort letter
- letter of comfort
Erklärung: Rangrücktrittserklärung declaration of subordination
Erklärung: Vollständigkeitserklärung letter of representation
- management letter of representation
Erklärung: Willenserklärung declaration of intent
Erklärung: Zollerklärung customs declaration
erklärungsbedürftig requiring further explanation
Erklärungsirrtum mistake of expression
erlangen obtain
erlangen: Besitz erlangen obtain possession
erlangen: Vorteil erlangen acquire a benefit
- obtain a benefit
Erlaß abatement
- *(Verordnung, Anordnung)* decree
- *(Gesetz)* enactment
- *(von Steuern, sonst. Abgaben, Schulden etc.)* remission
Erlaß: Anwendungserlaß application decree
Erlaß: Billigkeitserlaß equitable relief
- equitable tax relief
- *(von Steuern)* remission of tax for reasons of equity
Erlaß: Schuldenerlaß remission of debt
Erlaß: Steuererlaß abatement of tax
- tax abatement
Erlaß: Verwaltungserlaß administrative decree
- decree
Erlaß einer einstweiligen Verfügung beantragen apply for an injunction
Erlaß einer Schuld debt forgiveness
- release from debt
- remission of a liability
Erlaß eines Gesetzes enactment
erlassen abate
- *(Gesetz)* enact
- promulgate
- *(Schulden, Strafe)* remit
erlassen: Gesetz erlassen enact a law
- legislate
erlassen: Schuld erlassen forgive debt
erlassen: Steuerbescheid erlassen issue a tax assessment notice
erlauben allow
- permit
Erlaubnis authority
- *BE* licence
- *AE* license
- permission
Erlaubnis: Arbeitserlaubnis employment permit
- *AE* labor certification
- *BE* labour certification
- *BE* labour permit
- work permit
Erlaubnis erteilen grant permission
erläutern: ausführlicher erläutern amplify
Erläuterungen: Bilanzerläuterungen balance sheet notes
Erläuterungen zum Jahresabschluß notes to financial statements
Erläuterungen zur Bilanz und zur Gewinn- und Verlustrechnung *AE* notes to balance sheet and income statement
- *BE* notes to balance sheet and profit and loss account
Erleichterung: Steuererleichterung tax relief
Erleichterung bewilligen grant relief
erleiden: Schaden erleiden suffer damage

erleiden: Verlust erleiden incur a loss
– suffer a loss
Erlös proceeds
Erlös: Liquidationserlös liquidation proceeds
Erlös: Nettoerlös net proceeds
– net revenue
Erlös: Schrotterlös proceeds from the sale of scrap
Erlös: Verkaufserlöse sales proceeds
– sales revenues
erlöschen lapse
– *(Vollmacht)* termination
Erlöschen einer Hypothek discharge of a mortgage
Erlöse: Bruttoerlöse gross receipts
– gross revenue
– gross sales
Erlöse: Diskonterlöse discounts earned
Erlöse: Grenzerlöse differential revenues
– incremental revenues
– marginal revenues
Erlöse: Nettoerlöse net proceeds
– net sales
Erlöse: Umsatzerlöse *AE* sales
– *AE* sales revenue
– *BE* turnover
Erlöskonten: Leistungs- und Erlöskonten sales and income accounts
Erlöskonto revenue account
erlösmindernd revenue reducing
Erlösrechnung revenue accounting
Erlösstrom revenue stream
ermächtigen authorize
– enable
ermächtigen {zu} empower {to}
ermächtigt {zu} empowered {to}
Ermächtigung authorization
– power
Ermächtigung: Einzugsermächtigung direct debit authorization
Ermächtigungsgesetz Enabling Act
– Enabling Statute
Ermächtigungsgesetzgebung enabling legislation
ermäßigen abate
Ermäßigkeit: Steuerermäßigung tax relief
ermäßigt reduced
ermäßigter Steuersatz reduced tax rate
Ermäßigung: Steuerermäßigung tax reduction
Ermessen discretion
– discretionary power
Ermessen: im Ermessen {von} at the discretion {of}
Ermessen mißbräuchlich ausüben abusive use of discretionary powers
Ermessen überschreiten exceed discretionary powers
Ermessensausübung execution of discretionary power
Ermessensausübung: pflichtgemäße Ermessensausübung exercise of reasonable discretion
Ermessensbefugnis discretionary power
Ermessensentscheidung discretionary decision
Ermessensmißbrauch abuse of discretion
Ermessensrücklagen discretionary reserves
Ermessensspielraum scope of discretion
Ermittlung enquiry
– inquiry
– investigation
Ermittlung: Bestandsermittlung inventory taking
Ermittlung: Einkommensermittlung income determination
Ermittlung: Gewinnermittlung profit determination
Ermittlung des Einkommens determination of income
Ermittlung des zu versteuernden Einkommens determination of taxable income
Ermittlungsbeamter investigator
Ermittlungshandlung investigatory measure
Ermittlungsverfahren preliminary investigation
Ermittlungszeitraum assessment period
Ernennung appointment

Ernennung durch den Erblasser appointment by the testator
erneuerbar renewable
erneuern renew
erneuert renewed
Erneuerung renewal
Erneuerung: Wechselerneuerung renewal of a bill
Erneuerungsrücklage replacement reserve
Erneuerungsrückstellung renewal provision
- renewal reserve
Erneuerungswert replacement value
eröffnen: Akkreditiv eröffnen establish a letter of credit
- open a letter of credit
eröffnen: Konkursverfahren eröffnen adjudge the debtor bankrupt
eröffnen: Konkursverfahren eröffnen {gegen} institute bankruptcy proceedings {against}
eröffnen: Konto auf einer Bank eröffnen open an account at a bank
- open an account with a bank
eröffnen: Konto eröffnen open an account
Eröffnung: Kontoeröffnung opening of an account
Eröffnung: Vergleichseröffnung institution of composition proceedings
Eröffnung des Vergleichs beantragen file a petition for the institution of composition proceedings
Eröffnung des Vergleichsverfahrens opening of composition proceedings
Eröffnung eines Kontos opening of an account
Eröffnungsbestand opening balance
Eröffnungsbilanz opening balance sheet
Eröffnungsbuchung opening entry
Eröffnungssaldo opening balance
Erörterung discussion
Erpressung blackmailing
errechnen compute
Errechnung calculation
- computation
errichtet established
errichtet: nach dem Recht eines Staates errichtete Gesellschaft company established under the laws of a country
errichtet: neu errichtet newly established
- newly formed
errichtet: neu errichtete Gesellschaft newly established company
Errichtung establishment
- formation
Ersatz reimbursement
- replacement
Ersatz: Reisekostenersatz reimbursement of travel expenses
- *BE* reimbursement of travelling expenses
- travel expense reimbursement
- *BE* travelling expense reimbursement
Ersatz: Schadensersatz damages
Ersatz des tatsächlichen Schadens compensatory damages
Ersatz von Aufwendungen reimbursement of expenses
Ersatzbeschaffung replacements
Ersatzbeschaffung: Rücklage für Ersatzbeschaffung replacement reserve
Ersatzbeschaffungsrücklage replacement reserve
Ersatzerbe substitute heir
Ersatzleistung indemnity
ersatzpflichtig: schadensersatzpflichtig liable for damages
Ersatzpolice renewal policy
Ersatzwirtschaftsgut replacement asset
erschienen: nicht erschienene Partei party failing to appear
erschienene Partei party appearing
Erschließung development
Erschließung von Grundstücken development of real estate
Erschließungsaufwand development expenses
erschöpfen exhaust
erschöpfen: alle Rechtsmittel erschöpfen exhaust all legal remedies
erschöpfend *(abschließend)* conclusive

– exhaustively
Erschöpfung: Rechtswegerschöpfung exhaustion of legal recourse
erschweren aggravate
erschwerend aggravating
erschwerende Umstände aggravating circumstances
Erschwerung aggravation
ersetzen {durch} supersede {by}
ersetzt {durch} superseded {by}
Ersetzung replacement
Ersitzung acquisitive prescription
– adverse possession
– prescription
– prescription of title
Ersparnis: Steuerersparnis tax saving
Ersparnisse: Kostenersparnisse cost savings
erstatten: Bericht erstatten {über} account for
– report {on}
Erstattung: Spesenerstattung expense reimbursement
Erstattung: Steuererstattung tax refund
Erstattung: Steuerrückerstattung tax refund
Erstattung überzahlter Steuern refund of overpaid taxes
Erstattungsanspruch refund claim
– reimbursement claim
Erstattungsanspruch: Steuererstattungsanspruch tax refund claim
Erstattungsanspruch: Steuerrückerstattungsanspruch tax refund claim
Erstattungsverfahren refund procedure
Erstauftrag initial order
Erstberichtigung primary adjustment
Erstellung: Bilanzerstellung preparation of the balance sheet
Erstemission initial public offering *IPO*
Ersterfassungsbeleg source document
Erstgebrauch first use
Erstinstanz original jurisdiction
erstinstanzliches Gericht court of original jurisdiction
Erstversicherer ceding insurer
erteilen: Bewilligung erteilen approve
– give authorization
– grant permission
erteilen: Erlaubnis erteilen grant permission
erteilen: Genehmigung erteilen approve
– grant permission
erteilen: Vollmacht erteilen grant power of attorney
erteilen: Weisungen erteilen give directions
– give instructions
Erteilung: neuerliche Erteilung re-issue
Erteilung: Vollmachtserteilung granting of power of attorney
Erteilung der Genehmigung approval
– authorization
– grant of permission
Ertrag earnings
– income
– return
– yield
Ertrag: Absaugung von Erträgen earnings stripping
Ertrag: außerordentliche Erträge extraordinary income
Ertrag: Beteiligungserträge income from participating interests
Ertrag: betrieblicher Ertrag operating income
Ertrag: Betriebsertrag operating income
– operating revenue
Ertrag: betriebsfremde Erträge non-operating revenue
Ertrag: Kapitalertrag capital yield
Ertrag: Mieterträge rental income
Ertrag: neutrale Erträge nonoperating income
– nonoperating revenue
Ertrag: realisierter Ertrag realized earnings
Ertrag: Reinertrag net income
Ertrag: Rohertrag gross earnings

Ertrag: Skontoerträge cash discount received
Ertrag: sonstige betriebliche Erträge other operating income
Ertrag: unrealisierter Ertrag unrealized revenue
Ertrag: Wertpapiererträge income from securities
Ertrag: Zinsertrag interest income
ertragbringend yield-generating
– yield-producing
Erträge earnings
– income
Erträge: Bruttoerträge gross earnings
Erträge: Diskonterträge discounts received
Erträge: Dividendenerträge dividend income
Erträge: einmalige Erträge non-recurring income
Erträge aus Beteiligungen income from participating interests
– income from participations
Erträge aus dem Abgang vom und der Zuschreibung zum Anlagevermögen mit Ausnahme der Finanzanlagen income from the retirement and write-up of fixed assets excluding financial assets
Erträge aus dem Abgang von und der Zuschreibung zu Finanzanlagen income from the disposal and write-up of financial assets
– income from the disposal and write-up of investments
Erträge aus der Auflösung von Rückstellungen income from the reversal of accruals
– income from the reversal of provisions
Erträge aus Verlustübernahme income from the transfer of losses
Erträge erwirtschaften generate income
Ertrags- und Aufwandsposten revenue and expense items
Ertragsabgrenzung interperiod income allocation
ertragsabhängige Steuer income-based tax
ertragsabhängige Steuern income taxes
Ertragsanteil income component
Ertragsanteil einer Rente income element of an annuity
Ertragscontrolling revenue controlling
Ertragskonto income account
– revenue account
Ertragskraft earnings power
– profitability
Ertragsplanung revenue planning
Ertragsposten income item
Ertragsrealisierung revenue recognition
Ertragsrechnung *AE* income statement
– *BE* profit and loss account
Ertragsspanne yield spread
Ertragsteuer income tax
– income-based tax
– tax on income
Ertragsteuer: Rückstellung für Ertragsteuern accrued income taxes
– provision for income
Ertragsteuerbilanz balance sheet for income tax purposes
Ertragsteuern taxes on income
ertragsunabhängige Steuern non-income taxes
Ertragswert capitalized earnings value
erwachsen accrue
Erwägung: Billigkeitserwägungen equity considerations
erwartet anticipated
– prospective
erweitern amplify
– extend
erweitert extended
erweiterte beschränkte Steuerpflicht extended nonresident taxation
erweiterte Steuerpflicht extended personal tax liability
Erweiterung: Geschäftserweiterung expansion of business
Erwerb acquisition

– purchase
Erwerb: gutgläubiger Erwerb acquisition in good faith
– bona fide purchase
Erwerb: innergemeinschaftlicher Erwerb intra-Community acquisition
Erwerb: lastenfreier Erwerb acquisition free from encumbrances
Erwerb: Verlust aus passivem Erwerb passive activity loss
erwerben acquire
erwerben: Eigentum erwerben acquire property
Erwerber acquirer
– buyer
– purchaser
Erwerber: gutgläubiger Erwerber bona fide purchaser
– innocent purchaser
– purchaser in good faith
Erwerbseinkommen business income
erwerbswirtschaftlich for profit
erwerbswirtschaftlich tätig sein engaged in an activity for profit
– *AE* engaged in an endeavor for profit
– *BE* engaged in an endeavour for profit
Erwiderung counterplea
– rejoinder
– reply
erwirtschaften generate
erwirtschaften: Einkommen erwirtschaften generate income
erwirtschaften: Einkünfte erwirtschaften generate income
erwirtschaften: Erträge erwirtschaften generate income
erzeugen: Buchung erzeugen generate an entry
Erzeugnis product
Erzeugnis: fertige Erzeugnisse finished products
Erzeugnis: fertige Erzeugnisse und Waren finished goods and goods for resale
Erzeugnis: Fertigerzeugnisse finished goods
– finished products
Erzeugnis: Halbfertigerzeugnis semi-finished product
Erzeugnis: Nebenerzeugnis by-product
Erzeugnis: unfertige Erzeugnisse semi-finished goods
– unfinished goods
– unfinished products
– *AE* work in process *WIP*
– *BE* work in progress
Erzeugnisse: fertige Erzeugnisse finished goods
Erzielung: Einkommenserzielung income generation
– income production
Erzielung: Einkünfteerzielung income generation
– income production
– production of income
Erzielung: Wirtschaftsgüter zur Erzielung von Einkünften income-producing assets
Erzwingungsgeld enforcement penalty
EStDV Einkommensteuer-Durchführungsverordnung *(Income Tax Implementing Ordinance)*
EStG Einkommensteuergesetz *(Income Tax Act)*
EStR Einkommensteuer-Richtlinien *(Income Tax Regulations)*
Europäische Wirtschaftliche Interessenvereinigung *EWIV* European Economic Interest Grouping *EEIG*
Europäischer Gerichtshof European Court of Justice
Eventualfall contingency
Eventualverbindlichkeit contingency
ewig perpetual
ewige Annuität perpetual annuity
ewige Rente perpetual annuity
– perpetuity
EWIV Europäische Wirtschaftliche Interessenvereinigung *(European Economic Interest Grouping)*
Ex-Dividende ex-dividend
Exekutive executive branch of government
Existenz livelihood
Existenzgrundlage livelihood

Existenzminimum subsistence level
exklusiv exclusive
exklusiv: nicht exklusiv non-exclusive
Exportkredit export credit
extensive Auslegung broad construction
- broad interpretation
- expansive interpretation
- liberal interpretation
- wide interpretation
extern external
externe Rechnungslegung external reporting
externe Revision independent audit
externer Bilanzvergleich external balance sheet comparison
externer Vergleich external comparison
externes Rechnungswesen external accounting
Exterritorialität extraterritoriality
extraterritorial extra-territorial

F

Fabrikatekonto finished products account
Fabrikation manufacturing
Fabrikationsfehler defect in manufacture
Fabrikationskonto work-in-process account
Fabrikbauten factory buildings
Fabrikbuchhaltung factory accounting
Fabrikgebäude factory building
Fachanwalt für Steuerrecht tax lawyer
Facharbeiter skilled worker
- trained worker
Fachausschuß: Bankenfachausschuß *BFA* Bank Technical Committee
Fachgutachten opinion
- professional opinion
Fachkenntnis expertise
- professional expertise
fachmännisch expertly
Fachsprache technical language
fachsprachlicher Ausdruck vernacular term
Fachverband trade association
Fachzeitschrift professional journal
Fachzeitschrit: Steuerfachzeitschrift tax journal
Factoring: echtes Factoring factoring without recourse
- non-recourse factoring
Factoring: unechtes Factoring factoring with recourse
Factoring-Vertrag factoring contract
Fahnder: Steuerfahnder tax fraud investigator
Fahndung investigation
Fahndung: Steuerfahndung tax fraud investigation
Fahndung: Steuerfahndungsbeamter tax fraud investigator
fahrlässig negligent
fahrlässige Körperverletzung negligent physical injury
Fahrlässigkeit negligence
Fahrlässigkeit: grobe Fahrlässigkeit gross negligence
Fahrlässigkeit: leichte Fahrlässigkeit slight negligence
Fahrlässigkeitsgrad degree of negligence
Fährnishypothek chattel mortgage
Fakten facts
faktisch factual
faktisches Arbeitsverhältnis factual employment
Faktor: Abzinsungsfaktor discount factor
Faktor: Kostenverursachungsfaktor cost driver
Faktura invoice
fakturieren invoice
Fakturiermaschine invoicing machine
Fakturierung billing
- invoicing
Fall case
Fall: Bagatellfall de minimis case
Fall: Dreiecksfall triangular case
Fall: Einzelfall case at issue
Fall: Eventualfall contingency
Fall: Grenzfall borderline case

Fall: im Falle von in the event of
Fall: in jedem Fall in any event
Fall: Präzedenzfall precedent
Fall: Schadensfall damaging event
Fall: Streitfall dispute
Fall: Versicherungsfall insured event
fallen: unter die Zuständigkeit fallen {von} come within the competence {of}
fallen unter come under
fällig due
fällig: davon fällig in mehr als einem Jahr thereof falling due after more than one year
fällig: davon fällig in weniger als einem Jahr thereof falling due in less than one year
fällig: jederzeit fällig due at call
fällig: noch nicht fällig undue *(payment)*
fällig: täglich fällig due at call
fällig {am} due {on}
fällig sein be due
fällig werden {am} become due {on}
– becoming due {on}
– fall due {on}
– falling due {on}
– maturing {on}
fällige Steuer tax due
fälliger Betrag amount due
Fälligkeit due date
– maturity
Fälligkeit: bei Fälligkeit at maturity
– on due date
– on maturity
Fälligkeit: vor Fälligkeit before due date
Fälligkeit: Wechselfälligkeit maturity of a bill
Fälligkeit bei Sicht due on demand
Fälligkeit von Steuerzahlungen tax due date
Fälligkeitsdatum due date
– maturity date
Fälligkeitsklausel *(Vorverlegung der Fälligkeit)* acceleration clause
Fälligkeitstag due date
Fälligkeitstermin due date
– maturity date
Fälligkeitstermin: Steuerfälligkeitstermin tax due date
Fälligkeitsverzeichnis maturity list
Fälligkeitszeitpunkt due date
Fallrecht case law
– decisional law
– judge-made law
fallweise from case to case
falsch bogus
Falschbuchung false entry
fälschen: Bücher fälschen doctor books
– falsify books
Fälschen von Buchungsunterlagen falsification of acounting documents
Fälschung falsification
– forgery
Fälschung: Bilanzfälschung falsification of a balance sheet
Familienangehöriger family member
– relative
Familienbesteuerung family taxation
Familiengesellschaft family-owned company
Familienmitglied family member
Familienrecht family law
Familienstand family status
– marital status
– personal status
Familienstiftung family foundation
Familienunternehmen family-held enterprise
Familienwohnort family residence
Familienwohnsitz family residence
Fassung: in der geltenden Fassung as amended
Fassung: in der jeweils geltenden Fassung as amended from time to time
Fazilität facility
Fazilität: Absicherungsfazilität note issuance facility *NIF*
Fazilität: Kreditfazilität credit facility
Fehlbestand deficiency
– shortage
– shortfall
Fehlbestand: Kassenfehlbetrag cash deficit
Fehlbestand: Lagerfehlbestand inventory deficiency

Fehlbetrag deficiency
- deficit
- shortage

Fehlbetrag: nicht durch Eigenkapital gedeckter Fehlbetrag deficit not covered by equity
Fehlbuchung erroneous entry
- false entry

Fehler defect
- error
- mistake

Fehler: ausgleichender Fehler offsetting error
Fehler: Formfehler defect in form
- formal defect

Fehler: Formulierungsfehler drafting error
Fehler: Rechenfehler arithmetical error
- calculation error
- computation error

Fehler: Schreibfehler clerical error
fehlerhaft defective
fehlerhaft: rechtsfehlerhaft defective
Fehlgebrauch misuse
Fehlinvestition investment failure
Fehlverhalten misconduct
Fehlzeitenrate absence rate
Feiheitsstrafe imprisonment
feindliche Übernahme hostile takeover
Ferienwohnung vacation home
fertige Erzeugnisse finished goods
- finished products

fertige Erzeugnisse: Erhöhung oder Verminderung des Bestands an fertigen und unfertigen Erzeugnissen *BE* changes in stock of finished goods and work in progress
fertige Erzeugnisse und Waren finished goods and goods for resale
Fertigerzeugnis: Abschreibungen auf Fertigerzeugnisse inventory adjustments - finished goods
Fertigerzeugniskonto finished products account
Fertigerzeugnisse finished goods
- finished products

Fertighaus modular home
- pre-fabricated home
- pre-manufactured home

Fertigung manufacturing
- production

Fertigungsgemeinkosten factory overhead
- factory overhead expenses
- manufacturing overhead

Fertigungslöhne *AE* direct labor
- *BE* direct labour

Fertigungsstätte production site
Festangebot firm offer
Festbewertung valuation based on standard values and quantities
feste Einrichtung fixed base
feste Geschäftseinrichtung fixed place of business
feste Verzinsung fixed interest
- interest at a fixed rate

fester Kurs fixed rate
Festgeld time deposit
Festgeldanlage time deposit
Festgeldeinlage time deposit
festgesetzt fixed
- set
- stated

festgestellter Wert assessed value
Festlandsockel continental shelf
Festsetzung assessment
- fixation

Festsetzung: ausgesetzte Steuerfestsetzung suspended tax assessment
Festsetzung: Aussetzung der Steuerfestsetzung suspension of tax assessment
Festsetzung: Berichtigung der Steuerfestsetzung amendment of tax assessment
Festsetzung: Pauschfestsetzung blanket assessment
Festsetzung: Steuerfestsetzung assessment of tax
- tax assessment

Festsetzung: widerstreitende Steuerfestsetzungen conflicting tax assessments
Festsetzungsverfahren assessment procedure
Festsetzungsverfahren: Steuerfest-

setzungsverfahren tax assessment procedure
feststellen *(Jahresabschluß)* adopt *(financial statements)*
feststellen: Jahresabschluß feststellen adopt the annual financial statements
– approve the annual financial statements
feststellen: Mangel feststellen ascertain a defect
Feststellung: Berichtigungsfeststellung adjusting assessment
Feststellung: Gewinnfeststellung income determination
Feststellung des Jahresabschlusses adoption of financial statements
– adoption of statements
Feststellungsklage action for a declaratory judgment
Feststellungsurteil declaratory judgment for the change of a legal right or status
festverzinslich fixed interest bearing
festverzinsliches Wertpapier fixed-interest security
Festzins fixed rate interest
Feuerversicherung fire insurance
Feuerversicherungsteuer fire insurance tax
fifo first in, first out
Fiktion fiction
Fiktion: Selbständigkeitsfiktion separate entity fiction
fiktiv deemed
– fictitious
fiktiv angenommen deemed
fiktiv angesehen deemed
fiktive Anrechnung *(allgemein)* credit for notional tax
– *(allgemein)* deemed foreign tax credit
– *(allgemein)* deemed tax credit
– *(Wohnsitzstaat rechnet eine höhere Quellensteuer an, als sich diese nach den Vorschriften des DBA oder dem jeweiligen internen Recht des Quellenstaates ergäben hätte)* matching credit
– *(Wohnsitzstaat rechnet die Quellensteuer an, die sich nach dem Recht des Quellenstaates ohne eine Sonderermäßigung ergeben hätte)* tax sparing credit
fiktive Steueranrechnung *(allgemein)* credit for notional tax
– *(allgemein)* deemed foreign tax credit
– *(allgemein)* deemed tax credit
– *(Wohnsitzstaat rechnet eine höhere Quellensteuer an, als sich diese nach den Vorschriften des DBA oder dem jeweiligen internen Recht des Quellenstaates ergäben hätte)* matching credit
– *(Wohnsitzstaat rechnet die Quellensteuer an, die sich nach dem Recht des Quellenstaates ohne eine Sonderermäßigung ergeben hätte)* tax sparing credit
Filialbuchführung branch accounting
Filialbuchhaltung branch accounting
Filiale branch
– branch office
Finanzamt local tax office
– revenue office
– tax office
Finanzamt: Belegenheitsfinanzamt local tax office the district of which includes the situs of qualified taxpayer property
Finanzamt: Zuständigkeit des Finanzamts competence of the local tax office
Finanzamt für Körperschaften tax office for corporations
Finanzamtsvorsteher head of the local tax office
– head of the tax office
Finanzanlage: Abschreibungen auf Finanzanlagen write-down of financial assets
Finanzanlage: langfristige Finanzanlagen long-term investments
Finanzanlage: sonstige Finanzanlagen other investments
Finanzanlagen financial assets
– investments
Finanzanlagen: Abschreibungen auf

Finanzanlagen *BE* amounts written off financial assets
- *BE* amounts written off financial investments
- write-down of financial assets

Finanzanlagen: Abschreibungen auf Finanzanlagen und auf Wertpapiere des Umlaufvermögens *BE* amounts written off financial assets and short-term investments
- write-down of financial assets and short-term investments

Finanzanlagen: Erträge aus dem Abgang von und der Zuschreibung zu Finanzanlagen income from the disposal and write-up of financial assets
- income from the disposal and write-up of investments

Finanzaufwendungen financing costs
Finanzbehörde tax authority
Finanzbehörden tax authorities
Finanzbuchhalter financial accountant
Finanzbuchhaltung financial accounting
Finanzdienstleistungen financial services
Finanzergebnis financial results
Finanzflußrechnung statement of cash flows
Finanzgericht *(allgemein)* fiscal court
- *(im Unterordnungsverhältnis zu einem anderen stehendes Gericht)* lower tax court
- tax court

Finanzgericht: Rechtsprechung der Finanzgerichte fiscal court jurisdiction
finanzgerichtliche Entscheidung tax court ruling
finanzgerichtliche Klage appeal to the tax court
Finanzgerichtsbarkeit fiscal jurisdiction
Finanzgerichtsurteil fiscal court judgment
- tax court judgment

Finanzgerichtsverfahren fiscal court proceedings
- tax court proceedings

finanzielle Eingliederung financial integration
finanzielle Verhältnisse financial conditions
finanzieren finance
- provide capital

finanziert: fremdfinanziert debt-financed
- leveraged

Finanzierung financing
Finanzierung: Außenfinanzierung external financing
Finanzierung: Durchlauffinanzierung back-to-back financing
- conduit financing

Finanzierung: Gesellschafterfremdfinanzierung shareholder debt financing
Finanzierung: Kofinanzierung co-financing
Finanzierung: Konzernfinanzierung intra-group financing
- intra-group funding

Finanzierung: Kreditfinanzierung credit financing
Finanzierung: Mezzanine-Finanzierung mezzanine financing
Finanzierung: Projektfinanzierung project finance
Finanzierung: Refinanzierung refinancing
Finanzierung: Selbstfinanzierung internal financing
- self-financing

Finanzierung: Überfinanzierung overfunding
Finanzierung: Zwischenfinanzierung interim financing
Finanzierungsgesellschaft finance company
Finanzierungsgesellschaft: konzerneigene Finanzierungsgesellschaft captive finance company
Finanzierungsgesellschaft: Konzernfinanzierungsgesellschaft captive finance company
Finanzierungsinstrument financial instrument
Finanzierungsinstrument: hybrides

Finanzierungsinstrument hybrid financing instrument
Finanzierungskosten financing costs
Finanzierungsleasing finance leasing
- financial leasing
Finanzierungsquelle financing source
Finanzierungsrisiko financing risk
Finanzierungsvorhaben financing project
Finanzinstrument: hybrides Finanzinstrument hybrid financing instrument
Finanzintermediär financial intermediary
Finanzkonto financial account
Finanzlage financial position
- financial standing
Finanzminister *BE* Chancellor of the Exchequer
- Minister of Finance
Finanzminister: Bundesfinanzminister Federal Finance Minister
Finanzminister: Landesfinanzminister State Minister of Finance
Finanzministerium Ministry of Finance
- *AE* Treasury
Finanzministerium: Landesfinanzministerium State Ministery of Finance
Finanzplan financial plan
Finanzplanung financial planning
Finanzrecht fiscal law
- revenue law
Finanztitel financial instrument
Finanzumlaufvermögen current financial assets
finanzwirtschaftliche Kennzahlen financial ratios
Finanzzentrum *AE* financial center
- *BE* financial centre
fingiert fictitious
finished goods: Erhöhung oder Verminderung des Bestands an fertigen und unfertigen Erzeugnissen *AE* increase or decrease in finished goods inventories and work in process
Firma business
- business name
- corporate name
- enterprise
- firm
- trade name
Firma: Briefkastenfirma letterbox company
Firma: Einzelfirma individual proprietorship
Firmenmantel corporate shell
Firmenname business name
- trade name
Firmenwagen company car
- employer-provided car
Firmenwert goodwill
Firmenwert: Abschreibung des Geschäfts- oder Firmenwertes amortization of goodwill
Firmenwert: derivativer Firmenwert acquired goodwill
- purchased goodwill
Firmenwert: negativer Firmenwert bad will
Firmenwert: originärer Firmenwert self-generated goodwill
fiskalisch fiscal
fiskalische Immunität fiscal immunity
Fiskalvertreter fiscal representative
fixe Kosten fixed costs
fixiert: schriftlich fixiert fixated in writing
Fixierung: schriftliche Fixierung fixation in writing
Fixkosten fixed costs
Fixkosten: Sprungfixkosten semifixed costs
- stepped costs
Flächennutzungsplan land development plan
flexible Arbeitszeit flexible working hours
Fluchtgefahr risk of escape
- risk of flight
Flurstück *AE* lot
- parcel of land
Fluß: Kostenfluß cost flow
flüssig machen realize
flüssige Mittel liquid funds
Folgeanpassung secondary adjustment

Folgeberichtigung secondary adjustment
Folgekosten consequential costs
folgern infer
Folgeschaden consequential loss
Folgeschaden: Entschädigung für Folgeschäden *(einschl. entgangener Gewinne)* consequential damages
Folgeschaden: Mangelfolgeschaden consequential damage caused by a defect
Fonds fund
Fonds: Abschreibungsfonds depreciation fund
Fonds: Ausgleichsfonds compensation fund
Fonds: Geldmarktfonds money-market fund
Fonds: geschlossener Fonds closed-end fund
Fonds: Index-Fonds index fund
Fonds: Investmentfonds investment fund
– *AE* mutual fund
Fonds: Kapitalanlagegesellschaft nach Fondsprinzip *AE* mutual fund
Fonds: offener Fonds open-end fund
Fonds: offener Investmentfonds *AE* mutual fund
– open-end fund
– open-ended fund
– *BE* unit trust
Fonds: Pensionsfonds pension fund
Fonds: Thesaurierungsfonds growth fund
Fonds: Tilgungsfonds sinking fund
Fonds: Treuhandfonds escrow fund
Fonds: Wachstumsfonds growth fund
Fondsrechnung funds statement
Fondsverwaltung fund management
Förderalismus federalism
Fördermaßnahme development measure
– *AE* development program
– *BE* development programme
fordern claim
– demand
fördern promote
Förderprogramm *AE* development program
– *BE* development programme
Forderung claim
– debt
– debt-claim
– demand
– receivable
Forderung: Anmeldung einer Forderung *(Konkurs)* debt filing
Forderung: ausstehende Forderung account receivable
Forderung: bevorrechtigte Forderung preferential claim
Forderung: dubiose Forderungen doubtful accounts
Forderung: Eingang abgeschriebener Forderungen bad debts recovered
Forderung: gegenseitige Forderungen reciprocal claims
Forderung: konzerninterne Forderungen intercompany receivables
Forderung: notleidende Forderung doubtful account
– doubtful receivable
Forderung: Pauschalwertberichtigung zu Forderungen lump sum valuation allowance for receivables
Forderung: sonstige Forderungen other receivables
– sundry receivables
Forderung: uneinbringliche Forderungen bad debts
– uncollectible accounts
– uncollectible receivables
– uncollectibles
Förderung: Verkaufsförderung sales promotion
Forderung: zweifelhafte Forderung doubtful debt
Forderung: zweifelhafte Forderungen doubtful accounts
– doubtful receivables
Forderung abtreten assign a claim
– cede a claim
– transfer a claim
Förderung der Allgemeinheit furtherance of public welfare
Forderung zedieren assign debt

– cede a claim
– cede debt
Forderungen {gegen} accounts receivable {from}
Forderungen an jemanden stellen make demands on somebody
Forderungen an Konzernunternehmen *BE* due from affiliated companies
Forderungen an Kreditinstitute due from banks
Forderungen an Kunden due from customers
Forderungen an verbundene Unternehmen due from affiliated companies
Forderungen aus Lieferungen und Leistungen accounts receivable - trade
– *BE* trade debtors
– trade receivables
Forderungen gegen Unternehmen, mit denen ein Beteiligungsverhältnis besteht *BE* amounts owed by undertakings in which the company has a participating interest
– receivables from companies in which the company has a participating interest
Forderungen gegen verbundene Unternehmen accounts receivable - group
– amounts owed by group companies
– receivables from affiliated companies
Forderungsabtretung assignment of a claim
Forderungserlaß discharge of indebtedness
Förderungsgebiet development area
Förderungsmaßnahme development measure
– *AE* development program
– *BE* development programme
Forderungspfändung attachment of debt
Förderungsprogramm *AE* development program
– *BE* development programme
Forderungsrisiko receivable risk
Forderungsübergang subrogation *(claim)*
Forderungsübergang: gesetzlicher Forderungsübergang subrogation by operation of law
Forderungsumschlagshäufigkeit debtor/sales ratio
Forderungsverkauf factoring
Forderungsverzicht debt forgiveness
Forfaitierung forfaiting
Form: erforderliche Form required form
Form: gesetzliche Form form prescribed by the law
– statutory form
Form: rechtliche Form legal form
Form: Schriftform written form
Formalie formality
Formalität formality
formbedürftig require a specific form
formbedürftiger Vertrag contract requiring specific form
formelle Buchprüfung arithmetical and procedural check of accounting records
– audit of clerical accuracy
formelle Gründe: Antrag aus formellen Gründen zurückweisen reject a request due to formal reasons
formeller Eigentümer legal owner
formelles Recht adjective law
– procedural law
Formelwerk set of formulas
Formerfordernis formal requirement
– requisite of form
Formfehler defect in form
– formal defect
formgerecht in due form
– in proper form
förmlich formal
förmliche Urkunde deed
förmliche Zustellung official notification
förmlicher Vertrag deed
formlos informal
– not requiring any specific form
Formular form
Formular: Steuerformular tax form
Formulierung wording
Formulierungsfehler drafting error

Forschung und Entwicklung research and development
Forschung und Entwicklung: Auftragsforschung und -entwicklung contract research and development
Forschungs- und Entwicklungsaufwand research and development expenditures
- research and development expenses
Forschungs- und Entwicklungsausgaben research and development expenditures
Forschungs- und Entwicklungskosten cost of research and development
Forschungsabteilung research department
Forschungskosten research costs
Forschungstätigkeit research activity
Forstwirtschaft: Einkünfte aus Land- und Forstwirtschaft income from agriculture and forestry
- income from farming and forestry
Fortbildungskosten continuing education expenses
Fortführung: Annahme der Fortführung der Unternehmenstätigkeit going concern principle
Fortführung: Buchwertfortführung basis rollover
- rollover of basis of assets and liabilities
Fortführung: Unternehmenswert bei Fortführung going concern value
Fortführung: Wert unter der Annahme der Fortführung des Unternehmens going concern value
Fortführungsannahme going concern principle
Fortführungsgrundsatz going concern concept
fortgeführte Anschaffungskosten net book value
fortgeführter Buchwert depreciated book value
- net book value
fortgesetzt repeated
fortschreiben adjust
- extrapolate
- project
Fortschreibung adjustment
- extrapolation
- projection
- updating
Fortschreibung des Einheitswertes adjustment of assessed value
- adjustment of uniformly assessed value
Fortsetzung: Buchwertfortsetzung basis rollover
Forum panel
Forwardvertrag: Fremdwährungsforwardvertrag foreign currency forward contract
Fracht *(Flugzeug)* air cargo
- *(Schiff)* cargo
- carriage
- freight
Fracht: Ausgangsfrachten freight-out
Fracht: Eingangsfrachten inbound freight
Fracht befördern carry freight
fracht- und spesenfrei freight and charges prepaid
Fracht unfrei freight payable at destination
Fracht zahlbar am Bestimmungsort freight payable at destination
Frachtbedingungen terms of freight
Frachtbrief bill of freight
- bill of lading
- consignment note
- freight bill
- *AE* waybill
frachtfrei freight paid
frachtfrei bis zum Bestimmungsort freight paid to destination
frachtfrei bis zur Grenze freight paid to frontier
Frachtführer carrier
Frachtkosten freight costs
Frachtpfandrecht carrier's lien
Frachtversender consigner
- consignor
Frachtversicherung cargo insurance
- freight insurance
Frachtvertrag *BE* contract of carriage
- freight contract

Frage issue
Frage: Rechtsfrage legal issue
Frage: Suggestivfrage leading question
Frage: Zweifelsfrage open issue
Fragebogen questionnaire
Fragenkatalog checklist
– questionaire
Fraktion parliamentary group
Franchisegeber franchisor
Franchisegebühr franchise fee
Franchisenehmer franchisee
Franchisevertrag franchise contract
Franchising: Warenzeichenfranchising trademark franchising
Freianteile bonus shares
– *AE* stock dividend *(proportionate distribution)*
freiberuflich professional
freiberuflich: Erbringung von freiberuflichen Dienstleistungen performance of professional services
freiberufliche Dienstleistungen independent professional services
– professional services
freiberufliche Tätigkeit independent professional activity
Freibetrag allowance
– exclusion
– exempt amount
– exemption
Freibetrag: Altersfreibetrag old-age allowance
– old-age exclusion
– old-age exemption
Freibetrag: Arbeitnehmerfreibetrag employee allowance
Freibetrag: Ausbildungsfreibetrag education allowance
Freibetrag: Ehegattenfreibetrag marital deduction *(estate tax)*
Freibetrag: Grundfreibetrag basic tax-free amount
– *(Steuertarif)* zero rate bracket
Freibetrag: Haushaltsfreibetrag household allowance
– housekeeping allowance
Freibetrag: Jahresfreibetrag annual allowance
Freibetrag: Kinderfreibetrag child allowance
Freibetrag: Lohnsteuerfreibetrag wage earners' tax allowance
Freibetrag: Mindestfreibetrag minimum exemption
Freibetrag: personenbezogener Freibetrag personal exemption
Freibetrag: persönlicher Freibetrag personal allowance
– personal exemption
Freibetrag: persönlicher Steuerfreibetrag personal allowance
Freibetrag: Sonderfreibetrag special allowance
Freibetrag: Sparerfreibetrag savers' exemption
Freibetrag: Steuerfreibetrag allowance
– tax allowance
– tax exemption
– tax-exempt amount
– tax-free amount
Freibetrag: Weihnachtsfreibetrag Christmas allowance
freie Beweiswürdigung free consideration of evidence
– free evaluation of evidence
freie Rücklage unappropriated reserve
freie Rücklagen free reserves
– reserves at disposal
– uncommitted reserves
freier Beruf independent profession *(e.g., lawyer, physician, accountant, architect etc.)*
– liberal profession
freier Verkehr free circulation
freier Wettbewerb free competition
Freigabe einer Sicherheit release of a security
Freigebiet: Zollfreigebiet duty-free zone
Freigrenze exempt threshold
Freigrenze: Steuerfreigrenze tax-exempt threshold
– tax-free amount
Freihaltung exoneration
Freihandelszone free-trade area
– free-trade zone

F

Freiheitsberaubung unlawful detention
Freiheitsentzug detention
Freispruch acquittal
freistellen indemnify
freistellen: von einer Schuld freistellen release from debt
Freistellung exemption
- indemnification
- indemnity
- leave
Freistellung: Doppelfreistellung double exemption
Freistellung: Steuerfreistellung tax exemption
Freistellung mit Progressionsvorbehalt exemption with progression
Freistellung unter Progressionsvorbehalt exemption with progression
Freistellung von der Arbeitspflicht leave from employment
Freistellung von der Haftung indemnity against liability
Freistellungsbescheid notice of nonliability for tax
Freistellungsbescheinigung certificate of exemption
- exemption certificate
Freistellungsklausel indemnity clause
Freistellungsmethode: Abkommensbestimmung für den Wechsel von der Freistellungs- zur Anrechnungsmethode switch-over clause
Freiverkehr over-the-counter
Freiverkehr: geregelter Freiverkehr OTC market
- over-the-counter market
- over-the-counter trade
freiwillig voluntary
freiwillige Schlichtung voluntary settlement
freiwillige Zusatzleistungen fringe benefits
freiwillige Zuwendungen voluntary grants
Freizeichnungsklausel exculpatory clause
Freizügigkeit freedom of movement
Fremdbeleg external voucher
fremde Mittel external funds
fremde Rechnung: für fremde Rechnung for account of a third party
fremde Verbindlichkeiten third-party liabilities
fremder Dritter third party
- unrelated party
fremder Grund und Boden third party land
fremdes Grundstück third party land
fremdes Verschulden: Haftung für fremdes Verschulden liability for the fault of another
fremdfinanziert debt-financed
- leveraged
Fremdfinanzierung: Gesellschafterfremdfinanzierung shareholder debt financing
Fremdgeschäft third-party transaction
- uncontrolled transaction
Fremdkapital borrowed capital
- debt
Fremdmittel borrowed funds
Fremdvergabe outsourcing
fremdvergeben outsource
Fremdvergleichsgrundsatz arm's length principle
- arm's length standard
Fremdvergleichspreis arm's length price
Fremdwährung foreign currency
Fremdwährungsanleihe foreign currency denominated bond
Fremdwährungsdarlehen foreign currency denominated loan
Fremdwährungsforwardvertrag foreign currency forward contract
Fremdwährungsgewinn foreign currency gain
Fremdwährungsumrechnung foreign currency translation
- translation of foreign currencies
Fremdwährungsverlust foreign currency loss
frische Tat: auf frischer Tat ergreifen catch in the very act
frisieren: Bilanz frisieren cook a balance sheet

– doctor a balance sheet
Frisieren der Bilanz doctoring a balance sheet
Frisieren von Büchern book cooking
Frist period of time
– term
– time limit
Frist: Abgabefrist *(Termin)* filing date
– *(Termin)* filing deadline
– *(Zeitraum)* filing period
Frist: Aufbewahrungsfrist retention period
Frist: Ausschlußfrist preclusive period
– preclusive time limit
– term of preclusion
Frist: Begründungsfrist time limit for statement of reasons
Frist: Einlassungsfrist time for entering an appearance
Frist: Einspruchsfrist time limit for appeal
Frist: Gewährung einer Frist granting of a period of time
Frist: Hemmung einer Frist suspension of a term
– suspension of expiry of a time limit
Frist: Kündigungsfrist period of notice
Frist: Nachfrist grace period
– period of grace
Frist: Rechtsbehelfsfrist time limit for appeal
Frist: Rechtsmittelfrist time limit for appeal
Frist: Schonfrist grace period
Frist: Transformationsfrist time limit for the adoption
Frist: Unterbrechung einer Frist interruption of a term
Frist: Verjährungsfrist limitation period
– period of limitation
– period of prescription
– prescription period
Frist: Wechselfrist time limit for payment of a bill
Frist: Zahlungsfrist time limit for payment
Frist einhalten comply with a period of time
– observe a period of time
Frist endet term expires
Frist läuft term runs
Frist läuft ab term expires
Frist verkürzen reduce a period of time
– shorten a period of time
Frist verlängern extend a period of time
– prolong a period of time
Frist verlängern {für} grant extension of time {for}
Frist versäumen fail to comply with a deadline
Frist wahren comply with a period of time
– observe a period of time
Fristablauf expiration of a period of time
– expiry of a term
Fristbeginn beginning of a term
– commencement of a term
Fristberechnung computation of a period of time
Fristeinhaltung compliance with a period of time
Fristende expiration date of a period of time
– termination of a period of time
fristgemäß in due time
fristgerecht in due time
– in time
– on time
– timely
– within the set period
fristgerecht: nicht fristgerecht out of time
fristlos without notice
fristlos kündigen *(durch Arbeitgeber)* dismiss without notice
fristlose Kündigung summary dismissal
Fristsetzung fixing of a period of time
– fixing of a term
Fristüberschreitung exceeding of time limit
Fristverlängerung extension of time
– extension of time limit

Fristverlängerung: Antrag auf Fristverlängerung application for extension of time
– application for extension of time limit
Fristverlängerung: automatische Fristverlängerung automatic extension of time to file the tax return
Fristverlängerung für die Abgabe der Steuererklärung extension of time for filing the tax return
– extension of time limit for filing the tax return
Fristverlängerungsantrag application for extension of time
– application for extension of time limit
Fristversäumnis failure to comply with a deadline
frühere: der frühere the former
früheres Urteil aufheben overrule a case
führen *(Bücher, Aufzeichnungen)* maintain *(books and records)*
führen: Bücher führen keep books
– maintain books
führen: Einzelnachweis führen *(über Aufwendungen)* itemize expenses
führen: Konto führen keep an account
– maintain an account
führen: Protokoll führen *(Versammlung)* keep the minutes
– *(Gericht)* keep the record
führen von Büchern keep books
Führung: Kontenführung account maintenance
Führung von Büchern keeping of accounts
Führungskraft executive
– officer
führungsorientiertes Rechnungswesen management accounting
fungibel fungible
Funktion capacity
– function
funktionale Zuordnung functional attribution
Funktionär official
Funktionsanalyse functional analysis
Funktionseinheit functional unit
funktionslose Gesellschaft shell company
Funktionsträger official
funktionstüchtig working
für in matters of
– on behalf of
für die Verbindlichkeiten eines anderen einstehen answer for somebody else's debt
für ehelich erklärtes Kind legitimated child
für eigene Rechnung for one's own account
– for own account
– on one's own account
– on own account
für eine Schuld bürgen guarantee debt
für einen Schaden haften be liable for damages
– be responsible for damages
für einen Zeitraum von ... bis ... for a term to begin on ... and to expire on ...
für fremde Rechnung for account of a third party
für jemanden tätig sein act on behalf of
für nichtig erklärt {von} voided {by}
für Rechnung von for account of
für steuerliche Zwecke ignorierte Gesellschaft disregarded entity
für unwirksam erklären set aside
für vollstreckbar erklären declare as enforceable
– declare as executionable
fürs erste for the time being
Fürsorge care
Fusion amalgamation
– merger
Fusion branchenunterschiedlicher Unternehmen conglomerate merger
Fusion einer Tochter auf die Muttergesellschaft upstream merger
Fusionsbilanz merger balance sheet
Fusionsgewinn merger gain
Fusionskontrolle merger control
Fusionsvertrag merger agreement
Fußnote footnote
– note

G

Gang an die Börse going public
Gängigkeit: Marktgängigkeit marketability
ganzes Vermögen erben inherit the entire estate
Ganztagsarbeit full-day work
Garant surety
Garant: Emissionsgarant underwriter
Garantie *BE* guarantee
– *AE* guaranty
– warranty
Garantie: Bietungsgarantie bid bond
Garantie: Emissionsgarantie underwriting
Garantie: Gewährleistungsgarantie performance bond
Garantie der Übernahme der nicht verkauften Wertpapiere eines Emittenten standby underwriting
Garantiedeckungskonto *AE* guaranty cover account
Garantieeinbehalt *BE* guarantee retention
– *BE* guarantee withholding
– *AE* guaranty retention
– *AE* guaranty withholding
Garantieleistungen warranties
garantieren: Wertpapieremission garantieren underwrite
Garantierückstellung *BE* provision for guarantees
– *AE* provision for guaranties
Garantiezusage warranty
Gastland host country
Gattung: Aktiengattung class of shares
– *AE* class of stock
Gattungsbezeichnung: Produkt mit Gattungsbezeichnung ohne Markennamen generic product
Gattungskauf purchase by description
Gattungssache fungible good
– unascertained good
Gattungsschuld nonspecific obligation
GbR Gesellschaft bürgerlichen Rechts *(unincorporated civil-law association)*
Gebäude buildings
Gebäude: Abschreibungen auf Gebäude depreciation of buildings
Gebäude: Fabrikgebäude factory building
Gebäude: Geschäftsgebäude business premises
Gebäude: Wohngebäude dwelling houses
Gebäude einschließlich Ein- und Umbauten buildings and improvements
Gebäudeabschreibungen building depreciation
Gebiet territory
Gebiet: Förderungsgebiet development area
Gebiet: Hoheitsgebiet territory
Gebiet: Sachgebiet subject area
– subject matter
Gebietsansässiger resident
Gebietsanspruch territorial claim
Gebietsfremder nonresident
Gebietshoheit territorial sovereignty
Gebilde: rechtlich selbständiges Gebilde distinct entity
Gebilde: Rechtsgebilde legal entity
Gebot bid
Gebot: Gleichbehandlungsgebot equal treatment precept
– non-discrimination precept
Gebot: Passivierungsgebot obligation to accrue {for}
– obligation to carry as liability
– requirement to accrue {for}
Gebot: Wertaufholungsgebot requirement to reverse write-downs where the reasons for them no longer exist
Gebot: Zuschreibungsgebot requirement to reverse write-downs where the reasons for them no longer exist
Gebrauch: bestimmungsgemäßer Gebrauch intended use
Gebrauch: Erstgebrauch first use
Gebrauch: Fehlgebrauch misuse
Gebrauch: Nichtgebrauch non-use
Gebrauch machen {von} avail {of}
– resort {to}
Gebrauchsmuster petty patent

Gebrauchsüberlassung transfer for use
Gebrauchsverschleiß wear and tear
Gebrauchsvorteil: entgangener Gebrauchsvorteil loss of use
Gebrauchswert utilization value
gebucht: in den Aufwand gebucht expensed
Gebühr charge
– fee *(charge)*
Gebühr: Bankgebühren bank charges
– bank fees
Gebühr: Beratungsgebühr consulting fee
Gebühr: Bereitstellungsgebühr loan commitment fee
Gebühr: Depotgebühr safe-custody charge
– safe-custody fee
Gebühr: Einmalgebühr lump sum fee
Gebühr: Eintragungsgebühr registration fee
Gebühr: Lagergebühr warehouse charge
Gebühr: Lizenzgebühr *BE* licence fee
– *AE* license fee
– royalty
Gebühr: Maklergebühr broker fee
– brokerage
– broker's commission
Gebühr: Rechtsberatungsgebühren legal fees
Gebühr: Registrierungsgebühr registration fee
Gebühr: Stempelgebühr stamp duty
Gebühren dues
Gebührenaufstellung statement of fees
gebührende Sorgfalt due diligence
Gebührenmarke fee stamp
– stamp
Gebührenrechnung note of fees
Gebührenvorschuß retainer fee
gebundene Rücklage appropriated reserve
gebundenes Kapital locked-up capital
– tied-up capital
gedeckt: nicht gedeckt naked
geduldeter Mieter tenant at sufferance
geeignet appropriate
Gefahr peril
– risk
Gefahr: auf eigene Gefahr on own risk
Gefahr: auf Rechnung und Gefahr von for account and risk of
Gefahr: bei Gefahr im Verzug in case of emergency
Gefahr: sich freiwillig einer Gefahr aussetzen consent to assume a risk
Gefährdungshaftung absolute liability
– strict liability
Gefahrenübergang passage of risk
– passing of risk
Gefahrenzulage danger money
gefährliche Güter hazardous goods
Gefahrübergang passing of risk
– transfer of risk of loss
Gefälligkeit accommodation
– *AE* favor
– *BE* favour
Gefälligkeitswechsel accommodation bill
Gefängnis jail
– prison
gefordert: wie gefordert {von} as required {by}
Gefüge framework
gegen Barzahlung for cash
gegen die guten Sitten against good morals
– contrary to public policy
gegen die guten Sitten verstoßen act against public policy
gegen die Vorschrift in contravention of the rule
gegen Nachnahme cash on delivery *C.O.D./c.o.d.*
– *AE* collect on delivery *C.O.D./c.o.d.*
gegen Treu und Glauben verstoßen contravene the principles of good faith
Gegenangebot counter-offer
Gegenberichtigung corresponding adjustment
Gegenbuchung contra entry
– offsetting entry

Gegenbuchung: Buchung ohne Gegenbuchung unbalanced entry
Gegenforderung counterclaim
Gegenkonto contra account
– offset account
Gegenleistung consideration
Gegenleistung: als Gegenleistung {für} in consideration {of}
– in return {for}
Gegenpartei adversary
– adverse party
– counterparty
Gegensaldo counter balance
Gegenschluß argumentum e contrario
– converse argument
gegenseitig mutual
– *(wechselseitig)* reciprocal
gegenseitige Forderungen reciprocal claims
gegenseitiger Vertrag mutual agreement
– mutual contract
Gegenseitigkeit mutuality
– reciprocity
Gegenseitigkeit: auf Gegenseitigkeit on mutual terms
Gegenstand subject matter
Gegenstand: behandelter Gegenstand subject matter
Gegenstand: körperliche Gegenstände tangibles
Gegenstand: nichtkörperliche Gegenstände intangibles
Gegenstand: steuerpflichtiger Gegenstand taxable object
Gegenstand: Unternehmensgegenstand nature and purpose of the business
Gegenstand: Vermögensgegenstand asset
Gegenstand der Gesellschaft object of the company
Gegenstand des Anlagevermögens fixed asset
Gegenwart: in Gegenwart {von} in the presence {of}
gegenwärtige Rechtslage current law
– current legal situation
– current legal status
Gegenwert: monetärer Gegenwert money equivalent
Gegner adversary
gegnerische Partei adversary
– adverse party
gegründet *(Kapitalgesellschaft)* incorporated
gegründet: neu gegründet newly established
– newly formed
– newly founded
gegründet: neu gegründete Gesellschaft newly formed company
Gehalt salary
Gehalt: Bruttogehalt gross salary
Gehalt: Grundgehalt base salary
– basic salary
Gehalt: Löhne und Gehälter wages and salaries
Gehalt: Ruhegehalt pension
Gehalt: wirtschaftlicher Gehalt economic content
– economic substance
Gehaltsabrechnung pay slip
Gehaltsabrechnung: Lohn- und Gehaltsabrechnung payroll accounting
Gehaltsempfänger salaried employee
Gehaltserhöhung salary increase
– salary raise
Gehaltskonto payroll account
– salary account
Gehaltskonto: Lohn- und Gehaltskonto wage and salary account
Gehaltsliste payroll
Gehaltspfändung garnishment of wages
Gehaltsstreifen pay slip
Gehaltssumme salary total
Gehaltssumme: Lohn- und Gehaltssumme payroll total
Gehaltsvorschuß advance on salary
– salary advance
Geheimhaltung confidentiality
Geheimnis: Bankgeheimnis bank secrecy
Geheimnis: Berufsgeheimnis professional confidentiality

Geheimnis: Betriebsgeheimnis business secret
Geheimnis: Geschäftsgeheimnis business secret
- trade secret
Geheimnis: Steuergeheimnis secrecy in tax matters
- taxpayer confidentiality
Geheimnis preisgeben disclose a secret
Gehilfenhaftung vicarious liability
geht über: Eigentum geht über property passes
- title passes
geht über {auf} passes {to}
geistig intellectual
geistiges Eigentum intellectual property
Gelände site
Geld: Differenzausgleich in Geld cash settlement
Geld: Tagesgeld *(jederzeit abrufbar)* call money
- *(mit 24 Std. Festlaufzeit)* overnight money
Geld: Urlaubsgeld holiday bonus
Geld veruntreuen misappropriate money
Geldbeschaffungskosten financing costs
Geldbuße fine
- monetary penalty
Geldeingänge monies received
Geldeinlage cash contribution
Geldentwertung inflation
Gelder monies
Geldforderung money claim
- pecuniary claim
Geldmarkt money market
Geldmarktfonds money-market fund
Geldmarktpapier money market paper
Geldmittel monetary funds
- monies
Geldschuld money debt
Geldstrafe fine
- monetary penalty
- pecuniary penalty
Geldwäsche laundering *(money)*
- money laundering
Geldwert money equivalent
Geldzahlung cash payment
- monetary payment
Gelegenheit bargain
Gelegenheitskauf bargain
- bargain purchase
geleistete Anzahlungen advance payments to suppliers
- advances paid
- prepayments
geleistete Anzahlungen {auf} *BE* payments on account {of}
gelöscht: von Amts wegen gelöscht deleted ex officio
gelten apply
gelten entsprechend apply accordingly
geltend: in der geltenden Fassung as amended
geltend machen assert
geltend machen: Anspruch geltend machen assert a claim
- raise a claim
geltend machen: Mängelrüge geltend machen assert a claim for defects
geltend machen: Recht geltend machen assert a right
- claim a right
geltend machen: steuerlich geltend machen claim a tax deduction
geltender Steuersatz applicable tax rate
geltender Wechselkurs current exchange rate
geltendes Recht law in force
Geltendmachung *(eines Anspruches etc.)* assertion
Geltung validity
Geltungsbereich scope
- scope of application
Geltungsbereich: persönlicher Geltungsbereich personal scope
Geltungsbereich der Vertretungsbefugnis scope of authority
Geltungsbereich der Vollmacht scope of authority
Geltungsdauer duration
- term of validity
gemäß according to

- as required by
- due to
- in accordance with
- in compliance with
- pursuant to

gemäß dieser Vereinbarung under this agreement
Gemeinde local authority
- municipality

Gemeinde: Belegenheitsgemeinde municipality the district of which includes the situs of qualified taxpayer property
Gemeinderat local council
Gemeindesteuer municipal tax
Gemeindeverwaltung local government
gemeindliches Vorkaufsrecht municipal right of first refusal
gemeiner Wert fair market value
Gemeinflächen common areas
Gemeinkosten indirect costs
- overhead
- overhead expenses

Gemeinkosten: aktivierte Gemeinkosten capitalized overhead
Gemeinkosten: Aufteilung von Gemeinkosten apply overhead to apportionment
Gemeinkosten: Fertigungsgemeinkosten factory overhead
- factory overhead expenses
- manufacturing overhead

Gemeinkostenabweichung overhead variance
Gemeinkostenart overhead cost item
- overhead item

gemeinsam jointly
gemeinsame Beherrschung joint control
gemeinsame Erklärung joint statement
gemeinsame Muttergesellschaft common parent
gemeinsame Rundverfügung joint decree
gemeinsame Steuererklärung joint return
gemeinsame Zuständigkeit concurrent jurisdiction
gemeinsamer Haushalt joint household
gemeinsames Sorgerecht joint custody
gemeinsames Testament joint will
Gemeinschaft: Gewinngemeinschaft profit pooling
Gemeinschaft: Gläubigergemeinschaft body of creditors
Gemeinschaft: Gütergemeinschaft *(eheliche)* community of property
Gemeinschaft: Interessengemeinschaft community of interests
- pooling of interests

Gemeinschaft: Personengemeinschaft body of persons
gemeinschaftliches Testament joint will
Gemeinschaftsklage class action
Gemeinschaftsrecht Community law
Gemeinschaftsunternehmen joint venture
- joint venture enterprise

Gemeinschuldner bankrupt
- debtor in bankruptcy

gemischte Kennziffer interstatement ratio
gemischtes Konto fixed account
- mixed account

gemischtgenutzt mixed-use
genannt said
- stated

genau meticulous
genauer ausführen amplify
genehmigen approve
- authorize

genehmigt: verlesen und genehmigt read and approved
genehmigte Bilanz approved balance sheet
genehmigtes Kapital authorized capital
Genehmigung approval
- authorization
- subsequent approval

Genehmigung: Aufenthaltsgenehmigung residence permit
Genehmigung: Erteilung der Genehmigung approval
- authorization

- grant of permission
Genehmigung: nachträgliche Genehmigung eines Vertretungsaktes agency by ratification
Genehmigung: Widerruf der Genehmigung revocation of authorization
Genehmigung der Bilanz adoption of the balance sheet
Genehmigung des Jahresberichts adoption of the annual report
Genehmigung erteilen approve
- grant permission
Generalklausel sweeping clause
Generalmietvertrag master lease
Generalstreik general strike
Generalunternehmer general contractor
Generalversammlung general meeting
genießen: diplomatische Immunität genießen enjoy diplomatic immunity
genießen: Recht genießen enjoy a right
Genossenschaft *AE* cooperative
- *BE* cooperative society
Genossenschaft: Kreditgenossenschaft credit union
Genossenschaft: Sparkasse nach Genossenschaftsprinzip mutual savings bank
Genossenschaft: Versicherungsgenossenschaft cooperative insurance
genossenschaftlicher Prüfungsverband cooperative auditing association
Genossenschaftsrecht law relating to cooperative associations
genügend ample
- sufficient
Genußrecht jouissance right
Genußschein jouissance share
genutzt: gemischtgenutzt mixed-use
geometrisch-degressive Abschreibung declining-balance depreciation
- declining-balance method of depreciation
gepachtetes Land leasehold property
geplant planned
- scheduled
geprüfte Bilanz audited balance sheet
gerade Linie: in gerader Linie in direct line
Gerät appliance
gerecht just
Gerechtigkeit justice
Gerechtigkeit: Steuergerechtigkeit equity of taxation
geregelt: tariflich geregelt governed by collective agreement
geregelt: wie geregelt {in} as provided for {in}
geregelt: wie in ... geregelt as provided for {in}
geregelter Freiverkehr OTC market
- over-the-counter market
- over-the-counter trade
Gericht court
- court of justice
Gericht: Amtsgericht lower court
Gericht: an ein anderes Gericht verweisen transfer to another court
Gericht: bei Gericht anhängig pending before the court
Gericht: Berufungsgericht appellate court
- court of appeal
- court of review
Gericht: Bundesverfassungsgericht *BVerfG* Federal Constitutional Court
Gericht: erstinstanzliches Gericht court of original jurisdiction
Gericht: Finanzgericht fiscal court
- lower tax court
- tax court
Gericht: Konkursgericht bankruptcy court
Gericht: Landgericht state court
Gericht: letztinstanzliches Gericht court of last resort
Gericht: Nachlaßgericht estate court
- probate court
Gericht: oberstes Gericht supreme court
Gericht: ordentliches Gericht court of law
Gericht: Rechtsmittelgericht appellate court

– court of appeal
Gericht: Schiedsgericht arbitration tribunal
– court of arbitration
Gericht: Steuergericht fiscal court
– tax court
Gericht: übergeordnetes Gericht higher court
– superior court
Gericht: untergeordnetes Gericht inferior court
– lower court
Gericht: Vergleichsgericht court for composition proceedings
Gericht: Verweisung an das zuständige Gericht transfer of an action to the competent court
Gericht: vor Gericht bringen bring before the court
– take to court
Gericht: Vormundschaftsgericht guardianship court
Gericht: Zeugenvorladung vor Gericht subpoena
Gericht: zuständiges Gericht competent court
Gericht mit allgemeiner Zuständigkeit court of general jurisdiction
gerichtlich by court
– judicial
gerichtlich bestellt court-appointed
gerichtlich vertreten represent in court
gerichtlich vorgehen {gegen} take legal action {against}
gerichtliche Anordnung injunction
gerichtliche Anordnung der Vormundschaft court order appointing a guardian
gerichtliche Auflösung judicial dissolution
gerichtliche Entscheidung court ruling
– judicial decision
– judicial decree
gerichtliche Überprüfung judicial review
gerichtliche Verfügung court order
– injunction
gerichtlicher Vergleich court settlement
– settlement in court
Gerichtsakte court file
– court record
Gerichtsbarkeit jurisdiction
Gerichtsbarkeit: Finanzgerichtsbarkeit fiscal jurisdiction
Gerichtsbarkeit: Schiedsgerichtsbarkeit arbitration
Gerichtsbarkeit: Zivilgerichtsbarkeit civil jurisdiction
Gerichtsbarkeit ausüben exercise jurisdiction
Gerichtsbeschluß court order
Gerichtsbezirk court district
Gerichtsentscheidung court decision
– court judgment
– court ruling
– judgment
– judicial decision
– ruling *(court)*
Gerichtshof court of justice
Gerichtshof: Bundesgerichtshof *BGH* Federal Civil Court
Gerichtshof: Europäischer Gerichtshof European Court of Justice
Gerichtskosten court costs
Gerichtsstand competent court
– forum
– jurisdiction
– place of jurisdiction
Gerichtsstand {für} venue {in matters of}
Gerichtsstandsvereinbarung agreement on venue
Gerichtstand vereinbaren stipulate jurisdiction
Gerichtsurteil court decision
– court judgment
– court ruling
– judgment
– judicial decision
Gerichtsurteil: Aufhebung eines Gerichtsurteiles vacation of a judgment
Gerichtsurteil: Finanzgerichtsurteil fiscal court judgment
– tax court judgment

Gerichtsurteil: Steuergerichtsurteil fiscal court judgment
- tax court judgment

Gerichtsverfahren court proceedings
- legal proceedings

Gerichtsverfahren: Finanzgerichtsverfahren fiscal court proceedings
- tax court proceedings

geringe Besteuerung low taxation

geringfügig minor
- petty

geringwertig low-cost
- low-value

geringwertiges Wirtschaftsgut: Abschreibung geringwertiger Wirtschaftsgüter write-off of low-cost assets

geringwertiges Wirtschaftsgut: Abschreibungen auf geringwertige Wirtschaftsgüter write-off of low-cost assets

Gesamtabweichung net variance

Gesamtaufwand total expenses

Gesamtbelastung total burden

Gesamtbelastung: steuerliche Gesamtbelastung overall tax burden

Gesamtbetrag total amount

Gesamtbewegung *(Konto)* movement total

Gesamtbewegungen: Betrag der Gesamtbewegungen movement total

Gesamtbuchhaltung unified accounting

Gesamtgewinn overall profit
- total profit

Gesamtgläubiger joint and several creditor

gesamthänderisch jointly

gesamthänderisch gebundener Miteigentümer joint tenant

gesamthänderisches Miteigentum joint ownership

Gesamthandseigentum joint ownership
- joint tenancy

Gesamthandseigentümer joint owner

Gesamthandsgläubiger joint creditor

Gesamthypothek blanket mortgage

Gesamtkostenverfahren *AE* cost-categories-oriented format
- expenditure format
- *BE* type-of-expenditure format

Gesamtrechnungsbetrag invoice total

Gesamtrechtsnachfolge universal succession

Gesamtschuld joint and several debt

Gesamtschuldner joint and several debtor

gesamtschuldnerisch jointly and severally

gesamtschuldnerisch bürgen guarantee jointly and severally

gesamtschuldnerisch haften be jointly and severally liable

gesamtschuldnerische Haftung joint and several liability

Gesamtsteuerbelastung overall tax burden

Gesamtsteuersatz aggregate tax rate
- overall tax rate
- total tax rate

Gesamtumsatz total sales
- *BE* total turnover

Gesamtverbindlichkeiten total liabilities

Gesamtvereinbarung package deal

Geschädigter injured party

Geschäft: Abwicklung des laufenden Geschäfts winding up of current business affairs
- winding up of current business transactions

Geschäft: Anschaffungsgeschäft acquisition transaction
- purchase
- purchasing transaction

Geschäft: Bargeschäft cash transaction

Geschäft: Deckungsgeschäft cover
- covering transaction

Geschäft: Fremdgeschäft third-party transaction
- uncontrolled transaction

Geschäft: Glattstellungsgeschäft closing transaction

Geschäft: Insichgeschäft self-dealing

Geschäft: Insidergeschäft insider dealing
Geschäft: Kassageschäft spot transaction
Geschäft: Kettengeschäft chain transaction
Geschäft: laufendes Geschäft current business
– current business affairs
– current business transactions
Geschäft: Rechtsgeschäft legal transaction
Geschäft: Scheingeschäft bogus transaction
– dummy transaction
– sham
– sham transaction
Geschäft: Sicherungsgeschäft cover
– covering transaction
– hedge
Geschäft: Tauschgeschäft barter transaction
– exchange transaction
Geschäft: Wiederholungsgeschäft repeat business
Geschäft: wiederkehrendes Geschäft repeat business
Geschäft betreiben conduct a business
Geschäfte betreiben do business
geschäftlich tätig sein do business
– doing business
Geschäfts- oder Firmenwert: Abschreibung auf den Geschäfts- oder Firmenwert amortization of goodwill
Geschäftsanschrift business address
Geschäftsanteil interest
– share
Geschäftsanteil: vinkulierter Geschäftsanteil registered share with restricted transferability
Geschäftsarten types of transactions
Geschäftsaufgabe cessation of business
– relinquishment of business
– termination of business
Geschäftsausstattung fixtures and fittings
– furnitures and fixtures
– office equipment
Geschäftsausstattung: Betriebs- und Geschäftsausstattung factory and office equipment
– fixtures and fittings
– fixtures, fittings, tools and equipment
– furnitures and fixtures
Geschäftsbank commercial bank
Geschäftsbedingungen commercial terms and conditions
– terms and conditions
Geschäftsbedingungen: Allgemeine Geschäftsbedingungen general terms and conditions
– standard conditions
– standard terms
– standard terms of business
Geschäftsbereich business line
– business operation
– line of business
– operation
Geschäftsbericht annual report
Geschäftsbericht: Konzerngeschäftsbericht consolidated annual report
Geschäftsbetrieb business
Geschäftsbetrieb: Aufwendungen für die Ingangsetzung und Erweiterung des Geschäftsbetriebs expenses for the start-up and expansion of the business
– start-up and business expansion expenses
Geschäftsbetrieb: laufender Geschäftsbetrieb current business operations
– running business
Geschäftsbetrieb: Wert des laufenden Geschäftsbetriebs going concern value
Geschäftsbücher accounts
– books and records
– books of account
Geschäftsbücher: Einsichtsrecht in die Geschäftsbücher right to inspect the books
Geschäftsbündelung package deal
Geschäftseinheit business unit
Geschäftseinrichtung: feste Ge-

schäftseinrichtung fixed place of business
Geschäftsentwicklung development of business
Geschäftsergebnis operating result
Geschäftserweiterung expansion of business
geschäftsfähig capable to contract
– competent
geschäftsfähig: beschränkt geschäftsfähig sein be of limited legal capacity
– be of restricted legal capacity
Geschäftsfähigkeit competence
– contractual capacity
Geschäftsfähigkeit: Beschränkung der Geschäftsfähigkeit limitation of legal capacity
– limitation of legal competency
geschäftsfallbezogene Nettomargenmethode transactional net margin method
Geschäftsfreundebewirtung business entertainment
geschäftsführendes Organ governing body
– management body
Geschäftsführer manager
– managing director
Geschäftsführer: Gesellschafter-Geschäftsführer owner manager
Geschäftsführer: ordentlicher und gewissenhafter Geschäftsleiter prudent and conscientious business manager
Geschäftsführer: sorgfältiger Geschäftsführer prudent business manager
Geschäftsführung management
Geschäftsführung: Geschäftsführungsvertrag management contract
Geschäftsführung ohne Auftrag agency without mandate due to necessity
Geschäftsführungsprüfung: Organisations- und Geschäftsführungsprüfung management audit
Geschäftsführungsvertrag management contract
Geschäftsgang course of business
Geschäftsgang: ordnungsgemäßer Geschäftsgang ordinary course of business
Geschäftsgebäude business premises
Geschäftsgeheimnis business secret
– trade secret
Geschäftsgrundlage foundation of a contract
– implicit basis of a contract
– inherent basis of a contract
Geschäftsgrundlage: Wegfall der Geschäftsgrundlage frustration of contract
Geschäftsgrundlage für einen Vertrag ist weggefallen contract has become frustrated
Geschäftsgründung establishment of business
– foundation of business
– opening of business
Geschäftsherr principal
Geschäftsjahr accounting year
– business year
– financial year
Geschäftsjahr: abgelaufenes Geschäftsjahr past accounting year
Geschäftsjahr: Gewinn des Geschäftsjahres profit for the financial year
Geschäftsjahr: laufendes Geschäftsjahr current accounting year
Geschäftsjahr: Rumpfgeschäftsjahr short period
Geschäftsjahr: Verlust des Geschäftsjahres loss for the financial year
Geschäftsjahr: Zugänge im Geschäftsjahr additions during the year
geschäftsleitend managing
Geschäftsleiter business manager
Geschäftsleiter: Sorgfalt eines ordentlichen Geschäftsleiters care taken by a prudent business manager
Geschäftsleiter: sorgfältiger Geschäftsleiter prudent business manager
Geschäftsleitung management

Geschäftsleitung: Ort der Geschäftsleitung place of management
Geschäftsleitung: Ort der tatsächlichen Geschäftsleitung place of effective management
Geschäftsleitungsvergütung management fee
geschäftsmäßige Hilfeleistung in Steuersachen professional tax advice
Geschäftsordnung by-laws
- internal rules
- rules of procedure
Geschäftsreise business trip
Geschäftssitz place of management
Geschäftssparte business line
- line of business
Geschäftstagebuch daily transactions journal
Geschäftstätigkeit business activity
- operations
Geschäftstätigkeit: gewöhnliche Geschäftstätigkeit ordinary activities
Geschäftstätigkeit: normale Geschäftstätigkeit ordinary activities
Geschäftsunfähiger legally incapcitated person
Geschäftsunfähigkeit legal incapacity
Geschäftsveräußerung sale of business
Geschäftsveräußerung im ganzen *(USt)* transfer (sale) of business as a going concern *(VAT)*
Geschäftsverlauf course of business
Geschäftsvermögen business assets
- business property
Geschäftsvorfall accountable event
- accounting event
- business transaction
- transaction
Geschäftsvorfall: Erfassung von Geschäftsvorfällen recording of business transactions
Geschäftsvorfall: konzerninterner Geschäftsvorfall intercompany transaction
Geschäftsvorfall: unbare Geschäftsvorfälle non-cash transactions
Geschäftswert goodwill
Geschäftswert: Abschreibung auf den Geschäftswert amortization of goodwill
Geschäftswert: Abschreibung des Geschäfts- oder Firmenwertes amortization of goodwill
Geschäftswert: selbstgeschaffener Geschäftswert home-grown goodwill
Geschäftszweig business line
- line of business
geschätzte Nutzungsdauer estimated service life
- estimated useful life
geschätzter Wert assessed value
- estimated value
Geschenke business gifts
geschlossen: in sich geschlossen self-contained
geschlossene Anlage self-contained unit
geschlossener Fonds closed-end fund
geschuldete Steuer tax due
- tax owed
geschuldeter Betrag amount due
Geschworene jury
Geschworene: Spruch der Geschworenen verdict of the jury
Geschworenenkollegium jury
Geschworenenspruch verdict
Geselllschaft: Vorratsgesellschaft shelf company
Gesellschaft company
Gesellschaft: Auflösung einer Gesellschaft dissolution of a company
Gesellschaft: aufnehmende Gesellschaft surviving company
- surviving corporation
Gesellschaft: ausländische Kapitalgesellschaft foreign corporation
Gesellschaft: ausschüttende Gesellschaft distributing corporation
- distributor *(distributing company)*
Gesellschaft: beherrschte Gesellschaft controlled company

Gesellschaft: bestehende Gesellschaft existing company
Gesellschaft: BGB-Gesellschaft unincorporated civil-law association
Gesellschaft: dividendenausschüttende Gesellschaft dividend distributor
Gesellschaft: doppelt ansässige Gesellschaft dual residence company
- dual resident company
Gesellschaft: Eintragung einer Gesellschaft registration of a company
Gesellschaft: funktionslose Gesellschaft shell company
Gesellschaft: für steuerliche Zwekke ignorierte Gesellschaft disregarded entity
Gesellschaft: Gegenstand der Gesellschaft object of the company
Gesellschaft: Grundstücksverwaltungsgesellschaft real property management company
Gesellschaft: herrschende Gesellschaft controlling company
Gesellschaft: inaktive Gesellschaft shell company
Gesellschaft: Kapitalanlagegesellschaft investment fund
- *AE* mutual fund
Gesellschaft: konzerneigene Finanzierungsgesellschaft captive finance company
Gesellschaft: konzerneigene Leasinggesellschaft captive leasing company
- captive lessor
Gesellschaft: konzerneigene Versicherungsgesellschaft *(ausschließlich Konzerngesellschaften als Versicherungsnehmer)* captive insurance company
Gesellschaft: konzerneigene Vertriebsgesellschaft captive distributor
Gesellschaft: Konzernfinanzierungsgesellschaft captive finance company
Gesellschaft: Konzernleasinggesellschaft captive leasing company
- captive lessor
Gesellschaft: Konzernversicherungsgesellschaft *(ausschließlich Konzerngesellschaften als Versicherungsnehmer)* captive insurance company
Gesellschaft: nachgeschaltete Gesellschaft lower-tier subsidiary
Gesellschaft: neu errichtete Gesellschaft newly established company
Gesellschaft: neu gegründete Gesellschaft newly formed company
Gesellschaft: offene Handelsgesellschaft *OHG* general partnership
Gesellschaft: private Kapitalanlagegesellschaft private investment company
Gesellschaft: Schwesterkapitalgesellschaft brother-sister corporation
Gesellschaft: stille Gesellschaft silent partnership
- silent partnership organized under German law *(participation in the trade or business of another person [natural or juridical] constituting an association which is not outwardly apparent to the public and which does not have capital of its own)*
Gesellschaft: tätig sein für die Gesellschaft als serve the company as
Gesellschaft: vorgeschobene Gesellschaft front company
Gesellschaft: zwischengeschaltete Gesellschaft interposed company
Gesellschaft bürgerlichen Rechts *GbR* association
- *GbR* civil law association
- *GbR* unincorporated civil law association
Gesellschaft des bürgerlichen Rechts *GbR* association
- *GbR* civil law association
- *GbR* unincorporated civil law association
Gesellschaft gründen establish a company
- form a company
- found a company
Gesellschaft mit beschränkter Haftung corporation
- *BE* limited company *Ltd.*

– limited liability company *(corporation)*
– *BE* private company
– *BE* private company limited by shares
– *BE* private limited company
Gesellschafter associate
– partner
– shareholder
Gesellschafter: Ausleihungen an Gesellschafter loans to shareholders
Gesellschafter: Ausscheiden eines Gesellschafters departure of a partner
Gesellschafter: ausscheidender Gesellschafter departing partner
Gesellschafter: beschränkt haftender Gesellschafter limited partner
Gesellschafter: mehrheitlich beteiligter Gesellschafter majority shareholder
Gesellschafter: Mehrheitsgesellschafter majority shareholder
Gesellschafter: Minderheitsgesellschafter minority shareholder
Gesellschafter: Scheingesellschafter ostensible partner
Gesellschafter: stiller Gesellschafter dormant partner
– silent partner
Gesellschafter: unbeschränkt haftender Gesellschafter general partner
Gesellschafter: voll haftender Gesellschafter general partner
Gesellschafteraufwand stewardship costs
Gesellschafterbeschluß shareholders' resolution
Gesellschafterdarlehen shareholder debt
– shareholder loan
Gesellschaftereinlage shareholder contribution
Gesellschafterfremdfinanzierung shareholder debt financing
– shareholder loans
Gesellschafter-Geschäftsführer owner manager
Gesellschafterversammlung shareholders' meeting
Gesellschafterversammlung einberufen convene a shareholders' meeting
Gesellschaftsanteil: Abtretung von Gesellschaftsanteilen assignment of shares
Gesellschaftsanteil: einziehbare Gesellschaftsanteile redeemable shares
Gesellschaftsbilanz company balance sheet
– *(im Gegensatz zur Sonderbilanz oder Ergänzungsbilanz)* partnership balance sheet for tax purposes
Gesellschaftsbücher company books
Gesellschaftsebene corporate level
– entity level
Gesellschaftsebene: Steuer auf Gesellschaftsebene entity-level tax
Gesellschaftsform: hybride Gesellschaftsform hybrid entity
Gesellschaftsgründung establishment of a company
– formation of a company
– *(Kapitalgesellschaft)* incorporation of a company
Gesellschaftskapital share capital
Gesellschaftsorgan body of a company
Gesellschaftsrecht company law
– *AE* corporate law
Gesellschaftsrechte *(an einer Kapitalgesellschaft)* corporate rights
gesellschaftsrechtlich under company law
Gesellschaftssatzung company statutes
Gesellschaftsschulden: Haftung für Gesellschaftsschulden liability for company debts
– *(Personengesellschaft)* liability for partnership debts
Gesellschaftssiegel corporate seal
Gesellschaftsstatuten articles of association
– articles of incorporation
– company articles

G

Gesellschaftsteuer capital duty
Gesellschaftsvermögen company assets
Gesellschaftsvermögen einer Kapitalgesellschaft corporate assets
Gesellschaftsvermögen einer Personengesellschaft partnership assets
Gesellschaftsvertrag *(Kapitalgesellschaft)* articles of association
- articles of incorporation
- *(Personengesellschaft)* partnership agreement
Gesellschaftszweck corporate purpose
- object of the company
Gesetz act
- law
- statute
- statutory law
Gesetz: Anwendung des Gesetzes application of the law
Gesetz: Erlaß eines Gesetzes enactment
Gesetz: in Übereinstimmung mit dem Gesetz in accordance with the law
Gesetz: kraft Gesetzes by law
- by operation of law
Gesetz: nach dem Gesetz according to the law
Gesetz: Steuerreformgesetz Tax Reform Act
Gesetz: unter ein Gesetz fallen governed by law
Gesetz ablehnen reject a bill
Gesetz anwenden apply the law
Gesetz außer Kraft setzen abrogate a law
Gesetz brechen break the law
- violate the law
Gesetz erlassen enact a law
- legislate
Gesetz über Kapitalanlagegesellschaften *KAGG AE* Mutual Funds Act
Gesetz verabschieden pass a bill
Gesetz verkünden promulgate a law
Gesetz verwerfen reject a bill
Gesetzblatt: Bundesgesetzblatt *BGBl.* Federal Law Gazette
Gesetzbuch: Bürgerliches Gesetzbuch Civil Code
- *BGB* Civil Law Code
- *BGB* Code of Civil Law
- *BGB* German Civil Code
Gesetzbuch: Handelsgesetzbuch *HGB* Commercial Code
Gesetze laws
Gesetze machen legislate
Gesetzentwurf: Steuerbereinigungsgesetzentwurf technical corrections bill
Gesetzesentwurf bill
- draft bill
Gesetzeslücke gap in the law
Gesetzesrecht *(im Gegensatz zum common law)* statutory law
Gesetzestext wording of the law
gesetzestreu law-abiding
Gesetzesübertretung *BE* offence
- *BE* offence of the law
- *AE* offense
- *AE* offense of the law
Gesetzesumgehung circumvention of the law
- evasion of the law
Gesetzesverletzung violation of the law
Gesetzesvorlage bill
- draft bill
Gesetzesvorlage einbringen bring in a bill
Gesetzeszweck legislative purpose
gesetzgebend legislative
gesetzgebende Gewalt legislative power
Gesetzgeber lawgiver
- lawmaker
- legislative body
- legislator
Gesetzgeber: Absicht des Gesetzgebers legislative intent
gesetzgeberisch legislative
Gesetzgebung lawgiving
- lawmaking
- legislation
Gesetzgebung: Bilanzierungs-

gesetzgebung accounting legislation
Gesetzgebung: im Wege der Gesetzgebung by legislative act
Gesetzgebung: Mißbrauchsgesetzgebung anti-abuse legislation
Gesetzgebung: Steuergesetzgebung fiscal legislation
– tax legislation
Gesetzgebungsbefugnis legislative competence
– legislative power
Gesetzgebungsverfahren legislative procedure
gesetzlich by law
– by statute
– lawful
– legal
– statutory
gesetzlich: Einhaltung gesetzlicher Vorschriften legal compliance
gesetzlich: ungesetzlich illegal
gesetzlich regeln determinate by law
– lay down by law
– regulate by law
gesetzlich verfolgte Absicht legislative intention
gesetzlich verordnen enact
gesetzlich verpflichtet sein be under a legal obligation
– be under a statutory obligation
gesetzlich vorgeschriebene Sozialabgaben statutory social security
gesetzliche Bestimmung legal provision
– statutory provision
gesetzliche Erbfolge hereditary succession
– intestate succession
– legal succession
gesetzliche Form form prescribed by the law
– statutory form
gesetzliche Haftpflicht legal liability
gesetzliche Krankenversicherung statutory health insurance
gesetzliche Regelung statutory provision
– statutory rule
gesetzliche Rentenversichung statutory pension scheme
gesetzliche Rücklagen legal reserves
– statutory reserves
gesetzliche soziale Aufwendungen statutory social security contributions
gesetzliche Unterhaltspflicht statutory obligation to support
gesetzliche Vermutung legal presumption
– presumption of law
gesetzliche Vertretung legal representation
gesetzlicher Anspruch statutory claim
gesetzlicher Erbe legal heir
– statutory heir
gesetzlicher Forderungsübergang subrogation by operation of law
gesetzlicher Umsatzsteuersatz statutory VAT rate
gesetzlicher Vertreter legal representative
gesetzlicher Zins statutory interest
gesetzlicher Zinssatz legal rate of interest
gesetzliches Pfandrecht statutory lien
gesetzliches Verbot statutory prohibition
gesetzliches Zahlungsmittel legal tender
Gesetzlichkeit lawfulness
– legality
gesetzlos lawless
Gesetzlosigkeit lawlessness
gesetzmäßig in accordance with the law
– lawful
– legal
Gesetzmäßigkeit lawfulness
– legality
gesetzwidrig contrary to law
– illegal
– unlawful
Gesetzwidrigkeit illegality
– unlawfulness
gesichert collateralized
– secured

G

gesichert: hypothekarisch gesichert mortgage-backed
gesichert: hypothekarisch gesicherte Forderung debt secured by mortgage
gesichert: hypothekarisch gesicherter Schuldtitel collateralized mortgage obligation
gesichert: ungesichert unsecured
gesichertes Darlehen secured loan
Gesichtspunkt: allen Gesichtspunkten Rechnung tragen deal with all aspects
gesondert ausweisen present separately
- show separately
gesonderte Gewinnfeststellung separate determination of profits
gespaltener Körperschaftsteuersatz split-rate of corporate income tax
gespaltener Steuersatz split tax rate
gespaltener Steuersatz: System des gespaltenen Steuersatzes split-rate system
gestaffelte Steuersätze graduated tax rates
Gestaltung: Ausgestaltung design
Gestaltung: Umgestaltung *(zB von Finanzinstrumenten)* repackaging
Gestaltungsklage action for modification of a legal right or status
Gestaltungsmißbrauch abuse of law
- abuse of legal structuring options
Geständnis admission
- confession
gestreut dispersed
gestreut: weit gestreut *(Aktienbesitz)* widely dispersed
Gesuch application
Gesuch: Stellengesuch application for a job
- application for employment
Getränkesteuer beverage tax
getrennt: dauernd getrennt lebend living apart permanently
getrennt veranlagen assess separately
getrennte Veranlagung separate assessment
- separate return
getrenntleben live separated
- living apart
gewähren accord
- allow
gewähren: Akteneinsicht gewähren allow inspection of files
gewähren: Aufschub gewähren defer
- grant a delay
- grant a respite
gewähren: Kredit gewähren extend credit
gewähren: Skonto gewähren grant cash discount
gewähren: Steuererleichterungen gewähren grant tax relief
gewähren: Versicherungsschutz gewähren provide insurance coverage
gewährleisten warrant
Gewährleistung warranty
Gewährleistung: Rückstellung für Gewährleistungen provision for warranties
Gewährleistung: Verbindlichkeiten aus Gewährleistungen liabilities under warranties
Gewährleistung: Verletzung der Gewährleistung breach of warranty
Gewährleistung des Verkäufers für Sach- und Rechtsmängel sales warranties
Gewährleistung für handelsübliche Qualität warranty of merchantability
Gewährleistung für Rechtsmängel warranty of title
Gewährleistung für Sachmängel warranty of quality
Gewährleistungsanspruch warranty claim
Gewährleistungsgarantie performance bond
Gewährleistungsverpflichtungen warranties
Gewährleistungswagnis warranty risk
Gewahrsam: in Gewahrsam in custody
Gewährung einer Frist granting of a period of time

Gewalt: gesetzgebende Gewalt legislative power
Gewalt: höhere Gewalt act of God
– force majeure
Gewalt: rechtsprechende Gewalt judicial power
Gewalt: vollziehende Gewalt executive power
Gewaltenteilung separation of powers
Gewerbe trade or business
Gewerbe: Baugewerbe construction industry
Gewerbebesteuerung trade or business taxation
– trade taxation
Gewerbebetrieb trade
– trade or business
Gewerbebetrieb: Einkünfte aus Gewerbebetrieb trade or business income
Gewerbebetrieb: ruhender Gewerbebetrieb dormant trade or business
Gewerbeerlaubnis *BE* business licence
– *AE* business license
– *BE* trade licence
– *AE* trade license
Gewerbeertrag trade income
Gewerbeertragsteuer trade income tax
– trade tax on income
Gewerbefreiheit freedom of trade
Gewerbegebiet commercial zone
Gewerbekapital trade capital
Gewerbekapital: Steuer auf das Gewerbekapital trade tax on capital
Gewerbekapitalsteuer trade capital tax
– trade tax on capital
Gewerbepark industrial park
Gewerbeschein *BE* business licence
– *AE* business license
– *BE* trade licence
– *AE* trade license
Gewerbesteuer trade tax
Gewerbesteuerbescheid trade tax assessment notice
Gewerbesteuererklärung trade tax return
Gewerbesteuergesetz *GewStG* Trade Tax Act
Gewerbesteuer-Richtlinien Trade Tax Regulations
Gewerbesteuerrückstellung provision for trade taxes
Gewerbesteuerzerlegungsbescheid notice of apportionment of trade tax base
Gewerbetreibender: Einzelgewerbetreibender individual proprietor
Gewerbeverlust trade loss
gewerblich: Besteuerung gewerblicher Unternehmen taxation of businesses
gewerblich: Betrieb gewerblicher Art *(einer juristischen Person des öffentlichen Rechts)* business enterprise run by a body corporate organized under public law
gewerbliche Einbauten trade fixtures
gewerbliche Einkünfte trade or business income
gewerblicher Betrieb trade or business
gewerblicher Gewinn business profit
gewerblicher Grundstückshändler property dealer
gewerblicher Rechtsschutz industrial property protection
gewerbliches Schutzrecht industrial property right
– industrial proprietary right
gewerbsmäßig for gain
Gewerkschaft *AE* labor union
– *BE* trade union
– union
gewerkschaftlich organisierter Arbeiter worker belonging to a trade union
gewerkschaftliche Betätigung trade union activity
Gewerkschaftsspitzenverband umbrella organization of unions
gewichteter Durchschnitt weighted average
gewillkürte Erbfolge testamentary succession

G

Gewinn earnings
– gain
– profit
Gewinn: ausschüttungsfähiger Gewinn distributable profit
Gewinn: buchmäßiger Gewinn accounting profit
Gewinn: einbehaltene Gewinne retained earnings
Gewinn: entgangener Gewinn loss of profit
– lost profit
Gewinn: erhaltene Gewinne aufgrund einer Gewinngemeinschaft income from profit pooling
Gewinn: gewerblicher Gewinn business profit
Gewinn: handelsrechtlicher Gewinn accounting income
– book income
– financial statement income
Gewinn: imaginärer Gewinn imaginary profit
Gewinn: kalkulatorischer Gewinn imputed profit
Gewinn: neutraler Gewinn nonoperating profit
Gewinn: nicht ausgeschütteter Gewinn retained earnings
Gewinn: nicht realisierte Gewinne unrealized gains
– unrealized profits
Gewinn: noch nicht realisierte Gewinne gains pending realization
– profits pending realization
Gewinn: ökonomischer Gewinn economic gain
Gewinn: realisierte Gewinne realized gains
– realized profits
Gewinn: realisierter Gewinn realized profit
Gewinn: steuerpflichtiger Gewinn tax profit
– taxable profit
Gewinn: thesaurierter Gewinn retained earnings
– retained profits
Gewinn: Thesaurierung von Gewinnen retention of earnings
– retention of profits
Gewinn: unverteilte Gewinne undistributed profits
Gewinn: verlagern von Gewinnen divert profits
Gewinn aus der Veräußerung von Wertpapieren gain on the sale of securities
Gewinn aus konzerninternen Geschäften intercompany profit
Gewinn aus Neubewertung surplus arising from revaluation
Gewinn ausweisen show a profit
Gewinn des Geschäftsjahres profit for the financial year
Gewinn je Aktie earnings per share
Gewinn nach Steuern after-tax profit
– profit after tax
Gewinn pro Aktie earnings per share
Gewinn- und Verlustrechnung *GuV* *AE* income statement
– *BE* profit and loss account
– *GuV* profit and loss statement
– *GuV* statement of earnings
– *AE* statement of income
Gewinn- und Verlustrechnung: Erläuterungen zur Bilanz und zur Gewinn- und Verlustrechnung *AE* notes to balance sheet and income statement
– *BE* notes to balance sheet and profit and loss account
Gewinn- und Verlustrechnung: konsolidierte Gewinn- und Verlustrechnung *AE* consolidated income statement
– *BE* consolidated profit and loss account
– *AE* group income statement
Gewinn- und Verlustrechnung: konsolidierte Konzerngewinn- und Verlustrechnung *BE* consolidated profit and loss account
Gewinn- und Verlustrechnung: Konzerngewinn- und Verlustrechnung *AE* consolidated income statement
– *BE* consolidated profit and loss account
Gewinn- und Verlustrechnung: Konzern-Gewinn- und Verlustrech-

nung *AE* consolidated statement of income
Gewinn- und Verlustrechnung: unverkürzte Gewinn- und Verlustrechnung uncondensed profit and loss statement
Gewinn vor Steuern pretax profit
– profit before tax
– profit before taxes
Gewinnabführung profit pooling
– profit transfer
Gewinnabführungsvertrag profit and loss absorption agreement
– profit pooling agreement
gewinnabhängig profit-linked
gewinnabhängige Steuer profit-based tax
Gewinnabsaugung earnings stripping
– profit erosion
– stripping of earnings
– stripping of profits
Gewinnanalyse nach Marktsegmenten market segment profit analysis
Gewinnanteil profit share
– profit share percentage
– share of profits
Gewinnanteil: ausgeschütteter Gewinnanteil distributed profit share
Gewinnaufschlag mark-up *(profit)*
– profit mark-up
Gewinnausschüttung distribution of profits
– profit distribution
Gewinnausschüttung: verdeckte Gewinnausschüttung constructive dividend
– deemed profit distribution
– disguised profit distribution
– hidden distribution of profits
– hidden profit distribution
Gewinnausweis profit reporting
Gewinnberichtigung profit adjustment
Gewinnbesteuerung taxation of profits
Gewinnbeteiligung participation in profits
– profit participation
– profit sharing
– share in profits
Gewinnbeteiligung: Wertpapiere mit Gewinnbeteiligung profit-sharing securities
Gewinnermittlung income determination
– profit determination
Gewinnermittlung: direkte Gewinnermittlungsmethode direct profit allocation method
Gewinnermittlung: steuerliche Gewinnermittlung tax accounting
Gewinnermittlungsarten income accounting methods
Gewinnermittlungsmethode accounting method
– method of determining profits
– method of profit determination
– method of reporting income and deductions
Gewinnermittlungsverfahren accounting method
– method of determining profits
– method of profit determination
– method of reporting income and deductions
Gewinnerzielung: nicht auf Gewinnerzielung ausgerichtete Organisation non-profit organization
Gewinnerzielungsabsicht profit motivation
– profit motive
Gewinnerzielungsabsicht: ohne Gewinnerzielungsabsicht non-profit
– not for profit
Gewinnfeststellung income determination
Gewinnfeststellung: einheitliche Gewinnfeststellung uniform determination of profits
Gewinnfeststellung: gesonderte Gewinnfeststellung separate determination of profits
Gewinngemeinschaft profit pooling
Gewinngemeinschaft: erhaltene Gewinne aufgrund einer Gewinngemeinschaft income from profit pooling
Gewinnobligation income bond
gewinnorientiert with a view to making profit

gewinnorientiert: nicht gewinnorientiert non-profit
– not for profit
gewinnorientiert: nicht gewinnorientierte Organisation non-profit organization
Gewinnpoolung profit pooling
Gewinnrealisation profit realization
Gewinnrealisierung realization of profits
Gewinnrealisierung nach Baufortschritt percentage-of-completion-method
– stage-of-completion-method
Gewinnrealisierung nach Beendigung der Herstellung completed contract method
Gewinnrealisierung nach Herstellungsfortschritt percentage-of-completion-method
– stage-of-completion-method
Gewinnrücklage profit reserve
Gewinnrücklage: Einstellung in die Gewinnrücklagen transfer to profit reserves
Gewinnrücklagen *AE* earnings reserves
– *BE* revenue reserves
Gewinnschuldverschreibung income bond
– participating bond
Gewinnschwelle break-even point
Gewinnspanne profit margin
Gewinnsteuern profit taxes
Gewinnthesaurierung profit retention
– retention of earnings
– retention of profits
Gewinnverlagerung diversion of profits
– profit diversion
– profit shifting
Gewinnverschiebung profit shifting
Gewinnverteilung distribution of profits
Gewinnverteilungsbeschluß resolution on distribution of profits
Gewinnverwendung application of profits
– appropriation of earnings
– appropriation of profits
Gewinnverwendungsbilanz profit appropriation statement
Gewinnverwendungsvorschlag proposal for the appropriation of earnings
– proposal for the appropriation of profits
– proposed appropriation of earnings
– proposed appropriation of profits
Gewinnverwirklichung profit realization
Gewinnvorab preferred profit
Gewinnvortrag unappropriated profits brought forward
– unappropriated retained earnings brought forward
Gewinnvortrag aus dem Vorjahr prior period unappropriated retained earnings brought forward
Gewinnzurechnung profit allocation
Gewinnzurechnungsmethode: direkte Gewinnzurechnungsmethode direct profit allocation method
gewissenhaft: ordentlicher und gewissenhafter Geschäftsleiter prudent and conscientious business manager
Gewissensfreiheit freedom of conscience
gewogen weighted
gewogener Durchschnitt weighted average
gewogener Durchschnitt: gleitender gewogener Durchschnitt moving weighted average
Gewohnheit: örtliche Gewohnheit local custom
Gewohnheitsrecht Common Law
– customary law
gewöhnlich ordinary
gewöhnliche Anteile ordinary shares
gewöhnliche Geschäftstätigkeit ordinary activities
gewöhnliche Geschäftstätigkeit: Ergebnis der gewöhnlichen Geschäftstätigkeit profit (loss) on ordinary activities
– results from ordinary activities
gewöhnliche Konkursforderung ordinary debt

gewöhnlicher Aufenthalt customary place of abode
– habitual abode
gewöhnlicher Aufenthaltsort customary place of abode
– habitual abode
gewöhnlicher Erhaltungsaufwand ordinary maintenance expenses
GewStG Gewerbesteuergesetz *(Trade Tax Act)*
gezeichnetes Kapital subcribed capital
– subscribed capital
gezeichnetes Kapital: ausstehende Einlagen auf das gezeichnete Kapital share capital - unpaid
– subscribed capital - unpaid
– unpaid contributions to subscribed capital
gezogener Wechsel draft
Giralgeld bank money
– deposit money
Girokonto current account
Glasbruch breakage of glas
glattstellen: Konto glattstellen settle an account
Glattstellung closing out
Glattstellungsgeschäft closing transaction
Glaube: guter Glaube good faith
Glaube: in gutem Glauben handeln act in good faith
Glaube: öffentlicher Glaube *(Grundbuch)* presumption of the accuracy of the deed registry
Glauben: Treu und Glauben good faith
Glaubensfreiheit religious freedom
Gläuberbenachteiligung: anfechtbare Rechtsgeschäfte wegen Gläubigerbenachteiligung transactions avoidable by creditors due to fraudulent transfer of property
glaubhaft machen substantiate
glaubhaft machen {gegenüber} demonstrate to the satisfaction {of}
Gläubiger claimant
– creditor
– obligee
– obligor
Gläubiger: absonderungsberechtigter Gläubiger secured creditor
Gläubiger: bevorrechtigter Gläubiger preferential creditor
– privileged creditor
– senior creditor
Gläubiger: bevorzugter Gläubiger preferential creditor
Gläubiger: Gesamtgläubiger joint and several creditor
Gläubiger: Gesamthandsgläubiger joint creditor
Gläubiger: Hypothekargläubiger mortgagee
Gläubiger: Konkursgläubiger creditor in bankruptcy
Gläubiger: Massegläubiger creditor of a bankrupt's estate
Gläubiger: nicht bevorzugter Gläubiger general creditor
– ordinary creditor
Gläubiger: ungesicherter Gläubiger unsecured creditor
Gläubiger: Vergleichsgläubiger creditor in composition proceedings
Gläubiger: Wechselgläubiger bill creditor
– creditor in respect of a bill of exchange
Gläubigeranfechtung avoidance of fraudulent transfer of property
Gläubigerbenachteiligung fraudulent conveyance of property
Gläubigergemeinschaft body of creditors
Gläubigerinteresse: Wahrung von Gläubigerinteressen protection of creditors' interests
Gläubigerliste list of creditors
Gläubigerversammlung creditors' meeting
– meeting of creditors
Gläubigerverzeichnis list of creditors
Gläubigerverzug creditor's default of acceptance
– creditor's delay
glaubwürdig credible
Gleichbehandlung non-discrimination
Gleichbehandlungsgebot equal treatment precept

– non-discrimination precept
Gleichbehandlungsklausel equal treatment clause
– non-discrimination clause
gleicher Auffassung assenting
– concurring
– endorsed {by}
gleichgestellt: steuerlich gleichgestellt having equal tax status
– subject to the same tax treatment
Gleichheit vor dem Gesetz equality before the law
Gleichheitsgrundsatz principle of equality
gleichmäßige Verteilung even spread
gleitende Arbeitszeit flexible working hours
gleitender Durchschnitt moving average
gleitender gewogener Durchschnitt moving weighted average
Gleitklausel escalator clause
Gleitklausel: Preisgleitklausel price escalator clause
Gliederung: Bilanzgliederung balance sheet classification
– balance sheet lay-out
– layout of balance sheet
Gliederung: Kontengliederung account classification
Gliederung der Bilanz balance sheet format
Gliederungsvordruck form for the breakdown and development of distributable equity
Gliederungsvorschriften statutory provisions for the classification of financial statements
Gliederungsvorschriften: Bewertungs- und Gliederungsvorschriften rules of valuation and classification
Gliedstaat constituent state
Globalwertberichtigung lump sum valuation allowance
GmbH Gesellschaft mit beschränkter Haftung *(limited company)*
GmbH & Co KG limited partnership with a limited company as general partner
GmbH: Komplementär-GmbH corporate general partner
Gnadenakt act of pardon
Gnadengesuch petition for pardon
Gnadenklausel grace clause
GoB Grundsätze ordnungsmäßiger Buchführung *(generally accepted accounting principles)*
Grad: Verwandter dritten Grades third-degree relative
Gratifikation bonus
Gratifikation: Weihnachtsgratifikation Christmas bonus
Gratisaktie scrip share
Gratisaktie: Ausgabe von Gratisaktien *BE* scrip issue
Gratisaktie: Emission von Gratisaktien *BE* scrip issue
Gratisaktien bonus shares
– scrip issue
– *AE* stock dividend *(proportionate distribution)*
Gratisanteile *AE* stock dividend *(proportionate distribution)*
Gremium body
– forum *(panel)*
– panel
Grenze border
– frontier
– limit
Grenze: Bagatellgrenze de minimis threshold
Grenze: Einkommensgrenze income limit
Grenze: frachtfrei bis zur Grenze freight paid to frontier
Grenze: Freigrenze exempt threshold
Grenze: Höchstgrenze ceiling
Grenze: Obergrenze *(für einen Zinssatz)* cap
– upper limit
Grenze: über die Grenze cross-border
Grenzerlöse differential revenues
– incremental revenues
– marginal revenues
Grenzfall borderline case
Grenzkosten differential cost
– incremental cost
– marginal cost

Grenzsteuersatz differential tax rate
– incremental tax rate
– marginal tax rate
grenzüberschreitend cross-border
grobe Fahrlässigkeit gross negligence
Größe: Bezugsgröße *(Kostenrechnung)* acitvity base
große Kapitalgesellschaft large corporation
Großhandel wholesale trade
Großhändler wholesaler
Großreparatur major repair
Grund: auf Grund von by reason of
Grund: aus diesen Gründen on these grounds
Grund: aus Gründen der for reasons of
Grund: Kündigungsgrund cause for termination
Grund: wichtiger Grund grave cause
– sufficient cause
Grund und Boden land
Grund und Boden: fremder Grund und Boden third party land
Grundbesitz real estate
– real property
Grundbesitz: Steuern vom Grundbesitz real property taxes
Grundbesitzabgaben real estate levies
Grundbuch book of original entry
– journal
– land register
– land title register
– real estate register
– register of deeds
– title register
Grundbuch: ins Grundbuch eintragen enter into the title register
Grundbuchamt land register office
– land registry
– real estate registry
– title registration office
Grundbuchauszug abstract of land register
– extract from the title register
Grundbuchberichtigung correction of deed registry
Grundbucheinsicht deed registry review
Grundbucheintragung recording in the deed registry
Grundbucheintragung vornehmen make an entry in the title register
Grunddienstbarkeit easement
– *BE* land servitude
– real servitude
Grundeigentum immovable property
– real estate
– real property
– realty
Grundeigentumsurkunde real estate deed
gründen establish
– form
– found
– *(Kapitalgesellschaft)* incorporate
– set up
gründen: durch notariellen Vertrag gründen establish by agreement in notarial form
gründen: Gesellschaft gründen establish a company
– form a company
– found a company
gründen: juristische Person gründen incorporate
Gründer founder
– *(Kapitalgesellschaft)* incorporator
Grunderwerbsteuer real estate transfer tax
– real property transfer tax
Grunderwerbsteuergesetz Real Estate Transfer Tax Act
– Real Property Transfer Tax Act
Grundfreibetrag basic tax-free amount
– *(Steuertarif)* zero rate bracket
Grundgehalt base salary
– basic salary
Grundgesetz constitution
Grundkapital *AE* capital stock
– nominal capital
– share capital
– stated capital
Grundlage: Bemessungsgrundlage tax base
Grundlohn basic wage

Grundmietzeit fixed noncancelable lease term
– initial lease term
Grundpfandrecht *BE* charge on land
– charge on real property
– land charge
– lien on real property
Grundrechte constitutional rights
Grundregel basic rule
– general rule
Grundregister real estate register
Grundsatz principle
Grundsatz: Bewertungsgrundsatz measurement concept
Grundsatz: Bilanzierungsgrundsatz accounting concept
– accounting principle
– accounting rule
Grundsatz: Bilanzierungsgrundsätze accounting principles
Grundsatz: Fremdvergleichsgrundsatz arm's length principle
– arm's length standard
Grundsatz: nach den gleichen Grundsätzen wie along the same lines as
Grundsatz: tragender Grundsatz fundamental principle
Grundsatz der Bilanzklarheit principle of fair presentation
Grundsatz der Periodenabgrenzung accruals concept
– matching principle
– matching-of-revenue-and-cost principle
Grundsatz der Wesentlichkeit materiality principle
– principle of materiality
Grundsätze: Betriebsprüfungsgrundsätze tax audit guidelines
Grundsätze: Verwaltungsgrundsätze administration principles
Grundsätze der Rechnungslegung accounting principles
– generally accepted accounting principles
Grundsätze ordnungsmäßiger Abschlußprüfung generally accepted auditing standards
Grundsätze ordnungsmäßiger Bilanzierung financial accounting standards
– *GoB BE* generally accepted accounting practice *GAAP*
– generally accepted accounting principles *GAAP*
Grundsätze ordnungsmäßiger Buchführung *GoB* accounting principles
– *GoB* financial accounting standards
– *GoB* generally accepted accounting principles *GAAP*
Grundsätze ordnungsmäßiger Buchführung und Bilanzierung *GoB* accounting principles
Grundsätze ordnungsmäßiger Dokumentation generally accepted documentation principles
Grundsätze ordnungsmäßiger Prüfung generally accepted auditing standards
Grundschuld charge on land without personal liability
– charge on real property without personal liability
– land charge
Grundschuld: Eigentümergrundschuld *AE* land charge in favor of the owner
– *BE* land charge in favour of the owner
Grundsteuer land tax
– real estate tax
– real property tax
Grundsteuer-Richtlinien Real Property Tax Regulations
Grundstück real estate
– real property
– site
Grundstück: Bauten auf fremden Grundstücken buildings on leasehold land
– buildings on third party land
Grundstück: bebaute Grundstücke developed land
– *AE* improved properties
Grundstück: Bestandteil eines Grundstückes fixtures
Grundstück: Erschließung von

Grundstücken development of real estate
Grundstück: fremdes Grundstück third party land
Grundstück: sonstige bebaute Grundstücke other developed land
– other improved properties
Grundstück: unbebaute Grundstükke undeveloped land
– undeveloped real estate
– *AE* unimproved property
– vacant land
Grundstück: unwesentlicher Bestandteil eines Grundstückes fixtures
Grundstück mit einer Hypothek belasten charge land with a mortgage
– encumber land with a mortgage
– mortgage property
Grundstücke ohne Bauten undeveloped land
– *AE* unimproved real property
Grundstücke und Bauten land and buildings
Grundstücksarten real estate categories
Grundstücksbelastung land charge
Grundstücksbestandteil fixture
Grundstückseigentum real property
– realty
– title in land
Grundstücksgesellschaft real estate company
– real property company
grundstücksgleiches Recht right equivalent to a real property right
– right to which the general law provisions with respect to real property apply
Grundstücksgrenze boundary of property
– property limit
Grundstückshändler: gewerblicher Grundstückshändler property dealer
Grundstückskauf purchase of real estate
Grundstücksstiftung real estate foundation
– real property foundation
Grundstücksübertragungsurkunde deed
Grundstücksverwaltung property management
Grundstücksverwaltungsgesellschaft real estate management company
– real property management company
Grundstückswert: steuerlicher Grundstückswert assessable real property value
Grundstückszubehör appurtenances to land
– fixture
– fixtures
Grundtabelle basic tax schedule
Grundtabelle: Einkommensteuer-Grundtabelle basic income tax schedule
Gründung establishment
– formation
– foundation
– *(einer Körperschaft)* incorporation
Gründung: Gesellschaftsgründung establishment of a company
– formation of a company
– *(Kapitalgesellschaft)* incorporation of a company
Gründung: in Gründung in formation
Gründung: Ort der Gründung place of incorporation
Gründung einer Gesellschaft establishment of a company
– formation of a company
Gründung einer Kapitalgesellschaft incorporation
Gründungsaufwand formation expenses
Gründungsaufwendungen formation expenses
Gründungsbilanz formation balance sheet
Gründungskosten formation costs
– formation expenses
– organization expenses
Gründungskosten abschreiben *(Vollabschreibung)* write off of formation expenses
Gründungsprüfer formation auditor
Gründungsprüfung formation audit

Gründungsstatut law of incorporation
Gründungsurkunde articles
- articles of incorporation
- certificate of incorporation
- charter
- corporate charter
Gründungsversammlung organizational meeting
Grundvermögen immovable property
- real estate
- real property
Grundvermögenseinkünfte real property income
Gruppe: Diskussionsgruppe panel
Gruppe: Einkommensgruppe income group
Gruppe: Konzerngruppe affiliated group
Gruppe von verbundenen Unternehmen group of associated companies
- group of associated enterprises
Gruppenabschluß *BE* group accounts
- group financial statements
Gruppenabschreibung composite depreciation
- composite-life method of depreciation
Gruppenakkord group piecework
Gruppenbewertung composite method of valuation
- group valuation
- group-of-asset valuation
Gruppenversicherung group insurance
gültig valid
gültig: zivilrechtlich gültig valid under civil law
gültiger Vertrag valid contract
Gültigkeit validity
Gültigkeit: Rechtsgültigkeit legal validity
Gut: Immaterialgut intangible property
Gut: Investitionsgut capital good
Gut: Verbrauchsgut consumer good
Gutachten expert opinion
- opinion *(expert opinion)*
- professional opinion
Gutachten: Bewertungsgutachten expert appraisal
- valuation opinion
Gutachten: Fachgutachten opinion
- professional opinion
Gutachten: Rechtsgutachten legal opinion
Gutachten: Sachverständigengutachten expert opinion
- expert testimony
- testimony of expert
Gutachter: unabhängiger Gutachter outside expert
gute Sitten good morals
- public policy
gute Sitten: gegen die guten Sitten against good morals
- contrary to public policy
gute Sitten: gegen die guten Sitten verstoßen act against public policy
Güter: gefährliche Güter hazardous goods
guter Glaube good faith
Gütergemeinschaft *(eheliche)* community of property
Gütergemeinschaft: eheliche Gütergemeinschaft community of property
Güterstand matrimonial property regime
Gütertrennung separation of property
gutgläubiger Erwerb acquisition in good faith
- bona fide purchase
gutgläubiger Erwerber bona fide purchaser
- innocent purchaser
- purchaser in good faith
Guthaben credit
Guthaben: Auseinandersetzungsguthaben settlement balance
Guthaben: Bankguthaben bank balance
Guthaben: Kassenguthaben cash balance
Guthaben: Restguthaben remaining credit balance
gütlich regeln settle amicably
gutschreiben credit

gutschreiben: Posten gutschreiben credit an item
Gutschrift credit
– credit note
Gutschrift: Rechnungsgutschrift credit note
Gutschriftsanzeige credit advice
– credit note
Gutschriftsbeleg credit voucher
GuV Gewinn- und Verlustrechnung *(profit and loss statement)*
GuV-Rechnung *BE* profit and loss account

H

Haben credit
Habenbewegung credit transaction
Habenbuchung credit entry
Habenposten credit item
Habensaldo credit balance
Habenseite eines Kontos credit side of an account
Habenzins borrowing rate
Haft: in Haft under arrest
– under detention
haftbar {für} accountable {for}
haftbar machen hold liable
Haftbefehl warrant
– warrant for arrest
– warrant of arrest
haften: für einen Schaden haften be liable for damages
– be responsible for damages
haften: gesamtschuldnerisch haften be jointly and severally liable
haften: mit dem ganzen Vermögen haften be liable to the extent of one's property
haften: mit dem gesamten Vermögen haften be liable to the extent of one's property
haften {für} be answerable {for}
– be liable {for}
– liable {for}
haftend: unbeschränkt haftender Gesellschafter general partner
haftend: voll haftender Gesellschafter general partner
Haftentlassung release from prison
Haftpflicht: gesetzliche Haftpflicht legal liability
Haftpflichtversicherung indemnity insurance
– liability insurance
– *(freie Berufe)* malpractice insurance
– *(freie Berufe)* professional liability insurance
– *BE* third-party insurance
Haftpflichtversicherung: allgemeine Haftpflichtversicherung general liability insurance
Haftpflichtversicherung: Berufshaftpflichtversicherung malpractice insurance
– professional indemnity insurance
– professional malpractice insurance
Haftpflichtversicherung: Haftpflichtversicherung *(freie Berufe)* malpractice insurance
– *(freie Berufe)* professional liability insurance
Haftpflichtversicherung: KFZ-Haftpflichtversicherung automobile liability insurance
Haftpflichtversicherung: Kraftfahrzeug-Haftpflichtversicherung motor vehicle insurance
Haftpflichtversicherung: Produkthaftpflichtversicherung product liability insurance
Haftung liability
– responsibility
Haftung: außervertragliche Haftung non-contractual liability
Haftung: beschränkte Haftung limited liability
Haftung: deliktische Haftung tortious liability
Haftung: Freistellung von der Haftung indemnity against liability
Haftung: Gefährdungshaftung strict liability
Haftung: Gehilfenhaftung vicarious liability
Haftung: gesamtschuldnerische Haftung joint and several liability
Haftung: Gesellschaft mit be-

schränkter Haftung *BE* private limited company
Haftung: persönliche Haftung personal liability
Haftung: Steuerhaftung liability for taxes to be withheld
Haftung: subsidiäre Haftung subsidiary liability
Haftung: unbeschränkte Haftung unlimited liability
Haftung: verschuldensunabhängige Haftung liability regardless of fault
- liability without fault
- strict liability
Haftung: vertragliche Haftung contractual liability
Haftung: Wechselhaftung liability under a bill of exchange
Haftung für fremdes Verschulden liability for the fault of another
Haftung für Gesellschaftsschulden liability for company debts
- *(Personengesellschaft)* liability for partnership debts
Haftung für Verschulden Dritter *(zB für Verrichtungsgehilfen, Erfüllungsgehilfen)* vicarious liability
Haftung ist auf die Einlage beschränkt liability is limited to the contribution
Haftung übernehmen undertake a liability
Haftungsausschluß disclaimer of liability
- exclusion of liability
- exemption from liability
Haftungsausschlußklausel liability exclusion clause
- liability exemption clause
Haftungsbescheid notice of liability
Haftungsbeschränkung limitation of liability
Haftungssumme liability coverage
Haftungsverhältnisse contingencies
Halbfertigerzeugnis semi-finished product
Halbjahresbericht interim report
- semi-annual report
Halbjahresbilanz semi-annual balance sheet
Halbjahresergebnis semi-annual result
halbjährlich on a semi-annual basis
- semi-annual
Halbtagsarbeit half-day work
Haltedauer holding period
halten hold
halten: treuhänderisch halten hold in escrow
halten: unmittelbar gehalten directly held
Halteperiode holding period
Handarbeit manual work
Handbuch: Bilanzierungshandbuch accounting manual
- manual of accounting
Handel commerce
- trade
Handel: Börsenhandel stock exchange trading
Handel: Devisenhandel foreign exchange trade
Handel: Einzelhandel retail trade
Handel: Großhandel wholesale trade
Handel: Kassahandel spot trading
Handel: nachbörslicher Handel after hours trading
Handel: Pakethandel block trading
Handel: Programmhandel *AE* program trading
- *BE* programme trading
Handel treiben carry on a trade
- trade
handeln act
- bargain
Handelsbilanz commercial balance sheet
- financial balance sheet
Handelsbrauch business usage
- commercial practice
- commercial usage
- custom of the trade
- trade custom
- trade practice
- trade usage
Handelsbücher commercial books
- *BE* commercial books of account
- statutory books
Handelsfreiheit trade freedom
Handelsgepflogenheiten trade usage

Handelsgerichtsbarkeit commercial jurisdiction
Handelsgeschäft trading business
Handelsgesellschaft trading company
Handelsgesellschaft: offene Handelsgesellschaft *OHG* general partnership
Handelsgesetzbuch *HGB* Commercial Code
Handelsgewerbe trade
Handelsgewerbe betreiben carry on a trade
Handelskammer Chamber of Commerce
Handelskauf mercantile sale
Handelsmakler commercial broker
Handelspapiere commercial documents
– commercial papers
Handelsrecht commercial law
handelsrechtlich *(Rechnungslegungsvorschriften)* for financial statement purposes
– under commercial law
handelsrechtliche Abschreibung book depreciation
handelsrechtliche Bewertung book valuation
– valuation for financial statement purposes
handelsrechtliche Buchführungsvorschriften commercial accounting rules
handelsrechtliche Rechnungslegung financial accounting
handelsrechtlicher Gewinn accounting income
– book income
– financial statement income
handelsrechtlicher Jahresabschluß financial statements
handelsrechtliches Ergebnis vor Steuern pretax accounting income
– pretax financial income
Handelsregister commercial register
Handelsregister: Auszug aus dem Handelsregister extract from the commercial register
Handelsregister: Eintragung in das Handelsregister registration in the commercial register
Handelsregister: Löschung aus dem Handelsregister deletion from the commercial register
Handelsregister: Streichung aus dem Handelsregister deletion from the commercial register
Handelsregistereintragung entry in the commercial register
Handelsspanne resale price margin
– trade margin
– trade profit margin
handelsübliche Qualität: Gewährleistung für handelsübliche Qualität warranty of merchantability
Handelsübung trade custom
– trade practice
Handelsusancen business usage
– commercial practice
– commercial usage
– trade custom
– trade practice
– trade usage
Handelsvertreter commercial agent
– sales agent
Handelsware goods for resale
– merchandise
Handelsware: Einstandspreis der verkauften Handelsware cost of merchandise sold
Handkasse petty cash
Händler dealer
– distributor *(dealer)*
– trader
Händler: Einzelhändler retailer
Händler: Großhändler wholesaler
Händler: Primärhändler market-maker
– primary dealer
Händler: Vertragshändler authorized dealer
Händlerrabatt trade discount
Handlung act
– conduct
Handlung: deliktische Handlung tortious conduct
Handlung: Ermittlungshandlung investigatory measure
Handlung: Rechtshandlung legal act

H

Handlung: Scheinhandlung sham
Handlung: unerlaubte Handlung tort
Handlung unterlassen refrain {from}
Handlungsvollmacht commercial authority
- commercial power of attorney
Handwerker craftsman
Handzeichen: Abstimmung durch Handzeichen voting by show of hands
Härte: Entlastung zur Vermeidung von Härten hardship discharge
harte Währung hard currency
Hauptabschlußübersicht general ledger trial balance
Hauptbuch general ledger
- ledger
Hauptkonto ledger account
Hauptleistung *(USt)* principal supply *(VAT)*
Hauptprüfer chief examiner
hauptsächlich principal
Hauptschuldner principal debtor
Hauptversammlung general meeting
- shareholders' meeting
Hauptversammlung einberufen call a general meeting
Hauptzollamt regional customs office
Hausbank house bank
Hausfriedensbruch criminal trespass
- trespass
Haushalt budget
Haushalt: gemeinsamer Haushalt joint household
Haushalt: öffentlicher Haushalt public budget
Haushaltsbesteuerung taxation of households
Haushaltsfreibetrag household allowance
- housekeeping allowance
Haushaltsführung: doppelte Haushaltsführung maintenance of two households
Haushaltsvorstand head of household
häusliches Arbeitszimmer home office
Hausmitteilung interoffice memorandum *memo*
Hausrat household effects
Hausratversicherung household effects insurance
- householder's comprehensive insurance
Hausstand: eigener Hausstand own household
Hebeberechtigung collection right
- right to collect
Hebelwirkung leverage effect
Hehlerei receiving stolen goods
Heimfahrten trips home
Heimfall reversion
- revert
heimfallen {an} revert {to}
heimlich covert
heiraten marry
Heizung heating
Hemmung suspension
Hemmung: Ablaufhemmung suspension of expiry of a time limit
Hemmung der Verjährung suspension of the running of the statute of limitations
Hemmung einer Frist suspension of a term
- suspension of expiry of a time limit
herabsetzen abate
- mark down
Herabsetzung mark-down
herausgeben restitute
hereinholen: Aufträge hereinholen solicit business
Herkunfts- und Verwendungsrechnung statement of changes in financial position
Herrschaft: Sachherrschaft possession or economic control
herrschend controlling
- prevailing
herrschende Gesellschaft controlling company
herrschende Meinung majority view
Hersteller manufacturer
- producer
Herstellkonto manufacturing account
- work-in-process account
Herstellungsfortschrit: Gewinnrealisierung nach Herstellungsfortschritt stage-of-completion-method

Herstellungsfortschritt: Ergebnisrealisierung nach Herstellungsfortschritt stage-of-completion-method
Herstellungskosten cost of production
– historical cost
– manufacturing cost
– production cost
Herstellungskosten: aktivierungspflichtige Anschaffungs- bzw. Herstellungskosten capital expenditure
Herstellungskosten: Anschaffungs- bzw. Herstellungskosten original cost
Herstellungskosten: Anschaffungs- und Herstellungskosten historical cost
Herstellungskosten: Bewertung zu Anschaffungs- und Herstellungskosten valuation at acquisition and production cost
– valuation at historical cost
Herstellungskosten: Verteilung der Anschaffungs- und Herstellungskosten spreading of acquisition and production costs
Herstellungskosten: zu Anschaffungs- oder Herstellungskosten at cost
Herstellungskosten der zur Erzielung der Umsatzerlöse erbrachten Leistungen cost of sales
Herstellungszeitzinsen construction period interest
herunterstufen downgrade
HGB Handelsgesetzbuch *(Commercial Code)*
hiermit hereby
hiervon hereof
hierzu hereto
Hilfs- und Betriebsstoffe *BE* consumables
– *AE* manufacturing supplies
– *AE* supplies
Hilfs- und Betriebsstoffe: Aufwendungen für Roh-, Hilfs- und Betriebsstoffe und für bezogene Waren *BE* cost of raw materials, consumables and goods for resale
– *AE* cost of raw materials, supplies and goods for resale
Hilfsbegriff auxiliary concept
Hilfsbücher subsidiary books of account
Hilfsjournal subsidiary journal
Hilfskonto detail account
– subsidiary account
Hilfsleistungen ancillary services
– assist services
– assists
– support services
Hilfslöhne *AE* cost of supporting labor
– *AE* indirect labor
– *BE* indirect labour
Hilfsstoffe: Roh-, Hilfs- und Betriebsstoffe *BE* raw materials and consumables
– *AE* raw materials and supplies
Hilfstätigkeit auxiliary activity
Hilfsumsatz incidental transaction
hinsichtlich as to
– concerning
– in regard of
– in respect of
– regarding
– relating to
– with reference to
– with regard to
– with respect to
Hinterbliebenenrente survivorship annuity
Hinterbliebenenversicherung survivorship annuity insurance
Hinterlassenschaft estate *(inheritance)*
hinterlegen bail
– deposit
Hinterleger depositor
hinterlegt: beim Treuhänder hinterlegte Gelder escrow fund
Hinterlegung bailment
– delivery in escrow
– deposit
Hinterlegungsschein certificate of deposit
Hinterlegungsstelle depository
hinterziehen *(Steuern)* evade

Hinterzieher: Steuerhinterzieher fraudster *(taxes)*
– tax dodger *(informal)*
– tax evader
Hinterziehung: Steuerhinterziehung fiscal evasion
– tax evasion
– tax fraud
Hinterziehung von Steuern tax evasion
Hinzurechnung add back
historisch historical
historische Auslegung historical interpretation
historische Kosten historic cost
– historical cost
hochdrücken push up
hochgerechnet extrapolated
hochrechnen: auf das Jahr hochrechnen annualize
Höchstabschreibung depreciation ceiling
Höchstbetrag maximum amount
Höchstbetrag der Anrechnung credit limitation
– maximum credit allowed
– maximum tax credit allowed
– tax credit limitation
Höchstbetragshypothek maximum amount mortgage
Hochsteuerland high-tax country
Höchstgrenze ceiling
Höchstsatz top rate
Höchstsatz: Quellensteuerhöchstsatz maximum withholding tax rate
Höchststeuersatz top tax rate
Höchststrafe maximum penalty
– maximum sentence
Höchstwert ceiling value
– maximum value
– upper carrying value limit
Höhe: dem Grunde und der Höhe nach on the merits and in terms of amount
Höhe: der Höhe nach as to the amount
Höhe: der Höhe nach begrenzt limited as to the amount
hohe See high seas
Hoheit: Gebietshoheit territorial sovereignty
Hoheit: Steuerhoheit fiscal jurisdiction
Hoheitsakt sovereign act
Hoheitsgebiet territory
Höherbewertung upward revaluation
höhere Gewalt act of God
– force majeure
Hohheitsgewässer national waters
Holding: Zwischenholding intermediary holding company
Holdinggesellschaft holding company
Honorar fees *(renumeration for professional services)*
Honorar: Anwaltshonorar *AE* attorney's fees
– lawyer's fees
Honorar: Erfolgshonorar contingent fee
Honorarabrechnung note of fees
Honorarvorschuß retainer
Humanvermögen human asset resources
Humanvermögensrechnung human resource accounting
Hundesteuer dog tax
hybrid hybrid
hybride Gesellschaftsform hybrid entity
hybrides Finanzierungsinstrument hybrid financing instrument
hybrides Finanzinstrument hybrid financing instrument
Hypothek mortgage
Hypothek: Eigentümerhypothek mortgage for the benefit of the owner
Hypothek: Eintragung einer Hypothek recording of a mortgage
– registration of a mortgage
Hypothek: Erlöschen einer Hypothek discharge of a mortgage
Hypothek: Fährnishypothek chattel mortgage
Hypothek: Gesamthypothek blanket mortgage
Hypothek: Grundstück mit einer Hy-

pothek belasten charge land with a mortgage
– encumber land with a mortgage
– mortgage property
Hypothek: Höchstbetragshypothek maximum amount mortgage
Hypothek: Übernahme einer Hypothek assumption of a mortgage
Hypothek bestellen create a mortgage
Hypothek tilgen pay off a mortgage
– redeem a mortgage
Hypothekargläubiger mortgagee
hypothekarisch gesichert mortgage-backed
hypothekarisch gesicherte Forderung debt secured by mortgage
hypothekarisch gesicherter Schuldtitel collateralized mortgage obligation
Hypothekenbank mortgage bank
Hypothekenbelastung mortgage charge
Hypothekenbrief mortgage certificate
– mortgage document
Hypothekendarlehen mit Tilgungssicherung durch einen Lebensversicherungsvertrag endowment mortgage
Hypothekengläubiger mortgage creditor
– mortgagee
Hypothekenkreditanstalt mortgage association
Hypothekenrecht mortgage law
Hypothekenschuld mortgage debt
Hypothekenschuldner mortgage debtor
– mortgagor
Hypothekentilgung paying off of a mortgage
– redemption of a mortgage
Hypothekenübernahme assumption of a mortgage
– taking over of a mortgage
Hypothekenzinsen mortgage interest

I

ideeller Anteil undivided interest
IdW Institut der Wirtschaftsprüfer
ignoriert: für steuerliche Zwecke ignorierte Gesellschaft disregarded entity
IKR Industriekontenrahmen *(uniform classification of accounts for industrial enterprises)*
illegal unlawful
Illiquidität illiquidity
im Anhang attached hereto
im Anlagevermögen berücksichtigte Eigenleistungen own work capitalized as fixed assets
im Auftrag von on behalf of
im Außenverhältnis vis-à-vis third parties
im Bankgeschäft tätig sein do banking business
im Bau: Anlagen im Bau assets in the course of construction
– assets under construction
– *AE* construction in process
– *BE* construction in progress
– fixed assets under construction
– plant under construction
im Bau: Sachanlagen im Bau *BE* tangible assets - construction in progress
– tangible assets under construction
im Bau befindliche Anlagen *AE* construction in process
– *BE* construction in progress
– plant under construction
im einzelnen nachgewiesene Abzüge itemized deductions
im einzelnen nachweisen itemize
im erforderlichen Ausmaß to the extent necessary
im Ermessen {von} at the discretion {of}
im Falle von in the event of
im Geld in the money
im großen und ganzen by and large
im Hinblick auf as regards
– in respect of
– in view of
– regarding

– with respect to
im Nachgang zu unserem Schreiben {vom} with reference to our letter {of}
im nachhinein in arrears
im Namen und im Auftrag von in the name and on behalf of
im Rechtssinne in legal terms
im Rückstand sein {mit} be in arrears {with}
im Sinne {von/der/des} within the meaning {of}
im Vergleich {mit/zu} compared {with}
– in comparison {with}
im Verhältnis pro rata
im Verhältnis {zu} in proportion {to}
– in relation {to}
– proportionate {to}
im Verkehr erforderliche Sorgfalt reasonable care
im voraus in advance
im Wege by way of
im Wege der Gesetzgebung by legislative act
im Wettbewerb stehen {mit} compete {with}
im Widerspruch stehen contravene
im Widerspruch zum Wortlaut des ... stehen contravene the wording of
imaginärer Gewinn imaginary profit
Immaterialgut intangible
– intangible asset
– intangible property
Immaterialgüterrecht intangible property right
Immaterialität immateriality
immaterialle Anlagen intangible assets
immateriell intangible
immaterielle Aktiva intangible assets
– intangibles
immaterielle Anlagen intangible fixed assets
immaterielle Anlagewerte intangible fixed assets
immaterielle Vermögenswerte incorporeal property
– intangible property
immaterielle Werte intangible assets
– intangibles
immaterielle Wirtschaftsgüter intangible assets
immaterielle Wirtschaftsgüter: Abschreibungen auf immaterielle Vermögensgegenstände amortization of intangible assets
immaterieller Vermögensgegenstand intangible
– intangible asset
immaterieller Vermögenswert intangible
– intangible asset
immaterielles Anlagevermögen intangible fixed assets
immaterielles Wirtschaftsgut intangible
immaterielles Wirtschaftsgut: Abschreibungen auf immaterielle Wirtschaftsgüter amortization
immerwährend perpetual
Immobilien immovable property
– real estate
– real property
– realty
Immobiliengesellschaft real estate company
– real property company
Immobilienholding real property holding company
Immobilieninvestor real estate investor
Immobilienrecht real property law
Immunität: diplomatische Immunität genießen enjoy diplomatic immunity
Immunität: fiskalische Immunität fiscal immunity
Imparitätsprinzip imparity principle
Implementierung implementation
Importeur: Direktimporteur direct importer
Importwaren imported goods
Importwarenabschlag valuation allowance for imported goods
Importzoll import duty
in 10 Jahren verjähren become barred by the statute of limitations after 10 years
– become statute-barred after 10 years

in Anbetracht considering
– in consideration of
– in respect of
– in view of
– with respect to
in Anspruch nehmen: Kredit in Anspruch nehmen make use of a credit
in Ausübung eines Rechtes in exercise of a right
in Bankverbindung stehen {mit} bank {with}
in bar in cash
in Besitz nehmen take possession {of}
in bezug auf as for
– as to
– in regard of
– relating to
– with reference to
in das Ausland outbound
in das Inland inbound
in den Aufwand buchen expense
in den Aufwand gebucht expensed
in den Stand versetzen enable
in der Bilanz ausweisen report on the balance sheet
– show on the balance sheet
in der geltenden Fassung as amended
in der jeweils geltenden Fassung as amended from time to time
in der Schwebe abeyant
– in abeyance
in die Berufungsinstanz gehen make an appeal
in die Schuhe treten von step into the shoes of
in diesem Dokument enthalten contained herein
in diesem Schreiben enthalten contained herein
in erster Ehe in first marriage
in Gegenwart {von} in the presence {of}
in gerader Linie in direct line
in Gewahrsam in custody
in Gründung in formation
in gutem Glauben handeln act in good faith
in Haft under arrest
– under detention
in jedem Fall in any event
in Konkurrenz treten {mit} enter into competition {with}
in Kraft effective
– in effect
– in force
in Kraft bleiben remain in effect
– remain in force
in Kraft sein be in effect
– be in force
in Kraft setzen *(Gesetz)* enact
in Kraft treten become effective
– come into force
– enter into force
in nicht öffentlicher Verhandlung hearing in camera
in öffentlicher Verhandlung hearing in open court
in Rechnung stellen bill
– invoice
in sich geschlossen self-contained
in Übereinstimmung {mit} in accord {with}
– in accordance {with}
in Übereinstimmung mit dem Gesetz in accordance with the law
in Verbindung {mit} in conjunction {with}
in Verwahrung geben bail
– deposit
– give into custody
in Verzug in default
in Verzug sein be in default
in Verzug setzen give notice of default
– place in default
in voller Höhe abzugsfähig fully tax deductible
in Widerspruch zum Wortlaut des ... stehen contravene the wording of
inaktive Gesellschaft shell company
inaktives Konto dead account
– dormant account
Inanspruchnahme *(einer Kreditfazilität)* drawdown *(credit facility)*
Index: Lebenshaltungskostenindex cost-of-living index
Index: Preisindex price index

Index: Umsatzindex sales index
Index: Verbraucherpreisindex consumer price index
Indexanleihe index-linked security
Index-Fonds index fund
Indexierung indexation
Indexobligation index bond
Indexziffer index number
indirekt indirect
indirekte Abschreibung indirect method of depreciation
indirekte Anrechnung fiktiver Steuern indirect credit for notional taxes
indirekte Besteuerung indirect taxation
indirekte Methode *(der Betriebsstättengewinnermittlung)* fractional apportionment method *(profit determination of a permanent establishment)*
– *(der Betriebsstättengewinnermittlung)* indirect method *(profit determination of a permanent establishment)*
indirekte Steuer indirect tax
indirekte Steueranrechnung credit for underlying taxes
– deemed paid credit
– indirect tax credit
– relief for underlying taxes
– underlying tax relief
individuelle Abschreibung single-asset depreciation
individuelle Wertberichtigung itemized valuation allowance
Indizienbeweis circumstantial evidence
– presumptive evidence
Indossament endorsement
– indorsement
Indossament: Blankoindossament blank indorsement
Indossament: durch Indossament übertragbar negotiable by endorsement
Indossamentsverbindlichkeit endorser's liabilities
Indossamentsverbindlichkeiten endorsement liabilities
Indossant endorser
Indossatar endorsee
indossieren endorse
Industrie- und Handelskammer Chamber of Commerce
Industriegebiet industrial zone
Industriekontenrahmen *IKR* uniform classification of accounts for industrial enterprises
industrielles Rechnungswesen industrial accounting
Inflation: nach Inflation adjusted for inflation
Inflation: unter Inflationsbedingungen under presence of inflation
inflationsbereinigt adjusted for inflation
– inflation adjusted
Inflationsgewinn profit arising from inflation
inflationsneutrale Rechnungslegung inflation accounting
infolge due to
Informatik computer science
Information: Zugang zu Informationen access to information
Informationen nach Bereichen segmental information
Informationsaustausch exchange of information
Informationsfluß information flow
Informationspflicht duty to supply information
Ingangsetzen: Abschreibungen auf Aufwendungen für das Ingangsetzen, Erweitern und Umstellen eines Betriebes amortization of capitalized start-up, business expansion and restructuring expenses
Ingangsetzen: Aufwendungen für das Ingangsetzen, Erweitern und Umstellen eines Betriebes start-up, business expansion and restructuring expenses
Ingangsetzung: Aufwendungen für die Ingangsetzung und Erweiterung des Geschäftsbetriebs expenses for the start-up and expansion of the business
– start-up and business expansion expenses

Ingangsetzung: Kosten der Ingangsetzung start-up costs
Ingangsetzungskosten start-up costs
Inhaber bearer
– bearer of instrument
– holder
Inhaber: Anteilsinhaber shareholder
Inhaber: Copyright-Inhaber copyright owner
Inhaber: Kontoinhaber account holder
Inhaber: Optionsinhaber holder of an option
Inhaber: Patentinhaber owner of a patent
– patent holder
– patent owner
– patentee
Inhaber: Policeninhaber policyholder
Inhaber: rechtmäßiger Wechsel- bzw. Scheckinhaber *(kraft gutgläubigem Erwerb)* holder in due course
Inhaber: Rechtsinhaber holder of a right
– holder of an interest
Inhaber: Schuldverschreibung auf den Inhaber bearer bond
Inhaber: Vollmachtsinhaber holder of power of attorney
Inhaber: Wechselinhaber bill holder
– holder of a bill
Inhaber: Zertifikatsinhaber certificate holder
Inhaber eines Schecks *AE* holder of a check
– *BE* holder of a cheque
Inhaber eines Wechsels holder of a bill
Inhaber eines Wertpapiers bearer of a security
Inhaberaktie bearer share
– *AE* bearer stock
Inhaberobligation bearer bond
Inhaberpapier bearer document
– bearer instrument
– bearer security
– instrument made out to bearer
– instrument payable to bearer
Inhaberschuldverschreibung bearer bond
Inhaftierung detention
– imprisonment
Inhalt import
inhaltlich abweichen diverge in substance
Inhaltsirrtum mistake as to the contents of a declaration
– mistake of intention
Inkasso collection
Inkasso: Wechselinkasso collection of a bill
Inkasso-Agent collection agent
Inkassobüro collection agency
Inkassostelle collection agency
Inkassovollmacht collection authority
inkrafttreten come into force
– enter into force
– entry into force
Inkrafttreten: Zeitpunkt des Inkrafttretens effective date
Inland: in das Inland inbound
Inland: nach dem Inland inbound
Inländer: Steuerinländer resident
– resident taxpayer
inländisch domestic
inländische Einkünfte domestic income
– domestic source income
inländische Kapitalgesellschaft domestic corporation
inländischer Steuerpflichtiger resident taxpayer
Inlandslieferung domestic delivery
– domestic transaction
Inlandstransaktion domestic transaction
Inlandsumsatz domestic sales
innehaben hold
innehaben: Konto innehaben hold an account
innehaben: Recht innehaben hold a right
Innenauftragsabrechnung internal-order accounting
Innenrevision internal audit
Innenrevisor internal auditor
Innenumsätze intercompany sales
– intercompany turnover

– intra-group sales
Innenumsatzerlös: Eliminierung der Innenumsatzerlöse elimination of internal sales
Innenumsatzerlöse *AE* internal sales revenue
– *BE* internal turnover
– proceeds from intercompany sales
Innenverhältnis internal arrangements
– internal relationship
Innenverhältnis: das Innenverhältnis regelnde Statuten *(ergänzendes Satzungsdokument) AE* by-laws
innerbetrieblicher Verrechnungspreis internal transfer price
– intra-company transfer price
innerer Wert intrinsic value
innergemeinschaftliche Lieferung intra-Community supply
– intra-EU supply
innergemeinschaftlicher Erwerb intra-EU acquisition
– intra-Community acquisition
innerhalb within
innerstaatlich domestic
– internal
innerstaatliche Steuerrechtsvorschriften domestic tax law
– internal tax law
innerstaatliches Steuerrecht domestic tax law
– internal tax law
ins deutsche Recht umsetzen transpose into German law
ins Grundbuch eintragen enter into the title register
Insichgeschäft self-contracting
– self-dealing
Insidergeschäft insider dealing
Insolvenz insolvency
Installation fitting
Installationskosten installation cost
instandhalten maintain *(upkeep)*
Instandhaltung upkeep
Instandhaltung: Rückstellung für unterlassene Aufwendungen für Instandhaltung provision for deferred repairs and maintenance
Instandhaltung: unterlassene Instandhaltung deferred maintenance
Instanz instance
Instanz: Berufungsinstanz appellate jurisdiction
Instanz: Erstinstanz original jurisdiction
Instanz: Rechtsmittelinstanz appellate instance
Instanzenzug instance
Institut: einlagennehmendes Institut depository institut
Institut: Rechtsinstitut legal institution
Institut der Wirtschaftsprüfer *IDW* Institute of German Certified Public Accountants
institutioneller Anleger institutional investor
Instrument: Finanzierungsinstrument financial instrument
integriert integrated
integriertes Rechnungswesen integrated accounting system
– integrated cost accounting
Interbanken-Markt interbank market
Interesse: Allgemeininteresse public interest
Interesse: berechtigtes Interesse legitimate interest
Interesse: versicherbares Interesse insurable interest
Interessen verletzen injure interests
Interessengemeinschaft community of interests
– pooling of interests
Interessentheorie *(Konsolidierung)* parent company theory *(consolidation)*
Interimsbilanz interim balance sheet
Interimskonto suspense account
– transitory account
Intermediär: Finanzintermediär financial intermediary
intern: unternehmensintern intra-enterprise
internationale Beziehungen international relations
Internationale Handelskammer: Schiedsgerichtshof der Internatio-

nalen Handelskammer Court of Arbitration at the International Chamber of Commerce
Internationales Privatrecht private international law
Internationales Steuerrecht international tax law
interne Abrechnung internal billing
interne Revision internal audit
– internal auditing
interner Bilanzvergleich internal balance sheet comparison
interner Buchungsvorfall internal accounting transaction
interner Revisor internal auditor
interner Umsatz intercompany sales
– intra-group sales
interner Vergleich internal comparison
interner Verrechnungspreis intercompany price
interner Zinsfuß internal rate of return
internes Kontrollsystem internal control system
– internal system of checks and balances
internes Rechnungswesen internal accounting
intervallfixe Kosten semi-fixed costs
– stepped costs
Invaliditätsversicherung disability insurance
Inventar inventory
Inventar: Schlußinventar closing inventory
Inventarbuch inventory book
inventarisierbar inventoriable
inventarisieren inventory
– take inventory
– take stock
Inventarliste inventory
Inventur inventory
– stocktaking
– taking inventory
Inventur: Buchinventur book inventory
Inventur: effektive Inventur physical inventory
Inventur: Jahresinventur annual inventory
Inventur: körperliche Inventur physical inventory
Inventur: permanente Inventur continuous inventory
– perpetual inventory
Inventur: Stichprobeninventur sampling inventory
Inventur: Stichtagsinventur end-of-period inventory
Inventur machen take inventory
– take stock
Inventurabstimmliste inventory reconciliation list
Inventuraufnahme stocktaking
Inventuraufnahmeliste inventory sheet
Inventurbuch inventory register
– stock book
Inventurdifferenz inventory difference
– inventory discrepancy
– stock difference
Inventurdifferenzen inventory discrepancies
Inventurprüfung inventory audit
Inventurrichtlinien inventory guidelines
Inventurstichtag inventory date
inverse Zinsertragskurve inverse yield curve
Inverzugsetzung declaration of default
Investition investment
Investition: Fehlinvestition investment failure
Investitionen capital expenditures
– investments
Investitionsanreiz investment incentive
Investitionsgut capital good
Investitionszulage investment grant
– investment subsidy
Investmentfonds investment fund
– *AE* mutual fund
Investmentfonds: offener Investmentfonds open-end fund
– open-ended fund
– *BE* unit trust
Investmentgesellschaft investment company

Investmentsfonds: offener Investmentfonds *AE* mutual fund
irreführen deceive
– mislead
irreführende Darstellung misrepresentation
Irreführung deception
– misrepresentation
irren: sich irren be mistaken
Irrtum error
– mistake
Irrtum: Anfechtung wegen Irrtums avoidance on the ground of error
Irrtum: beidseitiger Irrtum bilateral mistake
– mutual mistake
Irrtum: Eigenschaftsirrtum mistake as to material qualities of the subject matter
Irrtum: einseitiger Irrtum unilateral mistake
Irrtum: Erklärungsirrtum mistake of expression
Irrtum: Inhaltsirrtum mistake as to the contents of a declaration
– mistake of intention
Irrtum vorbehalten errors and omissions excepted
Istkosten actual cost
Istkostenrechnung actual cost system
– historical cost accounting

J

Jagdrecht hunting right
Jagdsteuer hunting tax
Jahr: Abschreibung für das laufende Jahr depreciation for the year
Jahr: auf das Jahr hochrechnen annualize
Jahr: Bilanzjahr accounting year
– financial year
Jahr: Geschäftsjahr accounting year
– business year
– financial year
Jahr: Kalenderjahr calendar year
Jahr: Rechnungsjahr accounting year
Jahr: Steuerjahr fiscal year
– tax year
Jahr: Veranlagungsjahr assessment year
Jahr: Wirtschaftsjahr business year
Jahr: zahlbar nach einem Jahr payable after more than one year
Jahres... annual ...
Jahresabgrenzungen year-end accruals and deferrals
Jahresabschluß *BE* accounts
– annual closing of accounts
– financial statements
Jahresabschluß: Aufstellung des Jahresabschlusses *BE* drawing up of annual accounts
– preparation of annual financial statements
Jahresabschluß: Erläuterungen zum Jahresabschluß notes to financial statements
Jahresabschluß: Feststellung des Jahresabschlusses adoption of financial statements
– adoption of statements
Jahresabschluß: handelsrechtlicher Jahresabschluß financial statements
Jahresabschluß: konsolidierter Jahresabschluß consolidated annual accounts
Jahresabschluß: Prüfung des Jahresabschlusses annual audit
Jahresabschluß: Vorlage des Jahresabschlusses presentation of financial statements
Jahresabschluß aufstellen *BE* draw up the annual accounts
– prepare the financial statements
Jahresabschluß erstellen prepare the financial statements
Jahresabschluß feststellen adopt the annual financial statements
– approve the annual financial statements
Jahresabschlußanalyse financial statement analysis
Jahresabschlußbuchungen year-end closing entries
Jahresabschlußprüfung annual audit

– *BE* audit of annual accounts
– audit of annual financial statements
Jahresabschreibung annual depreciation
Jahresbericht annual report
Jahresbericht: Genehmigung des Jahresberichts adoption of the annual report
Jahresbilanz annual balance sheet
Jahresbruttolohn gross annual wage
Jahreseinkommen annual income
Jahreserfolg result for the year
Jahresergebnis result for the year
Jahresfehlbetrag loss for the financial year
– loss for the year
– net loss for the financial year
– net loss for the year
Jahresfreibetrag annual allowance
Jahresgewinn profit for the year
Jahreshauptversammlung annual general meeting of shareholders
– annual shareholders' meeting
Jahresinventur annual inventory
Jahresreingewinn net profit for the year
Jahresüberschuß net income for the year
– net profit for the financial year
– profit for the financial year
– profit for the period
– profit for the year
Jahresüberschuß vor Steuern pretax profit for the year
Jahresumsatz annual sales
– annual turnover
jährlich annual
– annually
– on an annual basis
– per year
jedenfalls in any event
jederzeit fällig due at call
jederzeit fristlos kündbares Mietverhältnis tenancy at will
jetzt: von jetzt an henceforth
Journal book of original entry
Journal: Buchungsposten im Journal journal entry
Journal: Hilfsjournal subsidiary journal
Journal: Mehrspaltenjournal multi-column journal
Journal: Zweispaltenjournal two-column journal
Journalbeleg journal voucher
Journalbuchung journal entry
junge Aktie new issue share
– *AE* new issue stock
– new share
– *AE* new stock
Jurisdiktion jurisdiction
Jurist lawyer
juristisch juridical
– legal
juristische Doppelbesteuerung juridical double taxation
juristische Person body corporate
– corporate body
– corporation
– juridical person
– legal entity
– legal person
juristische Person: Schleier der juristischen Person corporate veil
juristische Person des öffentlichen Rechts *BE* public corporation
juristische Person gründen incorporate
juristischer Sprachgebrauch legal usage
Jury-Urteil verdict
Justiz judiciary

K

Kaffeesteuer coffee tax
KAGG Gesetz über Kapitalanlagegesellschaften *(Mutual Funds Act)*
Kalenderjahr calendar year
Kalkulation calculation
– cost estimation
Kalkulation: Vorkalkulation cost estimation
Kalkulationstabelle spread sheet
kalkulatorisch fictitious
– imputed
kalkulatorische Abschreibung imputed depreciation

kalkulatorische Kosten imputed costs
kalkulatorische Kostenart imputed cost category
kalkulatorische Miete imputed rent
kalkulatorische Zinsen fictitious interest
- imputed interest
kalkulatorischer Gewinn imputed profit
kameralistische Buchführung *AE* governmental accounting
- *BE* public service accounting
Kammer: Bundesrechtsanwaltskammer *AE* German Federal Chamber of Attorneys
Kammer: Bundessteuerberaterkammer German Federal Chamber of Certified Tax Advisors
Kammer: Handelskammer Chamber of Commerce
Kammer: Industrie- und Handelskammer Chamber of Commerce
Kammer: Wirtschaftsprüferkammer Chamber of Accountants
- Chamber of Auditors
Kampfpreis predatory price
Kapazität: Steuerkapazität tax capacity
KapErtrSt Kapitalertragsteuer
Kapialsumme principal
Kapital capital
- principal
Kapital: Aktienkapital *AE* capital stock
- share capital
Kapital: Anteil am Kapital zeichnen subscribe {for/to} *(capital)*
Kapital: ausgegebenes Kapital issued capital
Kapital: Betriebskapital operating capital
- working capital
Kapital: Dotationskapital *(intern zugeführte Finanzausstattung einer Betriebsstätte)* allotted capital *(branch taxation)*
Kapital: Eigenkapitalspiegel *BE* statement of shareholders' equity
- *AE* statement of stockholders' equity
Kapital: eingefordertes Kapital called in capital
Kapital: eingelegtes Kapital *(der Teil des Eigenkapitals, der auf Bar- oder Sacheinlagen beruht) AE* paid-in capital *(contributed capital)*
Kapital: eingesetztes Kapital capital employed
Kapital: eingetragenes Kapital registered capital
Kapital: eingezahltes Kapital *(der Teil des Eigenkapitals, der auf Bar- oder Sacheinlagen beruht) AE* paid-in capital *(contributed capital)*
Kapital: Fremdkapital borrowed capital
- debt
Kapital: gebundenes Kapital locked-up capital
- tied-up capital
Kapital: genehmigtes Kapital authorized capital
Kapital: gezeichnetes Kapital subcribed capital
- subscribed capital
Kapital: Grundkapital *AE* capital stock
- nominal capital
- share capital
- stated capital
Kapital: nicht ausgegebenes Kapital unissued capital
Kapital: nicht eingefordertes Kapital uncalled capital
Kapital: noch nicht eingefordertes Kapital uncalled capital
Kapital: Risikokapital venture capital
Kapital: Stammkapital *AE* capital stock
- nominal capital
- share capital
Kapital aufbringen raise capital
Kapital berichtigen recapitalize
Kapital erhalten maintain capital
- preserve capital
Kapital umschichten recapitalize
Kapital umstrukturieren recapitalize

Kapitalanlagegesellschaft investment company
- investment fund
- *AE* mutual fund

Kapitalanlagegesellschaft: Gesetz über Kapitalanlagegesellschaften *KAGG AE* Mutual Funds Act

Kapitalanlagegesellschaft: private Kapitalanlagegesellschaft private investment company

Kapitalanlagegesellschaft nach Fondsprinzip *AE* mutual fund

Kapitalausstattung capitalization
- funding

Kapitalberichtigung recapitalization

Kapitaleinkünfte unearned income *(periodical income received from property and investments)*

Kapitaleinlage capital contribution
- contribution to capital

Kapitaleinsatz capital employment
- employed capital
- investment outlay

Kapitalerhöhung capital increase
- increase in capital
- increase in share capital
- increase of capital

Kapitalertrag capital yield

Kapitalertrag: Steuerabzug vom Kapitalertrag withholding tax on capital yields

Kapitalertrag: steuerpflichtige Kapitalerträge investment income

Kapitalertragsteuer capital yields withholding tax
- withholding tax
- withholding tax on capital yields

Kapitalflußrechnung cash flow statement
- statement of application of funds
- statement of cash flow
- statement of cash flows
- statement of changes in financial position

Kapitalgesellschaft *BE* company limited by shares
- corporation

Kapitalgesellschaft: ausländische Kapitalgesellschaft foreign corporation

Kapitalgesellschaft: Gesellschaftsvermögen einer Kapitalgesellschaft corporate assets

Kapitalgesellschaft: inländische Kapitalgesellschaft domestic corporation

Kapitalgesellschaft: Schwesterkapitalgesellschaft brother-sister corporation

Kapitalgesellschaft ausländischen Rechts foreign corporation

Kapitalgesellschaft inländischen Rechts domestic corporation

Kapitalherabsetzung capital reduction
- distribution in redemption
- reduction of capital
- reduction of share capital

Kapitalisierung capitalization

Kapitalisierung: Börsenkapitalisierung capitalization
- market capitalization

Kapitalisierung: Überkapitalisierung overcapitalization

Kapitalisierung: Unterkapitalisierung thin capitalization
- undercapitalization

Kapitalkonsolidierung capital consolidation

Kapitalkonto capital account

Kapitalkonto: konstantes Kapitalkonto fixed capital account

Kapitalkonto: negatives Kapitalkonto deficit capital account
- negative capital account

Kapitalkonto: variables Kapitalkonto variable capital account

Kapitalkosten cost of capital

Kapitalmarkt capital market

kapitalmäßigen Beteiligung gleichkommende Mitgliedschaftsrechte membership rights tantamount to participation in a corporation's capital

Kapitalrendite profit/capital ratio

Kapitalrückgewähr return of capital

Kapitalrückgewährung return of capital

Kapitalrücklage capital reserve
- capital surplus

K

– share premium account
Kapitalrückzahlung capital distribution
– redemption of principal
– repayment of capital
– return of capital
Kapitalstruktur capital structure
Kapitalsumme principal *(capital)*
Kapitalüberlassung capital lending
– lending
– lending of funds
Kapitalumschichtung recapitalization
Kapitalumstrukturierung recapitalization
Kapitalverkehr: Beschränkungen des Kapitalverkehrs restrictions on the flow of funds
Kapitalverkehrsbeschränkungen restrictions on the flow of funds
Kapitalverkehrsteuer capital transfer tax
Kapitalverkehrsteuer-Durchführungsverordnung *KVStDV* Capital Transfer Tax Implementing Ordinance
Kapitalverkehrsteuergesetz *KVStG* Capital Transfer Tax Act
Kapitalvermögen: Einkünfte aus Kapitalvermögen income from capital investments
Kapitalverwässerung dilution *(capital)*
Kapitalwert net present value
– present value
karitativ: Spende für karitative Zwecke charitable contribution
karitative Organisation charity
Karte: Karteikarte file card
Karte: Lagerfachkarte bin card
Kartei card file
Kartei: Anlagenkartei fixed asset file
Kartei: Bestandskartei inventory file
Kartei: Debitorenkartei accounts receivable file
Karteikarte file card
Kartell cartel
Kartellamt *BE* Cartel Office
Kartellgesetze anti-trust laws
– anti-trust statutes
Kartellrecht anti-trust law
– cartel law
kartellrechtliche Vorschrift anti-trust provision
Kartellvertrag cartel agreement
Kassageschäft spot transaction
Kassahandel spot trading
Kassakonto cash account
Kassakurs cash market price
– spot price
– spot rate
Kassalieferung spot delivery
Kassamarkt cash market
– spot market
Kassanotierung spot quotation
Kasse cash
– *(Behälter)* cash box
– *(Geschäftsraum)* cash office
Kasse: Handkasse petty cash
Kasse: Pensionskasse superannuation fund
Kasse: Portokasse petty cash
Kassenabstimmung reconciliation of cash
Kassenausgangsbuch cash disbursement journal
Kassenbeleg cash voucher
Kassenbericht cash report
– cash statement
Kassenbericht: täglicher Kassenbericht daily cash report
Kassenbestand cash balance
– cash on hand
Kassenbuch cash book
– cash journal
– petty cash book
Kassenbuchung cash entry
Kasseneingänge cash receipts
Kasseneinnahmen cash receipts
– cash takings
Kassenfehlbetrag cash deficit
Kassenguthaben cash balance
Kassenprüfung cash audit
Kassenrevision cash audit
Kassensaldo cash balance
Kassenstand balance of cash on hand
– cash balance
Kauf acquisition
– purchase
Kauf: Barkauf cash purchase

Kauf: Gelegenheitskauf bargain
– bargain purchase
Kauf: Kreditkauf credit purchase
– *BE* hire purchase
– purchase on credit
Kauf: Mietkauf hire purchase
Kauf: Rückkauf buy-back
– repurchase
Kauf: Zielkauf credit purchase
– purchase on credit
Kauf auf Probe sale on approval
– sale on trial
Kauf mit Rückgaberecht sale or return
– sale with right of redemption
Kauf nach Muster sale by sample
Kauf unter Eigentumsvorbehalt conditional sale
Kaufauftrag purchase order
– purchasing order
kaufen buy
– purchase
Käufer buyer
– purchaser
Kaufgegenstand object of purchase
Kaufkraft purchasing power
Kaufkraftänderung fluctuation of purchasing power
– purchasing power fluctuation
kaufkraftindizierte Rechnungslegung purchasing power accounting
Kaufmann businessman
– merchant
– trader
kaufmännische Buchführung commercial bookkeeping
kaufmännische Buchhaltung commercial accounting
kaufmännische Sorgfalt care of a prudent businessman
kaufmännische Vorsicht commercial conservatism
– commercial prudence
kaufmännische Vorsicht: Bilanzierungsgrundsatz der kaufmännischen Vorsicht accounting principle of prudence
kaufmännisches Zurückbehaltungsrecht trader's right of retention
Kaufmannseigenschaft status of a merchant
kaufmännsiche Sorgfalt diligence of a prudent businessman
Kaufoption call
– call option
– purchase option
Kaufpreis bid price
– purchase price
Kaufvertrag contract for sale
– contract of sale
– purchase agreement
– sales contract
Kaufvertragsrecht law of sales
– sales law
kausal causal
kausal bedingt consequential
Kausalität causation
Kausalzusammenhang causal connection
– relation between cause and effect
Kaution security deposit
Kaution: Mietkaution security for rent
Kenntnis: Fachkenntnis expertise
– professional expertise
Kenntnis: Sachkenntnis expertise
Kenntnisstand: nach unserem Kenntnisstand as to our knowledge
Kennzahl ratio
Kennzahl: Bilanzkennzahl balance sheet ratio
Kennzahl: finanzwirtschaftliche Kennzahlen financial ratios
Kennziffer code number
– ratio
Kennziffer: gemischte Kennziffer interstatement ratio
Kettengeschäft chain transaction
Kfz-Haftpflichtversicherung automobile liability insurance
Kfz-Nutzung use of a car
Kfz-Steuer motor vehicle tax
KG Kommanditgesellschaft *(limited partnership)*
KGaA Kommanditgesellschaft auf Aktien
KGV Kurs-Gewinn-Verhältnis *(price earnings ratio)*
Kilometerpauschale *AE* blanket amount per kilometer

– *BE* blanket amount per kilometre
Kind: für ehelich erklärtes Kind legitimated child
Kind: nichteheliches Kind illegitimate child
Kind: Pflegekind foster child
Kind für ehelich erklären declare a child legitimate
– legitimate a child
Kinderfreibetrag child allowance
Kindesunterhalt child support
Kirchensteuer church tax
kirchliche Trauung church wedding
Kladde daybook
Klage action
– lawsuit
– legal action
– suit
Klage: Drittwiderspruchsklage third-party action against execution
Klage: finanzgerichtliche Klage appeal to the tax court
Klage: Gemeinschaftsklage class action
Klage: Schadenersatzklage action for damages
Klage: Schadensersatzklage action to recover damages
Klage: Wechselklage *AE* action on a dishonored bill
– *BE* action on a dishonoured bill
Klage: Widerspruchsklage third-party action against execution
Klage erheben bring action
Klageabweisungsantrag motion for dismissal
Klageänderung amendment of the statement of claim
Klageandrohung threat of legal action
Klageantrag demand for relief
Klagebegehren plaintiff's claim
Klagebegründung statement of claim
Klageerhebung bringing of an action
– commencement of an action
Klageerweiterung extension of claim
Klageerwiderung *BE* statement of defence
klagen: auf Erfüllung klagen sue for specific performance
klagen: auf Scheidung klagen petition for divorce
– sue for divorce
klagen {gegen} take legal action {against}
Klagenhäufung joinder of actions
Kläger claimant
– plaintiff
Kläger: Berufungskläger appellant
Kläger: Revisionskläger appellant
Klagerücknahme withdrawal of action
Klageschrift statement of claim
Klagezustellung {an} service of legal action {upon}
Klasse: Einkommensklasse income bracket
Klasse: Kontenklasse class of accounts
Klassifikation: Dezimalklassifikation decimal classification system
Klassifizierung: Kontenklassifizierung account classification
Klausel clause
– provision
– stipulation
klein petty
Kleinbetrag de minimis amount
Kleinbetragsregelung de minimis amount rule
kleine Kapitalgesellschaft small-sized corporation
Klient client
– customer
Klimatisierung air conditioning
Knappschaftsversicherung miners' social insurance
Koalition coalition
Kodifikation codification
kodifizieren codify
kodifiziertes Recht statutory law
Kofinanzierung co-financing
Kollege associate
Kollege: Arbeitskollege colleague
– fellow-employee
Kollektivvertrag collective-bargaining agreement
Kollektivvertragsverhandlungen collective bargaining
Kollisionsnorm *(Internationales Pri-*

vatrecht) conflict rule *(private international law)*
- *(Internationales Privatrecht)* conflict-of-laws provision *(private international law)*
- *(Internationales Privatrecht)* conflict-of-laws rule *(private international law)*

Kollisionsnormen *(Internationales Privatrecht)* conflict rules *(private international law)*
Komitee committee
Kommanditeinlage limited partner's capital contribution
- limited partner's contribution

Kommanditgesellschaft *KG* limited partnership
Kommanditgesellschaft auf Aktien company limited by shares
Kommanditist limited partner
Kommentar {zum} commentary {on}
Kommission commission
Kommission: auf Kommission kaufen buy on commission
Kommission: Einkaufskommission buying commission
Kommission: Schiedskommission arbitration commission
Kommissionär commission agent *(agent acting for account of a principal but in his own name)*
Kommissionär: Einkaufskommissionär buying commissionaire
Kommissionsgebühr factorage
Kommissionsgeschäft commission business
Kommissionskauf purchase on commission
Kommissionsverkauf commission sale
Kommissionsware consignment goods
- consignment merchandise
- goods on consignment
- merchandise on consignment

Kommittent principal
Kommunalobligation municipal bond
Kommunalrecht local law
Kommunikation communication
kompensierende Berichtigung compensating adjustment
Kompetenz authority
- competence

Komplementär general partner
Komplementär-GmbH corporate general partner
Kompromiß compromise
Konferenz conference
- meeting

Konfiguration configuration
Konflikt: Abkommenskonflikt treaty conflict
Kongruenz matching
konkretisieren: Waren konkretisieren appropriate goods to the contract
Konkretisierung appropriation to the contract
Konkurrenz competition
Konkurrenz: in Konkurrenz treten {mit} enter into competition {with}
Konkurrenz machen compete
konkurrieren {mit} compete {with}
konkurrierende Zuständigkeit concurrent jurisdiction
Konkurs bankruptcy
Konkurs: Anschlußkonkurs bankruptcy proceedings following failure of composition proceedings
Konkurs: Nachlaßkonkurs *BE* administration in bankruptcy of deceased's estate
- *AE* administration in bankruptcy of decedent's estate
- *AE* bankruptcy of a decedent's estate

Konkurs abwenden avoid bankruptcy
Konkurs beantragen file a petition in bankruptcy
Konkurs machen become bankrupt
- go bankrupt

Konkursanfechtung rescission by the trustee in bankruptcy
Konkursanmeldung filing of a bankruptcy petition
Konkursantrag bankruptcy petition
- filing of a bankruptcy petition
- petition for bankruptcy

Konkursantrag stellen file for bankruptcy

K

Konkursaufhebung annulment of adjudication of bankruptcy
Konkursausfallgeld substitute pay in the case of employer's insolvency
Konkursbeendigung termination of bankruptcy proceedings
Konkursbeschlag bankruptcy freeze
– bankruptcy stay
Konkursbilanz statement of bankrupt's assets and liabilities
Konkurseinstellung stay of bankruptcy proceedings
Konkurseröffnung adjudication in bankruptcy
– commencement of bankruptcy proceedings
Konkurseröffnung: Antrag auf Konkurseröffnung petition in bankruptcy
Konkurseröffnungsbeschluß adjudication order
Konkursforderung claim against the bankrupt's estate
Konkursforderung: Anmeldung einer Konkursforderung file proof of debt in bankruptcy
Konkursforderung: bevorrechtigte Konkursforderung preferential debt
Konkursforderung: gewöhnliche Konkursforderung ordinary debt
Konkursgericht bankruptcy court
Konkursgesetz Bankruptcy Code
Konkursgläubiger creditor in bankruptcy
– creditor of a bankrupt
Konkursmasse bankrupt's assets
– bankrupt's estate
Konkursordnung Bankruptcy Act
Konkursquote dividend in bankruptcy
Konkursrecht bankruptcy law
Konkursschuldner bankrupt
– debtor in bankruptcy
Konkursstatus statement of bankrupt's assets and liabilities
Konkursstraftat *BE* bankruptcy offence
– *AE* bankruptcy offense
Konkurstabelle list of creditors' claims
– schedule of creditors in bankruptcy
Konkursverfahren bankruptcy proceedings
Konkursverfahren einleiten {gegen} institute bankruptcy proceedings {against}
Konkursverfahren eröffnen adjudge the debtor bankrupt
Konkursverfahren eröffnen {gegen} institute bankruptcy proceedings {against}
Konkursverfahren mangels Masse einstellen dismiss bankruptcy proceedings for insufficiency of assets
Konkursverwalter administrator in bankruptcy proceedings
– administrator of a bankrupt's estate
– bankruptcy trustee
– estate administrator *(bankruptcy)*
– receiver *(bankruptcy)*
– receiver in bankruptcy
– trustee in bankruptcy
Konkursverwaltung administration of the bankrupt's estate
– estate administration *(bankruptcy)*
– receivership *(bankruptcy)*
Konnossement bill of lading
– consignment note
– *AE* waybill
Konsequenz: steuerliche Konsequenzen tax consequences
Konsignation consignment
Konsignationsware consignment goods
– goods on consignment
Konsolidation: Zwischenkonsolidierung intercompany consolidation
konsolidieren consolidate
konsolidiert consolidated
konsolidierte Bilanz consolidated balance sheet
– *BE* group balance sheet
konsolidierte Gewinn- und Verlustrechnung *AE* consolidated income statement
– *BE* consolidated profit and loss account
– *AE* group income statement
konsolidierte Konzernbilanz consolidated balance sheet
konsolidierte Konzerngewinn- und

Verlustrechnung *BE* consolidated profit and loss account
konsolidierter Abschluß *BE* consolidated accounts
- consolidated financial statements
- *BE* group accounts
konsolidierter Jahresabschluß consolidated annual accounts
konsolidierter Teilkonzernabschluß *BE* consolidated subgroup accounts
Konsolidierung consolidation *(financial accounting)*
Konsolidierung: Bilanzkonsolidierung consolidation of balance sheets
Konsolidierung: Erfolgskonsolidierung income consolidation
Konsolidierung: Kapitalkonsolidierung capital consolidation
Konsolidierung: steuerliche Konsolidierung fiscal consolidation
- tax consolidation
Konsolidierung: Teilkonsolidierung partial consolidation
Konsolidierungsausgleichsposten consolidation excess
Konsolidierungsbuchung consolidating entry
- consolidation entry
Konsolidierungskreis consolidated entity
- consolidated group
- reporting entity consolidated
Konsolidierungsregel consolidation rule
Konsolidierungsvorschrift consolidation provision
- consolidation rule
Konsortialbank consortium bank
Konsortialführer book runner
- lead manager *(syndicate)*
Konsortialkredit syndicated loan
Konsortium syndicate
Konsortium: Übernahme-Konsortium underwriting syndicate
konstanter Abschreibungssatz fixed-rate of depreciation
konstantes Kapitalkonto fixed capital account
Konstruktionsfehler defect in design
Konstruktionskosten engineering cost
Konsumentenkredit consumer credit
- consumer loan
Konsumentenleasing consumer leasing
Konten abstimmen reconcile accounts
Kontenabschluß closing of accounts
Kontenabstimmung account reconciliation
- reconciliation of accounts
Kontenbewegung account activity
Kontenbezeichnung account title
Kontenblatt account form
Kontenführung account maintenance
Kontengliederung account classification
Kontengruppe group of accounts
Kontengruppenbezeichnung account group title
Kontenhierarchie account hierarchy
Kontenkarte account card
Kontenklasse account class
- class of accounts
Kontenklassifizierung account classification
kontenlose Buchführung ledgerless accounting
kontenmäßige Darstellung account-type presentation
Kontenplan chart of accounts
- classification of accounts
Kontenrahmen account classification
- chart of accounts
- standard chart of accounts
- uniform system of accounts
Kontenrahmen: Industriekontenrahmen *IKR* uniform classification of accounts for industrial enterprises
Kontenschlüssel account code
- account key
Kontenspalte account column
Kontenstammdatei master account file
Kontenstammsatz master account record
Kontenstand balance of an account
Kontensystem system of accounts

Kontenzusammenführung combination of accounts
Kontenzusammenlegung merging of accounts
kontieren allocate accounts
– allocate to accounts
– assign accounts
kontieren von Belegen allocate to accounts
Kontierung account allocation
– account assignment
– account distribution
– allocation to an account
Kontierung: Belegkontierung account distribution of vouchers
Kontierung von Belegen account allocation
– account distribution of vouchers
Kontierungsarbeiten account distribution work
Kontinuität consistency
– continuity
Kontinuitätsprinzip consistency concept
– consistency principle
Konto account
Konto: Abstimmung von Konten reconciliation of accounts
Konto: auf ein Konto buchen post to an account
Konto: auf ein Konto einzahlen pay into an account
Konto: ausgeglichenes Konto account in balance
– balanced account
Konto: bewegtes Konto active account
Konto: Eröffnung eines Kontos opening of an account
Konto: gemischtes Konto fixed account
– mixed account
Konto: Habenseite eines Kontos credit side of an account
Konto: inaktives Konto dead account
– dormant account
Konto: ruhendes Konto inactive account
Konto: statistisches Konto statistical account
Konto: totes Konto dead account
– dormant account
– inactive account
Konto: umsatzloses Konto dormant account
– inactive account
Konto: unbewegtes Konto dead account
– dormant account
– inactive account
Konto: von einem Konto abheben draw money from an account
– withdraw money from an account
Konto abschließen balance an account
– *(Buchführung)* close an account
– close out an account
Konto anlegen open an account
Konto auf einer Bank auflösen close an account at a bank
– close an account with a bank
Konto auf einer Bank eröffnen open an account at a bank
– open an account with a bank
Konto ausgleichen balance an account
Konto belasten charge an account
– debit an account
Konto einrichten set up an account
Konto eröffnen open an account
Konto führen keep an account
– maintain an account
Konto glattstellen settle an account
Konto innehaben hold an account
Konto mit Bewegungen active account
Konto mit laufenden Umsätzen active account
Konto ohne Bewegungen inactive account
Konto schließen *(Bank etc)* close an account
Konto unterhalten keep an account
– maintain an account
Konto Verschiedenes sundries account
Kontoabschluß account closing
– closing of an account

Kontoauszug account statement
– bank statement
– statement
– statement of account
Kontoauszug: Debitorenkontoauszug accounts receivable statement
Kontobewegung account movement
Kontobezeichnung account heading
Kontoblatt account card
– ledger card
Kontoeröffnung opening of an account
Kontoform der Bilanz account-type presentation of a balance sheet
Kontogutschrift credit to an account
Kontoinhaber account holder
– owner of an account
Kontokarte account card
Kontokorrent current account
Kontokorrent: Lieferantenkontokorrent supplier current account
Kontokorrentbuch accounts receivable and payable ledger
Kontokorrentkonto current account
Kontokorrentkredit current account credit
– overdraft
Kontonummer account number
Kontostand account balance
– balance
Kontosumme account total
Kontoüberziehung overdraft
– overdrawing
kontrahieren contract
Kontrakt contract
Kontrakt: Terminkontrakt *(unstandardisiert)* forward contract
– *(standardisiert)* future
Kontrollbetrag control amount
Kontrolle check
– control
– inspection
– monitoring
Kontrolle: eingebaute Kontrolle built-in check
Kontrolle: Selbstkontrolle self-policing
Kontrolle: Wareneingangskontrolle inspection at delivery
Kontrollkosten: Regie- und Kontrollkosten stewardship costs
Kontrollrecht right of verification
Kontrollsumme control total
Kontrollsystem: internes Kontrollsystem internal control system
– internal system of checks and balances
Konvention convention
Konventionalstrafe contract penalty
– liquidated damages
konvertibel convertible
konvertibel: davon konvertibel of which convertible
Konzept: Bewertungskonzept measurement concept
konzeptioneller Rahmen conceptual framework
Konzern affiliated group
– group
Konzern: Mischkonzern conglomerate
Konzern: multinationaler Konzern multinational group
Konzern: Rechnungslegung im Konzern group accounting
Konzern: steuerliche Verlustverrechnung im Konzern group relief *(for losses)*
Konzern: Teilkonzern subgroup
konzern... group ...
Konzernabschluß consolidated accounts
– consolidated financial statements
– *BE* group accounts
– group financial statements
Konzernabschluß: Anhang zum Konzernabschluß *BE* notes to consolidated accounts
– notes to consolidated financial statements
Konzernabschluß: Teilkonzernabschluß *BE* subgroup accounts
Konzernabschlußprüfung group audit
Konzernanhang notes to consolidated financial statements
– notes to group financial statements
Konzernaußenumsatz group external sales

– *BE* group external turnover
Konzernberichtswesen group reporting
Konzernbilanz consolidated balance sheet
– group balance sheet
konzerneigen group ...
konzerneigene Finanzierungsgesellschaft captive finance company
konzerneigene Leasinggesellschaft captive leasing company
– captive lessor
konzerneigene Versicherungsgesellschaft *(ausschließlich Konzerngesellschaften als Versicherungsnehmer)* captive insurance company
konzerneigene Vertriebsgesellschaft captive distributor
konzerneigener Vertrieb captive distribution
Konzernerfolgsrechnung *AE* consolidated income statement
– *BE* consolidated profit and loss account
Konzernergebnis consolidated profits
Konzernfinanzierung intra-group financing
– intra-group funding
Konzernfinanzierungsgesellschaft captive finance company
Konzerngeschäftsbericht consolidated annual report
Konzerngesellschaft affiliate
– affiliated company
– group company
Konzerngewinn consolidated net income
– consolidated profit
– consolidated profits
– group profit
Konzerngewinn- und Verlustrechnung *AE* consolidated income statement
– *BE* consolidated profit and loss account
Konzerngewinn vor Steuern group pretax profits
Konzerngruppe affiliated group
konzernintern intercompany
konzernintern: Gewinn aus konzerninternen Geschäften intercompany profit
konzerninterne Forderungen intercompany receivables
konzerninterne Leistung: Verrechnung konzerninterner Leistungen intercompany charging
konzerninterne Umsätze intercompany sales
konzerninterner Geschäftsvorfall intercompany transaction
konzerninterner Zwischengewinn intercompany profit
konzerninterner Zwischenverlust intercompany loss
Konzernjahresabschluß consolidated financial statements
Konzernlagebericht group management report
Konzernleasinggesellschaft captive leasing company
– captive lessor
Konzernmitglied affiliate
– affiliated company
Konzernrechnungslegung consolidated accounting
– group accounting
Konzern-Richtlinie 7th EC Directive
Konzernrückhalt backing of the group
Konzernrücklagen consolidated reserves
Konzernumsatz consolidated sales
– group sales
Konzernunternehmen group company
Konzernunternehmen: Forderungen an Konzernunternehmen *BE* due from affiliated companies
Konzernverrechnungspreis intercompany price
Konzernversicherungsgesellschaft *(ausschließlich Konzerngesellschaften als Versicherungsnehmer)* captive insurance company
Konzession charter
– consession
– *AE* franchise

Konzession: Bankkonzession bank charter
konzessioniert chartered
Konzessionierung *AE* franchising
Konzessionsabgabe excise duty
- excise tax
Koordinierungsstelle *AE* coordination center
- *BE* coordination centre
- coordination office
Kopfsteuer capitation tax
- poll tax
Kopie: Belegkopie document copy
- voucher copy
Körperbehindertenpauschale lump sum deduction for handicapped persons
körperliche Arbeit physical work
körperliche Bestandsaufnahme inventory count
- physical inventory taking
körperliche Gegenstände tangibles
körperliche Inventur physical inventory
Körperschaft corporate body
- corporation
Körperschaft: ausschüttende Körperschaft distributing corporation
Körperschaft des öffentlichen Rechts body corporate under public law
- *BE* public corporation
Körperschaftbesteuerung taxation of corporations
Körperschaftsteuer corporate income tax
- corporation tax
Körperschaftsteuererklärung corporate income tax return
Körperschaftsteuergesetz *KStG* Corporate Income Tax Act
- *KStG* Corporation Tax Act
körperschaftsteuerlich corporate
- corporate tax
körperschaftsteuerliches Anrechnungsguthaben corporate imputation credit
körperschaftsteuerliches Anrechnungsverfahren corporate imputation system
- corporate income tax imputation procedure
- corporate income tax imputation system
körperschaftsteuerpflichtig liable to corporate income taxes
Körperschaftsteuer-Richtlinien Corporate Income Tax Regualtions
Körperschaftsteuer-Rückstellung accrual for corporate income taxes
- provision for corporate income taxes
Körperschaftsteuersatz corporate income tax rate
Körperschaftsteuersatz: gespaltener Körperschaftsteuersatz split-rate of corporate income tax
Körperschaftsteuertarif corporate income tax rate system
Körperverletzung physical injury
Körperverletzung: fahrlässige Körperverletzung negligent physical injury
Korrektur: Wertkorrektur value adjustment
Korrekturbuchung adjustment entry
Korrekturposten correcting item
- offsetting item
Korrespondenzbank correspondent bank
korrumpierbar corruptible
korrumpieren corrupt
Korruption corruption
Kosten cost
- costs
Kosten: aktivierte Kosten capitalized cost
Kosten: auf Kosten eines anderen at another person's expense
Kosten: auf unsere Kosten at our expense
Kosten: fixe Kosten fixed costs
Kosten: historische Kosten historic cost
- historical cost
Kosten: intervallfixe Kosten semi-fixed costs
- stepped costs
Kosten: kalkulatorische Kosten imputed costs

K

Kosten: sprungfixe Kosten semi-fixed costs
– stepped costs
Kosten: Sprungfixkosten semi-fixed costs
Kosten: teilproportionale Kosten semi-variable costs
Kosten: variable Kosten variable costs
Kosten: vorkalkulierte Kosten predetermined cost
Kosten aufwenden {für} incur costs {for}
Kosten der Ingangsetzung start-up costs
Kosten der Unterbeschäftigung negative volume variance
– unabsorbed overhead
Kosten verteilen {über} spread costs {over} *(over various periods)*
Kostenabweichung cost variance
Kostenansatz: vorsichtiger Kostenansatz conservative cost estimate
Kostenart: Gemeinkostenart overhead cost item
– overhead item
Kostenart: kalkulatorische Kostenart imputed cost category
Kostenaufschlagsmethode cost plus method
Kostenaufstellung statement of costs
kostenbasiert cost-based
Kostendeckung cost recovery
Kostendeckungsprinzip principle of cost recovery
Kosteneindämmung cost containment
Kostenentscheidung costs order
Kostenersparnisse cost savings
Kostenfinanzierungsvertrag *(nicht nutzungsanteilbezogene pauschale Form der Kostenbeteiligung/fixed key method)* cost funding arrangement
Kostenfluß cost flow
kostenlos free of charge
Kosten-Nutzen-Analyse cost benefit analysis
Kostenrechnung cost accounting
Kostenrechnung bei Kuppelproduktion joint costing
Kostenstelle *AE* cost center
– *BE* cost centre
Kostenstellenabweichung *AE* cost center variance
– *BE* cost centre variance
Kostenstellenkonto *AE* cost center account
– *BE* cost centre account
Kostenstruktur cost structure
Kostenträger cost unit
Kostenüberdeckung *(Kostenabweichung)* overestimate of costs *(cost variance)*
Kostenüberschreitung cost overrun
Kostenumlage cost allocation
Kostenumlagevertrag cost sharing agreement
Kostenverteilung cost allocation
– cost apportionment
Kostenverursachungsfaktor cost driver
Kostenverursachungsfaktor: beschäftigungsabhängiger Kostenverursachungsfaktor volume-related cost driver
Kostenverursachungsfaktor: mengenabhängiger Kostenverursachungsfaktor volume-related cost driver
Kostenvoranschlag bid
– estimate of costs
– quotation
Kostenvorschuß advance on costs
– deposit to cover costs
– security for costs
kostenwirksam affecting costs
kraft by virtue of
Kraft: außer Kraft out of force
Kraft: außer Kraft setzen abrogate
– set aside
Kraft: außer Kraft treten becoming void
– expire
Kraft: in Kraft effective
– in effect
– in force
Kraft: in Kraft bleiben remain in effect
– remain in force

Kraft: in Kraft sein be in effect
- be in force
Kraft: in Kraft setzen *(Gesetz)* enact
Kraft: in Kraft treten become effective
- come into force
- enter into force
Kraft: mit rückwirkender Kraft with retroactive effect
Kraft: rückwirkende Kraft retroactive effect
- retrospective effect
Kraft: schrittweise außer Kraft setzen phase out
Kraft: stufenweise außer Kraft setzen phase out
kraft Gesetzes by law
- by operation of law
kraft Vollmacht pursuant to power of attorney
Kraftfahrzeug-Haftpflichtversicherung motor vehicle insurance
Kraftfahrzeugsteuer motor vehicle tax
Krankengelder sickness benefits
Krankenkasse health insurance fund
Krankenversicherung health insurance
Krankenversicherung: gesetzliche Krankenversicherung statutory health insurance
Krankenversicherungsbeitrag health insurance contribution
Krankheitsfall: Lohnfortzahlung im Krankheitsfall continuation of wage payments during sickness
- sick pay
Kredit credit
- loan
Kredit: Akzeptkredit acceptance credit
Kredit: auf Kredit kaufen buy on credit
Kredit: durchlaufender Kredit back-to-back loan
Kredit: Laufzeit eines Kredites term of a credit
Kredit: notleidender Kredit non-performing loan
Kredit: Überbrückungskredit interim credit
Kredit aufnehmen borrow
- raise a credit
- take up a loan
Kredit bewilligen allow a credit
- grant a loan
Kredit gewähren extend credit
Kredit in Anspruch nehmen make use of a credit
Kredit kündigen call in a credit
- withdraw a credit
Kredit sichern secure a credit
- secure a loan
Kredit überziehen {um} exceed credit {by}
- overdraw credit {by}
Kredit verlängern extend a credit
- renew a credit
Kreditanstalt: Hypothekenkreditanstalt mortgage association
Kreditaufnahme borrowing
- raising of credit
Kreditauskunft credit report
Kreditauskunftsersuchen credit inquiry
Kreditbedingungen credit conditions
- credit terms
Kreditfazilität credit facility
Kreditfinanzierung credit financing
Kreditgeber creditor
Kreditgeberhaftung lender liability
Kreditgenossenschaft credit union
Kreditgeschäft credit transaction
Kreditinstitut lending institution
Kreditinstitut: Darlehen von Kreditinstituten bank loans
Kreditkauf credit purchase
- *AE* deferred payment purchase
- *BE* hire purchase
- purchase on credit
Kreditlinie credit line
Kreditnehmer borrower
Kreditoren accounts payable
- creditors
- payables
Kreditorenbericht accounts payable report
Kreditorenbuch *BE* bought ledger
- creditors' ledger

K

– purchase ledger
Kreditorenbuchhaltung accounts payable department
Kreditorenkonto accounts payable account
Kreditorenliste payables list
Kreditorenumschlag payables turnover
Kreditorenumschlagshäufigkeit payables turnover rate
Kreditprüfung credit investigation
– credit status investigation
Kreditrahmen credit facility
– credit line
Kreditsicherheit security
Kreditüberwachung credit control
– credit surveillance
Kreditüberziehung credit overdrawing
Kreditverkauf credit sale
kreditwürdig credit worthy
Kreditwürdigkeit credit rating
– credit standing
– credit worthiness
Kreditwürdigkeitsanalyse analysis of credit standing
Kreditwürdigkeitsprüfung credit standing check
Kreislauf: Buchungskreislauf accounting cycle
Kreuzverhör cross-examination
Kriminalität criminality
– delinquency
Kriminalitätsrate crime rate
Kriterium criterion
Kriterium: Anknüpfungskriterium point of attachment
KStG Körperschaftsteuergesetz *(Corporation Tax Act)*
kummunale Steuer local tax
Kumulationswirkung cumulative effect
kumuliert accumulated
kumulierte Abschreibung accumulated depreciation
kündbar subject to notice
– subject to termination
– terminable
kündbar: jederzeit fristlos kündbares Mietverhältnis tenancy at will
Kunde client
– customer
Kunde: erhaltene Kundenanzahlungen advance payments by customers
Kundenabrechnung customer accounting
Kundenanzahlungen advances received
Kundenbuchführung customer accounting
Kundenbuchhaltung customer accounting
Kundenkonto customer's account
Kundennummer client reference number
– customer's account number
Kundenskonti cash discounts paid
Kundenskonto cash discount paid
Kundenstamm customer base
kündigen *(durch Arbeitgeber)* dismiss
– give notice
– give notice of termination
– terminate
kündigen: fristlos kündigen *(durch Arbeitgeber)* dismiss without notice
kündigen: Kredit kündigen call in a credit
– withdraw a credit
Kündigung dismissal
– notice
– notice of termination
– termination
– termination upon notice
Kündigung: außerordentliche Kündigung exceptional cause termination
– extraordinary notice
– extraordinary termination
– termination for exceptional reasons
Kündigung: betriebsbedingte Kündigung dismissal due to operational requirements
Kündigung: fristlose Kündigung summary dismissal
Kündigung: ordentliche Kündigung ordinary notice
Kündigung: ordnungsgemäße Kündigung due notice

Kündigung: schriftliche Kündigung notice in writing
Kündigung: sozial ungerechtfertigte Kündigung socially unfair dismissal
Kündigung: verhaltensbedingte Kündigung dismissal caused by misconduct
Kündigung aus wichtigem Grund termination for grave cause
Kündigungsausschluß exclusion of grounds for termination
Kündigungsfrist notice period
– period of notice
Kündigungsfrist: einmonatige Kündigungsfrist one month's notice
Kündigungsfrist von drei Monaten three months' notice
Kündigungsfrist von einem Monat one month's notice
Kündigungsgrund cause for termination
– ground for notice
– reason for notice
Kündigungsschutz protection against unfair dismissal
Kündigungstermin effective date of termination
Kündigungsverzicht waiver of right of termination
– waiver of right to terminate
Kundschaft: Laufkundschaft chance customers
Kundschaft: Stammkundschaft regular customers
Künstler: darstellender Künstler performing entertainer
Kupon coupon
Kupon: Trennung einer Anleihe in Mantel (Kapitalkomponente) und Kupons (Zinsscheine) stripping
Kuppelprodukte joint products *(joint costing)*
Kuppelproduktion: Kostenrechnung bei Kuppelproduktion joint costing
Kurs price
– quotation *(exchange)*
– rate
Kurs: Aktienemissionskurs issue price of a share
Kurs: Aktienkurs share price
Kurs: Ausgabekurs issuing price
Kurs: Börsenkurs price
– quotation
– stock market price
Kurs: Devisenkurs exchange rate
Kurs: Einheitskurs middle price
Kurs: fester Kurs fixed rate
Kurs: Kassakurs cash market price
– spot price
– spot rate
Kurs: Schlußkurs closing price
Kurs: Umrechnungskurs exchange rate
– foreign exchange rate
Kurs: Wechselkurs exchange rate
Kursgewinn exchange gain
Kurs-Gewinn-Verhältnis *KGV* p/e ratio
– *KGV* price earnings ratio
– *KGV* price/earnings ratio
Kursmakler exchange broker
Kursmakler an der Warenbörse commodities broker
Kursrisiko exchange rate risk
Kurssicherung hedging
Kursumrechnung translation of foreign currencies
Kurswert market value
Kurszettel securities' listing
Kurzarbeit short-time work
Kurzbezeichnung short description
Kurzfassung abstract *(summary)*
– summary
kurzfristig short-term
kurzfristige Verbindlichkeiten current liabilities
– short-term liabilities
kurzweiliger Aufenthalt sojourn
KVStDV Kapitalverkehrsteuer-Durchführungsverordnung *(Capital Transfer Tax Implementing Ordinance)*
KVStG Kapitalverkehrsteuergesetz *(Capital Transfer Tax Act)*

L

Laden shop
– summon
– summon to appear

laden: ordnungsgemäß laden duly summon to appear
Ladendiebstahl shoplifting
Ladung summons
- summons to appear
Lage: Finanzlage financial position
Lage: wirtschaftliche Lage economic situation
Lagebericht management report
Lagebericht: Konzernlagebericht group management report
Lager stockroom
- warehouse
Lager: auf Lager on hand
- on stock
Lagerbestand goods in stock
- goods on hand
- inventory
- stock
Lagerbestände aufnehmen take inventory
Lagerbestandsaufnahme stock taking
Lagerbestandsbewertung inventory valuation
Lagerbestandskarte stock record card
Lagerbewertung inventory valuation
Lagerbuchhaltung inventory accounting department
Lagerdauer storage period
Lagerentnahme inventory withdrawal
- withdrawal from stock
Lagerfachkarte bin card
Lagerfähigkeit storability
Lagerfehlbestand inventory deficiency
Lagergebühr warehouse charge
Lagerhalter warehouser
Lagerkartei inventory file
- stock file
Lagerkonto inventory account
Lagerkosten inventory carrying cost
- storage costs
Lagernummer storage number
Lagerort storage location
Lagerraum storage room
Lagerschein warehouse receipt
Lagerumschlag inventory turnover
Lagerumschlagshäufigkeit inventory turnover rate
- rate of inventory turnover
Lagerverwalter stockkeeper
- warehouseman
Laienrichter lay judge
Land: Aufenthaltsland *(zeitweilig, kurzweilig)* country of sojourn
Land: Beschäftigungsland country of employment
Land: Drittland third country
Land: Gastland host country
Land: gepachtetes Land leasehold property
Land: Hochsteuerland high-tax country
Land: Niedrigsteuerland low-tax country
Land: Pachtland leasehold property
Land: Umsatz nach Ländern geographical allocation of turnover
Land: Ursprungsland country of origin
Land- und Forstwirtschaft: Einkünfte aus Land- und Forstwirtschaft income from farming and forestry
länderweise Bemessung der Steueranrechnung per country limitation *(tax credit)*
Landesfinanzminister State Minister of Finance
Landesfinanzministerium State Ministery of Finance
Landgericht state court
Landwirtschaft: Einkünfte aus Land- und Forstwirtschaft income from agriculture and forestry
- income from farming and forestry
langfristig long-term
- noncurrent
langfristige Finanzanlagen long-term investments
langfristige Verbindlichkeiten long-term liabilities
- noncurrent liabilities
Langläufer longs
Lasten encumbrances
Lasten: zu Lasten {von} at the expense {of}
- charged {to}

– to the debit {of}
Lasten: zu Lasten gehen {von} at the expense {of}
lastenfreier Erwerb acquisition free from encumbrances
Lastschrift debit
– debit note
Lastschriftanzeige debit advice
Lastschriftbeleg debit voucher
Lastschriftverfahren debit charge procedure
Lastschriftverfahren: Abbuchung im Lastschriftverfahren direct debit
latente Steuer: Abgrenzung latenter Steuern deferred taxation
latente Steuerabgrenzung deferred taxation
– interperiod tax allocation
latente Steuern deferred taxes
latente Steuern: Abgrenzung latenter Steuern interperiod tax allocation
latente Steuern: Rückstellungen für latente Steuern *AE* accruals for deferred taxes
– *BE* provisions for deferred taxes
laufend current
– ongoing
– running
– standing
laufend: Abschreibung für das laufende Jahr depreciation for the year
laufend: Abwicklung des laufenden Geschäfts winding up of current business affairs
– winding up of current business transactions
laufend veranlagte Steuern currently assessed taxes
laufende Aufwendungen current expenses
laufender Geschäftsbetrieb current business operations
– running business
laufendes Geschäft current business
– current business affairs
– current business transactions
laufendes Geschäftsjahr current accounting year
laufendes Steuerjahr current tax year
laufendes Unternehmen going business
Laufkundschaft chance customers
läuft: Frist läuft term runs
läuft: Frist läuft ab term expires
Laufzeit duration
– life
– term
Laufzeit: Durchlaufzeit cycle time
Laufzeit eines Kredites term of a credit
laut according to
– pursuant to
lauterer Wettbewerb fair competition
Lauterkeit des Wettbewerbs fairness of competition
Leasing: Finanzierungsleasing finance leasing
– financial leasing
leasing: Konsumentenleasing consumer leasing
Leasing: Teilamortisationsleasing non-full-payout leasing
– partial payout leasing
Leasing: Vollamortisationsleasing full-payout leasing
Leasing beweglicher Anlagegüter equipment leasing
Leasingdauer leasing period
Leasinggeber lessor
Leasinggesellschaft leasing company
Leasinggesellschaft: konzerneigene Leasinggesellschaft captive leasing company
– captive lessor
Leasinggesellschaft: Konzernleasinggesellschaft captive leasing company
– captive lessor
Leasinggut leased asset
– leased property
Leasingmakler lease broker
Leasingnehmer lessee
Leasingvertrag lease agreement
– leasing agreement
Lebensdauer: Restlebensdauer remaining life
– unexpired life

L

Lebensdauer: voraussichtliche Lebensdauer expected life
Lebenserwartung life expectancy
Lebensgemeinschaft: nichteheliche Lebensgemeinschaft extra-marital cohabitation
Lebenshaltungskosten cost of living
– living expenses
Lebenshaltungskostenindex consumer price index
– cost-of-living index
Lebensunterhalt livelihood
Lebensversicherung *BE* life assurance
– life insurance
Lebzeiten: Schenkung zu Lebzeiten transfer inter vivos
ledig single
– unmarried
Leerkosten negative volume variance
– unabsorbed overhead
Leerstand vacancy
Leerverkauf selling short
legal: illegal unlawful
legale Steuervermeidung legal tax avoidance
legen: Rechnung legen {über} account for
Legislative legislature
Legislaturperiode legislative period
Lehre: Revisionslehre auditing science
Lehrling apprentice
Lehrverhältnis apprenticeship
Lehrvertrag contract of apprenticeship
Leibrente life annuity
leichte Fahrlässigkeit slight negligence
Leiharbeit *AE* labor leasing
– *BE* labour leasing
Leihe borrowing
– lending
Leihvertrag lending contract
leihweise as a loan
– on loan
leisten: Arbeit leisten carry out work
– perform work
leisten: Beihilfe leisten {zu} assist in the commission {of}
leisten: Sicherheit leisten {für} furnsih security {for}
– give security {for}
– provide security {for}
Leistender performing party
Leistung output
– *(USt)* supply *(VAT)*
Leistung: abgerechnete Leistungen invoiced sales
Leistung: Erbringung sonstiger Leistungen supply of services
Leistung: Forderungen aus Lieferungen und Leistungen trade receivables
Leistung: Rückgabe erhaltener Leistungen restitution
Leistung: steuerbare Leistung taxable supply
Leistung: steuerpflichtige Leistung taxable supply
Leistung: unfertige Leistungen unfinished goods or services
– *AE* work in process *WIP*
– *BE* work in progress
Leistung: Verrechnung konzerninterner Leistungen intercompany charging
Leistung: Zug um Zug Leistung contemporaneous performance
Leistung {von} performance {of}
Leistung an Erfüllungs Statt accord and satisfaction
Leistung durch einen Dritten performance by a third party
Leistung Zug um Zug contemporaneous performance
Leistungen: bezogene Leistungen purchased services
– services received
Leistungen: freiwillige Zusatzleistungen fringe benefits
Leistungen: nocht nicht abrechenbare Leistungen services not yet invoiced
Leistungen: Unterhaltsleistungen *(an geschiedenen oder dauernd getrennt lebenden Ehegatten)* alimony
Leistungs- und Erlöskonten sales and income accounts
leistungsabhängig performance-tied

Leistungsabschreibung unit-of-output method of depreciation
– unit-of-product method of depreciation
Leistungsbewertung perfomance evaluation
– performance assessment
leistungsbezogen performance-tied
leistungsbezogene Abschreibung production-unit-basis method
– unit-of-production method
Leistungseinheiten: Abschreibung nach Leistungseinheiten unit-of-production depreciation
Leistungsklage action for performance
Leistungskonto sales account
Leistungslohn efficiency wage
Leistungsort (*USt*) place of supply (*VAT*)
Leistungspaket package deal
Leistungsurteil judgment ordering performance
Leistungsverweigerung withholding of performance
leitender Angestellter executive
– executive employee
– officer
Leiter: Sachgebietsleiter supervisor
Leiter: Verkaufsleiter director of sales
Leitung: unter einheitlicher Leitung under common control
Lesungen readings
letzte Mahnung final demand before action
letztinstanzliches Gericht court of last resort
letztwillig verfügen dispose by will
letztwillige Verfügung disposition by will
– last will
Liberaler liberal
Liberalismus liberalism
Liebhaberei hobby activity
Liebhaberverlust hobby loss
Lieferant supplier
Lieferantenbuch accounts payable ledger
Lieferantenbuchhaltung accounts payable accounting
Lieferantenkonto supplier account
Lieferantenkontokorrent supplier current account
Lieferantenkredit supplier credit
Lieferbedingungen delivery terms
– terms of delivery
Lieferer supplier
Liefererskonti cash discount received
liefern deliver
– ship
Lieferort *(USt)* place of supply of goods *(VAT)*
Lieferschwelle *(USt)* distance sales threshold *(VAT)*
Liefertermin delivery date
Lieferung delivery
– shipment
– supply of goods
Lieferung: Ausfuhrlieferung export delivery
Lieferung: bei Lieferung upon delivery
Lieferung: Forderungen aus Lieferungen und Leistungen accounts receivable - trade
– *BE* trade debtors
– trade receivables
Lieferung: Inlandslieferung domestic delivery
– domestic transaction
Lieferung: innergemeinschaftliche Lieferung intra-Community supply
Lieferung: Kassalieferung spot delivery
Lieferung: steuerfreie Lieferung tax-exempt supply
Lieferung: Teillieferung part delivery
– part shipment
Lieferung: Verbindlichkeiten aus Lieferungen und Leistungen accounts payable - trade
– *BE* trade creditors
– trade payables
Lieferung: zahlbar bei Lieferung cash on delivery *C.O.D./c.o.d.*
Lieferung: Zahlung bei Lieferung cash on delivery *C.O.D./c.o.d.*
Liefervereinbarung supply contract
Lieferverzug default in delivery
– delay in delivery

L

– undue delay in delivery
limit: upper limit Obergrenze
linear straight line
lineare Abschreibung linear depreciation
– straight-line depreciation
– straight-line method of depreciation
Linie: in gerader Linie in direct line
Linie: Verwandtschaft in gerader Linie relationship by lineal descent
Linienpersonal line personnel
Liquidation winding up
Liquidation: Zwangsliquidation compulsory liquidation
– liquidation by order of the court
Liquidationsbilanz liquidation balance sheet
– winding-up balance sheet
Liquidationsdividende liquidating dividend
Liquidationserlös liquidation proceeds
Liquidationsgewinn liquidation profit
Liquidationskosten liquidation costs
Liquidationsmasse assets under liquidation
Liquidationsquote liquidating dividend
Liquidationsverkauf liquidation sale
Liquidationswert breakup value
– liquidation value
Liquidationszeitraum liquidation period
Liquidator receiver
liquide Mittel cash
– liquid funds
liquidieren liquidate
– wind up
Liquidität liquidity
Liquidität: Barliquidität cash position
Liquiditätsgrad liquidity ratio
Liste schedule
Liste: Gehaltsliste payroll
Liste: Lohn- und Gehaltsliste payroll
Lizenz *BE* licence
– *AE* license
Lizenz: Einzellizenz *BE* individual licence
– *AE* individual license
Lizenz: Urheberrechtslizenz copyright royalty
Lizenz: Warenzeichenlizenz *BE* trademark licence
– *AE* trademark license
Lizenzberater licensing consultant
Lizenzeinnahmen income from royalties
– *AE* income under license agreements
– royalty income
Lizenzgeber licenser
– *AE* licensor
Lizenzgebühr *BE* licence fee
– *AE* license fee
– royalty
lizenzieren license
Lizenzierung: Zwangslizenzierung compulsory licensing
Lizenznehmer licensee
Lizenzrecht licensing right
Lizenzvereinbarung *BE* licence agreement
– *AE* license agreement
Lizenzvertrag *BE* licence agreement
– *AE* license agreement
Lohn pay
– wage
Lohn: Akkordlohn piece wage
Lohn: Bruttolohn gross wage
Lohn: Grundlohn basic wage
Lohn: Hilfslöhne *AE* indirect labor
– *BE* indirect labour
Lohn: Jahresbruttolohn gross annual wage
Lohn: Löhne und Gehälter wages and salaries
Lohn: Nettolohn net wage
Lohn: tariflich vereinbarter Lohn collectively agreed wage
– standard wage
Lohn: Tariflohn collectively agreed wage
– *AE* labor union agreed wage
– standard wage
– *BE* trade union agreed wage
Lohn: unpfändbarer Lohn wage exempt from garnishment
Lohn- und Gehaltsabrechnung payroll accounting

– payroll record
Lohn- und Gehaltskonto wage and salary account
Lohn- und Gehaltsliste payroll
Lohn- und Gehaltssumme payroll total
Lohn- und Gehaltsvorschüsse wage and salary advances
Lohnabrechnung pay slip
– payroll accounting
– *(Abteilung)* payroll accounts department
– wage statement
Lohnabschlag wage advance
Lohnabzug deduction from pay
– deduction from wage
Lohnarbeit contract processing
– job processing
– outside processing
– processing under a job contract
Lohnausfall loss of wage
Lohnbeleg pay slip
– pay statement
Lohnberechnung computation of wages
Lohnbuchführung payroll accounting
Lohnbuchhaltung payroll accounting
– payroll department
Lohnbüro pay office
– payroll office
Löhne und Gehälter wages and salaries
Lohneinbehaltung retention of wage
Lohnerhöhung increase in wages
– increase of wages
Lohnfertiger contract manufacturer
Lohnfertigung contract manufacturing
Lohnfortzahlung im Krankheitsfall continuation of wage payments during sickness
– sick pay
Lohnhersteller contract manufacturer
Lohnhöhe level of wage
Lohnkonto payroll account
Lohnkosten *BE* labour costs
– wage costs
Lohnkürzung reduction of wage
Lohnliste payroll
– payroll register
– wages sheet
Lohnnebenkosten incidental wage costs
Lohnpfändung garnishment of wages
Lohnsatzabweichung *AE* labor rate variance
– *BE* labour rate variance
– wage rate variance
Lohnsteuer wage tax
Lohnsteuer: einbehaltene Lohnsteuer wage tax withheld
Lohnsteuerabzug wage tax withholding
Lohnsteueranmeldung self-assessment wage tax return to be filed by employer
Lohnsteueraußenprüfung wage tax field audit
Lohnsteuerbescheinigung certificate of wage tax deduction
Lohnsteuer-Durchführungsverordnung Wage Tax Implementing Ordinance
Lohnsteuerfreibetrag wage earners' tax allowance
Lohnsteuerjahresausgleich annual wage tax equalization
Lohnsteuerkarte employee's wage tax card
– wage tax deduction card
Lohnsteuerpflicht wage tax liability
lohnsteuerpflichtig subject to wage tax
lohnsteuerpflichtige Beschäftigung employment subject to wage tax
lohnsteuerpflichtige Einkünfte income subject to wage tax
Lohnsteuerprüfung wage tax audit
Lohnsteuer-Richtlinien Wage Tax Regulations
Lohnsteuerrückerstattung wage tax refund
Lohnsteuertabelle wage tax table
– wage tax withholding table
Lohnstreifen pay slip
Lohnsumme aggregate wages and salaries
– payroll total
– total of wages and salaries
– wage total

Lohntabelle pay schedule
- wage schedule
Lohnveredelung contract processing
- job processing
- outside processing
- processing under a job contract
Lohnvorschuß advance on wage
Lohnzahlungspflicht obligation to pay wages
Lohnzettel pay slip
- time record
Lohnzulage additional pay
- additional wage
löschen cancel
- delete
- erase
löschen {beim/im} *(Handelsregister)* deregister {with}
Löschung cancellation
- deletion
Löschung: Amtslöschung ex officio deletion
Löschung aus dem Handelsregister deletion from the commercial register
Löschung einer Eintragung cancellation of an entry
- deletion of an entry
Löschungsantrag application for deregistration
Löschungsverfahren proceedings for deregistration
Loseblattbuchführung loose-leaf accounting
- loose-leaf system of bookkeeping
Loseblattsystem loose-leaf system
löslösen detach
Lotteriesteuer lottery tax
Lücke: Deckungslücke contribution shortfall
Lücke: Steuerlücken schließen shut down tax loopholes
Luxusgegenstand luxury object
Luxusgut luxury good
Luxussteuer luxury tax
- sumptuary tax

M

Machtbefugnis power
Mahnbescheid *(gerichtlich)* summary notice to pay
mahnen remind
Mahnschreiben demand letter
- letter demanding payment
- reminder letter
Mahnung demand
- demand for payment
- reminder
Mahnung: letzte Mahnung final demand before action
Mahnung: zweite Mahnung second reminder
Mahnverfahren delinquency procedure
- summary proceedings for order to pay debts
Makler broker
Makler: Börsenmakler stock exchange broker
Makler: Effektenmakler securities broker
- stockbroker
Makler: Kursmakler exchange broker
Makler: Leasingmakler lease broker
Makler: Versicherungsmakler insurance broker
Makler: Wertpapiermakler stockbroker
Maklergebühr broker fee
- brokerage
- broker's commission
Maklerprovision broker fee
- brokerage
- broker's commission
Maklervertrag brokerage agreement
- contract of brokerage
Managementziel management goal
Mandant client
Mandat mandate
Mangel defect
- deficiency
Mangel: baulicher Mangel structural defect
Mangel: materieller Mangel substantive defect

Mangel: offener Mangel apparent defect
Mangel: Rechtsmangel defect as to title
– *(bezogen auf Eigentum)* defective title
Mangel: Sachmangel defect as to quality
Mangel: verborgener Mangel hidden defect
– latent defect
Mangel an Sorgfalt lack of care
Mangel an Vertretungsmacht lack of authority
– lack of power of representation
Mangel an Zuständigkeit incompetence
– lack of competence
Mangel beseitigen remedy a defect
Mangel feststellen ascertain a defect
Mangelfolgeschaden consequential damage caused by a defect
– consequential loss caused by a defect
mangelhaft defective
mangelhafte Erfüllung defective performance
Mängelrüge notice of defects
– notification of defects
Mängelrüge geltend machen assert a claim for defects
mangels Masse for insufficiency of assets
mangels Masse: Einstellung mangels Masse suspension of bankruptcy preceedings due to insufficiency of assets
manipulieren: steuerlich manipulieren tax-manipulate
Mantel: Firmenmantel corporate shell
Mantel: Trennung einer Anleihe in Mantel (Kapitalkomponente) und Kupons (Zinsscheine) stripping
Mantelgesellschaft shell company
– skeleton company
Mantelkauf *(zur Nutzung der Verlustvorträge)* loss trafficking
manuelle Buchung manual posting
Marge margin
– spread
Marge: Wiederverkaufspreismarge resale price margin
Marke brand
Marke: Gebührenmarke stamp
Markenartikel branded goods
– proprietary goods
Markenrecht trade mark right
Marketingkosten marketing costs
Markt: enger Markt narrow market
Markt: Geldmarkt money market
Markt: Interbanken-Markt interbank market
Markt: Kapitalmarkt capital market
Markt: Kassamarkt cash market
– spot market
Markt: Primärmarkt primary market
Markt: Sekundärmarkt secondary market
Markt: Weltmarkt global market
Marktanteil market share
Markteffizienz market efficiency
– marketplace efficiency
marktfähig marketable
Marktfähigkeit marketability
marktgängig marketable
Marktgängigkeit marketability
marktgemäß in line with market conditions
marktgerecht at market
– fair market
– in line with market conditions
Marktpreis market price
Marktpreis: aktueller Marktpreis current market price
Marktsegment: Gewinnanalyse nach Marktsegmenten market segment profit analysis
Marktversagen market failure
Marktwert market value
– market worth
Maschine: Fakturiermaschine invoicing machine
maschinelle Anlagen machinery
– plant and equipment
Maschinen machinery
Maschinen: technische Anlagen und Maschinen plant and machinery
– technical equipment and machinery

Maschinen und Betriebsausrüstung machinery and equipment
Maschinen und maschinelle Anlagen machinery
– machinery and equipment
– plant and equipment
– plant and machinery
Maschinen und technische Anlagen plant and machinery
Maschinenstundenzettel machine time record
Masse: Erbmasse estate
Masse: Konkursmasse bankrupt's estate
Masse: Konkursverfahren mangels Masse einstellen dismiss bankruptcy proceedings for insufficiency of assets
Masse: Liquidationsmasse assets under liquidation
Masse: mangels Masse for insufficiency of assets
Masseanspruch preferential claim against the bankrupt's estate
Masseforderung claim against a bankrupt's estate
Massegläubiger creditor of a bankrupt's estate
Massenentlassung mass dismissal
Masseschuldner bankrupt
Masseverwalter administrator of a bankrupt's estate
– estate administrator
– receiver
– trustee in bankruptcy
Masseverwaltung administration of the bankrupt's estate
– estate administration
– receivership
maßgebend authoritative
maßgebend: steuerlich maßgebend authoritative for tax purposes
maßgebendes Recht governing law
maßgebliches Recht governing law
Maßgeblichkeit authority *(financial accounting principles must be adopted in the tax accounts in the absence of specific tax rules to the contrary)*
Maßgeblichkeit: umgekehrte Maßgeblichkeit reverse authority *(accounting principles must be adopted in the financial statements in order for them to be accepted in the tax accounts)*
Maßgeblichkeitsprinzip authoritative principle *(financial accounting principles must be adopted in the tax accounts in the absence of specific tax rules to the contrary)*
Maßnahme measure
Maßnahme: einseitige Maßnahme unilateral measure
Maßnahme: Verwaltungsmaßnahme administrative measure
Maßstab: Aufteilungsmaßstab apportionment rule
Maßstab: Bewertungsmaßstab standard of valuation
Maßstab: Zerlegungsmaßstab allocation formula
– apportionment key
Material: Einzelkostenmaterial direct material
Material: Einzelmaterial direct material
Materialaufwand cost of materials
Materialaufwand und Aufwendungen für bezogene Leistungen cost of materials and purchased services
Materialbestandskonto material account
Materialentnahmeschein material issue note
Materialpreisabweichung material price variance
Materialverbrauch material consumption
Materialverbrauchsabweichung material usage variance
materiell in substance
materielle Bedeutung materiality
materielle Buchprüfung pysical check *(audit)*
materielle Gründe: Antrag aus materiellen Gründen zurückweisen reject a request due to substantive reasons
materieller Mangel substantive defect

materielles Anlagevermögen tangible fixed assets
materielles Recht substantive law
materiell-rechtlich material
– substantive
Matrizenbuchführung matrix accounting
medizinische Betreuung medical treatment
Mehrabschreibung additional depreciation
mehrdeutig ambiguous
Mehrfachbesteuerung multiple taxation
Mehrfachbuchung multiple posting
Mehrfamilienhaus multi-family residential
Mehrgewinn additional profit
Mehrheit majority
Mehrheit: Personenmehrheit plurality of persons
Mehrheit: Stimmenmehrheit majority of votes
mehrheitlich beteiligt majority-owned
mehrheitlich beteiligter Gesellschafter majority shareholder
Mehrheitsaktionär majority shareholder
Mehrheitsbeteiligung controlling interest
– majority interest
Mehrheitsgesellschafter majority shareholder
Mehrheitswahlsystem majority voting system
Mehrspaltenjournal multi-column journal
Mehrsteuern additional taxes
Mehrstimmrecht multiple voting right
Mehrstimmrechtsaktie *AE* multiple vote stock
– multiple voting share
mehrstöckig multi-tiered
Mehrwert: Verschmelzungsmehrwert merger surplus
Mehrwertsteuer value added tax
Meineid perjury
Meineid leisten perjure
meineidig werden perjure
Meineidiger perjurer
Meinung opinion
Meinung: der Meinung sein be of the opinion
Meinung: herrschende Meinung majority view
Meinung: Rechtsmeinung legal opinion
– legal view
Meinung haben be of the opinion
Meinungsfreiheit freedom of speech
Meinungsverschiedenheit conflict
– controversy
– disaggreement
– disagreement
Meistgebot highest bid
Meistvergünstigungsklausel *AE* most-favored-nation clause
– *BE* most-favoured-nation clause
Meldepflicht reporting requirement
Meldung: polizeiliche Meldung notification of the police
Meldung: Steuermeldung information return
mengenabhängig volume-related
mengenabhängiger Kostenverursachungsfaktor volume-related cost driver
Mengenabschreibung production method of depreciation
– production-unit-basis method
– unit-of-production method
Mengenabweichung quantity variance
Mengeneinheit quantity unit
– unit of quantity
Mengenrabatt quantity discount
Mengenrisiko quantitative risk
Menschenrechte human rights
Menschenwürde human dignity
Merkposten memo item
– memorandum item
– pro memoria item
Meßbetrag: Steuermeßbetrag base value
Meßzahl: Steuermeßzahl basic federal rate
Methode: Befreiungsmethode exemption method

M

Methode: Bewertungsmethode method of valuation
- valuation method

Methode: Bilanzierungsmethode accounting method

Mezzanine-Finanzierung mezzanine financing

Miet- und Pachteinnahmen rentals

Mietanlagen rental equipment

Mietanpassung rent adjustment

Mietaufwand rental expense

Miete leasing
- *BE* letting
- rent
- *(Mietzins)* rental
- *(Mietverhältnis)* tenancy

Miete: kalkulatorische Miete imputed rent

Miete: Untermiete sublease

Miete: vereinnahmte Mieten received rents

Mieteinkünfte rents

mieten *(bewegliche Sachen)* hire
- lease

Mieter *(bewegliche Sachen)* hirer
- lessee
- renter
- tenant

Mieter: geduldeter Mieter tenant at sufferance

Mieter: Untermieter sublessee

Mietereinbauten fixtures *(tenant)*
- leasehold improvements
- tenant improvements

Mieterhöhung rent increase

Mieterschutz tenant protection

Mieterträge rental income

Mietkauf hire purchase

Mietkaution security for rent

Mietrecht law governing the relationship of landlord and tenant
- law of tenancy

Mietspiegel table of representative rents

Mietsteigerung rent increase

Mietverhältnis: befristetes Mietverhältnis tenancy for a term

Mietverhältnis: jederzeit fristlos kündbares Mietverhältnis tenancy at will

Mietverlängerungsoption lease renewal option

Mietvertrag *(bewegliche Sachen)* contract of hire
- *(bewegliche Sachen)* hire contract
- lease agreement
- rental agreement

Mietwohnungsgrundstück residential real property

Mietzins rent
- rental

mildernde Umstände zubilligen allow extenuating circumstances

mildtätiger Zweck charitable purpose

mildtätiger Zweck: Spenden für mildtätige Zwecke donations to charity

Mindergewinn reduction in profit

Minderheit minority

Minderheitsaktionär minority shareholder

Minderheitsbeteiligung minority interest

Minderheitsgesellschafter minority shareholder

Minderheitsrecht minority right

minderjährig not of age
- under age

Minderjähriger minor

Minderjähriger: Vormund für einen Minderjährigen guardian for a minor

Minderjährigkeit minority

mindern abate
- reduce the purchase price

Minderung decrease
- downward adjustment
- reduction of the purchase price

Minderung: Preisminderung reduction in price

Minderung: Steuerminderung reduction in tax
- tax reduction

Minderung: Wertminderung decrease in value

Mindestaufenthaltsdauer minimum stay

Mindestbesteuerung minimum taxation

Mindestbeteiligung minimum holding

Mindestbeteiligungshöhe minimum holding quota
- minimum holding requirement
Mindestbeteiligungsquote minimum holding quota
- minimum holding requirement
Mindestfreibetrag minimum exemption
Mindestgebot minimum bid
Mindestlohn minimum wage
Mindeststrafe minimum penalty
- minimum sentence
Mineralgewinnungsrecht mineral right
- mining right
Mineralölsteuer mineral oil tax
Ministerium: Bundesfinanzministerium Federal Ministry of Finance
Minorität: Sperrminorität blocking minority
minuziös meticulous
Mischgebiet mixed-use zone
Mischkonzern conglomerate
Mischkosten mixed costs
Mißachtung contempt
Mißbrauch abuse
Mißbrauch: Abkommensmißbrauch treaty abuse
Mißbrauch: Gestaltungsmißbrauch abuse of law
- abuse of legal structuring options
Mißbrauch: Rechtsmißbrauch abuse of law
mißbrauchen abuse
mißbräuchlich abusive
mißbräuchlich: von der Rechtsprechung als mißbräuchlich erachtet ruled to be abusive by case law
Mißbrauchsbestimmung anti-abuse rule
Mißbrauchsgesetzgebung anti-abuse legislation
Mißbrauchsvorschrift anti-abuse rule
- anti-avoidance rule
mißverständlich: unmißverständlich unequivocal
mit Ablauf {des} upon expiration {of}
mit Anmerkungen {von} with annotations {from}
mit Anmerkungen versehen {von} annotated {by}
mit Auslandsberührung with foreign implications
mit Ausnahme {von} except {for}
mit dem damit verbundenen Aufwand with the attendant expenses
mit dem ganzen Vermögen haften be liable to the extent of one's property
mit dem gesamten Vermögen haften be liable to the extent of one's property
mit Dividende cum dividend
mit einem späteren Datum versehen postdate
mit einer Restlaufzeit bis zu einem Jahr amounts falling due within one year
mit einer Restlaufzeit von mehr als fünf Jahren amounts falling due after more than five years
mit Regreß with recourse
mit Rückgriff with recourse
mit rückwirkender Kraft with retroactive effect
mit Übereignung der Sache upon passing of title to the good
mit Verlust abschließen close at a loss
- report a loss
mit Vermögen der Gesellschaft besicherten Kredit aufnehmen borrow against the company's assets
mit weiteren Nachweisen with further references
Mitarbeiter associate
- staff member
mitbestimmen co-determinate
- participate in management
Mitbestimmung co-determination
- employees' representation in management
Mitbestimmung der Arbeitnehmer worker's participation in management
Mitbestimmung in personellen Angelegenheiten co-determination in personnel matters
Mitbestimmung in sozialen Angele-

genheiten co-determination in social matters
Mitbestimmung in wirtschaftlichen Angelegenheiten co-determination in economic matters
Mitbürge co-surety
Miteigentum co-ownership
Miteigentum: gesamthänderisches Miteigentum joint ownership
Miteigentum an einem Wohnhaus *AE* condominium ownership
Miteigentum nach Bruchteilen co-ownership
– tenancy in common
Miteigentum zur gesamten Hand joint tenancy
Miteigentümer co-owner
Miteigentümer: gesamthänderisch gebundener Miteigentümer joint tenant
Miteigentümer nach Bruchteilen tenant in common
Miterbe co-heir
– fellow heir
Mitglied member
Mitglied: Aufsichtsratsmitglied supervisory board member
Mitglied: Familienmitglied family member
Mitglied: Konzernmitglied affiliate
Mitglied: Vorstandsmitglied managing board member
Mitglied des Aufsichtsrats member of the supervisory board
Mitglied des Vorstands member of the managing board
Mitgliedsbeiträge dues
Mitgliedschaftsrecht membership right
Mittäter accomplice
Mitteilung note
– notification
Mitteilung: nach Mitteilung upon notice
Mitteilungsblatt information bulletin
Mitteilungspflicht reporting requirement
Mittel: aus öffentlichen Mitteln subventioniert subsidized out of public funds
Mittel: Barmittel cash
Mittel: Betriebsmittel operating assets
Mittel: Beweismittel piece of evidence
Mittel: Eigenmittel internal funds
Mittel: flüssige Mittel liquid funds
Mittel: fremde Mittel external funds
Mittel: Fremdmittel borrowed funds
Mittel: Geldmittel monetary funds
Mittel: liquide Mittel cash
– liquid funds
Mittel: Subventionierung aus öffentlichen Mitteln subsidization out of public funds
Mittel: verfügbare Mittel liquid funds
Mittel: Vergabe von Mitteln allocation of resources
Mittel: Zuschuß aus öffentlichen Mitteln subsidy from public funds
Mittel: Zuteilung von Mitteln allocation of resources
Mittel: Zuweisung von Mitteln allocation of funds
Mittel... mean
mittelbar indirect
mittelbarer Besitz constructive possession
Mittelbeschaffung fund raising
mittelgroße Kapitalgesellschaft medium-sized corporation
Mittelherkunft source of funds
Mittelpunkt der Lebensinteressen *AE* center of vital interests *(tax home)*
– *BE* centre of vital interests *(tax home)*
Mittelverwendung application of funds
– use of funds
Mittelwert average
– mean
– mean value
Mitunternehmer co-entrepreneur
Mitunternehmerschaft co-entrepreneurship
Mitverschulden comparative negligence
– contributory fault
– contributory negligence

Mitwirkung participation
Mitwirkung: wesentliche Mitwirkung material participation *(engagement)*
Mitwirkungspflicht duty to cooperate
Mobilien chattels
– movables
möbliert furnished
Modell: Steuervermeidungsmodell tax circumvention scheme
Modernisierungsbeihilfe modernization subsidy
Möglichkeit: Abschreibungsmöglichkeiten depreciation alternatives
– depreciation facilities
– depreciation possibilities
monatlich monthly
– on a monthly basis
– per month
monatliche Erfolgsrechnung *AE* monthly income statement
monatliche Umsatzsteuervoranmeldung monthly VAT declaration
monatliches Abrechnungsystem monthly accounting system
Monatsabschluß monthly closing
Monatsbilanz monthly balance sheet
Monatsergebnis monthly result
monetärer Gegenwert money equivalent
monetäres Umlaufvermögen current financial assets
Monopol monopoly
Montage assembly
– fitting
– installation
multinationale Unternehmensgruppe multinational group
multinationaler Konzern multinational group
Mündel ward
Mündel unter Vormundschaft ward under guardianship
mündlich oral
mündliche Verhandlung hearing
mündlicher Vertrag parol agreement
– verbal contract
Mußkaufmann merchant by nature of type of business
Muster sample
Muster: Gebrauchsmuster petty patent
Muster: Kauf nach Muster sale by sample
Musterabkommen model tax treaty
Mustergesetze model statutes
Mustervertrag model agreement
– model contract
– standard agreement
– standard contract
Muttergesellschaft parent
– parent company
Muttergesellschaft: gemeinsame Muttergesellschaft common parent
Mutterschaftsgeld maternity pay
Mutterschaftsurlaub maternity leave
Mutterschutz maternity protection
Mutterschutzgesetz Maternity Protection Act

N

nach according to
nach Abzug von net of
nach bestem Bemühen best efforts
– *AE* best endeavors
– *BE* best endeavours
nach bestem Bemühen: Verkauf der Emission nach bestem Bemühen ohne Risikoübernahme best efforts underwriting
nach besten Kräften best efforts
– *AE* best endeavors
– *BE* best endeavours
nach dem Ausland outbound
nach dem Gesetz according to the law
nach dem Inland inbound
nach dem Recht eines Staates errichtete Gesellschaft company established under the laws of a country
nach dem Wert ad valorem
nach den gleichen Grundsätzen wie along the same lines as
nach der gegenwärtigen Rechtslage as the law stands
– under current law

nach geltendem Recht under applicable law
– unter present law
nach Inflation adjusted for inflation
nach Mitteilung upon notice
nach oben begrenzt *(Zins)* capped
nach Plan according to schedule
nach Steuer: Ergebnis nach Steuern result after taxes
nach Steuern net of tax
nach Steuern: Nettogewinn nach Steuern net profit after taxes
nach Treu und Glauben in good faith
nach unserem Kenntnisstand as to our knowledge
nach unten begrenzt *(Zins)* floored
nachaktivieren post-capitalize
nachbelasten charge subsequently
Nachbelastung additional charge
– subsequent charge
– subsequent debit
Nachbesserungskosten cost of rework
– rework expenses
Nachbestellung re-order
– repeat order
nachbörslich after hours *(stock exchange)*
nachbörslicher Handel after hours trading
Nachbuchung completing entry
– subsequent entry
Nacherbe reversionary heir
Nacherbfolge reversionary succession
Nachfaßbrief follow-up letter
Nachfolge: Einzelrechtsnachfolge singular succession
Nachfolge: Gesamtrechtsnachfolge universal succession
Nachfolge: Unternehmensnachfolge business succession
nachfolgend as follows
– hereinafter
– hereunder
– in the following
Nachforderung: Steuernachforderung additional tax assessment
– claim for back taxes
– tax deficiency claim
Nachfrist grace period
– period of grace
Nachgang: im Nachgang zu unserem Schreiben {vom} with reference to our letter {of}
nachgeholte Abschreibung backlog depreciation
nachgeordnet *(Gesellschaft)* lower tier
– subordinate
– *(Produktionsstufe)* subsequent
nachgeordnetes Recht subordinate law
nachgeschaltete Gesellschaft lower-tier subsidiary
nachgewiesen substantiated
nachgewiesen: im einzelnen nachgewiesene Abzüge itemized deductions
Nachhaftung continuing liability of departed partner
nachhaltig sustainable
– sustained
nachhinein: im nachhinein in arrears
Nachholbesteuerung recapture *(taxation)*
Nachkomme descendent
nachkommen: Verbindlichkeiten nachkommen meet obligations
nachkommen: Verbindlichkeiten nicht nachkommen fail to meet obligations
Nachlaß abatement
– deceased person's estate
– *AE* decedent's estate
– *(Rabatt)* discount
– *(Erbschaft)* estate
Nachlaß: Bruchteil des Nachlasses fractional part of an estate
Nachlaß: Preisnachlaß discount
– price reduction
Nachlaß: Retouren, Rabatte und sonstige Nachlässe returns and allowances
Nachlaß: Schuldennachlaß remission of debt
Nachlaß: Steuernachlaß abatement of tax
– tax abatement
Nachlaß: steuerpflichtiger Nachlaß taxable estate

Nachlaß: Teilung des Nachlasses partition of the estate
Nachlaß: ungeteilter Nachlaß undivided estate
Nachlaßauseinandersetzung distribution of the estate
Nachlaßbesteuerung estate taxation
Nachlässe allowances
nachlassen abate
Nachlaßgegenstände assets of the estate
– items of the estate
Nachlaßgericht estate court
– probate court
Nachlaßgläubiger creditor of the estate
nachlässig negligent
Nachlaßkonkurs *BE* administration in bankruptcy of deceased's estate
– *AE* administration in bankruptcy of decedent's estate
– *AE* bankruptcy of a decedent's estate
Nachlaßsteuer death duty
– estate tax
Nachlaßverbindlichkeit liability of the estate
Nachlaßvermögen estate
Nachlaßverteilung distribution of the estate
Nachlaßverwalter administrator
Nachlaßverwaltung administration of the estate
Nachlaßverzeichnis estate inventory
Nachlaßverzeichnis aufstellen draw up an estate inventory
Nachnahme cash on delivery *C.O.D./c.o.d.*
– *AE* collect on delivery *C.O.D./c.o.d.*
Nachnahme: gegen Nachnahme cash on delivery *C.O.D./c.o.d.*
– *AE* collect on delivery *C.O.D./c.o.d.*
Nachnahme: per Nachnahme senden send c.o.d. *(cash on delivery/ US: collect on delivery)*
nachprüfbar reviewable
Nachprüfbarkeit reviewability
Nachprüfung: unter Vorbehalt der Nachprüfung with reservation as to verification
Nachprüfung: Vorbehalt der Nachprüfung reservation as to verfication
nachrangig junior
– subordinate
– subordinated
– subsidiary
nachrangiges Recht subordinate law
nachrichtlich informational
nachstehend as follows
– below
– hereinafter
– hereunder
– in the following
– infra
Nachsteuer back tax
– clawback tax
– recapture tax
Nachteil detriment
– disadvantage
– drawback
– harm
Nachteil: rechtlicher Nachteil legal detriment
Nachteil: Rechtsnachteil legal detriment
Nachteil: Rückwirkung zum Nachteil *(zB des Steuerpflichtigen)* detrimental retroactivity
nachteilig detrimental
– disadvantageous
nachteilige Besteuerungsfolgen adverse tax consequences
nachteilige Besteuerungswirkungen adverse tax effects
nachteilige Wirkung detrimental effect
nachträgliche Buchung subsequent entry
– subsequent posting
nachträgliche Einkünfte income from previous activities
– subsequent income
nachträgliche Genehmigung eines Vertretungsaktes agency by ratification
nachträgliche Unmöglichkeit subsequent impossibility
nachträgliche Zustimmung subsequent approval
Nachtragsbuchung completing entry

N

– subsequent entry
Nachversteuerung back taxation
– clawback taxation
– recapture *(taxation)*
– recapture taxation
Nachweis evidence
– proof
Nachweis: Ausfuhrnachweis export certificate
Nachweis: Einzelnachweis itemization
Nachweis: mit weiteren Nachweisen with further references
Nachweis: urkundlicher Nachweis eines dinglichen Rechts title
Nachweis erbringen furnish proof
nachweisbar provable
nachweisen substantiate
nachweisen: im einzelnen nachweisen itemize
nachweispflichtig {für} accountable {for}
Nachzahlung back payment
Nachzahlung: Steuernachzahlung tax back payment
nachzuversteuernder Betrag amount to be recaptured
nah close
– related
naher Angehöriger close relative
naher Verwandter close relative
nähere Ausführungen machen amplify
Näherungswert approximate value
nahestehend related
nahestehende Person related party
– related person
nahestehende Person: Ausleihungen an nahestehende Personen loans to related persons
Namen: im Namen und im Auftrag von in the name and on behalf of
namens in the name of
– on behalf of
namens und auftrags in the name and on behalf of
Namensaktie registered share
– *AE* registered stock
Namensobligation registered bond
Namenspapier registered security
national: auf nationaler Ebene *(Bundesebene)* at the federal level
nationales Recht domestic law
nationales Steueraufkommen national tax revenue
nationales Steuerrecht domestic tax law
Naturallohn wage in kind
Naturalrestitution restitution in kind
Naturaltausch barter
– barter transaction
natürliche Person individual
– natural person
Naturvorkommen: Abschreibung von Naturvorkommen *(Rohstoff-, Mineralvorkommen etc.)* depletion
Nebenabgabe accessory charge
– accessory duty
Nebenabrede side agreement
– subsidiary agreement
Nebenbeschäftigung secondary occupation
– side-line occupation
Nebenbuch subsidiary book
– subsidiary ledger
Nebenbücher subsidiary books of account
Nebenerzeugnis by-product
Nebenkosten incidental expenses
Nebenkosten: Anschaffungsnebenkosten incidental acquisition costs
Nebenkosten: Lohnnebenkosten incidental wage costs
Nebenleistung ancillary service
Nebenleistung (*USt)* ancillary supply *(VAT)*
Nebenleistungen: steuerliche Nebenleistungen duties or charges accessory to taxes
Nebenprodukt by-product
Nebentätigkeit secondary occupation
– side-line occupation
Nebenvereinbarung side agreement
– subsidiary agreement
negative Besteuerungsfolgen adverse tax consequences
negative Besteuerungswirkungen adverse tax effects
negative stille Reserven built-in losses

negativer Bestätigungsvermerk adverse audit opinion
negativer Betrag negative amount
negativer Firmenwert bad will
negatives Kapitalkonto deficit capital account
– negative capital account
nehmen: in Besitz nehmen take possession {of}
Nennbetrag face amount
– face value
– nominal amount
– par value
nennbetragslose Aktie nonpar value share
Nennkapital nominal capital
– share capital
Nennwert face value
– nominal value
– par value
– stated value
Nennwert: über Nennwert above par
– at a premium
Nennwert: unter Nennwert at a discount
– below par
Nennwert: zum Nennwert at par
nennwertlose Aktie no par share
– *AE* no par stock
– no-par-value share
– *AE* no-par-value stock
netto net
netto nach Steuern net of tax
Nettoabsatzwert net sales value
Nettoausweis net presentation
– net statement
Nettoausweisverfahren method of net presentation
Nettobarwert net present value
Nettobetriebsgewinn net operating profit
Nettobetriebsverlust net operating loss
Nettobuchwert amortized cost
– depreciated cost
– net book value
Nettoeigenkapital net equity
Nettoeigenkapitalposition net equity position
Nettoeinkaufspreis net purchase price
Nettoeinkaufswert net purchase price
Nettoeinkommen net income
Nettoerfolgsrechnung *AE* net income statement
Nettoergebnis net earnings
– net result
Nettoerlös net proceeds
– net revenue
Nettoerlöse net proceeds
– net sales
Nettogewinn net profit
Nettogewinn nach Steuern net profit after taxes
Nettolohn net wage
Nettorealisationswert net realizable value
Nettoumlaufvermögen net current assets
– net working capital
– working capital
Nettoumsatz net sales
– *BE* net turnover
Nettoumsatzerlöse *AE* net sales
– *BE* net turnover
Nettoverfahren method of net presentation
Nettovermögen net worth
Nettozinsaufwand net interest paid
neu errichtet newly established
– newly formed
neu errichtete Gesellschaft newly established company
neu gegründet newly established
– newly formed
– newly founded
neu gegründete Gesellschaft newly formed company
Neuanschaffung acquisition of an unused asset
neuartig nontraditional
Neubau new building
Neubewertung revaluation
Neubewertung: Gewinn aus Neubewertung surplus arising from revaluation
Neubewertung des Vorratsvermögens inventory revaluation

N

Neubewertungsmethode revaluation method
Neubewertungsrücklage revaluation reserve
neuerliche Erteilung re-issue
neuerliche Prüfung re-examination
Neufestsetzung einer Steuer reassessment of tax
Neugründung: Verschmelzung durch Neugründung consolidation *(corporate reorganization)*
Neuheit novelty
neutral: aufkommensneutral revenue neutral
neutrale Aufwendungen nonoperating expense
neutrale Erträge nonoperating income
– nonoperating revenue
neutraler Aufwand nonoperating expense
neutraler Erfolg nonoperating income
neutraler Gewinn nonoperating profit
neutrales Ergebnis nonoperating results
Neutralitätsverletzung violation of neutrality
Neuveranlagung reassessment
Neuwert reinstatement value
– value when new
Neuwertversicherung reinstatement value insurance
nicht abgeschriebener Rest depreciated balance
nicht abgeschriebenes Damnum unamortized debt discount
nicht abgeschriebenes Disagio unamortized discount
nicht abnutzbar nonwasting
nicht abschließend non-exhaustive
nicht abschließende Aufzählung non-exhaustive enumeration
nicht abtretbar non-assignable
– non-transferable
nicht abzugsfähig disallowed
– nondeductible
nicht abzugsfähige Betriebsausgaben nondeductible business expenses
nicht abzugsfähiger Aufwand non-deductible expense
nicht adequat inadequate
nicht aktivierbar non-capitalizable
nicht aktivierungsfähige Aufwendungen noncapitalizable expenditures
nicht aktivierungspflichtig not subject to mandatory capitalization
nicht anerkannt disregarded
nicht anerkennen disregard
nicht anrechenbare ausländische Einkommensteuer noncreditable foreign income tax
nicht anrechenbare Vorsteuer non-recoverable input VAT
nicht anrechnungsberechtigter Anteilseigner shareholder not entitled to imputation tax credit
nicht anwendbar inoperative
nicht anwendbar {auf} inapplicable {to}
nicht auf Gewinnerzielung ausgerichtete Organisation non-profit organization
nicht ausgegebenes Kapital unissued capital
nicht ausgeschüttet retained
– undistributed
nicht ausgeschütteter Gewinn retained earnings
nicht ausgewiesen werden go unreported
nicht ausgewiesene Rücklage off-balance-sheet reserve
– undisclosed reserve
nicht ausschließlich non-exclusive
nicht ausschütten retain
nicht beglichen outstanding *(invoice, debt)*
nicht bestandskräftig appealable *(assessment)*
– open *(assessment)*
nicht bevorzugter Gläubiger general creditor
– ordinary creditor
nicht bezahlt outstanding *(unpaid)*
nicht durch Eigenkapital gedeckter Fehlbetrag deficit not covered by equity

nicht eindeutig ambiguous
nicht eingefordert not called up
- uncalled
nicht eingefordertes Kapital uncalled capital
nicht einziehbar irredeemable
nicht entrichtete Steuern unpaid tax
nicht erschienene Partei party failing to appear
nicht exklusiv non-exclusive
nicht fristgerecht out of time
nicht gedeckt naked
nicht gewinnorientiert non-profit
- not for profit
nicht gewinnorientierte Organisation non-profit organization
nicht notiert *(Börse)* unquoted *(stock exchange)*
nicht realisiert unrealized
nicht realisierte Gewinne unrealized gains
- unrealized profits
nicht realisierte Wertsteigerung unrealized appreciation *(difference between book value and fair market value of an asset)*
nicht realisierter Verlust unrealized loss
nicht realisierter Wertzuwachs unrealized appreciation
nicht rechtsgültig invalid
nicht rechtskräftig appealable *(judgment)*
nicht steuerbar nontaxable
- *(Umsatzsteuer)* outside the scope of VAT
- tax-exempt
- tax-free
nicht steuerpflichtig nontaxable
- tax-exempt
- tax-free
nicht testiert unaudited
nicht testierter Abschluß *BE* unaudited accounts
- unaudited financial statements
nicht verteilt retained
nicht voll eingezahlt partly paid
nicht vorgelegt not presented
- outstanding
nicht zur Veröffentlichung bestimmt off the record
nicht zuständig {für} not competent {for}
Nichtabnahme non-acceptance
nichtabziehbare Betriebsausgaben non-deductible business expenses
nichtabziehbare Vorsteuer blocked input tax
Nichtabzugsfähigkeit non-deductibility
Nichtanerkennung disregarding
Nichtanerkennung einer Schuld repudiation of debt
Nichtanerkennung von Rechtsgeschäften disregarding of legal transactions
Nichtangabe non-declaration
Nichtbefolgung contempt
Nichtberechtigter unentitled person
Nichtbesteuerung non-taxation
- zero taxation
Nichtbesteuerung: Doppelnichtbesteuerung double non-taxation
nichteheliche Lebensgemeinschaft extra-marital cohabitation
nichteheliches Kind illegitimate child
Nichteinhaltung non-compliance
Nichteinwanderungsvisum nonimmigrant visa
Nichterfüllung default
- failure to perform
- non-compliance
- non-fulfilment
- non-performance
Nichterfüllung: Einrede der Nichterfüllung plea of non-fulfilment
- plea of non-performance
Nichterfüllung: Schadenersatz wegen Nichterfüllung damages for non-performance
Nichterfüllung: Schadensersatzklage wegen Nichterfüllung einer vertraglichen Verpflichtung action of assumpsit
Nichterklärung non-declaration
Nichtgebrauch non-use
nichtig null and void
- void

nichtig: für nichtig erklärt {von} voided {by}
nichtiges Rechtsgeschäft: Umdeutung eines nichtigen Rechtsgeschäfts conversion of a void transaction into a valid one
Nichtigkeit invalidity
– nullity
– voidness
nichtkörperliche Gegenstände intangibles
nichtrechtsfähig without legal capacity
nichtrechtsfähiger Verein association without legal capacity
nichtselbständig: Einkünfte aus nichtselbständiger Arbeit employment income
nichtselbständige Arbeit dependent employment
nichtselbständige Arbeit: Einkünfte aus nichtselbständiger Arbeit employment income
– income from employment
nichtsteuerbare Umsätze turnover outside the scope of VAT
Nichtvermögensschaden non-pecuniary damage
Nichtverwendung non-use
Niederlassung branch
– branch office
– branch operation
Niederlassung: eingetragene Zweigniederlassung registered branch
Niederlassung: Einkaufsniederlassung purchasing branch office
Niederlassung: Zweigniederlassung branch
– branch office
niederlegen: Arbeit niederlegen stop work
Niederlegung: schriftliche Niederlegung fixation in writing
Niedersachsen Lower Saxony
Niederschrift minutes
– records
Niederstwert lower of cost or market value
Niederstwertprinzip lower-of-cost-or-market principle
Niederstwertprinzip: Bewertung nach dem Niederstwertprinzip valuation at the lower of cost or market
niedrig besteuertes Einkommen low-taxed income
Niedrigsteuerland low-tax country
Nießbrauch usufruct
Nießbrauch: den Nießbrauch betreffend usufructuary
Nießbraucher usufructuary
Nießbrauchsrecht usufructuary right
noch nicht eingefordertes Kapital uncalled capital
noch nicht fällig undue *(payment)*
noch nicht realisierte Gewinne gains pending realization
– profits pending realization
noch zu erfüllen executory
nocht nicht abrechenbare Leistungen services not yet invoiced
Nominalwert face amount
– face value
– nominal value
– par value
– stated value
nomineller Schadensersatz nominal damages
Norm provision
– rule
Norm: Berichtsnormen reporting standards
Norm: Kollisionsnorm *(Internationales Privatrecht)* conflict rule *(private international law)*
– *(Internationales Privatrecht)* conflict-of-laws provision *(private international law)*
– *(Internationales Privatrecht)* conflict-of-laws rule *(private international law)*
Norm: Verteilungsnorm distributive rule
Normalabschreibung ordinary depreciation
– standard depreciation
normale Geschäftstätigkeit ordinary activities
normaler Umsatzsteuersatz standard VAT rate

Normalsteuersatz regular tax rate
Normenkontrolle judicial review of the constitutionality of laws
Notar notary
– notary public
Notar: öffentlich bestellter Notar notary public
notariell notarial
notariell beglaubigt *BE* notarised
– *AE* notarized
notariell beurkundet *BE* notarised
– *AE* notarized
notarielle Beglaubigung notarial attestation
– notarization
notarielle Beurkundung executing of a notarial deed
– notarial recording
– notarization
notarieller Vertrag: durch notariellen Vertrag gründen establish by agreement in notarial form
notarielles Testament notarial will
Notenwechsel exchange of notes
notiert listed
– *(Börse)* quoted *(exchange)*
notiert: börsennotiert quoted
notiert: nicht notiert *(Börse)* unquoted *(stock exchange)*
Notierung listing *(stock exchange)*
– quotation *(exchange)*
Notierung: Aussetzung der Notierung quotation halt
Notierung: Kassanotierung spot quotation
Notierungsaussetzung quotation halt
nötigen compel
Nötigung coercion
– duress
– under coercion
– unlawful compulsion
Nötigung: Anfechtung wegen Nötigung avoidance on the ground of duress
Notiz memorandum *memo*
– note
– quotation
Notiz: Aktennotiz memorandum *memo*
notleidend distressed
notleidende Forderung doubtful account
– doubtful receivable
notleidender Kredit non-performing loan
notleidender Wechsel *AE* dishonored bill
– *BE* dishonoured bill
notleidendes Unternehmen distressed enterprise
Notstand state of emergency
Nottestament privileged will
Notwehr *BE* self-defence
– *AE* self-defense
notwendig necessary
Novelle *(Gesetz)* amendment {of/to}
Novellierung amendment {of/to}
Novellierung eines Gesetzes amendment to a law
Null nil
Nullkuponanleihe zero bond
Nullregelung *(USt)* zero-rate procedure *(VAT)*
Nullsaldo zero balance
Nullsatz zero rate
Numerierung numbering
nur zur Verrechnung for deposit only
nutzbar machen utilize
Nutzbarmachung utilization
nutzen utilize
nutzen: ausnutzen exploit
Nutzung enjoyment
– utilization
Nutzung: Eigennutzung owner occupation
Nutzung: Verlustnutzung loss utilization
Nutzungsausfall loss of use
nutzungsbedingte Abschreibung wear-and-tear depreciation
Nutzungsberechtigter beneficial owner
– usufructuary
Nutzungsberechtigter {an} beneficiary {of}
Nutzungsdauer life
– useful life
Nutzungsdauer: AfA-Nutzungsdauer depreciation period for tax purposes

Nutzungsdauer: betriebsgewöhnliche Nutzungsdauer useful life
Nutzungsdauer: geschätzte Nutzungsdauer estimated service life
– estimated useful life
Nutzungsdauer: technische Nutzungsdauer technical life
Nutzungsdauer: Vermögensgegenstand mit beschränkter Nutzungsdauer limited-life asset
Nutzungsdauer: wirtschaftliche Nutzungsdauer economic life
– economic useful life
Nutzungsdauer: Wirtschaftsgut mit beschränkter Nutzungsdauer limited-life asset
Nutzungsperiode period of use
Nutzungsrecht right to use
– usufruct
– usufructuary right
Nutzungsüberlassung transfer for use
Nutzungswert der selbstgenutzten Wohnung fictious income from owner-occupied home

O

Oase: Steueroase tax oasis
oben supra
oben aufgeführt aforementioned
– listed above
– stated above
oben beschrieben as described above
Oberbegriff generic term
Oberfinanzdirektion regional fiscal office
Obergesellschaft: Veräußerung durch die Ober- an die Untergesellschaft downstream sale
Obergrenze *(für einen Zinssatz)* cap
– upper limit
oberstes Gericht supreme court
Obligation bond
– debenture
Obligation: Gewinnobligation income bond
Obligation: Indexobligation index bond
Obligation: Inhaberobligation bearer bond
Obligation: Kommunalobligation municipal bond
Obligation: Namensobligation registered bond
Obligation: zur Rückzahlung fällige Obligation matured bond
Obligationär bondholder
obligatorisch binding
– compulsory
– mandatory
– obligatory
Obligopol obligopoly
obsiegende Partei successful party
offen outstanding *(accounts)*
Offenbarung disclosure
Offenbarungspflicht duty to disclose
offene Handelsgesellschaft *OHG* general partnership
offene Position open position
offene Rücklagen disclosed reserves
offene Salden outstanding balances
offener Betrag amount outstanding
offener Fonds open-end fund
offener Investmentfonds *AE* mutual fund
– open-end fund
– open-ended fund
– *BE* unit trust
offener Mangel apparent defect
offener Posten open item
offener Saldo balance due
offenkundig Vertretener disclosed principal
Offenlegung disclosure
Offenlegung: vollständige Offenlegung full disclosure
Offenlegungspflicht duty to disclose
Offenlegungspflichten disclosure requirements
– reporting requirements
offenstehend outstanding
öffentlich Bediensteter civil servant
öffentlich bekanntmachen *(Gesetz)* promulgate
öffentlich bestellter Notar notary public

öffentliche Anhörung public hearing
öffentliche Anleihe government bond
öffentliche Ausschreibung public bid
öffentliche Beglaubigung official authentication
– official verification
öffentliche Bekanntmachung promulgation
öffentliche Beurkundung official recording
öffentliche Hand public authority
öffentliche Hand: Rechnungslegung der öffentlichen Hand governmental accounting
öffentliche Plazierung public offering
öffentliche Urkunde public document
öffentliche Verhandlung: in nicht öffentlicher Verhandlung hearing in camera
öffentliche Verhandlung: in öffentlicher Verhandlung hearing in open court
öffentliche Versteigerung sale by public auction
öffentlicher Amtsträger public official
öffentlicher Dienst civil service
– government service
öffentlicher Glaube *(Grundbuch)* presumption of the accuracy of the deed registry
öffentlicher Haushalt public budget
öffentlicher Versorgungsbetrieb public utility
öffentliches Eigentum public property
Öffentliches Recht public law
öffentliches Register public register
öffentliches Versorgungsunternehmen public utility
Öffentlichkeit: unter Ausschluß der Öffentlichkeit behind closed doors
– in closed session
Offerte bid
– offer
offiziell official
offizieller Weg official channel
OHG offene Handelsgesellschaft *(general partnership)*
ohne Bezugnahme auf without reference to
ohne Deckung unsecured
ohne feste Endfälligkeit perpetual
ohne Gewinnerzielungsabsicht non-profit
– not for profit
ohne Testament versterben die intestate
ohne zeitliche Begrenzung perpetual
ökonomischer Gewinn economic gain
ökonomischer Wert economic value
Opportunitätskosten opportunity cost
Oppositionspartei opposition party
optieren {für} opt {for}
optieren {gegen} opt {out}
Option: Aktienoption *AE* stock option
Option: Kaufoption call
– call option
– purchase option
Option: Mietverlängerungsoption lease renewal option
Option: Verkaufsoption put
– put option
Option auf den Erwerb einer Ware oder eines Waren-Terminkontraktes commodity option
Optionsanleihe bond/warrant package
Optionsinhaber holder of an option
Optionsprämie option premium
– option price
– premium
Optionsschein warrant
Optionsschein: Aktienoptionsschein equity warrant
– *AE* stock warrant
Optionsschuldverschreibung bond with warrant
Optionsverkäufer writer *(option)*
ordentlich ordinary
ordentlich: Sorgfalt eines ordentlichen Geschäftsleiters care taken by a prudent business manager
ordentliche Abschreibung ordinary depreciation
ordentliche Kündigung ordinary notice
ordentlicher Kaufmann: Sorgfalt eines ordentlichen Kaufmannes due

care and diligence of a prudent businessman
ordentlicher und gewissenhafter Geschäftsleiter prudent and conscientious business manager
ordentliches Betriebsergebnis operating result
ordentliches Gericht court of law
Order: an Order lauten be made out to order
Orderpapier instrument made out to order
- instrument to order
- order document
- order instrument
- order paper
Orderscheck *AE* order check
- *BE* order cheque
Ordnung: Bauordnung zoning ordinance
Ordnung: Raumordnung zoning ordinance
Ordnung: verfassungsmäßige Ordnung constitutional order
Ordnung: Vergleichsordnung Law on Composition Proceedings
ordnungsgemäß in due course
- proper
ordnungsgemäß laden duly summon to appear
ordnungsgemäße Kündigung due notice
ordnungsgemäßer Geschäftsgang ordinary course of business
ordnungsmäßig proper
Ordnungsmäßigkeitsprüfung due diligence audit
Ordnungsstrafe administrative fine
- administrative penalty
Ordnungswidrigkeit: Steuerordnungswidrigkeit *BE* fiscal offence
- *AE* fiscal offense
ordre public public policy
Organ body of a company
- executive body of a company
- institution
Organ: Aufsichtsorgan supervisory body
Organ: geschäftsführendes Organ governing body
- management body
Organ: Gesellschaftsorgan body of a company
Organisation organization
Organisation: karitative Organisation charity
Organisation: nicht gewinnorientierte Organisation non-profit organization
Organisation: steuerbefreite Organisation exempt organization
Organisations- und Geschäftsführungsprüfung management audit
Organisationskosten organization expenses
organisatorische Eingliederung organizational integration
organisiert: gewerkschaftlich organisierter Arbeiter worker belonging to a trade union
organisierter Streik organized strike
Organschaft fiscal unity
- group relief
- tax consolidation
Organträger controlling enterprise
- dominant enterprise
- fiscal unity parent
orginär original
Originalbeleg original document
originärer Firmenwert self-generated goodwill
Ort: Erfüllungsort place of performance
Ort der Geschäftsleitung place of management
Ort der Gründung place of incorporation
Ort der tatsächlichen Geschäftsleitung place of effective management
örtlich local
örtliche Behörde local authority
örtliche Gewohnheit local custom
örtliche Zuständigkeit local jurisdiction
Ouotenaktie no par share
- *AE* no-par-value stock

P

Pacht lease
Pachteinkünfte rents
pachten lease
– rent
Pächter leaseholder
– lessee
– tenant
Pachtland leasehold property
Pachtverhältnis: befristetes Pachtverhältnis tenancy for a term
Pachtvertrag lease agreement
– lease contract
Pachtvertrag: Betriebspachtvertrag business leasing contract
Pachtzins rent
Paket: Aktienpaket block of shares
Paket: Anteilspaket block of shares
Paket: Leistungspaket package deal
Paket: Verhandlungspaket package deal
Pakethandel block trading
Paketzuschlag control premium
Papier document
Paradies: Steuerparadies fiscal paradise
Paragraph *(Gesetzesparagraph)* section
pari at par
– par
Parlament parliament
Parlament: Sitz im Parlament seat in parliament
Parlament auflösen dissolve the parliament
parlamentarisches System parliamentary system
parliamentarische Zustimmung parliamentary consent
Partei party {to}
Partei: beitretende Partei acceding party
Partei: beklagte Partei defendant
Partei: erschienene Partei party appearing
Partei: gegnerische Partei adversary
– adverse party
Partei: obsiegende Partei successful party
Partei: politische Partei political party
Partei: säumige Partei defaulting party
Partei: schuldige Partei party at fault
Partei: unterlegene Partei unsuccessful party
Partei: vorgeladene Partei summoned party
Parteienwille intent of the parties
– intention of the parties
parteiisch biased
– biassed
– partial
Parteilichkeit bias
Parteilichkeit: Unparteilichkeit impartiality
Parteispenden donations to political parties
partiarisches Darlehen participating loan
– profit-participating loan
– profit-sharing loan
Parzelle lot
Parzellierung division into lots
Passiva equity and liablities
– shareholders' equity and liabilities
– *AE* stockholders' equity and liabilities
– total equity and liabilities
passive Abschreibung indirect method of depreciation
passive Einkünfte passive income
passive Rechnungsabgrenzung *(Ertragsabgrenzung)* deferred income
– *(Ertragsabgrenzung)* deferred revenue
passive Tätigkeit: Verlust aus passiver Tätigkeit passive activity loss
passiver Erwerb: Verlust aus passivem Erwerb passive activity loss
passiver Rechnungsabgrenzungsposten *(Ertragsabgrenzung)* deferred income *(balance sheet item)*
passivieren *(Rücksstellung)* accrue
– carry as liability
Passivierungsgebot obligation to accrue {for}
– obligation to carry as liability
– requirement to accrue {for}

Passivierungspflicht mandatory accrual
- obligation to accrue {for}
- obligation to carry as liability
- requirement to accrue {for}

Passivierungswahlrecht option to accrue {for}
- option to carry as liability

Passivkonto liability account
Passivlegitimation capacity to be sued
Passivposten liability item *(balance sheet)*
Passivsaldo debit balance
Passivseite liabilities side of the balance sheet
Passivtausch accounting exchange on the liability side of the balance sheet
Patent: anhängiges Patentverfahren patent pending
Patentamt Patent Office
Patentantrag patent application
Patentanwalt *AE* patent attorney
Patentdauer life of patent
patentfähig patentable
Patentfähigkeit patentability
patentierbar patentable
Patentierung patenting
Patentierungsverfahren patenting procedure
- patenting process

Patentinhaber owner of a patent
- patent holder
- patent owner
- patentee

Patentlizenz *AE* patent license
Patentrecht patent law
Patentschutz patent protection
Patentschutzdauer life of patent
Patentverfahren patent procedure
- patenting procedure
- patenting process

Patentverletzung infringement of patent
Patronatserklärung comfort letter
- letter of comfort

pauschal flat
Pauschalabzug lump sum deduction
Pauschalangebot package deal
- package offer

Pauschalbetrag lump sum
- standard amount
- standard deduction

Pauschale lump sum
Pauschale: Kilometerpauschale *AE* blanket amount per kilometer
- *BE* blanket amount per kilometre

Pauschale: Körperbehindertenpauschale lump sum deduction for handicapped persons
Pauschalpreisvertrag fixed-price contract
Pauschalsatz flat rate
Pauschalsteuer flat tax
- lump sum tax

Pauschalwertberichtigung allowance method
- general provision
- global valuation allowance
- lump sum valuation allowance

Pauschalwertberichtigung zu Forderungen general provision for doubtful accounts
- lump sum valuation allowance for receivables
- lump sum valuation reserve for receivables

Pauschbetrag blanket deduction
- flat amount
- lump sum amount
- lump sum deduction
- standard amount
- standard deduction

Pauschbetrag: Reisekosten-Pauschbetrag *AE* blanket amount for traveling expenses
- *BE* blanket amount for travelling expenses

Pauschbetrag: Werbungskosten-Pauschbetrag blanket deduction for income-producing expenses
- blanket deduction for income-production expenses

Pauschbetrag für Werbungskosten blanket deduction for income-production expenses
Pauschfestsetzung blanket assessment
Pause break

Pension: Rückstellungen für Pensionen und ähnliche Verpflichtungen accruals for pensions and similar obligations
– provisions for pensions and similar obligations
Pensionsanspruch pension claim
Pensionsanspruch: Verbindlichkeiten aus Pensionsansprüchen pension liabilities
Pensionsbeitrag pension contribution
Pensionsfonds pension fund
Pensionsgeschäft repurchase agreement
Pensionskasse pension fund
– retirement fund
– superannuation fund
Pensionsplan pension plan
– pension scheme
Pensionsrückstellung pension accrual
– pension provision
– pension reserve *(outdated usage)*
Pensionsrückstellungen pension accruals
Pensionsverpflichtung pension obligation
per as at
per ... an ... *(Buchungssatz)* debit ... credit ... *(double entry bookkeeping)*
per Nachnahme senden send c.o.d. *(cash on delivery/US: collect on delivery)*
peremptorische Einrede peremptory plea
Periodenabgrenzung matching of expenses and income
– matching of revenue and expense
Periodenabgrenzung: Grundsatz der Periodenabgrenzung accruals concept
– matching principle
– matching-of-revenue-and-cost principle
Periodenabgrenzung: Prinzip der Periodenabgrenzung accrual basis principle of accounting
periodengerecht on an accrual basis
periodengerecht: Prinzip der periodengerechten Aufwandszuordnung matching principle
periodengerechte Abgrenzung accrual method
periodengerechte Buchführung accounting on an accrual basis
Periodenrechnung accrual accounting
periodische Abschreibungen periodic depreciation charges
periodisieren accrue
Periodisierungsprinzip accrual concept
– accrual method
– matching principle
permanente Inventur continuous inventory
– perpetual inventory
Person: ansässige Person resident
Person: juristische Person body corporate
– corporate body
– corporation
– juridical person
– legal entity
– legal person
Person: juristische Person des öffentlichen Rechts *BE* public corporation
Person: nahestehende Person related party
– related person
Person: natürliche Person individual
– natural person
Person: Schleier der juristischen Person corporate veil
Person verletzen injure a person
Personal personnel
– staff
Personal: Linienpersonal line personnel
Personal mit Linienfunktion line personnel
Personal mit Stabsfunktion staff personnel
Personalaufwand personnel costs
– personnel expenses
– staff costs
Personalkosten staff costs
Personalrat staff council

Personalunion interlocking directorate
Personalverflechtung im Hinblick auf leitende Angestellte interlocking directorate
Personalvertretung staff representation
Personalvorschüsse advances to personnel
personenbezogen personal
personenbezogene Vergünstigungen personal allowances and reliefs
personenbezogener Freibetrag personal exemption
Personengemeinschaft body of persons
Personengesellschaft partnership
Personengesellschaft: Eintritt in eine Personengesellschaft joining as partner
Personengesellschaft: Gesellschaftsvermögen einer Personengesellschaft partnership assets
Personengesellschaft auflösen dissolve a partnership
Personenkonto personal account
Personenkreis category of persons
– circle
Personenkreis: begünstigter Personenkreis beneficiaries
Personenmehrheit plurality of persons
Personenschaden personal injury
Personensteuer personal tax
Personenvereinigung association of persons
– body of persons
Personenversicherung personal insurance
Personenzusammenschluß body of persons
persönlich personal
persönliche Befreiung personal exemption
persönliche Haftung personal liability
persönlicher Anwendungsbereich personal scope
persönlicher Freibetrag personal allowance
– personal exemption
persönlicher Geltungsbereich personal scope
persönlicher Steuerfreibetrag personal allowance
Persönlichkeit: Rechtspersönlichkeit legal entity
Pfand pawn
– pledge
Pfandbrief mortgage bond
pfänden seize
Pfandgegenstand pawned object
Pfandgeld pledge deposit
Pfandgläubiger holder of a pledge
– lienholder
– lienor
– pawnee
– pledgee
Pfandleiher pawnbroker
Pfandrecht lien
– pledge
Pfandrecht: gesetzliches Pfandrecht statutory lien
Pfandrecht: Grundpfandrecht charge on real property
– land charge
– lien on real property
Pfandrecht: Zubehörpfandrecht appurtenance lien
Pfandrecht an einem Recht lien on a right
Pfandrecht bestellen create a pledge
Pfandrecht des Frachtführers carrier's lien
Pfandrechtsbestellung creation of a pledge
– pawning
– pledging
Pfandreife maturity of a pledge
Pfandschuldner pawner
– pledger
Pfändung attachment
– seizure
Pfändung: Forderungspfändung attachment of debt
Pfändung: Gehaltspfändung garnishment of wages
Pfändung: Lohnpfändung garnishment of wages
Pfändung: Steuerpfändung seizure of property by tax authorities

Pfändungs- und Überweisungsbeschuß order of attachment and transfer of garnished claim
Pfändungsschutz exemption from seizure
– protection from execution
Pfandverkauf sale of a pledge
Pfandverwertung realization of the pledge
Pflegekind foster child
Pfleger curator
Pfleger bestellen appoint a curator
Pflegschaft curatorship
Pflicht duty *(obligation)*
– obligation
Pflicht: beschränkte Einkommensteuerpflicht income taxation of nonresidents
Pflicht: Rechte und Pflichten powers and duties
Pflichten: Träger von Rechten und Pflichten subject of rights and duties
pflichtgemäße Ermessensausübung exercise of reasonable discretion
Pflichtprüfung statutory audit
Pflichtrücklage legal reserve
Pflichtteil obligatory share in the estate
– *AE* statutory forced share
Pflichtteilsberechtigter *AE* forced heir
– person entitled to an obligatory share in the estate
Pflichtverletzung breach of duty
– violation of duties
Pflichtversicherung compulsory insurance
Phasenverschiebung deferral
Pkw-Gestellung provision of a car
Plan: Bebauungsplan zoning plan
Plan: Finanzplan financial plan
Plan: nach Plan according to schedule
Plan: Pensionsplan pension plan
– pension scheme
Plan: Zahlungsplan cash budget
– cash flow forecast
planen schedule
Plankosten predetermined target costs
– standard costs
planmäßig according to schedule
planmäßige Abschreibung depreciation
– planned depreciation
– regular depreciation
– scheduled depreciation
Planung: Ertragsplanung revenue planning
Planung: Steuerplanung tax planning
Plazierung placement
Plazierung: öffentliche Plazierung public offering
Plazierung: private Plazierung private placement
Plazierung: Privatplazierung private placement
Plebiszit plebiscite
Police: Ersatzpolice renewal policy
Policeninhaber policyholder
Politik: Abschreibungspolitik depreciation policy
Politik: Ausschüttungspolitik distribution policy
Politik: Bilanzpolitik accounting policy
Politik: Dividendenpolitik dividend policy
Politiker politician
politisch political
politische Partei political party
polizeiliche Meldung notification of the police
Poolung: Gewinnpoolung profit pooling
Pool-Vertrag pooling agreement
Portefeuille portfolio
Portfolio-Beteiligung portfolio investment
Portokasse petty cash
Position: Bilanzposition balance sheet account
– balance sheet item
Position: Devisenposition foreign exchange position
Position: Nettoeigenkapitalposition net equity position

P

Position: offene Position open position
Position: rechtliche Postition legal position
Position: Verhandlungsposition bargaining power
Posten item
Posten: antizipative Posten *(in Deutschland Ausweis unter 'sonstige Vermögensgegenstände' oder 'sonstige Verbindlichkeiten' bzw. 'sonstige Rückstellungen')* accruals
Posten: außerordentliche Posten extraordinary items
Posten: durchlaufender Posten item in transit
- transitory item
Posten: Rechnungsabgrenzungsposten *(transitorisch)* prepaid and deferred items
Posten: transitorische Posten deferral items
Posten: transitorischer Posten deferred item
Posten aktivieren capitalize an item
Posten gutschreiben credit an item
Postscheck *AE* postal check
- *BE* postal cheque
Präambel preamble
Präjudiz precedent
- prejudice
praktizieren *AE* practice
- *BE* practise
Prämie *(Vergütung)* bonus
- *(Option)* option price
- *(Versicherung)* premium
Prämie: Optionsprämie option premium
- option price
- premium
Prämie: Risikoprämie risk premium
Prämie: Versicherungsprämie insurance premium
Präsident: Bundespräsident Federal President
Praxis office
Praxis: Abkommenspraxis treaty practice
Praxis: Bilanzierungspraxis accounting practice
Praxis: Vertragspraxis treaty practice
Praxis: Verwaltungspraxis administrative policy
- administrative practice
Präzedenzfall precedent
Präzedenzfall schaffen set a precedent
Präzedenzrecht case law
- decisional law
- judge-made law
Präzedenzwirkung precedential effect
Preis price
Preis: Ausgabepreis issue price
Preis: Ausübungspreis *(Option)* strike price
Preis: Durchschnittspreis average price
Preis: Einstandspreis cost price
Preis: Einzelpreis unit price
Preis: Kampfpreis predatory price
Preis: Kaufpreis bid price
- purchase price
Preis: Marktpreis market price
Preis: Verdrängungspreis predatory price
Preis: Verkaufspreis offer price
Preisabweichung price variance
Preisangabe quotation
Preisaufschlag mark-up *(price)*
- price mark-up
Preisbildung pricing
Preisbindung der zweiten Hand resale price maintenance
preisgeben: Geheimnis preisgeben disclose a secret
Preisgestaltung pricing
Preisgleitklausel escalator clause
- price escalator clause
Preisindex price index
Preisindex: Verbraucherpreisindex consumer price index
Preisminderung price reduction
- reduction in price
Preisnachlaß discount
- price reduction
Preisrisiko price risk
Preissetzung price setting
- pricing

Preisvergleich: äußerer Preisvergleich external price comparison
Preisvergleichsmethode comparable uncontrolled price method *CUP*
Pressefreiheit freedom of the press
Primanota journal
Primärberichtigung primary adjustment
Primärhändler market-maker
– primary dealer
Primärmarkt primary market
Prinzip principle
Prinzip der Attraktivkraft der Betriebsstätte force-of-attraction principle
Prinzip der Periodenabgrenzung accrual basis principle of accounting
Prinzip der periodengerechten Aufwandszuordnung matching principle
Priorität priority
privat genutztes Vermögen personal-use property
Privatbank private bank
Privatbuchführung individual records
private Kapitalanlagegesellschaft private investment company
private Plazierung private placement
private Wohnzwecke private residential use
Privateigentum private property
Privatentnahme private drawing
Privatentnahmen private withdrawals
Privathaftpflichtversicherung personal liability insurance
privatisieren privatize
Privatisierung privatization
Privatkonto partner's current account
– private account
– proprietor's drawing account
Privatplazierung private placement
Privatrecht private law
Privatrecht: Internationales Privatrecht private international law
Privaturkunde private document
Privatvermögen personal-use property
– private assets
– private property *(as opposed to business property)*
Privatversicherung private insurance
Privatwirtschaft private sector
Privileg: Steuerprivileg tax privilege
privilegiert: steuerlich privilegiert tax-privileged
Probe: Einstellung zur Probe employment on a trial basis
– trial employment
Probe: Kauf auf Probe sale on approval
– sale on trial
Probearbeitsverhältnis employment for a trial period
– employment on trial
Probebilanz preliminary balance sheet
– trial balance
Probezeit probationary period
– trial period
Produkt product
Produkt: Nebenprodukt by-product
Produkt mit Gattungsbezeichnung ohne Markennamen generic product
Produkthaftpflichtversicherung product liability insurance
Produkthaftung product liability
Produktion manufacturing
– production
Produktion: Überproduktion overproduction
– production overrun
Produktionsverfahren manufacturing process
produktiv: unproduktiv unproductive
produktive Aktiva active assets
Profit earnings
profitabel profitable
Proforma-Rechnung proforma invoice
Prognose forecast
Prognostizierbarkeit predictability
prognostizieren forecast
– forecasting
Programmhandel *AE* program trading
– *BE* programme trading
Programmiersprache *AE* programming language

P

Progression: schleichende Steuerprogression bracket creep
Progressionssatz rate of progression
Progressionsvorbehalt progressivity proviso
- proviso safeguarding progression
Progressionsvorbehalt: Befreiung mit Progressionsvorbehalt exemption with progression
Progressionsvorbehalt: Freistellung mit Progressionsvorbehalt exemption with progression
Progressionsvorbehalt: Freistellung unter Progressionsvorbehalt exemption with progression
progressiv progressive
progressive Abschreibung progressive depreciation
progressive Einkommensteuer progressive income tax
projektbezogene Buchhaltung project accounting
Projektfinanzierung project finance
Prokura general power of representation
Prokurist person vested with general power of representation
Prolongation renewal
Prolongation: Wechselprolongation prolongation of a bill
- prolongation of a bill of exchange
- renewal of a bill
- renewal of a bill of exchange
prolongieren prolong
proportional proportionate
proportional {zu} in proportion {to}
- proportional {to}
- proportionate {to}
Proportionalsatz porportional rate
Proportionalsteuer proportional tax
Prospekt prospectus
Pro-Staat-Begrenzung per country limitation *(tax credit)*
Protokoll minutes
- protocol
- record
Protokoll: außerhalb des Protokolls off the record
Protokoll: Sitzungsprotokoll minutes of a meeting
Protokoll: zu Protokoll geben *(Verfahren)* place on record
Protokoll führen *(Versammlung)* keep the minutes
- *(Gericht)* keep the record
Protokoll verlesen *(Verfahren)* read the record
Protokollbuch minute book
Protokolle records
Provision commission
Provision: auf Provisionsbasis on a commission basis
Provision: Bereitstellungsprovision commitment fee
- loan commitment fee
Provision: Delkredereprovision del credere commision
Provision: Maklerprovision broker fee
- brokerage
- broker's commission
Provision: Überziehungsprovision overdraft fee
Provision: Wechselprovision *BE* bill brokerage
- exchange commission
Provisionsanspruch claim for commission
Provisionsrückstellung reserve for accrued commissions
Prozentsatz percentage
Prozeß action
- law suit
- lawsuit
- legal action
- legal proceedings
- litigation
Prozeß: vor Prozeßbeginn pre-trial
Prozeß: Zivilprozeß civil action
Prozeßgegner adversary
prozessieren litigate
Prozeßkosten litigation costs
- litigation expenses
Prozeßkostenhilfe legal aid
Prozeßpartei party to an action
Prozeßrecht procedural law
prüfen audit
- check
- examine

prüfen: stichprobenweise prüfen testcheck
Prüfer auditor
– examiner
Prüfer: Abschlußprüfer auditor
– statutory auditor
Prüfer: Außenprüfer field auditor
Prüfer: Betriebsprüfer examiner
– tax auditor
– tax examiner
Prüfer: Bilanzprüfer auditor
Prüfer: Buchprüfer auditor
Prüfer: Gründungsprüfer formation auditor
Prüfer: Hauptprüfer chief examiner
Prüfer: Sonderprüfer special auditor
– special purpose auditor
Prüfer: unabhängiger Prüfer external auditor
– outside auditor
Prüfer: Wirtschaftsprüfer *WP AE* certified public accountant *CPA*
– *WP BE* chartered accountant *CA*
– *WP* public accountant
Prüferbilanz: Betriebsprüferbilanz balance sheet prepared by the tax auditor according to his findings
Prüferqualifikation auditor qualification
Prüfliste check list
Prüfprogramm *AE* audit program
– *BE* audit programme
Prüfung audit
– examination
– financial audit
Prüfung: abgekürzte Außenprüfung summary examination
– summary tax audit
Prüfung: eingeschränkte Prüfung limited audit
– limited examination
– limited review
– partial audit
Prüfung: Grundsätze ordnungsmäßiger Abschlußprüfung generally accepted auditing standards
Prüfung: Grundsätze ordnungsmäßiger Prüfung generally accepted auditing standards
Prüfung: Jahresabschlußprüfung *BE* audit of annual accounts
– audit of annual financial statements
Prüfung: Konzernabschlußprüfung group audit
Prüfung: Lohnsteueraußenprüfung wage tax field audit
Prüfung: neuerliche Prüfung re-examination
Prüfung: Recht auf Prüfung der Bücher right to inspect books and records
Prüfung: steuerliche Außenprüfung tax field audit
Prüfung: steuerliche Betriebsprüfung tax audit
Prüfung der Bücher audit of books and records
Prüfung des Jahresabschlusses annual audit
Prüfungsassistent assistant auditor
– audit assistant
Prüfungsauftrag audit assignment
– audit engagement
Prüfungsausschuß audit committee
Prüfungsbericht accountant's report
– audit report
– auditor's report
Prüfungsbericht: Betriebsprüfungsbericht tax audit report
Prüfungsebene audit level
Prüfungsergebnis audit result
Prüfungsgebühren audit fees
Prüfungsgesellschaft auditing company
– auditing firm
Prüfungsgesellschaft: unabhängige Wirtschaftsprüfungsgesellschaft independent accounting firm
Prüfungsgesellschaft: Wirtschaftsprüfungsgesellschaft auditing company
– auditing firm
– CPA firm
Prüfungsgrundsätze audit standards
– auditing standards
Prüfungshonorar audit fees
Prüfungskosten audit fees
– auditing costs
Prüfungsleiter audit manager

P

Prüfungsnorm auditing standard
Prüfungspfad audit trail
Prüfungspflicht statutory audit requirement
prüfungspflichtig subject to annual statutory audit
- subject to statutory audit
Prüfungsprogramm *AE* audit program
- *BE* audit programme
Prüfungsrichtlinien auditing instructions
Prüfungstätigkeit audit activity
Prüfungstest audit test
Prüfungsumfang audit scope
- scope of audit
Prüfungsverband auditing association
Prüfungsverband: genossenschaftlicher Prüfungsverband cooperative auditing association
Prüfungsvermerk audit certificate
Prüfungsvorschriften statutory provisions relating to audits
Prüfungswesen auditing
Prüfungszeit period under review
Prüfungszeitraum audit period
Prüfzahl check figure
PublG Publizitätsgesetz
Publikationspflicht duty to disclose
Publikumsgesellschaft public company
- publicly-held company
- widely-held company
Publizitätspflicht duty to disclose
- statutory disclosure requirement
Publizitätsprinzip principle of disclosure
Publizitätsvorschriften statutory disclose provisions
Punkte der Tagesordnung items on the agenda

Q

Qualifikation qualification
Qualifikation: Einkünftequalifikation income qualification
Qualifikationskonflikt: Einkünftequalifikationskonflikt income qualification conflict
Qualitätskontrolle quality control
Quartalsabschluß quarterly financial statements
Quelle source
Quelle: an der Quelle at source
Quelle: Einkommensquelle income source
Quelle: Einkunftsquelle income source
- source of income
Quelle: Finanzierungsquelle financing source
Quelle: Steuererhebung an der Quelle collection at source
Quellenabzug deduction at source
quellenbesteuert taxed at source
quellenbesteuertes Einkommen income taxed at source
Quellenbesteuerung deduction at source
- source taxation
- taxation at source
Quellenprinzip principle of source
Quellenstaat country of source
- source country
- state of source
Quellensteuer tax at source
- tax collected at source
- withholding tax
Quellensteuerabzugsbescheinigung certificate of deduction of withholding tax
Quellensteuerbefreiung withholding exemption
Quellensteuerhöchstsatz maximum withholding tax rate
quittieren: Empfang quittieren receipt
Quittung receipt
Quittung: Spendenquittung donation receipt
Quote quota
Quote: Ausfallquote default rate
Quote: Eigenkapitalquote capital ratio
Quote: Konkursquote dividend in bankruptcy

Quote: Liquidationsquote liquidating dividend
Quote: Schuldendienstquote debt service ratio
Quote: Vergleichsquote composition dividend
- composition quota
- dividend in composition
- settlement quota
Quotenaktie no par share
- *AE* no par stock
- no-par-value share
- *AE* no-par-value stock

R

Rabatt discount
- rebate
Rabatt: Händlerrabatt trade discount
Rabatt: Mengenrabatt quantity discount
Rabatt: Retouren, Rabatte und sonstige Nachlässe returns and allowances
Rabattverbot discount ban
Rahmen framework
Rahmen: konzeptioneller Rahmen conceptual framework
Rahmenvertrag framework agreement
- master agreement
Rang priority
Rangfolge ranking
ranghöher senior
Rangrücktritt subordination
Rangrücktrittserklärung declaration of subordination
- subordination statement
Rangrücktrittsvereinbarung subordination agreement
Rangvorbehalt reservation of priority
Rate *AE* installment
- instalment
Rate: Tilgungsrate *AE* redemption installment
Ratenzahlung instalment payment
- payment by instalments
- payment in instalments
Ratenzahlung: Verkauf auf Ratenzahlung *AE* installment sale
Ratenzahlungsverkauf *AE* installment sale
Ratifikation ratification
Ratifikationsurkunde instrument of ratification
ratifizieren ratify
Rationalisierung rationalization
Raub robbery
räumlich territorial
räumlicher Anwendungsbereich territorial application
- territorial scope
Raumordnung zoning ordinance
Räumungsklage action for eviction
- action for possession
- *AE* action of eviction
- dispossession proceedings
Realisation realization
Realisation: Gewinnrealisation profit realization
realisationsauslösendes Ereignis realization triggering event
Realisationsprinzip realization principle
Realisationstatbestand realization event
Realisationswert realization value
Realisationswert: Nettorealisationswert net realizable value
Realisierbarkeit feasibility
- viability
realisieren realize
realisiert: nicht realisiert unrealized
realisiert: nicht realisierte Gewinne unrealized profits
realisiert: nicht realisierte Wertsteigerung unrealized appreciation *(difference between book value and fair market value of an asset)*
realisiert: nicht realisierter Verlust unrealized loss
realisiert: nicht realisierter Wertzuwachs unrealized appreciation
realisiert: noch nicht realisierte Gewinne gains pending realization
- profits pending realization
realisierte Gewinne realized gains
- realized profits

realisierte Wertsteigerung realized appreciation
realisierter Ertrag realized earnings
realisierter Gewinn realized profit
realisierter Verlust realized loss
Realisierung implementation
Realisierung: Ergebnisrealisierung nach Herstellungsfortschritt percentage-of-completion-method
Realisierung: Ertragsrealisierung revenue recognition
Realisierung: Gewinnrealisierung realization of profits
Realisierung: Gewinnrealisierung nach Herstellungsfortschritt percentage-of-completion-method
Reallast charge on land
Realsteuer non-personal tax
Realteilung split-up of a partnership into sole proprietorships
Realzeitbetrieb real time processing
Rechenfehler arithmetical error
– calculation error
– computation error
Rechenschaft ablegen {über} account for
Rechenschaftspflicht accountability
– duty of accounting
rechenschaftspflichtig {für} accountable {for}
rechenschaftspflichtiges Ereignis accountable event
Rechenzentrum *AE* computer center
– *BE* computer centre
Recherche investigation
– search
recherchieren investigate
– search
Rechnung bill *(invoice)*
– invoice
Rechnung: auf eigene Rechnung on own account
Rechnung: auf Rechnung und Gefahr von for account and risk of
Rechnung: für eigene Rechnung for one's own account
– for own account
– on one's own account
– on own account
Rechnung: für fremde Rechnung for account of a third party
Rechnung: für Rechnung von for account of
Rechnung: in Rechnung stellen bill
– invoice
Rechnung: Proforma-Rechnung proforma invoice
Rechnung: Vortrag auf neue Rechnung balance brought forward to new account
– balance carried forward to new account
Rechnung legen {über} account for
Rechnung tragen: allen Gesichtspunkten Rechnung tragen deal with all aspects
Rechnungsabgrenzung: aktive Rechnungsabgrenzung *(Aufwandsabgrenzung/mit Ausweis als Anlagevermögensgegenstand = Nutzungsdauer über 1 Jahr) AE* deferred charges *(e.g., start-up costs, plant rearrangement costs, reinstallation costs, deferred income tax charges)*
– *(Aufwandsabgrenzung)* deferred expenses
– *(Aufwandsabgrenzung/mit Ausweis als Umlaufvermögensgegenstand = Nutzungsdauer bis 1 Jahr) AE* prepaid expenses
– *(Aufwandsabgrenzung/siehe Klammererläuterungen unter 'prepaid expenses' und 'deferred charges') AE* prepaid expenses and deferred charges
Rechnungsabgrenzung: passive Rechnungsabgrenzung *(Ertragsabgrenzung)* deferred income
Rechnungsabgrenzung: transitorische Rechnungsabgrenzung deferral
Rechnungsabgrenzung: transitorischer Rechnungsabgrenzungsposten deferred item
Rechnungsabgrenzungen *(transitorisch: deferrals/antizipativ: accruals)* accruals and deferrals
Rechnungsabgrenzungsposten *(transitorisch)* deferred item

– *(transitorisch)* prepaid and deferred items
– *(transitorisch)* prepaid item
Rechnungsabgrenzungsposten: aktiver Rechnungsabgrenzungsposten *(Aufwandsabgrenzung)* deferred expenses *(balance sheet item)*
Rechnungsabgrenzungsposten: passiver Rechnungsabgrenzungsposten *(Ertragsabgrenzung)* deferred income *(balance sheet item)*
Rechnungsabschluß closing of accounts
Rechnungsabteilung billing department
– billing department
Rechnungsaussteller invoice issuer
Rechnungsbetrag invoice amount
Rechnungsbetrag: Gesamtrechnungsbetrag invoice total
Rechnungserteilung invoicing
Rechnungsgutschrift credit note
Rechnungshof: Bundesrechnungshof Federal Accounting Office
Rechnungsjahr accounting year
Rechnungslegung accounting
– rendering of accounts
Rechnungslegung: externe Rechnungslegung external reporting
Rechnungslegung: Grundsätze der Rechnungslegung accounting principles
– generally accepted accounting principles
Rechnungslegung: handelsrechtliche Rechnungslegung financial accounting
Rechnungslegung: inflationsneutrale Rechnungslegung inflation accounting
Rechnungslegung: kaufkraftindizierte Rechnungslegung purchasing power accounting
Rechnungslegung: Konzernrechnungslegung consolidated accounting
– group accounting
Rechnungslegung: Umweltrechnungslegung environmental accounting
Rechnungslegung der öffentlichen Hand governmental accounting
Rechnungslegung im Konzern group accounting
Rechnungslegung zu Wiederbeschaffungskosten replacement cost accounting
Rechnungslegungsgrundsätze accounting standards
Rechnungslegungspflicht duty of accounting
Rechnungslegungsvorschriften accounting rules
Rechnungsperiode accounting period
Rechnungsweg invoice trail
– invoicing route
Rechnungswesen accountancy
– accounting
Rechnungswesen: allgemeines Rechnungswesen general accounting
Rechnungswesen: entscheidungsorientiertes Rechnungswesen management accounting
– managerial accounting
Rechnungswesen: externes Rechnungswesen external accounting
Rechnungswesen: führungsorientiertes Rechnungswesen management accounting
Rechnungswesen: industrielles Rechnungswesen industrial accounting
Rechnungswesen: integriertes Rechnungswesen integrated accounting system
– integrated cost accounting
Rechnungswesen: internes Rechnungswesen internal accounting
Rechnungswesen der Unternehmung business accounting
Rechnungswesenabteilung accounting department
Recht law
– right
Recht: anwendbares Recht applicable law
– governing law

Recht: auf ein Recht verzichten renounce a right
Recht: ausländisches Recht foreign law
Recht: bürgerliches Recht civil law
– private law
Recht: dingliches Recht property right
– right in rem
Recht: dispositives Recht law alterable by agreement
– optional law
Recht: eines Rechts verlustig gehen forfeit a right
Recht: Eintritt in die Rechte {von} subrogation to the rights {of}
Recht: formelles Recht adjective law
– procedural law
Recht: geltendes Recht law in force
Recht: ins deutsche Recht umsetzen transpose into German law
Recht: Kapitalgesellschaft inländischen Rechts domestic corporation
Recht: kodifiziertes Recht statutory law
Recht: maßgebendes Recht governing law
Recht: maßgebliches Recht governing law
Recht: materielles Recht substantive law
Recht: nach dem Recht eines Staates errichtete Gesellschaft company established under the laws of a country
Recht: nach geltendem Recht under applicable law
– unter present law
Recht: nachgeordnetes Recht subordinate law
Recht: nachrangiges Recht subordinate law
Recht: nationales Recht domestic law
Recht: Pfandrecht an einem Recht lien on a right
Recht: sich auf ein Recht berufen base oneself upon a right
Recht: Steuerstrafrecht *BE* law regarding fiscal offences
– *AE* law regarding fiscal offenses
Recht: unkodifiziertes Recht Common Law
Recht: unmittelbar anwendbares Recht self-executing law
Recht: von Rechts wegen de jure
Recht: zwingendes Recht binding law
– mandatory law
Recht auf Prüfung der Bücher right to inspect books and records
Recht ausüben exercise a right
Recht der unerlaubten Handlungen law of torts
Recht geltend machen assert a right
– claim a right
Recht genießen enjoy a right
Recht innehaben hold a right
recht und billig fair and equitable
– just and equitable
Recht verdrehen twist the law
Recht verpfänden pledge a right
Recht verwirken forfeit a right
Rechte und Pflichten powers and duties
– rights and duties
Rechte und Pflichten: eheliche Rechte und Pflichten conjugal rights and duties
– marital rights and duties
Rechte und Pflichten: Träger von Rechten und Pflichten subject of rights and duties
Rechte verletzen injure rights
rechtfertigen justify
Rechtfertigung justification
Rechtfertigungsgrund justification
– legal justification
rechtlich de jure
– legal
rechtlich: Einhaltung rechtlicher Bestimmungen legal compliance
rechtlich: materiell-rechtlich material
– substantive
rechtlich begründet legally established
– legally founded
– legally justified
rechtlich durchsetzbar legally enforceable

rechtlich eigenständig legally distinct
– legally separate
rechtlich selbständige Einheit legal entity
– legally distinct entity
rechtlich selbständiges Gebilde distinct entity
rechtliche Form legal form
rechtliche Postition legal position
rechtliche Stellung legal position
– legal status
rechtliche Struktur legal structure
rechtliche Terminologie legal parlance
– legal terminology
rechtliche Unmöglichkeit legal impossibility
rechtliche Verpflichtung legal commitment
rechtlicher Bestand legal existence
rechtlicher Eigentümer legal owner
rechtlicher Gehalt legal import
rechtlicher Nachteil legal detriment
rechtlicher Sinn legal import
rechtlicher Vorteil legal benefit
rechtliches Arbeitsverhältnis legal employment
rechtliches Eigentum legal ownership
rechtliches Eigentum {an/am} legal title {to}
– title {to}
rechtmäßig lawful
– legitimate
rechtmäßiger Besitzer lawful possessor
rechtmäßiger Wechsel- bzw. Scheckinhaber *(kraft gutgläubigem Erwerb)* holder in due course
Rechtmäßigkeit lawfulness
– legality
– legitimacy
Rechts- und Beratungskosten legal and consulting fees
Rechtsabteilung legal department
Rechtsangleichung approximation of laws
Rechtsanwalt *BE* advocate
– *AE* attorney
– *AE* attorney-at-law
– *BE* barrister
– *BE* barrister at law
– counsel
– *BE* solicitor
Rechtsauffassung legal conception
– legal opinion
– legal view
Rechtsaufgabe waiver of rights
rechtsbedeutsam legally relevant
Rechtsbegriff legal term
Rechtsbehelf appeal
– legal redress
– legal remedy
– remedy
Rechtsbehelf: außergerichtlicher Rechtsbehelf administrative appeal
– pre-trial remedy
Rechtsbehelf {gegen} *(im weiteren Sinne)* appeal {against}
Rechtsbehelf einlegen {gegen} appeal {against}
– bring an appeal {against}
– file an appeal {against}
– *BE* lodge an appeal {against}
Rechtsbehelfsbelehrung advice on available remedies
– instruction about available remedies
Rechtsbehelfsfrist time limit for appeal
Rechtsbehelfsverfahren *(im weiteren Sinne)* appeals procedure
– *(im weiteren Sinne)* appeals proceedings
– remedial procedure
– remedial proceedings
Rechtsberatungsgebühren legal fees
Rechtsberatungskosten *AE* attorneys' fees
– legal expenses
– legal fees
Rechtsbeziehung: vertragliche Rechtsbeziehung privity of contract
Rechtsbeziehungen legal relations
Rechtsbindungswille intention to contract
Rechtscharakter legal character
– legal nature
Rechtsdurchsetzung law enforcement

R

Rechtseintritt subrogation of rights
rechtserheblich legally relevant
- of legal relevance
Rechtserheblichkeit relevancy in law
rechtsfähig sein having legal capacity
rechtsfähiger Verein association with legal capacity
Rechtsfähigkeit legal capacity
rechtsfehlerhaft defective
Rechtsform legal form
rechtsformspezifisch for specific legal forms
Rechtsfrage legal issue
Rechtsgebilde legal entity
Rechtsgedanke legal concept
Rechtsgeschäft legal act
- legal transaction
Rechtsgeschäft: Nichtanerkennung von Rechtsgeschäften disregarding of legal transactions
Rechtsgeschäft: sittenwidriges Rechtsgeschäft unconscionable contract
Rechtsgeschichte history of law
Rechtsgrund legal foundation
rechtsgültig legally valid
- valid
rechtsgültig: nicht rechtsgültig invalid
Rechtsgültigkeit legal validity
- validity
Rechtsgut object of legal protection
Rechtsgutachten legal opinion
Rechtshandlung legal act
rechtshängig pending
- pending in court
Rechtshängigkeit pendency
Rechtshängigkeit: Eintritt der Rechtshändigkeit commencement of pendency
Rechtshilfe legal assistance
Rechtshilfe in Steuersachen legal assistance in tax matters
Rechtsinhaber holder of a right
- holder of an interest
Rechtsinstitut legal institution
Rechtsinstitut: steuerliches Rechtsinstitut tax law institution
Rechtskosten legal fees
Rechtskraft res judicata
- unappealability *(judgment)*
rechtskräftig final and absolute
- non-appealable *(judgment)*
rechtskräftig: nicht rechtskräftig appealable *(judgment)*
rechtskräftiges Urteil final and conclusive judgment
- final judgment
Rechtslage legal position
- legal situation
- legal status
Rechtslage: gegenwärtige Rechtslage current legal situation
- current legal status
Rechtslage: nach der gegenwärtigen Rechtslage as the law stands
- under current law
Rechtslehre legal doctrine
- legal science
- legal theory
Rechtsmangel defect as to title
- *(bezogen auf Eigentum)* defective title
- legal defect
Rechtsmangel: Gewährleistung des Verkäufers für Sach- und Rechtsmängel sales warranties
Rechtsmangel: Gewährleistung für Rechtsmängel warranty of title
rechtsmängelfreies Eigentum {an/am} good title {to}
- marketable title {to}
Rechtsmeinung legal opinion
- legal view
Rechtsmißbrauch abuse of law
Rechtsmittel *(Berufung, Revision, Beschwerde, Einspruch)* appeal
- *(im weiteren Sinne)* legal remedy
- *(im weiteren Sinne)* remedy
Rechtsmittel: alle Rechtsmittel erschöpfen exhaust all legal remedies
Rechtsmittel: Ausschöpfung aller Rechtsmittel exhaustion of all remedies
Rechtsmittel {gegen} *(Berufung, Revision, Beschwerde, Einspruch)* appeal {against}
Rechtsmittel einlegen {gegen} appeal {against}
- bring an appeal {against}

- file an appeal {against}
- *BE* lodge an appeal {against}

Rechtsmittel zurücknehmen withdraw an appeal
Rechtsmittel... appellate ...
rechtsmittelfähig reviewable
Rechtsmittelfähigkeit reviewability
Rechtsmittelfrist time limit for appeal
Rechtsmittelgericht appellate court
- court of appeal

Rechtsmittelinstanz appellate instance
Rechtsmittelinstanz: Zuständigkeit in der Rechtsmittelinstanz appellate jurisdiction
Rechtsmittelverfahren *(Berufungs-, Revisions-, Beschwerde-, Einspruchsverfahren)* appeals procedure
- *(Berufungs-, Revisions-, Beschwerde-, Einspruchsverfahren)* appeals proceedings
- appellate procedure
- appellate proceedings
- remedial procedure
- remedial proceedings

Rechtsmittlelverfahren appeal procedure
- appeal proceedings

Rechtsnachfolge: Gesamtrechtsnachfolge universal succession
Rechtsnachfolger legal successor
- sucessor in title

Rechtsnachteil legal detriment
Rechtsnatur legal nature
Rechtsnorm legal provision
Rechtsobjekt legal object
Rechtsordnung legal order
- legal system

Rechtspersönlichkeit legal entity
- legal person
- legal personality

rechtsprechende Gewalt judicial power
Rechtsprechung court decisions
- court rulings
- decisional law
- judicature
- judicial decisions

Rechtsprechung: steuerliche Rechtsprechung tax court decisions
Rechtsprechung: von der Rechtsprechung als mißbräuchlich erachtet ruled to be abusive by case law
Rechtsprechung der Finanzgerichte fiscal court jurisdiction
Rechtsquelle source of law
Rechtsschutz legal protection
Rechtsschutz: gewerblicher Rechtsschutz industrial property protection
Rechtsschutzversicherung legal expenses insurance
Rechtssicherheit legal certainty
Rechtssinn: im Rechtssinne in legal terms
Rechtsstellung legal position
- legal status

Rechtsstreit law suit
- legal action
- legal dispute
- litigation

Rechtsstreitigkeit law suit
- legal dispute
- litigation

Rechtssubjekt legal subject
Rechtstitel {an/am} legal title {to}
- title {to}

Rechtsträger legal entity
Rechtsübergang subrogation
- title passage
- transfer of rights

Rechtsübertragung transfer of rights
rechtsungültig invalid
- legally invalid

rechtsunwirksam inoperative
- invalid
- legally ineffective
- legally invalid
- void

Rechtsunwirksamkeit invalidity
rechtsverbindlich compulsory
- with binding effect in legal terms

rechtsverbindlich {für} binding {upon/on}
- legally binding {on/upon}

Rechtsverbindlichkeit binding effect
- legal validity

R

– liability in legal terms
Rechtsverfahren legal procedure
– legal proceedings
Rechtsverfolgung *(Strafrecht)* prosecution
Rechtsvergleichung comparative law
Rechtsverhältnis legal relationship
Rechtsverletzung: Urheberrechtsverletzung copyright infringement
Rechtsverordnung ordinance *(having the force of law)*
Rechtsverzicht waiver of rights
Rechtsvollzug law enforcement
Rechtsvorgänger legal predecessor
– predecessor in title
Rechtsvorschrift legal provision
– legal rule
– provision
– regulation
– rule
Rechtsvorteil legal benefit
Rechtsweg legal recourse
– recourse to the courts
– recourse to the law
Rechtswegerschöpfung exhaustion of legal recourse
rechtswidrig illegal
– unlawful
Rechtswidrigkeit illegality
– unlawfulness
rechtswirksam legally effective
– legally valid
– operative
– valid
Rechtswissenschaft jurisprudence
– legal science
Rechtszug instance
Rechtszustand: Wiederherstellung des früheren Rechtszustandes restitution
rechtzeitig in due course
– in time
– on time
– timely
Redaktionsversehen drafting error
– editorial error
reduzieren: schrittweise reduzieren phase out
reduzieren: stufenweise reduzieren phase out
reduzierter Umsatzsteuersatz reduced VAT rate
Refinanzierung refinancing
Reform: Steuerreform tax reform
Reformgesetz: Steuerreformgesetz Tax Reform Act
Regel: Auslegungsregel interpretative rule
– rule of interpretation
Regel: Bewertungsregel valuation principle
Regel: Grundregel basic rule
– general rule
Regel: Verfahrensregeln rules of procedure
regeln govern *(rule)*
regeln: gesetzlich regeln determinate by law
– lay down by law
– regulate by law
regeln: gütlich regeln settle amicably
regeln: vertraglich regeln settle by contract
– settle contractually
– stipulate
Regelsteuersatz *(USt)* standard rate *(VAT)*
Regelung arrangement
– legal rule
– provision
– regulation
– rule
– settlement
– stipulation
Regelung: ausdrückliche Regelung express provision
– express rule
Regelung: Bagatellregelung de minimis rule
Regelung: ergänzende Regelung supplementary provision
Regelung: gesetzliche Regelung statutory provision
– statutory rule
Regelung: Kleinbetragsregelung de minimis amount rule
Regelung: Übergangsregelung transition rule
– transitional rule

Regelung: vertragliche Regelung stipulation
Regelungsbereich scope
– scope of application
Regie- und Kontrollkosten stewardship costs
regieren govern
Regierung government
Regierungsabkommen inter-governmental agreement
Regierungsbildung formation of the government
Regierungskrise government crisis
Regierungspartei governing party
Regierungswechsel change of government
Regime: Steuerregime tax regime
Register: Belegregister voucher register
Register: öffentliches Register public register
Registerführer registrar
Registersitz statutory seat
Registrierbarkeit registrability
registrieren {in/im} enter {in}
Registrierung {bei} registration {with}
Registrierungsgebühr registration fee
Registrierungsort place of incorporation
Regreß recourse
Regreß: mit Regreß with recourse
regressiv regressive
Reihe: Auszahlungsreihe stream of cash outflows
Reihe: Einzahlungsreihe stream of cash inflows
Reihe: Zahlungsreihe series of payments
Reihenfolge order
– sequence
Reihengeschäft *(USt)* chain supply
– chain transaction
– *(USt, drei Parteien)* triangulation
Reineinkommen net income
Reinertrag net income
Reingewinn net profit
Reingewinn: Jahresreingewinn net profit for the year
Reingewinn: Verwendung des Reingewinns appropriation of net income
Reinumsatz net sales
– *BE* net turnover
Reinverlust net loss
Reinvermögen net assets
– net worth
Reinvestitionsrücklage reserve for reinvestment
Reise: Geschäftsreise business trip
Reisegepäckversicherung baggage insurance
– luggage insurance
Reisekosten travel expenses
– *BE* travelling expenses
Reisekostenersatz reimbursement of travel expenses
– *BE* reimbursement of travelling expenses
– travel expense reimbursement
– *BE* travelling expense reimbursement
Reisekosten-Pauschbetrag *AE* blanket amount for traveling expenses
– *BE* blanket amount for travelling expenses
Reisescheck *AE* traveller's check
– *BE* traveller's cheque
Reiseversicherung travel insurance
religiös religious
Rendite return
– yield
Rendite: Emissionsrendite yield upon issue
Rendite: Kapitalrendite profit/capital ratio
Rendite: Rückzahlungsrendite yield to maturity
– yield to redemption
Rendite über die Restlaufzeit yield to maturity
Rentabilität profitability
Rente annuity
Rente: Ertragsanteil einer Rente income element of an annuity
Rente: ewige Rente perpetual annuity
– perpetuity
Rente: Hinterbliebenenrente survivorship annuity

R

Rente: Leibrente life annuity
Rente: Tilgungsanteil einer Rente redemption component of an annuity
– redemption element of an annuity
Rente: Veräußerungsrente annuity in consideration of property alienation
Rente: Zinsanteil einer Rente interest component of an annuity
– interest element of an annuity
Rente auf Grund früheren Arbeitsverhältnisses annuity paid in respect of past employment
Rente aufgrund eines früheren Arbeitsverhältnisses annuity paid in respect of past employment
Rentenschuld annuity charge on land
Rentenversicherung: gesetzliche Rentenversichung statutory pension scheme
rentieren yield
Reorganisation reorganization
Reparatur repair
Reparaturaufwand repair expense
Reparaturrücklage reserve for repairs
Reparaturrückstellung provision for deferred repairs
Replik counterplea
– replication
Repräsentant representative
Repräsentant: Verkaufsrepräsentant sales representative
Repräsentantenhaus House of Representatives
Reproduktionskosten reproduction cost
Reservebildung set-up of reserves
Reserven reserves
Reserven: Aufdeckung stiller Reserven realization of hidden reserves
Reserven: negative stille Reserven built-in losses
Reserven: stille Reserven built-in gains
– concealed reserves
– hidden reserves
– off-balance-sheet reserves
– reserves concealed in the pre-transfer book value
– undisclosed appreciation in value
– undisclosed reserves
– unrealized appreciation *(difference between book value and fair market value of an asset)*
Rest balance
Restbuchwert residual book value
Restguthaben remaining credit balance
Restitution: Naturalrestitution restitution in kind
Restlaufzeit: mit einer Restlaufzeit bis zu einem Jahr amounts falling due within one year
Restlaufzeit: mit einer Restlaufzeit von mehr als fünf Jahren amounts falling due after more than five years
Restlaufzeit: Rendite über die Restlaufzeit yield to maturity
Restlaufzeit bis zu 1 Jahr due within 1 year
Restlebensdauer remaining life
– unexpired life
Restnutzungsdauer: wahrscheinliche Restnutzungsdauer probable remaining life
restriktive Auslegung narrow interpretation
– restrictive interpretation
– strict interpretation
Restrukturierung reorganization
Restwert residual value
– salvage value
Restzahlung payment of balance
Retouren returns
Retouren, Rabatte und sonstige Nachlässe returns and allowances
Retter in der Not white knight
Revision appeal *(permitting review of questions of law only)*
– appeal on questions of law
– appeal on questions of law only
– audit
Revision: Bilanzrevision internal audit
Revision: externe Revision independent audit
Revision: Innenrevision internal audit
Revision: interne Revision internal audit
– internal auditing

Revision: Kassenrevision cash audit
Revision: Sprungrevision leap-frog appeal
Revision verwerfen dismiss an appeal
Revisions... appellate ...
Revisionskläger appellant
Revisionslehre auditing science
Revisionsschrift notice of appeal on points of law
Revisionsverband auditing association
Revisor auditor
Revisor: Innenrevisor internal auditor
Revisor: interner Revisor internal auditor
revolvierend revolving
Richter judge
Richter: Ablehnung eines Richters objection to a judge
Richter: Berufsrichter professional judge
Richter: Laienrichter lay judge
Richter: vorsitzender Richter presiding judge
Richter am Steuergericht tax court judge
richterliches Urteil court judgment
– judgment
richterliches Verbot *AE* restraining order
Richterrecht court-developed concept
– judge-made law
Richtlinie directive
Richtlinie: Bewertungsrichtlinien valuation guidelines
Richtlinie: Bilanzrichtlinie Accounting Directive
Richtlinie: Bilanz-Richtlinie 4th EC Directive
Richtlinie: EG-Richtlinie EC Directive
Richtlinie: Konzern-Richtlinie 7th EC Directive
Richtlinie: Umsetzung einer Richtlinie implementation of a directive
Richtlinien guidelines
– regulations *(interpretive intructions which are internally binding on the tax authorities)*
Richtlinien: Einkommensteuer-Richtlinien *EStR* Income Tax Regulations
Richtlinien: Gewerbesteuer-Richtlinien Trade Tax Regulations
Richtlinien: Grundsteuer-Richtlinien Real Property Tax Regulations
Richtlinien: Körperschaftsteuer-Richtlinien Corporate Income Tax Regulations
Richtlinien: Lohnsteuer-Richtlinien Wage Tax Regulations
Richtlinien: Vermögensteuer-Richtlinien Net Worth Tax Regulations
Richttafel guideline table
Richtwert guideline value
Risiko hazard
– risk
Risiko: Ausfallrisiko default risk
Risiko: Bestandsrisiko inventory risk
Risiko: Bürgschaftsrisiko *BE* guarantee risk
– *AE* guaranty risk
Risiko: Delkredererisiko del/credere risk
Risiko: Finanzierungsrisiko financing risk
Risiko: Forderungsrisiko receivable risk
Risiko: Kursrisiko exchange rate risk
Risiko: Mengenrisiko quantitative risk
Risiko: Preisrisiko price risk
Risiko: technisches Risiko technical risk
Risiko: versicherbares Risiko insurabe risk
Risiko des zufälligen Untergangs der Sache risk of accidental loss of the good
Risiko eingehen run a risk
Risiko übernehmen undertake a risk
Risikokapital venture capital
Risikomanagement exposure management
Risikoprämie risk premium
Risikoverlagerung risk shifting
Risikoverteilung allocation of risks
Risikozuordnung allocation of risk

Roh-, Hilfs- und Betriebsstoffe *BE* raw materials and consumables
– *AE* raw materials and supplies
Roh-, Hilfs- und Betriebsstoffe: Aufwendungen für Roh-, Hilfs- und Betriebsstoffe und für bezogene Waren *BE* cost of raw materials, consumables and goods for resale
– *AE* cost of raw materials, supplies and goods for resale
Roheinkommen gross income
Rohergebnis gross profit or loss
Rohertrag gross earnings
Rohgewinn gross profit
Rohgewinnanalyse gross profit analysis
Rohstoffe raw materials
Rohumsatz gross sales
Rohverlust gross loss
Römische Verträge Treaties of Rome
Rückbelastung billback
– chargeback
– return charge
– return debit
Rückbuchung reverse entry
rückerstatten return
Rückerstattung restitution
Rückerstattung: Antrag auf Steuerrückerstattung stellen file a refund claim
Rückerstattung: Lohnsteuerrückerstattung wage tax refund
Rückerstattung: Steuerrückerstattung refund of overpaid tax
– tax refund
Rückerstattungsanspruch: Steuerrückerstattungsanspruch tax refund claim
Rückerwerb repurchase
Rückfallklausel subject-to-tax clause
Rückführung repatriation
Rückgabe erhaltener Leistungen restitution
Rückgaberecht: Kauf mit Rückgaberecht sale or return
– sale with right of redemption
Rückgewähr restitution
Rückgewähr: Kapitalrückgewähr return of capital
Rückgewährung: Kapitalrückgewährung return of capital
Rückgriff recourse
Rückgriff: mit Rückgriff with recourse
Rückgriff: Wechselrückgriff recourse to an endorser
– recourse to an endorser of a bill
Rückinformationswert feedback value
Rückkauf buy-back
– repurchase
Rückkaufsrecht repurchase right
Rückkaufsvereinbarung repurchase agreement
Rückkaufwert surrender value
Rücklage reserve
Rücklage: Bildung von Rücklagen formation of reserves
– setting-up of reserves
Rücklage: Dotierung von Rücklagen transfer to reserves
Rücklage: Einstellung in die Rücklagen transfer to reserves
Rücklage: Entnahme aus den Rücklagen transfer from reserves
Rücklage: Erhöhung von Rücklagen additions to reserves
Rücklage: freie Rücklage unappropriated reserve
Rücklage: freie Rücklagen free reserves
– reserves at disposal
– uncommitted reserves
Rücklage: gebundene Rücklage appropriated reserve
Rücklage: gesetzliche Rücklagen legal reserves
– statutory reserves
Rücklage: nicht ausgewiesene Rücklage off-balance-sheet reserve
– undisclosed reserve
Rücklage: offene Rücklagen disclosed reserves
Rücklage: satzungsmäßige Rücklagen reserves provided for by the articles of association
– reserves under the by-laws
– statutory reserves

Rücklage: statutarische Rücklage reserve prescribed by articles
– statutory reserve
Rücklage: steuerfreie Rücklage untaxed reserve
Rücklage: steuerfreie Rücklagen accruals - non taxable
Rücklage: unversteuerte Rücklagen untaxed reserves
Rücklage: Veränderung der Rücklagen change in reserves
Rücklage: Zuführung in die Rücklagen appropriation to reserves
– transfer to reserves
Rücklage: Zuführung zu den Rücklagen transfer to reserves
Rücklage: zweckgebundene Rücklagen appropriated reserves
Rücklage auflösen liquidate a reserve
– retransfer a reserve
– reverse a reserve
Rücklage bilden set up a reserve
Rücklage erfolgswirksam auflösen release a reserve to income
Rücklage für eigene Anteile reserve for own shares
– *AE* reserve for treasury stock
Rücklage für Ersatzbeschaffung replacement reserve
Rücklage speisen fund a reserve
Rücklagen: Auflösung von Rücklagen release of reserves
– reversal of reserves
Rücklagen: ungebundene Rücklagen unappropriated reserves
Rücklagen: Zuweisung zu den Rücklagen allocation to reserves
– appropriation to reserves
– transfer to reserves
Rücklagen bilden create reserves
Rücklagen dotieren add to reserves
– transfer to reserves
Rücklagen stärken strengthen reserves
Rücklagenauflösung liquidation of reserves
– retransfer of reserves
– reversal of reserves
Rücklagenbildung set-up of reserves
Rücklagendotierung allocation to reserves
– funding of reserves
– transfer to reserves
Rücklagenkonto reserve account
Rücklagenzuführung appropriation to reserves
– charge to reserves
Rücklagenzuweisung transfer to reserves
Rückschein return receipt
Rücksendung return
Rücksendungen returned purchases
– returned sales
– sales returns
Rückstand: im Rückstand sein {mit} be in arrears {with}
Rückstand: Steuerrückstände tax arrears
rückständige Steuern back taxes
– *AE* delinquent taxes
rückstellen accrue
Rückstellung accrual
– provision *(balance sheet)*
Rückstellung: Auflösung von Rückstellungen reversal of accruals
– reversal of accrued liabilities
Rückstellung: Bildung von Rückstellungen forming of accruals
– set-up of accruals
– set-up of accrued liabilities
Rückstellung: Erträge aus der Auflösung von Rückstellungen income from the reversal of provisions
Rückstellung: Gewerbesteuerrückstellung provision for trade taxes
Rückstellung: sonstige Rückstellungen sundry accruals
Rückstellung {für} accrual {for}
– accrued liability {for}
– provision {for}
– reserve {for}
Rückstellung auflösen liquidate a provision
– retransfer a provision
– reverse a provision
Rückstellung bilden accrue
– form a provision
– set up a provision

Rückstellung für Abfertigungen *OE* accrual for severance payments
- *OE* provision for severance payments

Rückstellung für Bürgschaftsverpflichtungen reserve for guaranties

Rückstellung für drohende Verluste accrual for contingent losses
- provision for contingent losses

Rückstellung für Ertragsteuern accrued income taxes
- provision for income

Rückstellung für Gewährleistungen provision for warranties

Rückstellung für Pensionen accrual for pensions
- provision for pensions

Rückstellung für ungewisse Verbindlichkeiten provision for contingencies

Rückstellung für unterlassene Aufwendungen für Instandhaltung provision for deferred repairs and maintenance

Rückstellungen accruals
- accrued liabilities
- provisions

Rückstellungen für latente Steuern *AE* accruals for deferred taxes
- *BE* provisions for deferred taxes

Rückstellungen für Pensionen und ähnliche Verpflichtungen accruals for pensions and similar obligations
- provisions for pensions and similar obligations

Rückstellungsfehlbetrag under-accrual

Rückstellungskonto: Zuweisung zu den Rückstellungskonten allocation to accrual accounts

Rücktrag carryback

Rücktrag: Verlustrücktrag loss carried back
- loss carryback

Rücktritt cancellation
- *(Vertrag)* repudiation
- rescission
- *(Amt)* resignation
- revocation
- termination
- withdrawal

Rücktritt: Rangrücktritt subordination

Rücktritt vom Vertrag rescission of a contract
- withdrawal from a contract

Rücktritt vom Vertrag erklären rescind a contract
- withdraw from the contract

Rücktrittsgrund ground for rescission

Rücktrittsklausel cancellation clause
- escape clause

Rücktrittsrecht right to rescind
- right to withdraw

Rücktrittsrecht: Ausschluß des Rücktrittsrechts exclusion of the right to rescind
- exclusion of the right to withdraw

rückübertragen retransfer

Rückübertragung reassignment
- retransfer

Rückvergütung *(gesamtumsatzabhängig)* quantity discount

Rückvergütung: Umsatzsteuerrückvergütung VAT tax refund

Rückversicherer reinsurer

Rückversicherung reinsurance

Rückversicherungsvertrag reinsurance contract

rückwirkend retroactive
- retrospective

rückwirkend: mit rückwirkender Kraft with retroactive effect

rückwirkende Auflösung rescission

rückwirkende Kraft retroactive effect
- retrospective effect

Rückwirkung retroaction
- retroactivity
- retrospectivity

Rückwirkung zum Nachteil *(zB des Steuerpflichtigen)* detrimental retroactivity

Rückwirkungsverbot constitutional ban on retroactivity

Rückwirkungsverbot: verfassungsrechtliches Rückwirkungsverbot constitutional ban on retroactivity

Rückzahlung: Kapitalrückzahlung redemption of principal
- repayment of capital

- return of capital
Rückzahlung: Steuerrückzahlung tax refund
Rückzahlung: zur Rückzahlung fällige Obligation matured bond
Rückzahlungsagio loan discount
- maturity premium
Rückzahlungsbetrag repayment amount
Rückzahlungsrendite yield to maturity
- yield to redemption
Rückzahlungstermin repayment date
Rückzahlungstermin: Schuldtitel ohne festen Rückzahlungstermin perpetual bond
Rüge: Mängelrüge notice of defects
- notification of defects
Ruhegehalt pension
Ruhegeld pension
ruhen lassen hold in abeyance
- keep in abeyance
ruhend dormant
ruhender Gewerbebetrieb dormant trade or business
ruhendes Konto inactive account
Ruhestand retirement
ruinöser Wettbewerb cut-throat competition
Rumpfgeschäftsjahr short period
Rumpfwirtschaftsjahr short business year
- short period
- short year
- *(informell)* stub period
runden: aufrunden round up
Rundung: Aufrundung rounding up
Rundverfügung circular decree
Rundverfügung: gemeinsame Rundverfügung joint decree
runterdrücken push down

S

Sachanlage: Abschreibungen auf Sachanlagen fixed asset depreciation
Sachanlagebuch fixed asset ledger
Sachanlagekonto fixed asset account
Sachanlagen property, plant and equipment
- tangible fixed assets
Sachanlagen: Abschreibungen auf Sachanlagen depreciation of fixed assets
Sachanlagen im Bau *BE* tangible assets - construction in progress
- tangible assets under construction
Sachanlagen und immaterielle Anlagewerte property, plant, equipment and intangible assets
Sachanlagenzugänge fixed asset additions
Sachanlagevermögen property, plant and equipment
- tangible assets
- tangible fixed assets
Sachaufklärung investigation of facts
Sachausschüttung distribution in kind
- distribution of assets
- dividend in kind
Sachbeschädigung damage to property
Sachbeschädigung: vorsätzliche Sachbeschädigung criminal damage to property
Sachbezüge remuneration in kind
Sache concern
- thing
Sache: bewegliche Sache chattels
Sache: bewegliche Sachen movable property
Sache: Gattungssache fungible good
- unascertained good
Sache: Steuersachen tax matters
Sache: unbewegliche Sachen immovable property
- immovables
Sache: wesentliche Eigenschaft einer Sache essential quality of a subject matter
Sacheinlage contribution in kind
- contribution of property
Sachenrecht law of property
- property law
Sachgebiet subject area

– subject matter
Sachgebietsleiter supervising tax officer
– supervisor
sachgerechte Bewertung proper valuation
Sachherrschaft possession or economic control
Sachkenntnis expertise
Sachkonto impersonal account
– nonpersonal account
Sachleistung benefit in kind
– payment in kind
Sachmangel defect as to quality
– defect of quality
Sachmangel: Gewährleistung des Verkäufers für Sach- und Rechtsmängel sales warranties
Sachmangel: Gewährleistung für Sachmängel warranty of quality
Sachschaden damage to property
– property damage
Sachsteuer non-personal tax
Sachverhalt fact pattern
– facts
– facts and circumstances
Sachversicherung property insurance
Sachverständigenaussage *(Gericht)* expert testimony
Sachverständigenbeweis expert evidence
Sachverständigengutachten expert opinion
– expert testimony
– testimony of expert
Sachverständiger expert
– independent expert
Sachverständiger: Buchsachverständiger accountant
– accounting expert
Sachverständiger: unabhängiger Sachverständiger independent expert
Sachzuwendung benefit in kind
Saisonabweichung seasonal variance
Saldenabstimmung balance reconciliation
Saldenaufstellung balance-of-account statement
Saldenbestätigung confirmation of balances
– statement of balance
Saldenbilanz list of balances
Saldenliste list of account balances
Saldenspalte balance column
Saldenverrechnung balance set-off
saldieren balance
– balance out
– balancing
– balancing out
– net out
– set off
Saldo account balance
– balance
Saldo: Abschlußsaldo closing balance
Saldo: Aktivsaldo credit balance
Saldo: Anfangssaldo opening balance
Saldo: Debetsaldo debit balance
Saldo: Endsaldo closing balance
– ending balance
Saldo: Eröffnungssaldo opening balance
Saldo: Gegensaldo counter balance
Saldo: Habensaldo credit balance
Saldo: Kassensaldo cash balance
Saldo: Nullsaldo zero balance
Saldo: offene Salden outstanding balances
Saldo: offener Saldo balance due
Saldo: Passivsaldo debit balance
Saldo: Sollsaldo balance due
– debit balance
Saldo ausgleichen balance
Saldo zu unseren Gunsten *AE* balance in our favor
– *BE* balance in our favour
– balance to our credit
Saldovortrag balance brought forward
– balance carried forward
– opening balance
Sammelabschreibung group depreciation
Sammelbeleg collective entry voucher

– summary voucher
Sammelbewertung group valuation
Sammelbuchung collective entry
– compound entry
– summarizing entry
– summary entry
Sammeldepot collective custody account
Sammelkonto absorption account
– assembly account
– control account
– summary account
Sammelposten collective item
Sammelwertberichtigung allowance method
– global valuation allowance
Sanierung bail-out
– business turnaround
– financial rehabilitation
– financial rescue
– recapitalization
– rehabilitation
– reorganization
Sanierungsaktion bail-out
Sanierungsbilanz recapitalization balance sheet
– reorganization balance sheet
– reorganization statement
Sanierungsgebiet urban renewal area
Sanierungsgewinn recapitalization gain
– reorganization gain
Sanktion sanction
Sanktion: wirtschaftliche Sanktionen economic sanctions
Sanktionen verhängen impose sanctions
sanktionieren sanction
Satzung articles
– articles of association
– articles of incorporation
– *(Gemeinde)* local by-laws
– *(Statuten)* statutes
Satzung: Gesellschaftssatzung company statutes
satzungsmäßig statutory
satzungsmäßige Rücklagen reserves provided for by the articles of association
– reserves under the by-laws
– statutory reserves
satzungsmäßiger Sitz statutory seat
säumig in default
– negligent
säumige Partei defaulting party
säumiger Steuerpflichtiger taxpayer in default
Säumnis default
Säumniszuschlag late payment penalty
– penalty for late payment
– penalty for late payment of tax
Schachtelprivileg affiliation privilege
– dividend received deduction
– inter-corporate dividend exemption
– *BE* inter-corporate dividend relief
– participation exemption
– treaty exemption in respect of dividends received
Schachtelprivileg mit Aktivitätsklausel participation exemption with activity test
Schaden damage
– harm
– harm
– loss
Schaden: Anzeige eines Schadens notice of loss
Schaden: Ersatz des tatsächlichen Schadens compensatory damages
Schaden: für einen Schaden haften be liable for damages
– be responsible for damages
Schaden: Personenschaden personal injury
Schaden: Sachschaden property damage
Schaden erleiden suffer damage
– sustain a loss
Schadenersatz wegen Nichterfüllung damages for non-performance
Schadenersatz wegen unerlaubter Handlung damages in tort
Schadenersatzanspruch claim for damages
Schadenersatzklage action for damages
Schadensabteilung claims department

Schadensberechnung assessment of damage
Schadenseintritt damaging event
– occurrence of damage
Schadensereignis damaging event
– occurrence of damage
Schadensersatz compensation for damages
– damages
– indemnity
Schadensersatz: auf Schadensersatz klagen sue to recover damages
Schadensersatz: nomineller Schadensersatz nominal damages
Schadensersatz: vertraglich im voraus vereinbarte Schadensersatzsumme liquidated damages
Schadensersatzklage action to recover damages
Schadensersatzklage wegen Nichterfüllung einer vertraglichen Verpflichtung action of assumpsit
Schadensersatzklage wegen rechtswidriger Aneignung beweglicher Sachen action of trover
schadensersatzpflichtig liable for damages
Schadensfall damaging event
– occurrence of damage
Schadenshöhe extent of damage
Schadensregulierung claims settlement
Schadensregulierungskosten claim settlement expenses
Schadensschätzung estimate of damage
– evaluation of damage
Schadenssumme amount of damages
schädigen damage
– injure
Schädigung damage
– injury
schädlich harmful
schadlos halten indemnify
Schadloshaltung indemnification
– indemnity
Schattenwirtschaft black economy
– underground economy
schätzen evaluate
schätzen {auf} estimate {at}
Schätzung appraisal
– estimation
Schätzung: Steuerschätzung estimation of tax
– tax estimation
Schatzwechsel treasury bill
Scheck *AE* check
– *BE* cheque
Scheck: bankbestätigter Scheck *AE* certified check
Scheck: Bankscheck banker's draft
Scheck: Inhaber eines Schecks *AE* holder of a check
– *BE* holder of a cheque
Scheck: Orderscheck *AE* order check
– *BE* order cheque
Scheck: Postscheck *AE* postal check
– *BE* postal cheque
Scheck: Reisescheck *AE* traveller's check
– *BE* traveller's cheque
Scheck ausstellen *AE* make out a check
– *BE* make out a cheque
Scheck einlösen *AE* cash a check
– *BE* cash a cheque
– *AE* honor a check
– *BE* honour a cheque
Scheckaussteller *AE* drawer of a check
– *BE* drawer of a cheque
– *AE* issuer of a check
– *BE* issuer of a cheque
– *AE* writer of a check
– *BE* writer of a cheque
Scheckbestand *AE* check holdings
– *BE* cheque holdings
Scheckinhaber *AE* holder of a check
– *BE* holder of a cheque
Schecksperre stop payment order
Scheidung divorce
Scheidung: auf Scheidung klagen petition for divorce
– sue for divorce
Scheidung: Ehescheidung divorce
Scheidungsklage einreichen file a petition for divorce

Schein: Dividendenschein dividend coupon
Schein: Genußschein jouissance share
Schein: Hinterlegungsschein certificate of deposit
Schein: Lagerschein warehouse receipt
Schein: Materialentnahmeschein material issue note
Schein: Optionsschein warrant
Schein: Rückschein return receipt
Schein... ostensible ...
Scheindarlehen bogus loan
Scheinehe fictitious marriage
Scheingeschäft bogus transaction
– dummy transaction
– sham
– sham transaction
Scheingesellschaft front company
– ostensible company
Scheingesellschafter ostensible partner
Scheingewinn inflationary gain
– phantom profit
Scheinhandlung sham
Scheinvertretung dummy agency
Schenker donor
Schenkung donation
– gift
Schenkung: Widerruf einer Schenkung revocation of a gift
Schenkung unter Lebenden gift inter vivos
– lifetime transfer
Schenkung von Todes wegen donatio mortis causa
Schenkung widerrufen revoke a gift
Schenkung zu Lebzeiten lifetime transfer
– transfer inter vivos
Schenkungsempfänger donee
Schenkungsteuer gift tax
Schenkungsteuererklärung gift tax return
Schenkungsversprechen promise to make a gift
Schenkungsvertrag gift contract
schenkungsweise Übertragung gratuitons transfer
Schichtarbeit shift work
Schiebungsanfechtung avoidance of a transaction to defraud creditors
Schiedsantrag request for arbitration
Schiedsgericht arbitration tribunal
– court of arbitration
schiedsgerichtlich arbitral
schiedsgerichtliche Beilegung settlement by arbitration
Schiedsgerichtsbarkeit arbitral jurisdiction
– arbitration
Schiedsgerichtshof der Internationalen Handelskammer Court of Arbitration at the International Chamber of Commerce
Schiedsgerichtsklausel arbitration clause
Schiedsklausel arbitration clause
Schiedskommission arbitration commission
Schiedsmann arbitrator
Schiedsordnung arbitration rules
Schiedsrichter arbitrator
Schiedsspruch arbitration award
– award *(arbitration)*
Schiedsstelle board of arbitration
Schiedsvereinbarung arbitration agreement
Schiedsverfahren arbitration
– arbitration procedure
– arbitration proceedings
schleichende Steuerprogression bracket creep
Schleier der juristischen Person corporate veil
Schlichter conciliator
– mediator
Schlichtung arbitration
– conciliation
– mediation
– settlement
Schlichtung: freiwillige Schlichtung voluntary settlement
Schlichtungsausschuß arbitration committee
– *AE* grievance committee
– mediation committee
Schlichtungsstelle arbitration board
– conciliation board

Schlichtungsversuch attempt at conciliation
schließen close down
– conclude *(contract)*
– *(Vertrag)* conclusion *(contract)*
– *(Vertrag)* enter into
– infer
– shut down
– shutdown
schließen: Abkommen schließen conclude an agreement
schließen: Konto schließen *(Bank etc)* close an account
schließen: Staatsvertrag schließen conclude a treaty
– enter into a treaty
schließen: Steuerlücken schließen shut down tax loopholes
schließen: Vergleich schließen settle
schließen: Vertrag schließen conclude a contract
– enter into a contract
– enter into an agreement
Schließung *(Vertrag)* conclusion *(contract)*
– shutdown
Schlußbesprechung final audit conference
Schlußbestand closing balance
– closing inventory
– closing stock
– ending inventory
– end-of-period inventory
Schlußbestimmung concluding clause
Schlußbilanz closing balance sheet
– end-of-period balance sheet
Schlußbilanzkonto closing balance sheet account
Schlußbuchung closing entry
Schlüssel: Kontenschlüssel account code
– account key
Schlüssel: Umlageschlüssel allocation key
schlüssig: durch schlüssiges Verhalten erteilte Vollmacht agency by estoppel
schlüssiger Vertrag implied contract
Schlußinventar closing inventory
Schlußkurs closing price
Schlußsaldo closing balance
Schlußvortrag closing statement
Schmerzensgeld compensation for pain and suffering
– damages for pain and suffering
schmieren bribe
Schmiergeld bribe
– bribe money
– kickback
– sweetener
Schmiergeldzahlung bribery
Schmuggel smuggling
Schonfrist grace period
schöpferische Tätigkeit creative activity
Schreibfehler clerical error
Schreibwaren stationery
Schriftform written form
Schriftform: bedarf der Schriftform shall be in writing
Schriftform vorsehende Gesetze statutes of frauds
schriftlich in writing
– in written form
– written
schriftlich erteilte Vollmacht power of attorney *P/A*
schriftlich fixiert fixated in writing
schriftliche Fixierung fixation in writing
schriftliche Kündigung notice in writing
schriftliche Niederlegung fixation in writing
schriftlicher Vertrag contract in writing
– written agreement
Schriftsatz *AE* brief
– pleading
– statement of claim
Schriftstück document
Schriftverkehr communication
– correspondence
Schriftwechsel correspondence
schrittweise gradual
– gradually
– step by step
– stepwise

schrittweise außer Kraft setzen phase out
schrittweise reduzieren phase out
schrittweise vorgehen proceed by stages
Schrotterlös proceeds from the sale of scrap
Schrottwert junk value
– salvage value
– scrap value
Schuld debt
– fault
– guilt
– liability
Schuld: Auslandsschuld foreign debt
– foreign liability
Schuld: Darlehnsschuld loan
Schuld: Erlaß einer Schuld debt forgiveness
– release from debt
– remission of a liability
Schuld: für eine Schuld bürgen guarantee debt
Schuld: Gattungsschuld nonspecific obligation
Schuld: Geldschuld money debt
Schuld: Gesamtschuld joint and several debt
Schuld: Nichtanerkennung einer Schuld repudiation of debt
Schuld: Speziesschuld specific obligation
Schuld: Steuerschuld tax liability
Schuld: Stückschuld specific obligation
Schuld: von einer Schuld freistellen release from debt
Schuld: Wechselschulden bills payable
Schuld abbezahlen pay off debt
Schuld erlassen forgive debt
Schuldanerkenntnis acknowledgment of indebtedness
– certificate of indebtedness
Schuldbeitritt collateral promise
schulden be indebted
– debt
– liabilities
– owe
Schulden: Bankschulden due to banks
Schulden: Betriebsschulden business debt
Schulden: ungewisse Schulden contingent debt
Schuldendienst debt service
Schuldendienstquote debt service ratio
Schuldenerlaß remission of debt
Schuldennachlaß remission of debt
Schuldentilgung debt redemption
schuldhaft negligent
schuldige Partei party at fault
Schuldner debtor
– obligor
Schuldner: Abgabenschuldner person liable to duties or taxes
Schuldner: Gemeinschuldner bankrupt
Schuldner: Gesamtschuldner joint and several debtor
Schuldner: Hauptschuldner principal debtor
Schuldner: Konkursschuldner bankrupt
– debtor in bankruptcy
Schuldner: Masseschuldner bankrupt
Schuldner: Steuerschuldner taxable person
– taxpayer
Schuldner: Vergleichsschuldner debtor in composition proceedings
Schuldner: Wechselschuldner bill debtor
Schuldner einer abgetretenen Forderung debtor under an assigned claim
Schuldnerverzug debtor's delay
– default of the debtor
Schuldnerwechsel debtor exchange
Schuldrecht law of obligations
Schuldtitel note
Schuldtitel: hypothekarisch gesicherter Schuldtitel collateralized mortgage obligation
Schuldtitel ohne festen Rückzahlungstermin perpetual bond

S

Schuldtitel ohne Laufzeitbegrenzung perpetual
Schuldübernahme assumption of a liability
Schuldumschaffung Novation
Schuldverhältnis obligation
Schuldverhältnis: Steuerschuldverhältnis government-taxpayer relationship
Schuldverhältnisse liabilities
Schuldverschreibung bond
– debenture
– debt security
– note
Schuldverschreibung: Gewinnschuldverschreibung income bond
– participating bond
Schuldverschreibung: Inhaberschuldverschreibung bearer bond
Schuldverschreibung: Optionsschuldverschreibung bond with warrant
Schuldverschreibung: Wandelschuldverschreibung convertible bond
– convertible debt
Schuldverschreibung: zinsvariable Schuldverschreibung *(zB an LIBOR oder FIBOR gekoppelt)* floater
Schuldverschreibung auf den Inhaber bearer bond
Schuldverschreibung mit Emittenkündigungsrecht callable bond
Schuldwechsel bills payable
– notes payable
Schuldzinsen auf Vermögensanlagen investment interest
Schürfrecht mineral right
Schütt-aus-hol-zurück-Verfahren distribute-contribute scheme
Schutz: Abkommensschutz treaty protection
Schutz: Patentschutz patent protection
Schutzfrist protective period
Schutzgesetz protective law
Schutzklausel protective clause
– safeguard clause
– safeguarding clause
– saving clause
Schutzmaßnahme protective measure
Schutzrecht proprietary right
Schutzrecht: gewerbliches Schutzrecht industrial property right
– industrial proprietary right
Schwägerschaft relationship by marriage
Schwangerschaft pregnancy
Schwankung: Wertschwankung fluctuation in value
Schwankungen: Währungsschwankungen currency fluctuations
Schwebe abeyance
Schwebe: in der Schwebe abeyant
– in abeyance
schwebend in suspense
– pending
Schwebezustand abeyance
Schwelle threshold
Schwelle: Gewinnschwelle break-even point
Schwerbeschädigter disabled person
Schwerpunktstreik pinpoint strike
Schwestergesellschaft brother-sister company
– co-subsidiary
– fellow subsidiary
– sister company
Schwesterkapitalgesellschaft brother-sister corporation
Schwiegermutter mother-in-law
Schwiegersohn son-in-law
Schwiegertocher daughter-in-law
Schwiegervater father-in-law
schwören swear
Schwund leakage
– shrinkage
– ullage
– wastage
See: hohe See high seas
Seeversicherung marine insurance
Segmentberichterstattung segmental reporting
seine Vollmacht überschreiten exceed one's authority
Seitenlinie collateral line
seitens on the part of
Sektsteuer tax on sparkling wine

Sekundärberichtigung secondary adjustment
sekundäre Berichtigung secondary adjustment
Sekundärmarkt secondary market
selbständig: Einkünfte aus selbständiger Arbeit self-employment income
selbständig: rechtlich selbständige Einheit legal entity
– legally distinct entity
selbständig: rechtlich selbständiges Gebilde distinct entity
selbständig Tätiger self-employed person
selbständige Arbeit: Ausübung einer selbständigen Arbeit performance of independent personal services
selbständige Arbeit: Einkünfte aus selbständiger Arbeit income from independent personal services
– self-employment income
selbständige Tätigkeit activity of an independent character *(as opposed to activities under employment)*
– personal services in an independent capacity
– self-employed activity
Selbständigkeitsfiktion separate entity fiction
Selbstanklage self-accusation
– self-incrimination
Selbstanzeige self-accusation
– self-accusation of tax evasion
– self-incrimination
Selbstbehalt deductible
– retention
– self-retention
Selbstbestimmungsrecht right of self-determination
Selbstbeteiligung deductible
– retention
– self-retention
Selbstbeteiligung: Vollkaskoversicherung mit Selbstbeteiligung *(Kfz)* comprehensive plus collision insurance with deductible
Selbstbeteiligungsklausel deductible clause
selbsterstellt *(Materialgut)* self-constructed
– *(Immaterialgut)* self-developed
Selbstfinanzierung internal financing
– self-financing
selbstgeschaffener Geschäftswert home-grown goodwill
Selbstkontrolle self-policing
Selbstkosten des Umsatzes cost of sales
selbstschuldnerische Bürgschaft *BE* absolute guarantee
– *AE* absolute guaranty
Selbstveranlagung self-assessment
Selbstversicherung self insurance
Selbstverwaltung self-regulation
senden send
senden: per Nachnahme senden send c.o.d. *(cash on delivery/US: collect on delivery)*
senken: Steuern senken cut taxes
Senkung: Steuersenkung tax cut
– tax reduction
Sexualstraftat *BE* sexual offence
– *AE* sexual offense
sich auf die Bestimmungen des Abkommens berufen invoke the provisions of the treaty
sich auf ein Recht berufen base oneself upon a right
sich belaufen {auf} amount {to}
sich berufen {auf} invoke
sich das Eigentum vorbehalten {an/am} retain title {to}
sich eine Entscheidung vorbehalten hold a decision in abeyance
sich einigen {über} agree upon
sich einverstanden erklären consent
sich entscheiden {für} opt {for}
sich freiwillig einer Gefahr aussetzen consent to assume a risk
sich für befangen erklären declare oneself biased
– declare oneself biassed
sich in Annahmeverzug befinden be in default of acceptance
sich irren be mistaken
sich treuwidrig verhalten act disloyally
sich verpflichten {zu} agree {on/to}

sich verschulden become indebted
Sicherheit collateral
– security
Sicherheit: akzessorische Sicherheit accessory security
Sicherheit: dingliche Sicherheit property collateral
Sicherheit: Freigabe einer Sicherheit release of a security
Sicherheit: Kreditsicherheit security
Sicherheit: Verwertung einer Sicherheit realization of a security
Sicherheit leisten {für} furnsih security {for}
– give security {for}
– provide security {for}
Sicherheit stellen {für} furnish security {for}
– give security {for}
– post security {for}
– provide security {for}
sichern secure
sichern: Darlehen sichern secure a loan
sichern: Kredit sichern secure a credit
– secure a loan
sicherstellen ensure
Sicherung hedge
Sicherung: Terminsicherung forward cover
Sicherungsabtretung assignment for security
Sicherungsgeber party providing security
Sicherungsgegenstand collateral
Sicherungsgelder funds pledged as security
Sicherungsgeschäft cover
– covering transaction
– hedge
Sicherungsklausel security clause
Sicherungsnehmer secured party
Sicherungsrecht security interest
Sicherungsvereinbarung collateral contract
Sicherungsvertrag security agreement
Sicherungsverwahrung preventive detention
Sichteinlage sight deposit
Sichtpapier sight document
siehe oben see above
– see supra
siehe unten see below
– see infra
Sinn import
Sinn: im Sinne {von/der/des} within the meaning {of}
Sinn: rechtlicher Sinn legal import
Sitte: Verkehrssitte prevailing practice
Sitten: gegen die guten Sitten against good morals
– contrary to public policy
Sitten: gegen die guten Sitten verstoßen act against public policy
Sitten: gute Sitten good morals
– public policy
sittenwidrig contrary to public policy
sittenwidriges Rechtsgeschäft unconscionable contract
Sitz corporate domicile
– domicile
– domicile of a company
– *(Geschäftsleitung)* management seat
– *(Geschäftsleitung)* principal place of business
– *(eingetragene Hauptniederlassung)* registered office
– registered seat
– seat
– seat of a corporation
Sitz: Geschäftssitz place of management
Sitz: Registersitz statutory seat
Sitz: satzungsmäßiger Sitz statutory seat
Sitz: steuerlicher Sitz fiscal domicile
Sitz der Gesellschaft registered office of the company
Sitz im Parlament seat in parliament
Sitzung meeting
– session
Sitzung: Aufsichtsratssitzung supervisory board meeting
Sitzung: Verwaltungsratssitzung supervisory board meeting
Sitzungsgeld attendance fee

Sitzungsprotokoll minutes of a meeting
Skonti: Kundenskonti cash discounts paid
Skonti: Liefererskonti cash discount received
Skonto cash discount
– discount *(for payment before due date)*
Skonto: Kundenskonto cash discount paid
Skonto gewähren grant cash discount
Skontoaufwand cash discount paid
Skontoaufwendungen cash discount paid
Skontoerträge cash discount received
sofort immediate
sofort abgeschrieben expensed as incurred
sofort abschreiben expense as incurred
Sofortabschreibung expensing as incurred
– immediate write-off
Solawechsel promissory note
solidarisch jointly
Solidaritätszuschlag solidarity surcharge
Soll debit
Sollbestand target inventory
Sollbuchung debit entry
Sollkaufmann merchant by virtue of registration
Sollposten debit item
Sollsaldo balance due
– debit balance
Sollseite debit side
Sollseite eines Kontos debit side of an account
Sollzins lending rate
Solvenz solvency
somit hence
Sonderabgabe special levy
Sonderabschreibung special depreciation
Sonderausgaben special personal deductions
Sonderbericht special purpose report
– special report
Sonderbilanz special purpose balance sheet
Sonderfreibetrag special allowance
Sonderposten mit Rücklageanteil special account with reserve characteristics *(the account includes provisions which are deductible for tax purposes but do not have any commercial basis)*
Sonderprüfer special auditor
– special purpose auditor
Sonderprüfung special audit
– special purpose audit
Sonderrücklage special purpose reserve
Sonderrückstellung special provision
Sonderzuwendung bonus
Sonderzuwendungen special gratuities
sonstige miscellaneous
– other
– sundry
sonstige Aktiva other assets
sonstige Aufwendungen miscellaneous expenses
– other expenses
– sundry expenses
sonstige Ausleihungen other loans
sonstige bebaute Grundstücke other developed land
– *AE* other improved properties
sonstige betriebliche Aufwendungen *BE* other operating charges
– *AE* other operating expenses
sonstige betriebliche Erträge other operating income
sonstige Bezüge other income
sonstige Einkünfte other income
sonstige Finanzanlagen other investments
sonstige Forderungen other receivables
– sundry receivables
sonstige kurzfristige Verbindlichkeiten other current liabilities
sonstige Posten des Umlaufvermögens other current assets
sonstige Rückstellungen sundry accruals

S

sonstige Verbindlichkeiten other liabilities
sonstige Vermögensgegenstände other assets
sonstige Wagnisse miscellaneous risks
sonstige Wertpapiere other securities
sonstige Zinserträge other interest income
Sorge concern
Sorge: elterliche Sorge parental custody
Sorgerecht custody
Sorgerecht: gemeinsames Sorgerecht joint custody
Sorgfalt care
- diligence
Sorgfalt: angemessene Sorgfalt due care
- due diligence
- ordinary diligence
Sorgfalt: angemessene Sorgfalt walten lassen exercise due care
Sorgfalt: gebührende Sorgfalt due diligence
Sorgfalt: im Verkehr erforderliche Sorgfalt reasonable care
Sorgfalt: kaufmännische Sorgfalt care of a prudent businessman
Sorgfalt: kaufmännsiche Sorgfalt diligence of a prudent businessman
Sorgfalt: Mangel an Sorgfalt lack of care
Sorgfalt: verkehrsübliche Sorgfalt due care
- due diligence
- ordinary diligence
Sorgfalt eines ordentlichen Geschäftsleiters care taken by a prudent business manager
Sorgfalt eines ordentlichen Kaufmannes due care and diligence of a prudent businessman
sorgfältiger Geschäftsführer prudent business manager
sorgfältiger Geschäftsleiter prudent business manager
Sorgfaltsmaßstab standard of care
Sorgfaltspflicht duty of care
Sorgfaltspflicht: allgemeine Sorgfaltspflicht common duty of care
Sorgfaltspflicht: Umfang der Sorgfaltspflicht scope of duty of care
Sorgfaltspflicht verletzen break a duty of care
sorgfaltswidrig careless
Sorgfaltswidrigkeit carelessness
Sortierbegriff sorting term
soviel as far as
soweit nicht anders bestimmt unless provided to the contrary
soweit wie as far as
sozial ungerechtfertigte Kündigung socially unfair dismissal
Sozialabgaben: gesetzlich vorgeschriebene Sozialabgaben statutory social security
Sozialaufwand social costs
Sozialaufwendungen social benefits
- social expenses
Sozialbindung des Eigentums social responsibility of ownership
soziale Abgaben social contributions
- social security contributions
- social security taxes
soziale Abgaben und Aufwendungen für Altersversorgung und für Unterstützung social security, pension and other benefits
soziale Aufwendungen social security costs
soziale Aufwendungen: gesetzliche soziale Aufwendungen statutory social security contributions
sozialer Wohnungsbau low income housing
Sozialismus socialism
Sozialist socialist
sozialistisch socialist
Sozialkosten social costs
Sozialleistungen social benefits
Sozialrecht social law
Sozialversicherung social security
Sozialversicherungsausweis social security card
Sozialversicherungsbeiträge social security contributions
Sozialversicherungsleistungen social security benefits

sozialversicherungspflichtig subject to social security contributions
Sozialversicherungsrecht social security law
Sozietät professional association
Spalte column
Spalte: Endspalte end column
Spalte: Kontenspalte account column
Spalte: Saldenspalte balance column
Spaltung: Aufspaltung de-merger
– divisive reorganization
Spanne margin
– spread
Spanne: Ertragsspanne yield spread
Spanne: Gewinnspanne profit margin
Spanne: Handelsspanne resale price margin
– trade margin
– trade profit margin
Sparbuch deposit book
– passbock
– savings book
Sparen: steuerbegünstigtes Sparen tax-privileged saving
Sparerfreibetrag savers' exemption
Sparkasse savings bank
Sparkasse nach Genossenschaftsprinzip mutual savings bank
Sparmodell: Steuersparmodell tax savings scheme
Sparpaket *AE* austerity program
– *BE* austerity programme
Sparprogramm *AE* austerity program
– *BE* austerity programme
Sparte business unit
Sparte: Geschäftssparte business line
– line of business
Sparte: Unternehmenssparte business line
– business unit
Sparte: verlustbringende Sparte loss maker
spätere: der spätere the subsequent
späteres Testament later will
Spediteur carrier
– forwarder
– forwarding agent
– shipper
Spedition forwarding
– shipping
Speditionsfirma forwarding agency
Speditionsgebühr forwarding charge
Speditionskaufmann forwarding merchant
Speditionskosten forwarding expenses
Speditionspfandrecht forwarding agent's lien
Speditionsvertrag forwarding contract
– shipping contract
Speicherbuchführung *AE* computerized bookkeeping
speisen: Rücklage speisen fund a reserve
Spekulation speculation
Spekulationsgeschäft: Einkünfte aus Spekulationsgeschäften income from speculative transactions
Spekulationsgewinn short-swing profit
– speculative gain
Spende donation
Spende: Parteispenden donations to political parties
Spende für karitative Zwecke charitable contribution
Spenden an politische Parteien donations to political parties
Spenden für mildtätige Zwecke donations to charity
Spendenabzug deduction for qualifying donations
Spendenquittung donation receipt
Sperrminorität blocking minority
Spesen out-of-pocket expenses
Spesen: Bankspesen bank charges
– bank fees
Spesen: Wechseleinzugsspesen bill collection charges
Spesen: Wechselspesen bill charges
– discount charges
Spesen eingeschlossen all expenses included
Spesenerstattung expense reimbursement
spesenfrei free of charge

S

spesenfrei: fracht- und spesenfrei freight and charges prepaid
Spezialgebiet special area
Spezieskauf purchase of specific goods
Speziesschuld specific obligation
Spezifizierung itemization
Spiegel: Anlagenspiegel fixed-asset movement schedule
spiegelbildlich mirrored
Spiegelkonto *(Kostenrechnung)* cost control account
Spitzenausgleich evening up of peaks
Spitzensteuersatz top tax rate
Spitzenverband umbrella organization
Spitzenverband: Gewerkschaftsspitzenverband umbrella organization of unions
Splittingtabelle: Einkommensteuer-Splittingtabelle income tax splitting schedule
Sprache: Fachsprache technical language
Sprachgebrauch: juristischer Sprachgebrauch legal usage
Sprachgebrauch: überholter Sprachgebrauch outdated usage
Spruch der Geschworenen verdict of the jury
sprungfixe Kosten semi-fixed costs
– stepped costs
Sprungfixkosten semi-fixed costs
– stepped costs
Sprungrevision leap-frog appeal
Staat country
– state
Staat: Ansässigkeitsstaat state of residence
Staat: Belegenheitsstaat situs state
– state of situs
Staat: Bundesstaat state
Staat: Enteignungsrecht des Staates *(an Grundvermögen)* eminent domain
Staat: Gliedstaat constituent state
Staat: Quellenstaat country of source
– source country
– state of source
Staat: Tätigkeitsstaat country of performance
Staat: Vertragsstaat contracting state
Staat: wirtschaftliche Bindung an einen Staat economic bonds with a country
Staat: Wohnsitzstaat country of residency
– state of residence
Staat der Belegenheit country of situs
Staatenloser stateless person
Staatsangehöriger citizen
– national
Staatsangehörigkeit citizenship
– nationality
Staatsanleihe government bond
Staatsanwalt public prosecutor
Staatsanwaltschaft department of public prosecution
– public prosecutor's office
Staatsbediensteter government official
Staatsbürger citizen
– national
Staatsbürgerschaft citizenship
Staatsgebiet state territory
– territory
Staatsgewalt: Widerstand gegen die Staatsgewalt resistance to state authority
Staatsraison public policy
Staatsvertrag treaty
Staatsvertrag: Einhaltung eines Staatsvertrages adherence to a treaty
Staatsvertrag aufheben abrogate a treaty
– rescind a treaty
Staatsvertrag beitreten accede to a treaty
Staatsvertrag schließen conclude a treaty
– enter into a treaty
Staatsvertragsentwurf draft treaty
Stabspersonal staff personnel
Stammaktie *AE* common stock
– *BE* ordinary share
Stammdatei master file

Stammdatei: Artikelstammdatei item master file
Stammdatei: Kontenstammdatei master account file
Stammdaten master files
stammen {von} arise {in}
Stammhaus head office
Stammkapital *AE* capital stock
- nominal capital
- registered share capital
- share capital
- stated capital
Stammkarte master card
Stammkundschaft regular customers
Stammrecht right giving rise to
- underlying right or property
Stammsatz: Kontenstammsatz master account record
Stand: Kontenstand balance of an account
standardisierter Terminkontrakt future contract
Standardsteuersatz standard tax rate
Standesamt registry office
Standesbeamter marriage registrar
Standesvertretung professional organization
ständige Wohnstätte permanent home
ständiger Aufenthalt permanent residence
ständiger Aufenthaltsort place of residence
ständiger Vertreter permanent representative
ständiger Wohnsitz permanent residence
stärken: Rücklagen stärken strengthen reserves
Statistik statistics
statistisch statistical
statistische Stichprobe statistical sample
statistisches Konto statistical account
Status statement of assets and liabilities
Status: Konkursstatus statement of bankrupt's assets and liabilities
Status: Vergleichsstatus statement of affairs in composition proceedings
Status: Vermögensstatus statement of assets and liabilities
Statut: Beistatut by-laws
Statut: Gesellschaftsstatuten articles of association
- articles of incorporation
- company articles
Statut: Gründungsstatut law of incorporation
statutarische Rücklage reserve prescribed by articles
- statutory reserve
Statuten statutes
Statuten: das Innenverhältnis regelnde Statuten *(ergänzendes Satzungsdokument) AE* by-laws
stehen lassen leave outstanding
Stelle: an die Stelle treten {von} supersede
stellen: Ablehnungsantrag stellen file a challenging motion
stellen: Ansprüche an jemanden stellen make demands on somebody
stellen: Bürgen stellen provide a guarantor
stellen: Forderungen an jemanden stellen make demands on somebody
stellen: Sicherheit stellen {für} furnish security {for}
- give security {for}
- provide security {for}
Stellengesuch application for a job
- application for employment
Stellung: rechtliche Stellung legal position
Stellungnahme opinion
stellvertretender Vorsitzender deputy chairman
Stellvertreter agent
- representative
Stellvertretung agency
- representation
Stellvertretung: verdeckte Stellvertretung undisclosed agency
Stempelabgabe stamp duty
Stempelgebühr stamp duty

S

Stempelmarke fee stamp
– *BE* inland revenue stamp
Stempelsteuer stamp duty
Steuer tax
– tax charge
Steuer: anrechenbare Steuer allowable credit
– creditable tax
Steuer: Anrechnung ausländischer Steuern foreign tax credit
Steuer: Börsenumsatzsteuer stock exchange turnover tax
Steuer: bundesstaatliche Ertragsteuer state income tax
Steuer: bundesstaatliche Steuer state tax
Steuer: der Steuer unterliegen be subject to tax
Steuer: einbehaltene Steuern withheld taxes
Steuer: Einbehaltung von Steuern withholding of taxes
Steuer: Einkommen vor Steuern pretax income
Steuer: ertragsabhängige Steuer income-based tax
Steuer: ertragsabhängige Steuern income taxes
Steuer: ertragsunabhängige Steuern non-income taxes
Steuer: fällige Steuer tax due
Steuer: geschuldete Steuer tax owed
Steuer: Gewinn nach Steuern aftertax profit
– profit after tax
Steuer: gewinnabhängige Steuer profit-based tax
Steuer: Hinterziehung von Steuern tax evasion
Steuer: indirekte Steuer indirect tax
Steuer: kummunale Steuer local tax
Steuer: laufend veranlagte Steuern currently assessed taxes
Steuer: nach Steuern net of tax
Steuer: netto nach Steuern net of tax
Steuer: nicht entrichtete Steuern unpaid tax
Steuer: rückständige Steuern back taxes
– *AE* delinquent taxes
Steuer: überzahlte Steuern overpaid tax
Steuer: unbezahlte Steuern unpaid tax
Steuer: unter Berücksichtigung von Steuern net of tax
Steuer: veranlagte Steuern assessed taxes
Steuer auf Ausschüttungen tax on distributed earnings
Steuer auf bestimmte Privilegien excise tax
Steuer auf das Gewerbekapital trade tax on capital
Steuer auf Gesellschaftsebene entity-level tax
Steuer auf Veräußerungsgewinne capital gains tax
Steuerabgrenzung: latente Steuerabgrenzung deferred taxation
– interperiod tax allocation
Steuerabkommen tax treaty
Steuerabteilung tax department
Steuerabzug tax deduction
Steuerabzug: durch Steuerabzug erhobene Einkommensteuer income tax withheld at source
Steuerabzug: Lohnsteuerabzug wage tax withholding
Steuerabzug vom Kapitalertrag withholding tax on capital yields
Steuerabzugsbescheinigung withholding tax certificate
Steuerabzugsbetrag amount of withholding tax
Steuerabzugsverfahren taxation at source
Steueramnestie tax amnesty
Steueränderungsgesetz Tax Amendment Act
Steueranmeldung self-assessment return
Steueranrechnung crediting of taxes
– tax credit
Steueranrechnung: direkte Steueranrechnung direct foreign tax credit
– direct tax credit
Steueranrechnung: fiktive Steueran-

rechnung *(allgemein)* credit for notional tax
- *(allgemein)* deemed foreign tax credit
- *(allgemein)* deemed tax credit
- *(Wohnsitzstaat rechnet eine höhere Quellensteuer an, als sich diese nach den Vorschriften des DBA oder dem jeweiligen internen Recht des Quellenstaates ergäben hätte)* matching credit
- *(Wohnsitzstaat rechnet die Quellensteuer an, die sich nach dem Recht des Quellenstaates ohne eine Sonderermäßigung ergeben hätte)* tax sparing credit

Steueranrechnung: indirekte Steueranrechnung credit for underlying taxes
- deemed paid credit
- indirect tax credit
- relief for underlying taxes
- underlying tax relief

Steueranrechnung: länderweise Bemessung der Steueranrechnung per country limitation *(tax credit)*
Steueranrechnungsmethode tax credit method
Steueranrechnungsverfahren tax credit procedure
- tax credit system

Steueranreiz tax incentive
Steueranspruch tax claim
Steueranwalt tax lawyer
Steueraufkommen national tax revenue
- tax revenue

Steueraufkommen: nationales Steueraufkommen national tax revenue
Steueraufschub deferment of tax
- postponement of tax
- tax deferment
- tax deferral

Steueraufwand tax expenses
Steuerausländer nonresident
- nonresident individual
- nonresident taxpayer

Steuerausschuß tax committee
Steuerausweis: Umsatzsteuerausweis stating of VAT
steuerbar taxable
- *(USt)* within the scope of VAT

steuerbar: nicht steuerbar nontaxable
- *(Umsatzsteuer)* outside the scope of VAT
- tax-exempt
- tax-free

steuerbare Leistung taxable supply
steuerbarer Umsatz taxable supply
steuerbares Ereignis taxable event
Steuerbarkeit taxability
Steuerbeamter tax official
steuerbefreite Organisation exempt organization
Steuerbefreiung tax exemption
Steuerbefreiung: Quellensteuerbefreiung withholding exemption
Steuerbefreiung: Umsatzsteuerbefreiung VAT exemption
Steuerbefreiung: Verzicht auf Steuerbefreiung waiver of exemption
steuerbegründend tax-attracting
- tax-triggering

steuerbegründend: steuerbegründender Tatbestand taxable event
steuerbegründender Tatbestand taxable event
steuerbegünstigt tax-privileged
steuerbegünstigte Umwandlung tax-privileged conversion
steuerbegünstigtes Sparen tax-privileged saving
Steuerbehörde *BE* revenue authority
- tax authority

Steuerbehörden tax authorities
Steuerbeitreibung tax collection
Steuerbelastung tax burden
Steuerbelastung: effektive Steuerbelastung effective tax burden
Steuerbelastung: Gesamtsteuerbelastung overall tax burden
Steuerbelastungsvergleich comparison of effective tax burden
- comparison of tax burden

Steuerbemessungsgrundlage tax base
- taxable base

Steuerberater certified tax consultant
- tax adviser

S

- tax advisor
- tax consultant
- tax counsel
- tax counselor

Steuerberatung tax consultancy
- tax consulting

Steuerberatungsgesetz Act Regulating the Profession of Tax Advisers
- law governing tax consultancy

Steuerberechnung tax computation

Steuerbereinigung technical correction

Steuerbereinigungsgesetz Tax Technical Corrections Act

Steuerbereinigungsgesetzentwurf technical corrections bill

Steuerbescheid assessment notice
- notice of assessment
- notice of tax assessment
- tax assessment notice

Steuerbescheid: Änderung des Steuerbescheides amendment of tax assessment

Steuerbescheid: Aufhebung eines Steuerbescheides annulment of tax assessment notice

Steuerbescheid: Einspruch gegen den Steuerbescheid appeal against the tax assessment

Steuerbescheid: endgültiger Steuerbescheid final notice of assessment

Steuerbescheid: Gewerbesteuerbescheid trade tax assessment notice

Steuerbescheid: unanfechtbarer Steuerbescheid uncontestable tax assessment notice

Steuerbescheid erlassen issue a tax assessment notice

Steuerbetrag tax amount

Steuerbetrug tax fraud

Steuerbevollmächtigter tax adviser
- tax advisor
- tax consultant
- tax counselor

Steuerbilanz balance sheet for tax purposes
- tax balance sheet

Steuerbilanz: Ertragsteuerbilanz balance sheet for income tax purposes

Steuerbilanzgewinn tax profit

Steuerbilanzwert tax basis

Steuerdelikt *BE* tax offence
- *AE* tax offense

Steuerdestinatär intended taxpayer

Steuereinbehalt tax withholding

Steuereinziehung collection of taxes
- tax collection

Steuerentlastung tax benefit
- tax relief

Steuerentlastungsgesetz Tax Relief Act

Steuerentrichtung payment of taxes

Steuerentstrickung taxable disjunction *(taxation of profits deemed to arise in connection with the transfer of assets from one country to another)*
- taxation upon leave of the tax net

Steuererhebung imposition of taxes
- tax collection

Steuererhebung an der Quelle collection at source

Steuererklärung tax return

Steuererklärung: Abgabe der Steuererklärung filing of tax return

Steuererklärung: Abgabetermin für die Steuererklärung due date of tax return

Steuererklärung: Einkommensteuererklärung income tax return

Steuererklärung: Fristverlängerung für die Abgabe der Steuererklärung extension of time for filing the tax return
- extension of time limit for filing the tax return

Steuererklärung: gemeinsame Steuererklärung joint return

Steuererklärung: Gewerbesteuererklärung trade tax return

Steuererklärung: Körperschaftsteuererklärung corporate income tax return

Steuererklärung: Schenkungsteuererklärung gift tax return

Steuererklärung: Termin für die Ab-

gabe der Steuererklärung filing date for the tax return
– tax return filing date
Steuererklärung: Vermögensteuererklärung net worth tax return
Steuererklärung: Zeitpunkt für die Abgabe der Steuererklärung filing date for the tax return
– tax return filing date
Steuererklärung abgeben file a tax return
Steuererlaß abatement of tax
– tax abatement
Steuererleichterung tax relief
Steuererleichterungen gewähren grant tax relief
Steuerermäßigung tax reduction
– tax relief
Steuerersparnis tax saving
Steuererstattung tax refund
Steuererstattungsanspruch tax refund claim
Steuerfachmann tax expert
Steuerfachzeitschrift tax journal
Steuerfahnder investigator
– *BE* revenue investigator
– tax ferret *(informal)*
– tax fraud investigator
– tax investigator
Steuerfahndung tax fraud investigation
Steuerfahndungsbeamter tax ferret *(informal)*
– tax fraud investigator
Steuerfälligkeitstermin tax due date
Steuerfestsetzung assessment of tax
– tax assessment
Steuerfestsetzung: ausgesetzte Steuerfestsetzung suspended tax assessment
Steuerfestsetzung: Aussetzung der Steuerfestsetzung suspension of tax assessment
Steuerfestsetzung: Berichtigung der Steuerfestsetzung amendment of tax assessment
Steuerfestsetzung: endgültige Steuerfestsetzung final tax assessment
Steuerfestsetzung: vorläufige Steuerfestsetzung preliminary tax assessment
Steuerfestsetzung: widerstreitende Steuerfestsetzungen conflicting tax assessments
Steuerfestsetzung unter Vorbehalt der Nachprüfung preliminary assessment subject to review
Steuerfestsetzungsverfahren tax assessment procedure
Steuerfiskus taxman
Steuerflucht escaping from taxation
Steuerflüchtiger tax escaper
Steuerforderung tax receivable
Steuerformular tax form
steuerfrei free of tax
– not subject to taxation
– tax free
– tax-exempt
– tax-free
– *(USt-steuerbar aber steuerbefreit)* zero-rated
Steuerfreibetrag allowance
– tax allowance
– tax exemption
– tax-exempt amount
– tax-free amount
Steuerfreibetrag: persönlicher Steuerfreibetrag personal allowance
steuerfreie Bezüge tax-free income
steuerfreie Lieferung tax-exempt supply
steuerfreie Leistung *(USt)* exempt supply *(VAT)*
steuerfreie Rücklage untaxed reserve
steuerfreie Rücklagen accruals - non taxable
steuerfreier Tausch tax-free exchange
Steuerfreigrenze tax-exempt threshold
– tax-free amount
Steuerfreiheit: Umsatzsteuerfreiheit exemption from VAT
Steuerfreistellung tax exemption
Steuergeheimnis secrecy in tax matters
– taxpayer confidentiality

S

Steuergerechtigkeit equity of taxation
– tax fairness
Steuergericht fiscal court
– tax court
Steuergericht: Richter am Steuergericht tax court judge
Steuergerichtsurteil fiscal court judgment
– tax court judgment
Steuergesetz Tax Act
– tax law
– tax statute
Steuergesetzgebung fiscal legislation
– tax legislation
Steuergutschrift tax credit
Steuerhaftung liability for taxes to be withheld
Steuerhinterzieher fraudster *(taxes)*
– tax dodger *(informal)*
– tax evader
Steuerhinterziehung fiscal evasion
– tax evasion
– tax fraud
Steuerhinterziehung: Versuch der Steuerhinterziehung attempt at tax evasion
Steuerhoheit fiscal jurisdiction
– jurisdiction to impose tax
– jurisdiction to impose taxes
– jurisdiction to tax
– right to tax
– taxing jurisdiction
– taxing power
Steuerinländer resident
– resident taxpayer
Steuerjahr fiscal year
– tax year
Steuerjahr: laufendes Steuerjahr current tax year
Steuerjurist tax lawyer
Steuerkapazität tax capacity
Steuerklasse *(Lohnsteuer)* withholding category
Steuerlast tax burden
– tax load
Steuerlehre fiscal science
Steuerlehre: vergleichende Steuerlehre comparative tax science
steuerlich according to tax law
– fiscal
– for tax purposes
– tax
– taxwise
steuerlich absetzbar tax deductible
steuerlich absetzen deduct for tax purposes
steuerlich abzugsfähig deductible
– tax deductible
steuerlich abzugsfähige Beträge tax deductions
steuerlich anerkannt effective for tax purposes
– regarded for tax purposes
steuerlich befreien exempt from taxation
steuerlich begünstigt fiscally privileged
– *AE* tax-favored
– *BE* tax-favoured
– tax-privileged
steuerlich benachteiligt tax-discriminated
steuerlich beraten advise in tax matters
– render tax advice
steuerlich diskriminiert tax-discriminated
steuerlich geltend machen claim a tax deduction
steuerlich gleichgestellt having equal tax status
– subject to the same tax treatment
steuerlich manipulieren tax-manipulate
steuerlich maßgebend authoritative for tax purposes
steuerlich nicht abzugsfähig nondeductible for tax purposes
steuerlich nicht anerkannt disregarded for tax purposes
steuerlich privilegiert tax-privileged
steuerlich voll abzugsfähig fully tax deductible
steuerlich wirksam effective for tax purposes
steuerlich zulässig permissible under tax law
steuerliche Abschreibung tax depreciation

steuerliche Absetzung tax deduction
steuerliche Abzugsfähigkeit tax deductibility
steuerliche Abzugsmöglichkeiten tax deduction opportunities
steuerliche Angelegenheiten tax affairs
– tax matters
steuerliche Angelegenheiten: Vertreter in steuerlichen Angelegenheiten fiscal agent
– fiscal representative
steuerliche Aspekte tax aspects
steuerliche Außenprüfung tax field audit
steuerliche Begriffsbestimmung definition for tax purposes
steuerliche Behandlung tax treatment
steuerliche Benachteiligung tax discrimination
steuerliche Betriebsprüfung tax audit
steuerliche Bewertungsvorschriften tax valuation rules
steuerliche Bilanzierungsgrundsätze tax accounting principles
steuerliche Diskriminierung fiscal discrimination
– tax discrimination
steuerliche Gesamtbelastung overall tax burden
steuerliche Gewinnermittlung tax accounting
steuerliche Konsequenzen tax consequences
steuerliche Konsolidierung fiscal consolidation
– tax consolidation
steuerliche Nebenleistungen duties or charges accessory to taxes
steuerliche Rechtsprechung tax court decisions
steuerliche Veranlagung tax assessment
steuerliche Verlustverrechnung im Konzern group relief *(for losses)*
steuerliche Vorteile tax benefits
steuerliche Zwecke tax purposes
steuerlichen Wohnsitz begründen establish a tax residence
steuerlicher Abzugsposten allowable deduction
steuerlicher Anreiz tax incentive
steuerlicher Grundstückswert assessable real property value
steuerlicher Sitz fiscal domicile
steuerlicher Verlust tax loss
steuerlicher Verlustrücktrag tax loss carryback
steuerlicher Verlustvortrag tax loss carryforward
steuerlicher Vertreter fiscal agent
– tax representative
steuerlicher Wertansatz tax basis
steuerlicher Wohnsitz fiscal domicile
– tax home
– tax residence
steuerliches Rechtsinstitut tax law institution
Steuerlücken schließen shut down tax loopholes
Steuermarke tax stamp
Steuermeldung information return
Steuermeßbetrag base value
Steuermeßzahl basic federal rate
Steuerminderung reduction in tax
– tax reduction
Steuermoral tax morale
Steuern aus Vorjahren taxes for prior years
Steuern einziehen collect taxes
Steuern entrichten pay taxes
Steuern erheben levy taxes
Steuern nach sich ziehen attract taxation
Steuern senken cut taxes
Steuern umgehen avoid taxes
Steuern und Abgaben taxes and other fiscal charges
Steuern vom Einkommen und Ertrag income taxes
Steuern vom Einkommen und vom Ertrag tax on profit or loss
– taxes on income
Steuern vom Grundbesitz real property taxes
Steuernachforderung additional tax assessment

– claim for back taxes
– tax deficiency claim
Steuernachlaß abatement of tax
– tax abatement
Steuernachzahlung tax back payment
Steuernummer taxpayer identification number *TIN*
Steueroase fiscal paradise
– tax haven
– tax oasis
Steuerobjekt tax object
Steuerordnungswidrigkeit *BE* fiscal offence
– *AE* fiscal offense
– *BE* tax offence
– *AE* tax offense
Steuerparadies fiscal paradise
– tax haven
– tax oasis
Steuerpfändung seizure of property by tax authorities
Steuerpflicht liability for tax
– liability to pay taxes
– subjectivity to taxation
– tax liability
– taxability
Steuerpflicht: beschränkte Steuerpflicht nonresident tax liablility
– nonresident taxation
– source-based taxation
Steuerpflicht: Einkommensteuerpflicht income tax liability
Steuerpflicht: erweiterte beschränkte Steuerpflicht extended nonresident taxation
Steuerpflicht: erweiterte Steuerpflicht extended personal tax liability
Steuerpflicht: inländischer Steuerpflichtiger resident taxpayer
Steuerpflicht: Lohnsteuerpflicht wage tax liability
Steuerpflicht: Umsatzsteuerpflicht liability for VAT
Steuerpflicht: unbeschränkte Steuerpflicht assessment of taxes on worldwide income
– comprehensive tax liability
– liability to tax on a worldwide basis
– resident taxation
Steuerpflicht: Vermögensteuerpflicht liability to net worth tax
steuerpflichtig liable for tax
– subject to tax
– subject to taxation
– taxable
– tax-attracting
steuerpflichtig: beschränkt steuerpflichtig subject to nonresident taxation
steuerpflichtig: einkommensteuerpflichtig subject to income tax
steuerpflichtig: körperschaftsteuerpflichtig liable to corporate income taxes
steuerpflichtig: nicht steuerpflichtig nontaxable
– tax-exempt
– tax-free
steuerpflichtig: umsatzsteuerpflichtig subject to VAT
steuerpflichtige Kapitalerträge investment income
steuerpflichtige Leistung taxable supply
Steuerpflichtiger taxable person
– taxpayer
Steuerpflichtiger: beschränkt Steuerpflichtiger nonresident
– nonresident taxpayer
Steuerpflichtiger: Einkommensteuerpflichtiger person liable to income tax
Steuerpflichtiger: säumiger Steuerpflichtiger taxpayer in default
Steuerpflichtiger: unbeschränkt Steuerpflichtiger permanent resident
– resident
steuerpflichtiger Gegenstand taxable object
steuerpflichtiger Gewinn tax profit
– taxable profit
steuerpflichtiger Nachlaß taxable estate
steuerpflichtiger Umsatz taxable turnover
steuerpflichtiges Einkommen taxable income

steuerpflichtiges Ereignis taxable event
Steuerplaner tax planner
Steuerplanung tax planning
Steuerprivileg tax privilege
Steuerrecht fiscal law
– law of taxation
– tax law
Steuerrecht: Bilanzsteuerrecht statutory provisions and case law relating to the preparation of tax balance sheets
Steuerrecht: Einkommensteuerrecht income tax law
Steuerrecht: innerstaatliches Steuerrecht domestic tax law
– internal tax law
Steuerrecht: Internationales Steuerrecht international tax law
Steuerrecht: nationales Steuerrecht domestic tax law
Steuerrecht der Unternehmen tax law affecting businesses
steuerrechtliche Behandlung tax treatment
steuerrechtliche Bewertung tax valuation
steuerrechtliche Vorschrift tax provision
Steuerrechtsvorschriften: innerstaatliche Steuerrechtsvorschriften internal tax law
Steuerreform tax reform
Steuerreformgesetz Tax Reform Act
Steuerregime tax regime
Steuerregression tax regression
Steuerrichter tax court judge
Steuerrichtlinien tax regulations
Steuerrückerstattung refund of overpaid tax
– tax refund
Steuerrückerstattung: Antrag auf Steuerrückerstattung stellen file a refund claim
Steuerrückerstattungsanspruch tax refund claim
Steuerrückstände tax arrears
Steuerrückstellung provision for taxes
Steuerrückstellung: Gewerbesteuerrückstellung provision for trade taxes
Steuerrückstellungen accrued taxes
– tax accruals
– tax provisions
Steuerrückzahlung tax refund
Steuersachen tax matters
Steuersachen: Amtshilfe in Steuersachen administrative assistance in tax matters
Steuersachen: Rechtshilfe in Steuersachen legal assistance in tax matters
Steuersatz tax rate
Steuersatz: abgestufte Steuersätze graduated tax rates
Steuersatz: anzuwendender Steuersatz applicable tax rate
Steuersatz: durchschnittlicher Steuersatz average tax rate
Steuersatz: ermäßigter Steuersatz reduced tax rate
Steuersatz: geltender Steuersatz applicable tax rate
Steuersatz: gespaltener Körperschaftsteuersatz split-rate of corporate income tax
Steuersatz: gespaltener Steuersatz split tax rate
Steuersatz: gestaffelte Steuersätze graduated tax rates
Steuersatztabelle tax rate schedule
Steuerschätzung estimation of tax
– tax estimation
Steuerschuld tax due
– tax liability
Steuerschuld: Beitreibung einer Steuerschuld enforced tax collection
Steuerschuld: Umsatzsteuerschuld VAT liability
Steuerschuldner taxable person
– taxpayer
Steuerschuldverhältnis government-taxpayer relationship
Steuersenkung tax cut
– tax reduction
Steuersparmodell tax savings scheme
– tax shelter

S

Steuerstatistik tax statistics
Steuerstrafe tax penalty
Steuerstrafrecht *BE* law regarding fiscal offences
- *AE* law regarding fiscal offenses
Steuerstraftat *BE* fiscal offence
- *AE* fiscal offense
- tax crime
- *BE* tax offence
- *AE* tax offense
Steuerstrafverfahren *BE* criminal proceedings for fiscal offences
- *AE* criminal proceedings for fiscal offenses
- *BE* criminal proceedings for tax fraud and other fiscal offences
- *AE* criminal proceedings for tax fraud and other fiscal offenses
- criminal proceedings on tax matters
- *BE* penal proceedings for fiscal offences
- *AE* penal proceedings for fiscal offenses
- *BE* penal proceedings for tax fraud and other fiscal offences
- *AE* penal proceedings for tax fraud and other fiscal offenses
Steuerstufe tax bracket
Steuerstundung *(Phasenverschiebung)* deferral of taxes
- extension of time for the payment of taxes
- respite for the payment of taxes
- *(Phasenverschiebung)* tax deferral
Steuersubjekt tax subject
- taxable entity
- taxpayer
Steuersubjektidentität taxpayer identity
Steuersystem tax system
Steuertabelle tax rate table
- tax schedule
- tax table
Steuertarif tax scale
Steuertarif: Körperschaftsteuertarif corporate income tax rate system
Steuertatbestand chargeable event
- taxable event
Steuertermin tax due date
Steuertheorie theory of taxation
Steuerumgehung tax circumvention
Steuerumgehungskonstruktion tax circumvention device
Steuerumgehungsmodell tax circumvention scheme
steuerunschädlich tax neutral
Steuerunschädlichkeit tax neutrality
Steuerveranlagung tax assessment
Steuerveranlagungsverfahren tax assessment procedure
Steuerverbindlichkeit tax liability
Steuervergünstigung preferential tax treatment
- tax benefit
- tax concession
- tax preference item
- tax privilege
- tax relief
Steuervergütung tax refund
Steuervergütung: Umsatzsteuervergütung VAT refund
Steuervergütungsbescheid tax refund notice
Steuerverkürzung fiscal evasion
- tax evasion
Steuervermeidung tax avoidance
Steuervermeidung: legale Steuervermeidung legal tax avoidance
Steuervermeidungsmodell tax avoidance scheme
- tax circumvention scheme
Steuerverschiebung *(in die Zukunft)* deferment of tax
- *(in die Zukunft)* postponement of tax
- *(in die Zukunft)* tax deferment
- *(in die Zukunft)* tax deferral
Steuerverschiebungsvehikel tax-remote vehicle
Steuervertreter tax representative
Steuerverwaltung tax administration
Steuervorauszahlung estimated tax payment
- prepayment of taxes
- tax prepayment
Steuervordruck tax form
Steuervorteil tax advantage
- tax benefit
Steuervorteil: doppelter Steuervorteil dual tax advantage
- dual tax benefit

Steuervorteil: ungerechtfertigte Steuervorteile unjustified tax advantages
Steuerwert tax base
– tax value
– value for tax purposes
Steuerwiderstand resistance to taxation
Steuerwohnsitz tax residence
Steuerzahler taxpayer
Steuerzahllast tax due
Steuerzahlung tax payment
Steuerzwecke tax purposes
Stichentscheid: Bestimmung für Stichentscheid *AE* tie-breaker rule
Stichprobe sample
Stichprobe: statistische Stichprobe statistical sample
Stichprobeninventur sampling inventory
Stichprobenprüfung sampling
– statistical sampling
stichprobenweise prüfen testcheck
Stichtag cutoff date
– *(letzter Termin)* deadline
– qualifying date
– *(Bilanzstichtag)* reporting date
Stichtag: Abschlußstichtag balance sheet date
– closing date
– cutoff date
– date of the financial statements
Stichtag: Bilanzstichtag balance sheet date
– closing date
– cutoff date
Stichtag: Inventurstichtag inventory date
stichtagsbezogen as of the balance sheet date
Stichtagsinventur end-of-period inventory
Stifter grantor *(foundation)*
– settlor *(foundation)*
Stiftung endowed institution
– foundation
Stiftung: Familienstiftung family foundation
Stiftung: Grundstücksstiftung real estate foundation
– real property foundation
stille Gesellschaft silent partnership
– silent partnership organized under German law *(participation in the trade or business of another person [natural or juridical] constituting an association which is not outwardly apparent to the public and which does not have capital of its own)*
stille Reserven built-in gains
– concealed reserves
– hidden reserves
– off-balance-sheet reserves
– reserves concealed in the pre-transfer book value
– undisclosed appreciation in value
– undisclosed reserves
– unrealized appreciation *(difference between book value and fair market value of an asset)*
stille Reserven: Aufdeckung stiller Reserven realization of hidden reserves
stille Reserven: negative stille Reserven built-in losses
Stillegung eines Anlagegutes retirement of a fixed asset
stiller Gesellschafter dormant partner
– silent partner
Stillhalter seller
– seller of an option
– writer
– writer of an option
stillschweigend implicit
– implied
– tacit
– tacitly
stillschweigend erteilte Vollmacht implied authority
stillschweigend getroffene Vereinbarung implicit agreement
stillschweigend zustimmen agree tacitly
stillschweigende Vereinbarung tacit agreement
stimmberechtigt entitled to vote
stimmberechtigte Aktie voting share
– *AE* voting stock

S

stimmberechtigter Anteil voting share
Stimmenmehrheit majority of votes
Stimmenthaltung abstention
Stimmrecht right to vote
– voting right
Stimmrecht: Mehrstimmrecht multiple voting right
Stimmrechtsanteil *(Prozentanteil)* voting right percentage
– *(Gesellschaftsanteil) AE* voting stock
Stimmrechtsbeauftragung proxy
Stimmrechtsbevollmächtigter person holding proxy
– proxy
Stimmrechtsbevollmächtigung: Bestimmungen über Stimmrechtsbevollmächtigung proxy regulations
stimmrechtslos non-voting
stimmrechtslos: stimmrechtslose Vorzugsaktie non-voting preference share
– *AE* non-voting preferred stock
stimmrechtslose Aktie non-voting share
– *AE* non-voting stock
stimmrechtslose Vorzugsaktie non-voting preference share
– *AE* non-voting preferred stock
Stimmrechtsübertragung proxy
Stimmrechtsvertreter proxy
Stimmrechtsvollmacht proxy
stornieren cancel
– reverse an entry
stornieren: Buchung stornieren reverse an entry
Stornierung cancellation
– reversal
– reversal of an entry
Stornierung: Auftragsstornierung order cancellation
Stornierungsbuchung reversing entry
Storno reversal
– reversal of an entry
Stornobuchung offsetting entry
– reversing entry
Störung nuisance
Strafausschließungsgrund legal reason for exemption from punishment
Strafbarkeit punishability
Strafe penalty
– punishment
– sentence
Strafe: Geldstrafe fine
– monetary penalty
Strafe: Konventionalstrafe contract penalty
– liquidated damages
Strafe: Ordnungsstrafe administrative fine
– administrative penalty
Strafe: Steuerstrafe tax penalty
Strafe: Vertragsstrafe contract penalty
– contractual penalty
– liquidated damages
Strafe verhängen inflict a punishment
Strafmaß sentence
Strafmilderung mitigation of sentence
Strafmündigkeit age of criminal responsibility
Strafprozeßrecht law governing criminal procedure
Strafrecht criminal law
Strafrecht: Steuerstrafrecht *BE* law regarding fiscal offences
– *AE* law regarding fiscal offenses
Straftat crime
– *BE* criminal offence
– *AE* criminal offense
Straftat: Begehung einer Straftat *BE* commission of an offence
– *AE* commission of an offense
Straftat: Konkursstraftat *BE* bankruptcy offence
– *AE* bankruptcy offense
Straftat: Steuerstraftat *BE* fiscal offence
– *AE* fiscal offense
– tax crime
– *BE* tax offence
– *AE* tax offense
Straftat: Versuch der Begehung einer Straftat attempt to commit a crime
Straftat: Verübung einer Straftat *BE* commission of an offence
– *AE* commission of an offense

Straftat begehen *BE* commit an offence
- *AE* commit an offense

Straftat verüben *BE* commit an offence
- *AE* commit an offense

Straftrecht: Steuerstrafrecht *BE* law regarding fiscal offences
- *AE* law regarding fiscal offenses

Strafurteil judgment of conviction
- sentence

Strafverfahren criminal proceedings
- penal proceedings

Strafverfahren: Steuerstrafverfahren *BE* criminal proceedings for fiscal offences
- *AE* criminal proceedings for fiscal offenses
- *BE* criminal proceedings for tax fraud and other fiscal offences
- *AE* criminal proceedings for tax fraud and other fiscal offenses
- criminal proceedings on tax matters
- *BE* penal proceedings for fiscal offences
- *AE* penal proceedings for fiscal offenses
- *BE* penal proceedings for tax fraud and other fiscal offences
- *AE* penal proceedings for tax fraud and other fiscal offenses

Strafverfolgung prosecution

Strafverschärfung aggravation of punishment

Strafvollzug execution of sentence

Straßenverkehrsgefährdung endangering of road traffic

Streichung aus dem Handelsregister deletion from the commercial register

Streik strike

Streik: Bummelstreik go-slow strike

Streik: Generalstreik general strike

Streik: organisierter Streik organized strike

Streik: Schwerpunktstreik pinpoint strike

Streik: Warnstreik warning strike

Streik: wilder Streik illegal strike
- outlaw strike

Streik ausrufen call a strike

Streikbrecher strike breaker

streiken be on strike
- go on strike
- strike

streikender Arbeitnehmer striker
- worker on strike

Streikrecht right to strike

Streit conflict
- controversy
- dispute

Streit: Rechtsstreit legal dispute

Streit durch Vergleich beilegen settle a dispute by compromise

Streitbeilegung conciliation
- dispute settlement
- settlement of dispute

Streitfall dispute

Streitgegenstand matter in dispute

Streitgenossenschaft joinder of parties

streitig contentions
- disputed

streitig machen contest

Streitigkeit dispute

Streitigkeit: Beilegung von Streitigkeiten settlement of disputes

Streitigkeit: Rechtsstreitigkeit legal dispute

Streitwert amount in controversy
- value being litigated
- value of the matter in dispute

Streubesitz portfolio investment

strittig contentions
- moot

Strohmann front man
- nominee

Strom electricity

Struktur: Kapitalstruktur capital structure

Struktur: Kostenstruktur cost structure

Struktur: rechtliche Struktur legal structure

Strukturierung: Umstrukturierung reorganization

Stückerfolg unit profit

Stückkauf purchase of specific goods

Stückkosten costs imputable to units of output

- unit costs
Stückschuld specific obligation
Stufe: Steuerstufe tax bracket
stufenweise außer Kraft setzen phase out
stufenweise reduzieren phase out
stunden defer
- grant a respite
- grant an extension of time for payment
- grant delay
Stundensatz billing rate
Stundenzettel: Maschinenstundenzettel machine time record
Stundung deferment
- deferment of payment
- deferral
- extension
- extension of time for payment
- respite
- respite for payment
Stundung: Steuerstundung *(Phasenverschiebung)* deferral of taxes
- extension of time for the payment of taxes
- respite for the payment of taxes
- *(Phasenverschiebung)* tax deferral
Stundungsantrag request for respite
Stundungszinsen interest charged for respite
Stuttgarter Verfahren Stuttgart appraisal formula *(for unlisted shares of corporations)*
Stuttgarter Verfahren: Bewertung nach dem Stuttgarter Verfahren appraisal following the Stuttgart formula
Subject-to-Tax-Klausel subject-to-tax clause
Subjekt: Rechtssubjekt legal subject
Subjekt: Steuersubjekt taxable entity
Subjektidentität taxpayer identity
subjektiver Wert subjective value
subsidiär subsidiary
subsidiäre Haftung subsidiary liability
Subsidiarität subsidiarity
Subskription subscription {for/to}
substantielle Abnutzung physical wear and tear
Substanzbesteuerung capital-based taxation
Substanzerhaltungsrechnung inflation accounting
Substanzerhaltungsrücklage inflation reserve
Substanzsteuern capital-based taxes
- taxes on capital
Substanzverringerung *(Naturvorkommen)* depletion
Substanzverringerung: Abschreibung für Substanzverringerung depletion
Substanzverringerung: Absetzung für Substanzverringerung *AfS* depletion
Substanzverzehr asset erosion
- *(Naturvorkommen)* depletion
subsumieren subsume
Subunternehmer subcontractor
Subvention subsidy
subventioniert subsidized
subventioniert: aus öffentlichen Mitteln subventioniert subsidized out of public funds
Subventionierung subsidization
Subventionierung aus öffentlichen Mitteln subsidization out of public funds
Subventionsbetrug subsidy fraud
Suggestivfrage leading question
Sukzession: Universalsukzession universal succession
Sukzessivlieferungsvertrag contract for delivery by instalments
Summe: Bilanzsumme balance sheet total
Summe: Kontrollsumme control total
Summe: Lohnsumme aggregate wages and salaries
Summe: Schadenssumme amount of damages
Summe: Versicherungssumme insured amount
Summe der Abzüge total deductions
Summe der Aktiva total assets
Summenbilanz statement of account transactions
Swap: Zinsswap interest rate swap
Syndikusanwalt in-house lawyer

System framework
System: Buchungssystem recording system
System des gespaltenen Steuersatzes split-rate system
Systemanalytiker systems analyst

T

Tabaksteuer tobacco tax
Tabelle: Abschreibungstabelle depreciation rate table
– depreciation table
Tabelle: AfA-Tabellen tax depreciation tables
Tabelle: Grundtabelle basic tax schedule
Tabelle: Kalkulationstabelle spread sheet
Tabelle: Konkurstabelle schedule of creditors in bankruptcy
Tabelle: Lohnsteuertabelle wage tax table
– wage tax withholding table
Tabelle: Lohntabelle pay schedule
– wage schedule
Tabelle: Steuersatztabelle tax rate schedule
Tabelle: Steuertabelle tax rate table
– tax schedule
– tax table
Tag: Verfalltag expiration date
– *(Option)* strike date
Tagebuch daybook
– journal
Tagebucheintragung journal entry
Tagesgeld *(jederzeit abrufbar)* call money
– *(mit 24 Std. Festlaufzeit)* overnight money
Tagesgeldsatz *(auf jederzeit abrufbares Tagesgeld)* call money rate
– *(auf Tagesgeld mit 24 Std. Festlaufzeit)* overnight rate
Tageskurs: aktueller Tageskurs current market price
Tagesordnung agenda
– order of the day
Tagesordnung: Punkte der Tagesordnung items on the agenda
Tagesordnungspunkt item on the agenda
Tageswert current value
täglich daily
täglich fällig due at call
täglicher Kassenbericht daily cash report
Tantieme bonus
Tarif tariff
Tarif: Einkommensteuer-Tarif income tax scale
Tarif: Körperschaftsteuertarif corporate income tax rate system
Tarif: Zolltarif tariff
tariflich: übertariflich in excess to collective agreement
tariflich geregelt governed by collective agreement
tariflich vereinbarter Lohn collectively agreed wage
– standard wage
tarifliche Bestimmung provision of a collective-bargaining agreement
Tariflohn collectively agreed wage
– *AE* labor union agreed wage
– standard wage
– *BE* trade union agreed wage
Tarifstufe tax scale bracket
Tarifvereinbarung collective-bargaining agreement
Tarifvertrag collective-bargaining agreement
Tarngesellschaft front company
Tat: auf frischer Tat ergreifen catch in the very act
Tatbestand *(Straftat) BE* elements of an offence
– *(Straftat) AE* elements of an offense
Tatbestand: Besteuerungstatbestand taxable event
Tatbestand: Einkünfterealisationstatbestand income realization event
Tatbestand: Realisationstatbestand realization event
Tatbestand: steuerbegründender Tatbestand taxable event
Tatbestand: Steuertatbestand chargeable event

- taxable event
Täter offender
Tatfrage question of fact
tätig: erwerbswirtschaftlich tätig sein engaged in an activity for profit
- *AE* engaged in an endeavor for profit
- *BE* engaged in an endeavour for profit
tätig: für jemanden tätig sein act on behalf of
tätig sein: im Bankgeschäft tätig sein do banking business
tätig sein als serve as
tätig sein für die Gesellschaft als serve the company as
Tätigkeit activity
- operation
Tätigkeit: Berufstätigkeit occupation
Tätigkeit: Einstellung der Tätigkeiten cessation of activities
Tätigkeit: freiberufliche Tätigkeit independent professional activity
Tätigkeit: Geschäftstätigkeit business activity
- operations
Tätigkeit: Hilfstätigkeit auxiliary activity
Tätigkeit: schöpferische Tätigkeit creative activity
Tätigkeit: selbständige Tätigkeit activity of an independent character *(as opposed to activities under employment)*
- personal services in an independent capacity
- self-employed activity
Tätigkeit: Verlust aus passiver Tätigkeit passive activity loss
Tätigkeit: vorbereitende Tätigkeit preparatory activity
Tätigkeitsstaat country of performance
Tatopfer victim
Tatsache fact
Tatsache: den Tatsachen nach according to the facts
- de facto
Tatsache: Unterdrückung von Tatsachen concealment of facts
- suppression of facts
Tatsachen facts
tatsächlich actual
- de facto
- in fact
tatsächliche Unmöglichkeit impossibility in fact
Tauglichkeit fitness
Tausch barter
- exchange
Tausch: Anteilstausch share exchange
- share swap
- share-for-share exchange
Tausch: Naturaltausch barter
- barter transaction
Tausch: steuerfreier Tausch tax-free exchange
täuschen deceive
- mislead
tauschen {gegen} barter {for}
- exchange {for}
Tauschgeschäft barter transaction
- exchange transaction
Tauschgutachten: Anteilstausch nach dem Tauschgutachten like-kind share exchange qualifying under the 'Tauschgutachten'
Tauschhandel barter
Täuschung deceit
- deception
Täuschung: arglistige Täuschung wilful deceit
Technik: Buchführungstechnik accounting method
- bookkeeping method
technisch technical
technische Anlagen technical equipment
technische Anlagen: Maschinen und technische Anlagen plant and machinery
technische Anlagen und Maschinen plant and machinery
- technical equipment and machinery
technische Ausführung technical design
technische Nutzungsdauer technical life
technisches Risiko technical risk
Teesteuer tee tax

Teilabkommen partial agreement
Teilabschreibung write-down
Teilamortisationsleasing non-full-payout leasing
– partial payout leasing
teilbar severable
Teilbetrieb operating unit *(tax technical term)*
– operational unit
– qualified business unit of an enterprise which is capable of organizationally independent operations *(tax technical term)*
teileingezahlt partly paid in
Teilhaber associate
– partner
Teilkonsolidierung partial consolidation
Teilkonzern subgroup
Teilkonzernabschluß *BE* subgroup accounts
Teilkonzernabschluß: konsolidierter Teilkonzernabschluß *BE* consolidated subgroup accounts
Teilkostenrechnung direct costing
– variable costing
Teillieferung part delivery
– part shipment
teilproportionale Kosten semi-variable costs
Teilprüfung limited audit
– limited examination
– limited review
– partial audit
Teilung division
– partition
Teilung des Nachlasses partition of the estate
teilweise in part
– partial
– partly
teilweise Erfüllung partial performance
Teilwert going concern value
Teilwertabschreibung write-down to fair value
– write-down to going concern value
Teilwertabschreibung: ausschüttungsbedingte Teilwertabschreibung distribution induced write-down of a shareholding to fair value
– distribution induced write-down of a shareholding to going concern value
Teilwertvermutung going concern value presumption
Teilzahlung instalment payment
– part payment
Teilzahlungskredit instalment credit
Teilzahlungsverkauf *AE* installment sale
Teilzeitarbeit part-time work
Teilzeitarbeiter part-time worker
Telefonzentrale switchboard
teleologische Auslegung teleological interpretation
temporär temporary
Tenderverfahren tender system
Tenderverfahren: Emission im Tenderverfahren tender issue
Termin deadline
– hearing
Termin: Abgabetermin filing date
Termin: Abrechnungstermin settlement date
Termin: Fälligkeitstermin due date
Termin: Kündigungstermin effective date of termination
Termin: Liefertermin delivery date
Termin: Steuertermin tax due date
Termin: Verfalltermin expiration date
– expiry date
– *(Option)* strike date
Termin: Vergleichstermin hearing date in composition proceedings
Termin für die Abgabe der Steuererklärung filing date for the tax return
– tax return filing date
Termingeschäft: Devisentermingeschäft *(unstandardisiert)* foreign exchange forward contract
Terminkontrakt *(unstandardisiert)* forward contract
– *(standardisiert)* future
Terminkontrakt: standardisierter Terminkontrakt future contract
Terminologie terminology
Terminologie: rechtliche Terminologie legal parlance
– legal terminology

T

Terminsicherung forward cover
Terminverlegung postponement of a hearing
territorial: extraterritorial extra-territorial
territorialer Anwendungsbereich territorial application
Territorialitätsprinzip territoriality principle
Testament will
Testament: eigenhändiges Testament holographic will
Testament: gemeinsames Testament joint will
Testament: gemeinschaftliches Testament joint will
Testament: notarielles Testament notarial will
Testament: Nottestament privileged will
Testament: ohne Testament versterben die intestate
Testament: späteres Testament later will
Testament: wechselbezügliches Testament joint and mutual will
Testament: Widerruf eines Testaments revocation of a will
Testament: Zeugentestament will made in the presence of witnesses
Testament aufsetzen draw up a will
Testament machen make a will
Testament widerrufen revoke a will
testamentarisch testamentary
testamentarisch verfügen dispose by will
testamentarisch vermachen bequeath by will
testamentarische Auflage charge imposed by will
testamentarische Erbfolge testamentary succession
testamentarische Verfügung disposition by will
testamentarischer Erbe testamentary heir
Testamentsänderung alteration of will
Testamentsanfechtung contesting of a will
Testamentseröffnung opening of a will
Testamentsvollstrecker executor
Testamentswiderruf revocation of a will
Testat *(siehe auch Bestätigungsvermerk)* audit certificate
Testieren attestation
– testate
Testierender testator
testierfähig having testamentary capacity
Testierfreiheit testamentary freedom
testiert: nicht testierter Abschluß *BE* unaudited accounts
– unaudited financial statements
testierter Abschluß *BE* audited accounts
– audited financial statements
Testierunfähigkeit testamentary incapacity
Teuerungszulage increased-cost-of-living allowance
Text: Buchungstext entry description
– entry memo
– narrative
Thematik subject matter
thesaurieren retain
– retain earnings
– retain profits
thesauriert retained
thesaurierter Gewinn retained earnings
– retained profits
Thesaurierung earnings retention
– profit retention
– retaining of earnings
– retention
– retention of earnings
– retention of profits
Thesaurierung: Gewinnthesaurierung profit retention
– retention of earnings
– retention of profits
Thesaurierung von Gewinnen retention of earnings
– retention of profits
Thesaurierungsfonds growth fund
tilgen amortize
– redeem

tilgen: Hypothek tilgen pay off a mortgage
– redeem a mortgage
Tilgung *(in Raten)* amortization
– principal repayment
– redemption
– redemption of principal
– redemption payment
Tilgung: Anleihe ohne planmäßige Tilgung des Anleihebetrages perpetual bond
Tilgung: Schuldentilgung debt redemption
Tilgung: vorzeitige Tilgung early redemption
– redemption prior to maturity
Tilgungsanteil amortization component
– redemption component
Tilgungsanteil einer Rente redemption component of an annuity
– redemption element of an annuity
Tilgungsdarlehen amortizing loan
Tilgungsfonds sinking fund
tilgungsfreie Zeit grace period
tilgungsfreies Darlehen balloon loan
Tilgungsleistung principal repayment
Tilgungsrate *AE* redemption installment
– redemption instalment
Tilgungssatz amortization rate
Tilgungszahlung principal repayment
– redemption payment
Titel title
Titel: Finanztitel financial instrument
Titel: Rechtstitel {an/am} legal title {to}
– title {to}
Titel: Schuldtitel note
Titel: vollstreckbarer Titel enforceable instrument
Titelseite coversheet
– front page
– header
Tochtergesellschaft first-tier subsidiary
– subsidiary
Tod: Schenkung von Todes wegen donatio mortis causa
Tod: von Todes wegen by reason of death
– mortis causa
Todesfall event of death
Todesstrafe capital punishment
– death penalty
Todesurteil death sentence
Totalrechnung total-life accounting
– total-life-of-business accounting
totes Konto dead account
– dormant account
– inactive account
tragen bear
tragender Grundsatz fundamental principle
Träger von Rechten und Pflichten subject of rights and duties
Transaktion transaction
Transaktion: Inlandstransaktion domestic transaction
Transferpreis transfer price
Transformationsfrist time limit for the adoption
Transithandelsgüter goods in transit
– transit goods
transitorisch transitory
transitorisch abgegrenzt deferred
transitorische Aktiva *(Aufwandsabgrenzung/mit Ausweis als Anlagevermögensgegenstand = Nutzungsdauer über 1 Jahr) AE* deferred charges *(e.g., start-up costs, plant rearrangement costs, reinstallation costs, deferred income tax charges)*
– *(Aufwandsabgrenzung)* deferred costs
– *(Aufwandsabgrenzung)* deferred expenses
– *(Aufwandsabgrenzung)* prepaid costs
– *(Aufwandsabgrenzung)* prepaid expenses
– *(siehe Klammererläuterungen unter 'prepaid expenses' und 'deferred charges') AE* prepaid expenses and deferred charges
transitorische Passiva *(Ertragsabgrenzung)* deferred income
– *(Ertragsabgrenzung)* deferred revenue

T

– *(Ertragsabgrenzung)* prepaid income
transitorische Posten deferral items
– deferrals
transitorische Rechnungsabgrenzung deferral
transitorischer Abgrenzungsposten deferred item
transitorischer Rechnungsabgrenzungsposten deferred item
Transport conveyance
Transportanlagen transportation equipment
Transportkosten transport costs
Transportversicherung transport insurance
Tratte draft
Trauschein: Ehe ohne Trauschein extramarital cohabitation
Trauung marriage ceremony
Trauung: kirchliche Trauung church wedding
treiben: Handel treiben carry on a trade
– trade
trennen *(Mantel und Zinskupon einer Anleihe)* strip
Trennung separation
Trennung einer Anleihe in Mantel (Kapitalkomponente) und Kupons (Zinsscheine) bond stripping
– stripping
Treu und Glauben good faith
Treu und Glauben: gegen Treu und Glauben verstoßen contravene the principles of good faith
Treu und Glauben: nach Treu und Glauben in good faith
Treue: eheliche Treue conjugal fidelity
Treue: Vertragstreue contractual fidelity
Treuepflicht duty of loyality
– fiduciary duty
Treueprämie seniority bonus
Treugeber grantor *(trust)*
– settlor *(trust)*
– trustor
Treugut trust property
Treuhand trustee relationship
Treuhänder fiduciary
– trustee
Treuhänder: beim Treuhänder hinterlegte Gelder escrow fund
treuhänderisch fiduciary
– in trust
treuhänderisch halten hold in escrow
treuhänderisch verwalten hold in escrow
treuhänderisch verwaltetes Vermögen trust
Treuhandfonds escrow fund
Treuhandkonto escrow account
Treuhandschaft trust
– trusteeship
Treuhandverhältnis trust arrangement
– trustee relationship
Treuhandvermögen assets held in trust
– trust
– trust property
Treuverwaltung trusteeship
treuwidrig: sich treuwidrig verhalten act disloyally
Trinkgelder gratuities
– tips
typische Unterbeteiligung subparticipation not taxed as partnership

U

üben *AE* practice
– *BE* practise
über die Grenze cross-border
über Nennwert above par
– at a premium
Überabschreibung overdepreciation
Überbau encroachment
überbewerten overprice
– overstate
– overvalue
überbewertet overvalued
Überbewertung overpricing
– overstating
– overvaluation
überbringen bring *(bring)*
– deliver *(bring)*
Überbrückungsdarlehen bridging credit

– bridging loan
– interim credit
– interim loan
Überbrückungskredit bridge loan
– bridging credit
– bridging loan
– interim credit
– interim loan
Überdeckung: Kostenüberdeckung *(Kostenabweichung)* overestimate of costs *(cost variance)*
Übereignung: mit Übereignung der Sache upon passing of title to the good
übereinkommen accord {with}
Übereinkunft accord
– agreement
– arrangement
Übereinkunft {über} agreement {on}
übereinstimmen coincide
übereinstimmen {mit} accord {with}
Übereinstimmung accord *(agreement)*
Übereinstimmung: in Übereinstimmung {mit} in accord {with}
– in accordance {with}
überfällig past due
Überfinanzierung overfunding
Überführung transfer
Überführungsgewinn transfer gain
Übergabe delivery
– handing over
Übergang: Betriebsübergang transfer of business
Übergang: Eigentumsübergang passage of title
– passing of property
– passing of title
– title passage
Übergang: Forderungsübergang subrogation *(claim)*
Übergang: Gefahrenübergang passage of risk
– passing of risk
Übergang: Gefahrübergang passing of risk
Übergang: Rechtsübergang subrogation
– title passage
– transfer of rights
Übergangsbestimmung transition rule
– transitional rule
Übergangsposten suspense item
– transitory item
Übergangsregelung transition rule
– transitional rule
Übergangsregelung für Altfälle grandfather clause
– grandfather rule
Übergangsvorschrift transition rule
– transitional rule
übergeben deliver *(hand over)*
– hand over *(hand over)*
übergeordnetes Gericht higher court
– superior court
Überhang excess
Überhang: Anrechnungsüberhang excess foreign tax credit
– excess tax credit
Überhang: Vorsteuerüberhang excess input VAT
Überhangbetrag excess amount
überhöht ausweisen overstate
überholte Auffassung antiquated opinion
– antiquated view
überholter Sprachgebrauch outdated usage
Überholung obsolescence
– overhaul
Überkapitalisierung overcapitalization
Überlassung: Betriebsüberlassung leasing of operating facilities
Überlassung: Gebrauchsüberlassung transfer for use
Überlassung: Kapitalüberlassung capital lending
– lending
– lending of funds
Überlassung: Nutzungsüberlassung transfer for use
überlebender Ehegatte surviving spouse
Überlegung consideration
Überleitung rollover
Übernahme takeover
Übernahme: Buchwertübernahme basis carryover

U

Übernahme: feindliche Übernahme hostile takeover
Übernahme: Schuldübernahme assumption of a liability
Übernahme: Verlustübernahme transfer of losses
Übernahme der gesamten Emission durch den Emissionsgaranten und Verkauf auf eigenes Risiko firm commitment underwriting
Übernahme einer Hypothek assumption of a mortgage
Übernahmeangebot takeover bid
– tender offer
Übernahmegarantie: Garantie der Übernahme der nicht verkauften Wertpapiere eines Emittenten standby underwriting
Übernahme-Konsortium underwriting syndicate
Übernahmeversuch corporate takeover attempt
– takeover attempt
übernehmen take over
übernehmen: Haftung übernehmen undertake a liability
übernehmen: Risiko übernehmen undertake a risk
übernehmen: Verpflichtung übernehmen undertake an obligation
übernehmen: Wertpapieremission übernehmen underwrite
Übernehmer transferee
Übernehmerin transferee
Überproduktion overproduction
– production overrun
Überprüfung review
Überprüfung: gerichtliche Überprüfung judicial review
überschlägig rough
– roughly
überschlägige Berechnung rough calculation
überschreiten: Ermessen überschreiten exceed discretionary powers
überschreiten: seine Vollmacht überschreiten exceed one's authority
Überschreiten der Zahlungsfrist exceeding of time limit for payment
Überschreitung transgression
Überschreitung: Fristüberschreitung exceeding of time limit
Überschreitung: Kostenüberschreitung cost overrun
Überschrift heading
– title
überschuldet overindebted
Überschuldung overindebtedness
– over-leverage
Überschuldungsbilanz statement of overindebtedness
Überschuß surplus
Überschuß: Barüberschuß cash return
– cash throw-off
Überschuß: Betriebsüberschuß operating surplus
Überschuß: Einzahlungsüberschuß net cash flow
Überschuß: Jahresüberschuß net income for the year
– net profit for the financial year
– profit for the financial year
– profit for the period
– profit for the year
Überschußrechnung cash basis accounting
übersetzen translate *(foreign language)*
Übersetzung translation *(foreign language)*
Übersicht: buchhalterische Übersicht accounting statement
Übersicht: Ergebnisübersicht statement of results
Übersicht: Vergleichsübersicht comparative statement
Übersicht: Vermögensübersicht statement of assets and liabilities
Übersicht: zusammenfassende Übersicht summary statement
Überstunde extra hour
Überstunden overtime
Überstundenvergütung overtime pay
– overtime payment
übertariflich in excess to collective agreement

Übertrag amount carried forward
– balance brought forward
– balance carried forward
– carryforward
– carrying forward
– carryover
Übertrag auf neue Rechnung brought forward to new account
übertragbar negotiable
– transferable
übertragbar: durch Indossament übertragbar negotiable by endorsement
übertragbares Akkreditiv transferable credit
Übertragbarkeit transferability
übertragen carry over
– convey
– transfer
übertragen: Befugnisse übertragen {auf} delegate power {to}
übertragen: Eigentum übertragen transfer property
– transfer title
übertragen: rückübertragen retransfer
übertragen: Urlaub auf das nächste Jahr übertragen carry over vacation to the following year
übertragen: Verluste übertragen surrender losses
– transfer losses
Übertragender transferrer
Übertragung assignment
– conveyance
– transfer
Übertragung: Eigentumsübertragung ownership transfer
– transfer of ownership
– transfer of property
– transfer of title
Übertragung: Rechtsübertragung transfer of rights
Übertragung: Rückübertragung reassignment
– retransfer
Übertragung: schenkungsweise Übertragung gratuitons transfer
Übertragung: Stimmrechtsübertragung proxy
Übertragung: Verlustübertragung loss surrender
– loss transfer
Übertragung von Anteilen transfer of shares
Übertragungsbilanz transfer balance sheet
Übertragungsgewinn transfer gain
Übertragungsurkunde deed
Übertretung: Gesetzesübertretung *BE* offence
– *AE* offense
Überversicherung overinsurance
Überwachung monitoring
– surveillance
Überwachung: Kreditüberwachung credit control
– credit surveillance
überweisen remit
– transfer
Überweisung remittance
– transfer
Überweisung: Banküberweisung bank remittance
– bank transfer
Überweisungsbeschluß: Pfändungs- und Überweisungsbeschuß order of attachment and transfer of garnished claim
Überweisungsempfänger remittee
überzahlt overpaid
überzahlt: Erstattung überzahlter Steuern refund of overpaid taxes
überzahlte Steuern overpaid tax
Überzahlung overpayment
überzeichnet oversubscribed
Überzeichnung oversubscription
überziehen: Kredit überziehen {um} exceed credit {by}
– overdraw credit {by}
Überziehung overdraft
Überziehung: Kontoüberziehung overdraft
– overdrawing
Überziehung: Kreditüberziehung credit overdrawing
Überziehungsprovision overdraft fee
überzogen overdrawn
Übung: Handelsübung trade custom

U

Ultimoabrechnung end-of-month settlement
um Zahlungsaufschub bitten ask for payment extension
um zu so as to
Umbauten: Gebäude einschließlich Ein- und Umbauten buildings and improvements
umbuchen rebook
– repost
– transfer to another account
Umbuchung rebooking
– reposting
– transfer to another account
Umdeutung eines nichtigen Rechtsgeschäfts conversion of a void transaction into a valid one
Umfang der Sorgfaltspflicht scope of duty of care
Umfang der Vertretungsbefugnis scope of authority
Umfang der Vollmacht scope of authority
umfassen comprise
– embrace
umfassend ample
– far-flung
umgangssprachlicher Begriff colloquial term
umgehen: Steuern umgehen avoid taxes
Umgehung: Gesetzesumgehung circumvention of the law
– evasion of the law
Umgehung: Steuerumgehung tax circumvention
Umgehung: Steuerumgehungskonstruktion tax circumvention device
Umgehungsmodell: Steuerumgehungsmodell tax circumvention scheme
umgekehrte Maßgeblichkeit reverse authority *(accounting principles must be adopted in the financial statements in order for them to be accepted in the tax accounts)*
umgestalten repackage
Umgestaltung *(zB von Finanzinstrumenten)* repackaging
umgliedern reclassify
Umgliederung reclassification
umkassifizieren reclassify
Umkehr der Beweislast reversal of the burden of proof
Umkehrschluß argumentum e contrario
– converse argument
Umklassifizierung reclassification
Umlage allocation
– assessment
Umlage: Kostenumlage cost allocation
Umlageschlüssel allocation key
Umlagevertrag: Kostenumlagevertrag cost sharing agreement
Umlauf circulation
umlaufend in circulation
umlauffähig negotiable
Umlaufkosten circulation costs
Umlaufkosten: Wechselumlaufkosten bill circulation costs
Umlaufvermögen current assets
Umlaufvermögen: Finanzumlaufvermögen current financial assets
Umlaufvermögen: monetäres Umlaufvermögen current financial assets
Umlaufvermögen: Nettoumlaufvermögen net current assets
– net working capital
– working capital
Umlaufvermögen: sonstige Posten des Umlaufvermögens other current assets
Umlaufvermögen: Wertberichtigung auf Umlaufvermögen valuation allowance for current assets
Umlaufvermögen: Wertpapiere des Umlaufvermögens current investments
– marketable securities
umlegen allocate
– apportion
Umlegung allocation
– apportionment
Ummöglichkeit: vom Gläubiger zu vertretende Unmöglichkeit impossibility attributable to the creditor
umrechnen translate *(foreign currency)*

Umrechnung translation *(foreign currency)*
Umrechnung: Fremdwährungsumrechnung foreign currency translation
– translation of foreign currencies
Umrechnung: Kursumrechnung translation of foreign currencies
Umrechnungsfaktor translation factor
Umrechnungsgewinn foreign currency translation gain
– translation gain
Umrechnungskurs exchange rate
– foreign exchange rate
Umrechnungsverlust translation loss
Umsatz sales
– turnover
Umsatz: Binnenumsätze domestic sales
Umsatz: Bruttoergebnis vom Umsatz gross profit (loss) on sales
Umsatz: Bruttoumsatz gross sales
– gross turnover
Umsatz: Bruttowarenumsatz gross sales
Umsatz: Gesamtumsatz total sales
– *BE* total turnover
Umsatz: Hilfsumsatz incidental transaction
Umsatz: Inlandsumsatz domestic sales
Umsatz: Innenumsätze intercompany sales
– intercompany turnover
– intra-group sales
Umsatz: interner Umsatz intercompany sales
– intra-group sales
Umsatz: Jahresumsatz annual sales
– annual turnover
Umsatz: Konto mit laufenden Umsätzen active account
Umsatz: konzerninterne Umsätze intercompany sales
Umsatz: Konzernumsatz consolidated sales
– group sales
Umsatz: Nettoumsatz net sales
– *BE* net turnover
Umsatz: Reinumsatz net sales
– *BE* net turnover
Umsatz: Rohumsatz gross sales
Umsatz: Selbstkosten des Umsatzes cost of sales
Umsatz: steuerbarer Umsatz taxable supply
Umsatz: steuerpflichtiger Umsatz taxable turnover
Umsatz nach Ländern geographical allocation of turnover
Umsatzausgleichsteuer turnover equalization tax on imported goods
Umsatzbesteuerung value added taxation
Umsatzbilanz statement of account transactions
Umsätze: nichtsteuerbare Umsätze turnover outside the scope of VAT
Umsatzerlös: Außenumsatzerlöse external sales
Umsatzerlös: Bruttoumsatzerlös gross sales revenue
Umsatzerlös: Innenumsatzerlöse *AE* internal sales revenue
– *BE* internal turnover
– proceeds from intercompany sales
Umsatzerlös: Nettoumsatzerlöse *AE* net sales
– *BE* net turnover
Umsatzerlöse *AE* sales
– *AE* sales revenue
– *BE* turnover
Umsatzindex sales index
Umsatzkosten cost of goods sold
– cost of sales
Umsatzkostenverfahren cost of sales format
– operational format
– operations oriented format
umsatzloses Konto dormant account
– inactive account
Umsatzsteuer output tax
– turnover tax
– value added tax
Umsatzsteuer: Ausweis von Umsatzsteuer separate stating of VAT
– stating of VAT
Umsatzsteuer: Börsenumsatzsteuer securities turnover tax

U

– stamp duty on stock exchange transfers
– stock exchange turnover tax
Umsatzsteuer: Einfuhrumsatzsteuer turnover tax on imports
Umsatzsteuer: Einfuhrumsatzsteuerwert basis for assessing VAT on imports
Umsatzsteuerausweis stating of VAT
Umsatzsteuerbefreiung VAT exemption
Umsatzsteuer-Durchführungsverordnung *UStDV* Value Added Tax Implementation Ordinance
Umsatzsteuererklärung value added tax return
Umsatzsteuerfreiheit exemption from VAT
Umsatzsteuergesetz *UStG* Value Added Tax Act
Umsatzsteueroption option to tax
– option to VAT
Umsatzsteuerpflicht liability for VAT
umsatzsteuerpflichtig subject to VAT
Umsatzsteuerprüfung VAT audit
Umsatzsteuerrecht VAT law
Umsatzsteuerrückvergütung VAT tax refund
Umsatzsteuersatz VAT rate
Umsatzsteuersatz: gesetzlicher Umsatzsteuersatz statutory VAT rate
Umsatzsteuersatz: normaler Umsatzsteuersatz standard VAT rate
Umsatzsteuersatz: reduzierter Umsatzsteuersatz reduced VAT rate
Umsatzsteuerschuld VAT liability
Umsatzsteuervergütung VAT refund
Umsatzsteuervoranmeldung monthly VAT return
– monthly/quarterly preliminary VAT self-assessment return
– monthly/quarterly VAT return
– quarterly VAT return
– VAT declaration on a monthly/quarterly basis
– VAT return on a monthly/quarterly basis
Umsatzsteuervoranmeldung: monatliche Umsatzsteuervoranmeldung monthly VAT declaration
Umsatzsteuervoranmeldung: vierteljährliche Umsatzsteuervoranmeldung quarterly VAT declaration
Umsatzsteuerzahllast net VAT payable
Umsatzverhältnis turnover ratio
umschichten: Kapital umschichten recapitalize
Umschlag: Debitorenumschlag receivables turnover
Umschlag: Kreditorenumschlag payables turnover
Umschlag: Lagerumschlag inventory turnover
Umschlagshäufigkeit turnover rate
Umschlagshäufigkeit: Forderungsumschlagshäufigkeit debtor/sales ratio
Umschlagshäufigkeit: Kreditorenumschlagshäufigkeit payables turnover rate
Umschlagshäufigkeit: Lagerumschlagshäufigkeit inventory turnover rate
– rate of inventory turnover
Umschreibung circumscription
umschulden reschedule debt
– restructure debt
Umschuldung debt rescheduling
– debt restructuring
umsetzen transpose
umsetzen: ins deutsche Recht umsetzen transpose into German law
Umsetzung transposition
Umsetzung einer Richtlinie implementation of a directive
Umsetzung ins deutsche Recht {durch} transposition into German law {by means of}
Umstand: erschwerende Umstände aggravating circumstances
Umstände circumstances
Umstände: den Umständen nach considering
Umstände: mildernde Umstände zubilligen allow extenuating circumstances

Umstellung change-over
– conversion
– reorganization
– restructuring
umstritten disputed
– moot
umstrukturieren: Kapital umstrukturieren recapitalize
Umstrukturierung reorganization
– restructuring
Umverteilung redistribution
umwandeln convert
Umwandlung: steuerbegünstigte Umwandlung tax-privileged conversion
Umwandlung {in} conversion {into}
Umwandlungsbilanz balance sheet as of the effective date of conversion
– conversion balance sheet
– reorganization balance sheet
Umwandlungsgesetz Reorganization Act
Umwandlungssteuergesetz Reorganization Tax Act
Umweltrechnungslegung environmental accounting
Umweltrecht environmental law
Umweltschutz environmental protection
umziehen {nach} move {to}
Umzugskosten moving expenses
unabhängig {davon} separately {therefrom}
unabhängig {von} independent {of}
unabhängige Wirtschaftsprüfungsgesellschaft independent accounting firm
unabhängiger Berater outside advisor
unabhängiger Gutachter outside expert
unabhängiger Prüfer external auditor
– outside auditor
unabhängiger Sachverständiger independent expert
unanfechtbarer Steuerbescheid uncontestable tax assessment notice
Unanfechtbarkeit incontestability
unanwendbar inoperative
unanwendbar {auf} inapplicable {to}
Unanwendbarkeit inapplicability
unausgeglichen outstanding *(invoice, debt)*
unbar non-cash
unbare Geschäftsvorfälle non-cash transactions
unbebaute Grundstücke undeveloped land
– undeveloped real estate
– *AE* unimproved properties
– vacant land
unbedenklich unobjectionable
Unbedenklichkeitsbescheinigung certificate of non-objection
– clearance certificate
unbedeutend petty
unbedeutsam legally irrelevant
unbefangen impartial
– unbiased
– unbiassed
unbefristet open-end
unbefristeter Arbeitsvertrag contract of employment for an indefinite period of time
unbeglichen outstanding *(invoice, debt)*
unbegrenzt: zeitlich unbegrenzt perpetual
unbegründet unfounded
– without grounds
unbelastet unencumbered
unbelastetes Eigentum {an/am} good title {to}
– unencumbered title {to}
unberechtigt unauthorized
– unentitled
– unjustified
unbeschadet notwithstanding
unbeschränkt haftender Gesellschafter general partner
unbeschränkt Steuerpflichtiger permanent resident
– resident
unbeschränkte Erbenhaftung unlimited liability of the heir
unbeschränkte Haftung unlimited liability
unbeschränkte Steuerpflicht assessment of taxes on worldwide income
– comprehensive tax liability

U

– liability to tax on a worldwide basis
– resident taxation
unbeschränkte Vollmacht unlimited power of attorney
unbestimmt indeterminate
unbeteiligter Dritter bystander
unbewegliche Sachen immovable property
– immovables
unbewegliches Vermögen immovable property
– immovables
– real estate
– real property
– realty
unbewegliches Vermögen: Einkünfte aus unbeweglichem Vermögen income from real property
unbewegtes Konto dead account
– dormant account
– inactive account
unbezahlt outstanding *(unpaid)*
– unpaid
unbezahlte Steuern unpaid tax
unbezahlter Urlaub unpaid leave
unbillig inequitable
Unbilligkeit inequity
undurchsetzbar unenforceable
Undurchsetzbarkeit unenforceability
unecht bogus
unechtes Factoring factoring with recourse
uneheliche Abstammung illegitimate descent
uneidliche Aussage unsworn statement
uneinbringliche Forderung: Ausbuchen einer uneinbringlichen Forderung bad debt write-off
uneinbringliche Forderung: Wertberichtigung auf uneinbringliche Forderungen allowance for uncollectible accounts
uneinbringliche Forderungen bad debts
– uncollectible accounts
– uncollectible receivables
– uncollectibles
uneinbringliches Darlehen bad debt
– bad loan
uneingeschränkter Bestätigungsvermerk clean opinion
– unqualified audit certificate
– unqualified audit opinion
unendliche Annuität perpetual annuity
unentgeltlich free of charge
– gratuitous
– non-compensated
– uncompensated
unentschieden abeyant
Unentschiedenheit abeyance
unerlaubte Handlung tort
unerlaubte Handlung: Anspruch aus unerlaubter Handlung tort claim
unerlaubte Handlung: Recht der unerlaubten Handlungen law of torts
unerlaubte Handlung: Schadenersatz wegen unerlaubter Handlung damages in tort
unerlaubte Handlung begehen commit a tort
unerledigt outstanding *(undone)*
unfähig incapacitated
Unfallflucht absconding after an accident
Unfallverhütung prevention of accidents
Unfallversicherung accident insurance
– *(betrieblich)* industrial injuries insurance
– *(privat)* personal accident insurance
– *(betrieblich) AE* workman's compensation insurance
Unfallversicherung: Betriebsunfallversicherung industrial injuries insurance
unfertig *AE* in process
– *BE* in progress
– unfinished
unfertige Erzeugnisse semi-finished goods
– unfinished goods
– unfinished products
– *AE* work in process *WIP*
– *BE* work in progress
unfertige Erzeugnisse: Abschreibungen auf unfertige Erzeugnisse

AE inventory adjustments - work in process
– write-down on finished goods
unfertige Erzeugnisse: Bestand an unfertigen Erzeugnissen *BE* work-in-progress inventory
unfertige Leistungen unfinished goods or services
– *AE* work in process *WIP*
– *BE* work in progress
unfertiges Erzeugnis: Bestand an unfertigen Erzeugnissen *AE* work-in-process inventory
unfrei: Fracht unfrei freight payable at destination
ungebührliche Beeinflussung undue influence
ungebundene Rücklagen unappropriated reserves
ungedeckt naked
ungelernter Arbeiter unskilled worker
ungerecht unjust
ungerechtfertigte Bereicherung enrichment without cause
– unjust enrichment
ungerechtfertigte Steuervorteile unjustified tax advantages
Ungerechtigkeit injustice
ungesetzlich illegal
– unlawful
ungesichert unsecured
ungesicherter Gläubiger unsecured creditor
ungeteilt entire
ungeteilter Nachlaß undivided estate
ungewiß contingent
ungewisse Schulden contingent debt
ungewisse Verbindlichkeit contingent liability
ungewisse Verbindlichkeit: Rückstellung für ungewisse Verbindlichkeiten provision for contingencies
ungültig invalid
ungültig: rechtsungültig invalid
– legally invalid
ungültig: Vertrag für ungültig erklären set aside an agreement
Ungültigkeitserklärung der Ehe annulment of marriage
Universalbank universal bank
Universalerbe sole heir
– universal heir
Universalsukzession universal succession
unkenntlich machen deface
Unkenntlichmachen defacement
unkodifiziertes Recht Common Law
Unkosten expenses
unkündbar perpetual
– unterminable
unlauterer Wettbewerb unfair competition
unleserlich machen deface
unmißverständlich unequivocal
unmittelbar direct
unmittelbar anwendbares Recht self-executing law
unmittelbar gehalten directly held
unmittelbarer Besitz actual possession
– physical possession
Unmöglichkeit: anfängliche Unmöglichkeit initial impossibility
– orginal impossibility
Unmöglichkeit: nachträgliche Unmöglichkeit subsequent impossibility
Unmöglichkeit: rechtliche Unmöglichkeit legal impossibility
Unmöglichkeit: tatsächliche Unmöglichkeit impossibility in fact
Unmöglichkeit: vom Schuldner zu vertretende Unmöglichkeit impossibility caused by the fault of the debtor
Unmöglichkeit der Leistung impossiblility of performance
unparteiisch impartial
– unbiased
– unbiassed
Unparteilichkeit impartiality
unpfändbar unseizable
unpfändbarer Lohn wage exempt from garnishment
unproduktiv unproductive
unproduktive Aktiva dead assets
unrealisierter Ertrag unrealized revenue
Unrecht injustice

U

– wrong
Unrecht: zu Unrecht unjustly
– wrongfully
unrechtmäßiger Besitzer unlawful possessor
unrichtige Angaben misrepresentation
unschädlich: steuerunschädlich tax neutral
Unschädlichkeit: Steuerunschädlichkeit tax neutrality
unselbständige Arbeit dependent personal services
untauglicher Versuch unsuitable attempt
unten below
– infra
unter Ausschluß der Öffentlichkeit behind closed doors
– in closed session
unter Berücksichtigung von Steuern net of tax
unter Bezugnahme auf by reference to
unter Bezugnahme auf nationales Recht auslegen construe by reference to domestic law
– interpret by reference to domestic law
unter dem Strich below the line
unter dem Vorbehalt, daß with the reservation that
unter der Voraussetzung, daß on the condition that
– provided that
– subject to
unter die Zuständigkeit fallen {von} come within the competence {of}
unter ein Gesetz fallen governed by law
unter einheitlicher Leitung under common control
unter Inflationsbedingungen under presence of inflation
unter Lebenden inter vivos
unter Lebenden: Schenkung unter Lebenden gift inter vivos
– lifetime transfer
unter Nennwert at a discount
– below par
unter Verletzung {von} in contravention {of}
– in violation {of}
unter Vorbehalt der Nachprüfung with reservation as to verification
unter zollamtlichem Verschluß bonded
– in bond
unter Zollverschluß liegend bonded
– in bond
unter Zwang under coercion
Unterabschreibung underdepreciation
Unterbeschäftigung subnormal capacity usage
Unterbeschäftigung: Kosten der Unterbeschäftigung negative volume variance
– unabsorbed overhead
Unterbeschäftigungskosten negative volume variance
– unabsorbed overhead
Unterbeteiligter subparticipant
Unterbeteiligung subparticipation
– *(typisch)* subparticipation not taxed as partnership
– *(atypisch)* subparticipation taxed as partnership
– subpartnership
Unterbeteiligung: atypische Unterbeteiligung *(Personengesellschaftsanteil)* subparticipation taxed as partnership
Unterbeteiligung: typische Unterbeteiligung subparticipation not taxed as partnership
unterbewerten underprice
– understate
– undervalue
unterbewertet undervalued
Unterbewertung underpricing
– understating
– undervaluation
Unterbilanz adverse balance
Unterbrechung: Betriebsunterbrechung business interruption
Unterbrechung der Verjährung interruption of the running of the statute of limitations

Unterbrechung einer Frist interruption of a term
Unterbringung accommodation
Unterdrückung suppression
Unterdrückung von Tatsachen concealment of facts
– suppression of facts
untere Einkommensgruppen lower income brackets
– lower income groups
Untereinheit: wirtschaftliche Untereinheit economic subunit
Untergang: Risiko des zufälligen Untergangs der Sache risk of accidental loss of the good
Untergang: zufälliger Untergang accidental destruction
– accidental perishing
Untergang einer Sache destruction of a thing
– perishing of a thing
Untergang von Waren destruction of goods
– perishing of goods
Untergebener subordinate
untergehen perish
untergeordnet subordinate
untergeordnetes Gericht inferior court
– lower court
Untergesellschaft: Veräußerung durch die Ober- an die Untergesellschaft downstream sale
Unterhalt maintenance
Unterhalt: Kindesunterhalt child support
unterhalten: Konto unterhalten keep an account
– maintain an account
Unterhaltsaufwendungen *(für geschiedenen oder dauernd getrennt lebenden Ehegatten)* alimony
– *(für geschiedenen oder dauernd getrennt lebenden Ehegatten)* alimony deduction
– *(Kind)* child support
Unterhaltsleistungen *(an geschiedenen oder dauernd getrennt lebenden Ehegatten)* alimony
– *(an geschiedenen oder dauernd getrennt lebenden Ehegatten)* alimony payment
– *(Kind)* child support
Unterhaltspflicht obligation to provide maintenance
– obligation to support
Unterhaltspflicht: gesetzliche Unterhaltspflicht statutory obligation to support
unterhaltspflichtig responsible for maintenance
Unterhaltszahlung *(an geschiedenen oder dauernd getrennt lebenden Ehegatten)* alimony
– *(an geschiedenen oder dauernd getrennt lebenden Ehegatten)* alimony payment
– *(Kind)* child support
– *(Kind)* child support payment
unterjährig during the course of the year
unterkapitalisiert undercapitalized
Unterkapitalisierung thin capitalization
– undercapitalization
Unterkonto detail account
– subaccount
– subsidiary account
Unterlagen documents
– records
unterlassen forbear
– omission
– omit
unterlassen: Handlung unterlassen refrain {from}
unterlassen: Rückstellung für unterlassene Aufwendungen für Instandhaltung provision for deferred repairs and maintenance
unterlassene Abschreibungen depreciation shortfall
unterlassene Instandhaltung deferred maintenance
Unterlassung forbearance
– omission
Unterlassungsdelikt crime by omission
Unterlassungsklage action for an injunction

U

unterlegene Partei unsuccessful party
unterliegen be subject to
unterliegen: der Besteuerung unterliegen attract taxation
– be subject to taxation
unterliegen: der Einkommensteuer unterliegen be subject to income tax
unterliegen: der Steuer unterliegen be subject to tax
unterliegen: Verjährungsfrist von 4 Jahren unterliegen be subject to a limitation period of four years
unterliegend subject to
unterliegend: der Besteuerung unterliegend subject to taxation
Untermiete sublease
Untermieter sublessee
– sublessor
– subtenant
Unternehmen business
– concern
– enterprise
– *BE* undertaking
Unternehmen: Besteuerung gewerblicher Unternehmen taxation of businesses
Unternehmen: Bundesunternehmen federal enterprise
Unternehmen: eingegliedertes Unternehmen integrated corporation
Unternehmen: Einzelunternehmen individual proprietorship
– sole proprietorship
– *BE* sole trader enterprise
– *BE* sole tradership
Unternehmen: Familienunternehmen family-held enterprise
Unternehmen: Gemeinschaftsunternehmen joint venture
– joint venture enterprise
Unternehmen: Gruppe von verbundenen Unternehmen group of associated companies
Unternehmen: Konzernunternehmen group company
Unternehmen: laufendes Unternehmen going business
Unternehmen: notleidendes Unternehmen distressed enterprise
Unternehmen: verbundenes Unternehmen affiliate
– affiliated company
– associated company
– associated enterprise
– related company
Unternehmen: Versorgungsunternehmen utility
Unternehmensberater management consultant
Unternehmensbesteuerung business taxation
Unternehmensbilanz balance sheet of business
Unternehmensfortführungsprinzip going concern principle
Unternehmensgegenstand nature and purpose of the business
Unternehmensgewinne business profits
Unternehmensgröße size of firm
Unternehmensgruppe group of companies
Unternehmensgruppe: multinationale Unternehmensgruppe multinational group
Unternehmensgruppe: verbundene Unternehmensgruppe affiliated group
unternehmensintern intra-company
– intra-enterprise
Unternehmenskauf mit anschließendem Verkauf von Teilen des erworbenen Unternehmens asset stripping
Unternehmensnachfolge business succession
Unternehmenssparte business line
– business unit
unternehmensspezifischer Wert value to the business
Unternehmensübernahme takeover
Unternehmensverkauf sale of business
Unternehmenswert bei Fortführung going concern value
Unternehmenszerschlagung business breakup

Unternehmenszusammenbruch business failure
Unternehmenszusammenschluß business combination
- combine
Unternehmer entrepreneur
Unternehmer: Einzelunternehmer sole proprietor
Unternehmer: Generalunternehmer general contractor
Unternehmer: Subunternehmer subcontractor
unternehmerisch business
Unternehmung enterprise
Unternehmung: Rechnungswesen der Unternehmung business accounting
Unterschlagung defalcation
- embezzlement
- misappropriation
unterschreiben underwrite
unterschreiben: blanko unterschreiben sign a blank document
- sign in blank
Unterschrift signature
Untersuchung investigation
Untersuchungsausschuß investigation committee
Untersuchungshaft pre-trial confinement
untervermieten sublease
- *BE* sublet
Untervermietung subleasing
- *BE* subletting
Unterversicherung underinsurance
Untervertreter subagent
unterwegs befindliche Ware goods in transit
- merchandise in transit
unterwerfen subject to
unterwerfen {unter} submit {to}
Unterwerfung {unter} submission {to}
untilgbar irredeemable
- perpetual
Untreue defalcation
unveräußerliche Rechte inalienable rights
unverbindlich of no binding force
- without obligation
unverbindlich: Vertrag für unverbindlich erklären repudiate
unvereinbar {mit} incompatible {with}
Unvereinbarkeit incompatibility
unvererblich not inheritable
unverkürzte Bilanz uncondensed balance sheet
unverkürzte Gewinn- und Verlustrechnung uncondensed profit and loss statement
unverletzlich inviolable
Unverletztlichkeit der Wohnung inviolability of the home
unvermeidbar inevitable
unversteuert untaxed
unversteuerte Rücklagen untaxed reserves
unverteilt undistributed
unverteilte Gewinne undistributed profits
unverzinsliches Darlehen interest-free loan
- loan without interest
unverzollt in bond
unverzüglich without delay
unvoreingenommen impartial
- unbiased
- unbiassed
unvorhersehbar unforeseeable
Unvorhersehbarkeit unforeseeability
unwesentlicher Bestandteil eines Grundstückes fixtures
unwiderlegbare Vermutung irrebuttable presumption
unwiderleglich irrefutable
unwiderlegliche Vermutung irrefutable presumption
unwiderruflich irrevocable
unwiederbringlich irreparable
unwirksam ineffective
- inoperative
unwirksam: für unwirksam erklären set aside
unwirksam: rechtsunwirksam invalid
- legally invalid
- void
Unwirksamkeit ineffectiveness
Unwirksamkeit: Rechtsunwirksamkeit invalidity

unwürdig: erbunwürdig unworthy to inherit
Unwürdigkeit: Erbunwürdigkeit unworthiness to inherit
unzulässig impermissable
- inadmissible
- undue
- unlawful
unzulässige Beeinflussung undue influence
unzulässige Einflußnahme undue influence
Unzulässigkeit inadmissibility
- unlawfulness
unzumutbar unreasonable
Unzurechnungsfähigkeit mental incapacity
unzureichend inadequate
- insufficient
Unzuständigkeit incompetence
- lack of competence
Unzuständigkeit: Einrede der Unzuständigkeit plea as to jurisdiction
Uraufzeichnungen records of original entry
Urbeleg source document
Urheberrecht copyright
- copyright law
Urheberrechtsinhaber copyright owner
Urheberrechtslizenz copyright royalty
Urheberrechtsverletzung copyright infringement
- infringement of copyright
Urkund dessen in witness thereof
- witnesseth
Urkunde deed
- document
- instrument
Urkunde: Abtretungsurkunde assignment deed
- deed of assignment
Urkunde: Aktienurkunde share certificate
Urkunde: Berufsurkunde professional certificate
Urkunde: Beweisurkunde documentary evidence
Urkunde: Eigentumsurkunde certificate of title
Urkunde: förmliche Urkunde deed
Urkunde: Grundeigentumsurkunde real estate deed
Urkunde: Gründungsurkunde articles
- articles of incorporation
- certificate of incorporation
- charter
- corporate charter
Urkunde: öffentliche Urkunde public document
Urkunde: Privaturkunde private document
Urkunde: Ratifikationsurkunde instrument of ratification
Urkunde: Übertragungsurkunde deed
Urkunde: Verzichtsurkunde deed of renunciation
Urkunde: Vollmachtsurkunde document conferring authority
- letter of authorization
- power of attorney *P/A*
Urkunde: vollstreckbare Urkunde executory title
Urkundenbeweis documentary evidence
Urkundenfälschung falsification of documents
Urkundenprozeß proceedings restricted to documentary evidence
urkundlicher Nachweis eines dinglichen Rechts title
Urlaub holidays
- vacation
Urlaub: bezahlter Urlaub paid vacation
Urlaub: Mutterschaftsurlaub maternity leave
Urlaub: unbezahlter Urlaub unpaid leave
Urlaub auf das nächste Jahr übertragen carry over vacation to the following year
Urlaubsanspruch right to paid vacation
Urlaubsgeld holiday bonus
- holiday pay

– vacation bonus
– vacation pay
Urlaubsrückstellungen vacation provisions
Ursache cause
ursächlich causal
ursprünglichen Zustand wiederherstellen restore the original conditions
Ursprungsland country of origin
Ursprungslandprinzip country-of-origin principle
– origin system
Ursprungsprinzip origin principle
Ursprungszeugnis certificate of origin
Urteil decision
– decree
– judgment
– ruling *(court)*
Urteil: abweisendes Urteil adverse judgment
Urteil: Aufhebung eines Urteils reversal of a judgment
Urteil: berufungsfähiges Urteil appealable judgment
Urteil: Finanzgerichtsurteil fiscal court judgment
– tax court judgment
Urteil: Gerichtsurteil court decision
– court judgment
– court ruling
– judgment
– judicial decision
Urteil: Jury-Urteil verdict
Urteil: rechtskräftiges Urteil final and conclusive judgment
– final judgment
Urteil: richterliches Urteil court judgment
– judgment
Urteil: Steuergerichtsurteil fiscal court judgment
– tax court judgment
Urteil: vollstreckbares Urteil enforceable judgment
Urteil: Zustellung eines Urteils service of a judgment
Urteil: Zwangsvollstreckung eines Urteils enforcement of a judgment
Urteil aufheben overrule a case
– set aside a judgment
– vacate a judgment
Urteil für vorläufig vollstreckbar erklären declare a judgment to be provisionally enforceable
Urteil vollstrecken execute a judgment
Urteil zustellen {an} serve a judgment {upon}
Urteilsaufhebung vacation of a judgment
Urteilsverkündung delivery of a judgment
– pronouncement of judgment
Usance usage
USt Umsatzsteuer *(value added tax)*
UStDV Umsatzsteuer-Durchführungsverordnung *(Value Added Tax Implementation Ordinance)*
UStG Umsatzsteuergesetz *(Value Added Tax Act)*

V

variabel verzinsliche Anleihe floater
– floating rate note
variable Kosten variable costs
variabler Zins floating rate
– floating rate interest
– variable rate
variables Kapitalkonto variable capital account
Vaterschaft paternity
verabschieden: Gesetz verabschieden pass a bill
Veralterung obsolescence
Veralterung: Abschreibung wegen technischer Veralterung write-down due to technical obsolescense
veraltet obsolete
Veränderung change
Veränderung der Rücklagen change in reserves
veranlagen assess
– levy
veranlagen: getrennt veranlagen assess separately
veranlagende Behörde tax-assessing authority

veranlagt assessed
veranlagt: laufend veranlagte Steuern currently assessed taxes
veranlagt: zur Einkommensteuer veranlagt werden be assessed for income taxes
veranlagte Steuern assessed taxes
veranlagter Wert assessed value
Veranlagung assessment
Veranlagung: Änderung einer bestandskräftigen Veranlagung reopening of an assessment
Veranlagung: Änderung einer Veranlagung reopening of an assessment
Veranlagung: Berichtigungsveranlagung adjusted assessment
– adjusting assessment
Veranlagung: Durchführung einer Veranlagung levying of an assessment
Veranlagung: endgültige Veranlagung final assessment
Veranlagung: getrennte Veranlagung separate assessment
– separate return
Veranlagung: Neuveranlagung reassessment
Veranlagung: Selbstveranlagung self-assessment
Veranlagung: steuerliche Veranlagung tax assessment
Veranlagung: Steuerveranlagung tax assessment
Veranlagung: Vorausveranlagung advance assessment
Veranlagung: vorläufige Veranlagung preliminary assessment
Veranlagung: Vornahme einer Veranlagung levying of an assessment
Veranlagung: Zusammenveranlagung joint assessment
– joint return
– joint tax return
Veranlagungsbescheid tax assessment notice
Veranlagungsgrundlage basis of assessment
Veranlagungsjahr assessment year
Veranlagungssteuern assessed taxes
Veranlagungsverfahren assessment procedure
Veranlagungsverfahren: Steuerveranlagungsverfahren tax assessment procedure
Veranlagungszeitpunkt assessment date
Veranlagungszeitraum assessment period
veranlassen {zu} cause {to}
verantworten accept responsibility {for}
verantwortlich in charge
verantwortlich {für} accountable {for}
– responsible {for}
Verantwortlicher person in charge
Verantwortlichkeit accountability *(responsibility)*
– responsibility
Verantwortungsbereich scope of responsibility
verarbeiten process
Verarbeiter processor
verarbeitet processed
veräußern alienate
– dispose of
– sell
Veräußerung alienation
– disposition
Veräußerung: Betriebsveräußerung sale of business
Veräußerung: Geschäftsveräußerung sale of business
Veräußerung: Gewinn aus der Veräußerung von Wertpapieren gain on the sale of securities
Veräußerung durch die Ober- an die Untergesellschaft downstream sale
Veräußerung von Vermögenswerten asset disposal
Veräußerungsbilanz balance sheet for sales price determination
Veräußerungsgewinn capital gain
– disposition gain
– gain on disposal
Veräußerungsgewinn: Steuer auf Veräußerungsgewinne capital gains tax

Veräußerungsrente annuity in consideration of property alienation
Veräußerungsverlust capital loss
– loss on disposal
Veräußerungswert disposal value
– sales value
Verband association
Verband: Arbeitgeberverband association of employers
– employers' association
Verband: Berufsverband professional association
Verband: Fachverband trade association
Verband: Prüfungsverband auditing association
Verband: Revisionsverband auditing association
verbessern enhance
– improve
Verbesserung enhancement
– improvement
verbindlich compulsory
– obligatory
verbindlich: rechtsverbindlich {für} legally binding {on/upon}
verbindlich {für} binding {on/upon}
verbindliche Auskunft advance ruling
– binding ruling
verbindliche Auskunft: Antrag auf Erteilung einer verbindlichen Auskunft ruling request
verbindliches Angebot binding offer
Verbindlichkeit liability
– obligation
Verbindlichkeit: Bankverbindlichkeiten due to banks
Verbindlichkeit: Eventualverbindlichkeit contingency
Verbindlichkeit: fremde Verbindlichkeiten third-party liabilities
Verbindlichkeit: für die Verbindlichkeiten eines anderen einstehen answer for somebody else's debt
Verbindlichkeit: Gesamtverbindlichkeiten total liabilities
Verbindlichkeit: Indossamentsverbindlichkeiten endorsement liabilities
– endorser's liabilities
Verbindlichkeit: kurzfristige Verbindlichkeiten current liabilities
– short-term liabilities
Verbindlichkeit: langfristige Verbindlichkeiten long-term liabilities
– noncurrent liabilities
Verbindlichkeit: Rückstellung für ungewisse Verbindlichkeiten provision for contingencies
Verbindlichkeit: sonstige kurzfristige Verbindlichkeiten other current liabilities
Verbindlichkeit: sonstige Verbindlichkeiten other liabilities
Verbindlichkeit: Steuerverbindlichkeit tax liability
Verbindlichkeit: ungewisse Verbindlichkeit contingent liability
Verbindlichkeit: Wechselverbindlichkeiten bills payable
Verbindlichkeit eingehen incur a liability
– undertake a liability
Verbindlichkeiten accounts payable
– *(Bilanzposten) BE* creditors *(balance sheet account)*
– debt
– debts
– liabilities
– payables
Verbindlichkeiten aus der Annahme gezogener Wechsel und der Ausstellung eigener Wechsel *AE* drafts and notes payable
– *BE* liabilities on bills accepted and drawn
Verbindlichkeiten aus Gewährleistungen liabilities under warranties
Verbindlichkeiten aus Lieferungen und Leistungen accounts payable - trade
– trade accounts payable
– *BE* trade creditors
– trade payables
Verbindlichkeiten aus Pensionsansprüchen pension liabilities
Verbindlichkeiten aus Währungstermingeschäften liabilities on forward exchange contracts
Verbindlichkeiten aus Warenliefe-

V

rungen und Leistungen trade accounts payable
– trade payables
Verbindlichkeiten aus Wechseln bills of exchange payable
Verbindlichkeiten erfüllen meet liabilities
Verbindlichkeiten gegenüber Banken due to banks
– liabilities to banks
Verbindlichkeiten gegenüber Konzernunternehmen due to affiliated companies
Verbindlichkeiten gegenüber Kreditinstituten amounts owed to credit institutions
– bank loans
– *BE* bank loans and overdraft
– due to credit institutions
– liabilities to banks
– liabilities to credit institutions
Verbindlichkeiten gegenüber Unternehmen, mit denen ein Beteiligungsverhältnis besteht *BE* amounts owed to undertakings in which the company has a participating interest
– *AE* payable to enterprises in which the company has a participating interest
Verbindlichkeiten gegenüber verbundenen Unternehmen *BE* amounts owed to group undertakings
– *BE* due to affiliated undertakings
– *AE* payable to affiliated companies
Verbindlichkeiten nachkommen meet obligations
Verbindlichkeiten nicht nachkommen fail to meet obligations
Verbindlichkeitenmethode *(latente Steuern)* liability method *(deferred taxes)*
Verbindung nexus
Verbindung: in Verbindung {mit} in conjunction {with}
Verbleibensvoraussetzung holding requirement
verborgener Mangel hidden defect
– latent defect
Verbot ban {on}
– prohibition
Verbot: Diskriminierungsverbot nondiscrimination rule
Verbot: gesetzliches Verbot statutory prohibition
Verbot: richterliches Verbot *AE* restraining order
Verbot: Rückwirkungsverbot constitutional ban on retroactivity
verboten banned
– prohibited
Verbrauch: Materialverbrauch material consumption
Verbraucherpreisindex consumer price index
Verbraucherschutz consumer protection
Verbrauchsabweichung quantity variance
– usage variance
Verbrauchsgut consumer good
Verbrauchsstoffe *AE* consumable supplies
Verbrauchsteuer consumption tax
– excise duty
– excise tax
– tax on consumption
verbrauchsteuerpflichtig subject to consumption taxes
verbraucht exhausted
Verbrechen crime
– *BE* indictable offence
– *AE* indictable offense
verbreiten disseminate
Verbreitung dissemination
verbriefen securitize
Verbriefung securitization
verbuchen book
– post
– record
verbuchen: als Aufwand verbuchen expense
verbucht: aufwandsverbucht expensed
Verbuchung entry
– posting
verbunden related
verbunden: mit dem damit verbun-

denen Aufwand with the attendant expenses
verbundene Unternehmen: Verbindlichkeiten gegenüber verbundenen Unternehmen *BE* amounts owed to group undertakings
- *AE* payable to affiliated companies

verbundene Unternehmensgruppe affiliated group
verbundenes Unternehmen affiliate
- affiliated company
- associated company
- associated enterprise
- related company

verbundenes Unternehmen: Anteile an verbundenen Unternehmen shares in affiliated companies
- *BE* shares in affiliated undertakings
- *BE* shares in group undertakings

verbundenes Unternehmen: Ausleihungen an verbundene Unternehmen *BE* loans to affiliated companies
verbundenes Unternehmen: davon aus verbundenen Unternehmen *AE* of which from affiliated companies
- *BE* of which relating to group undertakings

verbundenes Unternehmen: Forderungen an verbundene Unternehmen due from affiliated companies
verbundenes Unternehmen: Forderungen gegen verbundene Unternehmen accounts receivable - group
- amounts owed by group companies
- receivables from affiliated companies

verbundenes Unternehmen: Gruppe von verbundenen Unternehmen group of associated enterprises
verbundenes Unternehmen: Verbindlichkeiten gegenüber verbundenen Unternehmen *BE* due to affiliated undertakings
Verdacht suspicion
Verdacht: dringender Verdacht strong suspicion
verdeckt covert
verdeckt Vertretener undisclosed principal
verdeckte Einlage concealed equity contribution
- constructive equity contribution
- informal contribution

verdeckte Gewinnausschüttung constructive dividend
- deemed profit distribution
- disguised profit distribution
- hidden distribution of profits
- hidden profit distribution

verdeckte Stellvertretung undisclosed agency
verdichtet condensed
Verdienstausfall loss of earnings
- *(Gehalt)* loss of salary
- *(Lohn)* loss of wages

Verdrängungspreis predatory price
verdrehen twist
verdrehen: Recht verdrehen twist the law
Verechnungsscheck *BE* crossed cheque
Veredelung: Lohnveredelung contract processing
- job processing
- outside processing
- processing under a job contract

vereidigt sworn
vereidigter Buchprüfer sworn auditor
vereidigter Buchsachverständiger sworn accounting expert
Verein association
- club
- society

Verein: Bankenverein banking association
Verein: nichtrechtsfähiger Verein association without legal capacity
Verein: rechtsfähiger Verein association with legal capacity
vereinbar {mit} compatible {with}
vereinbaren: Gerichtstand vereinbaren stipulate jurisdiction
vereinbaren: vertraglich vereinbaren stipulate
vereinbaren {über} agree {on}
Vereinbarkeit compatibility
vereinbart agreed

V

vereinbart: wie bereits vereinbart as previously agreed {upon}
vereinbart: wie vereinbart as agreed {upon}
Vereinbarung accord
Vereinbarung: gemäß dieser Vereinbarung under this agreement
Vereinbarung: Gesamtvereinbarung package deal
Vereinbarung: Liefervereinbarung supply contract
Vereinbarung: Lizenzvereinbarung *BE* licence agreement
– *AE* license agreement
Vereinbarung: Nebenvereinbarung side agreement
– subsidiary agreement
Vereinbarung: Rangrücktrittsvereinbarung subordination agreement
Vereinbarung: Rückkaufsvereinbarung repurchase agreement
Vereinbarung: Sicherungsvereinbarung collateral contract
Vereinbarung: stillschweigend getroffene Vereinbarung implicit agreement
Vereinbarung: stillschweigende Vereinbarung tacit agreement
Vereinbarung: Vergleichsvereinbarung *(Insolvenzverfahren)* composition agreement
– settlement agreement
Vereinbarung: Verständigungsvereinbarung mutual agreement
Vereinbarung: vertragliche Vereinbarung {über} stipulation {of}
Vereinbarung {über} agreement {on}
– covenant (of/to}
– stipulation {of}
Vereinigung association
Vereinigung: Arbeitsgebervereinigung association of employers
Vereinigung: Personenvereinigung association of persons
– body of persons
Vereinigungsfreiheit freedom of association
vereinnahmte Entgelte: Berechnung der Umsatzsteuer nach vereinnahmten Entgelten cash accounting for VAT
vereinnahmte Mieten received rents
Vereinsrecht law relating to associations
vererbbar hereditary
vererblich inheritable
Verfahren procedure
– proceedings
– process
Verfahren: Finanzgerichtsverfahren fiscal court proceedings
Verfahrensrecht adjective law
– procedural law
Verfahrensregeln rules of procedure
Verfahrensvorschriften procedural requirements
– rules of procedure
Verfall forfeiture
– lapse
Verfall von Verlustvorträgen expiration of unused tax losses
verfallbar forfeitable
verfallen forfeit
– forfeited
– lapse
– lapsed
Verfalltag expiration date
– expiry date
– maturity date
– *(Option)* strike date
Verfalltermin expiration date
– expiry date
– *(Option)* strike date
Verfassung constitution
Verfassungsänderung constitutional amendment
Verfassungsbeschwerde complaint of unconstitutionality
verfassungsmäßig constitutional
verfassungsmäßige Ordnung constitutional order
Verfassungsmäßigkeit constitutionality
Verfassungsrecht constitutional law
verfassungsrechtliches Rückwirkungsverbot constitutional ban on retroactivity
Verfassungswidrigkeit unconstitutionality

verfassungswirdig unconstitutional
verflüssigen realize
Verfolgung: Rechtsverfolgung *(Strafrecht)* prosecution
Verfrachter carrier
verfügbare Mittel liquid funds
verfügen *(amtlich/richterlich)* decree
– dispose
verfügen: letztwillig verfügen dispose by will
verfügen: testamentarisch verfügen dispose by will
Verfügung *(behördlich/gesetzlich/richterlich)* decree
– disposition
– injunction
Verfügung: einstweilige Verfügung injunction
– interim injunction
– *AE* restraining order
– temporary injunction
– *AE* temporary restraining order
Verfügung: gerichtliche Verfügung court order
– injunction
Verfügung: letztwillige Verfügung disposition by will
– last will
Verfügung: Rundverfügung circular decree
Verfügung: testamentarische Verfügung disposition by will
Verfügung von Todes wegen disposition mortis causa
– disposition upon death
Verfügungsbeschränkung restraint on disposal
Verfügungsgewalt power of disposal
– power of disposition
Verfügungsmacht power of disposal
– power of disposition
Vergabe: Fremdvergabe outsourcing
Vergabe von Mitteln allocation of resources
vergeblich to no avail
Vergehen *AE* misdemeanor
– *BE* misdemeanour
Vergehen: Berufsvergehen professional misconduct
Vergeltungsmaßnahme retaliatory measure
Vergewaltigung rape
Vergleich *(mit einem einzelnen Gläubiger)* accord
– comparison
– *(Insolvenzverfahren)* composition
– composition in bankruptcy
– compromise
– settlement
Vergleich: äußerer Preisvergleich external price comparison
Vergleich: außergerichtlicher Vergleich out-of-court settlement
– workout
Vergleich: Bilanzvergleich balance sheet comparison
Vergleich: Drittvergleich dealing-at-arm's-length comparison
Vergleich: Eröffnung des Vergleichs beantragen file a petition for the institution of composition proceedings
Vergleich: externer Vergleich external comparison
Vergleich: gerichtlicher Vergleich court settlement
– settlement in court
Vergleich: im Vergleich {mit/zu} compared {with}
– in comparison {with}
Vergleich: interner Vergleich internal comparison
Vergleich: Streit durch Vergleich beilegen settle a dispute by compromise
Vergleich: Zwangsvergleich *(Insolvenzverfahren)* compulsory composition
– compulsory settlement
Vergleich: zwischenbetrieblicher Vergleich interfirm comparison
Vergleich anmelden petition for the institution of composition proceedings
Vergleich schließen compound
– compromise
– settle
vergleichbar {mit/zu} comparable {with/to}
Vergleichbarkeit comparability

V

Vergleichbarkeitsanalyse comparability analysis
vergleichen {mit} compare {with}
vergleichend comparative
vergleichende Steuerlehre comparative tax science
Vergleichs... comparative ...
Vergleichsantrag petition for instituting composition proceedings
– petition to institute composition proceedings
Vergleichsbilanz statement of affairs
– statement of affairs in composition proceedings
Vergleichsdaten comparative data
Vergleichseröffnung institution of composition proceedings
Vergleichseröffnungsantrag petition for institution of composition proceedings
Vergleichsforderung Law on Composition Proceedings
– liquidated demand
Vergleichsgericht court for composition proceedings
Vergleichsgewinn *(Insolvenzverfahren)* composition gain
Vergleichsgewinnbandbreite comparable profit intervall
Vergleichsgläubiger creditor in composition proceedings
Vergleichsordnung Composition Act
– Law on Composition Proceedings
Vergleichsquote composition dividend
– composition quota
– dividend in composition
– settlement quota
Vergleichsrechnung comparative calculation
Vergleichsschuldner debtor in composition proceedings
Vergleichsstatus statement of affairs in composition proceedings
Vergleichstermin hearing date in composition proceedings
– hearing in composition proceedings
Vergleichsübersicht comparative statement
Vergleichsvereinbarung *(Insolvenzverfahren)* composition agreement
– settlement agreement
Vergleichsverfahren composition proceedings
Vergleichsverfahren: Eröffnung des Vergleichsverfahrens opening of composition proceedings
Vergleichsverhandlungen settlement negotiations
– settlement talks
Vergleichsverwalter administrator in composition proceedings
– trustee in composition proceedings
Vergleichsvorschlag composition proposal
– proposal for settlement
vergleichsweise Erfüllung accord and satisfaction
Vergleichswert base value
– comparative value
Vergleichszahlen benchmark figures
– comparative figures
Vergnügungsteuer amusement tax
Vergünstigung: Abkommensvergünstigung treaty relief
Vergünstigung: Abkommensvergünstigungen treaty benefits
Vergünstigung: Abschreibungsvergünstigungen depreciation privileges
Vergünstigung: personenbezogene Vergünstigungen personal allowances and reliefs
Vergütung compensation
– compenstion
– emolument
– fee
– *(Rückerstattung)* reimbursement
– remuneration
Vergütung: Aufsichtsratsvergütungen directors' fees
– supervisory board members' fees
Vergütung: Geschäftsleitungsvergütung management fee
Vergütung: Rückvergütung *(gesamtumsatzabhängig)* quantity discount
Vergütung: Steuervergütung tax refund

Vergütung: Überstundenvergütung overtime pay
– overtime payment
Vergütung: Verwaltungsratsvergütungen directors' fees
Vergütung: Vorsteuervergütung input tax refund
– input VAT refund
Vergütung: Vorsteuervergütungsverfahren input VAT refund procedure
Vergütungsanspruch refund claim
– reimbursement claim
Vergütungsbescheid: Steuervergütungsbescheid tax refund notice
Vergütungsverfahren: Vorsteuervergütungsverfahren input tax refund procedure
– input VAT refund procedure
Verhalten conduct
verhalten: sich treuwidrig verhalten act disloyally
verhaltensbedingte Kündigung dismissal caused by misconduct
Verhaltensregeln *AE* code of behavior
– *BE* code of behaviour
Verhältnis: Beteiligungsverhältnis shareholding relationship
Verhältnis: Dienstverhältnis employment relationship
Verhältnis: Dreiecksverhältnis triangular relationship
Verhältnis: im Verhältnis {zu} in proportion {to}
– in relation {to}
– pro rata
– proportionate {to}
Verhältnis: Treuhandverhältnis trust arrangement
Verhältnis: Umsatzverhältnis turnover ratio
Verhältnis: vertragliches Verhältnis privity of contract
Verhältnis: Zinsdeckungsverhältnis interest coverage ratio
verhältnismäßig proportional
– proportional {to}
Verhältnisse: Einkommensverhältnisse income means
Verhältnisse: finanzielle Verhältnisse financial conditions
Verhältniswahlsystem proportional voting system
verhandeln negotiate
Verhandlung court hearing
– hearing
– negotiation
– trail
– trial
Verhandlung: in nicht öffentlicher Verhandlung hearing in camera
Verhandlung: in öffentlicher Verhandlung hearing in open court
Verhandlung: Kollektivvertragsverhandlungen collective bargaining
Verhandlung: mündliche Verhandlung hearing
Verhandlung: Vergleichsverhandlungen settlement negotiations
– settlement talks
Verhandlung: Vertragsverhandlungen contract negotiations
Verhandlungspaket package deal
Verhandlungsposition bargaining power
verhängen: Sanktionen verhängen impose sanctions
verhängen: Strafe verhängen inflict a punishment
Verheimlichung suppression
verheiraten get married
verheiratet married
verhindern prevent
Verhinderung prevention
Verhör interrogation
Verhör: Kreuzverhör cross-examination
verhören interrogate
Verhütung prevention
verjähren become prescribed
– become statute-barred
– fall under the statute of limitations
verjähren: in 10 Jahren verjähren become barred by the statute of limitations after 10 years
– become statute-barred after 10 years
verjährt barred by the statute of limitations

V

- statute-barred
verjährter Anspruch claim barred by the statute of limitations
- statute-barred claim
Verjährung extinctive prescription
- prescription
- statute of limitations
Verjährung: Hemmung der Verjährung suspension of the running of the statute of limitations
Verjahrung: Unterbrechung der Verjährung interruption of the running of the statute of limitations
Verjährungsfrist limitation period
- period of limitation
- period of prescription
- prescription period
Verjährungsfrist von 4 Jahren unterliegen be subject to a limitation period of four years
Verkauf sale
- selling
Verkauf auf Ratenzahlung *AE* installment sale
Verkauf auf Ziel credit sale
- sale on credit
Verkauf der Emission nach bestem Bemühen ohne Risikoübernahme best efforts underwriting
Verkauf mit Recht auf Wiederkauf sale with option of repurchase
Verkauf unter Eigentumsvorbehalt conditional sale
verkaufen resell
- sell
- vend
verkaufen: weiterverkaufen onsale
- sell on
Verkäufer salesman
- seller
- vendor
Verkäufer: Optionsverkäufer writer *(option)*
Verkäufer: Wiederverkäufer buy-sell distributor
Verkaufsauftrag order to sell
- sales order
Verkaufserlöse sales proceeds
- sales revenues
Verkaufsförderung sales promotion
Verkaufskommission sales commission
Verkaufskonto: Warenverkaufskonto merchandise sales account
Verkaufsleiter director of sales
- sales director
Verkaufsoption put
- put option
Verkaufspreis offer price
- sales price
- selling price
Verkaufsrepräsentant sales representative
Verkehr: Auskunftsverkehr exchange of information
Verkehr: freier Verkehr free circulation
verkehrsfähig commercially transferable
- marketable
- negotiable
Verkehrsfähigkeit marketability
Verkehrssitte prevailing custom
- prevailing practice
Verkehrsteuer excise duty
- excise tax
- transaction tax
verkehrsübliche Sorgfalt due care
- due diligence
- ordinary diligence
Verkehrswert fair market value
Verkehrszahl movement total
Verknüpfung: Buchwertverknüpfung basis rollover
- determination of the basis in the hands of the transferee by reference to the basis in the hands of the transferor
- rollover of basis of assets and liabilities
verkünden *(öffentlich)* promulgate
verkünden: Gesetz verkünden promulgate a law
Verkündung promulgation
Verkündung: Urteilsverkündung delivery of a judgment
- pronouncement of judgment
verkürzen: Frist verkürzen reduce a period of time
- shorten a period of time

Verkürzung reduction
verlagern von Gewinnen divert profits
Verlagerung: Gewinnverlagerung diversion of profits
- profit diversion
- profit shifting
Verlagerung: Risikoverlagerung risk shifting
Verlagerung: Verlustverlagerung loss shifting
Verlagsrecht copyright
Verlangen: auf Verlangen {von} on demand {of/from}
verlängern extend
- renew
verlängern: Frist verlängern extend a period of time
- prolong a period of time
verlängern: Frist verlängern {für} grant extension of time {for}
verlängern: Kredit verlängern extend a credit
- renew a credit
Verlängerung extension
- prolongation
- renewal
Verlängerung: Fristverlängerung extension of time
- extension of time limit
Verlängerungsoption renewal option
Verlängerungsoption: Mietverlängerungsoption lease renewal option
Verlegung: Terminverlegung postponement of a hearing
Verlegung: Vorverlegung acceleration
Verlegung des Wohnsitzes transfer of residence
verleihen lend
- loan
verleihen: weiterverleihen onlend
- onlending
Verleiher lender
Verleihung: Weiterverleihung onlending
verlesen: Protokoll verlesen *(Verfahren)* read the record
verlesen und genehmigt read and approved
verletzen breach
- contravene
- infringe
- injure
- violate
verletzen: Interessen verletzen injure interests
verletzen: Person verletzen injure a person
verletzen: Rechte verletzen injure rights
verletzen: Sorgfaltspflicht verletzen break a duty of care
Verletzung breach
- contravention
- infringement
- injury
- violation
Verletzung: Gesetzesverletzung violation of the law
Verletzung: Pflichtverletzung breach of duty
- violation of duties
Verletzung: unter Verletzung {von} in contravention {of}
Verletzung: Urheberrechtsverletzung infringement of copyright
Verletzung: Vertragsverletzung breach of contract
- default under a contract
Verletzung: Warenzeichenverletzung infringement of trademark
Verletzung der Gewährleistung breach of warranty
Verletzung der Vertragspflicht breach of contract
Verletzung einer Abkommensverpflichtung treaty override
verlobt engaged
Verlobte fiancée
Verlobter fiancé
Verlobung engagement
Verlust loss
Verlust: buchmäßiger Verlust book loss
Verlust: drohende Verluste contingent losses
Verlust: mit Verlust abschließen close at a loss
- report a loss

V

Verlust: nicht realisierter Verlust unrealized loss
Verlust: realisierter Verlust realized loss
Verlust: steuerlicher Verlust tax loss
Verlust: vorgetragener Verlust loss brought forward
- loss carried forward
Verlust: zugewiesener Verlust allocated loss
Verlust: zurückgetragener Verlust loss carried back
Verlust aus passivem Erwerb passive activity loss
Verlust aus passiver Tätigkeit passive activity loss
Verlust ausweisen report a loss
- show a loss
Verlust des Geschäftsjahres loss for the financial year
Verlust erleiden incur a loss
- suffer a loss
- sustain a loss
Verlustabzug loss deduction
- utillization of loss carryover or carryback
Verlustabzugsbeschränkung limitation of loss deduction
- loss deduction limitation
Verlustabzugsverbot ban on loss deduction
Verlustausgleich loss set-off
- set-off of losses
Verlustausweis reporting a loss
- showing a loss
verlustbringend loss-making
verlustbringende Sparte loss maker
verlustbringender Bereich loss maker
Verlustbringer loss maker
Verluste abziehen deduct losses
Verluste aus Anlageabgängen losses from the disposal of fixed assets
Verluste ausgleichen set off losses
Verluste übertragen surrender losses
- transfer losses
Verlustgesellschaft loss company
- *(Kapitalgesellschaft)* loss corporation
verlustig: eines Rechts verlustig gehen forfeit a right
Verlustnutzung loss utilization
Verlustrücktrag loss carried back
- loss carryback
Verlustrücktrag: steuerlicher Verlustrücktrag tax loss carryback
Verlustübernahme transfer of losses
Verlustübernahme: Erträge aus Verlustübernahme income from the transfer of losses
Verlustübertragung loss surrender
- loss transfer
Verlustverlagerung loss shifting
Verlustverrechnung loss offsetting
Verlustverrechnung: steuerliche Verlustverrechnung im Konzern group relief *(for losses)*
Verlustverrechnungsverbot ban on loss offsetting
Verlustvortrag accumulated losses brought forward
- loss brought forward
- loss carried forward
- loss carryforward
Verlustvortrag: steuerlicher Verlustvortrag tax loss carryforward
Verlustvortrag: Verfall von Verlustvorträgen expiration of unused tax losses
Verlustvortrag aus dem Vorjahr loss carried forward from the previous fiscal year
- prior period accumulated losses brought forward
Verlustzuweisung loss allocation
Verlustzuweisungsgesellschaft loss-allocating company
- tax shelter company *(loss allocating company)*
vermachen: testamentarisch vermachen bequeath by will
vermacht bequeathed
Vermächtnis bequest
- legacy
Vermächtnis: Ausschlagung eines Vermächtnisses disclaimer of legacy
Vermächtnis: bedingtes Vermächtnis conditional legacy
Vermächtnis: bestimmtes Vermächtnis specific bequest

– specific legacy
Vermächtnis unter Auflage conditional legacy
– modal legacy
Vermächtnisnehmer legatee
– recipient of a legacy
Vermeidung: legale Steuervermeidung legal tax avoidance
Vermeidung: Steuervermeidung tax avoidance
Vermeidung: Steuervermeidungsmodell tax circumvention scheme
Vermeidung der Doppelbesteuerung avoidance of double taxation
Vermeidungsmodell: Steuervermeidungsmodell tax avoidance scheme
Vermerk memorandum *memo*
Vermerk: Aktenvermerk memorandum *memo*
– memorandum for file *memo*
Vermerkposten memo item
Vermessung survey of land
vermieten *(bewegliche Sachen) BE* hire out
– *BE* let
– letting
– rent
– *AE* rent out
– rental
vermieten: untervermieten sublease
– *BE* sublet
vermieten: Wohnung zu vermieten *AE* apartment for rent
Vermieter landlord
– lessor
Vermietung *(bewegliche Sachen)* hiring out
– lease
– letting
– rental
– renting
Vermietung: Einkünfte aus Vermietung und Verpachtung rental and royalty income
– rental income
Vermietung: Untervermietung *BE* subletting
Vermietungseinkünfte rental income
– rents
Verminderung shrinkage
Verminderung des Bestandes: Erhöhung/Verminderung des Bestandes an fertigen und unfertigen Erzeugnissen sowie an noch nicht abrechenbaren Leistungen *BE* changes in stock of finished goods and work in progress
– *AE* increase or decrease in finished goods inventories and work in process
Vermittler conciliator
– intermediary
– mediator
Vermittlung mediation
– switchboard
Vermittlungsausschuß mediation committee
Vermögen assets
– property
Vermögen: bewegliches Vermögen chattel
– movable property
– movables
– personal estate
– personal property
– personalty
Vermögen: mit Vermögen der Gesellschaft besicherten Kredit aufnehmen borrow against the company's assets
Vermögen: privat genutztes Vermögen personal-use property
Vermögen: unbewegliches Vermögen immovables
– real property
Vermögen erben fall heir to a property
Vermögensanfall: einmaliger Vermögensanfall one-off wealth accrual
Vermögensaufstellung statement of assets
– statement of financial position
Vermögensbilanz statement of assets and liabilities
Vermögensgegenstand asset
Vermögensgegenstand: abnutzbarer Vermögensgegenstand limited-life asset

V

Vermögensgegenstand: aktivierungspflichtiger Vermögensgegenstand item to be booked to an asset account
- item to be capitalized

Vermögensgegenstand: bewegliche Vermögensgegenstände movable property

Vermögensgegenstand: immaterieller Vermögensgegenstand intangible
- intangible asset

Vermögensgegenstand: sonstige Vermögensgegenstände other assets

Vermögensgegenstand mit beschränkter Nutzungsdauer limited-life asset

Vermögensmehrung increase in net worth

Vermögensschaden financial loss *(insurance)*
- pecuniary damage
- pecuniary loss *(insurance)*

Vermögensstatus statement of assets and liabilities

Vermögensteuer capital tax
- net capital tax
- net worth tax
- property tax

Vermögensteuererklärung net worth tax return

Vermögensteuergesetz Net Worth Tax Act

Vermögensteuerpflicht liability to net worth tax

Vermögensteuer-Richtlinien Net Worth Tax Regulations

Vermögensübersicht statement of assets and liabilities

Vermögensverwalter asset manager
- property administrator
- property manager
- trustee

Vermögensverwaltung asset management
- property administration
- property management
- receivership

Vermögensverwaltungsgesellschaft property management company

Vermögenswert: immaterielle Vermögenswerte incorporeal property
- intangible property

Vermögenswert: immaterieller Vermögenswert intangible
- intangible asset

Vermögenswert: Veräußerung von Vermögenswerten asset disposal

Vermögenszuwachs capital appreciation

Vermutung: Eigentumsvermutung presumption of title

Vermutung: gesetzliche Vermutung legal presumption
- presumption of law

Vermutung: Teilwertvermutung going concern value presumption

Vermutung: unwiderlegbare Vermutung irrebuttable presumption

Vermutung: unwiderlegliche Vermutung irrefutable presumption

vernachlässigbar negligible

vernachlässigen neglect

vernehmen interrogate
- interrogation

Vernehmung examination
- interrogation
- questioning

Vernehmung: eidliche Vernehmung examination under oath

vernünftig reasonable

veröffentlichter Abschluß *BE* disclosed accounts
- disclosed financial statements
- *BE* published accounts
- published financial statements

Veröffentlichung: nicht zur Veröffentlichung bestimmt off the record

verordnen *(amtlich)* decree

verordnen: gesetzlich verordnen enact

Verordnung *(behördlich/gesetzlich/richterlich)* decree
- regulation

Verordnung: Außenwirtschaftsverordnung Foreign Trade Ordinance

Verordnung: Durchführungsverord-

nung *DV/DVO* implementing ordinance *(to individual tax laws)*
Verordnung: Einkommensteuer-Durchführungsverordnung *EStDV* Income Tax Implementing Ordinance
Verordnung: Kapitalverkehrsteuer-Durchführungsverordnung *KVStDV* Capital Transfer Tax Implementing Ordinance
Verordnung: Lohnsteuer-Durchführungsverordnung Wage Tax Implementing Ordinance
Verordnung: Rechtsverordnung ordinance *(having the force of law)*
Verordnung: Umsatzsteuer-Durchführungsverordnung *UStDV* Value Added Tax Implementation Ordinance
Verordnung: Wechselsteuer-Durchführungsverordnung *WStDV* Bills of Exchange Implementation Ordinance
verpachten lease
– leasing
– let
– letting
– rental
Verpächter landlord
– lessor
Verpachtung leasing
– letting
– rental
Verpachtung: Betriebsverpachtung leasing of business
Verpachtung: Einkünfte aus Vermietung und Verpachtung rental and royalty income
– rental income
Verpackungskosten packaging costs
verpfänden pledge
verpfänden: Recht verpfänden pledge a right
verpfändet pledged
verpflichten: sich verpflichten {zu} agree {on/to}
verpflichtend mandatory
– obligatory
verpflichtend: einseitig verpflichtender Vertrag unilateral contract
verpflichtend {für} binding {on/upon}
verpflichtet: gesetzlich verpflichtet sein be under a legal obligation
– be under a statutory obligation
verpflichtet sein be bound
– be obliged
– be under an obligation
Verpflichtung commitment
– committment
– covenant
– obligatio
– obligation
Verpflichtung: rechtliche Verpflichtung legal commitment
Verpflichtung: vertragliche Verpflichtung contractual obligation
Verpflichtung übernehmen undertake an obligation
verrechnen offset
verrechnen: als Aufwand verrechnen expense
verrechnen {mit} set off {against}
Verrechnung clearing
– offset
– set-off
Verrechnung: Doppelverrechnung double counting
Verrechnung: nur zur Verrechnung for deposit only
Verrechnung: Saldenverrechnung balance set-off
Verrechnung: Verlustverrechnung loss offsetting
Verrechnung konzerninterner Leistungen intercompany charging
Verrechnungskonto clearing account
– *(Kostenrechnung)* variance account
Verrechnungsposten offsetting item
Verrechnungspreis transfer price
Verrechnungspreis: innerbetrieblicher Verrechnungspreis internal transfer price
– intra-company transfer price
Verrechnungspreis: interner Verrechnungspreis intercompany price
Verrechnungsscheck *AE* check for deposit only
verrichten: Arbeit verrichten carry out work
– perform work

V

Verrichtungsgehilfe *(unerlaubte Handlung)* vicarious agent
Verringerung decrease
– downward adjustment
Versagen: Marktversagen market failure
Versagung denial
– disallowance
– refusal
– rejection
Versammlung meeting
Versammlung: Generalversammlung general meeting
Versammlung: Gesellschafterversammlung shareholders' meeting
Versammlung: Gläubigerversammlung creditors' meeting
Versammlung: Gründungsversammlung organizational meeting
Versammlung: Hauptversammlung shareholders' meeting
Versammlung: Jahreshauptversammlung annual shareholders' meeting
Versammlungsfreiheit freedom of assembly
Versand consignment
Versandkosten dispatch costs
– forwarding costs
versäumen omit
versäumen: Frist versäumen fail to comply with a deadline
Versäumnis omission
Versäumnis: Fristversäumnis failure to comply with a deadline
Versäumnisurteil judgment by default
verschärfen aggravate
verschärfend aggravating
Verschärfung aggravation
verschieben defer
Verschiebung: Gewinnverschiebung profit shifting
Verschiebung: Phasenverschiebung deferral
Verschiebung: Steuerverschiebung *(in die Zukunft)* deferment of tax
– *(in die Zukunft)* postponement of tax
– *(in die Zukunft)* tax deferment
– *(in die Zukunft)* tax deferral
Verschiebung: Steuerverschiebungsvehikel tax-remote vehicle
Verschiebung: Zeitverschiebung deferral
verschiedene Aufwendungen sundry expenses
Verschiedenes sundries
Verschiedenes: Konto Verschiedenes sundries account
Verschleiß use
– wear and tear
Verschleiß: außergewöhnlicher Verschleiß extraordinary wear and tear
Verschleiß: Gebrauchsverschleiß wear and tear
Verschleiß: Wertminderung durch Verschleiß wear and tear
Verschluß: unter zollamtlichem Verschluß in bond
verschlüsseln encode
– encoding
verschmelzen {auf} merge {into}
Verschmelzung amalgamation
– fusion
– merger
Verschmelzung durch Neugründung consolidation *(corporate reorganization)*
Verschmelzung einer Tochtergesellschaft auf ihre Muttergesellschaft upstream merger
Verschmelzungsbilanz merger balance sheet
Verschmelzungsgewinn merger gain
Verschmelzungsmehrwert merger surplus
Verschmelzungsvertrag merger agreement
verschoben: zeitverschoben deferred
Verschulden fault
– negligence
Verschulden: Alleinverschulden sole and exclusive fault
Verschulden: Haftung für fremdes Verschulden liability for the fault of another
Verschulden: Haftung für Verschulden Dritter *(zB für Verrichtungs-*

gehilfen, Erfüllungsgehilfen) vicarious liability
Verschulden: Mitverschulden comparative negligence
– contributory fault
– contributory negligence
verschulden: sich verschulden become indebted
Verschulden bei Vertragsschluß culpa in contrahendo
Verschuldenshaftung liability for fault
verschuldensunabhängige Haftung liability regardless of fault
– liability without fault
– strict liability
verschuldet durch at the fault of
– caused by the fault of
Verschuldung indebtedness
Verschuldungsgrad debt-equity ratio
– debt-to-equity ratio
– *BE* equity gearing
– *AE* leverage
verschweigen conceal
Verschweigen: arglistiges Verschweigen fraudulent concealment
Verschweigen: arglistiges Verschweigen von Tatsachen fraudulent concealment of facts
versehen: mit einem späteren Datum versehen postdate
versenden consign
– dispatch
– send
– ship
Versender consignor
– dispatcher
– sender
Versendung consignment
– dispatchment
Versendungskauf *(USt, im Englischen „Versendungsverkauf")* distance sale *(VAT)*
versetzen transfer to another job
Versetzung transfer
versicherbares Interesse insurable interest
versicherbares Risiko insurabe risk
Versicherer insurer
Versicherer: Erstversicherer ceding insurer
Versicherer: Rückversicherer reinsurer
versichern underwrite
versichert {gegen} insured {against}
Versicherter insured
– insured person
Versicherung *BE* assurance
– insurance
Versicherung: Berufshaftpflichtversicherung professional indemnity insurance
– professional malpractice insurance
Versicherung: Betriebsunfallversicherung industrial injuries insurance
Versicherung: Haftpflichtversicherung *(freie Berufe)* malpractice insurance
– *(freie Berufe)* professional liability insurance
Versicherungsbedingungen conditions of policy
– terms of insurance
Versicherungsbeitrag: Krankenversicherungsbeitrag health insurance contribution
Versicherungsbetrug insurance fraud
Versicherungsdauer term of insurance
Versicherungsfall insured event
Versicherungsgenossenschaft cooperative insurance
Versicherungsgesellschaft insurance company
Versicherungsgesellschaft: konzerneigene Versicherungsgesellschaft *(ausschließlich Konzerngesellschaften als Versicherungsnehmer)* captive insurance company
Versicherungsgesellschaft: Konzernversicherungsgesellschaft *(ausschließlich Konzerngesellschaften als Versicherungsnehmer)* captive insurance company
Versicherungskosten cost of insurance
– insurance charges
– insurance expenses
Versicherungsmakler insurance broker

V

Versicherungsmathematiker actuary
versicherungsmathematisch actuarial
Versicherungsnehmer insured
- insured person
Versicherungsprämie insurance premium
Versicherungsrecht insurance law
Versicherungsschein insurance policy
Versicherungsschutz gewähren provide insurance coverage
Versicherungssumme insurance sum
- insured amount
Versicherungsteuer insurance tax
Versicherungsteuer: Feuerversicherungsteuer fire insurance tax
Versicherungsteuergesetz Insurance Tax Act
Versicherungsverein auf Gegenseitigkeit *VVaG* mutual insurance company
- *VVaG BE* mutual insurance society
Versicherungsvertrag insurance contract
Versicherungsvertreter insurance agent
Versicherungswert covered value
- insured value
Versorgungsbetrieb utility
Versorgungsbetrieb: öffentlicher Versorgungsbetrieb public utility
Versorgungsunternehmen utility
Versorgungsunternehmen: öffentliches Versorgungsunternehmen public utility
verspätet out of time
Verspätungszuschlag late fee
- late filing penalty
- penalty for late filing
- penalty for late filing of return
Verstaatlichung nationalization
Verständigungsvereinbarung mutual agreement
Verständigungsverfahren mutual agreement procedure
Versteigerung: öffentliche Versteigerung sale by public auction
Versteigerung: Zwangsversteigerung execution sale by public auction
versteuern pay taxes {on}
versteuern: zu versteuern taxable
versteuert taxed
Versteuerung payment of taxes {on}
Versteuerung: Nachversteuerung back taxation
- clawback taxation
- recapture *(taxation)*
Verstorbener deceased
Verstoß {gegen} *BE* offence {against}
- *AE* offense {against}
verstreichen lapse
verstreut dispersed
verstrichen lapsed
Versuch attempt
Versuch: Übernahmeversuch corporate takeover attempt
- takeover attempt
Versuch: untauglicher Versuch unsuitable attempt
Versuch der Begehung einer Straftat attempt to commit a crime
Versuch der Steuerhinterziehung attempt at tax evasion
Versuchs- und Entwicklungskosten experiment and development costs
vertagen adjourn
Vertagung adjournment
verteidigen: zu verteidigen defensible
Verteidiger *BE* defence counsel
- *AE* defense attorney
Verteidigung *BE* defence
- *AE* defense
verteilen disseminate
- spread
verteilen: anteilig verteilen prorate
verteilen: Kosten verteilen {über} spread costs {over} *(over various periods)*
Verteilung dissemination
- distribution
- spreading
Verteilung: Einkommensverteilung income distribution
Verteilung: gleichmäßige Verteilung even spread

Verteilung: Kostenverteilung cost allocation
- cost apportionment

Verteilung: Nachlaßverteilung distribution of the estate

Verteilung: Risikoverteilung allocation of risks

Verteilung der Anschaffungs- und Herstellungskosten spreading of acquisition and production costs

Verteilungsnorm distributive rule

vertikaler Unternehmenszusammenschluß vertical integration

Vertrag agreement
- contract

Vertrag: Betriebspachtvertrag business leasing contract

Vertrag: Betriebsüberlassungsvertrag operational facility lease

Vertrag: einseitig verpflichtender Vertrag unilateral contract

Vertrag: Erfüllung eines Vertrages performance of a contract

Vertrag: formbedürftiger Vertrag contract requiring specific form

Vertrag: förmlicher Vertrag deed

Vertrag: gegenseitiger Vertrag mutual agreement
- mutual contract

Vertrag: Geschäftsführungsvertrag management contract

Vertrag: gültiger Vertrag valid contract

Vertrag: Kostenumlagevertrag cost sharing agreement

Vertrag: mündlicher Vertrag parol agreement
- verbal contract

Vertrag: Rücktritt vom Vertrag rescission of a contract
- withdrawal from a contract

Vertrag: schlüssiger Vertrag implied contract

Vertrag: schriftlicher Vertrag contract in writing
- written agreement

Vertrag: Zustandekommen eines Vertrages completion of a contract
- conclusion of a contract

Vertrag {über} agreement {on}

Vertrag abschließen conclude a contract
- enter into a contract
- make a contract
- sign a contract

Vertrag bestimmt, daß contract provides that

Vertrag brechen break a contract

Vertrag für ungültig erklären set aside an agreement

Vertrag für unverbindlich erklären repudiate

Vertrag schließen conclude a contract
- enter into a contract
- enter into an agreement

Vertrag zugunsten Dritter contract for the benefit of a third party

vertraglich contractual

vertraglich im voraus vereinbarte Schadensersatzsumme liquidated damages

vertraglich regeln settle by contract
- settle contractually
- stipulate

vertraglich vereinbaren stipulate

vertraglich vorgeschrieben required by contract

vertragliche Bedingungen contractual terms

vertragliche Haftung contractual liability

vertragliche Rechtsbeziehung privity of contract

vertragliche Regelung stipulation

vertragliche Vereinbarung {über} stipulation {of}

vertragliche Verpflichtung contractual obligation

vertragliche Zinsen contractual interest
- stipulated interest

vertraglicher Anspruch contractual claim

vertragliches Verhältnis privity of contract

Vertragsabschluß conclusion of a contract
- conclusion of an agreement

V

Vertragsänderung amendment to a contract
- amendment to an agreement
- contract amendment
- contract modification
- modification of a contract
- modification of an agreement

Vertragsaufhebung rescission *(contract)*

Vertragsauflösung termination of a contract
- termination of an agreement

Vertragsbedingungen terms of an agreement
- terms of the contract

Vertragsbeendigung termination of a contract
- termination of an agreement

Vertragsbestandteil: wesentliche Vertragsbestandteile essential terms of a contract

Vertragsbestimmung contract clause
- contract provision
- provision
- stipulation

Vertragsbeziehung privity of contract

Vertragsbruch breach of contract

Vertragsbruch: erheblicher Vertragsbruch material breach
- material breach of contract

Vertragsdauer duration of contract

Vertragsentwurf draft contract

Vertragserfüllung consummation of a contract
- fulfilment of a contract
- performance of a contract

Vertragsfähigkeit capacity to contract
- contractual capacity

Vertragsgegenstand subject matter of a contract

vertragsgemäß according to contract

vertragsgemäße Erfüllung specific performance

Vertragshändler authorized dealer

Vertragsinhalt contents of the contract
- terms of the contract

Vertragsklausel clause
- contract clause
- contract provision
- stipulation

Vertragspartei contracting party
- party {to}
- party to a contract

Vertragspflicht: Verletzung der Vertragspflicht breach of contract

Vertragspraxis treaty practice

Vertragsrecht law of contracts

Vertragsschluß conclusion of a contract
- conclusion of an agreement

Vertragsschluß: Verschulden bei Vertragsschluß culpa in contrahendo

Vertragsstaat contracting state

Vertragsstrafe contract penalty
- contractual penalty
- liquidated damages

Vertragsstrafenklausel penalty clause

Vertragstreue contractual fidelity

Vertragsverhandlungen contract negotiations

Vertragsverletzung breach of contract
- default under a contract

Vertragsverletzung: erhebliche Vertragsverletzung material breach
- material breach of contract

vertragswidrig contrary to the agreement
- in breach of contract

Vertragswillen intent to contract

Vertrauensschaden damage caused by breach of trust

vertraulich confidential
- off the record

vertretbar defensible
- fungible

vertreten: gerichtlich vertreten represent in court

vertreten: zu vertreten haben be responsible for

Vertretener principal

Vertretener: offenkundig Vertretener disclosed principal

Vertretener: verdeckt Vertretener undisclosed principal

Vertretenmüssen responsibility

Vertreter agent
– agent authorized by a principal
– representative
– salesman
Vertreter: Alleinvertreter exclusive agent
Vertreter: Anscheinsvertreter ostensible agent
Vertreter: Arbeitnehmervertreter employees' representative
Vertreter: Außenhandelsvertreter export agent
Vertreter: Bestellvertreter order-filling agent
Vertreter: Delkredere-Vertreter del credere agent
– del/credere agent
Vertreter: Fiskalvertreter fiscal representative
Vertreter: gesetzlicher Vertreter legal representative
Vertreter: ständiger Vertreter permanent representative
Vertreter: steuerlicher Vertreter fiscal agent
– tax representative
Vertreter: Steuervertreter tax representative
Vertreter: Stimmrechtsvertreter proxy
Vertreter: Untervertreter subagent
Vertreter in steuerlichen Angelegenheiten fiscal agent
– fiscal representative
Vertreter ohne Vertretungsmacht agent without authority
– representative without power
Vertretung agency
– representation
Vertretung: diplomatische Vertretung diplomatic mission
Vertretung: gesetzliche Vertretung legal representation
Vertretung: nachträgliche Genehmigung eines Vertretungsaktes agency by ratification
Vertretung: Scheinvertretung dummy agency
Vertretung: Standesvertretung professional organization
Vertretung: verdeckte Stellvertretung undisclosed agency
Vertretung ohne Vertretungsmacht unauthorized agency
Vertretungsbefugnis authority to represent
– power of representation
Vertretungsbefugnis: Geltungsbereich der Vertretungsbefugnis scope of authority
Vertretungsbefugnis: Umfang der Vertretungsbefugnis scope of authority
vertretungsberechtigt authorized to represent
Vertretungsberechtigter authorized agent
– authorized representative
Vertretungsberechtigung authority to represent
Vertretungsmacht authority
– power of agency
– power of attorney
– power of representation
Vertretungsmacht: Mangel an Vertretungsmacht lack of authority
– lack of power of representation
Vertretungsmacht: Vertreter ohne Vertretungsmacht agent without authority
– representative without power
Vertretungsmacht: Vertretung ohne Vertretungsmacht unauthorized agency
Vertrieb distribution
Vertrieb: konzerneigener Vertrieb captive distribution
Vertriebsaufwendungen selling expenses
Vertriebsgesellschaft: konzerneigene Vertriebsgesellschaft captive distributor
Vertriebskosten cost of sales
– distribution costs
– sales costs
– selling costs
– selling expenses
Vertriebsvertrag distributor contract
– distributorship agreement

verüben: Straftat verüben *BE* commit an offence
- *AE* commit an offense

Verübung einer Straftat *BE* commission of an offence
- *AE* commission of an offense

veruntreuen: Geld veruntreuen misappropriate money

Veruntreuung dafalcation
- defalcation
- embezzlement
- misappropriation

verursachen cause

Verurteilung conviction
- sentencing

Vervielfältigung reproduction

verwahren hold in custody
- keep in custody

Verwahrer bailee
- custodian
- depositary

verwahrt: zollamtlich verwahrt bonded

Verwahrung bailment
- custody
- deposit

Verwahrung: in Verwahrung geben bail
- deposit
- give into custody

Verwahrungsvertrag contract of bailment
- contract of deposit
- custody agreement

verwalten: treuhänderisch verwalten hold in escrow

verwalten: zwangsverwalten sequestrate

Verwalter: Konkursverwalter administrator of a bankrupt's estate
- receiver *(bankruptcy)*
- receiver in bankruptcy
- trustee in bankruptcy

Verwalter: Masseverwalter administrator of a bankrupt's estate
- estate administrator
- receiver
- trustee in bankruptcy

Verwalter: Masseverwaltung estate administration

Verwalter: Vergleichsverwalter administrator in composition proceedings
- trustee in composition proceedings

Verwalter: Vermögensverwalter asset manager
- property administrator
- property manager
- trustee

Verwalter: Zwangsverwalter receiver

verwaltet administered

verwaltet: treuhänderisch verwaltetes Vermögen trust

Verwaltung administration

Verwaltung: Fondsverwaltung fund management

Verwaltung: Konkursverwaltung administration of the bankrupt's estate
- estate administration *(bankruptcy)*
- receivership *(bankruptcy)*

Verwaltung: Masseverwaltung administration of the bankrupt's estate
- receivership

Verwaltung: Steuerverwaltung tax administration

Verwaltung: Treuverwaltung trusteeship

Verwaltung: Vermögensverwaltung asset management
- property administration
- property management
- receivership

Verwaltung: Zwangsverwaltung receivership
- sequestration

Verwaltungsakt administrative act
- administrative measure

Verwaltungsakt: angefochtener Verwaltungsakt contested administrative action

Verwaltungsakt anfechten challenge an administrative act
- contest an administrative act

Verwaltungsakt aufheben repeal an administrative act

Verwaltungsanordnung administrative decree

Verwaltungsaufwand administrative expenses

Verwaltungsbehörde administrative authority
Verwaltungserlaß administrative decree
– decree
Verwaltungsgesellschaft: Grundstücksverwaltungsgesellschaft real property management company
Verwaltungsgrundsätze administration principles
– administrative principles
Verwaltungskosten administration expenses
– administrative expenses
Verwaltungsmaßnahme administrative measure
Verwaltungspraxis administrative policy
– administrative practice
Verwaltungsrat supervisory board
– supervisory body
Verwaltungsratsbeschluß supervisory board resolution
Verwaltungsratssitzung supervisory board meeting
Verwaltungsratsvergütungen directors' fees
Verwaltungsrecht administrative law
Verwaltungsverfahren administrative procedure
– administrative proceedings
Verwaltungsvorschriften administrative instructions
Verwandschaftsgrad degree of relationship
Verwandten relatives
Verwandter relative
Verwandter: naher Verwandter close relative
Verwandter dritten Grades third-degree relative
Verwandtschaft relationship
– relatives
Verwandtschaft in gerader Linie relationship by lineal descent
verweigern: Erfüllung verweigern *(Vertragspflicht)* repudiate
Verweigerung: Leistungsverweigerung withholding of performance
Verweigerung des Bestätigungsvermerks disclaimer of audit opinion
verweisen: an ein anderes Gericht verweisen transfer to another court
verweisen {an/zu} refer {to}
Verweisung an das zuständige Gericht transfer of an action to the competent court
Verweisungsbeschluß order for transfer of an action
verwendbares Eigenkapital distributable equity *(distributable equity for tax purposes broken down into several baskets to account for the accumulated burden with German corporate income tax*
verwenden utilize
Verwendung utilization
Verwendung: Gewinnverwendung application of profits
– appropriation of earnings
Verwendung: Mittelverwendung application of funds
Verwendung: Nichtverwendung non-use
Verwendung des Reingewinns appropriation of net income
verwerfen: Gesetz verwerfen reject a bill
verwerfen: Revision verwerfen dismiss an appeal
verwerten {von} make use {of}
Verwertung: Pfandverwertung realization of the pledge
Verwertung einer Sicherheit realization of a security
verwirken forfeit
verwirken: Recht verwirken forfeit a right
Verwirklichung: Gewinnverwirklichung profit realization
verwirkt forfeited
Verwirkung forfeiture
Verzehr: Substanzverzehr asset erosion
Verzicht waiver
Verzicht: Forderungsverzicht debt forgiveness
Verzicht: Kündigungsverzicht waiver of right of termination

V

– waiver of right to terminate
Verzicht: Rechtsverzicht waiver of rights
Verzicht: Wettbewerbsverzicht convenant not to compete
– noncompete agreement
Verzicht {auf} renouncement {of}
– renunciation {of}
– waiver {of}
Verzicht auf Steuerbefreiung waiver of exemption
verzichten renounce
– waive
verzichten: auf ein Recht verzichten renounce a right
Verzichtleistender renouncing party
Verzichtserklärung waiver
Verzichtsurkunde deed of renunciation
verzinslich interest bearing
– yielding interest
verzinslich: festverzinslich fixed interest bearing
verzinslich: variabel verzinsliche Anleihe floating rate note
verzinsliches Darlehen interest-bearing loan
Verzinsung yield
Verzinsung: Effektivverzinsung effective rate of return
– effective yield
Verzinsung: feste Verzinsung fixed interest
– interest at a fixed rate
verzollt customs cleared
– customs paid
– duty paid
– out of bond
verzollt: unverzollt in bond
Verzug default
– delay
Verzug: Annahmeverzug default in taking delivery
– default of acceptance
Verzug: bei Gefahr im Verzug in case of emergency
Verzug: Gläubigerverzug creditor's default of acceptance
– creditor's delay
Verzug: in Verzug in default
Verzug: in Verzug sein be in default
Verzug: in Verzug setzen give notice of default
– place in default
Verzug: Lieferverzug default in delivery
– delay in delivery
– undue delay in delivery
Verzug: Schuldnerverzug debtor's delay
– default of the debtor
Verzug: Zahlungsverzug default
– default in payment
– delay in payment
Verzugsschaden damage caused by default
– damage caused by delay
Verzugszinsen default interest
– interest for default
Vierteljahresbericht quarterly report
vierteljährlich on a quarterly basis
– per quarter
– quarterly
vierteljährliche Umsatzsteuervoranmeldung quarterly VAT declaration
vinkulieren restrict transferability
– tie
vinkuliert tied
– with restricted transferability
vinkulierte Aktie registered share with restricted transferability
– tied share
vinkulierter Geschäftsanteil registered share with restricted transferability
Visum: Einwanderungsvisum immigrant visa
Visum: Nichteinwanderungsvisum nonimmigrant visa
Volatilität volatility
Völkerbund League of Nations
Völkerrecht law of nations
– public international law
Volksabstimmung plebiscite
voll haftender Gesellschafter general partner
Vollabschreibung *(außerplanmäßig)* write-off

Vollamortisationsleasing full-payout leasing
Vollamortisationsvertrag full-payout contract
Vollanrechnung full tax imputation
Vollanrechnungssystem full tax imputation system
Vollanrechnungsverfahren full imputation system
Volleigentum full title
volljährig of age
– of full age
volljährig werden come of age
Volljährigkeit full age
– majority
Vollkaskoversicherung *(Kfz)* comprehensive plus collision insurance
– full comprehensive insurance
Vollkaskoversicherung mit Selbstbeteiligung *(Kfz)* comprehensive plus collision insurance with deductible
Vollkonsolidierung full consolidation
Vollkostenrechnung absorption costing
– full costing
Vollmacht authority
– authorization
– *(schriftlich)* power of attorney *P/A*
Vollmacht: Anscheinsvollmacht apparent authority
– ostensible authority
Vollmacht: ausdrücklich erteilte Vollmacht express authority
Vollmacht: beschränkte Vollmacht limited power of attorney
Vollmacht: Duldungsvollmacht authority by estoppel
Vollmacht: durch schlüssiges Verhalten erteilte Vollmacht agency by estoppel
Vollmacht: Geltungsbereich der Vollmacht scope of authority
Vollmacht: Handlungsvollmacht commercial authority
– commercial power of attorney
Vollmacht: kraft Vollmacht pursuant to power of attorney
Vollmacht: schriftlich erteilte Vollmacht power of attorney *P/A*
Vollmacht: seine Vollmacht überschreiten exceed one's authority
Vollmacht: stillschweigend erteilte Vollmacht implied authority
Vollmacht: Stimmrechtsvollmacht proxy
Vollmacht: Umfang der Vollmacht scope of authority
Vollmacht: unbeschränkte Vollmacht unlimited power of attorney
Vollmacht: Zeichnungsvollmacht authority to sign
Vollmacht erteilen grant power of attorney
Vollmachtgeber grantor of power of attorney
Vollmachtserteilung granting of power of attorney
Vollmachtsinhaber holder of power of attorney
Vollmachtsurkunde document conferring authority
– letter of authorization
– power of attorney *P/A*
vollständig complete
– full
vollständige Offenlegung full disclosure
Vollständigkeitserklärung letter of representation
– management letter of representation
vollstreckbar enforceable
– enforceable by execution
– executory
vollstreckbar: für vollstreckbar erklären declare as enforceable
– declare as executionable
vollstreckbar: Urteil für vorläufig vollstreckbar erklären declare a judgment to be provisionally enforceable
vollstreckbare Urkunde executory title
vollstreckbarer Titel enforceable instrument
vollstreckbares Urteil enforceable judgment
Vollstreckbarkeit enforceability
vollstrecken: Urteil vollstrecken execute a judgment

V

Vollstreckung enforcement
Vollstreckung: Zwangsvollstrekkung enforcement
- execution
Vollstreckungshilfe enforcement assistance
Vollstreckungsmaßnahme enforcement measure
Vollstreckungsschutz protection from execution
Vollverzinsung running of interest *(for the benefit of the tax authorities [deficiency] or taxpayer [refund])*
vollziehen consumate
- consummate
- execute
vollziehende Gewalt executive power
Vollziehung execution
Vollziehung: Aussetzung der Vollziehung stay of execution
- suspension of execution
vollzogen executed
Vollzug consummation
- execution
Vollzug: Rechtsvollzug law enforcement
Vollzugsbeamter law enforcement official
Vollzugstag date of execution
- execution date
Volumen: Abschreibungsvolumen depreciation capacity
Volumen: Bilanzvolumen balance sheet total
vom Entgelt abhängige Abgaben payroll-related taxes
vom Gläubiger zu vertretende Unmöglichkeit impossibility attributable to the creditor
vom Schuldner zu vertretende Unmöglichkeit impossibility caused by the fault of the debtor
vom Vertrag zurücktreten repudiate
von Amts wegen ex officio
- the authorities in their own motion
von Amts wegen: Zustellung von Amts wegen service ex officio
von Amts wegen gelöscht deleted ex officio
von der Besteuerung ausgenommen outside the scope of taxation
- tax-exempt
von der Rechtsprechung als mißbräuchlich erachtet ruled to be abusive by case law
von einem Konto abheben draw money from an account
- withdraw money from an account
von einer Schuld freistellen release from debt
von jetzt an henceforth
von Rechten Dritter freies Eigentum {an/am} good title {to}
von Rechten Dritter freies Eigentumsrecht {an/am} good title {to}
von Rechts wegen de jure
von Todes wegen by reason of death
- mortis causa
von Todes wegen: Schenkung von Todes wegen donatio mortis causa
von Todes wegen: Verfügung von Todes wegen disposition mortis causa
- disposition upon death
vor Fälligkeit before due date
vor Gericht bringen bring before the court
- take to court
vor Prozeßbeginn pre-trial
vor Steuern: Gewinn vor Steuern pretax profit
- profit before taxes
vor Steuern: Jahresüberschuß vor Steuern pretax profit for the year
vor Steuern: Konzerngewinn vor Steuern group pretax profits
Vorabausschüttung interim dividend
- predistribution
Vorabentscheidung preliminary ruling
Voranmeldung: Umsatzsteuervoranmeldung monthly/quarterly preliminary VAT self-assessment return
- monthly/quarterly VAT return
- VAT declaration on a monthly/quarterly basis
- VAT return on a monthly/quarterly basis
Voranmeldungszeitraum period for preliminary self-assessment

Voranschlag: Kostenvoranschlag bid
- estimate of costs
- quotation

voraus: im voraus in advance
vorausgesetzt, daß provided that
Voraussetzung prerequisite
Voraussetzung: unter der Voraussetzung, daß on the condition that
- provided that
- subject to

Voraussetzung: Verbleibensvoraussetzung holding requirement
voraussichtliche Ausfälle contingent losses
voraussichtliche Entwicklung anticipated development
- expected development

voraussichtliche Lebensdauer expected life
Vorausveranlagung advance assessment
Vorauszahlung advance payment
- *(Steuer)* estimated payment *(tax)*
- prepayment
- upfront payment

Vorauszahlung: Steuervorauszahlung estimated tax payment
- prepayment of taxes
- tax prepayment

Vorbefassung prior involvement
Vorbehalt proviso
Vorbehalt: Aktivitätsvorbehalt activity clause
- activity test

Vorbehalt: Eigentumsvorbehalt ownership reservation
- reservation of ownership
- retention of title

Vorbehalt: Progressionsvorbehalt progressivity proviso
- proviso safeguarding progression

Vorbehalt: unter dem Vorbehalt, daß with the reservation that
Vorbehalt: unter Vorbehalt der Nachprüfung with reservation as to verification
Vorbehalt der Nachprüfung reservation as to verfication
Vorbehalt der Nachprüfung: Steuerfestsetzung unter Vorbehalt der Nachprüfung preliminary assessment subject to review
vorbehalten: Irrtum vorbehalten errors and omissions excepted
vorbehalten: sich das Eigentum vorbehalten {an/am} retain title {to}
vorbehalten: sich eine Entscheidung vorbehalten hold a decision in abeyance
vorbehaltlich conditional on
- dependent on
- except for

Vorbemerkung introduction
- introductory remarks

vorbereitend preliminary
- preparatory

vorbereitende Tätigkeit preparatory activity
Vorbereitungshandlung preparatory action
vorbestraft {wegen} previously convicted {for}
Vorbringen allegation
- assert
- assertion
- pleading

vordatieren postdate
Vordruck form
Vordruck: Gliederungsvordruck form for the breakdown and development of distributable equity
Vordruck: Steuervordruck tax form
voreingenommen biased
- biassed
- partial

Voreingenommenheit bias
- prejudice

vorenthalten withhold
Vorentscheidung legal precedent
- precedent

Vorerbe provisional heir
Vorfall event
Vorfall: Buchungsvorfall accountable event
- accounting event

Vorfall: Geschäftsvorfall accountable event
- accounting event
- business transaction

- transaction
Vorfälligkeitsentschädigung breakage costs
- early termination fee
- prepayment penalty
vorgehen: gerichtlich vorgehen {gegen} take legal action {against}
vorgehen: schrittweise vorgehen proceed by stages
vorgehen {vor} prevail {over}
- take precedence {over}
vorgeladene Partei summoned party
vorgelegt presented
vorgelegt: nicht vorgelegt not presented
- outstanding
vorgenannt abovementioned
- aforementioned
- described above
- hereinabove
- hereinbefore
- listed above
- stated above
vorgeschobene Gesellschaft front company
vorgeschrieben prescribed
- required
vorgeschrieben: vertraglich vorgeschrieben required by contract
vorgesehen scheduled
vorgetragener Verlust loss brought forward
- loss carried forward
vorgezogen accelerated
vorgezogener Aufwand accelerated deductions
Vorhaben intention
- plan
Vorhaben: Finanzierungsvorhaben financing project
vorherige Zustimmung previous assent
Vorhersage forecast
vorhersehbar foreseeable
Vorhersehbarkeit foreseeability
Vorjahr: Steuern aus Vorjahren taxes for prior years
Vorjahresergebnis prior-year result
Vorjahresgewinn prior-year profit
Vorkalkulation cost estimation
vorkalkulierte Kosten estimated cost
- predetermined cost
Vorkauf pre-emption
Vorkaufsrecht pre-emption right
- right of first refusal
- right of pre-emption
Vorkaufsrecht: gemeindliches Vorkaufsrecht municipal right of first refusal
Vorkaufsrecht ausüben exercise the right of pre-emption
Vorkaufsvertrag pre-emption contract
Vorkonto preliminary account
vorladen subpoena
Vorladung summons
Vorlage: Bilanzvorlage presentation of balance sheet
Vorlage des Jahresabschlusses presentation of financial statements
vorläufig *(fürs erste)* for the time being
- preliminary
- provisional
- provisionally
- temporarily
- temporary
vorläufig vollstreckbar: Urteil für vorläufig vollstreckbar erklären declare a judgment to be provisionally enforceable
vorläufige Bilanz preliminary balance sheet
- trial balance sheet
vorläufige Deckungszusage *(insurance) AE* binder
- *(Versicherung) AE* insurance binder
vorläufige Steuerfestsetzung preliminary tax assessment
vorläufige Veranlagung preliminary assessment
vorläufiger Abschluß preliminary financial statements
vorlegen present
vorlegen: Wechsel zur Zahlung vorlegen present a bill for payment
vorlegen {bei} submit {to}
Vormerkung priority notice
Vormund guardian
Vormund für einen Minderjährigen guardian for a minor

Vormundschaft guardianship
Vormundschaft: gerichtliche Anordnung der Vormundschaft court order appointing a guardian
Vormundschaft: Mündel unter Vormundschaft ward under guardianship
Vormundschaftsgericht guardianship court
Vornahme einer Veranlagung levying of an assessment
vornehmen levy
vornehmen: Grundbucheintragung vornehmen make an entry in the title register
Vorperiode previous period
– prior period
Vorprüfung preaudit
Vorrang haben {vor} take precedence {over}
Vorrangbestimmung preference provision
vorrangig primary
– senior
vorrangig sein {vor} take precedence {over}
Vorräte inventories
– stocks
Vorräte: Wertberichtigung zu Vorräten inventory valuation adjustment
Vorrätekonto inventory account
Vorratsbewertung inventory valuation
Vorratsgesellschaft file company
– shelf company
Vorratsvermögen inventories
– inventory
Vorratsvermögen: Bewertung des Vorratsvermögens inventory valuation
Vorratsvermögen: Neubewertung des Vorratsvermögens inventory revaluation
Vorratsvermögen: Wertberichtigung auf das Vorratsvermögen inventory valuation allowance
Vorrecht preferential right
– privilege
Vorrichtung appliance
Vorsatz intent
– intention
vorsätzlich intentional
– wilful
– wilfully
– *AE* willful
– *AE* willfully
– with intent
vorsätzliche Sachbeschädigung criminal damage to property
Vorschaubilanz projected balance sheet
Vorschauergebnisrechnung *AE* projected income statement
Vorschlag proposal
Vorschrift: Einhaltung gesetzlicher Vorschriften legal compliance
Vorschrift: gegen die Vorschrift in contravention of the rule
Vorschrift: innerstaatliche Steuerrechtsvorschriften domestic tax law
Vorschrift: kartellrechtliche Vorschrift anti-trust provision
Vorschrift: steuerrechtliche Vorschrift tax provision
vorschriftsmäßig duly
Vorschuß advance
Vorschuß: Gebührenvorschuß retainer fee
Vorschuß: Gehaltsvorschuß advance on salary
– salary advance
Vorschuß: Honorarvorschuß retainer
Vorschuß: Kostenvorschuß advance on costs
– deposit to cover costs
– security for costs
Vorschuß: Lohn- und Gehaltsvorschüsse wage and salary advances
Vorschuß: Lohnvorschuß advance on wage
Vorschuß: Personalvorschüsse advances to personnel
Vorsicht prudence
Vorsicht: kaufmännische Vorsicht commercial conservatism
– commercial prudence
vorsichtiger Kostenansatz conservative cost estimate
Vorsichtsprinzip accounting principle of prudence

V

– conservatism concept
– conservatism principle
– principle of conservatism
– principle of prudence
– prudence concept
– prudence principle
Vorsitz chair
– chairmanship
Vorsitz haben chair
– preside {over}
Vorsitzender chairman
Vorsitzender: Aufsichtsratsvorsitzender chairman of the supervisory board
Vorsitzender: stellvertretender Vorsitzender deputy chairman
Vorsitzender: Vorstandsvorsitzender chairman of the managing board
vorsitzender Richter presiding judge
Vorstand management board
– managing board
Vorstand: Mitglied des Vorstands member of the managing board
Vorstandsmitglied managing board member
Vorstandsvorsitzender chairman of the management board
– chairman of the managing board
vorstehend abovementioned
– aforementioned
– described above
– foregoing
– hereinabove
– hereinbefore
– listed above
– stated above
Vorsteher: Finanzamtsvorsteher head of the local tax office
– head of the tax office
Vorsteuer input tax
– input VAT
Vorsteuer: anrechenbare Vorsteuer recoverable input VAT
Vorsteuer: aufzuteilende Vorsteuer input tax to be apportioned
Vorsteuer: nicht anrechenbare Vorsteuer non-recoverable input VAT
– non-recoverable input VAT
Vorsteuer: nichtabziehbare Vorsteuer blocked input tax
Vorsteuerabzug input tax relief
Vorsteueraufteilung apportionment of input tax
Vorsteuerüberhang excess input VAT
Vorsteuervergütung input tax refund
– input VAT refund
Vorsteuervergütungsverfahren input tax refund procedure
– input VAT refund procedure
Vorstrafe previous conviction
vortäuschen pretend
Vorteil: rechtlicher Vorteil legal benefit
Vorteil: Rechtsvorteil legal benefit
Vorteil: steuerliche Vorteile tax benefits
Vorteil: Steuervorteil tax advantage
– tax benefit
Vorteil erlangen acquire a benefit
– obtain a benefit
Vorteilsausgleich set-off of benefits
Vortrag carryforward
Vortrag: Saldovortrag opening balance
Vortrag auf neue Rechnung balance brought forward
– balance brought forward to new account
– balance carried forward
– balance carried forward to new account
vortragen bring forward
– carry forward
vorübergehend transitory
vorübergehender Aufenthalt temporary stay
Vorurteil prejudice
Vorverfahren preliminary procedure
vorverlegen accelerate
vorverlegt accelerated
Vorverlegung acceleration
Vorvertrag letter of understanding
– memorandum of understanding
– preliminary agreement
vorzeitig accelerated
vorzeitige Abschreibung accelerated depreciation
vorzeitige Tilgung early redemption
– redemption prior to maturity
vorzeitige Zahlung early payment

vorzeitiger Erfolgsausweis profits shown prematurely
vorziehen accelerate
Vorzugsaktie preference share
– preferred share
– *AE* preferred stock
Vorzugsaktie: stimmrechtslose Vorzugsaktie non-voting preference share
– *AE* non-voting preferred stock
vorzugsweise preferably
VVaG Versicherungsverein auf Gegenseitigkeit *(mutual insurance company)*

W

Wachstumsfonds growth fund
Wachstumsrate growth rate
Wagnis: Ausfallwagnis default risk
Wagnis: Ausschußwagnis risk of spoilage
Wagnis: Beständewagnis inventory risk
Wagnis: Bestandswagnis inventory risk
Wagnis: Debitorenwagnis accounts receivable risk
Wagnis: eingetretenes Wagnis encountered risk
Wagnis: Entwicklungswagnis development risk
Wagnis: Gewährleistungswagnis warranty risk
Wagnis: sonstige Wagnisse miscellaneous risks
Wagnisverluste encountered risks
Wahl election
– vote
wählbar eligible for election
Wahlberechtiger voter
wahlberechtigt entitled to vote
wählen elect
Wähler voter
wahlfreier Zugriff random access
Wahlmöglichkeit option
Wahlrecht election
– option
Wahlrecht: Aktivierungswahlrecht option to capitalize
Wahlrecht: Bewertungswahlrecht valuation option
Wahlrecht: Bilanzierungswahlrecht option to capitalize
Wahlrecht: Passivierungswahlrecht option to accrue {for}
– option to carry as liability
Wahlverfahren election procedure
wahren: Frist wahren comply with a period of time
– observe a period of time
während during
wahrheitsgetreu truthful
wahrscheinliche Restnutzungsdauer probable remaining life
Währung currency
Währung: Basiswährung base currency
– functional currency
Währung: Fremdwährung foreign currency
Währung: harte Währung hard currency
Wahrung von Gläubigerinteressen protection of creditors' interests
Währungsgewinn foreign currency gain
Währungsschwankungen currency fluctuations
Währungstermingeschäft: Verbindlichkeiten aus Währungstermingeschäften liabilities on forward exchange contracts
Währungsumrechnung: Fremdwährungsumrechnung foreign currency translation
– translation of foreign currencies
Währungsverlust foreign currency loss
wandelbar convertible
wandeln cancel a sale
– rescind
– rescind a sale
Wandelschuldverschreibung convertible bond
– convertible debt
Wandelung canncellation of sale
– rescission of sale

Wandlung *(Anleihe)* conversion
Ware commodity
– merchandise
Ware: Handelsware goods for resale
– merchandise
Ware: Kommissionsware consignment goods
– merchandise on consignment
Ware: Konsignationsware consignment goods
Ware: unterwegs befindliche Ware goods in transit
Waren: fertige Erzeugnisse und Waren finished goods and goods for resale
Waren: Importwaren imported goods
Waren auf Abruf merchandise on call
Waren konkretisieren appropriate goods to the contract
Waren und Dienstleistungen goods and services
Waren zurückweisen reject goods
Warenausgangsbuch sales book
Warenbestand: Abschreibungen auf Warenbestände *(teilweise)* write-down of inventories
– *(vollständig)* write-off of inventories
Warenbörse: Kursmakler an der Warenbörse commodities broker
Wareneingangsbuch purchase book
Wareneingangskontrolle inspection at delivery
Wareneinkaufskonto merchandise purchase account
Wareneinsatz cost of goods sold
– cost of sales
Warenkonto merchandise account
Warenlieferung: Verbindlichkeiten aus Warenlieferungen und Leistungen trade accounts payable
Warenmuster sample
Warenverkaufsbuch sales journal
Warenverkaufskonto merchandise sales account
Warenzeichen trade mark
– trademark
Warenzeichen: eingetragenes Warenzeichen registered trademark
Warenzeichenfranchising trademark franchising
Warenzeichenlizenz *BE* trademark licence
– *AE* trademark license
Warenzeichenverletzung infringement of trademark
Warnstreik warning strike
Wartung maintenance
Wartungsrückstellung maintenance reserve
Wasserschadensversicherung water damage insurance
Wechsel bill *(bill of exchange)*
– bill of exchange
Wechsel: Besitzwechsel bills receivable
Wechsel: eigener Wechsel promissory note
Wechsel: Eigenwechsel promissory note
Wechsel: Gefälligkeitswechsel accommodation bill
Wechsel: gezogener Wechsel draft
Wechsel: Inhaber eines Wechsels holder of a bill
Wechsel: notleidender Wechsel *AE* dishonored bill
– *BE* dishonoured bill
Wechsel: Schatzwechsel treasury bill
Wechsel: Schuldwechsel bills payable
– notes payable
Wechsel: Solawechsel promissory note
Wechsel: Verbindlichkeiten aus der Annahme gezogener Wechsel und der Ausstellung eigener Wechsel *AE* drafts and notes payable
– *BE* liabilities on bills accepted and drawn
Wechsel: Verbindlichkeiten aus Wechseln bills of exchange payable
Wechsel: Wohnsitzwechsel transfer of residence
Wechsel akzeptieren accept a bill
Wechsel begeben negotiate a bill
Wechsel im Bestand bills of exchange on hand
Wechsel zur Zahlung vorlegen present a bill for payment
Wechselakzept acceptance

– acceptance of a bill
Wechselakzeptant acceptor
– acceptor of a bill
Wechselaussteller drawer of a bill
– drawer of a bill of exchange
– issuer of a bill
– issuer of a bill of exchange
– maker of a bill
– maker of a bill of exchange
Wechselbestand bill holdings
Wechselbezogener drawee
– drawee of a bill
wechselbezügliches Testament joint and mutual will
Wechselbuch bill book
Wechselbürgschaft *BE* bill guarantee
– *BE* guarantee of a bill of exchange
Wechseldebitoren bills receivable
Wechseldiskont bill discount
– discount of a bill
Wechseldiskontierung discounting of a bill
Wechseldiskontsatz bill discount rate
Wechseleinlösung payment of a bill
Wechseleinreicher presenter of a bill
Wechseleinzug bill collection
Wechseleinzugsspesen bill collection charges
Wechselerneuerung renewal of a bill
Wechselfälligkeit maturity of a bill
Wechselforderungen bills of exchange receivable
– bills receivable
Wechselfrist time limit for payment of a bill
Wechselgesetz Bills of Exchange Act
Wechselgläubiger bill creditor
– creditor in respect of a bill
– creditor in respect of a bill of exchange
Wechselhaftung liability under a bill of exchange
Wechselinhaber bill holder
– holder of a bill
Wechselinkasso collection of a bill
Wechselklage *AE* action on a dishonored bill
– *BE* action on a dishonoured bill
Wechselkopierbuch bill copying book
– bills receivable journal
– discount ledger
Wechselkredit bill credit
Wechselkurs exchange rate
Wechselkurs: geltender Wechselkurs current exchange rate
Wechselkursgewinn foreign currency translation gain
– translation gain
Wechselkursverlust foreign currency translation loss
– translation loss
Wechselnehmer payee of a bill
Wechselobligo bill commitments
– bills payable
Wechselprolongation prolongation of a bill
– prolongation of a bill of exchange
– renewal of a bill
– renewal of a bill of exchange
Wechselprotest bill protest
Wechselprotestanzeige notice of protest
Wechselprotestkosten protest fees
Wechselprovision *BE* bill brokerage
– exchange commission
Wechselprozeß summary bill enforcement proceedings
Wechselrecht law on bills of exchange
Wechselregreß recourse to an endorser
Wechselrisiko bill-of-exchange risk
Wechselrückgriff recourse to an endorser
– recourse to an endorser of a bill
Wechselschulden bills payable
Wechselschuldner bill debtor
wechselseitig *(gegenseitig)* mutual
– reciprocal
wechselseitige Beteiligungen cross holdings
– cross shareholdings
Wechselspesen bill charges
– discount charges
Wechselsteuer bill of exchange tax
– tax on bills of exchange
Wechselsteuer-Durchführungsverordnung *WStDV* Bills of Exchange Implementation Ordinance

W

Wechselsteuergesetz *WStG* Bills of Exchange Tax Law
Wechselsumme amount of the bill
Wechselumlaufkosten bill circulation costs
Wechselverbindlichkeiten bills of exchange payable
- bills payable
Wechselverbindlichkeiten gegenüber Banken bills payable to banks
Wechselverpflichteter party liable on a bill of exchange
Wechselziehung drawing of a bill of exchange
Wechselzins interest on matured bills of exchange
Weg: im Wege by way of
wegen due to
Wegerecht right of way
Wegfall lapse
Wegfall der Geschäftsgrundlage frustration of contract
wegfallen lapse
Wegzugsbesteuerung expatriation taxation
Weihnachtsfreibetrag Christmas allowance
Weihnachtsgeld Christmas bonus
Weihnachtsgratifikation Christmas bonus
weiße Einkünfte zero-taxed income
Weisung directive
- instruction
Weisung {an} directive {to}
Weisungen befolgen follow directions
- follow instructions
Weisungen erteilen give directions
- give instructions
Weisungsbefugnis authority to give directions
- right to give instructions
weisungsgebunden bound by instructions
weit gestreut *(Aktienbesitz)* widely dispersed
weite Auslegung broad construction
- broad interpretation
- expansive construction
- expansive interpretation
- liberal interpretation
- wide interpretation
weiterausschütten distribute onwards
- redistribute
Weiterausschüttung onward distribution
- redistribution
weiterbelasten on-bill
- on-charge
weiterberechnen on-bill
- on-charge
Weiterbildungskosten continuing education expenses
Weiterleihung onlending
Weiterverkauf onsale
- resale
- reselling
weiterverkaufen onsale
- sell on
weiterverleihen onlend
- onlending
Weiterverleihung onlending
weitreichend sweeping
welcher Art auch immer of whatsoever nature
Weltabschluß worldwide accounts
- worldwide financial statements
Weltbilanz worldwide balance sheet
Welteinkommen worldwide income
Welteinkommensbesteuerung taxation on the basis of worldwide income
Weltkonzernbilanz worldwide consolidated balance sheet
Weltmarkt global market
Werbeaufwand advertising expenses
Werbekosten advertising expenses
Werbung advertising
Werbungskosten expenes for the production of income
- expenses incurred with the generation of income
- income-connected expenses
- income-generation expenses
- income-related expenses
Werbungskosten: Pauschbetrag für Werbungskosten blanket deduction for income-production expenses
Werbungskosten-Pauschbetrag

blanket deduction for income-producing expenses
- blanket deduction for income-production expenses
Werk: Abnahme des Werkes acceptance of the work
Werk: Formelwerk set of formulas
Werklieferungsvertrag contract for work and materials aimed at a prespecified result
Werksbuchhaltung plant accounting department
Werkunternehmer contractor
Werkvertrag contract for work and services aimed at a prespecified result
Werkzeuge tools
Werkzeugkosten cost of tools
Wert asset
- value
Wert: angemessener Wert fair value
Wert: festgestellter Wert assessed value
Wert: gemeiner Wert fair market value
Wert: geschätzter Wert assessed value
- estimated value
Wert: innerer Wert intrinsic value
Wert: nach dem Wert ad valorem
Wert: ökonomischer Wert economic value
Wert: subjektiver Wert subjective value
Wert: unternehmensspezifischer Wert value to the business
Wert: veranlagter Wert assessed value
Wert beilegen attribute value {to}
Wert des laufenden Geschäftsbetriebs going concern value
Wert unter der Annahme der Fortführung des Unternehmens going concern value
Wertansatz assigned value
Wertansatz: steuerlicher Wertansatz tax basis
Wertaufholung write-up
Wertaufholungsgebot requirement to reverse write-downs where the reasons for them no longer exist
wertbegründendes Ereignis nach dem Bilanzstichtag und vor Ausgabe des Prüfungsberichtes subsequent event
Wertberichtigung *(aufgelaufene Abschreibungen)* accumulated depreciation
- indirect write-down
Wertberichtigung: Auflösung von Wertberichtigungen retransfer of valuation allowances
Wertberichtigung: Einzelwertberichtigung itemized valuation allowance
- specific provision
Wertberichtigung: Einzelwertberichtigung zu Forderungen provision for specific doubtful accounts
Wertberichtigung: Globalwertberichtigung lump sum valuation allowance
Wertberichtigung: individuelle Wertberichtigung itemized valuation allowance
Wertberichtigung: Pauschalwertberichtigung allowance method
- general provision
- global valuation allowance
- lump sum valuation allowance
Wertberichtigung: Pauschalwertberichtigung zu Forderungen general provision for doubtful accounts
- lump sum valuation allowance for receivables
Wertberichtigung: Sammelwertberichtigung allowance method
- global valuation allowance
Wertberichtigung {auf} allowance {for}
- provision {for}
- valuation allowance {for}
Wertberichtigung auf Anlagevermögen valuation allowance for fixed assets
Wertberichtigung auf Beteiligungen valuation allowance for investments
Wertberichtigung auf das Vorratsvermögen inventory valuation allowance

Wertberichtigung auf Forderungen allowance for uncollectible accounts
- valuation allowance for accounts receivable

Wertberichtigung auf Umlaufvermögen valuation allowance for current assets

Wertberichtigung auf uneinbringliche Forderungen allowance for uncollectible accounts

Wertberichtigung auf zweifelhafte Forderungen allowance for doubtful accounts

Wertberichtigung zu Vorräten inventory valuation adjustment

Wertberichtigungskonto contra account
- valuation account

Wertentwicklung performance

Wertgutachten appraisal

Wertkorrektur value adjustment

Wertminderung decrease in value
- diminution in value

Wertminderung: dauernde Wertminderung permanent diminution in value

Wertminderung durch Verschleiß wear and tear

Wertpapier *(Order- bzw. Inhaberpapier)* negotiable instrument
- security

Wertpapier: Abschreibungen auf Finanzanlagen und auf Wertpapiere des Umlaufvermögens write-down of financial assets and short-term investments

Wertpapier: Abschreibungen auf Wertpapiere write-down of securities

Wertpapier: begebbares Wertpapier negotiable instrument

Wertpapier: börsenfähige Wertpapiere marketable securities

Wertpapier: börsengängige Wertpapiere marketable securities

Wertpapier: festverzinsliches Wertpapier fixed-interest security

Wertpapier: Inhaber eines Wertpapiers bearer of a security

Wertpapier: sonstige Wertpapiere other securities

Wertpapier: Zinserträge aus Wertpapieren interest on securities

Wertpapierbestand investment portfolio

Wertpapierbörse stock exchange

Wertpapiere securities

Wertpapiere des Anlagevermögens long-term securities
- noncurrent securities

Wertpapiere des Umlaufvermögens current investments
- marketable securities
- short-term investments

Wertpapiere mit Gewinnbeteiligung profit-sharing securities

Wertpapieremission issuance of securities
- securities offering

Wertpapieremission garantieren underwrite

Wertpapieremission übernehmen underwrite

Wertpapiererträge income from securities

Wertpapierfirma: auf fremde und eigene Rechnung handelnde Wertpapierfirma broker-dealer firm

Wertpapiermakler stockbroker

Wertpapiermaklerbranche brokerage business

Wertpapiersteuer securities tax
- tax on securities

Wertschwankung fluctuation in value

Wertsicherungsklausel escalator clause
- index clause

Wertsteigerung appreciation
- appreciation in value
- increase in value

Wertsteigerung: bereits entstandene, jedoch noch nicht realisierte Wertsteigerung built-in gain

Wertsteigerung: nicht realisierte Wertsteigerung unrealized appreciation *(difference between book value and fair market value of an asset)*

Wertsteigerung: realisierte Wertsteigerung realized appreciation

Wertung evaluation
Wertzoll ad valorem duty
Wertzuwachs appreciation
– appreciation in value
– increase in value
Wertzuwachs: nicht realisierter Wertzuwachs unrealized appreciation
Wertzuwachsbesteuerung taxation of capital appreciation
Wertzuwachssteuer tax on capital appreciation
wesentlich essential
– material
– significant
– substantial
wesentliche Bestimmungen essential terms
wesentliche Beteiligung material participation *(interest)*
– material shareholding
– substantial shareholding
wesentliche Eigenschaft einer Sache essential quality of a subject matter
wesentliche Mitwirkung material participation *(engagement)*
wesentliche Vertragsbestandteile essential terms of a contract
Wesentlichkeit materiality
Wesentlichkeit: Grundsatz der Wesentlichkeit materiality principle
– principle of materiality
Wettbewerb competition
Wettbewerb: freier Wettbewerb free competition
Wettbewerb: im Wettbewerb stehen {mit} compete {with}
Wettbewerb: lauterer Wettbewerb fair competition
Wettbewerb: Lauterkeit des Wettbewerbs fairness of competition
Wettbewerb: ruinöser Wettbewerb cut-throat competition
Wettbewerb: unlauterer Wettbewerb unfair competition
Wettbewerbsbeschränkung restraint of competition
Wettbewerbsfreiheit freedom of competition
Wettbewerbsklausel covenant not to compete
– non-compete provision
Wettbewerbsregeln regulations of competition
– rules of competition
Wettbewerbsverbot ban on competition
– restraint of competition
Wettbewerbsverbotsklausel non-competition convenant
Wettbewerbsverzicht convenant not to compete
– noncompete agreement
Wettbewerbsverzichtsklausel convenant not to compete
Wettbewerbsverzichtsvereinbarung noncompete agreement
WG Wechselgesetz
wichtiger Grund grave cause
– sufficient cause
wichtiger Grund: Kündigung aus wichtigem Grund termination for grave cause
Widerklage cross-action
– cross-complaint
widerlegen refute
widerleglich: unwiderleglich irrefutable
Widerruf revocation
Widerruf der Genehmigung revocation of authorization
Widerruf der Zulassung *BE* revocation of licence to practise
– *AE* revocation of license to practice
Widerruf einer Schenkung revocation of a gift
Widerruf eines Testaments revocation of a will
widerrufen revoke
– withdraw
widerrufen: Schenkung widerrufen revoke a gift
widerrufen: Testament widerrufen revoke a will
widerruflich: unwiderruflich irrevocable
Widerspruch protest
Widerspruch: im Widerspruch stehen contravene

Widerspruch: im Widerspruch zum Wortlaut des ... stehen contravene the wording of
Widerspruch: in Widerspruch zum Wortlaut des ... stehen contravene the wording of
Widerspruch {gegen} objection {to}
Widerspruch einlegen make a protest
– make an objection
– object
– raise an objection
Widerspruchsklage third-party action against execution
Widerspruchsverfahren protest procedure
Widerstand gegen die Staatsgewalt resistance to state authority
widerstreitende Steuerfestsetzungen conflicting tax assessments
wie bereits vereinbart as previously agreed {upon}
wie folgt as follows
wie gefordert {von} as required {by}
wie geregelt {in} as provided for {in}
wie in ... geregelt as provided for {in}
wie oben angeführt abovementioned
– as listed above
– as stated above
wie vereinbart as agreed {upon}
Wiederaufnahme reopening
– resumption
Wiederaufnahmeantrag application for a new trial
Wiederaufnahmeverfahren proceedings of a new trial
wiederaufnehmen: Arbeit wiederaufnehmen return to work
wiederaufnehmen: Zahlungen wiederaufnehmen resume payments
Wiederbeschaffung replacement
Wiederbeschaffungskosten current cost
– replacement cost
Wiederbeschaffungskosten: Abschreibung auf Basis der Wiederbeschaffungskosten replacement method of depreciation
Wiederbeschaffungskosten: Rechnungslegung zu Wiederbeschaffungskosten replacement cost accounting
Wiederbeschaffungspreis: Abschreibung vom Wiederbeschaffungspreis replacement method of depreciation
Wiederbeschaffungspreis: Bewertung zum Wiederbeschaffungspreis valuation at replacement cost
Wiederbeschaffungsrücklage replacement reserve
Wiederbeschaffungswert replacement cost
– replacement value
Wiederbeschaffungswert: Abschreibung vom Wiederbeschaffungswert replacement method of depreciation
wiederbringlich reparable
wiederbringlich: unwiederbringlich irreparable
wiedereinsetzen reinstate
Wiedereinsetzung reestablishment
– reinstatement
Wiedereinsetzung in den vorherigen Stand restitution
Wiedereinsetzung in den vorigen Stand reinstatement into the status quo ante
– restitution in integrum
Wiedereinstellung re-employment
wiedergewinnen recapture
wiedergutgemacht remedied
wiedergutmachen cure
wiederherstellen reinstate
Wiederherstellung reestablishment
– reinstatement
– restitution
– restoration
Wiederherstellung des früheren Rechtszustandes restitution
wiederholt repeated
Wiederholungsgeschäft repeat business
Wiederkauf: Verkauf mit Recht auf Wiederkauf sale with option of repurchase
wiederkehrend recurrent
– recurring

wiederkehrende Bezüge recurring income
wiederkehrendes Geschäft repeat business
wiederverheiraten remarry
Wiederverheiratung remarriage
Wiederverkäufer buy-sell distributor
Wiederverkaufspreismarge resale price margin
Wiederverkaufswert resale value
wilde Ehe extramarital cohabitation
wilder Streik illegal strike
– outlaw strike
Wille: Parteienwille intent of the parties
– intention of the parties
Willenserklärung declaration of intent
Willenserklärung abgeben express one's intention
– make a declaration of intent
wirksam effective
wirksam: kostenwirksam cost-effective
wirksam: rechtswirksam valid
wirksam: steuerlich wirksam effective for tax purposes
wirksam werden become effective
Wirkung: aufschiebende Wirkung suspensive effect
Wirkung: Bindungswirkung binding effect
Wirkung: nachteilige Wirkung detrimental effect
Wirkung: Präzedenzwirkung precedential effect
Wirkung: Rückwirkung retrospectivity
Wirkungsgrad input/output ratio
wirtschaftlich commercial
– economic
wirtschaftliche Angelegenheiten economic affairs
wirtschaftliche Betrachtungsweise economic point of view
– substance over form
wirtschaftliche Bindung an einen Staat economic bonds with a country
wirtschaftliche Doppelbesteuerung double taxation in economic terms
– economic double taxation
wirtschaftliche Eingliederung economic integration
wirtschaftliche Einheit economic entity
– economic unit
wirtschaftliche Lage economic situation
wirtschaftliche Nutzungsdauer economic life
– economic useful life
wirtschaftliche Sanktionen economic sanctions
wirtschaftliche Untereinheit economic subunit
wirtschaftliche Zusammengehörigkeit economic relatedness
wirtschaftlicher Eigentümer beneficial owner
– economic owner
wirtschaftlicher Gehalt economic content
– economic substance
wirtschaftlicher Zusammenhang economic connection
– economic link
wirtschaftliches Eigentum beneficial ownership
– economic ownership
Wirtschaftlichkeitsrechnung cost benefit analysis
Wirtschaftseinheit economic entity
– economic unit
Wirtschaftsgut asset
Wirtschaftsgut: abnutzbares Wirtschaftsgut limited-life asset
Wirtschaftsgut: ausgeschiedenes Wirtschaftsgut retired asset
Wirtschaftsgut: Ersatzwirtschaftsgut replacement asset
Wirtschaftsgut: immaterielle Wirtschaftsgüter intangible assets
Wirtschaftsgut: immaterielles Wirtschaftsgut intangible
Wirtschaftsgut mit beschränkter Nutzungsdauer limited-life asset
Wirtschaftsgüter zur Erzielung von Einkünften income-producing assets
Wirtschaftsjahr business year

– fiscal year
Wirtschaftsjahr: Rumpfwirtschaftsjahr short business year
– short year
– *(informell)* stub period
Wirtschaftsprüfer *WP AE* certified public accountant *CPA*
– *WP BE* chartered accountant *CA*
– *WP* public accountant
Wirtschaftsprüferkammer Chamber of Accountants
– Chamber of Auditors
Wirtschaftsprüfung audit
– auditing
– financial audit
Wirtschaftsprüfungsgesellschaft auditing company
– auditing firm
– CPA firm
Wirtschaftsrecht business law
Wissensaustausch knowledge sharing
Wissenschaftsfreiheit freedom of science
wissentlich knowingly
wöchentlich weekly
Wohngebäude dwelling houses
Wohngebiet residential area
wohnhaft domiciled
– resident
wohnhaft {in} residing {at}
Wohnhaus: Miteigentum an einem Wohnhaus *AE* condominium ownership
Wohnort: Familienwohnort family residence
Wohnsitz domicile
– residence
Wohnsitz: Doppelwohnsitz dual residence
Wohnsitz: Familienwohnsitz family residence
Wohnsitz: ständiger Wohnsitz permanent residence
Wohnsitz: steuerlichen Wohnsitz begründen establish a tax residence
Wohnsitz: steuerlicher Wohnsitz fiscal domicile
– tax home
– tax residence
Wohnsitz: Steuerwohnsitz tax residence
Wohnsitz: Verlegung des Wohnsitzes transfer of residence
Wohnsitzprinzip principle of residence
– residence principle
Wohnsitzstaat country of residency
– state of residence
Wohnsitzvoraussetzung residence requirement
Wohnsitzwechsel transfer of residence
Wohnstätte: dauerhafte Wohnstätte permanent domicile
Wohnstätte: ständige Wohnstätte permanent home
Wohnung *AE* apartment
– dwelling
– *BE* flat
Wohnung: Dienstwohnung employer-provided housing
Wohnung: Eigentumswohnung *AE* condominium
Wohnung zu vermieten *AE* apartment for rent
Wohnungsbau: sozialer Wohnungsbau low income housing
Wohnungsbaugenossenschaft: Beteiligung an einer Wohnungsbaugenossenschaft gekoppelt an ein Mietverhältnis bezogen auf eine Wohneinheit cooperative ownership
Wohnungsbaugesetz Housing Code
Wohnungseigentum *AE* condominium ownership
Wohnzwecke: private Wohnzwecke private residential use
Wortlaut wording
Wortlaut: eindeutiger Wortlaut clear-cut wording
Wortlaut: im Widerspruch zum Wortlaut des ... stehen contravene the wording of
Wortlaut: in Widerspruch zum Wortlaut des ... stehen contravene the wording of
wörtliche Auslegung formal interpretation

– linguistic interpretaion
– literal interpretation
written off: Abschreibungen auf Finanzanlagen und auf Wertpapiere des Umlaufvermögens *BE* amounts written off financial assets and short-term investments
WStDV Wechselsteuer-Durchführungsverordnung *(Bills of Exchange Implementation Ordinance)*
WStG Wechselsteuergesetz *(Bills of Exchange Tax Law)*
Wucher usury
Wucherdarlehen loan at usurious interest
– usurious loan
würdigen evaluate
Würdigung assessment
– evaluation

Z

Zahl: Kennzahl ratio
zahlbar due
zahlbar: Fracht zahlbar am Bestimmungsort freight payable at destination
zahlbar {an} payable {to}
zahlbar bei Lieferung cash on delivery *C.O.D./c.o.d.*
zahlbar nach einem Jahr payable after more than one year
zahlen: auszahlen disburse
Zahllast net amount payable
Zahllast: Umsatzsteuerzahllast net VAT payable
Zahlstelle disbursing agency
– disbursing agent
– paying agency
– paying agent
Zahlung payment
Zahlung: an Zahlungs statt in lieu of payment
Zahlung: Bank zur Zahlung anweisen instruct the bank to pay
Zahlung: vorzeitige Zahlung early payment
Zahlung bei Lieferung cash on delivery *C.O.D./c.o.d.*
Zahlungen einstellen suspend payments
Zahlungen wiederaufnehmen resume payments
Zahlungsangebot offer to pay
Zahlungsanweisung money order
– payment authorization
– payment order
Zahlungsanweisungen payment instructions
Zahlungsaufschub: um Zahlungsaufschub bitten ask for payment extension
Zahlungsauftrag money order
Zahlungsbedingungen payment terms
– terms of payment
Zahlungseinstellung suspension of payments
Zahlungsempfänger payee
Zahlungserinnerung reminder
zahlungsfähig solvent
Zahlungsfähigkeit ability to pay
– capacity to pay
– solvency
Zahlungsfrist time limit for payment
Zahlungsfrist: Überschreiten der Zahlungsfrist exceeding of time limit for payment
Zahlungsmittel: gesetzliches Zahlungsmittel legal tender
Zahlungsplan cash budget
– cash flow forecast
Zahlungsreihe series of payments
Zahlungsreihe: Einzahlungsreihe stream of cash inflows
Zahlungsschwierigkeiten payment difficulties
zahlungsunfähig insolvent
– unable to pay
Zahlungsunfähigkeit default
– inability to pay
– insolvency
Zahlungsverkehr payment transactions
Zahlungsverzug default
– default in payment
– delay in payment
Zahlungsweise manner of payment
Zedent assignor

– transferor
zedieren assign
– cede
– transfer
zedieren: Forderung zedieren assign debt
– cede a claim
– cede debt
Zeichenvorrat character set
zeichnen: Aktien zeichnen subscribe for shares
zeichnen: Anteil am Kapital zeichnen subscribe {for/to} *(capital)*
Zeichnung subscription {for/to}
Zeichnung: Überzeichnung oversubscription
Zeichnungsangebot subscription offer
– *(im Tenderverfahren)* tender offer
zeichnungsberechtigt authorized to sign
zeichnungsberechtigt für die Gesellschaft authorized to sign on behalf of the company
Zeichnungsberechtigter authorized signatory
– person authorized to sign
Zeichnungsberechtigung authorization to sign
Zeichnungsberechtigung für die Gesellschaft authorization to sign on behalf of the company
Zeichnungsbevollmächtigter authorized signatory
Zeichnungsrecht authority to sign
Zeichnungsvollmacht authority to sign
Zeit: Ausfallzeit down time
Zeit: Besitzzeit holding period
Zeit: Durchlaufzeit cycle time
Zeit: zur rechten Zeit in due course
zeitanteilig pro rata temporis
zeitanteilige Abschreibung pro-rata-temporis depreciation
zeitgerecht in time
– on time
– timely
zeitlich unbegrenzt perpetual
zeitlich unbeschränkt perpetual
Zeitlohn time wage
Zeitmietvertrag fixed term lease
Zeitplan schedule
Zeitpunkt des Inkrafttretens effective date
Zeitpunkt für die Abgabe der Steuererklärung filing date for the tax return
– tax return filing date
Zeitraum: Bemessungszeitraum assessment period
Zeitraum: Berichtszeitraum reporting period
Zeitraum: Besteuerungszeitraum taxation period
Zeitraum: Ermittlungszeitraum assessment period
Zeitraum: für einen Zeitraum von ... bis ... for a term to begin on ... and to expire on ...
Zeitraum: Veranlagungszeitraum assessment period
Zeitschrift journal *(periodical)*
Zeitverschiebung deferral
zeitverschoben deferred
zeitweiliger Aufenthalt sojourn
Zeitwert current value
zentrale Abrechnungsstelle central accounting unit
Zentralismus centralism
Zentrum: Finanzzentrum *AE* financial center
– *BE* financial centre
Zerlegungsbescheid notice of apportionment
Zerlegungsbescheid: Gewerbesteuerzerlegungsbescheid notice of apportionment of trade tax base
Zerlegungsmaßstab allocation formula
– apportionment key
zerrüttete Ehe failed marriage
zerschlagen break up
Zerschlagung breakup
Zerschlagung: Unternehmenszerschlagung business breakup
Zerschlagungswert breakup value
Zertificat: Einlagenzertifikat Certificate of Deposit *CD*
Zertifikatsinhaber certificate holder
Zession assignment {of}

Zessionar assignee
Zettel: Kurszettel securities' listing
Zettel: Lohnzettel time record
Zeuge witness
Zeugenaussage testimony
Zeugenaussage: eidliche Zeugenaussage deposition
Zeugenbeweis evidence by witness
– testimonial evidence
Zeugeneid oath sworn by a witness
Zeugentestament will made in the presence of witnesses
Zeugenvorladung vor Gericht subpoena
Zeugnis reference
Zeugnis: Abnahmezeugnis acceptance certificate
Zeugnis: Ursprungszeugnis certificate of origin
Zeugnisverweigerungsrecht privilege of a witness
ziehen *(Wechsel, Scheck)* draw *(bill of exchange, cheque)*
Ziel destination
– target
Ziel: auf Ziel on credit
Ziel: Verkauf auf Ziel credit sale
– sale on credit
Zielgesellschaft target
– target company
Zielkauf credit purchase
– purchase on credit
Zielverkauf credit sale
– sale on credit
Ziffer figure
– number
– paragraph
Ziffer: Indexziffer index number
Ziffer: Kennziffer ratio
Zigarettensteuer cigarette tax
Zins interest
Zins: aufgelaufene Zinsen accrued interest
Zins: gesetzlicher Zins statutory interest
Zins: kalkulatorische Zinsen fictitious interest
– imputed interest
Zins: variabler Zins floating rate
– floating rate interest
– variable rate
Zinsabschlagsteuer withholding tax on specific interest income
Zinsanteil interest component
– interest element
Zinsanteil einer Rente interest component of an annuity
– interest element of an annuity
Zinsaufwand interest expense
Zinsaufwand: Nettozinsaufwand net interest paid
Zinsaufwendungen interest paid
Zinsbogen coupon sheet
Zinsdeckel cap
Zinsdeckungsverhältnis interest coverage ratio
Zinsen interest
Zinsen: vertragliche Zinsen contractual interest
– stipulated interest
Zinsen und ähnliche Anwendungen interest and similar charges
– interest and similar expenses
Zinsergebnis net interest income
Zinsertrag interest income
Zinsertrag: sonstige Zinserträge other interest income
Zinserträge aus Wertpapieren interest on securities
Zinsertragskurve: inverse Zinsertragskurve inverse yield curve
Zinseszins compound interest
Zinsforderungen interest receivables
Zinsfuß: interner Zinsfuß internal rate of return
Zinslauf running of interest
zinslos noninterest-bearing
zinsloses Darlehen interest-free loan
– loan without interest
Zinspapier interest-bearing security
Zinssatz interest rate
– rate of interest
Zinssatz: gesetzlicher Zinssatz legal rate of interest
Zinsströme interest flows
Zinsswap interest rate swap
zinsvariabel floating rate
zinsvariable Schuldverschreibung *(zB an LIBOR oder FIBOR gekoppelt)* floater

Zitat quotation
– quote
Zivilgerichtsbarkeit civil jurisdiction
Zivilprozeß civil action
Zivilprozeßrecht law governing civil procedure
Zivilrecht civil law
– private law
zivilrechtlich gültig valid under civil law
zivilrechtlicher Eigentümer legal owner
Zoll customs duty
– duty
– tariff
Zoll: Einfuhrzoll import duty
Zoll: Importzoll import duty
Zoll: Wertzoll ad valorem duty
Zollabfertigung customs clearance
Zollabgabe customs duty
Zollabkommen costums convention
– tariff agreement
Zollamt customs office
Zollamt: Hauptzollamt regional customs office
zollamtlich: unter zollamtlichem Verschluß bonded
– in bond
zollamtlich verwahrt bonded
– in bond
Zollausschluß customs enclave
Zollausschlußgebiet customs enclave
Zolleinlagerer bonder
Zollerklärung customs declaration
Zollfahndung customs investigation
zollfrei duty-free
Zollfreigebiet duty-free zone
Zollrecht tariff law
Zolltarif tariff
Zolltarifauskunft tariff ruling
Zollverschluß: unter Zollverschluß liegend bonded
– in bond
Zollwert dutiable value
Zone: Freihandelszone free-trade area
zu Anschaffungs- oder Herstellungskosten at cost
zu den Akten nehmen file
zu Einstandspreisen at cost
zu erfüllen executory
zu gleichen Teilen erben inherit equally
– inherit in equal proportions
zu hoch ausweisen overstate
zu Lasten {von} at the expense {of}
– charged {to}
– to the debit {of}
zu Lasten gehen {von} at the expense {of}
zu Lebzeiten: Schenkung zu Lebzeiten lifetime transfer
zu niedrig ausweisen underreport
– understate
zu Protokoll geben *(Verfahren)* place on record
zu treuen Händen in escrow
zu Unrecht unjustly
– wrongfully
zu unseren Gunsten: Saldo zu unseren Gunsten *AE* balance in our favor
– *BE* balance in our favour
zu versteuern taxable
zu versteuerndes Einkommen taxable income
zu versteuerndes Einkommen: Ermittlung des zu versteuernden Einkommens determination of taxable income
zu verteidigen defensible
zu vertreten: vom Gläubiger zu vertretende Unmöglichkeit impossibility attributable to the creditor
zu vertreten: vom Schuldner zu vertretende Unmöglichkeit impossibility caused by the fault of the debtor
zu vertreten haben be responsible for
Zubehör accessories
– accessory property
– appurtenances
– appurtenant property
– fittings
Zubehör: Grundstückszubehör appurtenances to land
– fixture
– fixtures

Zubehörpfandrecht appurtenance lien
zubilligen: mildernde Umstände zubilligen allow extenuating circumstances
zuerkennen accord
zufälliger Untergang accidental destruction
– accidental perishing
Zufluß-/Abflußprinzip cash method
zufolge pursuant to
zuführen allocate
– transfer
Zuführung allocation
– appropriation
– transfer
Zuführung: Rücklagenzuführung appropriation to reserves
– charge to reserves
Zuführung in die Rücklagen appropriation to reserves
– transfer to reserves
Zuführung zu den Rücklagen transfer to reserves
Zug um Zug: Erfüllung Zug um Zug simultaneous performance
Zug um Zug: Leistung Zug um Zug contemporaneous performance
Zug um Zug Leistung contemporaneous performance
Zug um Zug zu erfüllende Bedingung concurrent condition
Zugang access
– addition
Zugang: Anlagenzugänge additions to fixed assets
– fixed asset additions
Zugang: Sachanlagenzugänge fixed asset additions
Zugang zu Informationen access to information
Zugang zum Anlagevermögen addition to fixed assets
Zugänge {zu} additions {to}
Zugänge im Geschäftsjahr additions during the year
Zugangsjahr year of acquisition
Zugangswert value of additions
zugegangen received
zugesicherte Eigenschaft guaranteed quality
– guranteed quality
– warranted quality
Zugeständnis acknowledgement
– acknowledgment
– concession
– consession
zugewiesener Verlust allocated loss
Zugewinn accrued gain
Zugewinnausgleich equalization of accrued gains
Zugriff: Besteuerungszugriff tax take
Zugriff: wahlfreier Zugriff random access
Zugriff nehmen {auf} resort {to}
zugunsten {von} *AE* in favor {of}
– *BE* in favour {of}
zugunsten von credited to
– to the credit of
zukünftig forthwith
Zulage: Investitionszulage investment subsidy
zulässig admissible
– permissable
zulässig: steuerlich zulässig permissible under tax law
zulässig: unzulässig impermissable
Zulässigkeit admissibility
Zulassung: Berufszulassung *BE* professional licence
– *AE* professional license
Zulassung: Börsenzulassung listing *(stock exchange)*
Zulassung: Widerruf der Zulassung *BE* revocation of licence to practise
– *AE* revocation of license to practice
zum Nennwert at par
zum Zwecke {der/einer} for the purpose {of}
zumessen ascribe to
zumutbar reasonable
zumutbare Belastung resonable self-retention
zumutbare Eigenbelastung resonable self-retention
zunehmend increasing
Zuordnung: funktionale Zuordnung functional attribution

Zuordnung: Risikozuordnung allocation of risk
zur Einkommensteuer veranlagt werden be assessed for income taxes
zur Gänze in its entirety
zur gesamten Hand jointly
zur gesamten Hand: Miteigentum zur gesamten Hand joint tenancy
zur rechten Zeit in due course
zur Rückzahlung fällige Obligation matured bond
zur Zahlung: Wechsel zur Zahlung vorlegen present a bill for payment
zurechnen attribute {to}
Zurechnung: Gewinnzurechnung profit allocation
Zurechnungsfähigkeit criminal responsibility
Zurechnungsregel attribution rule
zureichend adequate
zureichend: unzureichend inadequate
zurückbehalten retain
– withhold
Zurückbehaltung retention
– withholding
Zurückbehaltungsrecht *(an Sachen)* lien
– right of retention
Zurückbehaltungsrecht: kaufmännisches Zurückbehaltungsrecht trader's right of retention
zurückfallen {an} revert {to}
zurückgetragener Verlust loss carried back
zurückgreifen {auf} resort {to}
zurückkommen {auf} make reference {to}
– refer {to}
– revert {to} *(subject, letter)*
Zurücknahme withdrawal
Zurücknahme der Anklage withdrawal of the indictment
zurücknehmen withdraw
zurücknehmen: Rechtsmittel zurücknehmen withdraw an appeal
zurücktragen carry back
zurücktreten *(aufheben)* cancel
– *(Ablehnung der Vertragserfüllung)* repudiate
– *(bei wesentlicher Vertragsverletzung)* rescind
– rescind a contract
– resign *(from office)*
– withdraw
– withdraw from the contract
zurücktreten: vom Vertrag zurücktreten repudiate
zurückweisen: Antrag aus formellen Gründen zurückweisen reject a request due to formal reasons
zurückweisen: Antrag aus materiellen Gründen zurückweisen reject a request due to substantive reasons
zurückweisen: Waren zurückweisen reject goods
Zurückweisung rejection
zurückzahlen pay back
Zusage: Garantiezusage warranty
Zusammenbruch: Unternehmenszusammenbruch business failure
Zusammenfassende Meldung *(Ust)* European Sales Listing *(VAT)*
– Intrastat *(VAT)*
zusammenfassende Übersicht summary statement
Zusammenfassung summary
Zusammenführung: Kontenzusammenführung combination of accounts
zusammengefaßt condensed
– summarized
zusammengefaßte Bilanz balance sheet in condensed form
zusammengefaßte Buchung compound entry
Zusammengehörigkeit: wirtschaftliche Zusammengehörigkeit economic relatedness
zusammengesetzt composite
zusammengesetzte Buchung compound entry
zusammengesetzter Begriff composite term
zusammengesetzter Buchungssatz compound entry
Zusammenhang nexus
Zusammenhang: wirtschaftlicher

Zusammenhang economic connection
– economic link
Zusammenlegung: Kontenzusammenlegung merging of accounts
Zusammenschluß association
Zusammenschluß: Personenzusammenschluß body of persons
Zusammenschluß: Unternehmenszusammenschluß business combination
– combine
Zusammenschluß: vertikaler Unternehmenszusammenschluß vertical integration
Zusammenveranlagung joint assessment
– joint return
– joint tax return
Zusatz add-on
Zusatzabkommen supplementary agreement
Zusatzleistung additional benefit
– supplementary benefit
Zusatzleistungen: freiwillige Zusatzleistungen fringe benefits
Zusatzsteuer add-on tax
– surtax
Zusatzversicherung additional insurance
– complementary insurance
– supplementary insurance
Zuschlag: Paketzuschlag control premium
Zuschlag: Säumniszuschlag late payment penalty
– penalty for late payment
– penalty for late payment of tax
Zuschlag: Verspätungszuschlag late fee
– late filing penalty
– penalty for late filing
– penalty for late filing of return
zuschreiben ascribe to
– write up
Zuschreibung write-up
– write-up due to appreciation
Zuschreibung von Gegenständen des Anlagevermögens write-up of fixed assets
Zuschreibungen reinstated write-downs
– reversal of write-downs
Zuschreibungsgebot requirement to reverse write-downs where the reasons for them no longer exist
Zuschuß grant
– subsidy
Zuschuß aus öffentlichen Mitteln subsidy from public funds
zusichern gurantee
– represent
– warrant
Zusicherung representation
– warranty
Zusicherung: ausdrückliche Zusicherung *(ggf über gesetzliche Gewährleistung hinausgehend)* express warranty
Zusicherung einer Eigenschaft *BE* guarantee of quality
– *AE* guaranty of quality
– warranty of quality
Zustand: Dauerzustand permanent condition
Zustand: ursprünglichen Zustand wiederherstellen restore the original conditions
Zustandekommen eines Vertrages completion of a contract
– conclusion of a contract
zuständig: nicht zuständig {für} not competent {for}
zuständig {für} competent {for}
zuständige Behörde competent authority
zuständiger Ausschuß competent committee
zuständiges Gericht competent court
zuständiges Gericht: Verweisung an das zuständige Gericht transfer of an action to the competent court
Zuständigkeit competence
– competency
– jurisdiction
Zuständigkeit: gemeinsame Zuständigkeit concurrent jurisdiction
Zuständigkeit: Gericht mit allgemeiner Zuständigkeit court of general jurisdiction

Z

Zuständigkeit: konkurrierende Zuständigkeit concurrent jurisdiction
Zuständigkeit: Mangel an Zuständigkeit incompetence
– lack of competence
Zuständigkeit: örtliche Zuständigkeit local jurisdiction
Zuständigkeit: unter die Zuständigkeit fallen {von} come within the competence {of}
Zuständigkeit des Finanzamts competence of the local tax office
Zuständigkeit in der Rechtsmittelinstanz appellate jurisdiction
zustellen {an} deliver {to}
– *(gerichtlich/verwaltungsmäßig)* serve {upon}
zustellen {an}: Urteil zustellen {an} serve a judgment {upon}
Zustellung delivery
– notification
– *(förmlich)* service *(mail, post)*
Zustellung: förmliche Zustellung official notification
Zustellung: Klagezustellung {an} service of legal action {upon}
Zustellung eines Urteils service of a judgment
Zustellung im Ausland service abroad
– service in a foreign country
Zustellung von Amts wegen service ex officio
Zustellungsbevollmächtigter authorized recipient
– person authorized to accept service
Zustellungsurkunde certificate of service
zustimmen: stillschweigend zustimmen agree tacitly
zustimmen {zu} agree {to}
zustimmend assenting
– concurring
– endorsed {by}
Zustimmung assent
– consent
Zustimmung: beiderseitige Zustimmung {zu} mutual assent {to}
Zustimmung: nachträgliche Zustimmung subsequent approval
Zustimmung: parliamentarische Zustimmung parliamentary consent
Zustimmung: vorherige Zustimmung previous assent
Zustimmung {zu} assent {to}
Zustimmungserfordernis requirement of consent
Zustimmungsgesetz bill requiring Bundesrat approval
zuteilen allot
Zuteilung allotment
Zuteilung von Mitteln allocation of resources
Zutritt access
Zuwachs: Einkommenszuwachs growth of income
– increase of income
Zuwachs: Vermögenszuwachs capital appreciation
Zuwachs: Wertzuwachs appreciation
– appreciation in value
– increase in value
zuweisen allocate
– allot
– assign
Zuweisung allocation
– appropriation
– transfer
Zuweisung: Rücklagenzuweisung transfer to reserves
Zuweisung: Verlustzuweisung loss allocation
Zuweisung von Mitteln allocation of funds
Zuweisung zu den Rücklagen allocation to reserves
– appropriation to reserves
– transfer to reserves
Zuweisung zu den Rückstellungskonten allocation to accrual accounts
Zuwendung: freiwillige Zuwendungen voluntary grants
Zuwendung: Sachzuwendung benefit in kind
Zuwendung: Sonderzuwendung bonus
zuwiderhandeln contravene
Zuwiderhandlung contravention

zuzurechnendes Einkommen attributable income
Zwang coercion
– duress
Zwang: unter Zwang under coercion
Zwangs... compulsory ...
Zwangsaktion enforcement action
Zwangsliquidation compulsory liquidation
– liquidation by order of the court
Zwangslizenzierung compulsory licensing
Zwangsmaßnahme coercive measure
– compulsory measure
Zwangsverfahren enforcement procedure
Zwangsvergleich *(Insolvenzverfahren)* compulsory composition
– compulsory settlement
Zwangsversteigerung execution sale by public auction
zwangsverwalten sequestrate
Zwangsverwalter receiver
Zwangsverwaltung receivership
– sequestration
Zwangsvollstreckung enforcement
– execution
Zwangsvollstreckung eines Urteils enforcement of a judgment
Zwangsvollstreckung in das bewegliche Vermögen execution levied upon movables
Zwangsvollstreckung in das unbewegliche Vermögen execution levied upon real property
Zwangsvollstreckungsverfahren execution proceedings
Zweck: ausschließlicher Zweck sole purpose
Zweck: Gesetzeszweck legislative purpose
Zweck: steuerliche Zwecke tax purposes
Zweck: Steuerzwecke tax purposes
Zweck: zum Zwecke {der/einer} for the purpose {of}
Zwecke: Spende für karitative Zwecke charitable contribution
zweckgebundene Rücklagen appropriated reserves
zweckmäßig expedient
– suitable
Zweckmäßigkeit expediency
Zweckmäßigkeitserwägungen considerations of expediency
Zweckmäßigkeitsgründe: aus Zweckmäßigkeitsgründen as a matter of convenience
zweideutig ambiguous
zweifelhaft doubtful
– dubious
– shady *(informal)*
zweifelhafte Forderung doubtful debt
zweifelhafte Forderung: Wertberichtigung auf zweifelhafte Forderungen allowance for doubtful accounts
zweifelhafte Forderungen doubtful accounts
– doubtful receivables
Zweifelsfrage open issue
Zweigniederlassung branch
– branch office
Zweigniederlassung: eingetragene Zweigniederlassung registered branch
Zweigniederlassungsteuer branch profits tax
zweiseitig bilateral
Zweispaltenjournal two-column journal
zweite Mahnung second reminder
Zweitschrift duplicate
zwingend binding
– compulsory
– mandatory
zwingendes Recht binding law
– mandatory law
Zwischenabschluß interim accounts
– interim financial report
– interim financial statements
Zwischenberichterstattung interim financial reporting
zwischenbetrieblich inter-company
– interfirm
zwischenbetrieblicher Vergleich interfirm comparison
Zwischenbilanz interim balance sheet

Zwischendarlehen interim credit
– interim loan
Zwischendividende interim dividend
Zwischenergebnis intermediate results
Zwischenfinanzierung interim financing
zwischengeschaltet interposed
zwischengeschaltete Gesellschaft interposed company
Zwischengesellschaft intermediary company
– intermediate company
– interposed company
Zwischengewinn *(konzernintern)* intercompany profit
– *(konzerninte rn)* intergroup profit
Zwischengewinn: konzerninterner Zwischengewinn intercompany profit
Zwischengewinneliminierung elimination of intercompany profits
– intercompany elimination of profits
Zwischenholding intermediary holding company
Zwischenkonsolidierung intercompany consolidation
Zwischenkonto intermediate account
– suspense account
Zwischenkredit interim credit
– interim loan
Zwischenprüfung interim audit
zwischenstaatliche Beziehungen international relations
Zwischensumme subtotal
Zwischenurteil interlocutory judgment
Zwischenverlust *(konzernintern)* intercompany loss
Zwischenverlust: konzerninterner Zwischenverlust intercompany loss
Zwischenwert intermediate value

Englisch – Deutsch
English – German

10-K Annual Report Form *(SEC)*
183-day-rule 183-Tage-Klausel
4th EC Directive 4. EG-Richtlinie
– Bilanz-Richtlinie
7th EC Directive 7. EG-Richtlinie
– Konzern-Richtlinie
8-K Statement of Material Events *(SEC)*

A

AAA American Accounting Association
abandonment Aufgabe *(Preisgabe)*
abate erlassen
– ermäßigen
– herabsetzen
– mindern
– nachlassen
abatement Erlaß
– Nachlaß
abatement: tax abatement Steuererlaß
– Steuernachlaß
abatement of tax Steuererlaß
– Steuernachlaß
abetting: aiding and abetting Beihilfe
abeyance Schwebe
– Schwebezustand
– Unentschiedenheit
abeyance: hold a decision in abeyance sich eine Entscheidung vorbehalten
abeyance: hold in abeyance ruhen lassen
abeyance: in abeyance in der Schwebe
abeyance: keep in abeyance ruhen lassen
abeyant in der Schwebe
– unentschieden
abide {by} einhalten
abiding: law-abiding gesetzestreu
ability: disability Arbeitsunfähigkeit
ability to pay Zahlungsfähigkeit
ability to work Arbeitsfähigkeit
abode Aufenthalt
abode: customary place of abode gewöhnlicher Aufenthalt
abode: habitual abode gewöhnlicher Aufenthalt
– gewöhnlicher Aufenthaltsort
abolish abschaffen
abortion Abtreibung
above par über Nennwert
abovementioned vorgenannt
– vorstehend
– wie oben angeführt
abroad: income earned abroad ausländische Einkünfte
abrogate außer Kraft setzen
abrogate a law Gesetz außer Kraft setzen
abrogate a treaty Staatsvertrag aufheben
absconding after an accident Unfallflucht
absence rate Abwesenheitsrate
– Fehlzeitenrate
absolute: final and absolute bestandskräftig
absolute guarantee *BE* selbstschuldnerische Bürgschaft
absolute guaranty *AE* selbstschuldnerische Bürgschaft
absolute liability Gefährdungshaftung
absorption: profit and loss absorption agreement Gewinnabführungsvertrag
absorption account Sammelkonto
absorption costing Vollkostenrechnung
abstention Enthaltung
– Stimmenthaltung
abstract Auszug
– *(summary)* Kurzfassung
abstract of land register Grundbuchauszug
abuse Mißbrauch
– mißbrauchen
abuse: treaty abuse Abkommensmißbrauch
abuse of discretion Ermessensmißbrauch
abuse of law Gestaltungsmißbrauch
– Rechtsmißbrauch
abuse of legal structuring options Gestaltungsmißbrauch
abusive mißbräuchlich

abusive: ruled to be abusive by case law von der Rechtsprechung als mißbräuchlich erachtet
abusive use of discretionary powers Ermessen mißbräuchlich ausüben
accede to a treaty Staatsvertrag beitreten
acceding party beitretende Partei
accelerate beschleunigen
– vorverlegen
– vorziehen
accelerated beschleunigt
– vorgezogen
– vorverlegt
– vorzeitig
accelerated deductions vorgezogener Aufwand
accelerated depreciation beschleunigte Abschreibung
– erhöhte Abschreibung
– vorzeitige Abschreibung
accelerated tax depreciation erhöhte Absetzungen
acceleration Vorverlegung
acceleration clause Fälligkeitsklausel *(Vorverlegung der Fälligkeit)*
accept abnehmen
– annehmen
accept a bill Wechsel akzeptieren
accept an offer Angebot annehmen
accept responsibility {for} verantworten
acceptance Abnahme
– *(bill of exchange)* Akzept
– *(offer)* Annahme
– Wechselakzept
acceptance: banker's acceptance Bankakzept
acceptance: be in default of acceptance sich in Annahmeverzug befinden
acceptance: creditor's default of acceptance Gläubigerverzug
acceptance: default of acceptance Annahmeverzug
acceptance certificate Abnahmezeugnis
acceptance credit Akzeptkredit
acceptance of a bill Wechselakzept
acceptance of an offer Annahme eines Angebots
acceptance of the inheritance Annahme der Erbschaft
acceptance of the work Abnahme des Werkes
acceptor Akzeptant
– Annehmender
– Wechselakzeptant
acceptor of a bill Wechselakzeptant
access Zugang
– Zutritt
access to information Zugang zu Informationen
accession Beitritt
accessories Zubehör
accessoriness Akzessorietät
accessory akzessorisch
accessory: duties or charges accessory to taxes steuerliche Nebenleistungen
accessory charge Nebenabgabe
accessory duty Nebenabgabe
accessory property Zubehör
accessory security akzessorische Sicherheit
accident insurance Unfallversicherung
accident insurance: personal accident insurance Unfallversicherung *(privat)*
accidental destruction zufälliger Untergang
accidental loss: risk of accidental loss of the good Risiko des zufälligen Untergangs der Sache
accidental perishing zufälliger Untergang
accommodation Gefälligkeit
– Unterbringung
accommodation bill Gefälligkeitswechsel
accomplice Mittäter
accord Abkommen
– gewähren
– Übereinkunft
– *(agreement)* Übereinstimmung
– Vereinbarung
– Vergleich *(mit einem einzelnen Gläubiger)*

– zuerkennen
accord: in accord {with} in Übereinstimmung {mit}
accord {with} entsprechen
– übereinkommen
– übereinstimmen {mit}
accord and satisfaction an Erfüllungs Statt
– Annahme an Erfüllungs Statt
– Leistung an Erfüllungs Statt
– vergleichsweise Erfüllung
accordance: in accordance {with} in Übereinstimmung {mit}
accordance: in accordance with gemäß
accordance: in accordance with the law gesetzmäßig
according to gemäß
– laut
– nach
according to contract vertragsgemäß
according to schedule nach Plan
– planmäßig
according to tax law steuerlich
according to the facts den Tatsachen nach
according to the law nach dem Gesetz
accordingly: apply accordingly gelten entsprechend
account Konto
account: allocate accounts kontieren
account: allocate to accounts kontieren
account: allocate to an account kontieren von Belegen
account: allocation to an account Kontierung
account: allowance for uncollectible accounts Wertberichtigung auf Forderungen
account: assign accounts kontieren
account: balance an account Konto abschließen
– Konto ausgleichen
account: charge an account Konto belasten
account: class of accounts Kontenklasse
account: close an account Konto abschließen
– Konto schließen
account: close out an account Konto abschließen
account: closing of an account Kontoabschluß
account: credit to an account Kontogutschrift
account: debit an account Konto belasten
account: deficit capital account negatives Kapitalkonto
account: dormant account unbewegtes Konto
account: entry in the accounts buchmäßige Erfassung
account: fixed capital account konstantes Kapitalkonto
account: for account and risk of auf Rechnung und Gefahr von
account: for account of für Rechnung von
account: guaranty cover account *AE* Garantiedeckungskonto
account: hold an account Konto innehaben
account: inactive account unbewegtes Konto
account: keep an account Konto führen
– Konto unterhalten
account: maintain an account Konto führen
– Konto unterhalten
account: negative capital account negatives Kapitalkonto
account: on one's own account für eigene Rechnung
account: on own account auf eigene Rechnung
– für eigene Rechnung
account: open an account Konto anlegen
– Konto eröffnen
account: opening of an account Kontoeröffnung

account: post to an account auf ein Konto buchen
account: prepare accounts bilanzieren
account: reconcile accounts Konten abstimmen
account: reconciliation of accounts Kontenabstimmung
account: set up a balance sheet account Bilanzposten bilden
account: set up an account Konto einrichten
account: settle an account Konto glattstellen
account: transfer to another account umbuchen
– Umbuchung
account activity Kontenbewegung
account allocation Kontierung
– Kontierung von Belegen
account assignment Kontierung
account balance Kontostand
– Saldo
account balance: list of account balances Saldenliste
account card Kontenkarte
– Kontoblatt
– Kontokarte
account class Kontenklasse
account classification Kontengliederung
– Kontenklassifizierung
– Kontenrahmen
account closing Kontoabschluß
account code Kontenschlüssel
account column Kontenspalte
account distribution Kontierung
account distribution of vouchers Belegkontierung
– Kontierung von Belegen
account distribution work Kontierungsarbeiten
account for Bericht erstatten {über}
– Rechenschaft ablegen {über}
– Rechnung legen {über}
account form Kontenblatt
account group title Kontengruppenbezeichnung
account heading Kontobezeichnung
account hierarchy Kontenhierarchie
account holder Kontoinhaber
account in balance ausgeglichenes Konto
account key Kontenschlüssel
account maintenance Kontenführung
account movement Kontobewegung
account number Kontonummer
account number: customer's account number Kundennummer
account receivable ausstehende Forderung
account reconciliation Kontenabstimmung
account statement Kontoauszug
account title Kontenbezeichnung
account total Kontosumme
account transactions: statement of account transactions Summenbilanz
– Umsatzbilanz
accountability Rechenschaftspflicht
– Verantwortlichkeit
accountable buchungspflichtig
accountable {for} haftbar {für}
– nachweispflichtig {für}
– rechenschaftspflichtig {für}
– verantwortlich {für}
accountable event Buchungsvorfall
– Geschäftsvorfall
– rechenschaftspflichtiges Ereignis
accountancy Buchführung
– Buchhaltung
– Rechnungswesen
accountancy: state board of accountancy einzelstaatliche Verwaltungsbehörde für Prüfungswesen und Rechnungslegung
accountancy firm Buchprüfungsgesellschaft
accountant Bilanzbuchhalter
– Buchhalter
– Buchsachverständiger
accountant: financial accountant Finanzbuchhalter
accountant: public accountant Wirtschaftsprüfer *WP*
accountant's report Prüfungsbericht
accounted for angerechnet
– ausgewiesen
accounting Buchführung

– Buchhaltung
– Rechnungslegung
– Rechnungswesen
accounting: bookless accounting Belegbuchhaltung
accounting: duty of accounting Rechnungslegungspflicht
accounting: historical cost accounting Anschaffungswertprinzip
– Istkostenrechnung
accounting: ledgerless accounting Belegbuchführung
– kontenlose Buchführung
accounting: total-life accounting Totalrechnung
accounting: total-life-of-business accounting Totalrechnung
accounting center *AE* Abrechnungsstelle
accounting centre *BE* Abrechnungsstelle
accounting concept Bilanzierungsgrundsatz
accounting cycle Buchungsdurchlauf
– Buchungskreislauf
accounting department Buchhaltung *(Abteilung)*
– Buchhaltungsabteilung
– Rechnungswesenabteilung
accounting department: inventory accounting department Lagerbuchhaltung
accounting department: plant accounting department Werksbuchhaltung
Accounting Directive Bilanzrichtlinie
Accounting Directives Act Bilanzrichtlinien-Gesetz
accounting document: falsification of acounting documents Fälschen von Buchungsunterlagen
accounting event Buchungsvorfall
– Geschäftsvorfall
accounting exchange on the asset side of the balance sheet Aktivtausch
accounting exchange on the liability side of the balance sheet Passivtausch
accounting expert Buchsachverständiger
accounting expert: sworn accounting expert vereidigter Buchsachverständiger
accounting firm: independent accounting firm unabhängige Wirtschaftsprüfungsgesellschaft
accounting guidelines Bilanzierungsrichtlinien
accounting income handelsrechtlicher Gewinn
accounting income: pretax accounting income handelsrechtliches Ergebnis vor Steuern
accounting law Bilanzrecht
accounting law: bank accounting law Bankbilanzrecht
accounting legislation Bilanzierungsgesetzgebung
accounting manual Bilanzierungshandbuch
accounting method Bilanzierungsmethode
– Buchführungsmethode
– Buchführungstechnik
– Buchführungsverfahren
– Gewinnermittlungsmethode
– Gewinnermittlungsverfahren
accounting method: separate accounting method *(profit determination of a permanent establishment)* direkte Methode *(der Betriebsstättengewinnermittlung)*
accounting on an accrual basis periodengerechte Buchführung
accounting period Abrechnungsperiode
– Abrechnungszeitraum
– Bilanzierungszeitraum
– Rechnungsperiode
accounting policy Bilanzierungspolitik
– Bilanzpolitik
accounting practice Bilanzierungspraxis
accounting principle Bilanzierungsgrundsatz
accounting principle: generally accepted accounting principles *AE*

GAAP Grundsätze ordnungsmäßiger Bilanzierung
– *AE GAAP* Grundsätze ordnungsmäßiger Buchführung *GoB*
accounting principle of prudence Bilanzierungsgrundsatz der kaufmännischen Vorsicht
– Vorsichtsprinzip
accounting principles Bilanzierungsgrundsätze
– Grundsätze der Rechnungslegung
– Grundsätze ordnungsmäßiger Buchführung *GoB*
– Grundsätze ordnungsmäßiger Buchführung und Bilanzierung
accounting profit buchmäßiger Gewinn
accounting records Buchhaltung *(Gesamtheit)*
accounting rule Bilanzierungsgrundsatz
– Bilanzierungsvorschrift
accounting rule: commercial accounting rules handelsrechtliche Buchführungsvorschriften
accounting rules Rechnungslegungsvorschriften
accounting standard: financial accounting standards Grundsätze ordnungsmäßiger Bilanzierung
– Grundsätze ordnungsmäßiger Buchführung *GoB*
accounting standards Rechnungslegungsgrundsätze
accounting statement buchhalterische Übersicht
accounting system Buchführungssystem
accounting technique Buchführungstechnik
accounting theory Buchhaltungstheorie
accounting transaction: internal accounting transaction interner Buchungsvorfall
accounting treatment buchhalterische Behandlung
– buchmäßige Behandlung
accounting unit Abrechnungsbereich
– Abrechnungseinheit
– Abrechnungsstelle
accounting unit: central accounting unit zentrale Abrechnungsstelle
accounting year Bilanzjahr
– Geschäftsjahr
– Rechnungsjahr
accounting year: current accounting year laufendes Geschäftsjahr
accounting year: past accounting year abgelaufenes Geschäftsjahr
accounts *BE* Abschluß *(Jahresabschluß)*
– Bücher
– Geschäftsbücher
– *BE* Jahresabschluß
accounts: closing of accounts Rechnungsabschluß
accounts: consolidated subgroup accounts *BE* konsolidierter Teilkonzernabschluß
accounts: draw up the annual accounts *BE* Jahresabschluß erstellen
accounts: group accounts *BE* Konzernabschluß
accounts: keeping of accounts Führung von Büchern
accounts: notes to consolidated accounts *BE* Anhang zum Konzernabschluß
accounts: prepare the accounts *BE* Abschluß machen
accounts: unaudited accounts *BE* nicht testierter Abschluß
accounts department *BE* Buchhaltung
accounts payable Kreditoren
– Verbindlichkeiten
accounts payable - trade Verbindlichkeiten aus Lieferungen und Leistungen
accounts payable: trade accounts payable Verbindlichkeiten aus Lieferungen und Leistungen
– Verbindlichkeiten aus Warenlieferungen und Leistungen
accounts payable account Kreditorenkonto
accounts payable accounting Lieferantenbuchhaltung

A

accounts payable department Kreditorenbuchhaltung
accounts payable ledger Lieferantenbuch
accounts payable report Kreditorenbericht
accounts receivable Außenstände
– Debitoren
accounts receivable - group Forderungen gegen verbundene Unternehmen
accounts receivable - trade *AE* Forderungen aus Lieferungen und Leistungen
accounts receivable: valuation allowance for accounts receivable Wertberichtigung auf Forderungen
accounts receivable {from} Forderungen {gegen}
accounts receivable account Debitorenkonto
accounts receivable accounting Debitorenbuchhaltung
accounts receivable and payable ledger Kontokorrentbuch
accounts receivable department Debitorenbuchhaltung
accounts receivable entry Debitorenbuchung
accounts receivable file Debitorendatei
– Debitorenkartei
accounts receivable risk Debitorenwagnis
accounts receivable statement Debitorenkontoauszug
account-type presentation kontenmäßige Darstellung
account-type presentation of a balance sheet Kontoform der Bilanz
accouting: duty of accounting Rechenschaftspflicht
accrual Abgrenzung *(antizipativ)*
– Rückstellung
accrual: forming of accruals Bildung von Rückstellungen
accrual: mandatory accrual Passivierungspflicht
accrual: one-off wealth accrual einmaliger Vermögensanfall
accrual: reversal of accruals Auflösung von Rückstellungen
accrual: set-up of accruals Bildung von Rückstellungen
accrual: under-accrual Rückstellungsfehlbetrag
accrual {for} Rückstellung {für}
accrual account: allocation to accrual accounts Zuweisung zu den Rückstellungskonten
accrual accounting Periodenrechnung
accrual basis: accounting on an accrual basis periodengerechte Buchführung
accrual basis: on an accrual basis periodengerecht
accrual basis accounting Betriebsvermögensvergleich
accrual basis principle of accounting Prinzip der Periodenabgrenzung
accrual concept Periodisierungsprinzip
accrual for pensions Rückstellung für Pensionen
accrual for severance payments *OE* Rückstellung für Abfertigungen
accrual method Aufwands- und Ertragsrechnung
– periodengerechte Abgrenzung
– Periodisierungsprinzip
accrual of an inheritance Erbanfall
accruals antizipative Posten *(in Deutschland Ausweis unter 'sonstige Vermögensgegenstände' oder 'sonstige Verbindlichkeiten' bzw. 'sonstige Rückstellungen')*
– Rückstellungen
accruals - non taxable steuerfreie Rücklagen
accruals: year-end accruals and deferrals Jahresabgrenzungen
accruals and deferrals Abgrenzungen *(transitorisch: deferrals/antizipativ: accruals)*
– Rechnungsabgrenzungen *(transitorisch: deferrals/antizipativ: accruals)*
accruals concept Grundsatz der Periodenabgrenzung

accruals for deferred taxes *AE* Rückstellungen für latente Steuern
accruals for pensions and similar obligations Rückstellungen für Pensionen und ähnliche Verpflichtungen
accrue abgrenzen
– anfallen *(Erträge, Aufwendungen)*
– auflaufen *(Zinsen)*
– entstehen *(Erträge, Aufwendungen)*
– erwachsen
– passivieren *(Rücksstellung)*
– periodisieren
– rückstellen
– Rückstellung bilden
accrue: obligation to accrue {for} Passivierungsgebot
– Passivierungspflicht
accrue: option to accrue {for} Passivierungswahlrecht
accrue: requirement to accrue {for} Passivierungsgebot
– Passivierungspflicht
accrued abgegrenzt
– antizipativ abgegrenzt
accrued assets antizipative Aktiva *(Ertragsabgrenzung/in Deutschland Ausweis unter 'sonstige Vermögensgegenstände')*
accrued charges antizipative Passiva *(Aufwandsabgrenzung/in Deutschland Ausweis unter 'sonstige Verbindlichkeiten' oder 'sonstige Rückstellungen')*
accrued expenses antizipative Passiva *(Aufwandsabgrenzung/in Deutschland Ausweis unter 'sonstige Verbindlichkeiten' oder 'sonstige Rückstellungen')*
accrued gain Zugewinn
accrued income antizipative Aktiva *(Ertragsabgrenzung/in Deutschland Ausweis unter 'sonstige Vermögensgegenstände')*
accrued income taxes Rückstellung für Ertragsteuern
accrued interest aufgelaufene Zinsen
accrued item Abgrenzungsposten *(antizipativ/in Deutschland Ausweis unter 'sonstige Vermögensgegenstände' oder 'sonstige Verbindlichkeiten' bzw. 'sonstige Rückstellungen')*
accrued liabilities antizipative Passiva *(Aufwandsabgrenzung/in Deutschland Ausweis unter 'sonstige Verbindlichkeiten' oder 'sonstige Rückstellungen')*
– Rückstellungen
accrued liability: reversal of accrued liabilities Auflösung von Rückstellungen
accrued liability: set-up of accrued liabilities Bildung von Rückstellungen
accrued liability {for} Rückstellung {für}
accrued revenue antizipative Aktiva *(Ertragsabgrenzung/in Deutschland Ausweis unter 'sonstige Vermögensgegenstände')*
accrued taxes Steuerrückstellungen
accumulated aufgelaufen
– kumuliert
accumulated depreciation akkumulierte Abschreibung
– aufgelaufene Abschreibungen
– kumulierte Abschreibung
– Wertberichtigung *(aufgelaufene Abschreibungen)*
accumulated earnings tax *AET* Steuer auf Gewinnthesaurierung mit Strafcharakter
accumulated losses brought forward Verlustvortrag
accusation Anklage
accused Angeklagter
acitvity base Bezugsgröße *(Kostenrechnung)*
acknowledgement Anerkenntnis
– Zugeständnis
acknowledgement: order acknowledgement Auftragsbestätigung
acknowledgment Anerkenntnis
– Zugeständnis
acknowledgment: order acknowledgment Auftragsbestätigung
acknowledgment of indebtedness Schuldanerkenntnis
acquiesce dulden
acquiescence Duldung

acquire erwerben
acquire a benefit Vorteil erlangen
acquire property Eigentum erwerben
acquired goodwill derivativer Firmenwert
acquirer Erwerber
acquisition Anschaffung
– Erwerb
– Kauf
acquisition cost Anschaffungskosten
– Anschaffungspreis
– Anschaffungswert
acquisition cost: incidental acquisition costs Anschaffungsnebenkosten
acquisition cost: inventory valuation at acquisition or production cost Bestandsbewertung zu Anschaffungs- oder Herstellungskosten
acquisition cost: valuation at acquisition and production cost Bewertung zu Anschaffungs- und Herstellungskosten
acquisition cost reduction Anschaffungskostenminderung
acquisition free from encumbrances lastenfreier Erwerb
acquisition in good faith gutgläubiger Erwerb
acquisition of a prescriptive title to land Buchersitzung
acquisition of an unused asset Neuanschaffung
acquisition of property Eigentumserwerb
acquisition price Anschaffungspreis
acquisition transaction Anschaffungsgeschäft
acquisition value Anschaffungswert
acquisitive prescription Ersitzung
acquittal Freispruch
ACRS *AE* accelerated cost recovery system
AcSEC Accounting Standards Executive Committee
ACT *BE* advance corporation tax
– Gesetz
– handeln
– Handlung
act: catch in the very act auf frischer Tat ergreifen
act: legal act Rechtsgeschäft
– Rechtshandlung
act: sovereign act Hoheitsakt
Act: Tax Reform Act Steuerreformgesetz
act against public policy gegen die guten Sitten verstoßen
act disloyally sich treuwidrig verhalten
act in good faith in gutem Glauben handeln
act of God höhere Gewalt
act of marrying Eheschließung
act of pardon Gnadenakt
act on behalf of für jemanden tätig sein
Act Regulating the Profession of Tax Advisers Steuerberatungsgesetz
action Klage
– Prozeß
action: bring action Klage erheben
action: bringing of an action Klageerhebung
action: civil action Zivilprozeß
action: class action Gemeinschaftsklage
action: commencement of an action Klageerhebung
action: contested administrative action angefochtener Verwaltungsakt
action: cross-action Widerklage
action: final demand before action letzte Mahnung
action: legal action Klage
– Prozeß
– Rechtsstreit
action: preparatory action Vorbereitungshandlung
action: service of legal action {upon} Klagezustellung {an}
action: take legal action {against} gerichtlich vorgehen {gegen}
– klagen {gegen}
action: third-party action against execution Drittwiderspruchsklage
– Widerspruchsklage

action: threat of legal action Klageandrohung
action: transfer of an action to the competent court Verweisung an das zuständige Gericht
action: withdrawal of action Klagerücknahme
action for a declaratory judgment Feststellungsklage
action for an injunction Unterlassungsklage
action for damages Schadenersatzklage
action for eviction Räumungsklage
action for modification of a legal right or status Gestaltungsklage
action for performance Leistungsklage
action for possession Räumungsklage
action for specific performance Erfüllungsklage
action of assumpsit Schadensersatzklage wegen Nichterfüllung einer vertraglichen Verpflichtung
action of eviction *AE* Räumungsklage
action of trover Schadensersatzklage wegen rechtswidriger Aneignung beweglicher Sachen
action on a dishonored bill *AE* Wechselklage
action on a dishonoured bill *BE* Wechselklage
action to recover damages Schadensersatzklage
actionable einklagbar
active account bewegtes Konto
– Konto mit Bewegungen
– Konto mit laufenden Umsätzen
active assets produktive Aktiva
activities: ordinary activities normale Geschäftstätigkeit
activity *(cost accounting)* Beschäftigung *(Kostenrechnung)*
– Tätigkeit
activity: account activity Kontenbewegung
activity: auxiliary activity Hilfstätigkeit
activity: business activity Geschäftstätigkeit
activity: cessation of activities Einstellung der Tätigkeiten
activity: creative activity schöpferische Tätigkeit
activity: development activity Entwicklungstätigkeit
activity: engaged in an activity for profit erwerbswirtschaftlich tätig sein
activity: hobby activity Liebhaberei
activity: income from previous activities nachträgliche Einkünfte
activity: independent professional activity freiberufliche Tätigkeit
activity: level of activity *(cost accounting)* Beschäftigungsgrad
– *(cost accounting)* Beschäftigungshöhe
activity: passive activity loss Verlust aus passivem Erwerb
activity: preparatory activity vorbereitende Tätigkeit
activity: research activity Forschungstätigkeit
activity base Beschäftigungsbezugsgröße
activity clause Aktivitätsklausel
– Aktivitätsvorbehalt
activity level Beschäftigungsgrad
– *(cost accounting)* Beschäftigungshöhe *(Kostenrechnung)*
activity of an independent character *(as opposed to activities under employment)* selbständige Tätigkeit
activity range *(cost accounting)* Beschäftigungsbereich
activity range: production activity range Beschäftigungsbereich
activity ratio Beschäftigungsgrad
activity test Aktivitätsklausel
– Aktivitätsvorbehalt
actual tatsächlich
actual cost Istkosten
actual cost system Istkostenrechnung
actual possession unmittelbarer Besitz
actuarial versicherungsmathematisch

actuary Versicherungsmathematiker
ad valorem nach dem Wert
ad valorem duty Wertzoll
add back Hinzurechnung
add to reserves Rücklagen dotieren
addition Zugang
addition: fixed asset additions Anlagenzugänge
– Sachanlagenzugänge
addition: value of additions Zugangswert
addition to fixed assets Zugang zum Anlagevermögen
additional benefit Zusatzleistung
additional charge Nachbelastung
additional depreciation Mehrabschreibung
additional insurance Zusatzversicherung
additional pay Lohnzulage
additional profit Mehrgewinn
additional tax assessment Steuernachforderung
additional taxes Mehrsteuern
additional wage Lohnzulage
additions {to} Zugänge {zu}
additions during the year Zugänge im Geschäftsjahr
additions to buildings Anbauten
additions to fixed assets Anlagenzugänge
additions to reserves Erhöhung von Rücklagen
add-on Zusatz
add-on tax Zusatzsteuer
address: business address Geschäftsanschrift
adequacy Angemessenheit
adequate adequat
– angemessen
– zureichend
adequate: inadequate unzureichend
adhere {to} einhalten
adherence {to} Einhaltung
adherence to a treaty Einhaltung eines Staatsvertrages
adjective law formelles Recht
– Verfahrensrecht
adjourn vertagen
adjournment Vertagung
adjudge the debtor bankrupt Konkursverfahren eröffnen
adjudication in bankruptcy Konkurseröffnung
adjudication of bankruptcy: annulment of adjudication of bankruptcy Konkursaufhebung
adjudication order Konkurseröffnungsbeschluß
adjust berichtigen
– fortschreiben
adjusted bereinigt
– berichtigt
adjusted: inflation adjusted inflationsbereinigt
adjusted assessment Berichtigungsveranlagung
adjusted balance sheet berichtigte Bilanz
adjusted for inflation inflationsbereinigt
– nach Inflation
adjusting assessment Berichtigungsfeststellung
– Berichtigungsveranlagung
adjusting entry Berichtigungsbuchung
adjustment Berichtigung
– Fortschreibung
adjustment: basis adjustment Buchwertberichtigung
adjustment: corrective adjustment Berichtigung
adjustment: downward adjustment Minderung
– Verringerung
adjustment: notice of adjustment Berichtigungsbescheid
adjustment: prior-period adjustments Berichtigung früherer Jahre
adjustment: profit adjustment Gewinnberichtigung
adjustment: secondary adjustment Folgeberichtigung
adjustment: upward adjustment Erhöhung
adjustment account Berichtigungskonto
adjustment amount Berichtigungsbetrag

adjustment entry Korrekturbuchung
administered verwaltet
administration Verwaltung
administration: estate administration *(bankruptcy)* Konkursverwaltung
– Masseverwaltung
administration: property administration Vermögensverwaltung
administration: tax administration Steuerverwaltung
administration expenses Verwaltungskosten
administration in bankruptcy of deceased's estate *BE* Nachlaßkonkurs
administration in bankruptcy of decedent's estate *AE* Nachlaßkonkurs
administration of the bankrupt's estate Konkursverwaltung
– Masseverwaltung
administration of the estate Nachlaßverwaltung
administration principles Verwaltungsgrundsätze
administrative behördlich
administrative act Verwaltungsakt
administrative act: challenge an administrative act Verwaltungsakt anfechten
administrative act: contest an administrative act Verwaltungsakt anfechten
administrative act: repeal an administrative act Verwaltungsakt aufheben
administrative and legal assistance Amts- und Rechtshilfe
administrative appeal außergerichtlicher Rechtsbehelf
administrative assistance Amtshilfe
administrative assistance in tax matters Amtshilfe in Steuersachen
administrative authority Verwaltungsbehörde
administrative condition behördliche Auflage
administrative decree Verwaltungsanordnung
– Verwaltungserlaß
administrative expenses Verwaltungsaufwand
– Verwaltungskosten
administrative fine Ordnungsstrafe
administrative functionary Amtsträger
administrative instructions Verwaltungsvorschriften
administrative law Verwaltungsrecht
administrative measure Verwaltungsakt
– Verwaltungsmaßnahme
administrative penalty Ordnungsstrafe
administrative policy Verwaltungspraxis
administrative practice Verwaltungspraxis
administrative principles Verwaltungsgrundsätze
administrative procedure Verwaltungsverfahren
administrative proceedings Verwaltungsverfahren
administrator Nachlaßverwalter
administrator: estate administrator *(bankruptcy)* Konkursverwalter
– Masseverwalter
administrator: property administrator Vermögensverwalter
administrator in bankruptcy proceedings Konkursverwalter
administrator in composition proceedings Vergleichsverwalter
administrator of a bankrupt's estate Konkursverwalter
– Masseverwalter
admissibility Zulässigkeit
admissible zulässig
admission Geständnis
admission: argument in court concerning the admission of evidence Beweisverhandlungen
adopt adoptieren
– annehmen
– *(financial statements)* feststellen *(Jahresabschluß)*
adopt the annual financial statements Jahresabschluß feststellen
adopted child Adoptivkind

adoption Annahme
adoption: time limit for the adoption Transformationsfrist
adoption of financial statements Feststellung des Jahresabschlusses
adoption of statements Feststellung des Jahresabschlusses
adoption of the annual report Genehmigung des Jahresberichts
adoption of the balance sheet Genehmigung der Bilanz
adoptive child Adoptivkind
adoptive parents Adoptiveltern
ADR American Depositary Receipt
advance Vorschuß
advance: in advance im voraus
advance: pay in advance Anzahlung leisten
advance: salary advance Gehaltsvorschuß
advance: wage advance Lohnabschlag
advance: wage and salary advances Lohn- und Gehaltsvorschüsse
advance assessment Vorausveranlagung
advance on costs Kostenvorschuß
advance on salary Gehaltsvorschuß
advance on wage Lohnvorschuß
advance payment Anzahlung
– Vorauszahlung
advance payments {on} Anzahlungen {auf}
advance payments by customers erhaltene Kundenanzahlungen
advance payments from customers *AE* Anzahlungen von Kunden
– *AE* erhaltene Anzahlungen auf Bestellungen
advance payments to suppliers geleistete Anzahlungen
advance ruling verbindliche Auskunft
advances paid geleistete Anzahlungen
advances received Kundenanzahlungen
advances to personnel Personalvorschüsse
advantage: tax advantage Steuervorteil
advantageous: disadvantageous nachteilig
adversary Gegenpartei
– Gegner
– gegnerische Partei
– Prozeßgegner
adverse audit opinion negativer Bestätigungsvermerk
adverse balance Unterbilanz
adverse judgment abweisendes Urteil
adverse party Gegenpartei
– gegnerische Partei
adverse possession Ersitzung
adverse tax consequences nachteilige Besteuerungsfolgen
– negative Besteuerungsfolgen
adverse tax effects nachteilige Besteuerungswirkungen
– negative Besteuerungswirkungen
advertising Werbung
advertising expenses Werbeaufwand
– Werbekosten
advice: credit advice Gutschriftsanzeige
advice: debit advice Lastschriftanzeige
advice on available remedies Rechtsbehelfsbelehrung
advise: duty to advise Beratungspflicht
advise in tax matters steuerlich beraten
adviser: tax adviser Steuerberater
advisor: outside advisor unabhängiger Berater
advisor: tax advisor Steuerberater
advocate *BE* Rechtsanwalt
AET accumulated earnings tax *(Steuer auf Gewinnthesaurierung mit Strafcharakter)*
affairs Angelegenheiten
affairs: current business affairs laufendes Geschäft
affairs: economic affairs wirtschaftliche Angelegenheiten
affairs: statement of affairs Vergleichsbilanz
affairs: tax affairs steuerliche Angelegenheiten

affecting: not affecting income ergebnisneutral
affecting: tax law affecting businesses Steuerrecht der Unternehmen
affecting costs kostenwirksam
affecting income ergebniswirksam
affidavit eidesstattliche Erklärung
affiliate Konzerngesellschaft
– Konzernmitglied
– verbundenes Unternehmen
affiliated company Beteiligungsgesellschaft
– Konzerngesellschaft
– Konzernmitglied
– verbundenes Unternehmen
affiliated company: due from affiliated companies *BE* Forderungen an Konzernunternehmen
– Forderungen an verbundene Unternehmen
affiliated company: of which from affiliated companies *AE* davon aus verbundenen Unternehmen
affiliated company: payable to affiliated companies *AE* Verbindlichkeiten gegenüber verbundenen Unternehmen
affiliated company: receivables from affiliated companies Forderungen gegen verbundene Unternehmen
affiliated company: shares in affiliated companies Anteile an verbundenen Unternehmen
affiliated group Konzern
– Konzerngruppe
– verbundene Unternehmensgruppe
affiliated undertaking: due to affiliated undertakings *BE* Verbindlichkeiten gegenüber verbundenen Unternehmen
affiliated undertakings: shares in affiliated undertakings *BE* Anteile an verbundenen Unternehmen
affiliation privilege Schachtelprivileg
affilitated company: loans to affiliated companies *BE* Ausleihungen an verbundene Unternehmen
aforementioned oben aufgeführt
– vorgenannt
– vorstehend
after hours *(stock exchange)* nachbörslich
after hours trading nachbörslicher Handel
after taxes: net profit after taxes Nettogewinn nach Steuern
after taxes: result after taxes Ergebnis nach Steuern
after-tax profit Gewinn nach Steuern
against good morals gegen die guten Sitten
age: come of age volljährig werden
age: full age Volljährigkeit
age: not of age minderjährig
age: of age volljährig
age: of full age volljährig
age: under age minderjährig
age limit Altersgrenze
age of criminal responsibility Strafmündigkeit
agency Agentur
– *(authority)* Behörde
– Stellvertretung
– Vertretung
agency: disbursing agency Zahlstelle
agency: dummy agency Scheinvertretung
agency: forwarding agency Speditionsfirma
agency: government agency Behörde
agency: paying agency Zahlstelle
agency: power of agency Vertretungsmacht
agency: regulatory agency Aufsichtsbehörde
agency: unauthorized agency Vertretung ohne Vertretungsmacht
agency: undisclosed agency verdeckte Stellvertretung
agency by estoppel durch schlüssiges Verhalten erteilte Vollmacht
agency by ratification nachträgliche Genehmigung eines Vertretungsaktes
agency without mandate due to necessity Geschäftsführung ohne Auftrag

agenda Tagesordnung
agenda: item on the agenda Tagesordnungspunkt
agenda: items on the agenda Punkte der Tagesordnung
agent Bevollmächtigter
– Stellvertreter
– Vertreter
agent: authorized agent Vertretungsberechtigter
agent: collection agent Inkasso-Agent
agent: commercial agent Handelsvertreter
agent: commission agent *(agent acting for account of a principal but in his own name)* Kommissionär
agent: del credere agent Delkredere-Vertreter
agent: del/credere agent Delkredere-Vertreter
agent: diplomatic agent Diplomat
agent: disbursing agent Zahlstelle
agent: exclusive agent Alleinvertreter
agent: export agent Außenhandelsvertreter
agent: fiscal agent steuerlicher Vertreter
– Vertreter in steuerlichen Angelegenheiten
agent: forwarding agent Spediteur
agent: order-filling agent Bestellvertreter
agent: ostensible agent Anscheinsvertreter
agent: paying agent Zahlstelle
agent: possessor's agent Besitzdiener
agent: sales agent Handelsvertreter
agent: vicarious agent Verrichtungsgehilfe *(unerlaubte Handlung)*
agent authorized by a principal Vertreter
agent without authority Vertreter ohne Vertretungsmacht
aggravate erschweren
– verschärfen
aggravating erschwerend
– verschärfend
aggravating circumstances erschwerende Umstände
aggravation Erschwerung
– Verschärfung
aggravation of punishment Strafverschärfung
aggregate tax rate Gesamtsteuersatz
aggregate wages and salaries Lohnsumme
AGI adjusted gross income
agio Aufgeld
agree {on/to} sich verpflichten {zu}
agree {on} vereinbaren {über}
agree {to} zustimmen {zu}
agree tacitly stillschweigend zustimmen
agree upon sich einigen {über}
agreed vereinbart
agreed: as agreed {upon} abredegemäß
– wie vereinbart
agreed: as previously agreed {upon} wie bereits vereinbart
agreement Abkommen
– Abrede
– Übereinkunft
– Vertrag
agreement: amendment to an agreement Vertragsänderung
agreement: by mutual agreement einvernehmlich
agreement: collective-bargaining agreement Kollektivvertrag
agreement: conclude an agreement Abkommen schließen
agreement: conclusion of an agreement Vertragsschluß
agreement: law alterable by agreement dispositives Recht
agreement: modification of an agreement Vertragsänderung
agreement: preliminary agreement Vorvertrag
agreement: profit pooling agreement Ergebnisabführungsvertrag
– Gewinnabführungsvertrag
agreement: set aside an agreement Vertrag für ungültig erklären
agreement: side agreement Nebenvereinbarung

agreement: termination of an agreement Vertragsauflösung
– Vertragsbeendigung
agreement: under this agreement gemäß dieser Vereinbarung
agreement {on} Einigung {über}
– Übereinkunft {über}
– Vereinbarung {über}
– Vertrag {über}
agreement on venue Gerichtsstandsvereinbarung
agriculture: income from agriculture and forestry Einkünfte aus Land- und Forstwirtschaft
AICPA American Institute of Certified Public Accoutants
aiding and abetting Beihilfe
air cargo Fracht *(Flugzeug)*
air conditioning Klimatisierung
alcohol tax Alkoholabgabe
– Alkoholsteuer
alien Ausländer
– ausländisch
alienate veräußern
alienation Veräußerung
alimony Unterhaltsaufwendungen *(für geschiedenen oder dauernd getrennt lebenden Ehegatten)*
– Unterhaltsleistungen *(an geschiedenen oder dauernd getrennt lebenden Ehegatten)*
– Unterhaltszahlung *(an geschiedenen oder dauernd getrennt lebenden Ehegatten)*
alimony deduction Unterhaltsaufwendungen *(für geschiedenen oder dauernd getrennt lebenden Ehegatten)*
alimony payment Unterhaltsleistungen *(an geschiedenen oder dauernd getrennt lebenden Ehegatten)*
– Unterhaltszahlung *(an geschiedenen oder dauernd getrennt lebenden Ehegatten)*
all expenses included Spesen eingeschlossen
allegation Behauptung
– Vorbringen
alliance Bündnis
allocate umlegen
– zuführen
– zuweisen
allocate accounts kontieren
allocate to accounts kontieren
– kontieren von Belegen
allocated loss zugewiesener Verlust
allocation Umlage
– Umlegung
– Zuführung
– Zuweisung
allocation: account allocation Kontierung
– Kontierung von Belegen
allocation: cost allocation Kostenumlage
– Kostenverteilung
allocation: direct profit allocation method direkte Gewinnermittlungsmethode
– direkte Gewinnzurechnungsmethode
– *(profit determination of a permanent establishment)* direkte Methode *(der Betriebsstättengewinnermittlung)*
allocation: interperiod expense allocation Aufwandsabgrenzung
allocation: interperiod tax allocation Abgrenzung latenter Steuern
– latente Steuerabgrenzung
allocation: loss allocation Verlustzuweisung
allocation: profit allocation Gewinnzurechnung
allocation formula Zerlegungsmaßstab
allocation key Umlageschlüssel
allocation of funds Zuweisung von Mitteln
allocation of resources Vergabe von Mitteln
– Zuteilung von Mitteln
allocation of risk Risikozuordnung
allocation of risks Risikoverteilung
allocation to accrual accounts Zuweisung zu den Rückstellungskonten
allocation to an account Kontierung
allocation to reserves Rücklagendotierung
– Zuweisung zu den Rücklagen
allot zuteilen

– zuweisen
allotment Zuteilung
allotted capital *(taxation of permanent establishments)* Dotationskapital *(intern zugeführte Finanzausstattung einer Betriebsstätte)*
allow erlauben
– gewähren
allow a credit Kredit bewilligen
allow extenuating circumstances mildernde Umstände zubilligen
allow inspection of files Akteneinsicht gewähren
allowable credit anrechenbare Steuer
allowable deduction abzugsfähiger Betrag
– steuerlicher Abzugsposten
allowance Abschlag *(Bewertung)*
– Abzugsposten
– Freibetrag
– Steuerfreibetrag
allowance: annual allowance Jahresfreibetrag
allowance: child allowance Kinderfreibetrag
allowance: Christmas allowance Weihnachtsfreibetrag
allowance: depletion allowance Absetzung für Substanzverringerung *AfS*
allowance: depreciation allowance Abschreibung
– *BE* Abschreibungsbetrag
allowance: education allowance Ausbildungsfreibetrag
allowance: employee allowance Arbeitnehmerfreibetrag
allowance: household allowance Haushaltsfreibetrag
allowance: housekeeping allowance Haushaltsfreibetrag
allowance: old-age allowance Altersfreibetrag
allowance: personal allowance persönlicher Freibetrag
– persönlicher Steuerfreibetrag
allowance: returns and allowances Retouren, Rabatte und sonstige Nachlässe
allowance: special allowance Sonderfreibetrag
allowance: tax allowance Steuerfreibetrag
allowance: valuation allowance Bewertungsabschlag
allowance: valuation allowance {for} Wertberichtigung {auf}
allowance: wage earners' tax allowance Lohnsteuerfreibetrag
allowance {for} Wertberichtigung {auf}
allowance for depreciation Abschreibung
allowance for doubtful accounts Wertberichtigung auf zweifelhafte Forderungen
allowance for uncollectible accounts Wertberichtigung auf Forderungen
– Wertberichtigung auf uneinbringliche Forderungen
allowance method Pauschalwertberichtigung
– Sammelwertberichtigung
allowances Nachlässe
allowed: discounts allowed Diskontaufwendungen
along the same lines as nach den gleichen Grundsätzen wie
alterable: law alterable by agreement dispositives Recht
alteration of will Testamentsänderung
amalgamation Fusion
– Verschmelzung
ambassador Botschafter
ambiguous mehrdeutig
– nicht eindeutig
– zweideutig
amend abändern
– ändern
– ergänzen
amended: as amended in der geltenden Fassung
amended: as amended from time to time in der jeweils geltenden Fassung
amendment: contract amendment Vertragsänderung
amendment {of/to} Abänderung

- Änderung
- Berichtigung
- Ergänzung
- Novelle *(Gesetz)*
- Novellierung

amendment of tax assessment Änderung des Steuerbescheides
- Berichtigung der Steuerfestsetzung

amendment of the statement of claim Klageänderung
amendment to a contract Vertragsänderung
amendment to a law Novellierung eines Gesetzes
amendment to an agreement Vertragsänderung
amenity Annehmlichkeit
amicably: settle amicably gütlich regeln
amnesty Amnestie
amnesty: tax amnesty Steueramnestie
amortizable abschreibbar *(immaterielle Vermögensgegenstände)*
- abschreibungsfähig *(immaterielle Vermögensgegenstände)*

amortization Abschreibung *(immaterielle Wirtschaftsgüter)*
- Abschreibungen auf immaterielle Wirtschaftsgüter
- Tilgung *(in Raten)*

amortization component Tilgungsanteil
amortization method Amortisationsmethode
amortization of capitalized start-up, business expansion and restructuring expenses Abschreibungen auf Aufwendungen für das Ingangsetzen, Erweitern und Umstellen eines Betriebes
amortization of goodwill Abschreibung auf den Geschäfts- oder Firmenwert
- Abschreibung auf den Geschäftswert
- Abschreibung des Geschäfts- oder Firmenwertes

amortization of intangible assets Abschreibungen auf immaterielle Vermögensgegenstände
amortization rate Tilgungssatz
amortize abschreiben *(immaterielle Vermögensgegenstände)*
- tilgen

amortized cost Nettobuchwert
amortizing loan Tilgungsdarlehen
amount Betrag
amount: as to the amount der Höhe nach
amount: limited as to the amount der Höhe nach begrenzt
amount: tax-exempt amount Steuerfreibetrag
amount {to} sich belaufen {auf}
amount carried forward Übertrag
amount covered Deckungssumme
amount due fälliger Betrag
- geschuldeter Betrag

amount in controversy Streitwert
amount of damages Schadenssumme
amount of depreciation Abschreibungsbetrag
amount of the bill Wechselsumme
amount of withholding tax Steuerabzugsbetrag
amount outstanding offener Betrag
amount payable: net amount payable Zahllast
amount to betragen
amount to be recaptured nachzuversteuernder Betrag
amounts falling due after more than five years mit einer Restlaufzeit von mehr als fünf Jahren
amounts falling due within one year mit einer Restlaufzeit bis zu einem Jahr
amounts owed by group companies *BE* Forderungen gegen verbundene Unternehmen
amounts owed by undertakings in which the company has a participating interest *BE* Forderungen gegen Unternehmen, mit denen ein Beteiligungsverhältnis besteht
amounts owed to credit institutions

Verbindlichkeiten gegenüber Kreditinstituten
amounts owed to group undertakings *BE* Verbindlichkeiten gegenüber verbundenen Unternehmen
amounts owed to undertakings in which the company has a participating interest *BE* Verbindlichkeiten gegenüber Unternehmen, mit denen ein Beteiligungsverhältnis besteht
amounts written off financial assets *BE* Abschreibungen auf Finanzanlagen
amounts written off financial assets and short-term investments *BE* Abschreibungen auf Finanzanlagen und auf Wertpapiere des Umlaufvermögens
amounts written off financial investments *BE* Abschreibungen auf Finanzanlagen
ample ausführlich
– genügend
– umfassend
amplify ausführlicher erläutern
– erweitern
– genauer ausführen
– nähere Ausführungen machen
AMT alternative minimum tax
AMTI alternative minimum taxable income
amusement tax Vergnügungsteuer
analogous analog
analogy Analogie
analysis Aufgliederung
analysis: comparability analysis Vergleichbarkeitsanalyse
analysis: cost benefit analysis Kosten-Nutzen-Analyse
– Wirtschaftlichkeitsrechnung
analysis: cost-volume-profit analysis *CVP* Deckungsbeitragsrechnung
analysis: financial statement analysis Abschlußanalyse
– Bilanzanalyse
– Jahresabschlußanalyse
analysis: functional analysis Funktionsanalyse
analysis: variance analysis Abweichungsanalyse
analysis of credit standing Kreditwürdigkeitsanalyse
ancillary service Hilfsleistung
– Nebenleistung
annex Anhang
annotated {by} mit Anmerkungen versehen {von}
annotation: with annotations {from} mit Anmerkungen {von}
announcement Bekanntgabe
annual jährlich
annual ... Jahres...
annual: on an annual basis jährlich
annual accounts: audit of annual accounts *BE* Jahresabschlußprüfung
annual accounts: drawing up of annual accounts *BE* Aufstellung des Jahresabschlusses
annual allowance Jahresfreibetrag
annual audit Jahresabschlußprüfung
– Prüfung des Jahresabschlusses
annual balance sheet Jahresbilanz
annual closing of accounts Jahresabschluß
annual depreciation Jahresabschreibung
annual financial statements: audit of annual financial statements Jahresabschlußprüfung
annual general meeting of shareholders Jahreshauptversammlung
annual income Jahreseinkommen
annual inventory Jahresinventur
annual report Geschäftsbericht
– Jahresbericht
annual report: adoption of the annual report Genehmigung des Jahresberichts
annual report: consolidated annual report Konzerngeschäftsbericht
annual report: supervisory board's annual report Aufsichtsratsbericht
annual sales Jahresumsatz
annual shareholders' meeting Jahreshauptversammlung
annual turnover Jahresumsatz
annual wage tax equalization Lohnsteuerjahresausgleich
annualize auf das Jahr hochrechnen
annually jährlich

annuity Annuität
– Rente
annuity: annuity paid in respect of past employment Rente auf Grund früheren Arbeitsverhältnisses
annuity: income element of an annuity Ertragsanteil einer Rente
annuity: interest component of an annuity Zinsanteil einer Rente
annuity: interest element of an annuity Zinsanteil einer Rente
annuity: life annuity Leibrente
annuity: perpetual annuity ewige Annuität
– ewige Rente
– unendliche Annuität
annuity: redemption component of an annuity Tilgungsanteil einer Rente
annuity: redemption element of an annuity Tilgungsanteil einer Rente
annuity: survivorship annuity Hinterbliebenenrente
annuity: survivorship annuity insurance Hinterbliebenenversicherung
annuity bond Annuitätenanleihe
annuity charge on land Rentenschuld
annuity factor Annuitätenfaktor
annuity in consideration of property alienation Veräußerungsrente
annuity method Annuitätsmethode
annuity method of investment analysis Annuitätsmethode
annuity paid in respect of past employment Rente auf Grund früheren Arbeitsverhältnisses
– Rente aufgrund eines früheren Arbeitsverhältnisses
annullable annullierbar
– aufhebbar
annulment Annullierung
annulment of adjudication of bankruptcy Konkursaufhebung
annulment of marriage Eheaufhebung
– Ungültigkeitserklärung der Ehe
annulment of tax assessment notice Aufhebung eines Steuerbescheides
answer for somebody else's debt für die Verbindlichkeiten eines anderen einstehen
answerable: be answerable {for} haften {für}
anti-abuse legislation Mißbrauchsgesetzgebung
anti-abuse rule Mißbrauchsbestimmung
– Mißbrauchsvorschrift
anti-avoidance rule Mißbrauchsvorschrift
anticipated erwartet
anticipated development voraussichtliche Entwicklung
anticipatory seizure Arrest
antiquated opinion überholte Auffassung
antiquated view überholte Auffassung
anti-trust law Kartellrecht
anti-trust laws Kartellgesetze
anti-trust provision kartellrechtliche Vorschrift
anti-trust statutes Kartellgesetze
apartment *AE* Wohnung
apartment for rent *AE* Wohnung zu vermieten
APB Accouting Principles Board *(AICPA)*
apparent authority Anscheinsvollmacht
apparent defect offener Mangel
appeal *(permitting review of questions of fact and law)* Berufung
– Einspruch
– Rechtsbehelf
– Rechtsmittel *(Berufung, Revision, Beschwerde, Einspruch)*
– *(permitting review of questions of law only)* Revision
appeal: administrative appeal außergerichtlicher Rechtsbehelf
appeal: bring an appeal {against} Rechtsbehelf einlegen {gegen}
– Rechtsmittel einlegen {gegen}
appeal: court of appeal Berufungsgericht
– Rechtsmittelgericht
appeal: cross appeal Anschlußberufung

A

appeal: dismiss an appeal Revision verwerfen
appeal: file an appeal {against} Rechtsbehelf einlegen {gegen}
– Rechtsmittel einlegen {gegen}
appeal: leap-frog appeal Sprungrevision
appeal: lodge an appeal {against} *BE* Rechtsbehelf einlegen {gegen}
– *BE* Rechtsmittel einlegen {gegen}
appeal: make an appeal in die Berufungsinstanz gehen
appeal: notice of appeal on points of law Revisionsschrift
appeal: time limit for appeal Rechtsbehelfsfrist
– Rechtsmittelfrist
appeal: withdraw an appeal Rechtsmittel zurücknehmen
appeal {against} *(im weiteren Sinne)* Rechtsbehelf {gegen}
– Rechtsbehelf einlegen {gegen}
– Rechtsmittel {gegen} *(Berufung, Revision, Beschwerde, Einspruch)*
– Rechtsmittel einlegen {gegen}
appeal against the dismissal of an application concerning a procedural issue Beschwerde
appeal against the tax assessment Einspruch gegen den Steuerbescheid
appeal on questions of fact and law Berufung
appeal on questions of law Revision
appeal on questions of law only Revision
appeal procedure Berufungsverfahren
– Rechtsmittlelverfahren
appeal proceedings Rechtsmittlelverfahren
appeal to the tax court finanzgerichtliche Klage
appealability: suppression of non-appealability Durchbrechung der Bestandskraft
appealability: unappealability *(assessment)* Bestandskraft
– *(judgment)* Rechtskraft
appealable *(assessment)* nicht bestandskräftig
– *(judgement)* nicht rechtskräftig
appealable judgment berufungsfähiges Urteil
appeals procedure Rechtsbehelfsverfahren *(im weiteren Sinne)*
– Rechtsmittelverfahren *(Berufungs-, Revisions-, Beschwerde-, Einspruchsverfahren)*
appeals proceedings Rechtsbehelfsverfahren *(im weiteren Sinne)*
– Rechtsmittelverfahren *(Berufungs-, Revisions-, Beschwerde-, Einspruchsverfahren)*
appear: duly summon to appear ordnungsgemäß laden
appear: summon to appear laden
appear: summons to appear Ladung
appearance Einlassung
appearance: time for entering an appearance Einlassungsfrist
appellant Berufungskläger
– Beschwerdeführer
– Revisionskläger
appellate ... Berufungs...
– Rechtsmittel...
– Revisions...
appellate court Berufungsgericht
– Rechtsmittelgericht
appellate instance Rechtsmittelinstanz
appellate jurisdiction Berufungsinstanz
– Zuständigkeit in der Rechtsmittelinstanz
appellate procedure Rechtsmittelverfahren
appellate proceedings Rechtsmittelverfahren
append anhängen
appliance *(apparatus)* Apparat
– Gerät
– Vorrichtung
applicability Anwendbarkeit
applicable anwendbar
applicable law anwendbares Recht
applicable law: under applicable law nach geltendem Recht

applicable tax rate anzuwendender Steuersatz
– geltender Steuersatz
applicant Antragsteller
– Bewerber
applicant {for} Bewerber
applicant for work Arbeitssuchender
applicant's papers Bewerbungsunterlagen
application Antrag
– Anwendung
– Bewerbung
– Gesuch
application: appeal against the dismissal of an application concerning a procedural issue Beschwerde
application: exclude the application Anwendung ausschließen
application: patent application Patentantrag
application: scope of application Anwendungsbereich
– Geltungsbereich
– Regelungsbereich
application: statement of application of funds Kapitalflußrechnung
application: territorial application räumlicher Anwendungsbereich
– territorialer Anwendungsbereich
application: treaty application Abkommensanwendung
application {of} Anwendung {von}
application decree Anwendungserlaß
application documents Bewerbungsunterlagen
application for a job Bewerbung
– Stellengesuch
application for a new trial Wiederaufnahmeantrag
application for deregistration Löschungsantrag
application for employment Bewerbung
– Stellengesuch
application for equitable relief Billigkeitsantrag
application for extension of time Antrag auf Fristverlängerung
– Fristverlängerungsantrag
application for extension of time limit Antrag auf Fristverlängerung
– Fristverlängerungsantrag
application for registration Anmeldung zur Eintragung
application of funds Mittelverwendung
application of profits Gewinnverwendung
application of the law Anwendung des Gesetzes
apply gelten
apply: does apply anwendbar
apply {for} beantragen
– bewerben
apply {to} anwenden {auf}
apply accordingly gelten entsprechend
apply for an injunction Erlaß einer einstweiligen Verfügung beantragen
apply mutatis mutandis entsprechend anwenden
apply overhead to apportionment Aufteilung von Gemeinkosten
apply the law Gesetz anwenden
appoint bestellen
appoint a curator Pfleger bestellen
appoint as heir als Erbe einsetzen
appointed: be appointed as heir als Erbe eingesetzt werden
appointed: court-appointed gerichtlich bestellt
appointment Berufung
– Bestellung *(Geschäftsführer)*
– Ernennung
appointment by the testator Ernennung durch den Erblasser
appointment of an heir Erbeinsetzung
apportion umlegen
apportionment Aufteilung
– Umlegung
apportionment: apply overhead to apportionment Aufteilung von Gemeinkosten
apportionment: cost apportionment Kostenverteilung
apportionment: fractional apportionment method *(profit determination of a permanent establishment)*

indirekte Methode *(der Betriebsstättengewinnermittlung)*
apportionment: notice of apportionment Zerlegungsbescheid
apportionment: notice of apportionment of trade tax base Gewerbesteuerzerlegungsbescheid
apportionment key Zerlegungsmaßstab
apportionment rule Aufteilungsmaßstab
appostille Apostille
appraisal Schätzung
– Wertgutachten
appraisal: expert appraisal Bewertungsgutachten
appreciation Wertsteigerung
– Wertzuwachs
appreciation: capital appreciation Vermögenszuwachs
appreciation: realized appreciation realisierte Wertsteigerung
appreciation: tax on capital appreciation Wertzuwachssteuer
appreciation: taxation of capital appreciation Wertzuwachsbesteuerung
appreciation: undisclosed appreciation in value stille Reserven
appreciation: unrealized appreciation *(difference between book value and fair market value of an asset)* nicht realisierte Wertsteigerung
– nicht realisierter Wertzuwachs
– *(difference between book value and fair market value of an asset)* stille Reserven
appreciation: write-up due to appreciation Zuschreibung
appreciation in value Wertsteigerung
– Wertzuwachs
apprentice Lehrling
apprenticeship Lehrverhältnis
apprenticeship: contract of apprenticeship Ausbildungsvertrag
– Lehrvertrag
appropriate angemessen
– geeignet
appropriate goods to the contract Waren konkretisieren
appropriate in amount der Höhe nach angemessen
appropriated reserve gebundene Rücklage
appropriated reserves zweckgebundene Rücklagen
appropriation Aneignung
– Zuführung
– Zuweisung
appropriation: misappropriation Unterschlagung
appropriation: proposal for the appropriation of earnings Gewinnverwendungsvorschlag
appropriation: proposal for the appropriation of profits Gewinnverwendungsvorschlag
appropriation: proposed appropriation of earnings Gewinnverwendungsvorschlag
appropriation: proposed appropriation of profits Gewinnverwendungsvorschlag
appropriation account Bereitstellungskonto
appropriation of earnings Gewinnverwendung
appropriation of net income Verwendung des Reingewinns
appropriation of profits Gewinnverwendung
appropriation to reserves Rücklagenzuführung
– Zuführung in die Rücklagen
– Zuweisung zu den Rücklagen
appropriation to the contract Konkretisierung
approval Erteilung der Genehmigung
– Genehmigung
approval: formal approval Entlastung
approval: sale on approval Kauf auf Probe
approval: subsequent approval Genehmigung
– nachträgliche Zustimmung
approve Bewilligung erteilen
– genehmigen
– Genehmigung erteilen
approve the annual financial statements Jahresabschluß feststellen

approved anerkannt
approved: read and approved verlesen und genehmigt
approved balance sheet genehmigte Bilanz
approximate value Näherungswert
approximation of laws Rechtsangleichung
appurtenance lien Zubehörpfandrecht
appurtenances Zubehör
appurtenances to land Grundstückszubehör
appurtenant property Zubehör
ARB Accounting Research Bulletin *(issued by AICPA)*
arbitral schiedsgerichtlich
arbitral jurisdiction Schiedsgerichtsbarkeit
arbitration Schiedsgerichtsbarkeit
- Schiedsverfahren
- Schlichtung
arbitration: board of arbitration Schiedsstelle
arbitration: court of arbitration Schiedsgericht
arbitration: request for arbitration Schiedsantrag
arbitration: settlement by arbitration schiedsgerichtliche Beilegung
arbitration agreement Schiedsvereinbarung
arbitration award Schiedsspruch
arbitration board Schlichtungsstelle
arbitration clause Schiedsgerichtsklausel
- Schiedsklausel
arbitration commission Schiedskommission
arbitration committee Schlichtungsausschuß
arbitration procedure Schiedsverfahren
arbitration proceedings Schiedsverfahren
arbitration rules Schiedsordnung
arbitration tribunal Schiedsgericht
arbitrator Schiedsmann
- Schiedsrichter
architect Architekt
architectural plan Architektenplan
area: development area Förderungsgebiet
area: special area Spezialgebiet
area: subject area Sachgebiet
argument: converse argument Gegenschluß
- Umkehrschluß
argument in court concerning the admission of evidence Beweisverhandlungen
argumentum e contrario Gegenschluß
- Umkehrschluß
arise entstehen
arise {in} stammen {von}
arithmetical and procedural check of accounting records formelle Buchprüfung
arithmetical error Rechenfehler
arm's length: at arm's length angemessen *(Fremdvergleich)*
arm's length price Fremdvergleichspreis
arm's length principle Fremdvergleichsgrundsatz
arm's length standard Fremdvergleichsgrundsatz
arrangement Ausgestaltung
- Regelung
- Übereinkunft
arrangement: cost funding arrangement Kostenfinanzierungsvertrag *(nicht nutzungsanteilbezogene pauschale Form der Kostenbeteiligung/ fixed key method)*
arrangement: trust arrangement Treuhandverhältnis
arrears: be in arrears {with} im Rückstand sein {mit}
arrears: in arrears im nachhinein
arrears: tax arrears Steuerrückstände
arrest: under arrest in Haft
arrest: warrant for arrest Haftbefehl
arrest: warrant of arrest Haftbefehl
arson Brandstiftung
article Artikel
articles Gründungsurkunde
- Satzung

A

articles: company articles Gesellschaftsstatuten
articles: reserve prescribed by articles statutarische Rücklage
articles of association Gesellschaftsstatuten
- Gesellschaftsvertrag *(Kapitalgesellschaft)*
- Satzung
articles of association: reserves provided for by the articles of association satzungsmäßige Rücklagen
articles of incorporation Gesellschaftsstatuten
- Gesellschaftsvertrag
- Gründungsurkunde
- Satzung
as a loan leihweise
as a matter of convenience aus Zweckmäßigkeitsgründen
as agreed {upon} abredegemäß
- wie vereinbart
as amended in der geltenden Fassung
as amended from time to time in der jeweils geltenden Fassung
as at per
as described above oben beschrieben
as far as soviel
- soweit wie
as far as ... is concerned betreffs
as follows nachfolgend
- nachstehend
- wie folgt
as for betreffs
- bezüglich
- in bezug auf
as listed above wie oben angeführt
as of the balance sheet date stichtagsbezogen
as previously agreed {upon} wie bereits vereinbart
as provided for {in} wie geregelt {in}
- wie in ... geregelt
as regards im Hinblick auf
as required {by} wie gefordert {von}
as required by gemäß
as stated above wie oben angeführt
as the law stands nach der gegenwärtigen Rechtslage
as to betreffs
- bezüglich
- hinsichtlich
- in bezug auf
as to our knowledge nach unserem Kenntnisstand
as to the amount der Höhe nach
asap as soon as possible
ASB Auditing Standards Board *(AICPA)*
ascertain a defect Mangel feststellen
ascribe {to} beilegen *(Bedeutung)*
ascribe a specific meaning to a term einem Ausdruck eine bestimmte Bedeutung beilegen
ascribe to beilegen
- beimessen
- zumessen
- zuschreiben
ASE *AE* American Stock Exchange
ask for payment extension um Zahlungsaufschub bitten
aspect: deal with all aspects allen Gesichtspunkten Rechnung tragen
aspect: tax aspects steuerliche Aspekte
ASR Accounting Series Release *(SEC)*
assembly Montage
assembly account Sammelkonto
assent Billigung
- Zustimmung
assent: mutual assent {to} beiderseitige Zustimmung {zu}
assent: previous assent Einwilligung
- vorherige Zustimmung
assent {to} Zustimmung {zu}
assenting ebenso
- gleicher Auffassung
- zustimmend
assert geltend machen
- vorbringen
assert a claim Anspruch geltend machen
assert a claim for defects Mängelrüge geltend machen
assert a right Recht geltend machen
assertion Behauptung

– Geltendmachung *(eines Anspruches etc.)*
– Vorbringen
assertion: make an assertion Behauptung aufstellen
assertion: refute an assertion Behauptung widerlegen
assess veranlagen
assess separately getrennt veranlagen
assessable real property value steuerlicher Grundstückswert
assessed veranlagt
assessed: be assessed for income taxes zur Einkommensteuer veranlagt werden
assessed: currently assessed taxes laufend veranlagte Steuern
assessed taxes veranlagte Steuern
– Veranlagungssteuern
assessed value Einheitswert
– festgestellter Wert
– geschätzter Wert
– veranlagter Wert
assessing: basis for assessing VAT on imports Einfuhrumsatzsteuerwert
assessment Bewertung
– Festsetzung
– Umlage
– Veranlagung
– Würdigung
assessment: additional tax assessment Steuernachforderung
assessment: adjusted assessment Berichtigungsveranlagung
assessment: adjusting assessment Berichtigungsfeststellung
– Berichtigungsveranlagung
assessment: advance assessment Vorausveranlagung
assessment: amendment of tax assessment Änderung des Steuerbescheides
– Berichtigung der Steuerfestsetzung
assessment: appeal against the tax assessment Einspruch gegen den Steuerbescheid
assessment: basis of assessment Bemessungsgrundlage
– Veranlagungsgrundlage
assessment: blanket assessment Pauschfestsetzung
assessment: conflicting tax assessments widerstreitende Steuerfestsetzungen
assessment: final assessment endgültige Veranlagung
assessment: final notice of assessment endgültiger Steuerbescheid
assessment: final tax assessment endgültige Steuerfestsetzung
assessment: issue a tax assessment notice Steuerbescheid erlassen
assessment: joint assessment Zusammenveranlagung
assessment: levying of an assessment Durchführung einer Veranlagung
– Vornahme einer Veranlagung
assessment: notice of assessment Steuerbescheid
assessment: notice of tax assessment Steuerbescheid
assessment: performance assessment Leistungsbewertung
assessment: period for preliminary self-assessment Voranmeldungszeitraum
assessment: preliminary assessment vorläufige Veranlagung
assessment: preliminary assessment subject to review Steuerfestsetzung unter Vorbehalt der Nachprüfung
assessment: preliminary tax assessment vorläufige Steuerfestsetzung
assessment: reassessment Neuveranlagung
assessment: reassessment of tax Neufestsetzung einer Steuer
assessment: reopening of an assessment Änderung einer bestandskräftigen Veranlagung
– Änderung einer Veranlagung
assessment: self-assessment Selbstveranlagung

assessment: self-assessment return Steueranmeldung
assessment: separate assessment getrennte Veranlagung
assessment: suspended tax assessment ausgesetzte Steuerfestsetzung
assessment: suspension of tax assessment Aussetzung der Steuerfestsetzung
assessment: tax assessment Steuerfestsetzung
– steuerliche Veranlagung
– Steuerveranlagung
assessment: tax assessment notice Veranlagungsbescheid
assessment: tax assessment procedure Steuerfestsetzungsverfahren
– Steuerveranlagungsverfahren
assessment: uncontestable tax assessment notice unanfechtbarer Steuerbescheid
assessment date Veranlagungszeitpunkt
assessment notice Bescheid
– Steuerbescheid
assessment notice: tax assessment notice Steuerbescheid
assessment notice: trade tax assessment notice Gewerbesteuerbescheid
assessment of damage Schadensberechnung
assessment of tax Steuerfestsetzung
assessment of taxes on worldwide income *(liability to tax on a worldwide basis)* unbeschränkte Steuerpflicht
assessment period Bemessungszeitraum
– Ermittlungszeitraum
– Veranlagungszeitraum
assessment procedure Festsetzungsverfahren
– Veranlagungsverfahren
assessment year Veranlagungsjahr
asset Aktivum
– Besitzposten
– Vermögensgegenstand
– Wert
– Wirtschaftsgut
asset: acquisition of an unused asset Neuanschaffung
asset: additions to fixed assets Anlagenzugänge
asset: borrow against the company's assets mit Vermögen der Gesellschaft besicherten Kredit aufnehmen
asset: carry as an asset aktivieren
asset: carrying as an asset Aktivierung
asset: fixed assets under construction Anlagen im Bau
asset: increase in total assets and liabilities Bilanzverlängerung
asset: intangible fixed assets immaterielles Anlagevermögen
asset: other assets sonstige Vermögensgegenstände
asset: rollover of basis of assets and liabilities Buchwertfortführung
asset: tangible fixed assets Sachanlagen
asset: total assets Aktivsumme
asset account Aktivkonto
– Bestandskonto
asset account: item to be booked to an asset account aktivierungspflichtiger Vermögensgegenstand
asset cover Deckung durch Vermögenswerte
asset disposal Veräußerung von Vermögenswerten
asset erosion Substanzverzehr
asset management Vermögensverwaltung
asset manager Vermögensverwalter
asset retirements Abgänge
asset side Aktivseite
asset stripping Unternehmenskauf mit anschließendem Verkauf von Teilen des erworbenen Unternehmens
assets Aktiva
– Aktivvermögen
– Vermögen
assets and liabilities: statement of bankrupt's assets and liabilities Konkursbilanz

assets held in trust Treuhandvermögen
assets in the course of construction Anlagen im Bau
assets of the estate Nachlaßgegenstände
assets under construction Anlagen im Bau
assets under liquidation Liquidationsmasse
assign abtreten
– zedieren
– zuweisen
assign a claim Forderung abtreten
assign accounts kontieren
assign debt Forderung zedieren
assignability Abtretbarkeit
assignable abtretbar
assigned claim: debtor under an assigned claim Schuldner einer abgetretenen Forderung
assigned value Wertansatz
assignee Abtretungsempfänger
– Zessionar
assignment Übertragung
assignment: account assignment Kontierung
assignment: audit assignment Prüfungsauftrag
assignment: contract of assignment Abtretungsvertrag
assignment: declaration of assignment Abtretungserklärung
assignment: deed of assignment Abtretungsurkunde
assignment: statement of assignment Abtretungserklärung
assignment {of} Abtretung
– Zession
assignment contract Abtretungsvertrag
assignment deed Abtretungsurkunde
assignment for security Sicherungsabtretung
assignment of a claim Forderungsabtretung
assignment of shares Abtretung von Gesellschaftsanteilen
assignor Abtretender
– Zedent
assist: duty to assist Beistandspflicht
assist in the commission {of} Beihilfe leisten {zu}
assist services Hilfsleistungen
assistance: administrative and legal assistance Amts- und Rechtshilfe
assistance: administrative assistance Amtshilfe
assistance: administrative assistance in tax matters Amtshilfe in Steuersachen
assistance: enforcement assistance Vollstreckungshilfe
assistance: legal assistance in tax matters Rechtshilfe in Steuersachen
assistant: audit assistant Prüfungsassistent
assistant auditor Prüfungsassistent
assists Hilfsleistungen
assitance: legal assistance Rechtshilfe
associate Gesellschafter
– Kollege
– Mitarbeiter
– Teilhaber
associated company verbundenes Unternehmen
associated enterprise verbundenes Unternehmen
associated enterprise: group of associated enterprises Gruppe von verbundenen Unternehmen
association Gesellschaft bürgerlichen Rechts *GbR*
– Gesellschaft des bürgerlichen Rechts *GbR*
– Verband
– Verein
– Vereinigung
– Zusammenschluß
association: articles of association Gesellschaftsstatuten
– Gesellschaftsvertrag *(Kapitalgesellschaft)*
– Satzung
association: auditing association Prüfungsverband
– Revisionsverband
association: banking association Bankenverein

association: building and loan association Bausparkasse
association: civil law association Gesellschaft des bürgerlichen Rechts *GbR*
association: employers' association Arbeitgeberverband
association: home owners' association Eigentümergemeinschaft
association: law relating to associations Vereinsrecht
association: mortgage association Hypothekenkreditanstalt
association: professional association Berufsverband
– Sozietät
association: Savings and Loan Association *S&L* bausparkassenähnliches Kreditinstitut
association: trade association Fachverband
association: unincorporated civil-law association BGB-Gesellschaft
– Gesellschaft bürgerlichen Rechts *GbR*
association of employers Arbeitgeberverband
– Arbeitsgebervereinigung
association of persons Personenvereinigung
association with legal capacity rechtsfähiger Verein
association without legal capacity nichtrechtsfähiger Verein
assume: consent to assume a risk sich freiwillig einer Gefahr aussetzen
assumpsit: action of assumpsit Schadensersatzklage wegen Nichterfüllung einer vertraglichen Verpflichtung
assumption: unauthorized assumption of authority Amtsanmaßung
assumption: unauthorized assumption of public authority Amtsanmaßung
assumption: unlawful assumption of authority Amtsanmaßung
assumption: unlawful assumption of public authority Amtsanmaßung
assumption of a liability Schuldübernahme
assumption of a mortgage Hypothekenübernahme
– Übernahme einer Hypothek
assurance *BE* Versicherung
assurance: life assurance *BE* Lebensversicherung
at a discount unter Nennwert
at a premium über Nennwert
at another person's expense auf Kosten eines anderen
at arm's length angemessen *(Fremdvergleich)*
at call auf Abruf
at cost zu Anschaffungs- oder Herstellungskosten
– zu Einstandspreisen
at market marktgerecht
at maturity bei Fälligkeit
at our expense auf unsere Kosten
at par pari
– zum Nennwert
at source an der Quelle
at the discretion {of} im Ermessen {von}
at the expense {of} zu Lasten {von}
– zu Lasten gehen {von}
at the fault of verschuldet durch
at the federal level auf Bundesebene
– auf nationaler Ebene *(Bundesebene)*
at the instigation {of} auf Betreiben {von}
at the national level *(federal)* auf Bundesebene
– auf nationaler Ebene
at the request {of} auf Anforderung {von}
attach anknüpfen
attached hereto im Anhang
attachement Anhang
attaching: by attaching taxation {to} durch die Anknüpfung der Besteuerung {an}
attaching taxation {to} Anknüpfung der Besteuerung {an}
attachment Anhang
– Anknüpfung
– Arrest
– Beilage

- Beschlagnahme
- Pfändung

attachment: order of attachment and transfer of garnished claim Pfändungs- und Überweisungsbeschuß
attachment: point of attachment Anknüpfungskriterium
- Anknüpfungsmerkmal
- Anknüpfungspunkt

attachment criterion Anknüpfungskriterium
- Anknüpfungsmerkmal
- Anknüpfungspunkt

attachment of debt Forderungspfändung
attempt Versuch
attempt: takeover attempt Übernahmeversuch
attempt: unsuitable attempt untauglicher Versuch
attempt at conciliation Schlichtungsversuch
attempt at tax evasion Versuch der Steuerhinterziehung
attempt to commit a crime Versuch der Begehung einer Straftat
attendance fee Sitzungsgeld
attendant: with the attendant expenses mit dem damit verbundenen Aufwand
attest beglaubigen
attestation Beglaubigung
- Testieren

attestation: notarial attestation notarielle Beglaubigung
attorney *AE* Anwalt
- Bevollmächtigter
- *AE* Rechtsanwalt

attorney: defense attorney *AE* Verteidiger
attorney: holder of power of attorney Vollmachtsinhaber
attorney: patent attorney *AE* Patentanwalt
attorney: power of attorney *P/A* schriftlich erteilte Vollmacht
- *P/A* Vollmacht *(schriftlich)*
- *P/A* Vollmachtsurkunde

attorney-at-law *AE* Anwalt
- *AE* Rechtsanwalt

attorney's fees *AE* Anwaltshonorar
attorneys' fees *AE* Anwaltskosten
- *AE* Rechtsberatungskosten

attract taxation der Besteuerung unterliegen
- Steuern nach sich ziehen

attracting: tax-attracting steuerbegründend
- steuerpflichtig

attributable: impossibility attributable to the creditor vom Gläubiger zu vertretende Unmöglichkeit
attributable income zuzurechnendes Einkommen
attribute: tax attribute Besteuerungsanknüpfungspunkt
- Besteuerungsgrundlage

attribute {to} zurechnen
attribute value {to} Wert beilegen
attribution: functional attribution funktionale Zuordnung
attribution rule Zurechnungsregel
auction Auktion
auction: sale by public auction öffentliche Versteigerung
audit Abschlußprüfung
- Betriebsprüfung
- Buchprüfung
- prüfen
- Prüfung
- Revision
- Wirtschaftsprüfung

audit: annual audit Jahresabschlußprüfung
- Prüfung des Jahresabschlusses

audit: bank audit Bankprüfung
audit: cash audit Kassenprüfung
- Kassenrevision

audit: dependence audit Abhängigkeitsprüfung
audit: due diligence audit Ordnungsmäßigkeitsprüfung
audit: field audit Außenprüfung
audit: financial audit Abschlußprüfung
- Buchprüfung
- Prüfung
- Wirtschaftsprüfung

audit: financial statement audit Abschlußprüfung
audit: formation audit Gründungsprüfung
audit: group audit Konzernabschlußprüfung
audit: independent audit externe Revision
audit: interim audit Zwischenprüfung
audit: internal audit Bilanzrevision
– Innenrevision
– interne Revision
audit: inventory audit Inventurprüfung
audit: limited audit eingeschränkte Prüfung
– Teilprüfung
audit: management audit Organisations- und Geschäftsführungsprüfung
audit: partial audit eingeschränkte Prüfung
– Teilprüfung
audit: scope of audit Prüfungsumfang
audit: special audit Sonderprüfung
audit: special purpose audit Sonderprüfung
audit: statutory audit Abschlußprüfung
– Pflichtprüfung
audit: statutory provisions relating to audits Prüfungsvorschriften
audit: subject to statutory audit prüfungspflichtig
audit: tax audit Betriebsprüfung
– steuerliche Betriebsprüfung
audit: tax audit guidelines Betriebsprüfungsgrundsätze
audit: tax field audit steuerliche Außenprüfung
audit: VAT audit Umsatzsteuerprüfung
audit: voucher audit Belegprüfung
audit: wage tax audit Lohnsteuerprüfung
audit: wage tax field audit Lohnsteueraußenprüfung
audit activity Prüfungstätigkeit
audit assignment Prüfungsauftrag
audit assistant Prüfungsassistent
audit certificate Bestätigungsvermerk
– Prüfungsvermerk
– Testat
audit certificate: unqualified audit certificate uneingeschränkter Bestätigungsvermerk
audit committee Prüfungsausschuß
audit engagement Prüfungsauftrag
audit fees Abschlußkosten
– Prüfungsgebühren
– Prüfungshonorar
– Prüfungskosten
audit level Prüfungsebene
audit manager Prüfungsleiter
audit of accounts *BE* Abschlußprüfung
audit of annual accounts *BE* Jahresabschlußprüfung
audit of annual financial statements Jahresabschlußprüfung
audit of books and records Prüfung der Bücher
audit of clerical accuracy formelle Buchprüfung
audit of financial statements Abschlußprüfung
audit opinion Bestätigungsvermerk
audit opinion: adverse audit opinion negativer Bestätigungsvermerk
audit opinion: disclaimer of audit opinion Verweigerung des Bestätigungsvermerks
audit opinion: unqualified audit opinion uneingeschränkter Bestätigungsvermerk
audit period Prüfungszeitraum
audit program *AE* Prüfprogramm
– *AE* Prüfungsprogramm
audit programme *BE* Prüfprogramm
– *BE* Prüfungsprogramm
audit report Prüfungsbericht
audit report: tax audit report Betriebsprüfungsbericht
audit result Prüfungsergebnis
audit sampling bewußte Auswahl
audit scope Prüfungsumfang
audit standards Prüfungsgrundsätze
audit test Prüfungstest
audit trail Prüfungspfad
audited accounts *BE* testierter Abschluß

audited balance sheet geprüfte Bilanz
audited financial statements testierter Abschluß
auditing Prüfungswesen
– Wirtschaftsprüfung
auditing: internal auditing interne Revision
auditing association Prüfungsverband
– Revisionsverband
auditing association: cooperative auditing association genossenschaftlicher Prüfungsverband
auditing company Prüfungsgesellschaft
– Wirtschaftsprüfungsgesellschaft
auditing costs Prüfungskosten
auditing firm Prüfungsgesellschaft
– Wirtschaftsprüfungsgesellschaft
auditing instructions Prüfungsrichtlinien
auditing science Revisionslehre
auditing standard Prüfungsnorm
auditing standards Prüfungsgrundsätze
auditor Abschlußprüfer
– Bilanzprüfer
– Buchprüfer
– Prüfer
– Revisor
auditor: assistant auditor Prüfungsassistent
auditor: external auditor unabhängiger Prüfer
auditor: field auditor Außenprüfer
auditor: formation auditor Gründungsprüfer
auditor: internal auditor Innenrevisor
– interner Revisor
auditor: outside auditor unabhängiger Prüfer
auditor: special auditor Sonderprüfer
auditor: special purpose auditor Sonderprüfer
auditor: statutory auditor Abschlußprüfer
auditor: tax auditor Betriebsprüfer
auditor qualification Prüferqualifikation
auditor's report Bestätigungsvermerk
– Prüfungsbericht
auditor's report: qualification of auditor's report Einschränkung des Bestätigungsvermerks
aufgliedern break down
aufwandswirksam affecting expenses
austerity program *AE* Sparpaket
– *AE* Sparprogramm
austerity programme *BE* Sparpaket
– *BE* Sparprogramm
authenticate beglaubigen
authentication: official authentication öffentliche Beglaubigung
authenticity Echtheit
authorisation: payment authorization Zahlungsanweisung
authoritative maßgebend
authoritative for tax purposes steuerlich maßgebend
authorities: the authorities in their own motion von Amts wegen
authority Amtsgewalt
– Befugnis
– Behörde
– Berechtigung
– Erlaubnis
– Kompetenz
– Vertretungsmacht
– Vollmacht
authority: administrative authority Verwaltungsbehörde
authority: agent without authority Vertreter ohne Vertretungsmacht
authority: apparent authority Anscheinsvollmacht
authority: commercial authority Handlungsvollmacht
authority: competent authority zuständige Behörde
authority: document conferring authority Vollmachtsurkunde
authority: exceed one's authority seine Vollmacht überschreiten
authority: express authority ausdrücklich erteilte Vollmacht
authority: implied authority stillschweigend erteilte Vollmacht

authority: lack of authority Mangel an Vertretungsmacht
authority: local authority Gemeinde
– örtliche Behörde
authority: ostensible authority Anscheinsvollmacht
authority: public authority Amtsgewalt
– öffentliche Hand
authority: revenue authority *BE* Steuerbehörde
authority: scope of authority Geltungsbereich der Vertretungsbefugnis
– Geltungsbereich der Vollmacht
– Umfang der Vertretungsbefugnis
– Umfang der Vollmacht
authority: supervisory authority Aufsichtsbehörde
authority: tax authorities Finanzbehörden
– Steuerbehörden
authority: tax authority Finanzbehörde
– Steuerbehörde
authority: tax-assessing authority veranlagende Behörde
authority by estoppel Duldungsvollmacht
authority to give directions Direktionsrecht
– Weisungsbefugnis
authority to represent Vertretungsbefugnis
– Vertretungsberechtigung
authority to sign Zeichnungsrecht
– Zeichnungsvollmacht
authorization Bevollmächtigung
– Bewilligung
– Ermächtigung
– Erteilung der Genehmigung
– Genehmigung
– Vollmacht
authorization: direct debit authorization Einzugsermächtigung
authorization: give authorization Bewilligung erteilen
authorization: letter of authorization Vollmachtsurkunde
authorization: revocation of authorization Widerruf der Genehmigung
authorization to sign Zeichnungsberechtigung
authorization to sign on behalf of the company Zeichnungsberechtigung für die Gesellschaft
authorize autorisieren
– ermächtigen
– genehmigen
authorized autorisiert
authorized: agent authorized by a principal Vertreter
authorized: duly authorized berechtigt
authorized: person authorized to accept service Zustellungsbevollmächtigter
authorized: person authorized to sign Zeichnungsberechtigter
authorized agent Vertretungsberechtigter
authorized capital genehmigtes Kapital
authorized dealer Vertragshändler
authorized recipient Zustellungsbevollmächtigter
authorized representative Vertretungsberechtigter
authorized signatory Zeichnungsberechtigter
– Zeichnungsbevollmächtigter
authorized to represent vertretungsberechtigt
authorized to sign zeichnungsberechtigt
authorized to sign on behalf of the company zeichnungsberechtigt für die Gesellschaft
automatic extension of time to file the tax return automatische Fristverlängerung
automobile liability insurance KFZ-Haftpflichtversicherung
autonomous eigenständig
autonomous definition eigenständige Definition
auxiliary activity Hilfstätigkeit
auxiliary concept Hilfsbegriff
avail: to no avail vergeblich

avail {of} Gebrauch machen {von}
available for distribution ausschüttungsfähig
average Durchschnitt
– Mittelwert
average: moving average gleitender Durchschnitt
average: moving weighted average gleitender gewogener Durchschnitt
average: weighted average gewichteter Durchschnitt
– gewogener Durchschnitt
average cost Durchschnittskosten
average cost method Bewertung zu Durchschnittspreisen
– Durchschnittskostenmethode
average cost price Durchschnittseinstandspreis
average price Durchschnittspreis
average rate Durchschnittssatz
average tax rate durchschnittlicher Steuersatz
– Durchschnittssteuersatz
avert abwenden
avoid abwenden
– anfechten
avoid bankruptcy Konkurs abwenden
avoid taxes Steuern umgehen
avoidable anfechtbar
avoidable: transactions avoidable by creditors due to fraudulent transfer of property anfechtbare Rechtsgeschäfte wegen Gläubigerbenachteiligung
avoidance Anfechtung
avoidance: legal tax avoidance legale Steuervermeidung
avoidance: tax avoidance Steuervermeidung
avoidance: tax avoidance scheme Steuervermeidungsmodell
avoidance of a transaction to defraud creditors Schiebungsanfechtung
avoidance of double taxation Vermeidung der Doppelbesteuerung
avoidance of fraudulent transfer of property Gläubigeranfechtung
avoidance of marriage Eheanfechtung
avoidance on the ground of duress Anfechtung wegen Nötigung
avoidance on the ground of error Anfechtung wegen Irrtums
award *(arbitration)* Schiedsspruch
award: arbitration award Schiedsspruch

B

B/E bill of exchange
back payment Nachzahlung
back payment: tax back payment Steuernachzahlung
back tax Nachsteuer
back taxation Nachversteuerung
back taxes rückständige Steuern
back taxes: claim for back taxes Steuernachforderung
backed: mortgage-backed hypothekarisch gesichert
backing of the group Konzernrückhalt
backlog depreciation nachgeholte Abschreibung
back-to-back financing Durchlauffinanzierung
back-to-back loan Durchlaufdarlehen
– durchlaufender Kredit
bad debt uneinbringliches Darlehen
bad debt write-off Ausbuchen einer uneinbringlichen Forderung
bad debts uneinbringliche Forderungen
bad debts recovered Eingang abgeschriebener Forderungen
bad faith: in bad faith bösgläubig
bad loan uneinbringliches Darlehen
bad will negativer Firmenwert
baggage insurance Reisegepäckversicherung
bail hinterlegen
– in Verwahrung geben
bailee Verwahrer
bailment Hinterlegung
– Verwahrung
bail-out Auffangaktion
– Sanierung
– Sanierungsaktion

B

bail-out company Auffanggesellschaft
balance Kontostand
– Rest
– saldieren
– Saldo
– Saldo ausgleichen
balance: account in balance ausgeglichenes Konto
balance: outstanding balances offene Salden
balance: remaining credit balance Restguthaben
balance: strike a balance bilanzieren
balance: striking a balance Bilanzierung
balance an account Konto abschließen
– Konto ausgleichen
balance brought forward Saldovortrag
– Übertrag
– Vortrag auf neue Rechnung
balance brought forward to new account Vortrag auf neue Rechnung
balance carried forward Saldovortrag
– Übertrag
– Vortrag auf neue Rechnung
balance carried forward to new account Vortrag auf neue Rechnung
balance column Saldenspalte
balance due offener Saldo
– Sollsaldo
balance in our favor *AE* Saldo zu unseren Gunsten
balance in our favour *BE* Saldo zu unseren Gunsten
balance of an account Kontenstand
balance of cash on hand Kassenstand
balance out saldieren
balance reconciliation Saldenabstimmung
balance set-off Saldenverrechnung
balance sheet Bilanz
balance sheet ... bilanziell
balance sheet: account-type presentation of a balance sheet Kontoform der Bilanz
balance sheet: adjusted balance sheet berichtigte Bilanz
balance sheet: adoption of the balance sheet Genehmigung der Bilanz
balance sheet: approved balance sheet genehmigte Bilanz
balance sheet: as of the balance sheet date stichtagsbezogen
balance sheet: audited balance sheet geprüfte Bilanz
balance sheet: company balance sheet Gesellschaftsbilanz
balance sheet: cook a balance sheet Bilanz frisieren
balance sheet: doctor a balance sheet Bilanz frisieren
balance sheet: doctoring a balance sheet Frisieren der Bilanz
balance sheet: draft balance sheet Bilanzentwurf
balance sheet: draw up a balance sheet bilanzieren
balance sheet: drawing up a balance sheet Bilanzierung
balance sheet: end-of-period balance sheet Schlußbilanz
balance sheet: external balance sheet comparison externer Bilanzvergleich
balance sheet: interim balance sheet Interimsbilanz
balance sheet: internal balance sheet comparison interner Bilanzvergleich
balance sheet: layout of balance sheet Bilanzgliederung
balance sheet: liabilities side of the balance sheet Passivseite
balance sheet: monthly balance sheet Monatsbilanz
balance sheet: off balance sheet bilanzneutral
– bilanzunwirksam
balance sheet: partnership balance sheet for tax purposes Gesellschaftsbilanz *(im Gegensatz zur Sonderbilanz oder Ergänzungsbilanz)*
balance sheet: preliminary balance sheet Probebilanz

balance sheet: preparation of the balance sheet Bilanzerstellung
balance sheet: prepare a balance sheet bilanzieren
balance sheet: report on the balance sheet in der Bilanz ausweisen
balance sheet: reported amount on the balance sheet Bilanzansatz der Höhe nach
balance sheet: semi-annual balance sheet Halbjahresbilanz
balance sheet: set up a balance sheet account Bilanzposten bilden
balance sheet: show in the balance sheet bilanzieren
balance sheet: show on the balance sheet in der Bilanz ausweisen
balance sheet: trial balance sheet vorläufige Bilanz
balance sheet: uncondensed balance sheet unverkürzte Bilanz
balance sheet: worldwide consolidated balance sheet Weltkonzernbilanz
balance sheet account Bilanzkonto
– Bilanzposition
– Bilanzposten
balance sheet accounting Betriebsvermögensvergleich
balance sheet analysis Bilanzanalyse
balance sheet as of the effective date of conversion Umwandlungsbilanz
balance sheet basis Bilanzwert
balance sheet book Bilanzbuch
balance sheet classification Bilanzgliederung
– Bilanzschema
balance sheet comparison Bilanzvergleich
balance sheet contraction Bilanzverkürzung
balance sheet date Abschlußstichtag
– Bilanzstichtag
balance sheet extension Bilanzverlängerung
balance sheet for income tax purposes Ertragsteuerbilanz
balance sheet for settlement purposes Auseinandersetzungsbilanz
balance sheet for tax purposes Steuerbilanz
balance sheet format Gliederung der Bilanz
balance sheet in condensed form zusammengefaßte Bilanz
balance sheet item Bilanzposition
– Bilanzposten
balance sheet lay-out Bilanzgliederung
balance sheet note Bilanzvermerk
balance sheet notes Bilanzerläuterungen
balance sheet of a partnership prepared upon a partner's departure Abschichtungsbilanz
balance sheet of business Unternehmensbilanz
balance sheet oriented bilanzorientiert
balance sheet prepared by the tax auditor according to his findings Betriebsprüferbilanz
– Betriebsprüfungsbilanz
balance sheet ratio Bilanzkennzahl
balance sheet statistics Bilanzstatistik
balance sheet structure Bilanzstruktur
balance sheet supplement Bilanzanlage
balance sheet total Bilanzsumme
– Bilanzvolumen
balance sheet totals increase Bilanzsumme erhöht sich
balance sheet value Bilanzansatz
balance to our credit Saldo zu unseren Gunsten
balanced account ausgeglichenes Konto
balance-of-account statement Saldenaufstellung
balance-sheet bilanziell
– bilanzmäßig
– bilanztechnisch
balancing Saldieren
balancing account Ausgleichsposten
balancing entry Ausgleichsbuchung
balancing item Ausgleichsposten
balancing out Saldieren

balancing payment Ausgleichszahlung
balancing the accounts Bilanzierung
balloon loan tilgungsfreies Darlehen
ban: constitutional ban on retroactivity verfassungsrechtliches Rückwirkungsverbot
ban: discount ban Rabattverbot
ban {on} Verbot
ban on competition Wettbewerbsverbot
ban on loss deduction Verlustabzugsverbot
ban on loss offsetting Verlustverrechnungsverbot
bank Bank
bank: bills payable to banks Wechselverbindlichkeiten gegenüber Banken
bank: cash at bank Bankguthaben
bank: cash in bank Bankguthaben
bank: commercial bank Geschäftsbank
bank: consortium bank Konsortialbank
bank: correspondent bank Korrespondenzbank
bank: due from banks Bankendebitoren
– Forderungen an Kreditinstitute
bank: due to banks Bankenkreditoren
– Bankschulden
– Bankverbindlichkeiten
– Verbindlichkeiten gegenüber Banken
bank: Federal Bank Bundesbank
bank: house bank Hausbank
bank: investment bank Emissions- und Effektenbank
bank: mortgage bank Hypothekenbank
bank: mutual savings bank Sparkasse nach Genossenschaftsprinzip
bank: private bank Privatbank
bank: savings bank Sparkasse
bank: state-chartered bank Bank mit einzelstaatlicher Konzession
bank: universal bank Universalbank
bank {with} in Bankverbindung stehen {mit}
bank accounting Bankbuchhaltung
bank accounting law Bankbilanzrecht
bank audit Bankprüfung
bank balance Bankguthaben
bank balance sheet Bankbilanz
bank branch Bankfiliale
bank certificate Bankbestätigung
– Banksaldenbestätigung
bank charges Bankgebühren
– Bankspesen
bank charter Bankkonzession
bank confirmation Bankbestätigung
– Banksaldenbestätigung
bank debts Bankschulden
– Bankverschuldung
bank deposit Bankeinlage
bank fees Bankgebühren
– Bankspesen
bank indebtedness Bankverschuldung
bank interest Bankzinsen
bank loan Bankdarlehen
– Bankkredit
bank loans Darlehen von Kreditinstituten
– Verbindlichkeiten gegenüber Kreditinstituten
bank loans and overdraft *BE* Verbindlichkeiten gegenüber Kreditinstituten
bank money Buchgeld
– Giralgeld
bank note Banknote
bank remittance Banküberweisung
bank secrecy Bankgeheimnis
bank statement Kontoauszug
Bank Technical Committee Bankenfachausschuß *BFA*
bank transfer Banküberweisung
banker's acceptance Bankakzept
banker's draft Bankscheck
banking: do banking business Bankgeschäft betreiben
– im Bankgeschäft tätig sein
banking association Bankenverein
banking charges Bankspesen
banking connection Bankverbindung
banking fees Bankspesen
banking law Bankrecht

banking operation Bankgeschäft
banking transaction Bankgeschäft
bankrupt bankrott
– Gemeinschuldner
– Konkursschuldner
– Masseschuldner
bankrupt: adjudge the debtor bankrupt Konkursverfahren eröffnen
bankrupt: administration of the bankrupt's estate Konkursverwaltung
– Masseverwaltung
bankrupt: administrator of a bankrupt's estate Konkursverwalter
– Masseverwalter
bankrupt: become bankrupt Konkurs machen
bankrupt: go bankrupt Bankrott machen
– Konkurs machen
bankrupt: statement of bankrupt's assets and liabilities Konkursstatus
bankruptcy Bankrott
– Konkurs
bankruptcy: adjudication in bankruptcy Konkurseröffnung
bankruptcy: avoid bankruptcy Konkurs abwenden
bankruptcy: composition in bankruptcy Vergleich
bankruptcy: creditor in bankruptcy Konkursgläubiger
bankruptcy: debtor in bankruptcy Gemeinschuldner
– Konkursschuldner
bankruptcy: dividend in bankruptcy Konkursquote
bankruptcy: file for bankruptcy Konkursantrag stellen
bankruptcy: go into bankruptcy Bankrott machen
bankruptcy: institute bankruptcy proceedings {against} Konkursverfahren eröffnen {gegen}
bankruptcy: petition for bankruptcy Konkursantrag
bankruptcy: petition in bankruptcy Antrag auf Konkurseröffnung
bankruptcy: receiver in bankruptcy Konkursverwalter
bankruptcy: trustee in bankruptcy Konkursverwalter
– Masseverwalter
Bankruptcy Act Konkursordnung
Bankruptcy Code Konkursgesetz
bankruptcy court Konkursgericht
bankruptcy freeze Konkursbeschlag
bankruptcy law Konkursrecht
bankruptcy of a decedent's estate *AE* Nachlaßkonkurs
bankruptcy offence *BE* Konkursstraftat
bankruptcy offense *AE* Konkursstraftat
bankruptcy petition Konkursantrag
bankruptcy petition: filing of a bankruptcy petition Konkursanmeldung
– Konkursantrag
bankruptcy proceedings Konkursverfahren
bankruptcy proceedings: commencement of bankruptcy proceedings Konkurseröffnung
bankruptcy proceedings: dismiss bankruptcy proceedings for insufficiency of assets Konkursverfahren mangels Masse einstellen
bankruptcy proceedings: institute bankruptcy proceedings {against} Konkursverfahren einleiten {gegen}
bankruptcy proceedings: suspension of bankruptcy preceedings due to insufficiency of assets Einstellung mangels Masse
bankruptcy proceedings: termination of bankruptcy proceedings Konkursbeendigung
bankruptcy proceedings following failure of composition proceedings Anschlußkonkurs
bankruptcy prodeedings: stay of bankruptcy proceedings Konkurseinstellung
bankruptcy stay Konkursbeschlag
bankruptcy trustee Konkursverwalter
bankrupt's assets Konkursmasse
bankrupt's estate Konkursmasse
bankrupt's estate: claim against a bankrupt's estate Masseforderung
bankrupt's estate: claim against the

bankrupt's estate Konkursforderung
bankrupt's estate: claim for release from bankrupt's estate Aussonderungsanspruch
bankrupt's estate: creditor of a bankrupt's estate Massegläubiger
bankrupt's estate: release from bankrupt's estate aussondern
– Aussonderung
bankrupt's estate: segregation from bankrupt's estate Aussonderung
banned verboten
bar ausschließen
bargain Gelegenheit
– Gelegenheitskauf
– handeln
bargain {for} aushandeln
bargain purchase Gelegenheitskauf
bargaining: collective-bargaining Kollektivvertragsverhandlungen
bargaining: collective-bargaining agreement Kollektivvertrag
bargaining power Verhandlungsposition
barred ausgeschlossen
barred: become barred by the statute of limitations after 10 years in 10 Jahren verjähren
barred: claim barred by the statute of limitations verjährter Anspruch
barred by the statute of limitations verjährt
barrister *BE* Anwalt
– *BE* Rechtsanwalt
barrister at law *BE* Anwalt
– *BE* Rechtsanwalt
barter Naturaltausch
– Tausch
– Tauschhandel
barter {for} tauschen {gegen}
barter transaction Naturaltausch
– Tauschgeschäft
base: acitvity base Bezugsgröße *(Kostenrechnung)*
base: activity base Beschäftigungsbezugsgröße
base: customer base Kundenstamm
base: depreciation base Abschreibungsausgangsbetrag
– Abschreibungsbasis
– Abschreibungsbemessungsgrundlage
– Abschreibungsgrundlage
base: fixed base feste Einrichtung
base: tax base Bemessungsgrundlage
– Steuerbemessungsgrundlage
– Steuerwert
base: taxable base Bemessungsgrundlage
– Steuerbemessungsgrundlage
base company Basisgesellschaft
– Domizilgesellschaft
base currency Basiswährung
base oneself upon a right sich auf ein Recht berufen
base salary Grundgehalt
base value Vergleichswert
based: computer-based computergestützt
basic income tax schedule Einkommensteuer-Grundtabelle
basic rule Grundregel
basic salary Grundgehalt
basic tax schedule Grundtabelle
basic tax-free amount Grundfreibetrag
basic wage Grundlohn
basis Buchwert
basis: balance sheet basis Bilanzwert
basis: book basis Bilanzwert
basis: determination of the basis in the hands of the transferee by reference to the basis in the hands of the transferor Buchwertverknüpfung
basis: on a monthly basis monatlich
basis: on a quarterly basis vierteljährlich
basis: on an annual basis jährlich
basis: on an ongoing basis dauerhaft
basis: rollover of basis Buchwertfortführung
– Buchwertverknüpfung
basis: rollover of basis of assets and liabilities Buchwertfortführung
– Buchwertverknüpfung

basis: step-down in basis Abstockung
basis: step-up in basis Aufstockung
– Buchwertaufstockung
basis: tax basis Besteuerungsgrundlage
– Steuerbilanzwert
– steuerlicher Wertansatz
basis: tax neutral rollover of basis Buchwertfortführung
– Buchwertverknüpfung
basis adjustment Buchwertberichtigung
basis carryover Buchwertübernahme
basis for assessing VAT on imports Einfuhrumsatzsteuerwert
basis for taxation Besteuerungsgrundlage
basis of assessment Bemessungsgrundlage
– Veranlagungsgrundlage
basis of valuation Bewertungsbasis
basis point Basispunkt
basis rollover Buchwertfortführung
– Buchwertfortsetzung
– Buchwertverknüpfung
be answerable {for} haften {für}
be appointed as heir als Erbe eingesetzt werden
be assessed for income taxes zur Einkommensteuer veranlagt werden
be bound verpflichtet sein
be due fällig sein
be employed {as} angestellt sein {als}
be in arrears {with} im Rückstand sein {mit}
be in default in Verzug sein
be in default of acceptance sich in Annahmeverzug befinden
be in effect in Kraft sein
be in force in Kraft sein
be indebted schulden
be jointly and severally liable gesamtschuldnerisch haften
be liable {for} haften {für}
be liable for damages für einen Schaden haften
be liable to the extent of one's property mit dem ganzen Vermögen haften
– mit dem gesamten Vermögen haften
be made out to order an Order lauten
be mistaken sich irren
be obliged verpflichtet sein
be of limited legal capacity beschränkt geschäftsfähig sein
be of restricted legal capacity beschränkt geschäftsfähig sein
be of the opinion der Meinung sein
– Meinung haben
be on strike streiken
be responsible {for} zu vertreten haben
be responsible for damages für einen Schaden haften
be subject to unterliegen
be subject to a limitation period of four years Verjährungsfrist von 4 Jahren unterliegen
be subject to income tax der Einkommensteuer unterliegen
be subject to mandatory registration eintragungspflichtig
be subject to set-off aufrechenbar
be subject to tax der Steuer unterliegen
be subject to taxation der Besteuerung unterliegen
be surety {for} bürgen {für}
be under a legal obligation gesetzlich verpflichtet sein
be under a statutory obligation gesetzlich verpflichtet sein
be under an obligation verpflichtet sein
bear tragen
bearer Inhaber
bearer: instrument made out to bearer Inhaberpapier
bearer: instrument payable to bearer Inhaberpapier
bearer bond Inhaberobligation
– Inhaberschuldverschreibung
– Schuldverschreibung auf den Inhaber
bearer document Inhaberpapier
bearer instrument Inhaberpapier
bearer of a security Inhaber eines Wertpapiers
bearer of instrument Inhaber

bearer security Inhaberpapier
bearer share Inhaberaktie
bearer stock *AE* Inhaberaktie
bearing: interest bearing verzinslich
bearing: noninterest-bearing zinslos
bearing {on} Einfluß {auf}
become bankrupt Konkurs machen
become barred by the statute of limitations after 10 years in 10 Jahren verjähren
become due {on} fällig werden {am}
become effective in Kraft treten
- wirksam werden
become indebted sich verschulden
become prescribed verjähren
become statute-barred verjähren
become statute-barred after 10 years in 10 Jahren verjähren
becoming due {on} fällig werden {am}
becoming void außer Kraft treten
- Außerkrafttreten
beer tax Biersteuer
before due date vor Fälligkeit
before taxes: profit before taxes Gewinn vor Steuern
beginning inventory Anfangsbestand
beginning of a term Fristbeginn
behalf: on behalf of im Auftrag von
behavior: code of behavior *AE* Verhaltensregeln
behaviour: code of behaviour *BE* Verhaltensregeln
behind closed doors unter Ausschluß der Öffentlichkeit
bells and whistles Modifikationen ('kleine Extras') klassisch strukturierter Finanzprodukte, z.B. durch Optionen oder Bezugsrechte
below nachstehend
- unten
below: see below siehe unten
below par unter Nennwert
below the line unter dem Strich
benchmark figures Vergleichszahlen
beneficial owner Nutzungsberechtigter
- wirtschaftlicher Eigentümer
beneficial ownership wirtschaftliches Eigentum
beneficiaries begünstigter Personenkreis
beneficiary Begünstigter
- Bezugsberechtigter
beneficiary {of} Nutzungsberechtigter {an}
benefit: acquire a benefit Vorteil erlangen
benefit: additional benefit Zusatzleistung
benefit: contract for the benefit of a third party Vertrag zugunsten Dritter
benefit: fringe benefits freiwillige Zusatzleistungen
benefit: legal benefit rechtlicher Vorteil
- Rechtsvorteil
benefit: limitation on benefits *(tax treaty)* Einschränkung von Abkommensvergünstigungen
benefit: mortgage for the benefit of the owner Eigentümerhypothek
benefit: obtain a benefit Vorteil erlangen
benefit: old-age benefits Altersversorgungsbezüge
benefit: postretirement benefits Altersversorgungsbezüge
benefit: set-off of benefits Vorteilsausgleich
benefit: sickness benefits Krankengelder
benefit: social benefits Sozialleistungen
benefit: social security benefits Sozialversicherungsleistungen
benefit: supplementary benefit Zusatzleistung
benefit: tax benefit Steuerentlastung
- Steuervergünstigung
- Steuervorteil
benefit: tax benefits steuerliche Vorteile
benefit: treaty benefits Abkommensvergünstigungen
- Abkommensvorteile
benefit: unemployment benefits Arbeitslosengeld
- Arbeitslosenunterstützung
benefit in kind Sachleistung

– Sachzuwendung
bequeath by will testamentarisch vermachen
bequeathed vermacht
bequest Vermächtnis
bequest: specific bequest bestimmtes Vermächtnis
Berücksichtigung: unter Berücksichtigung von allowing for
best efforts nach bestem Bemühen
– nach besten Kräften
best efforts underwriting Verkauf der Emission nach bestem Bemühen ohne Risikoübernahme
best endeavors *AE* nach bestem Bemühen
– *AE* nach besten Kräften
best endeavours *BE* nach bestem Bemühen
– *BE* nach besten Kräften
beverage tax Getränkesteuer
bias Befangenheit
– Parteilichkeit
– Voreingenommenheit
biased befangen
– parteiisch
– voreingenommen
biased: declare oneself biased sich für befangen erklären
biased: unbiased unbefangen
– unparteiisch
– unvoreingenommen
biassed befangen
– parteiisch
– voreingenommen
biassed: declare oneself biassed sich für befangen erklären
biassed: unbiassed unbefangen
– unparteiisch
– unvoreingenommen
bid Angebot
– Gebot
– Kostenvoranschlag
– Offerte
bid: invitation to bid Ausschreibung *(öffentliche Aufforderung zur Abgabe von Angeboten)*
bid: public bid öffentliche Ausschreibung
bid: takeover bid Übernahmeangebot
bid bond Bietungsgarantie
bid costs Bietungskosten
bid price Kaufpreis
bidding process Auktionsverfahren
– Bietungsverfahren
bid-offer spread Spanne zwischen Abgabe- und Abnahmepreis
bilateral zweiseitig
bilateral mistake beidseitiger Irrtum
bill Banknote
– berechnen
– Gesetzesentwurf
– Gesetzesvorlage
– in Rechnung stellen
– *(invoice)* Rechnung
– *(bill of exchange)* Wechsel
bill: acceptance of a bill Wechselakzept
bill: acceptor of a bill Wechselakzeptant
bill: accommodation bill Gefälligkeitswechsel
bill: action on a dishonored bill *AE* Wechselklage
bill: action on a dishonoured bill *BE* Wechselklage
bill: amount of the bill Wechselsumme
bill: bring in a bill Gesetzesvorlage einbringen
bill: collection of a bill Wechselinkasso
bill: creditor in respect of a bill Wechselgläubiger
bill: creditor in respect of a bill of exchange Wechselgläubiger
bill: discount of a bill Wechseldiskont
bill: discounting of a bill Wechseldiskontierung
bill: dishonored bill *AE* notleidender Wechsel
bill: dishonoured bill *BE* notleidender Wechsel
bill: draft bill Gesetzesentwurf
– Gesetzesvorlage
bill: drawee of a bill Wechselbezogener
bill: drawer of a bill Wechselaussteller
bill: drawing of a bill of exchange Wechselziehung

bill: freight bill Frachtbrief
bill: guarantee of a bill of exchange *BE* Wechselbürgschaft
bill: holder of a bill Wechselinhaber
bill: interest on matured bills of exchange Wechselzins
bill: issuer of a bill Wechselaussteller
bill: law on bills of exchange Wechselrecht
bill: liabilities on bills accepted and drawn *BE* Verbindlichkeiten aus der Annahme gezogener Wechsel und der Ausstellung eigener Wechsel
bill: liability under a bill of exchange Wechselhaftung
bill: maker of a bill Wechselaussteller
bill: maturity of a bill Wechselfälligkeit
bill: negotiate a bill Wechsel begeben
bill: on-bill weiterbelasten
– weiterberechnen
bill: party liable on a bill of exchange Wechselverpflichteter
bill: pass a bill Gesetz verabschieden
bill: payee of a bill Wechselnehmer
bill: payment of a bill Wechseleinlösung
bill: presenter of a bill Wechseleinreicher
bill: prolongation of a bill Wechselprolongation
bill: prolongation of a bill of exchange Wechselprolongation
bill: recourse to an endorser of a bill Wechselrückgriff
bill: reject a bill Gesetz ablehnen
– Gesetz verwerfen
bill: renewal of a bill Wechselerneuerung
– Wechselprolongation
bill: renewal of a bill of exchange Wechselprolongation
bill: summary bill enforcement proceedings Wechselprozeß
bill: tax on bills of exchange Wechselsteuer
bill: technical corrections bill Steuerbereinigungsgesetzentwurf
bill: time limit for payment of a bill Wechselfrist
bill: treasury bill Schatzwechsel
bill book Wechselbuch
bill brokerage *BE* Wechselprovision
bill charges Wechselspesen
bill circulation costs Wechselumlaufkosten
bill collection Wechseleinzug
bill collection charges Wechseleinzugsspesen
bill commitments Wechselobligo
bill copying book Wechselkopierbuch
bill credit Wechselkredit
bill creditor Wechselgläubiger
bill debtor Wechselschuldner
bill discount Wechseldiskont
bill discount rate Wechseldiskontsatz
bill guarantee *BE* Wechselbürgschaft
bill holder Wechselinhaber
bill holdings Wechselbestand
bill of exchange Wechsel
bill of exchange: creditor in respect of a bill of exchange Wechselgläubiger
bill of exchange: drawer of a bill of exchange Wechselaussteller
bill of exchange: drawing of a bill of exchange Wechselziehung
bill of exchange: guarantee of a bill of exchange *BE* Wechselbürgschaft
bill of exchange: interest on matured bills of exchange Wechselzins
bill of exchange: issuer of a bill of exchange Wechselaussteller
bill of exchange: law on bills of exchange Wechselrecht
bill of exchange: liability under a bill of exchange Wechselhaftung
bill of exchange: maker of a bill of exchange Wechselaussteller
bill of exchange: party liable on a bill of exchange Wechselverpflichteter
bill of exchange: prolongation of a bill of exchange Wechselprolongation
bill of exchange: renewal of a bill of exchange Wechselprolongation
bill of exchange: tax on bills of exchange Wechselsteuer
bill of exchange tax Wechselsteuer
bill of freight Frachtbrief

bill of lading Frachtbrief
- Konnossement
bill protest Wechselprotest
billback Rückbelastung
billing Fakturierung
billing: internal billing interne Abrechnung
billing department Rechnungsabteilung
bill-of-exchange risk Wechselrisiko
Bills of Exchange Act Wechselgesetz *WG*
bills of exchange on hand Wechsel im Bestand
bills of exchange payable Verbindlichkeiten aus Wechseln
- Wechselverbindlichkeiten
bills of exchange receivable Wechselforderungen
bills payable Akzeptobligo
- Schuldwechsel
- Wechselobligo
- Wechselschulden
- Wechselverbindlichkeiten
bills payable to banks Wechselverbindlichkeiten gegenüber Banken
bills receivable Besitzwechsel
- Wechseldebitoren
- Wechselforderungen
bills receivable journal Wechselkopierbuch
bin card Lagerfachkarte
binder *AE (insurance)* Deckungszusage *(Versicherung)*
- *AE (insurance)* vorläufige Deckungszusage *(Versicherung)*
binder: insurance binder *AE* Dekkungszusage *(Versicherung)*
- *AE* vorläufige Deckungszusage *(Versicherung)*
binding Bindung *(Bindungswirkung)*
- obligatorisch
- zwingend
binding: legally binding {on/upon} rechtsverbindlich {für}
binding: legally binding offer bindendes Angebot
binding {on/upon} bindend {für}
- rechtsverbindlich {für}
- verbindlich {für}
- verpflichtend {für}
binding effect Bindung
- Bindungswirkung
- Rechtsverbindlichkeit
binding effect: with binding effect in legal terms rechtsverbindlich
binding force: of no binding force unverbindlich
binding law zwingendes Recht
binding offer verbindliches Angebot
binding ruling verbindliche Auskunft
black economy Schattenwirtschaft
blackmailing Erpressung
blank: sign a blank document blanko unterschreiben
blank: sign in blank blanko unterschreiben
blank indorsement Blankoindossament
blanket amount for traveling expenses *AE* Reisekosten-Pauschbetrag
blanket amount for travelling expenses *BE* Reisekosten-Pauschbetrag
blanket amount per kilometer *AE* Kilometerpauschale
blanket amount per kilometre *BE* Kilometerpauschale
blanket assessment Pauschfestsetzung
blanket deduction Pauschbetrag
blanket deduction for income-producing expenses Werbungskosten-Pauschbetrag
blanket deduction for income-production expenses Pauschbetrag für Werbungskosten
- Werbungskosten-Pauschbetrag
blanket mortgage Gesamthypothek
BLIT branch level interest tax *(Zweigniederlassungszinssteuer)*
bloc: building bloc Bestandteil
block check Blockprüfung
block of shares Aktienpaket
- Anteilspaket
block trading Pakethandel
blocking minority Sperrminorität
blow up aufblähen
blowing up Aufblähen

B

blown up aufgebläht
blue ships erstklassige Aktien
blue sky laws einzelstaatliche Gesetze zur Überwachung des Wertpapierhandels
blue-collar worker Arbeiter
blue-sky laws von den US-Bundesstaaten erlassene Gesetze gegen Emissionsbetrug
board s. 'board of directors'
board: arbitration board Schlichtungsstelle
board: chairman of the board Vorsitzender des Board of Directors
board: chairman of the managing board Vorstandsvorsitzender
board: chairman of the supervisory board Aufsichtsratsvorsitzender
board: conciliation board Schlichtungsstelle
board: management board Vorstand
board: managing board Vorstand
board: managing board member Vorstandsmitglied
board: member of the managing board Mitglied des Vorstands
board: member of the supervisory board Mitglied des Aufsichtsrats
board: supervisory board *(under German company law: body of persons nominated to supervise a company's management)* Aufsichtsrat
– Verwaltungsrat
board: supervisory board meeting Aufsichtsratssitzung
board: supervisory board member Aufsichtsratsmitglied
board: supervisory board members' fees Aufsichtsratsvergütungen
board of arbitration Schiedsstelle
board of directors *(Board of Directors: Governing body of a corporation elected by the shareholders and empowered to appoint officers and agents, declare dividends and carry out other tasks as spelled out in the corporate charter)* keine treffende Kurzübersetzung verfügbar *(Boards usually include the top officers of the corporation [inside directors] and non-company directors [outside directors].*
board of directors' meeting Sitzung des Board of Directors
board resolution Beschluß des Board of Directors
BoD Board of Directors
body Gremium
body: corporate body juristische Person
– Körperschaft
body: executive body of a company Organ
body: governing body geschäftsführendes Organ
body: legislative body Gesetzgeber
body: management body geschäftsführendes Organ
body: public law body Anstalt des öffentlichen Rechts
body: supervisory body Aufsichtsorgan
– Aufsichtsrat
– Verwaltungsrat
body corporate juristische Person
body corporate under public law Körperschaft des öffentlichen Rechts
body of a company Gesellschaftsorgan
– Organ
body of creditors Gläubigergemeinschaft
body of persons Personengemeinschaft
– Personenvereinigung
– Personenzusammenschluß
bogus falsch
– unecht
bogus loan Scheindarlehen
bogus transaction Scheingeschäft
bona fide purchase gutgläubiger Erwerb
bona fide purchaser gutgläubiger Erwerber
bond Anleihe
– Obligation
– Schuldverschreibung
bond: annuity bond Annuitätenanleihe

bond: bearer bond Inhaberobligation
- Inhaberschuldverschreibung
- Schuldverschreibung auf den Inhaber

bond: bid bond Bietungsgarantie
bond: builder bond Erfüllungsbürgschaft
bond: bullet bond endfällige Anleihe
bond: callable bond Anleihe mit Emittentenkündigungsrecht
- Schuldverschreibung mit Emittentenkündigungsrecht

bond: collateral trust bond treuhänderische Hinterlegung von Wertpapieren
bond: completion bond Erfüllungsbürgschaft
bond: convertible bond Wandelschuldverschreibung
bond: economic bonds with a country wirtschaftliche Bindung an einen Staat
bond: equipment trust bond treuhänderische Übertragung der Besitzrechte an Anlagen besicherte Schuldverschreibung
bond: flat bond Anleihe ohne Zinseinschluß
bond: foreign currency denominated bond Fremdwährungsanleihe
bond: government bond öffentliche Anleihe
- Staatsanleihe

bond: in bond unter zollamtlichem Verschluß
- unter Zollverschluß liegend
- unverzollt
- zollamtlich verwahrt

bond: income bond Gewinnobligation
- Gewinnschuldverschreibung

bond: index bond Indexobligation
bond: junk bond unbesicherte hochrisikobehaftete Schuldverschreibung mit entsprechend hoher Verzinsung
bond: matured bond zur Rückzahlung fällige Obligation
bond: mortgage bond Pfandbrief
bond: municipal bond Kommunalobligation
bond: out of bond verzollt
bond: participating bond Gewinnschuldverschreibung
bond: performance bond Erfüllungsbürgschaft
- Gewährleistungsgarantie

bond: perpetual bond Anleihe ohne Laufzeitbegrenzung
- Anleihe ohne planmäßige Tilgung des Anleihebetrages
- Annuitätenanleihe
- Schuldtitel ohne festen Rückzahlungstermin

bond: registered bond Namensobligation
bond: zero bond Nullkuponanleihe
bond stripping Trennung einer Anleihe in Mantel (Kapitalkomponente) und Kupons (Zinsscheine)
bond with warrant Optionsschuldverschreibung
bond/warrant package Optionsanleihe
bonded unter zollamtlichem Verschluß
- unter Zollverschluß liegend
- zollamtlich verwahrt

bonder Zolleinlagerer
bondholder Obligationär
bonds {with} Bindung {an} *(Land)*
bonus Gratifikation
- Prämie *(Vergütung)*
- Sonderzuwendung
- Tantieme

bonus: Christmas bonus Weihnachtsgeld
- Weihnachtsgratifikation

bonus: holiday bonus Urlaubsgeld
bonus: seniority bonus Treueprämie
bonus: vacation bonus Urlaubsgeld
bonus shares Freianteile
- Gratisaktien

book buchen
- buchmäßig erfassen
- verbuchen

book ... buchmäßig
book: close the books Bücher abschließen
book: doctor books Bücher fälschen
book: for book purposes buchmäßig

book: inspect books Bücher einsehen
book: set-up of books Einrichten von Büchern
book: stock record book *AE* Aktienbuch
book basis Bilanzwert
book claim Buchforderung
book cooking Frisieren von Büchern
book debt Buchforderung
book depreciation bilanzielle Abschreibung
– buchhalterische Abschreibung
– buchmäßige Abschreibung
– handelsrechtliche Abschreibung
book income handelsrechtlicher Gewinn
book inventory Buchinventur
book loss buchmäßiger Verlust
– Buchverlust
book of original entry Grundbuch
– Journal
book profit Buchgewinn
book runner Konsortialführer
book valuation handelsrechtliche Bewertung
book value Buchwert
book value: depreciated book value fortgeführter Buchwert
book value: net book value fortgeführte Anschaffungskosten
– fortgeführter Buchwert
– Nettobuchwert
book value: reserves concealed in the pre-transfer book value stille Reserven
book value: residual book value Restbuchwert
bookkeeper Buchhalter
bookkeeping Buchführung
bookkeeping: carbon-copy bookkeeping Durchschreibebuchführung
bookkeeping: commercial bookkeeping kaufmännische Buchführung
bookkeeping: computerized bookkeeping *AE* Speicherbuchführung
bookkeeping: double-entry bookkeeping doppelte Buchführung
– Doppik
bookkeeping: loose-leaf system of bookkeeping Loseblattbuchführung
bookkeeping: one-write system of bookkeeping *AE* Durchschreibebuchführung
bookkeeping: single-entry bookkeeping einfache Buchführung
bookkeeping department Buchhaltungsabteilung
bookkeeping method Buchführungstechnik
bookkeeping operation Buchungsvorgang
bookkeeping requirements Buchführungspflichten
bookkeeping voucher Buchungsbeleg
bookless accounting Belegbuchhaltung
books Bücher
books: commercial books Handelsbücher
books: company books Gesellschaftsbücher
books: enter in the books buchen
books: falsify books Bücher fälschen
books: keep books Bücher führen
– führen von Büchern
books: maintain books Bücher führen
books: make an entry in the books buchen
books: set of books Buchungskreis
books: statutory books Handelsbücher
books and records Bücher
– Bücher und sonstige Aufzeichnungen
– Geschäftsbücher
books and records: duty to keep books and records Buchführungspflicht
books and records: inspect the books and records Einblick in die Bücher nehmen
– Einsicht in die Bücher nehmen
books and records: inspection of books and records Einsicht in die Bücher
books and records: right to inspect

books and records Recht auf Prüfung der Bücher
books of account Bücher
– Geschäftsbücher
books of account: commercial books of account *BE* Handelsbücher
books of account: duty to keep books of account *BE* Buchführungspflicht
books of account: subsidiary books of account Hilfsbücher
– Nebenbücher
border Grenze
border: cross-border grenzüberschreitend
borderline case Grenzfall
borrow entleihen
– Kredit aufnehmen
borrow against the company's assets mit Vermögen der Gesellschaft besicherten Kredit aufnehmen
borrowed capital Fremdkapital
borrowed funds Fremdmittel
borrower Darlehensnehmer
– Entleiher
– Kreditnehmer
borrowing Kreditaufnahme
– Leihe
borrowing rate Habenzins
bought ledger *BE* Kreditorenbuch
bound: be bound verpflichtet sein
bound by instructions weisungsgebunden
boundary of property Grundstücksgrenze
boycott Boykott
– boykottieren
bracket: entry-level bracket Eingangsstufe *(Steuertarif)*
bracket: entry-level-bracket rate Eingangssatz *(Steuertarif)*
bracket: income bracket Einkommensklasse
– Einkommensstufe
bracket: lower income brackets untere Einkommensgruppen
bracket: tax bracket Steuerstufe
bracket: tax scale bracket Tarifstufe
bracket: zero rate bracket Grundfreibetrag *(Steuertarif)*
bracket creep schleichende Steuerprogression
branch Betriebsstätte
– Betriebstätte
– Filiale
– Niederlassung
– Zweigniederlassung
branch: bank branch Bankfiliale
branch: executive branch of government Exekutive
branch: registered branch eingetragene Zweigniederlassung
branch accounting Filialbuchführung
– Filialbuchhaltung
branch level interest tax *BLIT* Zweigniederlassungszinssteuer
branch office Filiale
– Niederlassung
– Zweigniederlassung
branch office: purchasing branch office Einkaufsniederlassung
branch operation Niederlassung
branch profits tax Zweigniederlassungsteuer
brand Marke
branded goods Markenartikel
brass-plate company Briefkastenfirma
– Briefkastengesellschaft
breach verletzen
– Verletzung
breach: in breach of contract vertragswidrig
breach: material breach erhebliche Vertragsverletzung
– erheblicher Vertragsbruch
breach of contract Verletzung der Vertragspflicht
– Vertragsbruch
– Vertragsverletzung
breach of contract: material breach of contract erhebliche Vertragsverletzung
– erheblicher Vertragsbruch
breach of duty Pflichtverletzung
breach of trust: damage caused by breach of trust Vertrauensschaden

B

breach of warranty Verletzung der Gewährleistung
break Pause
break: work break Arbeitspause
break a contract Vertrag brechen
break a duty of care Sorgfaltspflicht verletzen
break the law Gesetz brechen
break up entflechten
– zerschlagen
breakage costs Vorfälligkeitsentschädigung
breakage of glas Glasbruch
breakdown Aufgliederung
– Ausweis
break-even point Gewinnschwelle
breakup Entflechtung
– Zerschlagung
breakup: business breakup Unternehmenszerschlagung
breakup value Liquidationswert
– Zerschlagungswert
bribe bestechen
– schmieren
– Schmiergeld
bribe money Schmiergeld
bribery Bestechung
– Schmiergeldzahlung
bribery of officials Beamtenbestechung
bridge loan Überbrückungskredit
bridging credit Überbrückungsdarlehen
– Überbrückungskredit
bridging loan Überbrückungsdarlehen
– Überbrückungskredit
brief *AE* Schriftsatz
bring *(deliver)* überbringen
bring action Klage erheben
bring an appeal {against} Rechtsbehelf einlegen {gegen}
– Rechtsmittel einlegen {gegen}
bring before the court vor Gericht bringen
bring forward vortragen
bring in a bill Gesetzesvorlage einbringen
bringing of an action Klageerhebung
broad construction extensive Auslegung
– weite Auslegung
broad interpretation extensive Auslegung
– weite Auslegung
broad meaning breite Bedeutung
broad significance breite Bedeutung
broker Makler
broker: commodities broker Kursmakler an der Warenbörse
broker: exchange broker Kursmakler
broker: insurance broker Versicherungsmakler
broker: lease broker Leasingmakler
broker: securities broker Effektenmakler
broker: stock exchange broker Börsenmakler
broker: stockbroker Effektenmakler
– Wertpapiermakler
broker fee Courtage
– Maklergebühr
– Maklerprovision
brokerage Courtage
– Maklergebühr
– Maklerprovision
brokerage: bill brokerage *BE* Wechselprovision
brokerage agreement Maklervertrag
brokerage business Wertpapiermaklerbranche
broker-dealer firm auf fremde und eigene Rechnung handelnde Wertpapierfirma
broker's commission Courtage
– Maklergebühr
– Maklerprovision
brother-sister company Schwestergesellschaft
brother-sister corporation Schwesterkapitalgesellschaft
brought forward: balance brought forward Saldovortrag
– Übertrag
– Vortrag auf neue Rechnung
brought forward to new account Übertrag auf neue Rechnung
budget Haushalt
budget: cash budget Zahlungsplan

budget: public budget öffentlicher Haushalt
budgetary account Budgetkonto
budgeted cost Budgetkosten
builder bond Erfüllungsbürgschaft
builder-owner model Bauherrenmodell
building Gebäude
building: additions to buildings Anbauten
building: depreciation of buildings Abschreibungen auf Gebäude
building: factory building Fabrikgebäude
building: new building Neubau
building and loan association Bausparkasse
building authority Baubehörde
building bloc Bestandteil
Building Code Bauordnung
building depreciation Gebäudeabschreibungen
building ground risk Baugrundrisiko
building law Baurecht
building lease Erbbaurecht
building lease: tenant under a building lease Erbbauberechtigter
building permission Baugenehmigung
building permit Baugenehmigung
building restriction Baubeschränkung
building site Bauausführung
buildings Gebäude
buildings: factory buildings Fabrikbauten
buildings: land and buildings Grundstücke und Bauten
buildings and improvements Gebäude einschließlich Ein- und Umbauten
buildings on leasehold land Bauten auf fremden Grundstücken
buildings on third party land *BE* Bauten auf fremden Grundstücken
built-in check eingebaute Kontrolle
built-in gain bereits entstandene, jedoch noch nicht realisierte Wertsteigerung
built-in gains stille Reserven
built-in losses negative stille Reserven
bullet endfällige Anleihe
bullet bond endfällige Anleihe
bulletin: information bulletin Mitteilungsblatt
bulletin: Internal Revenue Bulletin *AE* Publikationsorgan der US-Steuerverwaltung
burden Belastung
burden: double burden Doppelbelastung
burden: tax burden Steuerbelastung
burden: total burden Gesamtbelastung
burden of proof Beweislast
burden of proof: reversal of the burden of proof Umkehr der Beweislast
burglary Einbruchsdiebstahl
burglary insurance Einbruchsversicherung
business Firma
– Geschäftsbetrieb
– Unternehmen
– unternehmerisch
business: brokerage business Wertpapiermaklerbranche
business: cessation of business Betriebsaufgabe
– Betriebseinstellung
– Geschäftsaufgabe
business: conduct a business Geschäft betreiben
business: course of business Geschäftsgang
– Geschäftsverlauf
business: current business laufendes Geschäft
business: discontinuation of business Betriebseinstellung
business: do business Geschäfte betreiben
– geschäftlich tätig sein
business: doing business geschäftlich tätig sein
business: dormant trade or business ruhender Gewerbebetrieb
business: expenses for the start-up and expansion of the business

Aufwendungen für die Ingangsetzung und Erweiterung des Geschäftsbetriebs
business: fixed place of business feste Geschäftseinrichtung
business: going business laufendes Unternehmen
business: line of business Geschäftsbereich
- Geschäftssparte
- Geschäftszweig
business: relinquishment of business Betriebsaufgabe
- Geschäftsaufgabe
business: repeat business Wiederholungsgeschäft
- wiederkehrendes Geschäft
business: running business laufender Geschäftsbetrieb
business: sale of business Betriebsveräußerung
- Geschäftsveräußerung
business: solicit business Aufträge hereinholen
business: taxation of businesses Besteuerung gewerblicher Unternehmen
business: termination of business Betriebsaufgabe
- Geschäftsaufgabe
business: trade or business Gewerbe
- Gewerbebetrieb
- gewerblicher Betrieb
business: trade or business income gewerbliche Einkünfte
business: winding up of current business affairs Abwicklung des laufenden Geschäfts
business: winding up of current business transactions Abwicklung des laufenden Geschäfts
business accounting Rechnungswesen der Unternehmung
business activity Geschäftstätigkeit
business address Geschäftsanschrift
business assets Geschäftsvermögen
business breakup Unternehmenszerschlagung
business combination Unternehmenszusammenschluß
business debt Betriebsschulden
business entertainment Geschäftsfreundebewirtung
business expansion: start-up and business expansion expenses Aufwendungen für die Ingangsetzung und Erweiterung des Geschäftsbetriebs
business expenses Betriebsausgaben
business failure Unternehmenszusammenbruch
business gifts Geschenke
business income Erwerbseinkommen
business interruption Betriebsunterbrechung
business interruption insurance Betriebsunterbrechungsversicherung
business law Wirtschaftsrecht
business leasing contract Betriebspachtvertrag
business licence *BE* Gewerbeerlaubnis
- *BE* Gewerbeschein
business license *AE* Gewerbeerlaubnis
- *AE* Gewerbeschein
business line Geschäftsbereich
- Geschäftssparte
- Geschäftszweig
- Unternehmenssparte
business manager Geschäftsleiter
business manager: care taken by a prudent business manager Sorgfalt eines ordentlichen Geschäftsleiters
business manager: prudent and conscientious business manager ordentlicher und gewissenhafter Geschäftsleiter
business manager: prudent business manager sorgfältiger Geschäftsführer
- sorgfältiger Geschäftsleiter
business name Firma
- Firmenname

business operation Geschäftsbereich
business operation: current business operations laufender Geschäftsbetrieb
business premises Geschäftsgebäude
business profit gewerblicher Gewinn
business profits Unternehmensgewinne
business property Betriebsvermögen
– Geschäftsvermögen
business receipts Betriebseinnahmen
business secret Betriebsgeheimnis
– Geschäftsgeheimnis
business succession Unternehmensnachfolge
business taxation Unternehmensbesteuerung
business transaction Geschäftsvorfall
business trip Dienstreise
– Geschäftsreise
business turnaround Sanierung
business unit Geschäftseinheit
– Sparte
– Unternehmenssparte
business usage Handelsbrauch
– Handelsusancen
business year Geschäftsjahr
– Wirtschaftsjahr
business year: short business year Rumpfwirtschaftsjahr
businessman Kaufmann
business-related expenses Betriebsausgaben
buy kaufen
buy on commission auf Kommission kaufen
buy on credit auf Kredit kaufen
buy-back Rückkauf
buyer Erwerber
– Käufer
buyer: ultimate buyer Endabnehmer
buying commission Einkaufskommission
buying commissionaire Einkaufskommissionär
buy-sell distributor Wiederverkäufer
by and large im großen und ganzen
by attaching taxation {to} durch die Anknüpfung der Besteuerung {an}
by court gerichtlich
by law gesetzlich
– kraft Gesetzes
by legislative act im Wege der Gesetzgebung
by means of durch
by mutual agreement einvernehmlich
by mutual consent einverständlich
by operation of law kraft Gesetzes
by operation of law: subrogation by operation of law gesetzlicher Forderungsübergang
by reason of auf Grund von
by reason of death von Todes wegen
by reference to unter Bezugnahme auf
by statute gesetzlich
by virtue of kraft
by way of im Wege
by-laws Beistatut
– *AE* das Innenverhältnis regelnde Statuten *(ergänzendes Satzungsdokument)*
– Geschäftsordnung
by-laws: local by-laws Satzung *(Gemeinde)*
by-laws: reserves under the by-laws satzungsmäßige Rücklagen
by-product Nebenerzeugnis
– Nebenprodukt
bystander unbeteiligter Dritter

C

C.O.D./c.o.d. *AE* collect on delivery *(Nachnahme)*
– cash on delivery *(Zahlung bei Lieferung/Nachnahme)*
CA *BE* chartered accountant *(Wirtschaftsprüfer)*
calculation Ausrechnung
– Berechnung
– Errechnung
– Kalkulation
calculation: comparative calculation Vergleichsrechnung

calculation: rough calculation überschlägige Berechnung
calculation error Rechenfehler
calendar year Kalenderjahr
call Einforderung
– *(partly paid-in contributions)* Einzahlungsaufforderung *(teileingezahlte Einlagen)*
– Kaufoption
call: at call auf Abruf
call: due at call jederzeit fällig
– täglich fällig
call: merchandise on call Waren auf Abruf
call: on call auf Abruf
call a general meeting Hauptversammlung einberufen
call a strike Streik ausrufen
call in einfordern
call in a credit Kredit kündigen
call money Tagesgeld *(jederzeit abrufbar)*
call money rate Tagesgeldsatz *(auf jederzeit abrufbares Tagesgeld)*
call option Kaufoption
callable bond Anleihe mit Emittentenkündigungsrecht
– Schuldverschreibung mit Emittentenkündigungsrecht
called eingefordert
called: uncalled nicht eingefordert
called in eingefordert
called in capital eingefordertes Kapital
called up eingefordert
called up: not called up nicht eingefordert
called up, not yet paid in eingefordert, noch nicht eingezahlt
calling in Einforderung
camera: hearing in camera in nicht öffentlicher Verhandlung
cancel löschen
– stornieren
– zurücktreten *(aufheben)*
cancel a sale wandeln
cancellation Aufhebung *(Vertrag)*
– Auflösung *(Vertrag)*
– Löschung
– Rücktritt
– Stornierung
cancellation: order cancellation Auftragsstornierung
cancellation agreement Aufhebungsvertrag
cancellation clause Rücktrittsklausel
cancellation of an entry Löschung einer Eintragung
cancellation of shares Einziehung von Aktien
canncellation of sale Wandelung
cap Obergrenze *(für einen Zinssatz)*
– Zinsdeckel
capable to contract geschäftsfähig
capacity Funktion
capacity: association with legal capacity rechtsfähiger Verein
capacity: association without legal capacity nichtrechtsfähiger Verein
capacity: contractual capacity Geschäftsfähigkeit
– Vertragsfähigkeit
capacity: depreciation capacity Abschreibungsvolumen
capacity: legal capacity Rechtsfähigkeit
capacity: tax capacity Steuerkapazität
capacity: working capacity Arbeitsfähigkeit
capacity for tortious liability Deliktsfähigkeit
capacity to be sued Passivlegitimation
capacity to contract Vertragsfähigkeit
capacity to marry Ehefähigkeit
– Ehemündigkeit
capacity to pay Zahlungsfähigkeit
capacity to sue Aktivlegitimation
capacity usage: subnormal capacity usage Unterbeschäftigung
capacity usage variance Beschäftigungsabweichung
capital Kapital
capital: cost of capital Kapitalkosten
capital: employed capital Kapitaleinsatz
capital: increase of capital Kapitalerhöhung

capital: locked-up capital gebundenes Kapital
capital: maintain capital Kapital erhalten
capital: preserve capital Kapital erhalten
capital: raise capital Kapital aufbringen
capital: registered share capital Stammkapital
capital: tied-up capital gebundenes Kapital
capital account Kapitalkonto
capital account: deficit capital account negatives Kapitalkonto
capital account: fixed capital account konstantes Kapitalkonto
capital account: negative capital account negatives Kapitalkonto
capital allowance *BE* Abschreibung
capital appreciation Vermögenszuwachs
capital consolidation Kapitalkonsolidierung
capital contribution Einlage
– Kapitaleinlage
capital contribution: limited partner's capital contribution Kommanditeinlage
capital cost: nondeductible capital cost aktivierungspflichtige Anschaffungs- bzw. Herstellungskosten
capital distribution Kapitalrückzahlung
capital duty Gesellschaftsteuer
capital employed eingesetztes Kapital
capital employment Kapitaleinsatz
capital expenditure aktivierungspflichtige Anschaffungs- bzw. Herstellungskosten
– aktivierungspflichtige Ausgaben
– aktivierungspflichtiger Aufwand
capital expenditure: nondeductible capital expenditure aktivierungspflichtiger Aufwand
capital expenditure register *BE* Anlagenbuchhaltung
capital expenditures Investitionen
capital gain Veräußerungsgewinn
capital gains tax Steuer auf Veräußerungsgewinne
capital good Investitionsgut
capital increase Kapitalerhöhung
capital lending Kapitalüberlassung
capital loss Veräußerungsverlust
capital market Kapitalmarkt
capital punishment Todesstrafe
capital ratio Eigenkapitalquote
capital reduction Kapitalherabsetzung
capital reserve Kapitalrücklage
capital stock *AE* Aktienkapital
– *AE* Grundkapital
– *AE* Stammkapital
capital structure Kapitalstruktur
capital surplus Kapitalrücklage
capital tax Vermögensteuer
capital transfer tax Kapitalverkehrsteuer
capital yield Kapitalertrag
capital-based taxation Substanzbesteuerung
capital-based taxes Substanzsteuern
capitalizable aktivierbar
capitalization Aktivierung
– Bilanzierung
– Börsenkapitalisierung
– Kapitalausstattung
– Kapitalisierung
capitalization: market capitalization Börsenkapitalisierung
capitalization: not subject to mandatory capitalization nicht aktivierungspflichtig
capitalization: overcapitalization Überkapitalisierung
capitalization: undercapitalization Unterkapitalisierung
capitalization rule Ansatzvorschrift
capitalize aktivieren
– bilanzieren
capitalize: option to capitalize Aktivierungswahlrecht
– Bilanzierungswahlrecht
capitalize: post-capitalize nachaktivieren
capitalize: recapitalize Kapital umschichten
capitalize an item Posten aktivieren

capitalized aktiviert
capitalized: expenditure to be capitalized aktivierungspflichtiger Aufwand
capitalized: internal expenditure capitalized *BE* aktivierte Eigenleistungen
capitalized: item to be capitalized aktivierungspflichtiger Vermögensgegenstand
capitalized: own work capitalized aktivierte Eigenleistungen
capitalized: own work capitalized as fixed assets im Anlagevermögen berücksichtigte Eigenleistungen
capitalized: self-construction - own expenses capitalized *AE* aktivierte Eigenleistungen
capitalized cost aktivierte Kosten
capitalized earnings value Ertragswert
capitalized expenses aktivierte Aufwendungen
capitalized overhead aktivierte Gemeinkosten
capitation tax Kopfsteuer
capped nach oben begrenzt *(Zins)*
captive Unternehmen, welches ausschließlich an Konzernmitglieder Leistungen erbringt
captive distribution konzerneigener Vertrieb
captive distributor konzerneigene Vertriebsgesellschaft
captive finance company konzerneigene Finanzierungsgesellschaft
– Konzernfinanzierungsgesellschaft
captive insurance company konzerneigene Versicherungsgesellschaft *(ausschließlich Konzerngesellschaften als Versicherungsnehmer)*
– Konzernversicherungsgesellschaft *(ausschließlich Konzerngesellschaften als Versicherungsnehmer)*
captive leasing company konzerneigene Leasinggesellschaft
– Konzernleasinggesellschaft
captive lessor konzerneigene Leasinggesellschaft
– Konzernleasinggesellschaft
car: employer-provided car Firmenwagen
carbon-copy bookkeeping Durchschreibebuchführung
card: bin card Lagerfachkarte
card: file card Karteikarte
card: ledger card Kontoblatt
card file Kartei
care Fürsorge
– Sorgfalt
care: break a duty of care Sorgfaltspflicht verletzen
care: common duty of care allgemeine Sorgfaltspflicht
care: due care angemessene Sorgfalt
– verkehrsübliche Sorgfalt
care: duty of care Sorgfaltspflicht
care: exercise due care angemessene Sorgfalt walten lassen
care: lack of care Mangel an Sorgfalt
care: reasonable care im Verkehr erforderliche Sorgfalt
care: scope of duty of care Umfang der Sorgfaltspflicht
care: standard of care Sorgfaltsmaßstab
care of a prudent businessman kaufmännische Sorgfalt
care taken by a prudent business manager Sorgfalt eines ordentlichen Geschäftsleiters
careless sorgfaltswidrig
carelessness Sorgfaltswidrigkeit
cargo Fracht *(Schiff)*
cargo insurance Frachtversicherung
carriage Fracht
carried back: loss carried back Verlustrücktrag
carried forward: balance carried forward Saldovortrag
– Übertrag
– Vortrag auf neue Rechnung
carrier Frachtführer
– Spediteur
– Verfrachter
carrier's lien Frachtpfandrecht
– Pfandrecht des Frachtführers
carry: obligation to carry as liability Passivierungsgebot
– Passivierungspflicht

carry: option to carry as liability Passivierungswahlrecht
carry as an asset aktivieren
carry as liability passivieren
carry back zurücktragen
carry forward vortragen
carry freight Fracht befördern
carry on ausüben
- betreiben
carry on a trade Handel treiben
- Handelsgewerbe betreiben
carry out work Arbeit leisten
- Arbeit verrichten
carry over übertragen
carry over vacation to the following year Urlaub auf das nächste Jahr übertragen
carryback Rücktrag
carryback: loss carryback Verlustrücktrag
carryforward Übertrag
- Vortrag
carryforward: tax loss carryforward steuerlicher Verlustvortrag
carrying amount Bilanzansatz
- Buchwert
carrying as an asset Aktivierung
carrying cost: inventory carrying cost Lagerkosten
carrying forward Übertrag
carrying out Ausführung
- Durchführung
carrying value Bilanzansatz
- Buchwert
carrying value: upper carrying value limit Höchstwert
carryover Übertrag
carryover: basis carryover Buchwertübernahme
cartel Kartell
cartel agreement Kartellvertrag
cartel law Kartellrecht
Cartel Office *BE* Kartellamt
case Fall
case: borderline case Grenzfall
case: de minimis case Bagatellfall
case: from case to case fallweise
case: overrule a case früheres Urteil aufheben
- Urteil aufheben
case: triangular case Dreiecksfall
case at issue Einzelfall
case law Fallrecht
- Präzedenzrecht
cash bar
- Bargeld
- Barmittel
- Barschaft
- Barvermögen
- Kasse
- liquide Mittel
cash: contribution in cash Bareinlage
cash: for cash gegen Barzahlung
cash: in cash in bar
cash: net cash bar ohne Abzug
cash: pay cash bar bezahlen
cash: pay down in cash bar anzahlen
cash: pay in cash bar bezahlen
cash: petty cash Handkasse
- Portokasse
cash: reconciliation of cash Kassenabstimmung
cash: remuneration in cash Barbezüge
cash: stream of cash inflows Einzahlungsreihe
cash a check *AE* Scheck einlösen
cash a cheque *BE* Scheck einlösen
cash account Kassakonto
cash amount Barbetrag
cash assets Barvermögen
cash at bank Bankguthaben
cash audit Kassenprüfung
- Kassenrevision
cash balance Kassenbestand
- Kassenguthaben
- Kassensaldo
- Kassenstand
cash basis accounting Einnahmen-Ausgabenrechnung
- Einnahmen-Überschußrechnung
- Überschußrechnung
cash basis of accounting Einnahmen-Ausgabenrechnung
cash book Kassenbuch
cash box Kasse *(Behälter)*
cash budget Zahlungsplan
cash check *AE* Barscheck
cash cheque *BE* Barscheck

cash contribution Bareinlage
– Geldeinlage
cash deficit Kassenfehlbetrag
cash disbursement journal Kassenausgangsbuch
cash discount Skonto
cash discount: grant cash discount Skonto gewähren
cash discount paid Kundenskonto
– Skontoaufwand
– Skontoaufwendungen
cash discount received Liefererskonti
– Skontoerträge
cash discounts paid Kundenskonti
cash distribution Barausschüttung
cash dividend Bardividende
cash drawing Barentnahme
cash entry Kassenbuchung
cash expenses Baraufwendungen
cash flow: discounted cash flow Barwert aller künftigen Einnahmen und Ausgaben
cash flow: net cash flow Einzahlungsüberschuß
cash flow: statement of cash flow Kapitalflußrechnung
cash flow: statement of cash flows Kapitalflußrechnung
cash flow accounting Einnahmen-Überschußrechnung
cash flow forecast Zahlungsplan
cash flow statement Cash-Flow-Rechnung
– Kapitalflußrechnung
cash flows: statement of cash flows Finanzflußrechnung
cash in bank Bankguthaben
cash in banks Bankguthaben
cash inflow Einzahlung
cash inflow: stream of cash inflows Einzahlungsreihe
cash journal Kassenbuch
cash market Kassamarkt
cash market price Kassakurs
cash method Einnahmen-Ausgabenrechnung
– Einnahmen-Überschußrechnung
– Zufluß-/Abflußprinzip
cash method of accounting Einnahmen-Ausgabenrechnung
– Einnahmen-Überschußrechnung
cash office Kasse *(Geschäftsraum)*
cash on delivery *C.O.D./c.o.d.* gegen Nachnahme
– *C.O.D./c.o.d.* Nachnahme
– *C.O.D./c.o.d.* zahlbar bei Lieferung
– *C.O.D./c.o.d.* Zahlung bei Lieferung
cash on hand Barbestand
– Kassenbestand
cash on hand: balance of cash on hand Kassenstand
cash outflow Auszahlung
cash outflow: stream of cash outflows Auszahlungsreihe
cash outlay Barauslage
cash payment Barzahlung
– Geldzahlung
cash position Barliquidität
cash purchase Bareinkauf
– Barkauf
cash receipts Kasseneingänge
– Kasseneinnahmen
cash receipts and disbursement method Einnahmen-Ausgabenrechnung
cash receipts journal Einnahmenbuch
cash report Kassenbericht
cash report: daily cash report täglicher Kassenbericht
cash return Barüberschuß
cash sale Barverkauf
cash settlement Ausgleichszahlung *(Finanzinstrument)*
– Barausgleich
– Differenzausgleich in Geld
cash statement Kassenbericht
cash takings Kasseneinnahmen
cash throw-off Barüberschuß
cash transaction Bargeschäft
cash value Barwert
cash voucher Kassenbeleg
cash withdrawal Barabhebung
– Barentnahme
cashless bargeldlos
catch in the very act auf frischer Tat ergreifen
catch-all clause Auffangbestimmung

– Auffangvorschrift
categories of income Einkunftsarten
category: income category Einkunftsart
category of persons Personenkreis
causal kausal
– ursächlich
causal connection Kausalzusammenhang
causation Kausalität
cause Ursache
– verursachen
cause: enrichment without cause ungerechtfertigte Bereicherung
cause: exceptional cause termination außerordentliche Kündigung
cause: for cause begründet
cause: relation between cause and effect Kausalzusammenhang
cause: sufficient cause wichtiger Grund
cause {to} anhalten {zu}
– veranlassen {zu}
cause for termination Kündigungsgrund
caused: impossibility caused by the fault of the debtor vom Schuldner zu vertretende Unmöglichkeit
caused by the fault of verschuldet durch
CD Certificate of Deposit *(Einlagenzertifikat)*
cede abtreten
– zedieren
cede a claim Forderung abtreten
– Forderung zedieren
cede debt Forderung zedieren
ceding insurer Erstversicherer
ceiling Höchstgrenze
ceiling: depreciation ceiling Höchstabschreibung
ceiling: lending ceiling Beleihungsgrenze
ceiling value Höchstwert
center: computer center *AE* Rechenzentrum
center: coordination center *AE* Koordinierungsstelle
center: cost center *AE* Kostenstelle
center of vital interests *AE (tax home)* Mittelpunkt der Lebensinteressen
central accounting unit zentrale Abrechnungsstelle
centralism Zentralismus
centre: computer centre *BE* Rechenzentrum
centre: coordination centre *BE* Koordinierungsstelle
centre: cost centre *BE* Kostenstelle
centre of vital interests *BE (tax home)* Mittelpunkt der Lebensinteressen
CEO chief executive officer *(Vorsitzender der Geschäftsleitung)*
certainty: legal certainty Rechtssicherheit
certificate: acceptance certificate Abnahmezeugnis
certificate: audit certificate Bestätigungsvermerk
– Prüfungsvermerk
certificate: bank certificate Bankbestätigung
– Banksaldenbestätigung
certificate: clearance certificate Unbedenklichkeitsbescheinigung
certificate: exemption certificate Freistellungsbescheinigung
certificate: export certificate Ausfuhrbestätigung
– Ausfuhrnachweis
certificate: professional certificate Berufsurkunde
certificate: share certificate Aktienschein
– Aktienurkunde
– Anteilsschein
certificate: stock certificate *AE* Aktienschein
certificate: withholding tax certificate Steuerabzugsbescheinigung
certificate holder Zertifikatsinhaber
certificate of deduction of withholding tax Quellensteuerabzugsbescheinigung
Certificate of Deposit *CD* Einlagenzertifikat
– Hinterlegungsschein

C

certificate of exemption Freistellungsbescheinigung
certificate of incorporation Eintragungsurkunde
– Gründungsurkunde
certificate of indebtedness Schuldanerkenntnis
certificate of inheritance Erbschein
certificate of non-objection Unbedenklichkeitsbescheinigung
certificate of origin Ursprungszeugnis
certificate of service Zustellungsurkunde
certificate of title Eigentumsurkunde
certificate of wage tax deduction Lohnsteuerbescheinigung
certification Beglaubigung
– Bescheinigung
certification: labor certification *AE* Arbeitserlaubnis
certification: labour certification *BE* Arbeitserlaubnis
certified beglaubigt
certified check *AE* bankbestätigter Scheck
certified excerpt beglaubigter Auszug
certified mail *AE* Einschreibebrief
– Einschreibesendung
certified public accountant *AE CPA* Wirtschaftsprüfer *WP*
certified tax consultant Steuerberater
certify beglaubigen
cessation Beendigung
– Einstellung
cessation of activities Einstellung der Tätigkeiten
cessation of business Betriebsaufgabe
– Betriebseinstellung
– Geschäftsaufgabe
cession Abtretung
CFA Certified Financial Analyst
CFO chief financial officer
CFP Certified Financial Planner
CFR Code of Federal Regulations
CGT *BE* capital gains tax
chain transaction Kettengeschäft
chair Vorsitz
– Vorsitz haben
chairman Vorsitzender
chairman: deputy chairman stellvertretender Vorsitzender
chairman of the board Vorsitzender des Board of Directors
chairman of the management board Vorstandsvorsitzender
chairman of the managing board Vorstandsvorsitzender
chairman of the supervisory board Aufsichtsratsvorsitzender
chairman of the works council Betriebsratsvorsitzender
chairmanship Vorsitz
challenge anfechten
– Anfechtung
challenge an administrative act Verwaltungsakt anfechten
challenging motion: file a challenging motion Ablehnungsantrag stellen
Chamber of Accountants Wirtschaftsprüferkammer
Chamber of Auditors Wirtschaftsprüferkammer
Chamber of Commerce Handelskammer
– Industrie- und Handelskammer
chance customers Laufkundschaft
Chancellor of the Exchequer *BE* Finanzminister
change Veränderung
change in reserves Veränderung der Rücklagen
change of government Regierungswechsel
change-over Umstellung
changes in stock of finished goods and work in progress *BE* Erhöhung oder Verminderung des Bestands an fertigen und unfertigen Erzeugnissen
– *BE* Erhöhung/Verminderung des Bestandes an fertigen und unfertigen Erzeugnissen sowie an noch nicht abrechenbaren Leistungen
channel: distribution channel Distributionsweg
character set Zeichenvorrat
charge Abgabe

– Anklage
– belasten
– Belastung
– berechnen
– erheben
– Gebühr
charge: accessory charge Nebenabgabe
charge: duties or charges accessory to taxes steuerliche Nebenleistungen
charge: free of charge unentgeltlich
charge: in charge verantwortlich
charge: on-charge weiterbelasten
– weiterberechnen
charge: person in charge Amtsträger
– Verantwortlicher
charge an account Konto belasten
charge imposed by will testamentarische Auflage
charge land with a mortgage Grundstück mit einer Hypothek belasten
charge on land *BE* Grundpfandrecht
– Reallast
charge on land without personal liability Grundschuld
charge on property Belastung von Eigentum
charge on real property Grundpfandrecht
charge on real property without personal liability Grundschuld
charge out {to} belasten {an}
charge subsequently nachbelasten
charge to reserves Rücklagenzuführung
chargeable {to} belastbar {an}
chargeable event Steuertatbestand
chargeback Rückbelastung
charged {to} zu Lasten {von}
charges: bill collection charges Wechseleinzugsspesen
charges: other operating charges *BE* sonstige betriebliche Aufwendungen
charging: intercompany charging Verrechnung konzerninterner Leistungen
charitable contribution Spende für karitative Zwecke
charitable purpose mildtätiger Zweck
charity karitative Organisation
charity: donations to charity Spenden für mildtätige Zwecke
chart of accounts Kontenplan
– Kontenrahmen
charter *(corporate charter)* Gründungsurkunde
– Konzession
charter: bank charter Bankkonzession
charter: corporate charter Gründungsurkunde
chartered konzessioniert
chartered accountant *BE CA* Wirtschaftsprüfer *WP*
chattel bewegliche Sache
– bewegliches Vermögen
chattel mortgage Fährnishypothek
chattels Mobilien
check Kontrolle
– prüfen
– *AE* Scheck
check: arithmetical and procedural check of accounting records formelle Buchprüfung
check: block check Blockprüfung
check: built-in check eingebaute Kontrolle
check: cash a check *AE* Scheck einlösen
check: cash check *AE* Barscheck
check: certified check *AE* bankbestätigter Scheck
check: credit standing check Kreditwürdigkeitsprüfung
check: holder of a check *AE* Scheckinhaber
check: order check *AE* Orderscheck
check: postal check *AE* Postscheck
check: pysical check *(audit)* materielle Buchprüfung
check: traveller's check *AE* Reisescheck
check: writer of a check *AE* Scheckaussteller
check figure Prüfzahl
check for deposit only *AE* Verrechnungsscheck
check holdings *AE* Scheckbestand

check list Prüfliste
check off abhaken
checklist Fragenkatalog
checks and balances: internal system of checks and balances internes Kontrollsystem
cheque *BE* Scheck
cheque: cash a cheque *BE* Scheck einlösen
cheque: cash cheque *BE* Barscheck
cheque: make out a cheque *BE* Scheck ausstellen
cheque: order cheque *BE* Orderscheck
cheque: postal cheque *BE* Postscheck
cheque: traveller's cheque *BE* Reisescheck
cheque: writer of a cheque *BE* Scheckaussteller
cheque holdings *BE* Scheckbestand
chief examiner Hauptprüfer
chief executive officer *CEO* Hauptgeschäftsführer
– *CEO* Vorsitzender der Geschäftsleitung
child: foster child Pflegekind
child: illegitimate child nichteheliches Kind
child: legitimated child für ehelich erklärtes Kind
child allowance Kinderfreibetrag
child support Kindesunterhalt
– Unterhaltsaufwendungen *(Kind)*
– Unterhaltsleistungen *(Kind)*
– Unterhaltszahlung *(Kind)*
child support payment Unterhaltszahlung *(Kind)*
Christmas allowance Weihnachtsfreibetrag
Christmas bonus Weihnachtsgeld
– Weihnachtsgratifikation
church tax Kirchensteuer
church wedding kirchliche Trauung
CIA Certified Internal Auditor
cigarette tax Zigarettensteuer
circle Personenkreis
circular decree Rundverfügung
circulation Umlauf
circulation: bill circulation costs Wechselumlaufkosten
circulation: free circulation freier Verkehr
circulation: in circulation umlaufend
circulation costs Umlaufkosten
circumscription Umschreibung
circumstances Umstände
circumstances: aggravating circumstances erschwerdene Umstände
– erschwerende Umstände
circumstances: facts and circumstances Sachverhalt
circumstantial evidence Indizienbeweis
circumvention: tax circumvention Steuerumgehung
circumvention: tax circumvention device Steuerumgehungskonstruktion
circumvention: tax circumvention scheme Steuervermeidungsmodell
circumvention of the law Gesetzesumgehung
circumvention scheme: tax circumvention scheme Steuerumgehungsmodell
citizen Staatsangehöriger
– Staatsbürger
citizenship Staatsangehörigkeit
– Staatsbürgerschaft
civil action Zivilprozeß
Civil Code Bürgerliches Gesetzbuch
civil court: Federal Civil Court Bundesgerichtshof *BGH*
civil jurisdiction Zivilgerichtsbarkeit
civil law bürgerliches Recht
– Zivilrecht
civil law association Gesellschaft bürgerlichen Rechts *GbR*
– Gesellschaft des bürgerlichen Rechts *GbR*
civil procedure: law governing civil procedure Zivilprozeßrecht
civil servant Beamter
– öffentlich Bediensteter
civil service öffentlicher Dienst
claim Anspruch
– beanspruchen
– fordern

– Forderung
claim: assert a claim Anspruch geltend machen
claim: enforcement of a claim Durchsetzung eines Anspruches
claim: justify a claim Anspruch begründen
claim: legal basis for a claim Anspruchsgrundlage
claim: raise a claim Anspruch geltend machen
claim: statute-barred claim verjährter Anspruch
claim: tax deficiency claim Steuernachforderung
claim: tax refund claim Steuererstattungsanspruch
– Steuerrückerstattungsanspruch
claim {against/for} Anspruch {gegen/auf}
claim a right Recht geltend machen
claim a tax deduction steuerlich geltend machen
claim against a bankrupt's estate Masseforderung
claim against the bankrupt's estate Konkursforderung
claim barred by the statute of limitations verjährter Anspruch
claim for back taxes Steuernachforderung
claim for commission Provisionsanspruch
claim for damages Schadenersatzanspruch
claim for release from bankrupt's estate Aussonderungsanspruch
claim for segregation and recovery of assets not belonging to the bankrupt's estate Aussonderungsanspruch
claim settlement expenses Schadensregulierungskosten
claim to performance Erfüllungsanspruch
claim to specific performance Erfüllungsanspruch
claimable berücksichtigungsfähig
claimant Anspruchsberechtigter
– Antragsteller
– Gläubiger
– Kläger
claims department Schadensabteilung
claims settlement Schadensregulierung
class: account class Kontenklasse
class action Gemeinschaftsklage
class of accounts Kontenklasse
class of shares Aktiengattung
class of stock *AE* Aktiengattung
classification Einordnung
classification: account classification Kontenklassifizierung
– Kontenrahmen
classification: decimal classification system Dezimalklassifikation
classification: reclassification Umklassifizierung
classification: rules of valuation and classification Bewertungs- und Gliederungsvorschriften
classification: statutory provisions for the classification of financial statements Gliederungsvorschriften
classification of accounts Kontenplan
classify: reclassify umgliedern
clause Klausel
– Vertragsklausel
clawback tax Nachsteuer
clawback taxation Nachversteuerung
clean opinion uneingeschränkter Bestätigungsvermerk
clearance: customs clearance Zollabfertigung
clearance certificate Unbedenklichkeitsbescheinigung
clear-cut wording eindeutiger Wortlaut
cleared: customs cleared verzollt
clearing Verrechnung
clearing account Verrechnungskonto
clearing house Clearingstelle
clerical accuracy: audit of clerical accuracy formelle Buchprüfung
clerical error Schreibfehler
client Klient
– Kunde
– Mandant

client reference number Kundennummer
close nah
close an account Konto abschließen *(Buchführung)*
– Konto schließen *(Bank etc)*
close an account at a bank Konto auf einer Bank auflösen
close an account with a bank Konto auf einer Bank auflösen
close at a loss mit Verlust abschließen
close down schließen
close out an account Konto abschließen
close relative naher Angehöriger
– naher Verwandter
close the books Bücher abschließen
closed session: in closed session unter Ausschluß der Öffentlichkeit
closed-end fund geschlossener Fonds
closing Auflassung
closing: account closing Kontoabschluß
closing: monthly closing Monatsabschluß
closing account Abschlußkonto
closing balance Abschlußsaldo
– Endbestand
– Endsaldo
– Schlußbestand
– Schlußsaldo
closing balance sheet Schlußbilanz
closing balance sheet account Schlußbilanzkonto
closing date Abschlußstichtag
– Bilanzstichtag
closing date of entries Buchungsschluß
closing entry Abschlußbuchung
– Schlußbuchung
closing entry: year-end closing entries Jahresabschlußbuchungen
closing inventory Schlußbestand
– Schlußinventar
closing of accounts Kontenabschluß
– Rechnungsabschluß
closing of an account Kontoabschluß
closing out Glattstellung
closing price Schlußkurs
closing procedures Abschlußarbeiten
closing statement Schlußvortrag
closing stock Schlußbestand
closing transaction Glattstellungsgeschäft
closing work Abschlußarbeiten
closure Abschluß
club Verein
Co. Company
coalition Koalition
code: account code Kontenschlüssel
Code: Bankruptcy Code Konkursgesetz
Code: Civil Code Bürgerliches Gesetzbuch
Code: Commercial Code Handelsgesetzbuch *HGB*
Code: Housing Code Wohnungsbaugesetz
Code: Internal Revenue Code *AE IRC* Bundessteuergesetzbuch
code number Kennziffer
code of behavior *AE* Verhaltensregeln
code of behaviour *BE* Verhaltensregeln
co-determinate mitbestimmen
co-determination Mitbestimmung
co-determination in economic matters Mitbestimmung in wirtschaftlichen Angelegenheiten
co-determination in personnel matters Mitbestimmung in personellen Angelegenheiten
co-determination in social matters Mitbestimmung in sozialen Angelegenheiten
codification Kodifikation
codify kodifizieren
coercion Nötigung
– Zwang
coercion: under coercion Nötigung
– unter Zwang
coercive measure Zwangsmaßnahme
coffee tax Kaffeesteuer
co-financing Kofinanzierung
co-heir Miterbe

coincide übereinstimmen
collateral Deckung
- Sicherheit
- Sicherungsgegenstand
collateral: eligible as collateral beleihbar
- beleihungsfähig
collateral: lend against collateral *(collateral security)* beleihen
collateral: lend against collateral security beleihen
collateral: lending against collateral Beleihung
collateral: property collateral dingliche Sicherheit
collateral: suitable as collateral beleihbar
- beleihungsfähig
collateral: use as collateral beleihen
collateral: using as collateral Beleihung
collateral: value as collateral security Beleihungswert
collateral contract Sicherungsvereinbarung
collateral line Seitenlinie
collateral promise Schuldbeitritt
collateral trust bond treuhänderische Hinterlegung von Wertpapieren
collateral value Beleihungswert
collateralized gesichert
collateralized mortgage obligation hypothekarisch gesicherter Schuldtitel
colleague Arbeitskollege
collect einziehen
collect: right to collect Hebeberechtigung
collect on delivery *AE C.O.D./c.o.d.* gegen Nachnahme
- *AE C.O.D./c.o.d.* Nachnahme
collect taxes Steuern einziehen
collectability Einbringlichkeit
collection Beitreibung
- Einziehung
- Erhebung
- Inkasso
collection: bill collection Wechseleinzug
collection: enforced tax collection Beitreibung einer Steuerschuld
collection: tax collection Steuerbeitreibung
- Steuereinziehung
- Steuererhebung
collection agency Inkassobüro
- Inkassostelle
collection agent Inkasso-Agent
collection at source Steuererhebung an der Quelle
collection authority Inkassovollmacht
collection of a bill Wechselinkasso
collection of duties Abgabenerhebung
collection of taxes Abgabenerhebung
- Steuereinziehung
collection right Hebeberechtigung
collective agreement: governed by collective agreement tariflich geregelt
collective agreement: in excess to collective agreement übertariflich
collective bargaining Kollektivvertragsverhandlungen
collective custody account Sammeldepot
collective entry Sammelbuchung
collective entry voucher Sammelbeleg
collective item Sammelposten
collective-bargaining agreement Kollektivvertrag
- Tarifvereinbarung
- Tarifvertrag
collective-bargaining agreement: provision of a collective bargaining agreement tarifliche Bestimmung
collectively agreed wage tariflich vereinbarter Lohn
- Tariflohn
collerteral Deckung
colloquial term umgangssprachlicher Begriff
column Spalte
column: account column Kontenspalte

C

column: balance column Saldenspalte
column: double column Doppelspalte
column: end column Endspalte
combination: business combination Unternehmenszusammenschluß
combination of accounts Kontenzusammenführung
combine Unternehmenszusammenschluß
come into force in Kraft treten
– inkrafttreten
come of age volljährig werden
come under fallen unter
come within the competence {of} unter die Zuständigkeit fallen {von}
comfort letter Patronatserklärung
commence anfangen
– beginnen
commencement of a term Fristbeginn
commencement of an action Klageerhebung
commencement of bankruptcy proceedings Konkurseröffnung
commencement of pendency Eintritt der Rechtshändigkeit
commencing {with} beginnend {mit}
commentary {on} Kommentar {zum}
commerce Handel
commerce: Chamber of Commerce Handelskammer
– Industrie- und Handelskammer
commercial wirtschaftlich
commercial accounting kaufmännische Buchhaltung
commercial accounting rules handelsrechtliche Buchführungsvorschriften
commercial agent Handelsvertreter
commercial authority Handlungsvollmacht
commercial balance sheet Handelsbilanz
commercial bank Geschäftsbank
commercial bookkeeping kaufmännische Buchführung
commercial books Handelsbücher
commercial books of account *BE* Handelsbücher
commercial broker Handelsmakler
Commercial Code Handelsgesetzbuch *HGB*
commercial conservatism kaufmännische Vorsicht
commercial documents Handelspapiere
commercial establishment Betrieb *(Unternehmen)*
commercial jurisdiction Handelsgerichtsbarkeit
commercial law Handelsrecht
commercial law: under commercial law handelsrechtlich
commercial paper kurzfristige Geldmarktpapiere *(Laufzeit zwischen 5 und 365 Tagen)*
– kurzfristiger Schuldtitel *(Laufzeit zwischen 5 und 365 Tagen)*
commercial papers Handelspapiere
commercial power of attorney Handlungsvollmacht
commercial practice Handelsbrauch
– Handelsusancen
commercial prudence kaufmännische Vorsicht
commercial register Handelsregister
commercial register: entry in the commercial register Handelsregistereintragung
commercial terms and conditions Geschäftsbedingungen
commercial usage Handelsbrauch
– Handelsusancen
commercial zone Gewerbegebiet
commercially transferable verkehrsfähig
commission Courtage
– Kommission
– Provision
commission: arbitration commission Schiedskommission
commission: assist in the commission {of} Beihilfe leisten {zu}
commission: broker's commission Courtage
– Maklergebühr
– Maklerprovision

commission: buy on commission auf Kommission kaufen
commission: buying commission Einkaufskommission
commission: del credere commision Delkredereprovision
commission: exchange commission Wechselprovision
commission: Federal Trade Commission *FTC* US-Bundesbehörde überwiegend im Bereich des Wettbewerbsrechts
commission: on a commission basis auf Provisionsbasis
commission: purchase on commission Kommissionskauf
commission: reserve for accrued commissions Provisionsrückstellung
commission: sales commission Verkaufskommission
Commission: Securities and Exchange Commission *SEC* US-Börsenaufsichtsbehörde
- *SEC* US-Wertpapier- und Börsenaufsichtsbehörde
commission agent *(agent acting for account of a principal but in his own name)* Kommissionär
commission business Kommissionsgeschäft
commission of an offence *BE* Begehung einer Straftat
- *BE* Verübung einer Straftat
commission of an offense *AE* Begehung einer Straftat
- *AE* Verübung einer Straftat
commission sale Kommissionsverkauf
commissionaire: buying commissionaire Einkaufskommissionär
commit begehen *(Straftat)*
commit a tort unerlaubte Handlung begehen
commit adultery Ehebruch begehen
commit an offence *BE* Straftat begehen
- *BE* Straftat verüben
commit an offense *AE* Straftat begehen
- *AE* Straftat verüben
commitment Verpflichtung
commitment: bill commitments Wechselobligo
commitment: legal commitment rechtliche Verpflichtung
commitment: loan commitment fee Bereitstellungsprovision
commitment fee Bereitstellungsprovision
commitment fee: loan commitment fee Bereitstellungsgebühr
committee Ausschuß
- Komitee
committee: audit committee Prüfungsausschuß
committee: competent committee zuständiger Ausschuß
committee: executive committee geschäftsführender Ausschuß *(vergleichbar Vorstand)*
committee: investigation committee Untersuchungsausschuß
committee: mediation committee Vermittlungsausschuß
committee: tax committee Steuerausschuß
committment Verpflichtung
commodities broker Kursmakler an der Warenbörse
commodity Ware
commodity option Option auf den Erwerb einer Ware oder eines Waren-Terminkontraktes
common areas Gemeinflächen
common control: under common control unter einheitlicher Leitung
common duty of care allgemeine Sorgfaltspflicht
Common Law Gewohnheitsrecht
- unkodifiziertes Recht
common parent gemeinsame Muttergesellschaft
common stock *AE* Stammaktie
communication Kommunikation
- Schriftverkehr
Community law EG-Recht
- Gemeinschaftsrecht
community of heirs Erbengemeinschaft

C

community of interests Interessengemeinschaft
community of property eheliche Gütergemeinschaft
– Gütergemeinschaft *(eheliche)*
commuting expenses Aufwendungen für Fahrten zwischen Wohnung und Arbeitsstätte
company Gesellschaft
company: body of a company Gesellschaftsorgan
– Organ
company: captive finance company konzerneigene Finanzierungsgesellschaft
– Konzernfinanzierungsgesellschaft
company: captive leasing company konzerneigene Leasinggesellschaft
– Konzernleasinggesellschaft
company: domicile of a company Sitz
company: dual residence company doppelt ansässige Gesellschaft
company: dual resident company doppelt ansässige Gesellschaft
company: formation of a company Gesellschaftsgründung
company: incorporation of a company Gesellschaftsgründung *(Kapitalgesellschaft)*
company: inter-company zwischenbetrieblich
company: intermediary holding company Zwischenholding
company: intra-company unternehmensintern
company: newly established company neu errichtete Gesellschaft
company: newly formed company neu gegründete Gesellschaft
company: private investment company private Kapitalanlagegesellschaft
company: property management company Vermögensverwaltungsgesellschaft
company: real estate management company Grundstücksverwaltungsgesellschaft
company: serve the company as tätig sein für die Gesellschaft als
company: tax shelter company *(loss allocating company)* Verlustzuweisungsgesellschaft
company: tax shelter company based on tax loss allocations due to accelerated depreciation or non-capitalizable expenses Abschreibungsgesellschaft
company articles Gesellschaftsstatuten
company assets Gesellschaftsvermögen
company balance sheet Gesellschaftsbilanz
company books Gesellschaftsbücher
company car Dienstwagen
– Firmenwagen
company established under the laws of a country nach dem Recht eines Staates errichtete Gesellschaft
company law Gesellschaftsrecht
company law: under company law gesellschaftsrechtlich
company limited by shares *BE* Kapitalgesellschaft
– Kommanditgesellschaft auf Aktien
company seal Firmensiegel
company statutes Gesellschaftssatzung
comparability Vergleichbarkeit
comparability analysis Vergleichbarkeitsanalyse
comparable {with/to} vergleichbar {mit/zu}
comparable profit intervall Vergleichsgewinnbandbreite
comparable uncontrolled price method *CUP* Preisvergleichsmethode
comparative vergleichend
comparative ... Vergleichs...
comparative calculation Vergleichsrechnung
comparative data Vergleichsdaten
comparative figures Vergleichszahlen
comparative law Rechtsvergleichung
comparative negligence Mitverschulden

comparative statement Vergleichsübersicht
comparative tax science vergleichende Steuerlehre
comparative value Vergleichswert
compare {with} vergleichen {mit}
compared {with} im Vergleich {mit/zu}
comparision: external price comparison äußerer Preisvergleich
comparison Vergleich
comparison: balance sheet comparison Bilanzvergleich
comparison: dealing-at-arm's-length comparison Drittvergleich
comparison: external comparison externer Vergleich
comparison: in comparison {with} im Vergleich {mit/zu}
comparison: interfirm comparison zwischenbetrieblicher Vergleich
comparison: internal comparison interner Vergleich
comparison of balance sheets Bilanzvergleich
comparison of effective tax burden Steuerbelastungsvergleich
comparison of tax burden Steuerbelastungsvergleich
compatibility Vereinbarkeit
compatible {with} vereinbar {mit}
compel nötigen
compensate entschädigen
compensating adjustment Ausgleichsberichtigung
– kompensierende Berichtigung
compensation Entgelt
– Entschädigung
– Vergütung
compensation: monetary compensation Entschädigung in Geld
compensation: pecuniary compensation Entschädigung in Geld
compensation for damages Schadensersatz
compensation for pain and suffering Schmerzensgeld
compensation fund Ausgleichsfonds
compensatory damages Ersatz des tatsächlichen Schadens
compenstion Vergütung
compete Konkurrenz machen
compete: convenant not to compete Wettbewerbsverzicht
– Wettbewerbsverzichtsklausel
compete: covenant not to compete Wettbewerbsklausel
compete {with} im Wettbewerb stehen {mit}
– konkurrieren {mit}
competence Geschäftsfähigkeit
– Kompetenz
– Zuständigkeit
competence: come within the competence {of} unter die Zuständigkeit fallen {von}
competence: lack of competence Mangel an Zuständigkeit
– Unzuständigkeit
competence of the local tax office Zuständigkeit des Finanzamts
competency Zuständigkeit
competent geschäftsfähig
competent: not competent {for} nicht zuständig {für}
competent {for} zuständig {für}
competent authority zuständige Behörde
competent committee zuständiger Ausschuß
competent court Gerichtsstand
– zuständiges Gericht
competent to inherit erbfähig
competent to pass a resolution beschlußfähig
competition Konkurrenz
– Wettbewerb
competition: ban on competition Wettbewerbsverbot
competition: cut-throat competition ruinöser Wettbewerb
competition: enter into competition {with} in Konkurrenz treten {mit}
competition: fair competition lauterer Wettbewerb
competition: fairness of competition Lauterkeit des Wettbewerbs
competition: free competition freier Wettbewerb
competition: freedom of competition Wettbewerbsfreiheit

competition: regulations of competition Wettbewerbsregeln
competition: restraint of competition Wettbewerbsbeschränkung
- Wettbewerbsverbot
competition: rules of competition Wettbewerbsregeln
competition: unfair competition unlauterer Wettbewerb
complainant Beschwerdeführer
- Einspruchsführer
complaint Beschwerde
complaint: cross-complaint Widerklage
complaint of unconstitutionality Verfassungsbeschwerde
complementary insurance Zusatzversicherung
complete vollständig
completed contract method Ergebnisrealisierung nach Beendigung der Herstellung
- Gewinnrealisierung nach Beendigung der Herstellung
completing entry Nachbuchung
- Nachtragsbuchung
completion bond Erfüllungsbürgschaft
completion of a contract Zustandekommen eines Vertrages
compliance: in compliance with gemäß
compliance: legal compliance Befolgung gesetzlicher Vorschriften
- Befolgung rechtlicher Bestimmungen
- Einhaltung gesetzlicher Vorschriften
- Einhaltung rechtlicher Bestimmungen
- Erfüllung gesetzlicher Vorschriften
- Erfüllung rechtlicher Bestimmungen
compliance {with} Einhaltung {von}
- Erfüllung {von}
compliance with a period of time Fristeinhaltung
comply: fail to comply with a deadline Frist versäumen
comply: failure to comply with a deadline Fristversäumnis
comply {with} einhalten {von}
comply with a period of time Frist einhalten
- Frist wahren
comply with directives Anweisungen befolgen
comply with instructions Anweisungen befolgen
component: amortization component Tilgungsanteil
component: income component Ertragsanteil
component: interest component Zinsanteil
component: interest component of an annuity Zinsanteil einer Rente
component: redemption component Tilgungsanteil
component: redemption component of an annuity Tilgungsanteil einer Rente
component part Bestandteil
composite zusammengesetzt
composite depreciation Gruppenabschreibung
composite method of valuation Gruppenbewertung
composite term zusammengesetzter Begriff
composite-life method of depreciation Gruppenabschreibung
composition Vergleich *(Insolvenzverfahren)*
composition: compulsory composition Zwangsvergleich *(Insolvenzverfahren)*
composition: dividend in composition Vergleichsquote
composition: opening of composition proceedings Eröffnung des Vergleichsverfahrens
Composition Act Vergleichsordnung
composition agreement Vergleichsvereinbarung *(Insolvenzverfahren)*
composition dividend Vergleichsquote
composition gain Vergleichsgewinn *(Insolvenzverfahren)*
composition in bankruptcy Vergleich
composition proceedings Vergleichsverfahren

composition proceedings: administrator in composition proceedings Vergleichsverwalter
composition proceedings: bankruptcy proceedings following failure of composition proceedings Anschlußkonkurs
composition proceedings: court for composition proceedings Vergleichsgericht
composition proceedings: creditor in composition proceedings Vergleichsgläubiger
composition proceedings: debtor in composition proceedings Vergleichsschuldner
composition proceedings: file a petition for the institution of composition proceedings Eröffnung des Vergleichs beantragen
composition proceedings: hearing date in composition proceedings Vergleichstermin
composition proceedings: hearing in composition proceedings Vergleichstermin
composition proceedings: institution of composition proceedings Vergleichseröffnung
composition proceedings: Law on Composition Proceedings Vergleichsforderung
- Vergleichsordnung
composition proceedings: petition for institution of composition proceedings Vergleichseröffnungsantrag
composition proceedings: petition for the institution of composition proceedings Vergleich anmelden
composition proceedings: petition to institute composition proceedings Vergleichsantrag
composition proceedings: statement of affairs in composition proceedings Vergleichsbilanz
- Vergleichsstatus
composition proceedings: trustee in composition proceedings Vergleichsverwalter
composition proposal Vergleichsvorschlag
composition quota Vergleichsquote
compound *(settle)* Vergleich schließen
compound entry Sammelbuchung
- zusammengefaßte Buchung
- zusammengesetzte Buchung
- zusammengesetzter Buchungssatz
compound interest Zinseszins
comprehensive: full comprehensive insurance Vollkaskoversicherung
comprehensive plus collision insurance Vollkaskoversicherung *(Kfz)*
comprehensive plus collision insurance with deductible Vollkaskoversicherung mit Selbstbeteiligung *(Kfz)*
comprehensive tax liability unbeschränkte Steuerpflicht
comprise einschließen
- enthalten
- umfassen
compromise Kompromiß
- Vergleich
- Vergleich schließen
compromise: settle a dispute by compromise Streit durch Vergleich beilegen
Comptroller of the Currency Verwaltungs- und Aufsichtsbehörde der Bundesbanken
compulsion: unlawful compulsion Nötigung
compulsory obligatorisch
- rechtsverbindlich
- verbindlich
- zwingend
compulsory ... Zwangs...
compulsory composition Zwangsvergleich *(Insolvenzverfahren)*
compulsory insurance Pflichtversicherung
compulsory licensing Zwangslizenzierung
compulsory liquidation Zwangsliquidation
compulsory measure Zwangsmaßnahme
compulsory settlement Zwangsvergleich
computation Ausrechnung

– Berechnung
– Errechnung
computation: tax computation Steuerberechnung
computation error Rechenfehler
computation of a period of time Fristberechnung
computation of wages Lohnberechnung
compute ausrechnen
– berechnen
– errechnen
computer center *AE* Rechenzentrum
computer centre *BE* Rechenzentrum
computer criminality Computerkriminalität
computer science Informatik
computer-based computergestützt
computer-based accounting EDV-Buchführung
computer-based accounting system EDV-gestütztes Buchführungssystem
computerized bookkeeping *AE* Speicherbuchführung
conceal verschweigen
concealed equity contribution verdeckte Einlage
concealed reserves stille Reserven
concealment: fraudulent concealment arglistiges Verschweigen
concealment: fraudulent concealment of facts arglistiges Verschweigen von Tatsachen
concealment of facts Unterdrückung von Tatsachen
concept: accounting concept Bilanzierungsgrundsatz
concept: accrual concept Periodisierungsprinzip
concept: auxiliary concept Hilfsbegriff
concept: consistency concept Kontinuitätsprinzip
concept: court-developed concept Richterrecht
concept: going concern concept Fortführungsgrundsatz
concept: legal concept Rechtsgedanke
concept: measurement concept Bewertungsgrundsatz
– Bewertungskonzept
concept: prudence concept Vorsichtsprinzip
conception: legal conception Rechtsauffassung
conceptual framework konzeptioneller Rahmen
concern Anliegen
– Besorgnis
– Sache
– Sorge
– Unternehmen
concern: as far as ... is concerned betreffs
concern: going concern laufendes Unternehmen
concerned Beteiligter
concerning betreffs
– bezüglich
– hinsichtlich
concession Zugeständnis
concession: tax concession Steuervergünstigung
conciliation Schlichtung
– Streitbeilegung
conciliation board Schlichtungsstelle
conciliator Schlichter
– Vermittler
conclude abschließen
– *(contract)* schließen *(Vertrag)*
conclude a contract Vertrag abschließen
– Vertrag schließen
conclude a treaty Staatsvertrag schließen
conclude an agreement Abkommen schließen
concluding clause Schlußbestimmung
conclusion *(contract)* Schließen *(Vertrag)*
– *(contract)* Schließung *(Vertrag)*
conclusion of a contract Vertragsabschluß
– Vertragsschluß
– Zustandekommen eines Vertrages
conclusion of an agreement Vertragsabschluß

– Vertragsschluß
conclusive abschließend
– erschöpfend *(abschließend)*
conclusive: final and conclusive bestandskräftig
concurrent condition Zug um Zug zu erfüllende Bedingung
concurrent jurisdiction gemeinsame Zuständigkeit
– konkurrierende Zuständigkeit
concurring ebenso
– gleicher Auffassung
– zustimmend
condemnation *AE* Enteignung
condensed verdichtet
– zusammengefaßt
condensed: balance sheet in condensed form zusammengefaßte Bilanz
condition Auflage
– Bedingung
condition: administrative condition behördliche Auflage
condition: concurrent condition Zug um Zug zu erfüllende Bedingung
condition: dissolving condition auflösende Bedingung
condition: in line with market conditions marktgemäß
– marktgerecht
condition: on the condition that unter der Voraussetzung, daß
condition: permanent condition Dauerzustand
condition: resolutory condition auflösende Bedingung
condition: restore the original conditions ursprünglichen Zustand wiederherstellen
condition: suspensive condition aufschiebende Bedingung
condition: terms and conditions Bedingungen
– Geschäftsbedingungen
condition precedent aufschiebende Bedingung
condition subsequent auflösende Bedingung
conditional legacy bedingtes Vermächtnis
– Vermächtnis unter Auflage
conditional offer bedingtes Angebot
conditional on bedingt durch
– vorbehaltlich
conditional sale Kauf unter Eigentumsvorbehalt
– Verkauf unter Eigentumsvorbehalt
conditions: credit conditions Kreditbedingungen
conditions: standard conditions Allgemeine Geschäftsbedingungen
conditions: transportation conditions Beförderungsbedingungen
conditions of issue Emissionsbedingungen
conditions of policy Versicherungsbedingungen
conditions of work Arbeitsbedingungen
condominium *AE* Eigentumswohnung
condominium ownership *AE* Miteigentum an einem Wohnhaus
– *AE* Wohnungseigentum
conduct Handlung
– Verhalten
conduct: tortious conduct deliktische Handlung
conduct a business Geschäft betreiben
conduit company Durchlaufgesellschaft
conduit financing Durchlauffinanzierung
conference Konferenz
conference: final audit conference Schlußbesprechung
conferring: document conferring authority Vollmachtsurkunde
confession Anerkenntnis
– Geständnis
confidential vertraulich
confidentiality Geheimhaltung
confidentiality: professional confidentiality Berufsgeheimnis
confidentiality: taxpayer confidentiality Steuergeheimnis
configuration Konfiguration
confinement: pre-trial confinement Untersuchungshaft
confirm bestätigen

confirmation Bestätigung
confirmation: bank confirmation Bankbestätigung
– Banksaldenbestätigung
confirmation of balances Saldenbestätigung
confiscate beschlagnahmen
confiscation Beschlagnahme
– Einziehung
conflict Differenz
– Meinungsverschiedenheit
– Streit
conflict rule *(private international law)* Kollisionsnorm *(Internationales Privatrecht)*
conflicting tax assessments widerstreitende Steuerfestsetzungen
conflict-of-laws provision *(private international law)* Kollisionsnorm *(Internationales Privatrecht)*
conflict-of-laws rule *(private international law)* Kollisionsnorm *(Internationales Privatrecht)*
conglomerate Mischkonzern
conglomerate merger Fusion branchenunterschiedlicher Unternehmen
conjugal fidelity eheliche Treue
conjugal rights and duties eheliche Rechte und Pflichten
conjunction: in conjunction {with} in Verbindung {mit}
connecting factor Anknüpfungskriterium
– Anknüpfungsmerkmal
– Anknüpfungspunkt
connection: causal connection Kausalzusammenhang
connection: economic connection wirtschaftlicher Zusammenhang
connubial eheähnlich
consent Einverständnis
– einwilligen
– sich einverstanden erklären
– Zustimmung
consent: by mutual consent einverständlich
consent: parliamentary consent parliamentarische Zustimmung
consent: requirement of consent Zustimmungserfordernis
consent to assume a risk sich freiwillig einer Gefahr aussetzen
consequence: adverse tax consequences nachteilige Besteuerungsfolgen
– negative Besteuerungsfolgen
consequence: tax consequences steuerliche Konsequenzen
consequential kausal bedingt
consequential costs Folgekosten
consequential damage caused by a defect Mangelfolgeschaden
consequential damages Entschädigung für Folgeschäden *(einschl. entgangener Gewinne)*
consequential loss Folgeschaden
consequential loss caused by a defect Mangelfolgeschaden
conservation of evidence Beweissicherung
conservatism: commercial conservatism kaufmännische Vorsicht
conservatism: principle of conservatism Vorsichtsprinzip
conservatism concept Vorsichtsprinzip
conservatism principle Vorsichtsprinzip
conservative cost estimate vorsichtiger Kostenansatz
consession Konzession
– Zugeständnis
consideration Entgelt
– Gegenleistung
– Überlegung
consideration: equity considerations Billigkeitserwägungen
consideration: free consideration of evidence freie Beweiswürdigung
consideration: in consideration {of} als Gegenleistung {für}
consideration: in consideration of angesichts
considerations of equity Billigkeitserwägungen
considerations of expediency Zweckmäßigkeitserwägungen
considering den Umständen nach
– in Anbetracht
consign versenden

consigner Frachtversender
consignment Konsignation
– Versand
– Versendung
consignment: goods on consignment Kommissionsware
– Konsignationsware
consignment: merchandise on consignment Kommissionsware
consignment goods Kommissionsware
– Konsignationsware
consignment merchandise Kommissionsware
consignment note Frachtbrief
– Konnossement
consignor Frachtversender
– Versender
consistency Kontinuität
consistency concept Kontinuitätsprinzip
consistency principle Kontinuitätsprinzip
consolidate konsolidieren
consolidated konsolidiert
consolidated: worldwide consolidated balance sheet Weltkonzernbilanz
consolidated accounting Konzernrechnungslegung
consolidated accounts *BE* konsolidierter Abschluß
– Konzernabschluß
consolidated accounts: notes to consolidated accounts *BE* Anhang zum Konzernabschluß
consolidated annual accounts konsolidierter Jahresabschluß
consolidated annual report Konzerngeschäftsbericht
consolidated balance sheet konsolidierte Bilanz
– konsolidierte Konzernbilanz
– Konzernbilanz
consolidated entity Konsolidierungskreis
consolidated financial statements konsolidierter Abschluß
– Konzernabschluß
– Konzernjahresabschluß
consolidated financial statements: notes to consolidated financial statements Anhang zum Konzernabschluß
– Konzernanhang
consolidated group Konsolidierungskreis
consolidated income statement *AE* konsolidierte Gewinn- und Verlustrechnung
– *AE* Konzernerfolgsrechnung
– *AE* Konzerngewinn- und Verlustrechnung
consolidated net income Konzerngewinn
consolidated profit Konzerngewinn
consolidated profit and loss account *BE* konsolidierte Gewinn- und Verlustrechnung
– *BE* konsolidierte Konzerngewinn- und Verlustrechnung
– *BE* Konzernerfolgsrechnung
– *BE* Konzerngewinn- und Verlustrechnung
consolidated profits Konzernergebnis
– Konzerngewinn
consolidated reserves Konzernrücklagen
consolidated sales Konzernumsatz
consolidated subgroup accounts *BE* konsolidierter Teilkonzernabschluß
consolidating entry Konsolidierungsbuchung
consolidation *(financial accounting)* Konsolidierung
– *(corporate reorganization)* Verschmelzung durch Neugründung
consolidation: capital consolidation Kapitalkonsolidierung
consolidation: deconsolidation Dekonsolidierung
consolidation: entity theory of consolidation Einheitstheorie
consolidation: fiscal consolidation steuerliche Konsolidierung
consolidation: income consolidation Erfolgskonsolidierung

consolidation: intercompany consolidation Zwischenkonsolidierung
consolidation: partial consolidation Teilkonsolidierung
consolidation: tax consolidation Organschaft
– steuerliche Konsolidierung
consolidation entry Konsolidierungsbuchung
consolidation excess Konsolidierungsausgleichsposten
consolidation of balance sheets Bilanzkonsolidierung
consolidation provision Konsolidierungsvorschrift
consolidation rule Konsolidierungsregel
– Konsolidierungsvorschrift
consortium bank Konsortialbank
constituent state Gliedstaat
constitute begründen
constitute a forum beschlußfähig sein
constitution Grundgesetz
– Verfassung
constitutional verfassungsmäßig
constitutional amendment Verfassungsänderung
constitutional ban on retroactivity Rückwirkungsverbot
– verfassungsrechtliches Rückwirkungsverbot
constitutional law Verfassungsrecht
constitutional order verfassungsmäßige Ordnung
constitutional rights Grundrechte
constitutionality Verfassungsmäßigkeit
constitutionality: judicial review of the constitutionality of laws Normenkontrolle
constructed: self-constructed selbsterstellt *(Materialgut)*
construction Auslegung
construction: assets in the course of construction Anlagen im Bau
construction: assets under construction Anlagen im Bau
construction: broad construction extensive Auslegung
– weite Auslegung
construction: expansive construction weite Auslegung
construction: plant under construction Anlagen im Bau
– im Bau befindliche Anlagen
construction: strict construction enge Auslegung
construction: tangible assets under construction Sachanlagen im Bau
construction in process *AE* Anlagen im Bau
– *AE* im Bau befindliche Anlagen
construction in progress *BE* Anlagen im Bau
– *BE* im Bau befindliche Anlagen
construction in progress: tangible assets - construction in progress *BE* Sachanlagen im Bau
construction industry Baugewerbe
construction loan Baudarlehen
construction period interest Bauzeitzinsen
– Herstellungszeitzinsen
construction project Bauausführung
construction sector Baugewerbe
constructive dividend verdeckte Gewinnausschüttung
constructive equity contribution verdeckte Einlage
constructive possession mittelbarer Besitz
construe auslegen
construe by reference to domestic law unter Bezugnahme auf nationales Recht auslegen
construed ausgelegt
consultancy: tax consultancy Steuerberatung
consultant: certified tax consultant Steuerberater
consultant: licensing consultant Lizenzberater
consultant: management consultant Unternehmensberater
consultant: tax consultant Steuerberater
consultative beratend
consulting fee Beratungsgebühr
consulting fees Beratungskosten

consumable supplies *AE* Verbrauchsstoffe
consumables *BE* Betriebsstoffe
– *BE* Hilfs- und Betriebsstoffe
consumables: cost of raw materials, consumables and goods for resale *BE* Aufwendungen für Roh-, Hilfs- und Betriebsstoffe und für bezogene Waren
consumables: raw materials and consumables *BE* Roh-, Hilfs- und Betriebsstoffe
consumate vollziehen
consumer: ultimate consumer Endabnehmer
consumer credit Konsumentenkredit
consumer good Verbrauchsgut
consumer leasing Konsumentenleasing
consumer loan Konsumentenkredit
consumer price index Lebenshaltungskostenindex
– Verbraucherpreisindex
consumer protection Verbraucherschutz
consummate vollziehen
consummation Vollzug
consummation of a contract Vertragserfüllung
consumption: material consumption Materialverbrauch
consumption: personal consumption by taxpayer Eigenverbrauch
consumption: tax on consumption Verbrauchsteuer
consumption tax Verbrauchsteuer
consumption tax: subject to consumption taxes verbrauchsteuerpflichtig
contained herein in diesem Dokument enthalten
– in diesem Schreiben enthalten
containment: cost containment Kosteneindämmung
contamination: soil contamination Bodenverschmutzung
contemporaneous performance Erfüllung Zug um Zug
– Leistung Zug um Zug
– Zug um Zug Leistung
contempt Mißachtung
– Nichtbefolgung
content: economic content wirtschaftlicher Gehalt
contentions streitig
– strittig
contents of the balance sheet Bilanzinhalt
contents of the contract Vertragsinhalt
contest anfechten
– bestreiten
– streitig machen
contest an administrative act Verwaltungsakt anfechten
contestability Anfechtbarkeit
contested bestritten
contested administrative action angefochtener Verwaltungsakt
contesting of a will Testamentsanfechtung
continental shelf Festlandsockel
contingencies Haftungsverhältnisse
contingency Eventualfall
– Eventualverbindlichkeit
contingency: provision for contingencies Rückstellung für ungewisse Verbindlichkeiten
contingent ungewiß
contingent debt ungewisse Schulden
contingent fee Erfolgshonorar
contingent liability ungewisse Verbindlichkeit
contingent losses drohende Verluste
– voraussichtliche Ausfälle
continuation of wage payments during sickness Lohnfortzahlung im Krankheitsfall
continued: discontinued eingestellt
continuing education: job-related continuing education expenses Aufwendungen für berufliche Weiterbildung
– Aufwendungen für die Berufsfortbildung
continuing education expenses Fortbildungskosten
– Weiterbildungskosten
continuing liability of departed partner Nachhaftung

continuity Kontinuität
continuity of financial statement presentation Bilanzkontinuität
continuous inventory permanente Inventur
contra account Gegenkonto
– Wertberichtigungskonto
contra entry Gegenbuchung
contract kontrahieren
– Kontrakt
– Vertrag
contract: breach of contract Vertragsverletzung
contract: enter into a contract Vertrag schließen
contract: foundation of a contract Geschäftsgrundlage
contract: frustration of contract Wegfall der Geschäftsgrundlage
contract: implicit basis of a contract Geschäftsgrundlage
contract: inherent basis of a contract Geschäftsgrundlage
contract: law of contracts Vertragsrecht
contract: required by contract vertraglich vorgeschrieben
contract: valid contract gültiger Vertrag
contract amendment Vertragsänderung
contract clause Vertragsbestimmung
– Vertragsklausel
contract development Auftragsentwicklung
contract for delivery by instalments Sukzessivlieferungsvertrag
contract for sale Kaufvertrag
contract for services Dienstvertrag
contract for the benefit of a third party Vertrag zugunsten Dritter
contract has become frustrated Geschäftsgrundlage für einen Vertrag ist weggefallen
contract in writing schriftlicher Vertrag
contract manufacturer Lohnfertiger
– Lohnhersteller
contract manufacturing Auftragsfertigung
– Lohnfertigung
contract modification Vertragsänderung
contract negotiations Vertragsverhandlungen
contract of apprenticeship Ausbildungsvertrag
– Lehrvertrag
contract of assignment Abtretungsvertrag
contract of bailment Verwahrungsvertrag
contract of brokerage Maklervertrag
contract of carriage *BE* Frachtvertrag
contract of deposit Verwahrungsvertrag
contract of employment Arbeitsvertrag
contract of employment for a limited period of time befristeter Arbeitsvertrag
contract of employment for an indefinite period of time unbefristeter Arbeitsvertrag
contract of guarantee Bürgschaftsvertrag
contract of hire Mietvertrag *(bewegliche Sachen)*
contract of inheritance Erbvertrag
contract of sale Kaufvertrag
contract of service Arbeitsvertrag
contract of succession Erbvertrag
contract of suretyship Bürgschaftsvertrag
contract penalty Konventionalstrafe
– Vertragsstrafe
contract processing Lohnarbeit
– Lohnveredelung
contract provides that Vertrag bestimmt, daß
contract provision Vertragsbestimmung
– Vertragsklausel
contract requiring specific form formbedürftiger Vertrag
contract research and development Auftragsforschung und -entwicklung
contract under seal gesiegelter Vertrag

contracting: self-contracting Insichgeschäft
contracting party Vertragspartei
contracting state Vertragsstaat
contraction: balance sheet contraction Bilanzverkürzung
contractor Werkunternehmer
contractor: general contractor Generalunternehmer
contractor: subcontractor Subunternehmer
contractual vertraglich
contractual capacity Geschäftsfähigkeit
– Vertragsfähigkeit
contractual claim vertraglicher Anspruch
contractual fidelity Vertragstreue
contractual interest vertragliche Zinsen
contractual liability vertragliche Haftung
contractual obligation vertragliche Verpflichtung
contractual penalty Vertragsstrafe
contractual terms vertragliche Bedingungen
contractually: settle contractually vertraglich regeln
contrary: unless provided to the contrary soweit nicht anders bestimmt
contrary to law gesetzwidrig
contrary to public policy gegen die guten Sitten
– sittenwidrig
contrary to the agreement vertragswidrig
contravene im Widerspruch stehen
– verletzen
– zuwiderhandeln
contravene the principles of good faith gegen Treu und Glauben verstoßen
contravene the wording of im Widerspruch zum Wortlaut des ... stehen
– in Widerspruch zum Wortlaut des ... stehen
contravention Verletzung
– Zuwiderhandlung
contravention: in contravention {of} unter Verletzung {von}
contravention: in contravention of the rule gegen die Vorschrift
contribution Beitrag
– Einlage
contribution: capital contribution Einlage
– Kapitaleinlage
contribution: cash contribution Bareinlage
– Geldeinlage
contribution: charitable contribution Spende für karitative Zwecke
contribution: concealed equity contribution verdeckte Einlage
contribution: constructive equity contribution verdeckte Einlage
contribution: health insurance contribution Krankenversicherungsbeitrag
contribution: informal contribution verdeckte Einlage
contribution: liability is limited to the contribution Haftung ist auf die Einlage beschränkt
contribution: limited partner's contribution Kommanditeinlage
contribution: outstanding contributions ausstehende Einlagen
contribution: pension contribution Pensionsbeitrag
contribution: shareholder contribution Gesellschaftereinlage
contribution: social contributions soziale Abgaben
contribution: social security contributions soziale Abgaben
– Sozialversicherungsbeiträge
contribution: unpaid contributions to subscribed capital ausstehende Einlagen auf das gezeichnete Kapital
contribution in cash Bareinlage
contribution in kind Sacheinlage
contribution margin Deckungsbeitrag
contribution of property Sacheinlage
contribution of shares Anteilseinbringung

contribution of stock *AE* Anteilseinbringung *(Aktien)*
contribution shortfall Deckungslücke
contribution to capital Einlage
– Kapitaleinlage
contributory fault Mitverschulden
contributory negligence Mitverschulden
control Beherrschung
– Kontrolle
control: credit control Kreditüberwachung
control: joint control gemeinsame Beherrschung
control: possession or economic control Sachherrschaft
control: under common control unter einheitlicher Leitung
control account Sammelkonto
control agreement Beherrschungsvertrag
control amount Kontrollbetrag
control premium Paketzuschlag
control system: internal control system internes Kontrollsystem
control total Kontrollsumme
controlled beherrscht
controlled company beherrschte Gesellschaft
controlling beherrschend
– herrschend
controlling: revenue controlling Ertragscontrolling
controlling company herrschende Gesellschaft
controlling influence beherrschender Einfluß
controlling interest Mehrheitsbeteiligung
controversy Differenz
– Meinungsverschiedenheit
– Streit
controversy: amount in controversy Streitwert
convenant: noncompetition convenant Wettbewerbsverbotsklausel
convenant not to compete Wettbewerbsverzicht
– Wettbewerbsverzichtsklausel
convene einberufen *(Hauptversammlung)*
convene a shareholders' meeting Gesellschafterversammlung einberufen
convenience: as a matter of convenience aus Zweckmäßigkeitsgründen
convening of the works council Einberufung des Betriebsrates
convention Abkommen
– Konvention
convention: costums convention Zollabkommen
converse argument Gegenschluß
– Umkehrschluß
conversion Umstellung
– Wandlung *(Anleihe)*
conversion: balance sheet as of the effective date of conversion Umwandlungsbilanz
conversion: tax-privileged conversion steuerbegünstigte Umwandlung
conversion {into} Umwandlung {in}
conversion balance sheet Umwandlungsbilanz
conversion of a void transaction into a valid one Umdeutung eines nichtigen Rechtsgeschäfts
convert umwandeln
convertible konvertibel
– wandelbar
convertible: of which convertible davon konvertibel
convertible bond Wandelschuldverschreibung
convertible debt Wandelschuldverschreibung
convey übertragen
conveyance Beförderung
– Transport
– Übertragung
convicted: previously convicted {for} vorbestraft {wegen}
conviction Verurteilung
conviction: judgment of conviction Strafurteil
conviction: previous conviction Vorstrafe

COO chief operations officer
cook a balance sheet Bilanz frisieren
cooking: book cooking Frisieren von Büchern
cooperative *AE* Genossenschaft
cooperative association: law relating to cooperative associations Genossenschaftsrecht
cooperative auditing association genossenschaftlicher Prüfungsverband
cooperative insurance Versicherungsgenossenschaft
cooperative ownership Beteiligung an einer Wohnungsbaugenossenschaft gekoppelt an ein Mietverhältnis bezogen auf eine Wohneinheit
cooperative society *BE* Genossenschaft
coordination center *AE* Koordinierungsstelle
coordination centre *BE* Koordinierungsstelle
coordination office Koordinierungsstelle
co-owner Miteigentümer
co-ownership Miteigentum
– Miteigentum nach Bruchteilen
copy: document copy Belegkopie
copy: voucher copy Belegdoppel
– Belegkopie
copyright Urheberrecht
– Verlagsrecht
copyright infringement Urheberrechtsverletzung
copyright law Urheberrecht
copyright owner Copyright-Inhaber
– Urheberrechtsinhaber
copyright royalty Urheberrechtslizenz
copyrightability Copyright-Schutzfähigkeit
copyrightable matter Copyrightschutzfähiges Werk
Corp. Corporation
corporate körperschaftsteuerlich
corporate: body corporate juristische Person
corporate: body corporate under public law Körperschaft des öffentlichen Rechts
corporate assets Gesellschaftsvermögen einer Kapitalgesellschaft
corporate body juristische Person
– Körperschaft
corporate charter Gründungsurkunde
corporate domicile Sitz
corporate general partner Komplementär-GmbH
corporate imputation credit körperschaftsteuerliches Anrechnungsguthaben
corporate imputation system körperschaftsteuerliches Anrechnungsverfahren
corporate income tax Körperschaftsteuer
corporate income tax: liable to corporate income taxes körperschaftsteuerpflichtig
corporate income tax: split-rate of corporate income tax gespaltener Körperschaftsteuersatz
Corporate Income Tax Act Körperschaftsteuergesetz *KStG*
corporate income tax imputation procedure körperschaftsteuerliches Anrechnungsverfahren
corporate income tax imputation system körperschaftsteuerliches Anrechnungsverfahren
corporate income tax rate Körperschaftsteuersatz
corporate income tax rate system Körperschaftsteuertarif
Corporate Income Tax Regualtions Körperschaftsteuer-Richtlinien
Corporate Income Tax Regulations Körperschaftsteuer-Richtlinien
corporate income tax return Körperschaftsteuererklärung
corporate law *AE* Gesellschaftsrecht
corporate level Gesellschaftsebene
corporate name Firma
corporate purpose Gesellschaftszweck
corporate rights Gesellschaftsrechte *(an einer Kapitalgesellschaft)*
corporate seal Gesellschaftssiegel
corporate shell Firmenmantel

corporate takeover attempt Übernahmeversuch
corporate tax körperschaftsteuerlich
corporate veil Schleier der juristischen Person
corporate veil: pierce the corporate veil den Schleier der juristischen Person durchbohren
corporate veil: piercing the corporate veil Durchgriffshaftung *(Kapitalgesellschaft)*
corporation Gesellschaft mit beschränkter Haftung
– juristische Person
– Kapitalgesellschaft
– Körperschaft
corporation: brother-sister corporation Schwesterkapitalgesellschaft
corporation: distributing corporation ausschüttende Gesellschaft
– ausschüttende Körperschaft
corporation: domestic corporation inländische Kapitalgesellschaft
– Kapitalgesellschaft inländischen Rechts
corporation: foreign corporation ausländische Kapitalgesellschaft
– Kapitalgesellschaft ausländischen Rechts
corporation: integrated corporation eingegliedertes Unternehmen
corporation: loss corporation Verlustgesellschaft *(Kapitalgesellschaft)*
corporation: public corporation *BE* juristische Person des öffentlichen Rechts
– *BE* Körperschaft des öffentlichen Rechts
corporation: seat of a corporation Sitz
corporation: stock corporation *AE* Aktiengesellschaft
corporation: surviving corporation aufnehmende Gesellschaft
corporation: taxation of corporations Körperschaftbesteuerung
corporation tax Körperschaftsteuer
Corporation Tax Act Körperschaftsteuergesetz *KStG*
correcting item Korrekturposten
correction Berichtigung
correction of deed registry Grundbuchberichtigung
corrective adjustment Berichtigung
correspond to entsprechen
correspondence Schriftverkehr
– Schriftwechsel
correspondent bank Korrespondenzbank
corresponding adjustment Gegenberichtigung
corrupt bestechen
– bestechlich
– korrumpieren
corruptible bestechlich
– korrumpierbar
corruption Bestechung
– Korruption
cost Anschaffungs- oder Herstellungskosten
– Kosten
cost: actual cost Istkosten
cost: at cost zu Anschaffungs- oder Herstellungskosten
– zu Einstandspreisen
cost: matching-of-revenue-and-cost principle Grundsatz der Periodenabgrenzung
cost accounting Betriebsbuchführung
– Betriebsbuchhaltung
– Kostenrechnung
cost accounting: historical cost accounting Anschaffungswertprinzip
– Istkostenrechnung
cost accounting: integrated cost accounting integriertes Rechnungswesen
cost allocation Kostenumlage
– Kostenverteilung
cost apportionment Kostenverteilung
cost benefit analysis Kosten-Nutzen-Analyse
– Wirtschaftlichkeitsrechnung
cost center *AE* Kostenstelle
cost center account *AE* Kostenstellenkonto
cost center variance *AE* Kostenstellenabweichung
cost centre *BE* Kostenstelle

cost centre account *BE* Kostenstellenkonto
cost centre variance *BE* Kostenstellenabweichung
cost containment Kosteneindämmung
cost control account Spiegelkonto *(Kostenrechnung)*
cost driver Kostenverursachungsfaktor
cost driver: volume-related cost driver beschäftigungsabhängiger Kostenverursachungsfaktor
– mengenabhängiger Kostenverursachungsfaktor
cost estimate: conservative cost estimate vorsichtiger Kostenansatz
cost estimation Kalkulation
– Vorkalkulation
cost flow Kostenfluß
cost for removal Demontagekosten
cost funding arrangement Kostenfinanzierungsvertrag *(nicht nutzungsanteilbezogene pauschale Form der Kostenbeteiligung/fixed key method)*
cost of capital Kapitalkosten
cost of demolition Abbruchkosten
cost of goods sold Umsatzkosten
– Wareneinsatz
cost of insurance Versicherungskosten
cost of living Lebenshaltungskosten
cost of living: increased-cost-of-living allowance Teuerungszulage
cost of materials Materialaufwand
cost of materials and purchased services Materialaufwand und Aufwendungen für bezogene Leistungen
cost of merchandise sold Einstandspreis der verkauften Handelsware
cost of production Herstellungskosten
cost of purchased services Aufwendungen für bezogene Leistungen
cost of raw materials, consumables and goods for resale *BE* Aufwendungen für Roh-, Hilfs- und Betriebsstoffe und für bezogene Waren
cost of raw materials, supplies and goods for resale *AE* Aufwendungen für Roh-, Hilfs- und Betriebsstoffe und für bezogene Waren
cost of research and development Forschungs- und Entwicklungskosten
cost of rework Nachbesserungskosten
cost of sales Herstellungskosten der zur Erzielung der Umsatzerlöse erbrachten Leistungen
– Selbstkosten des Umsatzes
– Umsatzkosten
– Vertriebskosten
– Wareneinsatz
cost of sales format Umsatzkostenverfahren
cost of setting up Einrichtungskosten
cost of supporting labor *AE* Hilfslöhne
cost of tools Werkzeugkosten
cost overrun Kostenüberschreitung
cost plus method Kostenaufschlagsmethode
cost price Einstandspreis
cost price: average cost price Durchschnittseinstandspreis
cost recovery Kostendeckung
cost recovery: principle of cost recovery Kostendeckungsprinzip
cost reduction: acquisition cost reduction Anschaffungskostenminderung
cost savings Kostenersparnisse
cost sharing agreement Kostenumlagevertrag
cost structure Kostenstruktur
cost to be depreciated Abschreibungsausgangsbetrag
cost unit Kostenträger
cost value Anschaffungswert
– Einstandswert
cost variance Kostenabweichung
cost-based kostenbasiert
cost-categories-oriented format *AE* Gesamtkostenverfahren
costing: full costing Vollkostenrechnung
costing: joint costing Kostenrechnung bei Kuppelproduktion

costing: variable costing Teilkostenrechnung
cost-of-living index Lebenshaltungskostenindex
costs Kosten
costs: imputed costs kalkulatorische Kosten
costs: spread costs {over} *(over various periods)* Kosten verteilen {über}
costs: spreading of acquisition and production costs Verteilung der Anschaffungs- und Herstellungskosten
costs imputable to units of output Stückkosten
costs order Kostenentscheidung
costums convention Zollabkommen
cost-volume-profit analysis *CVP* Deckungsbeitragsrechnung
co-subsidiary Schwestergesellschaft
co-surety Mitbürge
council: local council Gemeinderat
council: staff council Personalrat
counsel Anwalt
– Rechtsanwalt
counsel: defence counsel *BE* Verteidiger
counsel: tax counsel Steuerberater
counselor: tax counselor Steuerberater
count: inventory count Bestandsaufnahme
– körperliche Bestandsaufnahme
counter balance Gegensaldo
counterclaim Gegenforderung
counter-offer Gegenangebot
counterpart *(copy)* Ausfertigung *(Kopie)*
counterparty Gegenpartei
counterplea Erwiderung
– Replik
counting: double counting Doppelverrechnung
country Staat
country: economic bonds with a country wirtschaftliche Bindung an einen Staat
country: high-tax country Hochsteuerland
country: host country Gastland
country: low-tax country Niedrigsteuerland
country: source country Quellenstaat
country: third country Drittland
country of destination Bestimmungsland
country of destination principle Bestimmungslandprinzip
country of destination system Bestimmungslandprinzip
country of employment Beschäftigungsland
country of origin Ursprungsland
country of performance Tätigkeitsstaat
country of residency Wohnsitzstaat
country of situs Staat der Belegenheit
country of sojourn Aufenthaltsland *(zeitweilig, kurzweilig)*
country of source Quellenstaat
country-of-origin principle Ursprungslandprinzip
county Bezirk
coupon Kupon
coupon: dividend coupon Dividendenschein
coupon: dividend coupon sheet Dividendenbogen
coupon sheet Zinsbogen
course: during the course of the year unterjährig
course: holder in due course rechtmäßiger Wechsel- bzw. Scheckinhaber *(kraft gutgläubigem Erwerb)*
course of business Geschäftsgang
– Geschäftsverlauf
course of business: ordinary course of business ordnungsgemäßer Geschäftsgang
court Gericht
court: appellate court Berufungsgericht
– Rechtsmittelgericht
court: bankruptcy court Konkursgericht
court: bring before the court vor Gericht bringen
court: by court gerichtlich

court: competent court Gerichtsstand
– zuständiges Gericht
court: estate court Nachlaßgericht
court: Federal Constitutional Court Bundesverfassungsgericht *BVerfG*
court: fiscal court Finanzgericht
– Steuergericht
court: guardianship court Vormundschaftsgericht
court: higher court übergeordnetes Gericht
court: inferior court untergeordnetes Gericht
court: liquidation by order of the court Zwangsliquidation
court: lower court Amtsgericht
– untergeordnetes Gericht
court: out-of-court außergerichtlich
court: out-of-court settlement außergerichtlicher Vergleich
court: pending before the court bei Gericht anhängig
court: probate court Nachlaßgericht
court: recourse to the courts Rechtsweg
court: represent in court gerichtlich vertreten
court: state court Landgericht
court: superior court übergeordnetes Gericht
court: supreme court oberstes Gericht
court: take to court vor Gericht bringen
court: tax court Finanzgericht
– Steuergericht
court costs Gerichtskosten
court decision Gerichtsentscheidung
– Gerichtsurteil
court decision: tax court decisions steuerliche Rechtsprechung
court decisions Rechtsprechung
court district Gerichtsbezirk
court file Gerichtsakte
court for composition proceedings Vergleichsgericht
court hearing Verhandlung
court judgment Gerichtsentscheidung
– Gerichtsurteil
– richterliches Urteil
court judgment: fiscal court judgment Finanzgerichtsurteil
– Steuergerichtsurteil
court judgment: tax court judgment Finanzgerichtsurteil
– Steuergerichtsurteil
court of appeal Berufungsgericht
– Rechtsmittelgericht
court of arbitration Schiedsgericht
Court of Arbitration at the International Chamber of Commerce Schiedsgerichtshof der Internationalen Handelskammer
court of general jurisdiction Gericht mit allgemeiner Zuständigkeit
court of justice Gericht
– Gerichtshof
court of last resort letztinstanzliches Gericht
court of law ordentliches Gericht
court of original jurisdiction erstinstanzliches Gericht
court of review Berufungsgericht
court order gerichtliche Verfügung
– Gerichtsbeschluß
court order appointing a guardian gerichtliche Anordnung der Vormundschaft
court proceedings Gerichtsverfahren
court proceedings: fiscal court proceedings Finanzgerichtsverfahren
court proceedings: tax court proceedings Finanzgerichtsverfahren
court record Gerichtsakte
court ruling gerichtliche Entscheidung
– Gerichtsentscheidung
– Gerichtsurteil
court rulings Rechtsprechung
court settlement gerichtlicher Vergleich
court-appointed gerichtlich bestellt
court-developed concept Richterrecht
covenant Verpflichtung
covenant {of/to} Vereinbarung {über}
covenant not to compete Wettbewerbsklausel

cover *(insurance)* Deckung *(Versicherung)*
– Deckungsgeschäft
– Sicherungsgeschäft
cover: asset cover Deckung durch Vermögenswerte
cover: deposit to cover costs Kostenvorschuß
cover: forward cover Terminsicherung
cover account Deckungskonto
cover account: guaranty cover account *AE* Garantiedeckungskonto
cover note *BE (insurance)* Deckungszusage *(Versicherung)*
coverage *AE (insurance)* Deckung *(Versicherung)*
– Deckungsumfang
coverage: liability coverage Haftungssumme
coverage: provide insurance coverage Versicherungsschutz gewähren
coverage: scope of coverage Dekkungshöhe
coverage ratio: interest coverage ratio Zinsdeckungsverhältnis
covered: amount covered Dekkungssumme
covered: deficit not covered by equity nicht durch Eigenkapital gedeckter Fehlbetrag
covered value Versicherungswert
covering transaction Deckungsgeschäft
– Sicherungsgeschäft
coversheet Deckblatt
– Titelseite
covert heimlich
– verdeckt
CPA *AE* certified public accountant *(Wirtschaftsprüfer)*
CPA firm Wirtschaftsprüfungsgesellschaft
CPE continuing professional education
craftsman Handwerker
create a mortgage Hypothek bestellen
create a pledge Pfandrecht bestellen
create reserves Rücklagen bilden
creation of a pledge Pfandrechtsbestellung
creative activity schöpferische Tätigkeit
credible glaubwürdig
credit anrechnen
– Guthaben
– gutschreiben
– Gutschrift
– Haben
– Kredit
credit: acceptance credit Akzeptkredit
credit: allow a credit Kredit bewilligen
credit: allowable credit anrechenbare Steuer
credit: balance to our credit Saldo zu unseren Gunsten
credit: bill credit Wechselkredit
credit: bridging credit Überbrükkungsdarlehen
– Überbrückungskredit
credit: call in a credit Kredit kündigen
credit: corporate imputation credit körperschaftsteuerliches Anrechnungsguthaben
credit: deemed paid credit indirekte Steueranrechnung
credit: deemed tax credit fiktive Steueranrechnung *(allgemein)*
credit: documentary credit Dokumentenakkreditiv
– Dokumentenkredit
credit: excess tax credit Anrechnungsüberhang
credit: export credit Exportkredit
credit: extend a credit Kredit verlängern
credit: extend credit Kredit gewähren
credit: imputation credit Anrechnungsguthaben
credit: indirect credit for notional taxes indirekte Anrechnung fiktiver Steuern
credit: instalment credit Teilzahlungskredit
credit: interim credit Überbrückungsdarlehen
– Überbrückungskredit

– Zwischendarlehen
– Zwischenkredit
credit: make use of a credit Kredit in Anspruch nehmen
credit: matching credit fiktive Anrechnung *(Wohnsitzstaat rechnet eine höhere Quellensteuer an, als sich diese nach den Vorschriften des DBA oder dem jeweiligen internen Recht des Quellenstaates ergäben hätte)*
– fiktive Steueranrechnung *(Wohnsitzstaat rechnet eine höhere Quellensteuer an, als sich diese nach den Vorschriften des DBA oder dem jeweiligen internen Recht des Quellenstaates ergäben hätte)*
credit: maximum credit allowed Höchstbetrag der Anrechnung
credit: on credit auf Ziel
credit: purchase on credit Kreditkauf
– Zielkauf
credit: raising of credit Kreditaufnahme
credit: renew a credit Kredit verlängern
credit: sale on credit Verkauf auf Ziel
– Zielverkauf
credit: secure a credit Kredit sichern
credit: secure a loan Kredit sichern
credit: supplier credit Lieferantenkredit
credit: tax credit Steueranrechnung
– Steuergutschrift
credit: tax credit limitation Höchstbetrag der Anrechnung
credit: tax credit method Steueranrechnungsmethode
credit: tax credit procedure Steueranrechnungsverfahren
credit: tax credit system Steueranrechnungsverfahren
credit: tax sparing credit fiktive Anrechnung *(Wohnsitzstaat rechnet die Quellensteuer an, die sich nach dem Recht des Quellenstaates ohne eine Sonderermäßigung ergeben hätte)*
– fiktive Steueranrechnung *(Wohnsitzstaat rechnet die Quellensteuer an, die sich nach dem Recht des Quellenstaates ohne eine Sonderermäßigung ergeben hätte)*
credit: to the credit of zugunsten von
credit: transferable credit übertragbares Akkreditiv
credit: withdraw a credit Kredit kündigen
credit advice Gutschriftsanzeige
credit amount Anrechnungsbetrag
credit an item Posten gutschreiben
credit balance Aktivsaldo
– Habensaldo
credit balance: remaining credit balance Restguthaben
credit conditions Kreditbedingungen
credit control Kreditüberwachung
credit entry Habenbuchung
credit facility Kreditfazilität
– Kreditrahmen
credit financing Kreditfinanzierung
credit for notional tax fiktive Anrechnung *(allgemein)*
– fiktive Steueranrechnung *(allgemein)*
credit for underlying taxes indirekte Steueranrechnung
credit inquiry Kreditauskunftsersuchen
credit investigation Kreditprüfung
credit item Habenposten
credit limitation Höchstbetrag der Anrechnung
credit line Kreditlinie
– Kreditrahmen
credit note Gutschrift
– Gutschriftsanzeige
– Rechnungsgutschrift
credit overdrawing Kreditüberziehung
credit purchase Kreditkauf
– Zielkauf
credit rating Bonität
– Bonitätsprüfung
– Kreditwürdigkeit
credit report Kreditauskunft
credit sale Abzahlungsverkauf
– Kreditverkauf
– Verkauf auf Ziel
– Zielverkauf
credit side of an account Habenseite eines Kontos

credit standing Bonität
– Kreditwürdigkeit
credit standing: analysis of credit standing Kreditwürdigkeitsanalyse
credit standing check Kreditwürdigkeitsprüfung
credit status investigation Kreditprüfung
credit surveillance Kreditüberwachung
credit terms Kreditbedingungen
credit to an account Kontogutschrift
credit transaction Habenbewegung
– Kreditgeschäft
credit union Kreditgenossenschaft
credit voucher Gutschriftsbeleg
credit worthiness Bonität
– Kreditwürdigkeit
credit worthy kreditwürdig
creditable anrechenbar
creditable amount anrechenbarer Betrag
creditable tax anrechenbare Steuer
credited to zugunsten von
crediting of foreign taxes Anrechnung *(ausländische Steuern)*
crediting of taxes Steueranrechnung
creditor Gläubiger
– Kreditgeber
creditor: bill creditor Wechselgläubiger
creditor: body of creditors Gläubigergemeinschaft
creditor: joint and several creditor Gesamtgläubiger
creditor: joint creditor Gesamthandsgläubiger
creditor: preferential creditor bevorrechtigter Gläubiger
creditor: privileged creditor bevorrechtigter Gläubiger
creditor: senior creditor bevorrechtigter Gläubiger
creditor: trade creditors *BE* Verbindlichkeiten aus Lieferungen und Leistungen
creditor: unsecured creditor ungesicherter Gläubiger
creditor in bankruptcy Konkursgläubiger
creditor in bankruptcy: schedule of creditors in bankruptcy Konkurstabelle
creditor in composition proceedings Vergleichsgläubiger
creditor in respect of a bill Wechselgläubiger
creditor in respect of a bill of exchange Wechselgläubiger
creditor of a bankrupt Konkursgläubiger
creditor of a bankrupt's estate Massegläubiger
creditor of the estate Nachlaßgläubiger
creditors Kreditoren
– *BE (balance sheet account)* Verbindlichkeiten *(Bilanzposten)*
creditor's default of acceptance Gläubigerverzug
creditor's delay Gläubigerverzug
creditors' ledger Kreditorenbuch
creditors' meeting Gläubigerversammlung
crime Straftat
– Verbrechen
crime: tax crime Steuerstraftat
crime by omission Unterlassungsdelikt
crime rate Kriminalitätsrate
criminal damage to property vorsätzliche Sachbeschädigung
criminal law Strafrecht
criminal offence *BE* Straftat
criminal offense *AE* Straftat
criminal procedure: law governing criminal procedure Strafprozeßrecht
criminal proceedings Strafverfahren
criminal proceedings for fiscal offences *BE* Steuerstrafverfahren
criminal proceedings for fiscal offenses *AE* Steuerstrafverfahren
criminal proceedings for tax fraud and other fiscal offences *BE* Steuerstrafverfahren
criminal proceedings for tax fraud and other fiscal offenses *AE* Steuerstrafverfahren

criminal proceedings on tax matters Steuerstrafverfahren
criminal responsibility Zurechnungsfähigkeit
criminal responsibility: age of criminal responsibility Strafmündigkeit
criminal trespass Hausfriedensbruch
criminality Kriminalität
criminality: computer criminality Computerkriminalität
criterion Kriterium
criterion: attachment criterion Anknüpfungskriterium
– Anknüpfungsmerkmal
– Anknüpfungspunkt
cross appeal Anschlußberufung
cross holdings wechselseitige Beteiligungen
cross shareholdings wechselseitige Beteiligungen
cross validation Abgleichprüfung
cross-action Widerklage
cross-border grenzüberschreitend
– über die Grenze
cross-complaint Widerklage
crossed cheque *BE* Verrechnungsscheck
cross-examination Kreuzverhör
culpa in contrahendo Verschulden bei Vertragsschluß
cum dividend mit Dividende
cum-dividend Cum-Dividende
cumulative effect Kumulationswirkung
CUP comparable uncontrolled price method *(Preisvergleichsmethode)*
curator Pfleger
curator: appoint a curator Pfleger bestellen
curatorship Pflegschaft
cure wiedergutmachen
currency Währung
currency: base currency Basiswährung
currency: foreign currency Fremdwährung
currency: foreign currency gain Fremdwährungsgewinn
– Währungsgewinn
currency: foreign currency loss Fremdwährungsverlust
– Währungsverlust
currency: functional currency Basiswährung
currency: hard currency harte Währung
currency fluctuations Währungsschwankungen
currency translation: foreign currency translation Fremdwährungsumrechnung
current laufend
current: winding up of current business affairs Abwicklung des laufenden Geschäfts
current account Girokonto
– Kontokorrent
– Kontokorrentkonto
current account credit Kontokorrentkredit
current accounting year laufendes Geschäftsjahr
current asset: net current assets Nettoumlaufvermögen
current assets Umlaufvermögen
current assets: other current assets sonstige Posten des Umlaufvermögens
current assets: valuation allowance for current assets Wertberichtigung auf Umlaufvermögen
current business laufendes Geschäft
current business affairs laufendes Geschäft
current business operations laufender Geschäftsbetrieb
current business transactions laufendes Geschäft
current cost *(replacement cost)* Wiederbeschaffungskosten
current exchange rate geltender Wechselkurs
current expenses laufende Aufwendungen
current financial assets Finanzumlaufvermögen
– monetäres Umlaufvermögen
current investments Wertpapiere des Umlaufvermögens

current law gegenwärtige Rechtslage
current legal situation gegenwärtige Rechtslage
current legal status gegenwärtige Rechtslage
current liabilities kurzfristige Verbindlichkeiten
current market price aktueller Marktpreis
– aktueller Tageskurs
current tax year laufendes Steuerjahr
current value Tageswert
– Zeitwert
currently assessed taxes laufend veranlagte Steuern
custodian Verwahrer
custody Sorgerecht
– Verwahrung
custody: give into custody in Verwahrung geben
custody: hold in custody verwahren
custody: in custody in Gewahrsam
custody: joint custody gemeinsames Sorgerecht
custody: keep in custody verwahren
custody: parental custody elterliche Sorge
custody account: collective custody account Sammeldepot
custody agreement Verwahrungsvertrag
custom: local custom örtliche Gewohnheit
custom: prevailing custom Verkehrssitte
custom: trade custom Handelsbrauch
– Handelsübung
– Handelsusancen
custom of the trade Handelsbrauch
customary law Gewohnheitsrecht
customary place of abode gewöhnlicher Aufenthalt
– gewöhnlicher Aufenthaltsort
customer Abnehmer
– Klient
– Kunde
customer: chance customers Laufkundschaft
customer: due from customers Forderungen an Kunden
customer: regular customers Stammkundschaft
customer accounting Kundenabrechnung
– Kundenbuchführung
– Kundenbuchhaltung
customer base Kundenstamm
customer's account Kundenkonto
customer's account number Kundennummer
customs clearance Zollabfertigung
customs cleared verzollt
customs declaration Zollerklärung
customs duty Zoll
– Zollabgabe
customs enclave Zollausschluß
– Zollausschlußgebiet
customs investigation Zollfahndung
customs office Zollamt
customs office: regional customs office Hauptzollamt
customs paid verzollt
cut: tax cut Steuersenkung
cut taxes Steuern senken
cutoff date Abschlußstichtag
– Bilanzstichtag
– Stichtag
cut-throat competition ruinöser Wettbewerb
CVP cost-volume-profit analysis *(Dekkungsbeitragsrechnung)*
cycle time Durchlaufzeit

D

D.C. District of Columbia
dafalcation Veruntreuung
daily täglich
daily cash report täglicher Kassenbericht
daily transactions journal Geschäftstagebuch
damage Beschädigung
– Schaden
– schädigen
– Schädigung

damage: assessment of damage Schadensberechnung
damage: estimate of damage Schadensschätzung
damage: evaluation of damage Schadensschätzung
damage: extent of damage Schadenshöhe
damage: non-pecuniary damage Nichtvermögensschaden
damage: occurrence of damage Schadenseintritt
- Schadensereignis
- Schadensfall
damage: pecuniary damage Vermögensschaden
damage: property damage Sachschaden
damage: suffer damage Schaden erleiden
damage caused by breach of trust Vertrauensschaden
damage caused by default Verzugsschaden
damage caused by delay Verzugsschaden
damage caused by non-performance Erfüllungsschaden
damage to property Sachbeschädigung
- Sachschaden
damages Schadensersatz
damages: action to recover damages Schadensersatzklage
damages: amount of damages Schadenssumme
damages: be liable for damages für einen Schaden haften
damages: be responsible for damages für einen Schaden haften
damages: claim for damages Schadenersatzanspruch
damages: compensation for damages Schadensersatz
damages: compensatory damages Ersatz des tatsächlichen Schadens
damages: consequential damages Entschädigung für Folgeschäden *(einschl. entgangener Gewinne)*
damages: liable for damages schadensersatzpflichtig
damages: liquidated damages Konventionalstrafe
- vertraglich im voraus vereinbarte Schadensersatzsumme
- Vertragsstrafe
damages: nominal damages nomineller Schadensersatz
damages: sue to recover damages auf Schadensersatz klagen
damages for non-performance Schadenersatz wegen Nichterfüllung
damages for pain and suffering Schmerzensgeld
damages in tort Schadenersatz wegen unerlaubter Handlung
damaging event Schadenseintritt
- Schadensereignis
- Schadensfall
danger money Gefahrenzulage
data: comparative data Vergleichsdaten
data bank Datenbank
data base Datenbank
data processing Datenverarbeitung
date: assessment date Veranlagungszeitpunkt
date: closing date Bilanzstichtag
date: cutoff date Bilanzstichtag
- Stichtag
date: delivery date Liefertermin
date: due date Fälligkeit
- Fälligkeitstag
- Fälligkeitstermin
date: due date of tax return Abgabetermin für die Steuererklärung
date: execution date Vollzugstag
date: expiration date Ablaufdatum
- Verfalltag
- Verfalltermin
date: expiry date Ablaufdatum
- Verfalltag
date: filing date Abgabefrist *(Termin)*
- Abgabetermin
- Abgabezeitpunkt
date: filing date for the tax return Zeitpunkt für die Abgabe der Steuererklärung
date: inventory date Inventurstichtag

date: maturity date Verfalltag
date: qualifying date Stichtag
date: reporting date Stichtag *(Bilanzstichtag)*
date: tax due date Steuerfälligkeitstermin
– Steuertermin
date of acquisition Anschaffungsdatum
– Anschaffungszeitpunkt
date of entry Buchungsdatum
– Buchungszeitpunkt
date of execution Vollzugstag
date of purchase Anschaffungsdatum
– Anschaffungszeitpunkt
date of the financial statements Abschlußstichtag
daughter-in-law Schwiegertocher
daybook Kladde
– Tagebuch
de facto den Tatsachen nach
– tatsächlich
de jure de iure
– rechtlich
– von Rechts wegen
de minimis amount Bagatellbetrag
– Kleinbetrag
de minimis amount rule Kleinbetragsregelung
de minimis case Bagatellfall
de minimis rule Bagatellregelung
de minimis threshold Bagatellgrenze
dead account inaktives Konto
– totes Konto
– unbewegtes Konto
dead assets unproduktive Aktiva
deadline Stichtag *(letzter Termin)*
– Termin
deadline: fail to comply with a deadline Frist versäumen
deadline: failure to comply with a deadline Fristversäumnis
deadline: filing deadline Abgabefrist *(Termin)*
deal: package deal Gesamtvereinbarung
– Geschäftsbündelung
– Leistungspaket
– Pauschalangebot
– Verhandlungspaket
deal with all aspects allen Gesichtspunkten Rechnung tragen
dealer Händler
dealer: authorized dealer Vertragshändler
dealer: broker-dealer firm auf fremde und eigene Rechnung handelnde Wertpapierfirma
dealer: primary dealer Primärhändler
dealing: self-dealing Insichgeschäft
dealing-at-arm's-length comparison Drittvergleich
death: by reason of death von Todes wegen
death: event of death Todesfall
death: succession upon death Erbfolge
death duty Erbschaftsteuer
– Nachlaßsteuer
death of the testator Erbfall
death penalty Todesstrafe
death sentence Todesurteil
debenture Obligation
– Schuldverschreibung
debenture loan *BE* Anleihe
debit belasten *(Konto)*
– Lastschrift
– Soll
debit ... credit ... *(double entry bookkeeping)* per ... an ... *(Buchungssatz)*
debit: return debit Rückbelastung
debit: subsequent debit Nachbelastung
debit: to the debit {of} zu Lasten {von}
debit advice Lastschriftanzeige
debit amount Belastungsbetrag
debit an account Konto belasten
debit balance Debetsaldo
– Passivsaldo
– Sollsaldo
debit charge procedure Lastschriftverfahren
debit entry Sollbuchung
debit item Sollposten
debit note Belastungsanzeige
– Lastschrift
debit side Sollseite

debit side of an account Sollseite eines Kontos
debit voucher Lastschriftbeleg
debt Forderung
– Fremdkapital
– Schuld
– Schulden
– Verbindlichkeiten
debt: answer for somebody else's debt für die Verbindlichkeiten eines anderen einstehen
debt: bad debt uneinbringliches Darlehen
debt: bad debts uneinbringliche Forderungen
debt: bank debts Bankschulden
debt: business debt Betriebsschulden
debt: contingent debt ungewisse Schulden
debt: convertible debt Wandelschuldverschreibung
debt: doubtful debt zweifelhafte Forderung
debt: foreign debt Auslandsschuld
debt: joint and several debt Gesamtschuld
debt: remission of debt Schuldennachlaß
debt: repudiation of debt Nichtanerkennung einer Schuld
debt: reschedule debt umschulden
debt: restructure debt umschulden
debt: shareholder debt Gesellschafterdarlehen
debt discount: unamortized debt discount nicht abgeschriebenes Damnum
debt filing Anmeldung einer Forderung *(Konkurs)*
debt financing: shareholder debt financing Gesellschafterfremdfinanzierung
debt forgiveness Erlaß einer Schuld
– Forderungsverzicht
debt redemption Schuldentilgung
debt rescheduling Umschuldung
debt restructuring Umschuldung
debt secured by mortgage hypothekarisch gesicherte Forderung
debt security Schuldverschreibung
debt service Schuldendienst
debt service ratio Schuldendienstquote
debt-claim Forderung
debt-equity ratio Verschuldungsgrad
debt-financed fremdfinanziert
debtor Schuldner
debtor: bill debtor Wechselschuldner
debtor: joint and several debtor Gesamtschuldner
debtor: principal debtor Hauptschuldner
debtor: trade debtors *BE* Forderungen aus Lieferungen und Leistungen
debtor exchange Schuldnerwechsel
debtor in bankruptcy Gemeinschuldner
– Konkursschuldner
debtor in composition proceedings Vergleichsschuldner
debtor under an assigned claim Schuldner einer abgetretenen Forderung
debtor/sales ratio Forderungsumschlagshäufigkeit
debtor's delay Schuldnerverzug
debts Verbindlichkeiten
debts outstanding Außenstände
debt-to-equity ratio Verschuldungsgrad
deceased Erblasser
– Verstorbener
deceased person's estate Nachlaß
decedent *AE* Erblasser
decedent's estate *AE* Nachlaß
decedent's estate: administration in bankruptcy of decedent's estate *AE* Nachlaßkonkurs
decedent's estate: bankruptcy of a decedent's estate *AE* Nachlaßkonkurs
deceit Täuschung
deceit: wilful deceit arglistige Täuschung
deceive betrügen
– irreführen
– täuschen
deception Irreführung
– Täuschung

decimal classification system Dezimalklassifikation
decision Beschluß
– Entscheidung
– Entscheidungsurteil
– Urteil
decision: court decision Gerichtsentscheidung
– Gerichtsurteil
decision: court decisions Rechtsprechung
decision: discretionary decision Ermessensentscheidung
decision: judicial decision gerichtliche Entscheidung
– Gerichtsentscheidung
– Gerichtsurteil
decision: judicial decisions Rechtsprechung
decision: power of decision Entscheidungsbefugnis
decision: tax court decisions steuerliche Rechtsprechung
decision making Beschlußfassung
decisional law Fallrecht
– Präzedenzrecht
– Rechtsprechung
declaration Angabe
declaration: customs declaration Zollerklärung
declaration: mistake as to the contents of a declaration Inhaltsirrtum
declaration: VAT declaration on a monthly/quarterly basis Umsatzsteuervoranmeldung
declaration of assignment Abtretungserklärung
declaration of default Inverzugsetzung
declaration of intent Willenserklärung
declaration of subordination Rangrücktrittserklärung
declaratory judgment for the change of a legal right or status Feststellungsurteil
declare angeben
declare a child legitimate Kind für ehelich erklären
declare a judgment to be provisionally enforceable Urteil für vorläufig vollstreckbar erklären
declare as enforceable für vollstreckbar erklären
declare as executionable für vollstreckbar erklären
declare oneself biased sich für befangen erklären
declare oneself biassed sich für befangen erklären
decline ablehnen
– ausschlagen *(Angebot)*
decline an offer Angebot ablehnen
declining-balance depreciation degressive Abschreibung
– geometrisch-degressive Abschreibung
declining-balance method degressives Abschreibungsverfahren
declining-balance method of depreciation degressive Abschreibung
– degressives Abschreibungsverfahren
– geometrisch-degressive Abschreibung
declining-balance tax depreciation degressive AfA
deconsolidation Dekonsolidierung
decrease Minderung
– Verringerung
decrease in inventories Bestandsminderung
decrease in value Wertminderung
decreasing abnehmend
decree anordnen *(amtlich/richterlich)*
– Anordnung
– Dekret
– Entscheidungsurteil
– Erlaß *(Verordnung, Anordnung)*
– Urteil
– verfügen *(amtlich/richterlich)*
– Verfügung *(behördlich/gesetzlich/richterlich)*
– verordnen *(amtlich)*
– Verordnung *(behördlich/gesetzlich/richterlich)*
– Verwaltungserlaß
decree: administrative decree Verwaltungsanordnung
– Verwaltungserlaß

decree: application decree Anwendungserlaß
decree: circular decree Rundverfügung
decree: joint decree gemeinsame Rundverfügung
decree: judicial decree gerichtliche Entscheidung
deduct absetzen
deduct for tax purposes steuerlich absetzen
deduct losses Verluste abziehen
deductibility Abzugsfähigkeit
deductibility: tax deductibility steuerliche Abzugsfähigkeit
deductible absetzbar
– abziehbar
– abzugsfähig
– berücksichtigungsfähig *(abziehbar)*
– Selbstbehalt
– Selbstbeteiligung
– steuerlich abzugsfähig
deductible: fully tax deductible in voller Höhe abzugsfähig
– steuerlich voll abzugsfähig
deductible: tax deductible abzugsfähig
– steuerlich absetzbar
– steuerlich abzugsfähig
deductible: tax deductible as expense Aufwandsteuer
deductible business expenses abzugsfähige Betriebsausgaben
deductible clause Selbstbeteiligungsklausel
deductible tax Aufwandsteuer
deduction Abzug
deduction: allowable deduction abzugsfähiger Betrag
– steuerlicher Abzugsposten
deduction: ban on loss deduction Verlustabzugsverbot
deduction: blanket deduction Pauschbetrag
deduction: blanket deduction for income-producing expenses Werbungskosten-Pauschbetrag
deduction: blanket deduction for income-production expenses Pauschbetrag für Werbungskosten
– Werbungskosten-Pauschbetrag
deduction: certificate of wage tax deduction Lohnsteuerbescheinigung
deduction: claim a tax deduction steuerlich geltend machen
deduction: disallowance of deductions Abzugsverbot
deduction: itemized deductions im einzelnen nachgewiesene Abzüge
deduction: limitation of loss deduction Verlustabzugsbeschränkung
deduction: lump sum deduction Pauschalabzug
– Pauschbetrag
deduction: lump sum deduction for handicapped persons Körperbehindertenpauschale
deduction: matching of deduction and income Abgrenzung *(Aufwands- und Ertragsabgrenzung)*
deduction amount Abzugsbetrag
deduction at source Quellenabzug
– Quellenbesteuerung
deduction disallowance Abzugsverbot
deduction for qualifying donations Spendenabzug
deduction from pay Lohnabzug
deduction from wage Lohnabzug
deduction item Abzugsposten
deduction limitation: loss deduction limitation Verlustabzugsbeschränkung
deduction method Abzugsmethode *(Doppelbesteuerung)*
deduction of taxes at source Einbehaltung von Steuern
deed förmliche Urkunde
– förmlicher Vertrag
– Grundstücksübertragungsurkunde
– Übertragungsurkunde
– Urkunde
deed: assignment deed Abtretungsurkunde
deed: quitclaim deed Urkunde zur Grundstücksübertragung mit Haftungsausschluß für Rechtsmängel
deed: real estate deed Grundeigentumsurkunde

deed: warranty deed Urkunde zur Grundstücksübertragung mit Haftung für Rechtsmängel/Zusicherungen
deed of assignment Abtretungsurkunde
deed of renunciation Verzichtsurkunde
deed registry: correction of deed registry Grundbuchberichtigung
deed registry: recording in the deed registry Grundbucheintragung
deed registry review Grundbucheinsicht
deemed angenommen
– angesehen *(fiktiv)*
– fiktiv
– fiktiv angenommen
– fiktiv angesehen
deemed foreign tax credit fiktive Anrechnung *(allgemein)*
– fiktive Steueranrechnung *(allgemein)*
deemed paid credit indirekte Steueranrechnung
deemed profit distribution verdeckte Gewinnausschüttung
deemed tax credit fiktive Anrechnung *(allgemein)*
– fiktive Steueranrechnung *(allgemein)*
deface unkenntlich machen
– unleserlich machen
defacement Unkenntlichmachen
defalcation Unterschlagung
– Untreue
– Veruntreuung
default Nichterfüllung
– Säumnis
– Verzug
– Zahlungsunfähigkeit
– Zahlungsverzug
default: be in default in Verzug sein
default: be in default of acceptance sich in Annahmeverzug befinden
default: creditor's default of acceptance Gläubigerverzug
default: damage caused by default Verzugsschaden
default: declaration of default Inverzugsetzung
default: give notice of default in Verzug setzen
default: in default in Verzug
– säumig
default: interest for default Verzugszinsen
default: place in default in Verzug setzen
default: taxpayer in default säumiger Steuerpflichtiger
default in delivery Lieferverzug
default in payment Zahlungsverzug
default in taking delivery Annahmeverzug
default interest Verzugszinsen
default of acceptance Annahmeverzug
default of the debtor Schuldnerverzug
default rate Ausfallquote
default risk Ausfallrisiko
– Ausfallwagnis
default under a contract Vertragsverletzung
defaulting party säumige Partei
defect Fehler
– Mangel
defect: apparent defect offener Mangel
defect: ascertain a defect Mangel feststellen
defect: assert a claim for defects Mängelrüge geltend machen
defect: consequential damage caused by a defect Mangelfolgeschaden
defect: consequential loss caused by a defect Mangelfolgeschaden
defect: formal defect Formfehler
defect: hidden defect verborgener Mangel
defect: latent defect verborgener Mangel
defect: legal defect Rechtsmangel
defect: notice of defects Mängelrüge
defect: notification of defects Mängelrüge
defect: remedy a defect Mangel beseitigen

defect: structural defect baulicher Mangel
defect: substantive defect materieller Mangel
defect as to quality Sachmangel
defect as to title Rechtsmangel
defect in design Konstruktionsfehler
defect in form Formfehler
defect in manufacture Fabrikationsfehler
defect of quality Sachmangel
defective fehlerhaft
– mangelhaft
– rechtsfehlerhaft
defective performance mangelhafte Erfüllung
defective title Rechtsmangel *(bezogen auf Eigentum)*
defence *BE* Einrede
– *BE* Verteidigung
defence: self-defence *BE* Notwehr
defence: statement of defence *BE* Klageerwiderung
defence counsel *BE* Verteidiger
defendant Angeklagter
– Angeschuldigter
– Antragsgegner
– beklagte Partei
– Beklagter
– Beschuldigter
defending party Antragsgegner
defense *AE* Einrede
– *AE* Verteidigung
defense: self-defense *AE* Notwehr
defense attorney *AE* Verteidiger
defensible entschuldbar
– vertretbar
– zu verteidigen
defer abgrenzen *(transitorisch)*
– aufschieben
– Aufschub gewähren
– stunden
– verschieben
deferment Stundung
deferment: tax deferment Steueraufschub
– Steuerverschiebung *(in die Zukunft)*
deferment of payment Stundung
deferment of tax Steueraufschub
– Steuerverschiebung *(in die Zukunft)*
deferral Abgrenzung *(transitorisch)*
– Aufschub
– Phasenverschiebung
– Stundung
– transitorische Rechnungsabgrenzung
– Zeitverschiebung
deferral: accruals and deferrals Abgrenzungen *(transitorisch: deferrals/antizipativ: accruals)*
– Rechnungsabgrenzungen *(transitorisch: deferrals/antizipativ: accruals)*
deferral: tax deferral Steueraufschub
– Steuerstundung *(Phasenverschiebung)*
– Steuerverschiebung *(in die Zukunft)*
deferral items transitorische Posten
deferral of taxes Steuerstundung *(Phasenverschiebung)*
deferrals transitorische Posten
deferrals: year-end accruals and deferrals Jahresabgrenzungen
deferred aufgeschoben
– transitorisch abgegrenzt
– zeitverschoben
deferred charges *AE (e.g., start-up costs, plant rearrangement costs, reinstallation costs, deferred income tax charges)* aktive Rechnungsabgrenzung *(Aufwandsabgrenzung/mit Ausweis als Anlagevermögensgegenstand = Nutzungsdauer über 1 Jahr)*
– *AE (e.g., start-up costs, plant rearrangement costs, reinstallation costs, deferred income tax charges)* transitorische Aktiva *(Aufwandsabgrenzung/mit Ausweis als Anlagevermögensgegenstand = Nutzungsdauer über 1 Jahr)*
deferred charges: prepaid expenses and deferred charges *AE* transitorische Aktiva *(siehe Klammererläuterungen unter 'prepaid expenses' und 'deferred charges')*
deferred costs transitorische Aktiva *(Aufwandsabgrenzung)*
deferred expenses aktive Rechnungsabgrenzung *(Aufwandsabgrenzung)*

– *(balance sheet item)* aktiver Rechnungsabgrenzungsposten *(Aufwandsabgrenzung)*
– transitorische Aktiva *(Aufwandsabgrenzung)*
deferred income passive Rechnungsabgrenzung *(Ertragsabgrenzung)*
– *(balance sheet item)* passiver Rechnungsabgrenzungsposten *(Ertragsabgrenzung)*
– transitorische Passiva *(Ertragsabgrenzung)*
deferred item Abgrenzungsposten *(transitorisch)*
– Rechnungsabgrenzungsposten *(transitorisch)*
– transitorischer Abgrenzungsposten
– transitorischer Posten
– transitorischer Rechnungsabgrenzungsposten
deferred item: prepaid and deferred items Rechnungsabgrenzungsposten *(transitorisch)*
deferred maintenance unterlassene Instandhaltung
deferred payment purchase *AE* Kreditkauf
deferred repairs: provision for deferred repairs Reparaturrückstellung
deferred repairs: provision for deferred repairs and maintenance Rückstellung für unterlassene Aufwendungen für Instandhaltung
deferred revenue passive Rechnungsabgrenzung *(Ertragsabgrenzung)*
– transitorische Passiva *(Ertragsabgrenzung)*
deferred taxation Abgrenzung latenter Steuern
– latente Steuerabgrenzung
deferred taxes latente Steuern
deferred taxes: accruals for deferred taxes *AE* Rückstellungen für latente Steuern
deferred taxes: provisions for deferred taxes *BE* Rückstellungen für latente Steuern
deficiency Defizit
– Fehlbestand
– Fehlbetrag
– Mangel
deficiency: inventory deficiency Lagerfehlbestand
deficiency: tax deficiency claim Steuernachforderung
deficiency guarantee *BE* Ausfallbürgschaft
deficiency guaranty *AE* Ausfallbürgschaft
deficit Fehlbetrag
deficit: cash deficit Kassenfehlbetrag
deficit capital account negatives Kapitalkonto
deficit not covered by equity nicht durch Eigenkapital gedeckter Fehlbetrag
definition: autonomous definition eigenständige Definition
definition for tax purposes steuerliche Begriffsbestimmung
defraud betrügen
degree of negligence Fahrlässigkeitsgrad
degree of relationship Verwandschaftsgrad
del credere Delkredere
del credere agent Delkredere-Vertreter
del credere commision Delkredereprovision
del credere provision Delkredererückstellung
del/credere agent Delkredere-Vertreter
del/credere risk Delkredererisiko
delay Verzug
delay: creditor's delay Gläubigerverzug
delay: damage caused by delay Verzugsschaden
delay: debtor's delay Schuldnerverzug
delay: grant a delay Aufschub gewähren
delay: grant delay stunden
delay: undue delay in delivery Lieferverzug
delay: without delay unverzüglich

delay in delivery Lieferverzug
delay in payment Zahlungsverzug
delegate Abgeordneter
delegate power {to} Befugnisse delegieren {an}
– Befugnisse übertragen {auf}
delegation Abordnung
delegation of powers Delegation von Befugnissen
delete löschen
deleted ex officio von Amts wegen gelöscht
deletion Löschung
deletion: ex officio deletion Amtslöschung
deletion from the commercial register Löschung aus dem Handelsregister
– Streichung aus dem Handelsregister
deletion of an entry Löschung einer Eintragung
delimitation Abgrenzung
delinquency Kriminalität
delinquency procedure Mahnverfahren
delinquent taxes *AE* rückständige Steuern
deliver liefern
– *(bring)* überbringen
– *(hand over)* übergeben
deliver {to} zustellen {an}
delivery Aushändigung
– Lieferung
– Übergabe
– Zustellung
delivery: cash on delivery *C.O.D./c.o.d.* gegen Nachnahme
– *C.O.D./c.o.d.* Nachnahme
– *C.O.D./c.o.d.* zahlbar bei Lieferung
– *C.O.D./c.o.d.* Zahlung bei Lieferung
delivery: collect on delivery *AE C.O.D./c.o.d.* gegen Nachnahme
– *AE C.O.D./c.o.d.* Nachnahme
delivery: default in delivery Lieferverzug
delivery: default in taking delivery Annahmeverzug
delivery: delay in delivery Lieferverzug
delivery: domestic delivery Inlandslieferung
delivery: export delivery Ausfuhrlieferung
delivery: inspection at delivery Wareneingangskontrolle
delivery: part delivery Teillieferung
delivery: spot delivery Kassalieferung
delivery: terms of delivery Lieferbedingungen
delivery: undue delay in delivery Lieferverzug
delivery: upon delivery bei Lieferung
delivery costs Bezugskosten
delivery date Liefertermin
delivery in escrow Hinterlegung
delivery of a judgment Urteilsverkündung
delivery terms Lieferbedingungen
demand fordern
– Forderung
– Mahnung
demand: due on demand Fälligkeit bei Sicht
demand: final demand before action letzte Mahnung
demand: make demands on somebody Ansprüche an jemanden stellen
– Forderungen an jemanden stellen
demand: on demand {of/from} auf Anforderung {von}
– auf Verlangen {von}
demand for payment Mahnung
demand for relief Klageantrag
demand letter Mahnschreiben
de-merger Aufspaltung
democracy Demokratie
democrat Demokrat
– demokratisch
demolition Abbruch *(Abriß)*
– Abriß *(Abbruch)*
demolition: cost of demolition Abbruchkosten
demolition cost Abbruchkosten
demolition costs Abbruchkosten
demonstrate to the satisfaction {of} glaubhaft machen {gegenüber}
denial Ablehnung
– Versagung

denominated: foreign currency denominated bond Fremdwährungsanleihe
denominated: foreign currency denominated loan Fremdwährungsdarlehen
deny bestreiten
departed: continuing liability of departed partner Nachhaftung
departing partner ausscheidender Gesellschafter
department: accounting department Buchhaltung *(Abteilung)*
– Buchhaltungsabteilung
– Rechnungswesenabteilung
department: accounts department *BE* Buchhaltung
department: accounts payable department Kreditorenbuchhaltung
department: accounts receivable department Debitorenbuchhaltung
department: billing department Rechnungsabteilung
department: bookkeeping department Buchhaltungsabteilung
department: claims department Schadensabteilung
department: invoicing department Rechnungsabteilung
department: legal department Rechtsabteilung
department: payroll accounts department Lohnabrechnung *(Abteilung)*
department: payroll department Lohnbuchhaltung
department: research department Forschungsabteilung
department: tax department Steuerabteilung
department of public prosecution Staatsanwaltschaft
Department of the Treasury *AE* Bundesfinanzministerium
departure: balance sheet of a partnership prepared upon a partner's departure Abschichtungsbilanz
departure of a partner Ausscheiden eines Gesellschafters
dependence audit Abhängigkeitsprüfung
dependence report Abhängigkeitsbericht
dependency agreement Beherrschungsvertrag
dependent {on} abhängig {von}
dependent company report Abhängigkeitsbericht
dependent employment abhängige Beschäftigung
– nichtselbständige Arbeit
dependent on bedingt durch
– vorbehaltlich
dependent personal services unselbständige Arbeit
depletion Abbau *(Naturvorkommen)*
– Abschreibung für Substanzverringerung
– Abschreibung von Naturvorkommen *(Rohstoff-, Mineralvorkommen etc.)*
– Absetzung für Substanzverringerung *AfS*
– Substanzverringerung *(Naturvorkommen)*
– Substanzverzehr *(Naturvorkommen)*
depletion allowance Absetzung für Substanzverringerung *AfS*
deposit anzahlen
– Anzahlung
– Einlage
– hinterlegen
– Hinterlegung
– in Verwahrung geben
– Verwahrung
deposit: bank deposit Bankeinlage
deposit: certificate of deposit Hinterlegungsschein
deposit: check for deposit only *AE* Verrechnungsscheck
deposit: for deposit only nur zur Verrechnung
deposit: make a deposit anzahlen
deposit: pay a deposit anzahlen
deposit: pledge deposit Pfandgeld
deposit: security deposit Kaution
deposit: sight deposit Sichteinlage
deposit: time deposit Festgeld
– Festgeldanlage
– Festgeldeinlage

deposit book Sparbuch
deposit insurance Einlagensicherung
– Einlagenversicherung
deposit money Buchgeld
– Giralgeld
deposit money into a bank bei der Bank einzahlen
deposit money with a bank bei der Bank einzahlen
deposit to cover costs Kostenvorschuß
depositary Verwahrer
deposition eidliche Zeugenaussage
depositor Einzahler
– Hinterleger
depository Hinterlegungsstelle
depository institut einlagennehmendes Institut
deposits Depositen
deposit-taking einlagennehmend
depreciable abschreibbar
– abschreibungsfähig
depreciable cost Abschreibungsausgangsbetrag
depreciate abschreiben
depreciated abgeschrieben
depreciated: cost to be depreciated Abschreibungsausgangsbetrag
depreciated balance nicht abgeschriebener Rest
depreciated book value fortgeführter Buchwert
depreciated cost Nettobuchwert
depreciation Abschreibung
– Absetzung für Abnutzung
– Absetzungen für Abnutzung
– planmäßige Abschreibung
depreciation: accelerated tax depreciation erhöhte Absetzungen
depreciation: amount of depreciation Abschreibungsbetrag
depreciation: composite-life method of depreciation Gruppenabschreibung
depreciation: imputed depreciation kalkulatorische Abschreibung
depreciation: overdepreciation Überabschreibung
depreciation: period of depreciation Abschreibungsdauer
– Abschreibungszeitraum
depreciation: periodic depreciation charges periodische Abschreibungen
depreciation: planned depreciation planmäßige Abschreibung
depreciation: subject to depreciation abnutzbar
depreciation: subject to mandatory depreciation abschreibungspflichtig
depreciation: subject to the same depreciation treatment einheitlich abschreiben
depreciation: tax loss company based on accelerated depreciation schemes Abschreibungsgesellschaft
depreciation: tax shelter company based on tax loss allocations due to accelerated depreciation or non-capitalizable Abschreibungsgesellschaft
depreciation: underdepreciation Unterabschreibung
depreciation account Abschreibungskonto
depreciation accounting Abschreibungsrechnung
depreciation allowance Abschreibung
– *BE* Abschreibungsbetrag
depreciation alternatives Abschreibungsmöglichkeiten
depreciation amount Abschreibungsbetrag
depreciation base Abschreibungsausgangsbetrag
– Abschreibungsbasis
– Abschreibungsbemessungsgrundlage
– Abschreibungsgrundlage
depreciation capacity Abschreibungsvolumen
depreciation ceiling Höchstabschreibung
depreciation expense Abschreibungsaufwand
depreciation facilities Abschreibungsmöglichkeiten

depreciation for financial reporting purposes bilanzielle Abschreibung
depreciation for the year Abschreibung für das laufende Jahr
depreciation fund Abschreibungsfonds
depreciation item Abschreibungsgegenstand
depreciation method Abschreibungsmethode
– Abschreibungsverfahren
depreciation of buildings Abschreibungen auf Gebäude
depreciation of fixed assets Abschreibungen auf Anlagevermögen
– Abschreibungen auf Sachanlagen
depreciation of plant and equipment Abschreibungen auf Betriebsanlagen
depreciation period Abschreibungsdauer
– Abschreibungsperiode
– Abschreibungszeitraum
depreciation period for tax purposes AfA-Nutzungsdauer
depreciation policy Abschreibungspolitik
depreciation possibilities Abschreibungsmöglichkeiten
depreciation privileges Abschreibungsvergünstigungen
depreciation program *AE* Abschreibungsplan
depreciation rate Abschreibungsprozentsatz
– Abschreibungssatz
depreciation rate table Abschreibungstabelle
depreciation relief Abschreibungserleichterung
depreciation risk Abschreibungswagnis
depreciation schedule Abschreibungsplan
depreciation shortfall unterlassene Abschreibungen
depreciation table Abschreibungstabelle
deputy chairman stellvertretender Vorsitzender
deregister {with} löschen {beim/im} *(Handelsregister)*
deregistration: application for deregistration Löschungsantrag
deregistration: proceedings for deregistration Löschungsverfahren
deregulation Deregulierung
derivative abgeleitet
– Derivat
– derivativ
derive beziehen *(Einkommen)*
derive income Einkommen beziehen
derogation rule Ausnahmevorschrift
descendent Abkömmling
– Nachkomme
descent: illegitimate descent uneheliche Abstammung
descent: legitimate descent eheliche Abstammung
descent: relationship by lineal descent Verwandtschaft in gerader Linie
described above vorgenannt
– vorstehend
description Bezeichnung
description: entry description Buchungstext
description: job description Arbeitsplatzbeschreibung
description: short description Kurzbezeichnung
descriptive beschreibend
design Ausgestaltung
design: defect in design Konstruktionsfehler
design: technical design technische Ausführung
designation of an heir Erbeinsetzung
destination Bestimmungsort
– Ziel
destination: country of destination Bestimmungsland
destination: country of destination principle Bestimmungslandprinzip
destination: country of destination system Bestimmungslandprinzip
destination principle Bestimmungslandprinzip
destruction: accidental destruction zufälliger Untergang

destruction of a thing Untergang einer Sache
destruction of goods Untergang von Waren
detach abtrennen
– loslösen
detail account Hilfskonto
– Unterkonto
detail reconciliation Einzelabstimmung
detail records Einzelaufzeichnungen
detailed reporting detaillierte Berichterstattung
detailed statement Abrechnung
– Einzelaufstellung
detention Arrest
– Freiheitsentzug
– Inhaftierung
detention: preventive detention Sicherungsverwahrung
detention: under detention in Haft
detention: unlawful detention Freiheitsberaubung
determinate by law gesetzlich regeln
determination: income determination Einkommensermittlung
– Gewinnermittlung
– Gewinnfeststellung
determination: method of profit determination Gewinnermittlungsmethode
– Gewinnermittlungsverfahren
determination: profit determination Gewinnermittlung
determination: separate determination of profits gesonderte Gewinnfeststellung
determination: uniform determination of profits einheitliche Gewinnfeststellung
determination of income Ermittlung des Einkommens
determination of taxable income Einkommensermittlung
– Ermittlung des zu versteuernden Einkommens
determination of the basis in the hands of the transferee by reference to the basis in the hands of the transferor Buchwertverknüpfung
detriment Nachteil
detriment: legal detriment rechtlicher Nachteil
– Rechtsnachteil
detrimental nachteilig
detrimental effect nachteilige Wirkung
detrimental retroactivity Rückwirkung zum Nachteil *(zB des Steuerpflichtigen)*
devaluation Abwertung
developed: self-developed selbsterstellt *(Immaterialgut)*
developed land bebaute Grundstükke
developed land: other developed land sonstige bebaute Grundstücke
developer Bauträger
development Erschließung
development: anticipated development voraussichtliche Entwicklung
development: contract development Auftragsentwicklung
development: cost of research and development Forschungs- und Entwicklungskosten
development: expected development voraussichtliche Entwicklung
development: research and development Forschung und Entwicklung
development activity Entwicklungstätigkeit
development area Förderungsgebiet
development cost Entwicklungskosten
development costs: experiment and development costs Versuchs- und Entwicklungskosten
development expenses Entwicklungsaufwand
– Erschließungsaufwand
development measure Fördermaßnahme
– Förderungsmaßnahme
development of business Geschäftsentwicklung
development of real estate Erschließung von Grundstücken

development plan Bauleitplan
development program *AE* Fördermaßnahme
- *AE* Förderprogramm
- *AE* Förderungsmaßnahme
- *AE* Förderungsprogramm
development programme *BE* Fördermaßnahme
- *BE* Förderprogramm
- *BE* Förderungsmaßnahme
- *BE* Förderungsprogramm
development risk Entwicklungswagnis
device: tax circumvention device Steuerumgehungskonstruktion
devolution of an inheritance Anfall einer Erbschaft
die intestate ohne Testament versterben
difference: inventory difference Inventurdifferenz
difference: stock difference Inventurdifferenz
differential: tax differentials Besteuerungsunterschiede
differential cost Grenzkosten
differential revenues Grenzerlöse
differential tax rate Grenzsteuersatz
dilatory plea aufschiebende Einrede
- dilatorische Einrede
diligence Sorgfalt
diligence: due care and diligence of a prudent businessman Sorgfalt eines ordentlichen Kaufmannes
diligence: due diligence angemessene Sorgfalt
- gebührende Sorgfalt
- verkehrsübliche Sorgfalt
diligence: due diligence audit Ordnungsmäßigkeitsprüfung
diligence: ordinary diligence angemessene Sorgfalt
- verkehrsübliche Sorgfalt
diligence of a prudent businessman kaufmännsiche Sorgfalt
dilution *(capital)* Kapitalverwässerung
diminution in value Wertminderung
diplomacy Diplomatie
diplomatic agent Diplomat
diplomatic immunity: enjoy diplomatic immunity diplomatische Immunität genießen
diplomatic mission diplomatische Vertretung
diplomatic relations: enter into diplomatic relations {with} diplomatische Beziehungen aufnehmen {mit}
diplomatic relations: suspend diplomatic relations diplomatische Beziehungen abbrechen
diplomatic service diplomatischer Dienst
direct direkt
- unmittelbar
direct cost Einzelkosten
direct costing Teilkostenrechnung
direct debit Abbuchung im Lastschriftverfahren
direct debit authorization Einzugsermächtigung
direct foreign tax credit direkte Steueranrechnung
direct importer Direktimporteur
direct labor *AE* Einzellöhne
- *AE* Fertigungslöhne
direct labour *BE* Einzellöhne
- *BE* Fertigungslöhne
direct material Einzelkostenmaterial
- Einzelmaterial
direct method *(profit determination of a permanent establishment)* direkte Methode *(der Betriebsstättengewinnermittlung)*
direct profit allocation method direkte Gewinnermittlungsmethode
- direkte Gewinnzurechnungsmethode
- *(profit determination of a permanent establishment)* direkte Methode *(der Betriebsstättengewinnermittlung)*
direct tax direkte Steuer
direct tax credit direkte Steueranrechnung
direction Anweisung
direction: authority to give directions Direktionsrecht
- Weisungsbefugnis
direction: follow directions Weisungen befolgen

direction: give directions Weisungen erteilen
directive Anweisung
- Richtlinie
- Weisung
Directive: 4th EC Directive 4. EG-Richtlinie
- Bilanz-Richtlinie
Directive: 7th EC Directive 7. EG-Richtlinie
- Konzern-Richtlinie
Directive: Accounting Directive Bilanzrichtlinie
directive: comply with directives Anweisungen befolgen
directive: comply with instructions Anweisungen befolgen
Directive: EC Directive EG-Richtlinie
directive: implementation of a directive Umsetzung einer Richtlinie
directive {to} Anweisung {an}
- Weisung {an}
directly held unmittelbar gehalten
director geschäftsführendes oder nicht geschäftsführendes Mitglied eines Board of Directors *(einer brit. od. amerik. Kapitalgesellschaft)*
director: board of directors *(Board of Directors: Governing body of a corporation elected by the shareholders and empowered to appoint officers and agents, declare dividends and carry out other tasks as spelled out in the corporate charter)* keine treffende Kurzübersetzung verfügbar *(Boards usually include the top officers of the corporation [inside directors] and non-company directors [outside directors].*
director: board of directors' meeting Sitzung des Board of Directors
director: inside director s. Ausführungen unter 'board of directors'
director: managing director Geschäftsführer
director: outside director s. Ausführungen unter 'board of directors'
director: sales director Verkaufsleiter
director of sales Verkaufsleiter
directorate: interlocking directorate Personalunion
- Personalverflechtung im Hinblick auf leitende Angestellte
directors' fee tax *(withholding tax on supervisory board members' fees)* Aufsichtsratsteuer
directors' fees Aufsichtsratsvergütungen
- Verwaltungsratsvergütungen
disability Arbeitsunfähigkeit
disability insurance Invaliditätsversicherung
disabled person Schwerbeschädigter
disadvantage Nachteil
disadvantageous nachteilig
disaggreement Meinungsverschiedenheit
disagio Abgeld
- Damnum
disagreement Differenz *(Meinungsverschiedenheit)*
- Meinungsverschiedenheit
disallowance Versagung
disallowance: deduction disallowance Abzugsverbot
disallowance of deductions Abzugsverbot
disallowed nicht abzugsfähig
disburse auszahlen
disbursement Ausgabe
- Auslage
- Auszahlung
disbursement: cash disbursement journal Kassenausgangsbuch
disbursement: receipts and disbursements Einnahmen und Ausgaben
disbursement voucher Ausgabenbeleg
disbursements Auslagen
disbursing agency Zahlstelle
disbursing agent Zahlstelle
disbursments: cash receipts and disbursement method Einnahmen-Ausgabenrechnung
DISC *AE* domestic international sales corporation
discharge abberufen
- Abberufung
- Entlastung

– *(obligation)* Erfüllung
discharge: formal discharge Entlastung
discharge: hardship discharge Entlastung zur Vermeidung von Härten
discharge of a mortgage Erlöschen einer Hypothek
discharge of indebtedness Forderungserlaß
disclaim ausschlagen *(Erbschaft)*
disclaimer of audit opinion Verweigerung des Bestätigungsvermerks
disclaimer of inheritance Ausschlagung einer Erbschaft
disclaimer of legacy Ausschlagung eines Vermächtnisses
disclaimer of liability Haftungsausschluß
disclose: duty to disclose Offenbarungspflicht
– Offenlegungspflicht
– Publikationspflicht
– Publizitätspflicht
disclose a secret Geheimnis preisgeben
disclosed accounts *BE* veröffentlichter Abschluß
disclosed financial statements veröffentlichter Abschluß
disclosed principal offenkundig Vertretener
disclosed reserves offene Rücklagen
disclosure Offenbarung
– Offenlegung
disclosure: full disclosure vollständige Offenlegung
disclosure: principle of disclosure Publizitätsprinzip
disclosure: statutory disclose provisions Publizitätsvorschriften
disclosure requirement Bekanntmachungspflicht
disclosure requirement: statutory disclosure requirement Publizitätspflicht
disclosure requirements Angabepflichten
– Ausweispflichten
– Offenlegungspflichten
discontinuation Beendigung
– Einstellung
discontinuation of business Betriebseinstellung
discontinued eingestellt
discontinued operation eingestellter Betrieb
discount Abgeld
– abzinsen
– Damnum
– Disagio
– *(discounting on a note)* Diskont
– diskontieren
– Nachlaß *(Rabatt)*
– Preisnachlaß
– Rabatt
– *(for payment before due date)* Skonto
discount: at a discount unter Nennwert
discount: bill discount Wechseldiskont
discount: cash discount Skonto
discount: cash discount paid Kundenskonto
– Skontoaufwand
– Skontoaufwendungen
discount: cash discount received Liefererskonti
– Skontoerträge
discount: cash discounts paid Kundenskonti
discount: loan discount Disagio
– Emissionsdisagio
– Rückzahlungsagio
discount: original issue discount *AE OID* Ausgabeabgeld
– *OID* Ausgabedamnum
– *AE OID* Ausgabedisagio
– *OID* Emissionsabgeld
discount: quantity discount Mengenrabatt
– Rückvergütung *(gesamtumsatzabhängig)*
discount: trade discount Händlerrabatt
discount: unamortized debt discount nicht abgeschriebenes Damnum
discount: unamortized discount nicht abgeschriebenes Disagio

discount ban Rabattverbot
discount charges Wechselspesen
discount factor Abzinsungsfaktor
discount ledger Wechselkopierbuch
discount of a bill Wechseldiskont
discount rate Diskontierungssatz
– Diskontsatz
discount rate: bill discount rate Wechseldiskontsatz
discounted cash flow Barwert aller künftigen Einnahmen und Ausgaben
discounting Abzinsung
– *(note)* Diskontierung
discounting of a bill Wechseldiskontierung
discounts allowed Diskontaufwendungen
discounts earned Diskonterlöse
discounts received Diskonterträge
discrepancy: inventory discrepancy Inventurdifferenz
discretion Ermessen
discretion: abuse of discretion Ermessensmißbrauch
discretion: at the discretion {of} im Ermessen {von}
discretion: exercise of reasonable discretion pflichtgemäße Ermessensausübung
discretion: scope of discretion Ermessensspielraum
discretionary decision Ermessensentscheidung
discretionary power Ermessen
– Ermessensbefugnis
discretionary power: abusive use of discretionary powers Ermessen mißbräuchlich ausüben
discretionary power: exceed discretionary powers Ermessen überschreiten
discretionary power: execution of discretionary power Ermessensausübung
discretionary reserves Ermessensrücklagen
discriminated: tax-discriminated steuerlich benachteiligt
– steuerlich diskriminiert
discrimination: fiscal discrimination steuerliche Diskriminierung
discrimination: tax discrimination steuerliche Benachteiligung
– steuerliche Diskriminierung
discriminatory diskriminierend
discussion Erörterung
disguised profit distribution verdeckte Gewinnausschüttung
dishonored: action on a dishonored bill *AE* Wechselklage
dishonored bill *AE* notleidender Wechsel
dishonoured: action on a dishonoured bill *BE* Wechselklage
dishonoured bill *BE* notleidender Wechsel
disinherit enterben
disinheritance Enterbung
disinherited person Enterbter
disloyally: act disloyally sich treuwidrig verhalten
dismiss abberufen
– abweisen
– kündigen *(durch Arbeitgeber)*
dismiss a motion Antrag ablehnen *(Gericht)*
dismiss an appeal Revision verwerfen
dismiss bankruptcy proceedings for insufficiency of assets Konkursverfahren mangels Masse einstellen
dismiss without notice fristlos kündigen *(durch Arbeitgeber)*
dismissal Abberufung
– Entlassung
– Kündigung
dismissal: appeal against the dismissal of an application concerning a procedural issue Beschwerde
dismissal: mass dismissal Massenentlassung
dismissal: protection against unfair dismissal Kündigungsschutz
dismissal: socially unfair dismissal sozial ungerechtfertigte Kündigung
dismissal: summary dismissal fristlose Kündigung
dismissal caused by misconduct verhaltensbedingte Kündigung

dismissal due to operational requirements betriebsbedingte Kündigung
dispatch absenden
– versenden
dispatch costs Versandkosten
dispatcher Versender
dispatchment Versendung
dispensation Dispens
dispersed gestreut
– verstreut
dispersed: widely dispersed weit gestreut *(Aktienbesitz)*
disposal: asset disposal Veräußerung von Vermögenswerten
disposal: fixed asset disposals Anlagenabgänge
disposal: gain on disposal Veräußerungsgewinn
disposal: loss on disposal Veräußerungsverlust
disposal: power of disposal Verfügungsgewalt
– Verfügungsmacht
disposal: reserves at disposal freie Rücklagen
disposal of fixed assets Abgang von Gegenständen des Anlagevermögens
disposal value Veräußerungswert
disposals Abgänge
disposals of fixed assets Anlagenabgänge
dispose verfügen
dispose by will letztwillig verfügen
– testamentarisch verfügen
dispose of veräußern
disposition Veräußerung
– Verfügung
disposition: power of disposition Verfügungsgewalt
– Verfügungsmacht
disposition: principle of party disposition Dispositionsmaxime
disposition by will letztwillige Verfügung
– testamentarische Verfügung
disposition gain Veräußerungsgewinn
disposition mortis causa Verfügung von Todes wegen
disposition upon death Verfügung von Todes wegen
dispossess Besitz entziehen
dispossession Besitzentziehung
dispossession proceedings Räumungsklage
dispute Streit
– Streitfall
– Streitigkeit
dispute: legal dispute Rechtsstreit
– Rechtsstreitigkeit
dispute: matter in dispute Streitgegenstand
dispute: settle a dispute by compromise Streit durch Vergleich beilegen
dispute: settlement of dispute Streitbeilegung
dispute: settlement of disputes Beilegung von Streitigkeiten
dispute settlement Streitbeilegung
disputed streitig
– umstritten
disregard nicht anerkennen
disregarded nicht anerkannt
disregarded entity für steuerliche Zwecke ignorierte Gesellschaft
disregarded for tax purposes steuerlich nicht anerkannt
disregarding Nichtanerkennung
disregarding of legal transactions Nichtanerkennung von Rechtsgeschäften
disseminate verbreiten
– verteilen
dissemination Verbreitung
– Verteilung
dissenting anderer Auffassung
dissolution Auflösung *(Gesellschaft)*
dissolution: judicial dissolution gerichtliche Auflösung
dissolution of a company Auflösung einer Gesellschaft
dissolution of marriage Eheauflösung
dissolve auflösen
dissolve: resolution to dissolve Auflösungsbeschluß
dissolve a partnership Personengesellschaft auflösen

dissolve the parliament Parlament auflösen
dissolving condition auflösende Bedingung
distinct: legally distinct rechtlich eigenständig
distinct entity rechtlich selbständiges Gebilde
distressed notleidend
distressed enterprise notleidendes Unternehmen
distributable ausschüttungsfähig
distributable profit ausschüttungsfähiger Gewinn
distribute: redistribute weiterausschütten
distribute onwards weiterausschütten
distribute-contribute scheme Schütt-aus-hol-zurück-Verfahren
distributed ausgeschüttet
distributed: undistributed nicht ausgeschüttet
distributed earnings: tax burden on distributed earnings Ausschüttungsbelastung
distributed profit share ausgeschütteter Gewinnanteil
distributee Ausschüttungsempfänger
distributing corporation ausschüttende Gesellschaft
– ausschüttende Körperschaft
distribution Ausschüttung
– Verteilung
– Vertrieb
distribution: account distribution Kontierung
distribution: account distribution of vouchers Belegkontierung
– Kontierung von Belegen
distribution: account distribution work Kontierungsarbeiten
distribution: available for distribution ausschüttungsfähig
distribution: capital distribution Kapitalrückzahlung
distribution: captive distribution konzerneigener Vertrieb
distribution: cash distribution Barausschüttung
distribution: deemed profit distribution verdeckte Gewinnausschüttung
distribution: disguised profit distribution verdeckte Gewinnausschüttung
distribution: dividend distribution Dividendenausschüttung
distribution: hidden distribution of profits verdeckte Gewinnausschüttung
distribution: hidden profit distribution verdeckte Gewinnausschüttung
distribution: income distribution Einkommensverteilung
distribution: onward distribution Durchschüttung
– Weiterausschüttung
distribution: predistribution Vorabausschüttung
distribution: profit distribution Gewinnausschüttung
distribution: redistribution Umverteilung
– Weiterausschüttung
distribution: resolution on distribution of profits Gewinnverteilungsbeschluß
distribution channel Absatzweg
– Distributionsweg
distribution costs Vertriebskosten
distribution in kind Sachausschüttung
distribution in redemption Kapitalherabsetzung
distribution of assets Sachausschüttung
distribution of profits Gewinnausschüttung
– Gewinnverteilung
distribution of the estate Nachlaßauseinandersetzung
– Nachlaßverteilung
distribution policy Ausschüttungspolitik
distribution rate *(split rate corporate tax system)* Ausschüttungsbelastung
distribution resolution Ausschüttungsbeschluß
distributive rule Verteilungsnorm

distributor *(distributing company)* ausschüttende Gesellschaft
– Ausschüttender
– *(dealer)* Händler
distributor: buy-sell distributor Wiederverkäufer
distributor: captive distributor konzerneigene Vertriebsgesellschaft
distributor: dividend distributor dividendenausschüttende Gesellschaft
distributor contract Vertriebsvertrag
distributorship agreement Vertriebsvertrag
diverge abweichen
diverge in substance inhaltlich abweichen
divergence Abweichung
diversification Diversifikation
diversion: profit diversion Gewinnverlagerung
diversion of profits Gewinnverlagerung
divert profits verlagern von Gewinnen
dividend Dividende
dividend: cash dividend Bardividende
dividend: composition dividend Vergleichsquote
dividend: constructive dividend verdeckte Gewinnausschüttung
dividend: cum dividend mit Dividende
dividend: cum-dividend Cum-Dividende
dividend: ex-dividend Ex-Dividende
dividend: gross dividend Bruttodividende
dividend: inter-corporate dividend exemption Schachtelprivileg
dividend: inter-corporate dividend relief *BE* Schachtelprivileg
dividend: interim dividend Abschlagsdividende
– Vorabausschüttung
– Zwischendividende
dividend: liquidating dividend Liquidationsdividende
– Liquidationsquote
dividend: stock dividend *AE (proportionate distribution)* Freianteile
– *AE (proportionate distribution)* Gratisaktien
– *AE (proportionate distribution)* Gratisanteile
dividend: treaty exemption in respect of dividends received Schachtelprivileg
dividend coupon Dividendenschein
dividend coupon sheet Dividendenbogen
dividend distribution Dividendenausschüttung
dividend distributor dividendenausschüttende Gesellschaft
dividend equivalent amount ausschüttungsgleicher Betrag
– dividendengleicher Betrag
dividend in bankruptcy Konkursquote
dividend in composition Vergleichsquote
dividend in kind Sachausschüttung
dividend income Dividendeneinkünfte
– Dividendenerträge
dividend policy Dividendenpolitik
dividend received deduction Schachtelprivileg
dividend resolution Dividendenbeschluß
dividend stream Dividendenstrom
dividend tax Dividendensteuer
dividend taxation Dividendenbesteuerung
dividends receivable Dividendenforderungen
division Teilung
division into lots Parzellierung
divisive reorganization Aufspaltung
divorce Ehescheidung
– Scheidung
divorce decree Ehescheidungsurteil
do banking business Bankgeschäft betreiben
– im Bankgeschäft tätig sein
do business Geschäfte betreiben
– geschäftlich tätig sein
doctor a balance sheet Bilanz frisieren
doctor books Bücher fälschen

doctoring a balance sheet Frisieren der Bilanz
doctrine: legal doctrine Rechtslehre
document Beleg
– Dokument
– *(paper)* Papier
– Schriftstück
– *(deed)* Urkunde
document: bearer document Inhaberpapier
document: commercial documents Handelspapiere
document: inspection of documents Akteneinsicht
document: order document Orderpapier
document: original document Originalbeleg
document: presentation of documents Aktenvorlage
document: self-prepared document Eigenbeleg
document: sight document Sichtpapier
document: sign a blank document blanko unterschreiben
document: source document Ersterfassungsbeleg
– Urbeleg
document conferring authority Vollmachtsurkunde
document copy Belegkopie
documentary credit Dokumentenakkreditiv
– Dokumentenkredit
documentary evidence Beweisurkunde
– Urkundenbeweis
documentary evidence: proceedings restricted to documentary evidence Urkundenprozeß
documentary letter of credit Dokumentenakkreditiv
documentation Dokumentation
documentation: generally accepted documentation principles Grundsätze ordnungsmäßiger Dokumentation
documents Unterlagen
dodger: tax dodger *(informal)* Steuerhinterzieher
does apply anwendbar
dog tax Hundesteuer
doing business geschäftlich tätig sein
domestic inländisch
– innerstaatlich
domestic corporation inländische Kapitalgesellschaft
– Kapitalgesellschaft inländischen Rechts
domestic delivery Inlandslieferung
domestic income inländische Einkünfte
domestic law nationales Recht
domestic sales Binnenumsätze
– Inlandsumsatz
domestic source income inländische Einkünfte
domestic tax law innerstaatliche Steuerrechtsvorschriften
– innerstaatliches Steuerrecht
– nationales Steuerrecht
domestic transaction Inlandslieferung
– Inlandstransaktion
domicil Domizil
domicile domizilieren
– Sitz
– Wohnsitz
domicile: corporate domicile Sitz
domicile: fiscal domicile steuerlicher Sitz
– steuerlicher Wohnsitz
domicile: permanent domicile dauerhafte Wohnstätte
domicile of a company Sitz
domiciled ansässig
– wohnhaft
domination agreement Beherrschungsvertrag
donatio mortis causa Schenkung von Todes wegen
donation Schenkung
– Spende
donation: deduction for qualifying donations Spendenabzug
donation receipt Spendenquittung
donations to charity Spenden für mildtätige Zwecke

donations to political parties Parteispenden
- Spenden an politische Parteien
donee Beschenkter
- Schenkungsempfänger
donor Schenker
dormant ruhend
dormant account inaktives Konto
- totes Konto
- umsatzloses Konto
- unbewegtes Konto
dormant partner stiller Gesellschafter
dormant trade or business ruhender Gewerbebetrieb
double burden Doppelbelastung
double column Doppelspalte
double counting Doppelverrechnung
double exemption Doppelfreistellung
double non-taxation Doppelnichtbesteuerung
double residency Doppelansässigkeit
- doppelte Ansässigkeit
double tax convention Abkommen
- Doppelbesteuerungsabkommen
double tax treaty Abkommen
- Doppelbesteuerungsabkommen
double taxation Doppelbesteuerung
double taxation: economic double taxation wirtschaftliche Doppelbesteuerung
double taxation: eliminate double taxation Doppelbesteuerung beseitigen
double taxation: juridical double taxation juristische Doppelbesteuerung
double taxation agreement Doppelbesteuerungsabkommen
double taxation in economic terms wirtschaftliche Doppelbesteuerung
double taxtation: avoidance of double taxation Vermeidung der Doppelbesteuerung
double-entry bookkeeping doppelte Buchführung
- Doppik
doubtful zweifelhaft
doubtful account notleidende Forderung
doubtful account: general provision for doubtful accounts Pauschalwertberichtigung zu Forderungen
doubtful account: provision for specific doubtful accounts Einzelwertberichtigung zu Forderungen
doubtful accounts dubiose Forderungen
- zweifelhafte Forderungen
doubtful accounts: allowance for doubtful accounts Wertberichtigung auf zweifelhafte Forderungen
doubtful debt zweifelhafte Forderung
doubtful receivable notleidende Forderung
doubtful receivables zweifelhafte Forderungen
down payment Anzahlung
down time Ausfallzeit
downgrade herunterstufen
downpayment Anzahlung
downstream sale Veräußerung durch die Ober- an die Untergesellschaft
downward adjustment Minderung
- Verringerung
draft entwerfen
- Entwurf
- gezogener Wechsel
- Tratte
draft: banker's draft Bankscheck
draft balance sheet Bilanzentwurf
draft bill Gesetzesentwurf
- Gesetzesvorlage
draft contract Vertragsentwurf
draft treaty Staatsvertragsentwurf
drafting error Formulierungsfehler
- Redaktionsversehen
drafts and notes payable *AE* Verbindlichkeiten aus der Annahme gezogener Wechsel und der Ausstellung eigener Wechsel
draw *(bill of exchange, cheque)* ziehen *(Wechsel, Scheck)*
draw money from an account von einem Konto abheben
draw up a balance sheet Bilanz aufstellen
- bilanzieren
draw up a will Testament aufsetzen
draw up an estate inventory Nachlaßverzeichnis aufstellen

D

draw up financial statements Abschluß machen
draw up the annual accounts *BE* Jahresabschluß aufstellen
drawback Nachteil
drawdown *(credit facility)* Inanspruchnahme *(einer Kreditfazilität)*
drawee Bezogener
– Wechselbezogener
drawee of a bill Wechselbezogener
drawer Aussteller
drawer of a bill Wechselaussteller
drawer of a bill of exchange Wechselaussteller
drawer of a check *AE* Scheckaussteller
drawer of a cheque *BE* Scheckaussteller
drawing Entnahme
drawing: cash drawing Barentnahme
drawing: partnership drawing Entnahme
drawing: private drawing Privatentnahme
drawing: proprietor's drawing account Privatkonto
drawing of a bill of exchange Wechselziehung
drawing up a balance sheet Bilanzierung
drawing up of annual accounts *BE* Aufstellung des Jahresabschlusses
drawings: take drawings entnehmen
dual residence Doppelwohnsitz
dual residence company doppelt ansässige Gesellschaft
dual residency doppelte Ansässigkeit
dual resident doppelt ansässig
dual resident company doppelt ansässige Gesellschaft
dual tax advantage doppelter Steuervorteil
dual tax benefit doppelter Steuervorteil
dubious zweifelhaft
due fällig
– zahlbar
due: amount due fälliger Betrag
– geschuldeter Betrag
due: amounts falling due after more than five years mit einer Restlaufzeit von mehr als fünf Jahren
due: amounts falling due within one year mit einer Restlaufzeit bis zu einem Jahr
due: balance due offener Saldo
– Sollsaldo
due: be due fällig sein
due: become due {on} fällig werden {am}
due: becoming due {on} fällig werden {am}
due: fall due {on} fällig werden {am}
due: falling due {on} fällig werden {am}
due: holder in due course rechtmäßiger Wechsel- bzw. Scheckinhaber *(kraft gutgläubigem Erwerb)*
due: in due time fristgerecht
due: past due überfällig
due: tax due fällige Steuer
– geschuldete Steuer
– Steuerschuld
due: thereof falling due after more than one year davon fällig in mehr als einem Jahr
due: thereof falling due in less than one year davon fällig in weniger als einem Jahr
due: undue *(payment)* noch nicht fällig
due {on} fällig {am}
due at call jederzeit fällig
– täglich fällig
due care angemessene Sorgfalt
– verkehrsübliche Sorgfalt
due care: exercise due care angemessene Sorgfalt walten lassen
due care and diligence of a prudent businessman Sorgfalt eines ordentlichen Kaufmannes
due course: in due course ordnungsgemäß
– rechtzeitig
– zur rechten Zeit
due date Fälligkeit
– Fälligkeitsdatum
– Fälligkeitstag
– Fälligkeitstermin
– Fälligkeitszeitpunkt

D

due date: before due date vor Fälligkeit
due date: on due date bei Fälligkeit
due date: tax due date Fälligkeit von Steuerzahlungen
– Steuerfälligkeitstermin
– Steuertermin
due date of tax return Abgabetermin für die Steuererklärung
due diligence angemessene Sorgfalt
– gebührende Sorgfalt
– verkehrsübliche Sorgfalt
due diligence audit Ordnungsmäßigkeitsprüfung
due form: in due form formgerecht
due from affiliated companies *BE* Forderungen an Konzernunternehmen
– Forderungen an verbundene Unternehmen
due from banks Bankendebitoren
– Forderungen an Kreditinstitute
due from customers Forderungen an Kunden
due from officers and employees Darlehensforderungen gegenüber Betriebsangehörigen
due notice ordnungsgemäße Kündigung
due on demand Fälligkeit bei Sicht
due to aufgrund
– gemäß
– infolge
– wegen
due to affiliated companies Verbindlichkeiten gegenüber Konzernunternehmen
due to affiliated undertakings *BE* Verbindlichkeiten gegenüber verbundenen Unternehmen
due to banks Bankenkreditoren
– Bankschulden
– Bankverbindlichkeiten
– Verbindlichkeiten gegenüber Banken
due to credit institutions Verbindlichkeiten gegenüber Kreditinstituten
due within 1 year Restlaufzeit bis zu 1 Jahr
dues Abgaben
– Beiträge
– Gebühren
– Mitgliedsbeiträge
duly vorschriftsmäßig
duly authorized berechtigt
duly summon to appear ordnungsgemäß laden
dummy agency Scheinvertretung
dummy transaction Scheingeschäft
duplicate Duplikat
– Zweitschrift
duplicated entry Doppelbuchung
duration Dauer
– Geltungsdauer
– Laufzeit
duration of contract Vertragsdauer
duress Nötigung
– Zwang
during während
during the course of the year unterjährig
dutiable value Zollwert
duties Abgaben
– Aufgabenbereich
duties or charges accessory to taxes steuerliche Nebenleistungen
duty Abgabe
– Aufgabe
– *(obligation)* Pflicht
– Zoll
duty: accessory duty Nebenabgabe
duty: ad valorem duty Wertzoll
duty: breach of duty Pflichtverletzung
duty: capital duty Gesellschaftsteuer
duty: collection of duties Abgabenerhebung
duty: customs duty Zoll
– Zollabgabe
duty: death duty Erbschaftsteuer
– Nachlaßsteuer
duty: estate duty *BE* Erbanfallsteuer
duty: excise duty Duty/tax on the manufacture, sale, or use of goods or on the carrying on of an occupation or activity, or a tax on the transfer of property. The term includes various license fees.
– Abgabe auf bestimmte Privilegien
– Aufwandsteuer
– Konzessionsabgabe
– Verbrauchsteuer

– Verkehrsteuer
duty: exemption from duties Abgabenfreiheit
duty: fiduciary duty Treuepflicht
duty: import duty Einfuhrabgabe
– Einfuhrzoll
– Eingangsabgabe
– Importzoll
duty: legal duty of taxpayer to support taxable transactions by the underlying documents Belegzwang
duty: legal duty of taxpayer to support taxable transactions by the underlying vouchers Belegzwang
duty: liable to pay duties abgabenpflichtig
duty: person liable to duties or taxes Abgabenschuldner
duty: powers and duties Rechte und Pflichten
duty: rights and duties Rechte und Pflichten
duty: scope of duties Aufgabenbereich
duty: stamp duty Stempelabgabe
– Stempelgebühr
– Stempelsteuer
duty: subject of rights and duties Träger von Rechten und Pflichten
duty: subject to payment of duties abgabenpflichtig
duty: violation of duties Pflichtverletzung
duty of accounting Rechenschaftspflicht
– Rechnungslegungspflicht
duty of care Sorgfaltspflicht
duty of care: break a duty of care Sorgfaltspflicht verletzen
duty of care: common duty of care allgemeine Sorgfaltspflicht
duty of care: scope of duty of care Umfang der Sorgfaltspflicht
duty of enforcement Durchführungspflicht
duty of implementation Durchführungspflicht
duty of loyality Treuepflicht
duty paid verzollt
duty to advise Beratungspflicht
duty to assist Beistandspflicht
duty to cooperate Mitwirkungspflicht
duty to disclose Offenbarungspflicht
– Offenlegungspflicht
– Publikationspflicht
– Publizitätspflicht
duty to give notice Anzeigepflicht
duty to keep books and records Buchführungspflicht
duty to keep books of account *BE* Buchführungspflicht
duty to keep records Aufzeichnungspflicht
duty to provide information Auskunftspflicht
duty to register Anmeldepflicht
duty to retain records Aufbewahrungspflicht
duty to supply information Informationspflicht
duty to work Arbeitspflicht
duty-free abgabenfrei
– zollfrei
duty-free zone Zollfreigebiet
dwelling Wohnung
dwelling houses Wohngebäude

E

E&P earnings and profits
E. and O. E. errors and omissions excepted
early payment vorzeitige Zahlung
early redemption vorzeitige Tilgung
early termination fee Vorfälligkeitsentschädigung
earned: discounts earned Diskonterlöse
earnings Ertrag
– Erträge
– Gewinn
– Profit
earnings: accumulated earnings tax *AET* Steuer auf Gewinnthesaurierung mit Strafcharakter
earnings: appropriation of earnings Gewinnverwendung

earnings: gross earnings Bruttoerträge
– Rohertrag
earnings: loss of earnings Verdienstausfall
earnings: net earnings Nettoergebnis
earnings: price earnings ratio Kurs-Gewinn-Verhältnis *KGV*
earnings: proposal for the appropriation of earnings Gewinnverwendungsvorschlag
earnings: realized earnings realisierter Ertrag
earnings: retain earnings thesaurieren
earnings: retained earnings einbehaltene Gewinne
– nicht ausgeschütteter Gewinn
– thesaurierter Gewinn
earnings: retention of earnings Gewinnthesaurierung
– Thesaurierung
– Thesaurierung von Gewinnen
earnings: statement of earnings Ergebnisrechung
– Gewinn- und Verlustrechnung *GuV*
earnings: tax on distributed earnings Steuer auf Ausschüttungen
earnings per share Gewinn je Aktie
– Gewinn pro Aktie
earnings power Ertragskraft
earnings reserves *AE* Gewinnrücklagen
earnings retention Thesaurierung
earnings stripping Absaugung von Erträgen
– Gewinnabsaugung
easement Dienstbarkeit
– Grunddienstbarkeit
EC Directive EG-Richtlinie
EC law EG-Recht
economic wirtschaftlich
economic affairs wirtschaftliche Angelegenheiten
economic bonds with a country wirtschaftliche Bindung an einen Staat
economic connection wirtschaftlicher Zusammenhang
economic content wirtschaftlicher Gehalt
economic double taxation wirtschaftliche Doppelbesteuerung
economic entity wirtschaftliche Einheit
– Wirtschaftseinheit
economic gain ökonomischer Gewinn
economic life wirtschaftliche Nutzungsdauer
economic link wirtschaftlicher Zusammenhang
economic owner wirtschaftlicher Eigentümer
economic ownership wirtschaftliches Eigentum
economic point of view wirtschaftliche Betrachtungsweise
economic relatedness wirtschaftliche Zusammengehörigkeit
economic sanctions wirtschaftliche Sanktionen
economic situation wirtschaftliche Lage
economic substance wirtschaftlicher Gehalt
economic subunit wirtschaftliche Untereinheit
economic unit wirtschaftliche Einheit
– Wirtschaftseinheit
economic useful life wirtschaftliche Nutzungsdauer
economic value ökonomischer Wert
editorial error Redaktionsversehen
EDP electronic data processing *(elektronische Datenverarbeitung)*
education allowance Ausbildungsfreibetrag
education expenses: continuing education expenses Weiterbildungskosten
eduction: continuing education expenses Fortbildungskosten
EEIG European Economic Interest Grouping *(Europäische Wirtschaftliche Interessenvereinigung)*
effect: adverse tax effects nachteilige Besteuerungswirkungen
– negative Besteuerungswirkungen
effect: be in effect in Kraft sein
effect: binding effect Bindung

– Bindungswirkung
– Rechtsverbindlichkeit
effect: cumulative effect Kumulationswirkung
effect: detrimental effect nachteilige Wirkung
effect: in effect in Kraft
effect: precedential effect Präzedenzwirkung
effect: relation between cause and effect Kausalzusammenhang
effect: remain in effect in Kraft bleiben
effect: retroactive effect rückwirkende Kraft
effect: retrospective effect rückwirkende Kraft
effect: suspensive effect aufschiebende Wirkung
effect: with retroactive effect mit rückwirkender Kraft
effective anerkannt
– in Kraft
– wirksam
effective: become effective in Kraft treten
– wirksam werden
effective: legally effective rechtswirksam
effective date Zeitpunkt des Inkrafttretens
effective date: balance sheet as of the effective date of conversion Umwandlungsbilanz
effective date of termination Kündigungstermin
effective for tax purposes steuerlich anerkannt
– steuerlich wirksam
effective rate of return Effektivverzinsung
effective tax burden effektive Steuerbelastung
effective tax rate Effektivsteuersatz
effective yield Effektivverzinsung
effects: household effects Hausrat
efficiency wage Leistungslohn
effort: best efforts nach bestem Bemühen
– nach besten Kräften
EFTA European Free Trade Area
elapse ablaufen
elect wählen
election Wahl
– Wahlrecht
election: eligible for election wählbar
election of the members of the works council Betriebsratswahl
election procedure Wahlverfahren
electricity Elektrizität
– Strom
electronic data processing *EDP* elektronische Datenverarbeitung *EDV*
element: interest element Zinsanteil
elements of an offence *BE* Tatbestand *(Straftat)*
elements of an offense *AE* Tatbestand *(Straftat)*
eligible as collateral beleihbar
– beleihungsfähig
eligible for election wählbar
eliminate beseitigen
eliminate double taxation Doppelbesteuerung beseitigen
eliminating entry Eliminierungsbuchung
elimination of intercompany profits Zwischengewinneliminierung
elimination of internal sales Eliminierung der Innenumsatzerlöse
embassy Botschaft
embezzlement Unterschlagung
– Veruntreuung
embrace umfassen
emergency: in case of emergency bei Gefahr im Verzug
emergency: state of emergency Notstand
eminent domain Enteignungsrecht des Staates *(an Grundvermögen)*
emolument Entlohnung
– Vergütung
emoluments Bezüge
employ einstellen
employed: be employed {as} angestellt sein {als}
employed: capital employed eingesetztes Kapital
employed {as} angestellt {als}

employed capital Kapitaleinsatz
employed lawyer angestellter Anwalt
employee Angestellter
– Arbeitnehmer
employee: salaried employee Gehaltsempfänger
employee allowance Arbeitnehmerfreibetrag
employee stock ownership plan *AE* Belegschaftsaktienfonds
employees' representation Arbeitnehmervertretung
employees' representative Arbeitnehmervertreter
employee's share Arbeitnehmeranteil
employee's wage tax card Lohnsteuerkarte
employer Arbeitgeber
employer-provided car Dienstwagen
– Firmenwagen
employer-provided housing Dienstwohnung
employers' association Arbeitgeberverband
employer's share Arbeitgeberanteil
employment Arbeitsplatz
– Einstellung
employment: annuity paid in respect of past employment Rente auf Grund früheren Arbeitsverhältnisses
– Rente aufgrund eines früheren Arbeitsverhältnisses
employment: capital employment Kapitaleinsatz
employment: country of employment Beschäftigungsland
employment: dependent employment abhängige Beschäftigung
– nichtselbständige Arbeit
employment: factual employment faktisches Arbeitsverhältnis
employment: in respect of past employment auf Grund früheren Arbeitsverhältnisses
employment: income from employment Einkünfte aus nichtselbständiger Arbeit
employment: legal employment rechtliches Arbeitsverhältnis
employment: self-employment income Einkünfte aus selbständiger Arbeit
employment contract Anstellungsvertrag
– Arbeitsvertrag
– Dienstvertrag
employment for a trial period Probearbeitsverhältnis
employment income Einkünfte aus nichtselbständiger Arbeit
Employment Office Arbeitsamt
employment on a trial basis Einstellung zur Probe
employment on trial Probearbeitsverhältnis
employment permit Arbeitserlaubnis
employment relationship Anstellungsverhältnis
– Arbeitsverhältnis
– Dienstverhältnis
employment subject to wage tax lohnsteuerpflichtige Beschäftigung
employment taxes lohn- und gehaltsbezogene Abgaben
empower {to} ermächtigen {zu}
empowered {to} ermächtigt {zu}
enable befähigen
– berechtigen
– ermächtigen
– in den Stand versetzen
Enabling Act Ermächtigungsgesetz
enabling legislation Ermächtigungsgesetzgebung
Enabling Statute Ermächtigungsgesetz
enact beschließen *(Gesetz)*
– erlassen *(Gesetz)*
– gesetzlich verordnen
– in Kraft setzen *(Gesetz)*
enact a law Gesetz erlassen
enactment Beschluß *(Gesetz)*
– Erlaß *(Gesetz)*
– Erlaß eines Gesetzes
enclave Enklave
enclave: customs enclave Zollausschluß
– Zollausschlußgebiet
enclose beifügen
– beilegen
enclosure Beilage

encode verschlüsseln
encoding Verschlüsseln
encompass beinhalten
encountered risk eingetretenes Wagnis
encountered risks Wagnisverluste
encroachment Überbau
encumber land with a mortgage Grundstück mit einer Hypothek belasten
encumbered {with} belastet {mit}
encumbrance Belastung
encumbrance: acquisition free from encumbrances lastenfreier Erwerb
encumbrance on property Belastung von Eigentum
encumbrances Lasten
end: open-end unbefristet
end column Endspalte
end user Endabnehmer
endangering of road traffic Straßenverkehrsgefährdung
endeavor: best endeavors *AE* nach bestem Bemühen
- *AE* nach besten Kräften
endeavor for profit: engaged in an endeavor for profit *AE* erwerbswirtschaftlich tätig sein
endeavour: best endeavours *BE* nach bestem Bemühen
- *BE* nach besten Kräften
endeavour for profit: engaged in an endeavour for profit *BE* erwerbswirtschaftlich tätig sein
ending balance Endsaldo
ending inventory Schlußbestand
end-of-month settlement Ultimoabrechnung
end-of-period balance sheet Schlußbilanz
end-of-period inventory Schlußbestand
- Stichtagsinventur
endorse indossieren
endorsed {by} ebenso
- gleicher Auffassung
- zustimmend
endorsee Indossatar
endorsement Indossament
endorsement: negotiable by endorsement durch Indossament übertragbar
endorsement liabilities Indossamentsverbindlichkeiten
endorser Indossant
endorser: recourse to an endorser Wechselregreß
- Wechselrückgriff
endorser's liabilities Indossamentsverbindlichkeiten
endowed institution Stiftung
endowment mortgage Hypothekendarlehen mit Tilgungssicherung durch einen Lebensversicherungsvertrag
energy tax Energiesteuer
enforce {by} durchsetzen {durch}
enforceability Durchsetzbarkeit
- Vollstreckbarkeit
enforceability: unenforceability Undurchsetzbarkeit
enforceable durchsetzbar
- einklagbar
- vollstreckbar
enforceable: declare a judgment to be provisionally enforceable Urteil für vorläufig vollstreckbar erklären
enforceable: declare as enforceable für vollstreckbar erklären
enforceable: legally enforceable rechtlich durchsetzbar
enforceable: unenforceable undurchsetzbar
enforceable by execution vollstreckbar
enforceable instrument vollstreckbarer Titel
enforceable judgment vollstreckbares Urteil
enforced tax collection Beitreibung einer Steuerschuld
enforcement Durchsetzung
- Vollstreckung
- Zwangsvollstreckung
enforcement: duty of enforcement Durchführungspflicht
enforcement: law enforcement Rechtsdurchsetzung
- Rechtsvollzug

enforcement: law enforcement official Vollzugsbeamter
enforcement action Zwangsaktion
enforcement assistance Vollstreckungshilfe
enforcement measure Vollstreckungsmaßnahme
enforcement of a claim Durchsetzung eines Anspruches
enforcement of a judgment Zwangsvollstreckung eines Urteils
enforcement penalty Erzwingungsgeld
enforcement procedure Zwangsverfahren
engaged verlobt
engaged in an activity for profit erwerbswirtschaftlich tätig sein
engaged in an endeavor for profit *AE* erwerbswirtschaftlich tätig sein
engaged in an endeavour for profit *BE* erwerbswirtschaftlich tätig sein
engagement Verlobung
engagement: audit engagement Prüfungsauftrag
engineering cost Konstruktionskosten
enhance verbessern
enhancement Verbesserung
enjoy a right Recht genießen
enjoy diplomatic immunity diplomatische Immunität genießen
enjoy possession Besitz ausüben
enjoyment Nutzung
enquiry Ermittlung
enrichment: unjust enrichment ungerechtfertigte Bereicherung
enrichment without cause ungerechtfertigte Bereicherung
ensure sicherstellen
enter {in} eintragen {in/im}
– registieren {in/im}
enter in the books buchen
enter into abschließen
– schließen *(Vertrag)*
enter into a contract Vertrag abschließen
– Vertrag schließen
enter into a treaty Staatsvertrag schließen
enter into an agreement Vertrag schließen
enter into competition {with} in Konkurrenz treten {mit}
enter into diplomatic relations {with} diplomatische Beziehungen aufnehmen {mit}
enter into force in Kraft treten
– inkrafttreten
enter into the title register ins Grundbuch eintragen
enterprise Firma
– Unternehmen
– Unternehmung
enterprise: associated enterprise verbundenes Unternehmen
enterprise: distressed enterprise notleidendes Unternehmen
enterprise: family-held enterprise Familienunternehmen
enterprise: federal enterprise Bundesunternehmen
enterprise: intra-enterprise unternehmensintern
enterprise: joint venture enterprise Gemeinschaftsunternehmen
enterprise: sole trader enterprise *BE* Einzelunternehmen
entertainer: performing entertainer darstellender Künstler
entertaining expenses Aufwendungen für Geschäftsfreundebewirtung
entertainment: business entertainment Geschäftsfreundebewirtung
entertainment expenses *(excluding employee entertainment)* Aufwendungen für die Bewirtung
– Bewirtungsaufwendungen
– Bewirtungskosten
entire ungeteilt
entire estate: inherit the entire estate ganzes Vermögen erben
entirety: in its entirety zur Gänze
entirety: tenancy by the entirety Gesamtberechtigung an Grundvermögen von Eheleuten
entitled: entitled {to} berechtigt {zu/an/am}
entitled {to} berechtigt {zu/an/am}

entitled to imputation credit anrechnungsberechtigt
entitled to vote stimmberechtigt
– wahlberechtigt
entitlement: treaty entitlement Abkommensberechtigung
entitlement {to} Anspruch {auf}
entity: consolidated entity Konsolidierungskreis
entity: disregarded entity für steuerliche Zwecke ignorierte Gesellschaft
entity: distinct entity rechtlich selbständiges Gebilde
entity: economic entity wirtschaftliche Einheit
– Wirtschaftseinheit
entity: hybrid entity hybride Gesellschaftsform
entity: legal entity juristische Person
– rechtlich selbständige Einheit
– Rechtsgebilde
– Rechtspersönlichkeit
– Rechtsträger
entity: legally distinct entity rechtlich selbständige Einheit
entity: reporting entity consolidated Konsolidierungskreis
entity: separate entity fiction Selbständigkeitsfiktion
entity: taxable entity Steuersubjekt
entity level Gesellschaftsebene
entity theory of consolidation Einheitstheorie
entity-level tax Steuer auf Gesellschaftsebene
entrepreneur Unternehmer
entry Buchung
– Buchungsposten
– Verbuchung
entry: cancellation of an entry Löschung einer Eintragung
entry: closing date of entries Buchungsschluß
entry: compound entry zusammengesetzter Buchungssatz
entry: contra entry Gegenbuchung
entry: date of entry Buchungsdatum
entry: deletion of an entry Löschung einer Eintragung
entry: erroneous entry Fehlbuchung
entry: false entry Buchungsfehler
– Falschbuchung
entry: generate an entry Buchung erzeugen
entry: journal entry Buchungsposten im Journal
entry: make an entry in the books buchen
entry: make an entry in the title register Grundbucheintragung vornehmen
entry: simple entry einfacher Buchungssatz
entry: unbalanced entry Buchung ohne Gegenbuchung
entry description Buchungstext
entry formula Buchungssatz
entry in the accounts buchmäßige Erfassung
entry in the commercial register Handelsregistereintragung
entry into force Inkrafttreten
entry memo Buchungstext
entry-level bracket Eingangsstufe *(Steuertarif)*
entry-level-bracket rate Eingangssatz *(Steuertarif)*
entry-supporting voucher Buchungsbeleg
enumeration Aufzählung
enumeration: exhaustive enumeration abschließende Aufzählung
enumeration: non-exhaustive enumeration nicht abschließende Aufzählung
enumerativ abschließend
environmental accounting Umweltrechnungslegung
environmental law Umweltrecht
environmental protection Umweltschutz
equal treatment clause Gleichbehandlungsklausel
equal treatment precept Gleichbehandlungsgebot
equality before the law Gleichheit vor dem Gesetz
equalization of accrued gains Zugewinnausgleich

equalization reserve Ausgleichsrücklage
equipment Ausrüstung
– Ausstattung
equipment: fixtures, fittings, tools and equipment Betriebs- und Geschäftsausstattung
equipment: machinery and equipment Maschinen und Betriebsausrüstung
– Maschinen und maschinelle Anlagen
equipment: office equipment Geschäftsausstattung
equipment: office equipment and furniture Büroausstattung
equipment: plant and equipment maschinelle Anlagen
– Maschinen und maschinelle Anlagen
equipment: property, plant and equipment Sachanlagen
– Sachanlagevermögen
equipment: property, plant, equipment and intangible assets Sachanlagen und immaterielle Anlagewerte
equipment: rental equipment Mietanlagen
equipment: technical equipment technische Anlagen
equipment: technical equipment and machinery technische Anlagen und Maschinen
equipment: transportation equipment Transportanlagen
equipment leasing Leasing beweglicher Anlagegüter
equipment trust bond treuhänderische Übertragung der Besitzrechte an Anlagen besicherte Schuldverschreibung
equitable billig
equitable: application for equitable relief Billigkeitsantrag
equitable: fair and equitable recht und billig
equitable: just and equitable recht und billig
equitable relief Billigkeitserlaß
equitable tax relief Billigkeitserlaß
equity Billigkeit
– Billigkeitsrecht
– *(capital)* Eigenkapital
equity: considerations of equity Billigkeitserwägungen
equity: deficit not covered by equity nicht durch Eigenkapital gedeckter Fehlbetrag
equity: for reasons of equity aus Billigkeitsgründen
equity: net equity Nettoeigenkapital
equity: net equity position Nettoeigenkapitalposition
equity: on grounds of equity aus Billigkeitsgründen
equity: owners' equity Eigenkapital
equity: proprietors' equity Eigenkapital *(Einzelunternehmen)*
equity: remission of tax for reasons of equity Billigkeitserlaß *(von Steuern)*
equity: shareholders' equity Eigenkapital
equity: shareholders' equity and liabilities Passiva
equity: statement of shareholders' equity *BE* Eigenkapitalspiegel
equity: statement of stockholders' equity *AE* Eigenkapitalspiegel
equity: stockholders' equity *AE* Eigenkapital *(Aktiengesellschaft)*
equity: stockholders' equity and liabilities *AE* Passiva
equity account Eigenkapitalkonto
equity accounting Equity-Methode
equity and liablities Passiva
equity considerations Billigkeitserwägungen
equity contribution: concealed equity contribution verdeckte Einlage
equity contribution: constructive equity contribution verdeckte Einlage
equity gearing *BE* Verschuldungsgrad
equity interest Beteiligung
equity of taxation Steuergerechtigkeit
equity security Anteilspapier
– Dividendenpapier
equity warrant Aktienoptionsschein

E

equivalent: money equivalent Geldwert
– monetärer Gegenwert
equivocal: unequivocal eindeutig
– unmißverständlich
erase löschen
ERISA Employee Retirement Income Security Act
erosion: asset erosion Substanzverzehr
erroneous entry Fehlbuchung
error Fehler
– Irrtum
error: arithmetical error Rechenfehler
error: calculation error Rechenfehler
error: clerical error Schreibfehler
error: computation error Rechenfehler
error: drafting error Formulierungsfehler
– Redaktionsversehen
error: editorial error Redaktionsversehen
error: offsetting error ausgleichender Fehler
errors and omissions excepted Irrtum vorbehalten
ertragswirksam affecting income
escalator clause Gleitklausel
– Preisgleitklausel
– Wertsicherungsklausel
escalator clause: price escalator clause Preisgleitklausel
escape: risk of escape Fluchtgefahr
escape clause Rücktrittsklausel
escaping from taxation Steuerflucht
escrow: delivery in escrow Hinterlegung
escrow: hold in escrow treuhänderisch halten
– treuhänderisch verwalten
escrow: in escrow zu treuen Händen
escrow account Anderkonto
– Treuhandkonto
escrow fund beim Treuhänder hinterlegte Gelder
– Treuhandfonds
ESOP *AE* employee stock ownership plan
espenses: sundry expenses verschiedene Aufwendungen
essential wesentlich
essential quality of a subject matter wesentliche Eigenschaft einer Sache
essential terms wesentliche Bestimmungen
essential terms of a contract wesentliche Vertragsbestandteile
establish gründen
establish a company Gesellschaft gründen
establish a letter of credit Akkreditiv eröffnen
establish a tax residence steuerlichen Wohnsitz begründen
establish by agreement in notarial form durch notariellen Vertrag gründen
established errichtet
established: company established under the laws of a country nach dem Recht eines Staates errichtete Gesellschaft
established: legally established rechtlich begründet
established: newly established neu errichtet
– neu gegründet
established: newly established company neu errichtete Gesellschaft
establishment Errichtung
– Gründung
establishment: commercial establishment Betrieb *(Unternehmen)*
establishment: permanent establishment Betriebsstätte
– Betriebstätte
establishment: service establishment Dienstleistungsbetriebsstätte
establishment: trade establishment Betrieb *(Unternehmen)*
establishment of a company Gesellschaftsgründung
– Gründung einer Gesellschaft
establishment of business Geschäftsgründung
estate Erbmasse
– *(inheritance)* Hinterlassenschaft

– Nachlaß
– Nachlaßvermögen
estate: administration of the bankrupt's estate Konkursverwaltung
– Masseverwaltung
estate: administrator of a bankrupt's estate Konkursverwalter
– Masseverwalter
estate: bankruptcy of a decedent's estate *AE* Nachlaßkonkurs
estate: bankrupt's estate Konkursmasse
estate: creditor of a bankrupt's estate Massegläubiger
estate: deceased person's estate Nachlaß
estate: decedent's estate *AE* Nachlaß
estate: fractional part of an estate Bruchteil des Nachlasses
estate: freehold estate unbeschränktes Eigentumsrecht an Grundvermögen
estate: leasehold estate pacht- bzw. mietmäßiges Besitzrecht
estate: non-freehold estate pacht- bzw. mietmäßiges Besitzrecht
estate: obligatory share in the estate Pflichtteil
estate: partition of the estate Teilung des Nachlasses
estate: personal estate bewegliches Vermögen
estate: taxable estate steuerpflichtiger Nachlaß
estate: undivided estate ungeteilter Nachlaß *(nach angloamerikanischem Recht ist das 'undivided estate' bis zum Zeitpunkt der Erbauseinandersetzung selbständiges Steuersubjekt)*
estate administration *(bankruptcy)* Konkursverwaltung
– Masseverwaltung
estate administrator *(bankruptcy)* Konkursverwalter
– Masseverwalter
estate court Nachlaßgericht
estate duty *BE* Erbanfallsteuer
estate inventory Nachlaßverzeichnis
estate inventory: draw up an estate inventory Nachlaßverzeichnis aufstellen
estate tax Erbschaftsteuer
– Nachlaßsteuer
estate taxation Nachlaßbesteuerung
estimate {at} schätzen {auf}
estimate of costs Kostenvoranschlag
estimate of damage Schadensschätzung
estimated cost vorkalkulierte Kosten
estimated payment *(tax)* Vorauszahlung *(Steuer)*
estimated service life geschätzte Nutzungsdauer
estimated tax payment Steuervorauszahlung
estimated useful life geschätzte Nutzungsdauer
estimated value geschätzter Wert
estimation Schätzung
estimation: cost estimation Kalkulation
– Vorkalkulation
estimation: tax estimation Steuerschätzung
estimation of tax Steuerschätzung
estoppel: agency by estoppel durch schlüssiges Verhalten erteilte Vollmacht
estoppel: authority by estoppel Duldungsvollmacht
European Court of Justice Europäischer Gerichtshof
European Economic Interest Grouping *EEIG* Europäische Wirtschaftliche Interessenvereinigung *EWIV*
evade *(taxes)* hinterziehen
evader: tax evader Steuerhinterzieher
evaluate auswerten
– beurteilen
– bewerten
– schätzen
– würdigen
evaluation Auswertung
– Bewertung
– Wertung
– Würdigung
evaluation: free evaluation of evidence freie Beweiswürdigung

evaluation: perfomance evaluation Leistungsbewertung
evaluation of damage Schadensschätzung
evasion: fiscal evasion Steuerhinterziehung
– Steuerverkürzung
evasion: tax evasion Hinterziehung von Steuern
– Steuerhinterziehung
– Steuerverkürzung
evasion of the law Gesetzesumgehung
even spread gleichmäßige Verteilung
evening up of peaks Spitzenausgleich
event Vorfall
event: accountable event Buchungsvorfall
– Geschäftsvorfall
– rechenschaftspflichtiges Ereignis
event: accounting event Buchungsvorfall
– Geschäftsvorfall
event: chargeable event Steuertatbestand
event: damaging event Schadenseintritt
– Schadensereignis
– Schadensfall
event: in any event in jedem Fall
– jedenfalls
event: in the event of im Falle von
event: income realization event Einkünfterealisationstatbestand
event: insured event Versicherungsfall
event: material event bedeutsames Ereignis
event: realization event Realisationstatbestand
event: realization triggering event realisationsauslösendes Ereignis
event: subsequent event wertbegründendes Ereignis nach dem Bilanzstichtag und vor Ausgabe des Prüfungsberichtes
event: taxable event Besteuerungstatbestand
– steuerbares Ereignis
– steuerbegründender Tatbestand
– steuerpflichtiges Ereignis
– Steuertatbestand
event of death Todesfall
event of succession Erbfall
eviction: action of eviction *AE* Räumungsklage
evidence Beweis
– Beweismaterial
– Beweismittel
– Nachweis
evidence: argument in court concerning the admission of evidence Beweisverhandlungen
evidence: circumstantial evidence Indizienbeweis
evidence: conservation of evidence Beweissicherung
evidence: documentary evidence Beweisurkunde
– Urkundenbeweis
evidence: expert evidence Sachverständigenbeweis
evidence: free consideration of evidence freie Beweiswürdigung
evidence: free evaluation of evidence freie Beweiswürdigung
evidence: hearing of evidence Beweistermin
evidence: order to take evidence Beweisbeschluß
evidence: piece of evidence Beweismittel
– Beweisstück
evidence: preservation of evidence Beweissicherung
evidence: presumptive evidence Indizienbeweis
evidence: prima facie evidence Anscheinsbeweis
– Beweis des ersten Anscheins
evidence: standard of evidence Beweismaß
evidence: submit evidence Beweis antreten
evidence: taking of evidence Beweisaufnahme
evidence: testimonial evidence Zeugenbeweis

evidence by inspection Beweis durch Augenschein
evidence by witness Zeugenbeweis
ex officio von Amts wegen
ex officio: deleted ex officio von Amts wegen gelöscht
ex officio: service ex officio Zustellung von Amts wegen
ex officio deletion Amtslöschung
examination *(tax audit)* Betriebsprüfung
– Prüfung
– Vernehmung
examination: cross-examination Kreuzverhör
examination: limited examination eingeschränkte Prüfung
– Teilprüfung
examination: re-examination neuerliche Prüfung
examination: summary examination abgekürzte Außenprüfung
examination: tax examination Betriebsprüfung
examination under oath eidliche Vernehmung
examine prüfen
examiner Betriebsprüfer
– Prüfer
examiner: chief examiner Hauptprüfer
examiner: tax examiner Betriebsprüfer
exceed credit {by} Kredit überziehen {um}
exceed discretionary powers Ermessen überschreiten
exceed one's authority seine Vollmacht überschreiten
exceeding of time limit Fristüberschreitung
exceeding of time limit for payment Überschreiten der Zahlungsfrist
except {for} mit Ausnahme {von}
except for vorbehaltlich
exception: special exception Ausnahmegenehmigung
exceptional cause termination außerordentliche Kündigung
exceptional reason: termination for exceptional reasons außerordentliche Kündigung
excerpt Auszug
excerpt: certified excerpt beglaubigter Auszug
excess Überhang
excess: consolidation excess Konsolidierungsausgleichsposten
excess amount Überhangbetrag
excess foreign tax credit Anrechnungsüberhang
excess input VAT Vorsteuerüberhang
excess tax credit Anrechnungsüberhang
exchange Börse
– Tausch
exchange: foreign exchange Devisen
exchange: securities exchange Effektenbörse
exchange: security exchange Effektenbörse
exchange: share exchange Anteilstausch
exchange: share-for-share exchange Anteilstausch
exchange: stock exchange Effektenbörse
– Wertpapierbörse
exchange: tax-free exchange steuerfreier Tausch
exchange {for} tauschen {gegen}
exchange broker Kursmakler
exchange commission Wechselprovision
exchange control Devisenbewirtschaftung
exchange gain Kursgewinn
exchange of information Auskunftsverkehr
– Informationsaustausch
exchange of notes Notenwechsel
exchange rate Devisenkurs
– Umrechnungskurs
– Wechselkurs
exchange rate: current exchange rate geltender Wechselkurs
exchange rate risk Kursrisiko
exchange transaction Tauschgeschäft

exchange turnover tax Börsenumsatzsteuer
excise duty Duty/tax on the manufacture, sale, or use of goods or on the carrying on of an occupation or activity, or a tax on the transfer of property. The term includes various license fees.
- Abgabe auf bestimmte Privilegien
- Aufwandsteuer
- Konzessionsabgabe
- Verbrauchsteuer
- Verkehrsteuer

excise tax Duty/tax on the manufacture, sale, or use of goods or on the carrying on of an occupation or activity, or a tax on the transfer of property. The term includes various license fees.
- Aufwandsteuer
- Konzessionsabgabe
- Steuer auf bestimmte Privilegien
- Verbrauchsteuer
- Verkehrsteuer

exclude ausschließen
exclude the application Anwendung ausschließen
exclusion Freibetrag
exclusion: liability exclusion clause Haftungsausschlußklausel
exclusion: old-age exclusion Altersfreibetrag
exclusion of grounds for termination Kündigungsausschluß
exclusion of liability Haftungsausschluß
exclusion of the right to rescind Ausschluß des Rücktrittsrechts
exclusion of the right to withdraw Ausschluß des Rücktrittsrechts
exclusive ausschließlich
- exklusiv

exclusive ... Allein...
exclusive agent Alleinvertreter
exclusive contract Alleinauftrag
exclusive right of sale Alleinverkaufsrecht
exculpatory clause Freizeichnungsklausel
ex-dividend Ex-Dividende
execute vollziehen
execute a judgment Urteil vollstrecken
executed vollzogen
executing of a notarial deed notarielle Beurkundung
execution Vollziehung
- Vollzug
- Zwangsvollstreckung

execution: date of execution Vollzugstag
execution: enforceable by execution vollstreckbar
execution: protection from execution Pfändungsschutz
- Vollstreckungsschutz

execution: stay of execution Aussetzung der Vollziehung
execution: suspension of execution Aussetzung der Vollziehung
execution: third-party action against execution Drittwiderspruchsklage
- Widerspruchsklage

execution date Vollzugstag
execution levied upon movables Zwangsvollstreckung in das bewegliche Vermögen
execution levied upon real property Zwangsvollstreckung in das unbewegliche Vermögen
execution of discretionary power Ermessensausübung
execution of sentence Strafvollzug
execution proceedings Zwangsvollstreckungsverfahren
execution sale by public auction Zwangsversteigerung
executionable: declare as executionable für vollstreckbar erklären
executive Führungskraft
- leitender Angestellter

executive: chief executive officer *CEO* Vorsitzender der Geschäftsleitung
executive body of a company Organ
executive branch of government Exekutive
executive committee geschäftsführender Ausschuß *(vergleichbar Vorstand)*

executive employee leitender Angestellter
executive power vollziehende Gewalt
executor Testamentsvollstrecker
executory noch zu erfüllen
- vollstreckbar
- zu erfüllen
executory title vollstreckbare Urkunde
exempt: tax-exempt nicht steuerbar
- nicht steuerpflichtig
- steuerfrei
- von der Besteuerung ausgenommen
exempt: tax-exempt amount Steuerfreibetrag
exempt amount Freibetrag
exempt from taxation steuerlich befreien
exempt organization steuerbefreite Organisation
exempt threshold Freigrenze
exemption Befreiung
- Freibetrag
- Freistellung
exemption: certificate of exemption Freistellungsbescheinigung
exemption: double exemption Doppelfreistellung
exemption: inter-corporate dividend exemption Schachtelprivileg
exemption: liability exemption clause Haftungsausschlußklausel
exemption: minimum exemption Mindestfreibetrag
exemption: old-age exemption Altersfreibetrag
exemption: participation exemption Schachtelprivileg
exemption: participation exemption with activity test Schachtelprivileg mit Aktivitätsklausel
exemption: personal exemption personenbezogener Freibetrag
- persönliche Befreiung
- persönlicher Freibetrag
exemption: savers' exemption Sparerfreibetrag
exemption: tax exemption Steuerbefreiung
- Steuerfreibetrag
- Steuerfreistellung
exemption: treaty exemption in respect of dividends received Schachtelprivileg
exemption: VAT exemption Umsatzsteuerbefreiung
exemption: waiver of exemption Verzicht auf Steuerbefreiung
exemption: withholding exemption Quellensteuerbefreiung
exemption certificate Freistellungsbescheinigung
exemption from duties Abgabenfreiheit
exemption from liability Haftungsausschluß
exemption from seizure Pfändungsschutz
exemption from taxes Abgabenfreiheit
exemption from VAT Umsatzsteuerfreiheit
exemption method Befreiungsmethode
exemption provision Befreiungsvorschrift
exemption rule Befreiungsvorschrift
exemption with progression Befreiung mit Progressionsvorbehalt
- Freistellung mit Progressionsvorbehalt
- Freistellung unter Progressionsvorbehalt
exercise ausüben
exercise: in exercise of a right in Ausübung eines Rechtes
exercise {of} Ausübung {von} *(Option, Recht)*
exercise a right Recht ausüben
exercise due care angemessene Sorgfalt walten lassen
exercise jurisdiction Gerichtsbarkeit ausüben
exercise of influence Einflußnahme
exercise of reasonable discretion pflichtgemäße Ermessensausübung
exercise the right of possession Besitz ausüben
exercise the right of pre-emption Vorkaufsrecht ausüben

exhaust erschöpfen
exhaust all legal remedies alle Rechtsmittel erschöpfen
exhausted verbraucht
exhaustion of all remedies Ausschöpfung aller Rechtsmittel
exhaustion of legal recourse Rechtswegerschöpfung
exhaustive abschließend *(Aufzählung)*
exhaustive enumeration abschließende Aufzählung
exhaustively erschöpfend
existence Bestand
existence: legal existence rechtlicher Bestand
existing company bestehende Gesellschaft
exoneration Entlastung
– Freihaltung
expansion of business Geschäftserweiterung
expansive construction weite Auslegung
expansive interpretation extensive Auslegung
– weite Auslegung
expatriation taxation Wegzugsbesteuerung
expectancy Anwartschaft
expected development voraussichtliche Entwicklung
expected life voraussichtliche Lebensdauer
expediency Zweckmäßigkeit
expediency: considerations of expediency Zweckmäßigkeitserwägungen
expedient zweckmäßig
expenditure Ausgabe
expenditure: capital expenditure aktivierungspflichtige Anschaffungs- bzw. Herstellungskosten
– aktivierungspflichtige Ausgaben
– aktivierungspflichtiger Aufwand
expenditure: capital expenditures Investitionen
expenditure: internal expenditure capitalized *BE* aktivierte Eigenleistungen
expenditure: noncapitalizable expenditures nicht aktivierungsfähige Aufwendungen
expenditure: nondeductible capital expenditure aktivierungspflichtiger Aufwand
expenditure: research and development expenditures Forschungs- und Entwicklungsaufwand
– Forschungs- und Entwicklungsausgaben
expenditure format Gesamtkostenverfahren
expenditure tax Aufwandsteuer
expenditure to be capitalized aktivierungspflichtiger Aufwand
expenes for the production of income Werbungskosten
expense als Aufwand verbuchen
– als Aufwand verrechnen
– Aufwand
– aufwandsverrechnen
– in den Aufwand buchen
expense: all expenses included Spesen eingeschlossen
expense: at another person's expense auf Kosten eines anderen
expense: at our expense auf unsere Kosten
expense: at the expense {of} zu Lasten {von}
– zu Lasten gehen {von}
expense: interperiod expense allocation Aufwandsabgrenzung
expense: matching of expenses and income Periodenabgrenzung
expense: matching of revenue and expense Periodenabgrenzung
expense: tax deductible as expense Aufwandsteuer
expense account Aufwandskonto
expense and income Aufwand und Ertrag
– Aufwendungen und Erträge
expense and revenue Aufwand und Ertrag
– Aufwendungen und Erträge
expense and revenue accounts Aufwands- und Ertragskonten
expense as incurred sofort abschreiben

expense entry Aufwandsbuchung
expense item Aufwandsposten
expense reimbursement Spesenerstattung
expensed aufwandsverbucht
– aufwandsverrechnet
– in den Aufwand gebucht
expensed as incurred sofort abgeschrieben
expenses Aufwendungen
– Unkosten
expenses: itemize expenses Einzelnachweis führen *(über Aufwendungen)*
expenses: other expenses sonstige Aufwendungen
expenses: other operating expenses *AE* sonstige betriebliche Aufwendungen
expenses for severance payments and pensions *OE* Aufwendungen für Abfertigungen und Pensionen
expenses for the start-up and expansion of the business Aufwendungen für die Ingangsetzung und Erweiterung des Geschäftsbetriebs
expenses incurred with the generation of income Werbungskosten
expenses on participating interests Aufwendungen aus Beteiligungen
expensing as incurred Sofortabschreibung
experiment and development costs Versuchs- und Entwicklungskosten
expert Sachverständiger
expert: accounting expert Buchsachverständiger
expert: independent expert Sachverständiger
– unabhängiger Sachverständiger
expert: outside expert unabhängiger Gutachter
expert: sworn accounting expert vereidigter Buchsachverständiger
expert: tax expert Steuerfachmann
expert: testimony of expert Sachverständigengutachten
expert appraisal Bewertungsgutachten
expert evidence Sachverständigenbeweis
expert opinion Gutachten
– Sachverständigengutachten
expert testimony Sachverständigenaussage *(Gericht)*
– Sachverständigengutachten
expertise Fachkenntnis
– Sachkenntnis
expertly fachmännisch
expiration Außerkrafttreten
expiration: upon expiration {of} mit Ablauf {des}
expiration date Ablaufdatum
– Verfalltag
– Verfalltermin
expiration date of a period of time Fristende
expiration of a period of time Fristablauf
expiration of unused tax losses Verfall von Verlustvorträgen
expire ablaufen
– außer Kraft treten
expire: term expires Frist endet
– Frist läuft ab
expiry Ablauf
expiry: suspension of expiry of a time limit Hemmung einer Frist
expiry date Ablaufdatum
– Verfalltag
– Verfalltermin
expiry of a term Fristablauf
explanation: requiring further explanation erklärungsbedürftig
exploit ausnutzen
export Ausfuhr
export agent Außenhandelsvertreter
export certificate Ausfuhrbestätigung
– Ausfuhrnachweis
export credit Exportkredit
export delivery Ausfuhrlieferung
exposure management Risikomanagement
express ausdrücklich
express authority ausdrücklich erteilte Vollmacht
express one's intention Willenserklärung abgeben

E

express provision ausdrückliche Bestimmung
– ausdrückliche Regelung
express rule ausdrückliche Regelung
express warranty ausdrückliche Zusicherung *(ggf über gesetzliche Gewährleistung hinausgehend)*
expression: mistake of expression Erklärungsirrtum
expropriation Enteignung
extend ausweiten
– erweitern
– verlängern
extend a credit Kredit verlängern
extend a period of time Frist verlängern
extend credit Kredit gewähren
extended erweitert
extended personal tax liability erweiterte Steuerpflicht
extension Aufschub
– Stundung
– Verlängerung
extension: application for extension of time limit Antrag auf Fristverlängerung
– Fristverlängerungsantrag
extension: automatic extension of time to file the tax return automatische Fristverlängerung
extension: balance sheet extension Bilanzverlängerung
extension: grant extension of time {for} Frist verlängern {für}
extension of claim Klageerweiterung
extension of time Fristverlängerung
extension of time: application for extension of time Antrag auf Fristverlängerung
– Fristverlängerungsantrag
extension of time: grant an extension of time for payment stunden
extension of time for filing the tax return Fristverlängerung für die Abgabe der Steuererklärung
extension of time for payment Stundung
extension of time for the payment of taxes Steuerstundung
extension of time limit Fristverlängerung
extension of time limit for filing the tax return Fristverlängerung für die Abgabe der Steuererklärung
extent: to the extent necessary im erforderlichen Ausmaß
extent of damage Schadenshöhe
extenuating circumstances: allow extenuating circumstances mildernde Umstände zubilligen
external extern
external accounting externes Rechnungswesen
external auditor unabhängiger Prüfer
external balance sheet comparison externer Bilanzvergleich
external comparison externer Vergleich
external financing Außenfinanzierung
external funds fremde Mittel
external price comparison äußerer Preisvergleich
external reporting externe Rechnungslegung
external sales Außenumsatzerlöse
external sales: group external sales Konzernaußenumsatz
external turnover: group external turnover *BE* Konzernaußenumsatz
external voucher Fremdbeleg
extinctive prescription Verjährung
extra hour Überstunde
extract from the commercial register Auszug aus dem Handelsregister
extract from the title register Grundbuchauszug
extramarital cohabitation Ehe ohne Trauschein
– wilde Ehe
extra-marital cohabitation nichteheliche Lebensgemeinschaft
extraordinary außergewöhnlich
– außerordentlich
extraordinary balance sheet außerordentliche Bilanz
extraordinary charges außerordentliche Aufwendungen
extraordinary depreciation außerordentliche Abschreibung

extraordinary expenses außerordentliche Aufwendungen
- außerordentlicher Aufwand

extraordinary income außerordentliche Einkünfte
- außerordentliche Erträge

extraordinary items außerordentliche Posten

extraordinary notice außerordentliche Kündigung

extraordinary personal expenses außergewöhnliche Belastungen

extraordinary profit (loss) außerordentliches Ergebnis

extraordinary results außerordentliches Ergebnis

extraordinary termination außerordentliche Kündigung

extraordinary wear and tear außergewöhnlicher Verschleiß

extrapolate fortschreiben

extrapolated hochgerechnet

extrapolation Fortschreibung

extra-territorial extraterritorial

extraterritoriality Exterritorialität

F

face amount Nennbetrag
- Nominalwert

face value Nennbetrag
- Nennwert
- Nominalwert

facility Fazilität

facility: credit facility Kreditfazilität
- Kreditrahmen

facility: depreciation facilities Abschreibungsmöglichkeiten

facility: leasing of operating facilities Betriebsüberlassung

facility: note issuance facility *NIF* Absicherungsfazilität

facility: operational facility lease Betriebsüberlassungsvertrag

fact Tatsache

fact: according to the facts den Tatsachen nach

fact: appeal on questions of fact and law Berufung

fact: concealment of facts Unterdrückung von Tatsachen

fact: impossibility in fact tatsächliche Unmöglichkeit

fact: investigation of facts Sachaufklärung

fact: question of fact Tatfrage

fact: suppression of facts Unterdrükkung von Tatsachen

fact pattern Sachverhalt

factor: annuity factor Annuitätenfaktor

factor: connecting factor Anknüpfungskriterium
- Anknüpfungsmerkmal
- Anknüpfungspunkt

factor: discount factor Abzinsungsfaktor

factorage Kommissionsgebühr

factoring Forderungsverkauf

factoring: non-recourse factoring echtes Factoring

factoring contract Factoring-Vertrag

factoring with recourse unechtes Factoring

factoring without recourse echtes Factoring

factory accounting Fabrikbuchhaltung

factory and office equipment Betriebs- und Geschäftsausstattung

factory building Fabrikgebäude

factory buildings Fabrikbauten

factory overhead Fertigungsgemeinkosten

factory overhead expenses Fertigungsgemeinkosten

facts Fakten
- Sachverhalt
- Tatsachen

facts and circumstances Sachverhalt

factual faktisch

factual employment faktisches Arbeitsverhältnis

FAF Financial Accounting Foundation

fail to comply with a deadline Frist versäumen

fail to meet obligations Verbindlichkeiten nicht nachkommen

failed marriage zerrüttete Ehe
failure: bankruptcy proceedings following failure of composition proceedings Anschlußkonkurs
failure: business failure Unternehmenszusammenbruch
failure: investment failure Fehlinvestition
failure: market failure Marktversagen
failure to comply with a deadline Fristversäumnis
failure to perform Nichterfüllung
fair angemessen
– billig
fair and equitable recht und billig
fair competition lauterer Wettbewerb
fair market marktgerecht
fair market value gemeiner Wert
– Verkehrswert
fair value angemessener Wert
fairness Billigkeit
fairness: tax fairness Steuergerechtigkeit
fairness of competition Lauterkeit des Wettbewerbs
fall due {on} fällig werden {am}
fall heir to a property Vermögen erben
fall under the statute of limitations verjähren
falling due: amounts falling due after more than five years mit einer Restlaufzeit von mehr als fünf Jahren
falling due: amounts falling due within one year mit einer Restlaufzeit bis zu einem Jahr
falling due: thereof falling due after more than one year davon fällig in mehr als einem Jahr
falling due: thereof falling due in less than one year davon fällig in weniger als einem Jahr
falling due {on} fällig werden {am}
false entry Buchungsfehler
– Falschbuchung
– Fehlbuchung
falsification Fälschung
falsification of a balance sheet Bilanzfälschung
falsification of acounting documents Fälschen von Buchungsunterlagen
falsification of documents Urkundenfälschung
falsify books Bücher fälschen
family foundation Familienstiftung
family law Familienrecht
family member Familienangehöriger
– Familienmitglied
family residence Familienwohnort
– Familienwohnsitz
family status Familienstand
family taxation Familienbesteuerung
family-held enterprise Familienunternehmen
family-owned company Familiengesellschaft
far-flung umfassend
farming: income from farming and forestry Einkünfte aus Land- und Forstwirtschaft
farming and forestry: income from farming and forestry Einkünfte aus Land- und Forstwirtschaft
FASAC Financial Accounting Standards Advisory Council
FASB Financial Accounting Standards Board
father-in-law Schwiegervater
fault Schuld
– Verschulden
fault: at the fault of verschuldet durch
fault: caused by the fault of verschuldet durch
fault: contributory fault Mitverschulden
fault: impossibility caused by the fault of the debtor vom Schuldner zu vertretende Unmöglichkeit
fault: liability for fault Verschuldenshaftung
fault: liability for the fault of another Haftung für fremdes Verschulden
fault: liability regardless of fault verschuldensunabhängige Haftung
fault: liability without fault verschuldensunabhängige Haftung
fault: party at fault schuldige Partei
fault: sole and exclusive fault Alleinverschulden

favor *AE* Gefälligkeit
favor: in favor {of} *AE* zugunsten {von}
favorable {to} *AE* begünstigend {für}
favored: tax-favored *AE* steuerlich begünstigt
favored: tax-favoured *BE* steuerlich begünstigt
favour *BE* Gefälligkeit
favour: balance in our favour *BE* Saldo zu unseren Gunsten
favour: in favour {of} *BE* zugunsten {von}
favourable {to} *BE* begünstigend {für}
FCC Federal Communication Commission
FDAP *AE* fixed or determinable annual or periodical income
FDIC Federal Deposit Insurance Commission
feasibility Realisierbarkeit
federal ... Bundes...
federal: at the federal level auf Bundesebene
– auf nationaler Ebene *(Bundesebene)*
Federal Accounting Office Bundesrechnungshof
Federal Bank Bundesbank
Federal Chancellor Bundeskanzler
Federal Civil Court Bundesgerichtshof *BGH*
Federal Constitutional Court Bundesverfassungsgericht *BVerfG*
federal enterprise Bundesunternehmen
Federal Finance Minister Bundesfinanzminister
Federal Fiscal Court *(supreme court in tax matters)* Bundesfinanzhof *BFH*
Federal Government Bundesregierung
Federal Law Gazette Bundesgesetzblatt *BGBl.*
Federal Minister of Finance Bundesminister der Finanzen *BMF*
Federal Ministry of Finance Bundesfinanzministerium
Federal Office Bundesamt
Federal Office of Finance Bundesamt für Finanzen
Federal President Bundespräsident
Federal Republic of Germany Bundesrepublik Deutschland
Federal Reserve System *AE* Notenbanken- und Bankenaufsichtssystem
federal tax Bundessteuer
Federal Tax Court Bundesfinanzhof *BFH*
Federal Tax Examination Office Bundesbetriebsprüfungsstelle
Federal Tax Office Bundesamt für Finanzen
Federal Trade Commission *FTC* US-Bundesbehörde überwiegend im Bereich des Wettbewerbsrechts
federalism Förderalismus
fee *(charge)* Gebühr
– Vergütung
fee: attendance fee Sitzungsgeld
fee: attorney's fees *AE* Anwaltshonorar
fee: attorneys' fees *AE* Anwaltskosten
fee: audit fees Abschlußkosten
– Prüfungsgebühren
– Prüfungshonorar
– Prüfungskosten
fee: bank fees Bankgebühren
– Bankspesen
fee: broker fee Courtage
– Maklergebühr
– Maklerprovision
fee: commitment fee Bereitstellungsprovision
fee: consulting fee Beratungsgebühr
fee: consulting fees Beratungskosten
fee: contingent fee Erfolgshonorar
fee: directors' fees Aufsichtsratsvergütungen
– Verwaltungsratsvergütungen
fee: early termination fee Vorfälligkeitsentschädigung
fee: late fee Verspätungszuschlag
fee: lawyer's fees Anwaltskosten
fee: legal and consulting fees Rechts- und Beratungskosten
fee: legal fees Rechtsberatungsgebühren
– Rechtsberatungskosten

– Rechtskosten
fee: licence fee *BE* Lizenzgebühr
fee: license fee *AE* Lizenzgebühr
fee: loan commitment fee Bereitstellungsgebühr
– Bereitstellungsprovision
fee: lump sum fee Einmalgebühr
fee: management fee Geschäftsleitungsvergütung
fee: note of fees Gebührenrechnung
– Honorarabrechnung
fee: overdraft fee Überziehungsprovision
fee: protest fees Wechselprotestkosten
fee: registration fee Eintragungsgebühr
– Registrierungsgebühr
fee: retainer fee Gebührenvorschuß
fee: safe-custody fee Depotgebühr
fee: statement of fees Gebührenaufstellung
fee: supervisory board members' fees Aufsichtsratsvergütungen
fee stamp Gebührenmarke
– Stempelmarke
feedback value Rückinformationswert
fees *(renumeration for professional services)* Honorar
fellow heir Miterbe
fellow subsidiary Schwestergesellschaft
fellow-employee Arbeitskollege
fiancé Verlobter
fiancée Verlobte
FICA Federal Insurance Contributions Act
fiction Fiktion
fictious income from owner-occupied home Nutzungswert der selbstgenutzten Wohnung
fictitious fiktiv
– fingiert
– kalkulatorisch
fictitious interest kalkulatorische Zinsen
fictitious marriage Scheinehe
fidelity: contractual fidelity Vertragstreue
fiduciary Treuhänder
– treuhänderisch
fiduciary duty Treuepflicht
field audit Außenprüfung
field audit: tax field audit steuerliche Außenprüfung
field audit: wage tax field audit Lohnsteueraußenprüfung
field auditor Außenprüfer
figure Ziffer
figure: benchmark figures Vergleichszahlen
figure: comparative figures Vergleichszahlen
figure: pro memoria figure Erinnerungswert
file Akte
– Datei
– einordnen
– zu den Akten nehmen
file: accounts receivable file Debitorendatei
– Debitorenkartei
file: automatic extension of time to file the tax return automatische Fristverlängerung
file: card file Kartei
file: fixed asset file Anlagenkartei
file: inspection of files Akteneinsicht
file: inventory file Bestandskartei
– Lagerkartei
file: item master file Artikelstammdatei
file: master account file Kontenstammdatei
file: master file Stammdatei
file: master files Stammdaten
file: memorandum for file Aktennotiz *memo*
– *memo* Aktenvermerk
file: presentation of files Aktenvorlage
file: production of files Aktenvorlage
file: stock file Lagerkartei
file {with} abgeben {bei}
– einreichen {bei}
file a challenging motion Ablehnungsantrag stellen
file a petition for divorce Scheidungsklage einreichen

file a petition for the institution of composition proceedings Eröffnung des Vergleichs beantragen
file a petition in bankruptcy Konkurs beantragen
file a refund claim Antrag auf Steuerrückerstattung stellen
file a tax return Steuererklärung abgeben
file an appeal {against} Rechtsbehelf einlegen {gegen}
– Rechtsmittel einlegen {gegen}
file card Karteikarte
file company Vorratsgesellschaft
file for bankruptcy Konkursantrag stellen
file inspection Akteneinsicht
file number Aktenzeichen
file proof of debt in bankruptcy Anmeldung einer Konkursforderung
filing: debt filing Anmeldung einer Forderung *(Konkurs)*
filing: extension of time for filing the tax return Fristverlängerung für die Abgabe der Steuererklärung
filing: extension of time limit for filing the tax return Fristverlängerung für die Abgabe der Steuererklärung
filing: late filing penalty Verspätungszuschlag
filing: penalty for late filing Verspätungszuschlag
filing: penalty for late filing of return Verspätungszuschlag
filing {of} Einreichung {von}
filing date Abgabefrist *(Termin)*
– Abgabetermin
– Abgabezeitpunkt
filing date: tax return filing date Termin für die Abgabe der Steuererklärung
– Zeitpunkt für die Abgabe der Steuererklärung
filing date for the tax return Termin für die Abgabe der Steuererklärung
– Zeitpunkt für die Abgabe der Steuererklärung
filing deadline Abgabefrist *(Termin)*
filing of a bankruptcy petition Konkursanmeldung
– Konkursantrag
filing of tax return Abgabe der Steuererklärung
filing period Abgabefrist *(Zeitraum)*
final and absolute bestandskräftig
– rechtskräftig
final and conclusive bestandskräftig
final and conclusive judgment rechtskräftiges Urteil
final assessment endgültige Veranlagung
final audit conference Schlußbesprechung
final demand before action letzte Mahnung
final judgment rechtskräftiges Urteil
final notice of assessment endgültiger Steuerbescheid
final payment Abschlußzahlung
final tax assessment endgültige Steuerfestsetzung
finance finanzieren
finance: captive finance company Konzernfinanzierungsgesellschaft
finance: project finance Projektfinanzierung
finance company Finanzierungsgesellschaft
finance company: captive finance company konzerneigene Finanzierungsgesellschaft
finance leasing Finanzierungsleasing
financed: debt-financed fremdfinanziert
financial account Finanzkonto
financial accountant Finanzbuchhalter
financial accounting Finanzbuchhaltung
– handelsrechtliche Rechnungslegung
financial accounting standards Grundsätze ordnungsmäßiger Bilanzierung
– Grundsätze ordnungsmäßiger Buchführung *GoB*
financial asset: current financial assets Finanzumlaufvermögen
– monetäres Umlaufvermögen
financial asset: write-down of finan-

F

cial assets Abschreibungen auf Finanzanlagen
financial asset: write-down of financial assets and short-term investments Abschreibungen auf Finanzanlagen und auf Wertpapiere des Umlaufvermögens
financial assets Finanzanlagen
financial assets: income from the disposal and write-up of financial assets Erträge aus dem Abgang von und der Zuschreibung zu Finanzanlagen
financial assets: income from the disposal and write-up of investments Erträge aus dem Abgang von und der Zuschreibung zu Finanzanlagen
financial audit Abschlußprüfung
– Buchprüfung
– Prüfung
– Wirtschaftsprüfung
financial balance sheet Handelsbilanz
financial center *AE* Finanzzentrum
financial centre *BE* Finanzzentrum
financial conditions finanzielle Verhältnisse
financial income: pretax financial income handelsrechtliches Ergebnis vor Steuern
financial instrument Finanzierungsinstrument
– Finanztitel
financial intermediary Finanzintermediär
financial investments: amounts written off financial investments *BE* Abschreibungen auf Finanzanlagen
financial leasing Finanzierungsleasing
financial loss *(insurance)* Vermögensschaden
financial plan Finanzplan
financial planning Finanzplanung
financial position Finanzlage
financial position: statement of changes in financial position Herkunfts- und Verwendungsrechnung
– Kapitalflußrechnung
financial position: statement of financial position Bilanz
– Vermögensaufstellung
financial ratios finanzwirtschaftliche Kennzahlen
financial rehabilitation Sanierung
financial reporting: depreciation for financial reporting purposes bilanzielle Abschreibung
financial reporting: interim financial reporting Zwischenberichterstattung
financial rescue Sanierung
financial results Finanzergebnis
financial services Finanzdienstleistungen
financial standing Finanzlage
financial statement analysis Abschlußanalyse
– Bilanzanalyse
– Jahresabschlußanalyse
financial statement audit Abschlußprüfung
financial statement income handelsrechtlicher Gewinn
financial statements Abschluß *(Jahresabschluß)*
– handelsrechtlicher Jahresabschluß
– Jahresabschluß
financial statements: adopt the annual financial statements Jahresabschluß feststellen
financial statements: adoption of financial statements Feststellung des Jahresabschlusses
financial statements: approve the annual financial statements Jahresabschluß feststellen
financial statements: audit of financial statements Abschlußprüfung
financial statements: audited financial statements testierter Abschluß
financial statements: consolidated financial statements konsolidierter Abschluß
– Konzernabschluß
– Konzernjahresabschluß
financial statements: date of the fi-

nancial statements Abschlußstichtag

financial statements: draw up financial statements Abschluß machen

financial statements: for financial statement purposes handelsrechtlich *(Rechnungslegungsvorschriften)*

financial statements: group financial statements Gruppenabschluß
– Konzernabschluß

financial statements: interim financial statements Zwischenabschluß

financial statements: notes to consolidated financial statements Anhang zum Konzernabschluß

financial statements: notes to financial statements Anhang
– Erläuterungen zum Jahresabschluß

financial statements: preliminary financial statements vorläufiger Abschluß

financial statements: preparation of annual financial statements Aufstellung des Jahresabschlusses

financial statements: prepare financial statements Abschluß machen

financial statements: prepare the financial statements Abschluß machen
– Jahresabschluß aufstellen
– Jahresabschluß erstellen

financial statements: presentation of financial statements Vorlage des Jahresabschlusses

financial statements: quarterly financial statements Quartalsabschluß

financial statements: unaudited financial statements nicht testierter Abschluß

financial statements: worldwide financial statements Weltabschluß

financial year Bilanzjahr
– Geschäftsjahr

financial year: loss for the financial year Jahresfehlbetrag
– Verlust des Geschäftsjahres

financial year: net loss for the financial year Jahresfehlbetrag

financial year: net profit for the financial year Jahresüberschuß

financial year: profit for the financial year Jahresüberschuß

financing Finanzierung

financing: back-to-back financing Durchlauffinanzierung

financing: co-financing Kofinanzierung

financing: conduit financing Durchlauffinanzierung

financing: external financing Außenfinanzierung

financing: hybrid financing instrument hybrides Finanzinstrument

financing: interim financing Zwischenfinanzierung

financing: internal financing Selbstfinanzierung

financing: intra-group financing Konzernfinanzierung

financing: mezzanine financing Mezzanine-Finanzierung

financing: refinancing Refinanzierung

financing: self-financing Selbstfinanzierung

financing: shareholder debt financing Gesellschafterfremdfinanzierung

financing costs Finanzaufwendungen
– Finanzierungskosten
– Geldbeschaffungskosten

financing instrument: hybrid financing instrument hybrides Finanzierungsinstrument

financing project Finanzierungsvorhaben

financing risk Finanzierungsrisiko

financing source Finanzierungsquelle

finding Ergebnis
– Erkenntnis

fine Bußgeld
– Geldbuße
– Geldstrafe

fine: administrative fine Ordnungsstrafe

finished goods fertige Erzeugnisse
– Fertigerzeugnisse

finished goods: changes in stock of finished goods and work in pro-

gress *BE* Erhöhung oder Verminderung des Bestands an fertigen und unfertigen Erzeugnissen
finished goods: increase or decrease in finished goods inventories and work in process *AE* Erhöhung oder Verminderung des Bestands an fertigen und unfertigen Erzeugnissen
finished goods: inventory adjustments - finished goods Abschreibungen auf Fertigerzeugnisse
finished goods: write-down on finished goods Abschreibungen auf unfertige Erzeugnisse
finished goods and goods for resale fertige Erzeugnisse und Waren
finished products fertige Erzeugnisse
– Fertigerzeugnisse
finished products account Fabrikatekonto
– Fertigerzeugniskonto
fire insurance Feuerversicherung
fire insurance tax Feuerversicherungsteuer
firm Firma
firm: broker-dealer firm auf fremde und eigene Rechnung handelnde Wertpapierfirma
firm: interfirm zwischenbetrieblich
firm commitment underwriting Übernahme der gesamten Emission durch den Emissionsgaranten und Verkauf auf eigenes Risiko
firm offer Festangebot
FIRPTA *AE* Foreign Investment in Real Property Tax Act
first in, first out fifo
first refusal: municipal right of first refusal gemeindliches Vorkaufsrecht
first refusal: right of first refusal Vorkaufsrecht
first use Erstgebrauch
first-tier subsidiary Tochtergesellschaft
fiscal fiskalisch
– steuerlich
fiscal agent steuerlicher Vertreter
– Vertreter in steuerlichen Angelegenheiten
fiscal charges: taxes and other fiscal charges Steuern und Abgaben
fiscal consolidation steuerliche Konsolidierung
fiscal court Finanzgericht *(allgemein)*
– Steuergericht
fiscal court: Federal Fiscal Court *(supreme court in tax matters)* Bundesfinanzhof *BFH*
fiscal court judgment Finanzgerichtsurteil
– Steuergerichtsurteil
fiscal court jurisdiction Rechtsprechung der Finanzgerichte
fiscal court proceedings Finanzgerichtsverfahren
fiscal discrimination steuerliche Diskriminierung
fiscal domicile steuerlicher Sitz
– steuerlicher Wohnsitz
fiscal evasion Steuerhinterziehung
– Steuerverkürzung
fiscal immunity fiskalische Immunität
fiscal jurisdiction Besteuerungsbefugnis
– Besteuerungsrecht
– Finanzgerichtsbarkeit
– Steuerhoheit
fiscal law Finanzrecht
– Steuerrecht
fiscal legislation Steuergesetzgebung
fiscal offence *BE* Steuerordnungswidrigkeit
– *BE* Steuerstraftat
fiscal offence: criminal proceedings for fiscal offences *BE* Steuerstrafverfahren
fiscal offence: law regarding fiscal offences *BE* Steuerstrafrecht
fiscal offence: penal proceedings for fiscal offences *BE* Steuerstrafverfahren
fiscal offence: penal proceedings for tax fraud and other fiscal offences *BE* Steuerstrafverfahren
fiscal offense *AE* Steuerordnungswidrigkeit
– *AE* Steuerstraftat
fiscal offense: criminal proceedings

for fiscal offenses *AE* Steuerstrafverfahren
fiscal offense: law regarding fiscal offenses *AE* Steuerstrafrecht
fiscal offense: penal proceedings for fiscal offenses *AE* Steuerstrafverfahren
fiscal offense: penal proceedings for tax fraud and other fiscal offenses *AE* Steuerstrafverfahren
fiscal office: regional fiscal office Bezirksfinanzdirektion
fiscal paradise Steueroase
– Steuerparadies
fiscal representative Fiskalvertreter
– Vertreter in steuerlichen Angelegenheiten
fiscal science Steuerlehre
fiscal unit Besteuerungseinheit
fiscal unity Organschaft
fiscal year Steuerjahr
– Wirtschaftsjahr
fiscally privileged steuerlich begünstigt
fitness Eignung
– Tauglichkeit
fitness: warranty for fitness for a particular purpose Gewährleistung für Eignung für einen bestimmten Zweck
fitting Einbau
– Installation
– Montage
fittings Ausrüstungsgegenstände
– Ausstattung
– Ausstattungsgegenstände
– Zubehör
fittings: fixtures and fittings Betriebs- und Geschäftsausstattung
– Geschäftsausstattung
fittings: fixtures, fittings, tools and equipment Betriebs- und Geschäftsausstattung
fixated in writing schriftlich fixiert
fixation Festsetzung
fixation in writing schriftliche Fixierung
– schriftliche Niederlegung
fixed festgesetzt
fixed account gemischtes Konto
fixed asset Anlagegegenstand
– Gegenstand des Anlagevermögens
fixed asset: addition to fixed assets Zugang zum Anlagevermögen
fixed asset: additions to fixed assets Anlagenzugänge
fixed asset: depreciation of fixed assets Abschreibungen auf Anlagevermögen
fixed asset: disposal of fixed assets Abgang von Gegenständen des Anlagevermögens
fixed asset: disposals of fixed assets Anlagenabgänge
fixed asset: intangible fixed assets immaterielle Anlagewerte
– immaterielles Anlagevermögen
fixed asset: losses from the disposal of fixed assets Verluste aus Anlageabgängen
fixed asset: retirement of a fixed asset Stillegung eines Anlagegutes
fixed asset: retirement of fixed assets Anlagenabgänge
fixed asset: tangible fixed assets materielles Anlagevermögen
– Sachanlagen
– Sachanlagevermögen
fixed asset: valuation allowance for fixed assets Wertberichtigung auf Anlagevermögen
fixed asset: write-up of fixed assets Zuschreibung von Gegenständen des Anlagevermögens
fixed asset account Anlagekonto
– Anlagenkonto
– Sachanlagekonto
fixed asset accounting Anlagenbuchhaltung
fixed asset additions Anlagenzugänge
– Sachanlagenzugänge
fixed asset depreciation Abschreibungen auf Sachanlagen
fixed asset detail ledger Anlagenbuchhaltung
fixed asset disposals Anlagenabgänge
fixed asset file Anlagenkartei
fixed asset ledger Sachanlagebuch

fixed asset retirements Anlagenabgänge
fixed asset valuation Anlagenbewertung
fixed assets Anlagevermögen
fixed assets: depreciation of fixed assets Abschreibungen auf Sachanlagen
fixed assets under construction Anlagen im Bau
fixed base feste Einrichtung
fixed capital account konstantes Kapitalkonto
fixed costs fixe Kosten
– Fixkosten
fixed interest feste Verzinsung
fixed interest bearing festverzinslich
fixed noncancelable lease term Grundmietzeit
fixed place of business feste Geschäftseinrichtung
fixed rate fester Kurs
fixed rate: interest at a fixed rate feste Verzinsung
fixed rate interest Festzins
fixed term lease Zeitmietvertrag
fixed-asset movement schedule Anlagenspiegel
fixed-interest security festverzinsliches Wertpapier
fixed-price contract Pauschalpreisvertrag
fixed-rate of depreciation konstanter Abschreibungssatz
fixing of a period of time Fristsetzung
fixing of a term Fristsetzung
fixture eingebaute Anlage
– Grundstücksbestandteil
– Grundstückszubehör
fixture: furnitures and fixtures Geschäftsausstattung
fixture: trade fixtures gewerbliche Einbauten
fixtures Bestandteil eines Grundstükkes
– Einbauten
– Grundstückszubehör
– *(tenant)* Mietereinbauten
– unwesentlicher Bestandteil eines Grundstückes
fixtures: furnitures and fixtures Betriebs- und Geschäftsausstattung
– Einrichtungen
fixtures and fittings Betriebs- und Geschäftsausstattung
– Geschäftsausstattung
fixtures, fittings, tools and equipment Betriebs- und Geschäftsausstattung
flat pauschal
– *BE* Wohnung
flat amount Pauschbetrag
flat bond Anleihe ohne Zinseinschluß
flat rate Einheitssatz
– Pauschalsatz
flat tax Pauschalsteuer
flexible working hours flexible Arbeitszeit
– gleitende Arbeitszeit
flight: risk of flight Fluchtgefahr
floatation Auflegung
– Ausgabe
– Begebung
– Emission
floater variabel verzinsliche Anleihe
– zinsvariable Schuldverschreibung *(z. B. an LIBOR oder FIBOR gekoppelt)*
floating rate variabler Zins
– zinsvariabel
floating rate interest variabler Zins
floating rate note variabel verzinsliche Anleihe
floored nach unten begrenzt *(Zins)*
flotation Auflegung
– Ausgabe
– Begebung
– Emission
flow: cost flow Kostenfluß
flow: information flow Informationsfluß
flow: restrictions on the flow of funds Beschränkungen des Kapitalverkehrs
– Kapitalverkehrsbeschränkungen
flow through durchfließen
fluctuation: currency fluctuations Währungsschwankungen
fluctuation: purchasing power fluctuation Kaufkraftänderung
fluctuation in value Wertschwankung

fluctuation of purchasing power Kaufkraftänderung
FOB free on board
follow directions Weisungen befolgen
follow instructions Weisungen befolgen
following: in the following nachfolgend
– nachstehend
follow-up letter Nachfaßbrief
footnote Fußnote
for a fixed time befristet
for a term to begin on ... and to expire on ... für einen Zeitraum von ... bis ...
for account and risk of auf Rechnung und Gefahr von
for account of für Rechnung von
for account of a third party für fremde Rechnung
for book purposes buchmäßig
for cash gegen Barzahlung
for cause begründet
for deposit only nur zur Verrechnung
for financial statement purposes handelsrechtlich *(Rechnungslegungsvorschriften)*
for gain gewerbsmäßig
for insufficiency of assets mangels Masse
for just cause berechtigt
for one's own account für eigene Rechnung
for own account für eigene Rechnung
for profit erwerbswirtschaftlich
for reasons of aus Gründen der
for reasons of equity aus Billigkeitsgründen
for specific legal forms rechtsformspezifisch
for tax purposes steuerlich
for the benefit of: contract for the benefit of a third party Vertrag zugunsten Dritter
for the benefit of: mortgage for the benefit of the owner Eigentümerhypothek
for the purpose {of} zum Zwecke {der/einer}
for the time being fürs erste
– vorläufig
forbear unterlassen
forbearance Unterlassung
force: be in force in Kraft sein
force: come into force in Kraft treten
– inkrafttreten
force: enter into force in Kraft treten
– inkrafttreten
force: entry into force Inkrafttreten
force: go out of force außerkrafttreten
force: going out of force Außerkrafttreten
force: in force in Kraft
force: labor force *AE* Arbeitnehmerschaft
force: law in force geltendes Recht
force: of no binding force unverbindlich
force: out of force außer Kraft
force majeure höhere Gewalt
force of attraction of permanent establishment Attraktivkraft der Betriebsstätte
forced heir *AE* Pflichtteilsberechtigter
forced share: statutory forced share *AE* Pflichtteil
force-of-attraction principle Prinzip der Attraktivkraft der Betriebsstätte
forecast Prognose
– prognostizieren
– Vorhersage
forecast: cash flow forecast Zahlungsplan
forecasting Prognostizieren
foregoing vorstehend
foreign ausländisch
foreign: with foreign implications mit Auslandsberührung
foreign company Auslandsgesellschaft
foreign corporation ausländische Kapitalgesellschaft
– Kapitalgesellschaft ausländischen Rechts
foreign currency Fremdwährung
foreign currency: translation of foreign currencies Fremdwährungsumrechnung

F

– Kursumrechnung
foreign currency denominated bond Fremdwährungsanleihe
foreign currency denominated loan Fremdwährungsdarlehen
foreign currency forward contract Fremdwährungsforwardvertrag
foreign currency gain Fremdwährungsgewinn
– Währungsgewinn
foreign currency loss Fremdwährungsverlust
– Währungsverlust
foreign currency translation Fremdwährungsumrechnung
foreign currency translation gain Umrechnungsgewinn
– Wechselkursgewinn
foreign currency translation loss Wechselkursverlust
foreign debt Auslandsschuld
foreign exchange Devisen
foreign exchange control Devisenbewirtschaftung
foreign exchange forward contract Devisentermingeschäft *(unstandardisiert)*
foreign exchange position Devisenposition
foreign exchange rate Umrechnungskurs
foreign exchange restrictions Devisenbeschränkungen
foreign exchange trade Devisenhandel
foreign implications Auslandsberührung
foreign law ausländisches Recht
foreign liability Auslandsschuld
foreign source income ausländische Einkünfte
– ausländisches Einkommen
foreign tax: crediting of foreign taxes Anrechnung *(ausländische Steuern)*
foreign tax credit Anrechnung ausländischer Steuern
foreign tax credit: direct foreign tax credit direkte Steueranrechnung
foreign tax credit: excess foreign tax credit Anrechnungsüberhang
foreseeability Vorhersehbarkeit
foreseeable vorhersehbar
forestry: income from agriculture and forestry Einkünfte aus Land- und Forstwirtschaft
forestry: income from farming and forestry Einkünfte aus Land- und Forstwirtschaft
forfaiting Forfaitierung
forfeit verfallen
– verwirken
forfeit a right eines Rechts verlustig gehen
– Recht verwirken
forfeitable verfallbar
forfeited verfallen
– verwirkt
forfeiture Einziehung
– Verfall
– Verwirkung
forgery Fälschung
forgive debt Schuld erlassen
forgiveness: debt forgiveness Erlaß einer Schuld
– Forderungsverzicht
form Formular
– gründen
– Vordruck
form: account form Kontenblatt
form: contract requiring specific form formbedürftiger Vertrag
form: defect in form Formfehler
form: in due form formgerecht
form: in proper form formgerecht
form: in written form schriftlich
form: legal form rechtliche Form
– Rechtsform
form: not requiring any specific form formlos
form: require a specific form formbedürftig
form: required form erforderliche Form
form: requisite of form Formerfordernis
form: statutory form gesetzliche Form

form: substance over form wirtschaftliche Betrachtungsweise
form: substance over form rule Regelung, die den wirtschaftlichen Gehalt einer Transaktion über die formale Gestaltung stellt
form: tax form Steuerformular
– Steuervordruck
form: written form Schriftform
form a company Gesellschaft gründen
form a provision Rückstellung bilden
form prescribed by the law gesetzliche Form
formal förmlich
formal approval Entlastung
formal defect Formfehler
formal discharge Entlastung
formal interpretation wörtliche Auslegung
formal reasons: reject a request due to formal reasons Antrag aus formellen Gründen zurückweisen
formal requirement Formerfordernis
formality Formalie
– Formalität
format: balance sheet format Gliederung der Bilanz
format: cost-categories-oriented format *AE* Gesamtkostenverfahren
format: type-of-expenditure format *BE* Gesamtkostenverfahren
formation Errichtung
– Gründung
formation: in formation in Gründung
formation audit Gründungsprüfung
formation auditor Gründungsprüfer
formation balance sheet Gründungsbilanz
formation costs Gründungskosten
formation expenses Gründungsaufwand
– Gründungsaufwendungen
– Gründungskosten
formation expenses: write off of formation expenses Gründungskosten abschreiben *(Vollabschreibung)*
formation of a company Gesellschaftsgründung
– Gründung einer Gesellschaft
formation of reserves Bildung von Rücklagen
formation of the government Regierungsbildung
formed: newly formed neu errichtet
– neu gegründet
formed: newly formed company neu gegründete Gesellschaft
former: the former der frühere
forming of accruals Bildung von Rückstellungen
formula: allocation formula Zerlegungsmaßstab
formula: entry formula Buchungssatz
formula: set of formulas Formelwerk
forthwith zukünftig
forum Gerichtsstand
– *(panel)* Gremium
forum: constitute a forum beschlußfähig sein
forward contract Terminkontrakt *(unstandardisiert)*
forward contract: foreign currency forward contract Fremdwährungsforwardvertrag
forward contract: foreign exchange forward contract Devisentermingeschäft *(unstandardisiert)*
forward cover Terminsicherung
forwarder Spediteur
forwarding Spedition
forwarding agency Speditionsfirma
forwarding agent Spediteur
forwarding agent's lien Speditionspfandrecht
forwarding charge Speditionsgebühr
forwarding contract Speditionsvertrag
forwarding costs Versandkosten
forwarding expenses Speditionskosten
forwarding merchant Speditionskaufmann
foster child Pflegekind
found gründen
found a company Gesellschaft gründen
foundation Gründung
– Stiftung

foundation: family foundation Familienstiftung
foundation: legal foundation Rechtsgrund
foundation: real estate foundation Grundstücksstiftung
foundation: real property foundation Grundstücksstiftung
foundation of a contract Geschäftsgrundlage
foundation of business Geschäftsgründung
founded: legally founded rechtlich begründet
founded: newly founded neu gegründet
founder Gründer
fractional apportionment method *(profit determination of a permanent establishment)* indirekte Methode *(der Betriebsstättengewinnermittlung)*
fractional interest Bruchteil
fractional part of an estate Bruchteil des Nachlasses
framework Gefüge
– Rahmen
– System
framework: conceptual framework konzeptioneller Rahmen
framework agreement Rahmenvertrag
franchise *AE* Konzession
franchise contract Franchisevertrag
franchise fee Franchisegebühr
franchisee Franchisenehmer
franchising *AE* Konzessionierung
franchising: trademark franchising Warenzeichenfranchising
franchisor Franchisegeber
fraud Betrug
fraud: insurance fraud Versicherungsbetrug
fraud: statutes of frauds Schriftform vorsehende Gesetze
fraud: subsidy fraud Subventionsbetrug
fraud: tax fraud Steuerbetrug
– Steuerhinterziehung
fraud: tax fraud investigation Steuerfahndung
fraud: tax fraud investigator Steuerfahnder
– Steuerfahndungsbeamter
fraudster Betrüger
– *(taxes)* Steuerhinterzieher
fraudulent: transactions avoidable by creditors due to fraudulent transfer of property anfechtbare Rechtsgeschäfte wegen Gläubigerbenachteiligung
fraudulent concealment arglistiges Verschweigen
fraudulent concealment of facts arglistiges Verschweigen von Tatsachen
fraudulent conveyance of property Gläubigerbenachteiligung
Fraudulent Conveyances Voidance Act *AE* Anfechtungsgesetz
fraudulent misrepresentation Falschdarstellung in Täuschungs- oder Betrugsabsicht
fraudulent transfer: avoidance of fraudulent transfer of property Gläubigeranfechtung
fraudulently betrügerisch
free: tax-free nicht steuerbar
– nicht steuerpflichtig
free circulation freier Verkehr
free competition freier Wettbewerb
free consideration of evidence freie Beweiswürdigung
free evaluation of evidence freie Beweiswürdigung
free of charge kostenlos
– spesenfrei
– unentgeltlich
free of tax steuerfrei
free reserves freie Rücklagen
freedom of assembly Versammlungsfreiheit
freedom of association Vereinigungsfreiheit
freedom of competition Wettbewerbsfreiheit
freedom of conscience Gewissensfreiheit
freedom of movement Freizügigkeit

freedom of science Wissenschaftsfreiheit
freedom of speech Meinungsfreiheit
freedom of the press Pressefreiheit
freedom of trade Gewerbefreiheit
freehold estate unbeschränktes Eigentumsrecht an Grundvermögen
free-trade area Freihandelszone
free-trade zone Freihandelszone
freeze-out offer Abfindungsangebot
freight Fracht
freight: bill of freight Frachtbrief
freight: carry freight Fracht befördern
freight: inbound freight Eingangsfrachten
freight and charges prepaid fracht- und spesenfrei
freight bill Frachtbrief
freight contract Frachtvertrag
freight costs Frachtkosten
freight insurance Frachtversicherung
freight paid frachtfrei
freight paid to destination frachtfrei bis zum Bestimmungsort
freight paid to frontier frachtfrei bis zur Grenze
freight payable at destination Fracht unfrei
– Fracht zahlbar am Bestimmungsort
freight-out Ausgangsfrachten
fringe benefits freiwillige Zusatzleistungen
from case to case fallweise
front company Scheingesellschaft
– Tarngesellschaft
– vorgeschobene Gesellschaft
front man Strohmann
front page Deckblatt
– Titelseite
frontier Grenze
FRR Financial Reporting Release *(SEC)*
frustrated: contract has become frustrated Geschäftsgrundlage für einen Vertrag ist weggefallen
frustration of contract Wegfall der Geschäftsgrundlage
FSC *AE* foreign sales corporation
FTC foreign tax credit
– Federal Trade Commission *(US-Bundesbehörde überwiegend im Bereich des Wettbewerbsrechts)*
fuel tax Benzinsteuer
fulfil erfüllen
fulfill *AE* erfüllen
fulfillment *AE* Erfüllung
fulfilment Erfüllung
fulfilment of a contract Vertragserfüllung
full vollständig
full age Volljährigkeit
full comprehensive insurance Vollkaskoversicherung
full costing Vollkostenrechnung
full disclosure vollständige Offenlegung
full imputation system Vollanrechnungsverfahren
full tax imputation Vollanrechnung
full tax imputation system Vollanrechnungssystem
full title {to} Volleigentum {an/am}
full-day work Ganztagsarbeit
full-payout contract Vollamortisationsvertrag
full-payout leasing Vollamortisationsleasing
fully tax deductible in voller Höhe abzugsfähig
– steuerlich voll abzugsfähig
function Funktion
functional analysis Funktionsanalyse
functional attribution funktionale Zuordnung
functional currency Basiswährung
functional unit Funktionseinheit
functionary: administrative functionary Amtsträger
fund Fonds
fund: closed-end fund geschlossener Fonds
fund: depreciation fund Abschreibungsfonds
fund: escrow fund beim Treuhänder hinterlegte Gelder
– Treuhandfonds
fund: fund of funds Dachfonds
fund: growth fund Thesaurierungsfonds
– Wachstumsfonds

F

fund: index fund Index-Fonds
fund: investment fund Investmentfonds
- Kapitalanlagegesellschaft
fund: money-market fund Geldmarktfonds
- in Geldmarktpapiere investierende Investmentfonds
fund: mutual fund *AE* Investmentfonds
- *AE* Kapitalanlagegesellschaft
- *AE* Kapitalanlagegesellschaft nach Fondsprinzip
- *AE* offener Investmentfonds
fund: Mutual Funds Act *AE* Gesetz über Kapitalanlagegesellschaften *KAGG*
fund: open-end fund offener Fonds
- offener Investmentfonds
fund: open-ended fund offener Investmentfonds
fund: pension fund Pensionsfonds
- Pensionskasse
fund: retirement fund Pensionskasse
fund: sinking fund Tilgungsfonds
fund: superannuation fund Pensionskasse
fund a reserve Rücklage speisen
fund management Fondsverwaltung
fund of funds Dachfonds
fund raising Mittelbeschaffung
fundamental principle tragender Grundsatz
funding Kapitalausstattung
funding: cost funding arrangement Kostenfinanzierungsvertrag *(nicht nutzungsanteilbezogene pauschale Form der Kostenbeteiligung/fixed key method)*
funding: intra-group funding Konzernfinanzierung
funding: overfunding Überfinanzierung
funding of reserves Rücklagendotierung
funds: allocation of funds Zuweisung von Mitteln
funds: application of funds Mittelverwendung
funds: borrowed funds Fremdmittel
funds: external funds fremde Mittel
funds: internal funds Eigenmittel
funds: lending of funds Kapitalüberlassung
funds: liquid funds flüssige Mittel
- liquide Mittel
- verfügbare Mittel
funds: monetary funds Geldmittel
funds: restrictions on the flow of funds Beschränkungen des Kapitalverkehrs
- Kapitalverkehrsbeschränkungen
funds: source of funds Mittelherkunft
funds: statement of application of funds Kapitalflußrechnung
funds: subsidization out of public funds Subventionierung aus öffentlichen Mitteln
funds: subsidized out of public funds aus öffentlichen Mitteln subventioniert
funds: subsidy from public funds Zuschuß aus öffentlichen Mitteln
funds: use of funds Mittelverwendung
funds pledged as security Sicherungsgelder
funds statement Fondsrechnung
funeral expenses Beerdigungskosten
- Bestattungskosten
fungible fungibel
- vertretbar
fungible good Gattungssache
fungible securities Effekten
furnish proof Nachweis erbringen
furnish security {for} Sicherheit stellen {für}
furnished möbliert
furnitures and fixtures Betriebs- und Geschäftsausstattung
- Einrichtungen
- Geschäftsausstattung
furnsih security {for} Sicherheit leisten {für}
furtherance of public welfare Förderung der Allgemeinheit
fusion Verschmelzung
FUTA *AE* Federal Unemployment Tax Act
future Terminkontrakt *(standardisiert)*

future contract standardisierter Terminkontrakt
future interest Anwartschaft

G

GAAP generally accepted accounting principles *(Grundsätze ordnungsmäßiger Buchführung)*
- *BE GoB* generally accepted accounting practice *GAAP*

GAAR General Anti-Avoidance Rule
GAAS Generally Accepted Auditing Standards
gain Gewinn
gain: built-in gain bereits entstandene, jedoch noch nicht realisierte Wertsteigerung
gain: built-in gains stille Reserven
gain: capital gain Veräußerungsgewinn
gain: composition gain Vergleichsgewinn *(Insolvenzverfahren)*
gain: disposition gain Veräußerungsgewinn
gain: economic gain ökonomischer Gewinn
gain: exchange gain Kursgewinn
gain: for gain gewerbsmäßig
gain: foreign currency gain Fremdwährungsgewinn
- Währungsgewinn

gain: inflationary gain Scheingewinn
gain: merger gain Fusionsgewinn
- Verschmelzungsgewinn

gain: realized gains realisierte Gewinne
gain: recapitalization gain Sanierungsgewinn
gain: reorganization gain Sanierungsgewinn
gain: speculative gain Spekulationsgewinn
gain: transfer gain Überführungsgewinn
- Übertragungsgewinn

gain: translation gain Umrechnungsgewinn
- Wechselkursgewinn

gain: unrealized gains nicht realisierte Gewinne
gain on disposal Veräußerungsgewinn
gain on the sale of securities Gewinn aus der Veräußerung von Wertpapieren
gains pending realization noch nicht realisierte Gewinne
gap in the law Gesetzeslücke
garnished: order of attachment and transfer of garnished claim Pfändungs- und Überweisungsbeschuß
garnishment: wage exempt from garnishment unpfändbarer Lohn
garnishment of wages Gehaltspfändung
- Lohnpfändung

GASB Governmental Accounting Standards Board
gearing: equity gearing *BE* Verschuldungsgrad
general accounting allgemeines Rechnungswesen
general administration expenses allgemeine Verwaltungskosten
general contractor Generalunternehmer
general creditor nicht bevorzugter Gläubiger
general ledger Hauptbuch
general ledger trial balance Hauptabschlußübersicht
general liability insurance allgemeine Haftpflichtversicherung
general meeting Generalversammlung
- Hauptversammlung

general meeting: annual general meeting of shareholders Jahreshauptversammlung
general meeting: call a general meeting Hauptversammlung einberufen
general partner Komplementär
- unbeschränkt haftender Gesellschafter
- voll haftender Gesellschafter

general partner: corporate general partner Komplementär-GmbH

general partnership offene Handelsgesellschaft
general provision Pauschalwertberichtigung
general provision for doubtful accounts Pauschalwertberichtigung zu Forderungen
general rule Grundregel
general strike Generalstreik
general terms and conditions Allgemeine Geschäftsbedingungen
generally accepted accounting practice *BE GAAP* Grundsätze ordnungsmäßiger Bilanzierung *GoB*
generally accepted accounting principles Grundsätze der Rechnungslegung
– *AE GAAP* Grundsätze ordnungsmäßiger Bilanzierung
– *AE GAAP* Grundsätze ordnungsmäßiger Buchführung *GoB*
generally accepted auditing standards Grundsätze ordnungsmäßiger Abschlußprüfung
– Grundsätze ordnungsmäßiger Prüfung
generally accepted documentation principles Grundsätze ordnungsmäßiger Dokumentation
generate erwirtschaften
generate an entry Buchung erzeugen
generate income Einkommen erwirtschaften
– Einkünfte erwirtschaften
– Erträge erwirtschaften
generating: yield-generating ertragbringend
generation: expenses incurred with the generation of income Werbungskosten
generation: income generation Einkommenserzielung
– Einkünfteerzielung
generation: income-generation expenses Werbungskosten
generic product Produkt mit Gattungsbezeichnung ohne Markennamen
generic term Oberbegriff
geographical allocation of turnover Umsatz nach Ländern
get married verheiraten
gift Schenkung
gift: business gifts Geschenke
gift: promise to make a gift Schenkungsversprechen
gift: revocation of a gift Widerruf einer Schenkung
gift: revoke a gift Schenkung widerrufen
gift contract Schenkungsvertrag
gift inter vivos Schenkung unter Lebenden
gift tax Schenkungsteuer
gift tax: Inheritance and Gift Tax Act Erbschaftsteuer- und Schenkungsteuergesetz
gift tax return Schenkungsteuererklärung
give authorization Bewilligung erteilen
give directions Weisungen erteilen
give instructions Weisungen erteilen
give into custody in Verwahrung geben
give notice kündigen
give notice of default in Verzug setzen
give notice of termination kündigen
give security {for} Sicherheit leisten {für}
– Sicherheit stellen {für}
global market Weltmarkt
global valuation allowance Pauschalwertberichtigung
– Sammelwertberichtigung
go bankrupt Bankrott machen
– Konkurs machen
go into bankruptcy Bankrott machen
go on strike streiken
go out of force außerkrafttreten
go unreported nicht ausgewiesen werden
goal: management goal Managementziel
going business laufendes Unternehmen
going concern laufendes Unternehmen

going concern concept Fortführungsgrundsatz
going concern principle Annahme der Fortführung der Unternehmenstätigkeit
– Fortführungsannahme
– Unternehmensfortführungsprinzip
going concern value Unternehmenswert bei Fortführung
– Wert des laufenden Geschäftsbetriebs
– Wert unter der Annahme der Fortführung des Unternehmens
going out of force Außerkrafttreten
going private durch gezielten Aktienaufkauf bewirkte 'Umwandlung' einer Publikumsgesellschaft in eine Nicht-Publikumsgesellschaft
going public an die Börse gehen
– Gang an die Börse
good: capital good Investitionsgut
good: consumer good Verbrauchsgut
good: finished goods fertige Erzeugnisse
good: fungible good Gattungssache
good: luxury good Luxusgut
good: risk of accidental loss of the good Risiko des zufälligen Untergangs der Sache
good: unascertained good Gattungssache
good faith guter Glaube
– Treu und Glauben
good faith: acquisition in good faith gutgläubiger Erwerb
good faith: act in good faith in gutem Glauben handeln
good faith: contravene the principles of good faith gegen Treu und Glauben verstoßen
good faith: in good faith nach Treu und Glauben
good faith: purchaser in good faith gutgläubiger Erwerber
good morals gute Sitten
good morals: against good morals gegen die guten Sitten
good title {to} rechtsmängelfreies Eigentum {an/am}
– unbelastetes Eigentum {an/am}
– von Rechten Dritter freies Eigentum {an/am}
– von Rechten Dritter freies Eigentumsrecht {an/am}
goods: branded goods Markenartikel
goods: consignment goods Kommissionsware
– Konsignationsware
goods: cost of goods sold Wareneinsatz
goods: finished goods Fertigerzeugnisse
goods: finished goods and goods for resale fertige Erzeugnisse und Waren
goods: hazardous goods gefährliche Güter
goods: imported goods Importwaren
goods: proprietary goods Markenartikel
goods: semi-finished goods unfertige Erzeugnisse
goods: supply of goods Lieferung
goods: transit goods Transithandelsgüter
goods: unfinished goods unfertige Erzeugnisse
goods: unfinished goods or services unfertige Leistungen
goods and services Waren und Dienstleistungen
goods for resale Handelsware
goods in stock Lagerbestand
goods in transit Transithandelsgüter
– unterwegs befindliche Ware
goods on consignment Kommissionsware
– Konsignationsware
goods on hand Lagerbestand
goodwill Firmenwert
– Geschäftswert
goodwill: acquired goodwill derivativer Firmenwert
goodwill: amortization of goodwill Abschreibung auf den Geschäfts- oder Firmenwert
– Abschreibung auf den Geschäftswert

G

– Abschreibung des Geschäfts- oder Firmenwertes
goodwill: home-grown goodwill selbstgeschaffener Geschäftswert
goodwill: purchased goodwill derivativer Firmenwert
goodwill: self-generated goodwill originärer Firmenwert
go-slow strike Bummelstreik
govern *(rule)* regeln
– regieren
governed by collective agreement tariflich geregelt
governed by law unter ein Gesetz fallen
governing: law governing tax consultancy Steuerberatungsgesetz
governing body geschäftsführendes Organ
governing law anwendbares Recht
– maßgebendes Recht
– maßgebliches Recht
governing party Regierungspartei
government Regierung
government: change of government Regierungswechsel
government: formation of the government Regierungsbildung
government: local government Gemeindeverwaltung
government agency Behörde
government bond öffentliche Anleihe
– Staatsanleihe
government crisis Regierungskrise
government liability Amtshaftung
government official Staatsbediensteter
government service öffentlicher Dienst
governmental accounting *AE* kameralistische Buchführung
– Rechnungslegung der öffentlichen Hand
government-taxpayer relationship Steuerschuldverhältnis
grace: period of grace Nachfrist
grace clause Gnadenklausel
grace period Nachfrist
– Schonfrist
– tilgungsfreie Zeit
gradual schrittweise
gradually schrittweise
graduated tax rates abgestufte Steuersätze
– gestaffelte Steuersätze
grandfather clause Übergangsregelung für Altfälle
grandfather rule Übergangsregelung für Altfälle
grant einräumen
– Einräumung
– Zuschuß
grant: investment grant Investitionszulage
grant: voluntary grants freiwillige Zuwendungen
grant a delay Aufschub gewähren
grant a loan Kredit bewilligen
grant a respite Aufschub gewähren
– stunden
grant an extension of time for payment stunden
grant cash discount Skonto gewähren
grant delay stunden
grant extension of time {for} Frist verlängern {für}
grant of pardon Begnadigung
grant of permission Erteilung der Genehmigung
grant permission Bewilligung erteilen
– Erlaubnis erteilen
– Genehmigung erteilen
grant power of attorney Vollmacht erteilen
grant relief Erleichterung bewilligen
grant tax relief Steuererleichterungen gewähren
granted eingeräumt
granting of a period of time Gewährung einer Frist
granting of power of attorney Vollmachtserteilung
grantor *(foundation)* Stifter
– *(trust)* Treugeber
grantor of power of attorney Vollmachtgeber
gratuities Trinkgelder
gratuities: tips and gratuities Bedienungsgelder

gratuitons transfer schenkungsweise Übertragung
gratuitous unentgeltlich
gratuity: special gratuities Sonderzuwendungen
grave cause wichtiger Grund
grave cause: termination for grave cause Kündigung aus wichtigem Grund
green card *AE* Daueraufenthaltsbewilligung
grievance committee *AE* Schlichtungsausschuß
gross brutto
gross annual rental Bruttomietwert
gross annual wage Jahresbruttolohn
gross dividend Bruttodividende
gross earnings Bruttoerträge
– Rohertrag
gross income Bruttoeinkommen
– Bruttoeinkünfte
– Roheinkommen
gross loss Bruttoverlust
– Rohverlust
gross negligence grobe Fahrlässigkeit
gross operating revenue betriebliche Bruttoerträge
gross presentation Bruttoausweis
gross profit Bruttogewinn
– Rohgewinn
gross profit (loss) on sales Bruttoergebnis vom Umsatz
gross profit analysis Rohgewinnanalyse
gross receipts Bruttoerlöse
gross revenue Bruttoerlöse
gross salary Bruttogehalt
gross sales Bruttoerlöse
– Bruttoumsatz
– Bruttowarenumsatz
– Rohumsatz
gross sales revenue Bruttoumsatzerlös
gross statement Bruttoausweis
gross turnover Bruttoumsatz
gross wage Bruttolohn
ground: avoidance on the ground of duress Anfechtung wegen Nötigung
ground: avoidance on the ground of error Anfechtung wegen Irrtums
ground: without grounds unbegründet
ground for divorce Ehescheidungsgrund
ground for notice Kündigungsgrund
ground for rescission Rücktrittsgrund
grounds: exclusion of grounds for termination Kündigungsausschluß
grounds: on grounds of equity aus Billigkeitsgründen
grounds: on these grounds aus diesen Gründen
grounds for objection Ablehnungsgrund
group Konzern
group ... konzern...
– konzerneigen
group: affiliated group Konzern
– Konzerngruppe
– verbundene Unternehmensgruppe
group: backing of the group Konzernrückhalt
group: consolidated group Konsolidierungskreis
group: income group Einkommensgruppe
group: lower income groups untere Einkommensgruppen
group: multinational group multinationale Unternehmensgruppe
– multinationaler Konzern
group accounting Konzernrechnungslegung
– Rechnungslegung im Konzern
group accounts *BE* Gruppenabschluß
– *BE* konsolidierter Abschluß
– *BE* Konzernabschluß
group audit Konzernabschlußprüfung
group balance sheet *BE* konsolidierte Bilanz
– Konzernbilanz
group company Konzerngesellschaft
– Konzernunternehmen
group depreciation Sammelabschreibung

group external sales Konzernaußenumsatz
group external turnover *BE* Konzernaußenumsatz
group financial statements Gruppenabschluß
– Konzernabschluß
group financial statements: notes to group financial statements Konzernanhang
group income statement *AE* konsolidierte Gewinn- und Verlustrechnung
group insurance Gruppenversicherung
group management report Konzernlagebericht
group of accounts Kontengruppe
group of associated companies Gruppe von verbundenen Unternehmen
group of associated enterprises Gruppe von verbundenen Unternehmen
group of companies Unternehmensgruppe
group piecework Gruppenakkord
group pretax profits Konzerngewinn vor Steuern
group profit Konzerngewinn
group relief Organschaft
– *(for losses)* steuerliche Verlustverrechnung im Konzern
group reporting Konzernberichtswesen
group sales Konzernumsatz
group undertaking: of which relating to group undertakings *BE* davon aus verbundenen Unternehmen
group undertakings: amounts owed to group undertakings *BE* Verbindlichkeiten gegenüber verbundenen Unternehmen
group undertakings: shares in group undertakings *BE* Anteile an verbundenen Unternehmen
group valuation Gruppenbewertung
– Sammelbewertung
group-of-asset valuation Gruppenbewertung
growth fund Thesaurierungsfonds
– Wachstumsfonds
growth of income Einkommenszuwachs
growth rate Wachstumsrate
guarantee bürgen
– *BE* Bürgschaft
– *BE* Garantie
guarantee: absolute guarantee *BE* selbstschuldnerische Bürgschaft
guarantee: bill guarantee *BE* Wechselbürgschaft
guarantee: deficiency guarantee *BE* Ausfallbürgschaft
guarantee: provision for guarantees *BE* Garantierückstellung
guarantee debt für eine Schuld bürgen
guarantee jointly and severally gesamtschuldnerisch bürgen
guarantee of a bill of exchange *BE* Wechselbürgschaft
guarantee of quality *BE* Zusicherung einer Eigenschaft
guarantee retention *BE* Garantieeinbehalt
guarantee risk *BE* Bürgschaftsrisiko
guarantee withholding *BE* Garantieeinbehalt
guaranteed credit Bürgschaftskredit
guaranteed quality zugesicherte Eigenschaft
guarantor Bürge
guarantor: provide a guarantor Bürgen stellen
guaranty *AE* Bürgschaft
– *AE* Garantie
guaranty: absolute guaranty *AE* selbstschuldnerische Bürgschaft
guaranty: deficiency guaranty *AE* Ausfallbürgschaft
guaranty: provision for guaranties *AE* Garantierückstellung
guaranty: reserve for guaranties Rückstellung für Bürgschaftsverpflichtungen
guaranty cover account *AE* Garantiedeckungskonto
guaranty of quality *AE* Zusicherung einer Eigenschaft

guaranty retention *AE* Garantieeinbehalt
guaranty risk *AE* Bürgschaftsrisiko
guaranty withholding *AE* Garantieeinbehalt
guardian Vormund
guardian: court order appointing a guardian gerichtliche Anordnung der Vormundschaft
guardian: place under the control of a guardian entmündigen
guardian for a minor Vormund für einen Minderjährigen
guardianship Betreuung
– Vormundschaft
guardianship: ward under guardianship Mündel unter Vormundschaft
guardianship court Vormundschaftsgericht
guideline table Richttafel
guideline value Richtwert
guidelines Richtlinien
guidelines: tax audit guidelines Betriebsprüfungsgrundsätze
guilt Schuld
gurantee zusichern
guranteed quality zugesicherte Eigenschaft

H

habitual abode gewöhnlicher Aufenthalt
– gewöhnlicher Aufenthaltsort
half-day work Halbtagsarbeit
halt: quotation halt Aussetzung der Notierung
– Notierungsaussetzung
hand over *(hand over)* übergeben
handicapped: lump sum deduction for handicapped persons Körperbehindertenpauschale
handing over Aushändigung
– Übergabe
hard currency harte Währung
hardship discharge Entlastung zur Vermeidung von Härten
harm Nachteil
– Schaden
– schaden
harmful schädlich
having equal tax status steuerlich gleichgestellt
having legal capacity rechtsfähig sein
having probative value beweiskräftig
having testamentary capacity testierfähig
hazard Risiko
hazardous goods gefährliche Güter
head of household Haushaltsvorstand
head of the local tax office Finanzamtsvorsteher
head of the tax office Finanzamtsvorsteher
head office Stammhaus
header Deckblatt
– Titelseite
heading Überschrift
heading: account heading Kontobezeichnung
health insurance Krankenversicherung
health insurance: statutory health insurance gesetzliche Krankenversicherung
health insurance contribution Krankenversicherungsbeitrag
hearing Anhörung
– mündliche Verhandlung
– Termin
– Verhandlung
hearing: court hearing Verhandlung
hearing: postponement of a hearing Terminverlegung
hearing: public hearing öffentliche Anhörung
hearing date in composition proceedings Vergleichstermin
hearing in camera in nicht öffentlicher Verhandlung
hearing in composition proceedings Vergleichstermin
hearing in open court in öffentlicher Verhandlung
hearing of evidence Beweistermin
hearing of the parties Anhörung der Parteien

heating Heizung
hedge Sicherung
– Sicherungsgeschäft
hedging Kurssicherung
heir Erbe *(Person)*
heir: appoint as heir als Erbe einsetzen
heir: appointment of an heir Erbeinsetzung
heir: be appointed as heir als Erbe eingesetzt werden
heir: co-heir Miterbe
heir: designation of an heir Erbeinsetzung
heir: fall heir to a property Vermögen erben
heir: fellow heir Miterbe
heir: forced heir *AE* Pflichtteilsberechtigter
heir: legal heir gesetzlicher Erbe
heir: provisional heir Vorerbe
heir: reversionary heir Nacherbe
heir: sole heir Alleinerbe
– Universalerbe
heir: statutory heir gesetzlicher Erbe
heir: substitute heir Ersatzerbe
heir: testamentary heir testamentarischer Erbe
heir: universal heir Alleinerbe
– Universalerbe
heiress Erbin
hence somit
henceforth von jetzt an
hereby hiermit
hereditary erblich
– vererbbar
hereditary building right *(right to construct a building on land owned by another person)* Erbbaurecht
hereditary leasehold Erbpachtrecht
hereditary succession Erbfolge
– gesetzliche Erbfolge
hereinabove vorgenannt
– vorstehend
hereinafter nachfolgend
– nachstehend
hereinbefore vorgenannt
– vorstehend
hereof davon
– hiervon
hereto hierzu
hereunder nachfolgend
– nachstehend
heritage Erbschaft
hidden defect verborgener Mangel
hidden distribution of profits verdeckte Gewinnausschüttung
hidden profit distribution verdeckte Gewinnausschüttung
hidden reserves stille Reserven
hidden reserves: realization of hidden reserves Aufdeckung stiller Reserven
high seas hohe See
higher court übergeordnetes Gericht
highest bid Meistgebot
high-tax country Hochsteuerland
hire mieten *(bewegliche Sachen)*
hire contract Mietvertrag *(bewegliche Sachen)*
hire out *BE* vermieten *(bewegliche Sachen)*
hire purchase *BE* Kreditkauf
– Mietkauf
hire-purchase *BE* Abzahlungskauf
hire-purchase transaction *BE* Abzahlungsgeschäft
hirer Mieter *(bewegliche Sachen)*
hiring Anstellung
hiring out Vermietung *(bewegliche Sachen)*
historic cost Anschaffungskosten
– historische Kosten
historical historisch
historical cost Anschaffungs- und Herstellungskosten
– Anschaffungskosten
– Anschaffungswert
– Herstellungskosten
– historische Kosten
historical cost: valuation at historical cost Bewertung zu Anschaffungs- und Herstellungskosten
historical cost accounting Anschaffungswertprinzip
– Istkostenrechnung
historical cost principle Anschaffungskostenprinzip
historical interpretation historische Auslegung

historical monument Denkmal
history of law Rechtsgeschichte
hobby activity Liebhaberei
hobby loss Liebhaberverlust
hold abhalten
– besitzen
– halten
– innehaben
hold: directly held unmittelbar gehalten
hold a decision in abeyance sich eine Entscheidung vorbehalten
hold a right Recht innehaben
hold an account Konto innehaben
hold in abeyance ruhen lassen
hold in custody verwahren
hold in escrow treuhänderisch halten
– treuhänderisch verwalten
hold liable haftbar machen
holder Besitzer
– Inhaber
holder: account holder Kontoinhaber
holder: bill holder Wechselinhaber
holder: bondholder Obligationär
holder: certificate holder Zertifikatsinhaber
holder: patent holder Patentinhaber
holder: policyholder Policeninhaber
holder in due course rechtmäßiger Wechsel- bzw. Scheckinhaber *(kraft gutgläubigem Erwerb)*
holder of a bill Inhaber eines Wechsels
– Wechselinhaber
holder of a check *AE* Inhaber eines Schecks
– *AE* Scheckinhaber
holder of a cheque *BE* Inhaber eines Schecks
– *BE* Scheckinhaber
holder of a pledge Pfandgläubiger
holder of a right Rechtsinhaber
holder of an interest Rechtsinhaber
holder of an option Optionsinhaber
holder of power of attorney Vollmachtsinhaber
holding Beteiligung
holding: cross holdings wechselseitige Beteiligungen
holding: minimum holding Mindestbeteiligung
holding: minimum holding requirement Mindestbeteiligungshöhe
holding: person holding proxy Stimmrechtsbevollmächtigter
holding company Besitzgesellschaft
– Holdinggesellschaft
holding company: intermediary holding company Zwischenholding
holding company: real property holding company Immobilienholding
holding period Besitzdauer
– Besitzzeit
– Haltedauer
– Halteperiode
holding quota: minimum holding quota Mindestbeteiligungsquote
holding requirement Verbleibensvoraussetzung
holding requirement: minimum holding requirement Mindestbeteiligungsquote
holdings: check holdings *AE* Scheckbestand
holdings: cheque holdings *BE* Scheckbestand
holiday bonus Urlaubsgeld
holiday pay Urlaubsgeld
holidays Urlaub
holographic will eigenhändiges Testament
home: permanent home ständige Wohnstätte
home: single-family home Einfamilienhaus
home: tax home steuerlicher Wohnsitz
home office Arbeitszimmer
– häusliches Arbeitszimmer
home office expenses Arbeitszimmeraufwendungen
home owners' association Eigentümergemeinschaft
home-grown goodwill selbstgeschaffener Geschäftswert
honor *AE* begleichen
honor a check *AE* Scheck einlösen
honour *BE* begleichen

– *BE* einlösen
honour a cheque *BE* Scheck einlösen
host country Gastland
hostile takeover feindliche Übernahme
hour: extra hour Überstunde
house: dwelling houses Wohngebäude
house bank Hausbank
House of Representatives Repräsentantenhaus
household: head of household Haushaltsvorstand
household: joint household gemeinsamer Haushalt
household: maintenance of two households doppelte Haushaltsführung
household: own household eigener Hausstand
household: taxation of households Haushaltsbesteuerung
household allowance Haushaltsfreibetrag
household effects Hausrat
household effects insurance Hausratversicherung
householder's comprehensive insurance Hausratversicherung
housekeeping allowance Haushaltsfreibetrag
housing: employer-provided housing Dienstwohnung
housing: low income housing sozialer Wohnungsbau
Housing Code Wohnungsbaugesetz
human asset resources Humanvermögen
human dignity Menschenwürde
human resource accounting Humanvermögensrechnung
human rights Menschenrechte
hunting right Jagdrecht
hunting tax Jagdsteuer
husband and wife Ehegatten
– Eheleute
hybrid entity hybride Gesellschaftsform
hybrid financing instrument hybrides Finanzierungsinstrument
– hybrides Finanzinstrument

I

identification: taxpayer identification number *TIN* Steuernummer
identity: taxpayer identity Steuersubjektidentität
– Subjektidentität
illegal gesetzwidrig
– rechtswidrig
– ungesetzlich
illegal strike wilder Streik
illegality Gesetzwidrigkeit
– Rechtswidrigkeit
illegitimate child nichteheliches Kind
illegitimate descent uneheliche Abstammung
illiquidity Illiquidität
imaginary profit imaginärer Gewinn
immateriality Immaterialität
immediate sofort
immediate write-off Sofortabschreibung
immigrant visa Einwanderungsvisum
immovable property Grundeigentum
– Grundvermögen
– Immobilien
– unbewegliche Sachen
– unbewegliches Vermögen
immovables unbewegliche Sachen
– unbewegliches Vermögen
immunity: enjoy diplomatic immunity diplomatische Immunität genießen
immunity: fiscal immunity fiskalische Immunität
impair beeinträchtigen
impairment Beeinträchtigung
imparity principle Imparitätsprinzip
impartial unbefangen
– unparteiisch
– unvoreingenommen
impartiality Unparteilichkeit
impediment: marriage impediment Ehehindernis
impermissable unzulässig
impersonal account Sachkonto
implementation Ausführung

- Durchführung
- Implementierung
- Realisierung

implementation: duty of implementation Durchführungspflicht
implementation of a directive Umsetzung einer Richtlinie
implementing ordinance *(to individual tax laws)* Durchführungsverordnung *DV/DVO*
implementing ordinance: Income Tax Implementing Ordinance Einkommensteuer-Durchführungsverordnung *EStDV*
implementing regulation Durchführungsbestimmung
implication: foreign implications Auslandsberührung
implication: with foreign implications mit Auslandsberührung
implicit stillschweigend
implicit agreement stillschweigend getroffene Vereinbarung
implicit basis of a contract Geschäftsgrundlage
implied stillschweigend
implied authority stillschweigend erteilte Vollmacht
implied contract schlüssiger Vertrag
import Einfuhr
- Inhalt
- Sinn

import duty Einfuhrabgabe
- Einfuhrzoll
- Eingangsabgabe
- Importzoll

import duty: subject to import duties eingangsabgabenpflichtig
imported goods Importwaren
importer: direct importer Direktimporteur
impose erheben
impose: jurisdiction to impose tax Steuerhoheit
impose: jurisdiction to impose taxes Besteuerungsbefugnis
- Besteuerungsrecht
- Steuerhoheit

impose sanctions Sanktionen verhängen
imposed: charge imposed by will testamentarische Auflage
imposition Erhebung
imposition of taxes Steuererhebung
impossibility: initial impossibility anfängliche Unmöglichkeit
impossibility: legal impossibility rechtliche Unmöglichkeit
impossibility: orginal impossibility anfängliche Unmöglichkeit
impossibility: subsequent impossibility nachträgliche Unmöglichkeit
impossibility attributable to the creditor vom Gläubiger zu vertretende Unmöglichkeit
impossibility caused by the fault of the debtor vom Schuldner zu vertretende Unmöglichkeit
impossibility in fact tatsächliche Unmöglichkeit
impossiblility of performance Unmöglichkeit der Leistung
imprisonment Feiheitsstrafe
- Inhaftierung

improve verbessern
improved properties *AE* bebaute Grundstücke
improved properties: other improved properties *AE* sonstige bebaute Grundstücke
improvement Verbesserung
improvement: buildings and improvements Gebäude einschließlich Ein- und Umbauten
improvement: tenant improvements Mietereinbauten
improvements Einbauten
improvements: leasehold improvements Mietereinbauten
imputable: costs imputable to units of output Stückkosten
imputation Anrechnung *(Körperschaftsteuerguthaben)*
imputation: corporate imputation system körperschaftsteuerliches Anrechnungsverfahren
imputation: full imputation system Vollanrechnungsverfahren
imputation: full tax imputation Vollanrechnung

imputation: full tax imputation system Vollanrechnungssystem
imputation credit Anrechnungsguthaben
imputation credit: corporate imputation credit körperschaftsteuerliches Anrechnungsguthaben
imputation credit: entitled to imputation credit anrechnungsberechtigt
imputation credit: shareholder entitled to an imputation credit anrechnungsberechtigter Anteilseigner
imputation credit system Anrechnungsverfahren *(Körperschaftsteuer)*
imputation procedure: corporate income tax imputation procedure körperschaftsteuerliches Anrechnungsverfahren
imputation system Anrechnungsverfahren
imputation system: corporate income tax imputation system körperschaftsteuerliches Anrechnungsverfahren
imputation tax credit: shareholder not entitled to imputation tax credit nicht anrechnungsberechtigter Anteilseigner
impute anrechnen
imputed kalkulatorisch
imputed cost category kalkulatorische Kostenart
imputed costs kalkulatorische Kosten
imputed depreciation kalkulatorische Abschreibung
imputed interest kalkulatorische Zinsen
imputed profit kalkulatorischer Gewinn
imputed rent kalkulatorische Miete
in abeyance in der Schwebe
in accord {with} in Übereinstimmung {mit}
in accordance {with} in Übereinstimmung {mit}
in accordance with gemäß
in accordance with the law gesetzmäßig
– in Übereinstimmung mit dem Gesetz
in advance im voraus
in any event in jedem Fall
– jedenfalls
in arrears im nachhinein
in arrears: be in arrears {with} im Rückstand sein {mit}
in bad faith bösgläubig
in balance: account in balance ausgeglichenes Konto
in bond unter zollamtlichem Verschluß
– unter Zollverschluß liegend
– unverzollt
– zollamtlich verwahrt
in breach of contract vertragswidrig
in case of emergency bei Gefahr im Verzug
in cash in bar
in charge verantwortlich
in circulation umlaufend
in closed session unter Ausschluß der Öffentlichkeit
in common: owner in common Bruchteilseigentümer
in common: ownership in common Bruchteilseigentum
in common: tenant in common Bruchteilseigentümer
in comparison {with} im Vergleich {mit/zu}
in compliance with gemäß
in conjunction {with} in Verbindung {mit}
in consideration {of} als Gegenleistung {für}
in consideration of angesichts
– in Anbetracht
in contravention {of} unter Verletzung {von}
in contravention of the rule gegen die Vorschrift
in custody in Gewahrsam
in default in Verzug
– säumig
in default: taxpayer in default säumiger Steuerpflichtiger
in direct line in gerader Linie
in due course ordnungsgemäß
– rechtzeitig
– zur rechten Zeit
in due form formgerecht
in due time fristgerecht

in effect in Kraft
in escrow zu treuen Händen
in excess to collective agreement übertariflich
in exercise of a right in Ausübung eines Rechtes
in fact tatsächlich
in fact: impossibility in fact tatsächliche Unmöglichkeit
in favor {of} *AE* zugunsten {von}
in favour {of} *BE* zugunsten {von}
in first marriage in erster Ehe
in force in Kraft
in force: law in force geltendes Recht
in force: remain in force in Kraft bleiben
in formation in Gründung
in good faith nach Treu und Glauben
in its entirety zur Gänze
in kind: benefit in kind Sachleistung
– Sachzuwendung
in kind: contribution in kind Sacheinlage
in kind: distribution in kind Sachausschüttung
in kind: dividend in kind Sachausschüttung
in kind: payment in kind Sachleistung
in kind: remuneration in kind Sachbezüge
in kind: restitution in kind Naturalrestitution
in kind: wage in kind Naturallohn
in legal terms im Rechtssinne
in lieu of payment an Zahlungs statt
in lieu of performance an Erfüllungs Statt
in line with market conditions marktgemäß
– marktgerecht
in matters of für
in our favour: balance in our favour *BE* Saldo zu unseren Gunsten
in part teilweise
in place of anstatt von
in process *AE* unfertig
in process: construction in process *AE* Anlagen im Bau
– *AE* im Bau befindliche Anlagen
in process: work in process *AE WIP* unfertige Erzeugnisse
– *AE WIP* unfertige Leistungen
in process: work in progress *BE* unfertige Leistungen
in progress *BE* unfertig
in progress: construction in progress *BE* Anlagen im Bau
– *BE* im Bau befindliche Anlagen
in progress: work in progress *BE* unfertige Erzeugnisse
in proper form formgerecht
in proportion {to} im Verhältnis {zu}
– proportional {zu}
in regard of bezüglich
– hinsichtlich
– in bezug auf
in relation {to} im Verhältnis {zu}
in rem: right in rem dinglicher Anspruch
– dingliches Recht
in respect of bezüglich
– hinsichtlich
– im Hinblick auf
– in Anbetracht
in respect of past employment auf Grund früheren Arbeitsverhältnisses
in return {for} als Gegenleistung {für}
in stock: goods in stock Lagerbestand
in substance materiell
in suspense schwebend
in the event of im Falle von
in the following nachfolgend
– nachstehend
in the money im Geld
in the name and on behalf of im Namen und im Auftrag von
– namens und auftrags
in the name of namens
in the presence {of} in Gegenwart {von}
in time fristgerecht
– rechtzeitig
– zeitgerecht
in transit: item in transit durchlaufender Posten
in trust treuhänderisch
in view of angesichts
– im Hinblick auf

I

– in Anbetracht
in violation {of} unter Verletzung {von}
in witness thereof Urkund dessen
in writing schriftlich
in writing: contract in writing schriftlicher Vertrag
in writing: fixated in writing schriftlich fixiert
in writing: fixation in writing schriftliche Fixierung
– schriftliche Niederlegung
in writing: notice in writing schriftliche Kündigung
in writing: shall be in writing bedarf der Schriftform
in written form schriftlich
inability to pay Zahlungsunfähigkeit
inactive account Konto ohne Bewegungen
– ruhendes Konto
– totes Konto
– umsatzloses Konto
– unbewegtes Konto
inadequate nicht adequat
– unzureichend
inadmissibility Unzulässigkeit
inadmissible unzulässig
inalienable rights unveräußerliche Rechte
inapplicability Unanwendbarkeit
inapplicable {to} nicht anwendbar {auf}
– unanwendbar {auf}
inbound in das Inland
– nach dem Inland
inbound freight Eingangsfrachten
Inc. incorporated
incapability to work Arbeitsunfähigkeit
incapable to work arbeitsunfähig
incapacitated unfähig
incapacitated: legally incapcitated person Geschäftsunfähiger
incapacity: legal incapacity Geschäftsunfähigkeit
incapacity: mental incapacity Unzurechnungsfähigkeit
incapacity to work Arbeitsunfähigkeit
incentive Anreiz
incentive: investment incentive Investitionsanreiz
incentive: tax incentive Steueranreiz
– steuerlicher Anreiz
inception Anfang
– Beginn
incidental acquisition costs Anschaffungsnebenkosten
incidental expenses Nebenkosten
incidental transaction Hilfsumsatz
incidental wage costs Lohnnebenkosten
include {in} aufnehmen {in} *(Rechnung)*
include {on} aufnehmen {in} *(Liste)*
income Einkommen
– Ertrag
– Erträge
income: derive income Einkommen beziehen
income: foreign source income ausländische Einkünfte
– ausländisches Einkommen
income: generate income Einkünfte erwirtschaften
– Erträge erwirtschaften
income: increase of income Einkommenszuwachs
income: matching of deduction and income Abgrenzung *(Aufwands- und Ertragsabgrenzung)*
income: matching of expenses and income Periodenabgrenzung
income: method of reporting income and deductions Gewinnermittlungsmethode
– Gewinnermittlungsverfahren
income: net income for the year Jahresüberschuß
income: not affecting income ergebnisneutral
income: other income sonstige Bezüge
– sonstige Einkünfte
income: other operating income sonstige betriebliche Erträge
income: pretax accounting income handelsrechtliches Ergebnis vor Steuern
income: pretax financial income

handelsrechtliches Ergebnis vor Steuern
income: self-employment income Einkünfte aus selbständiger Arbeit
income: source of income Einkunftsquelle
income: trade or business income gewerbliche Einkünfte
income {from} Einkünfte {aus}
income account Erfolgskonto
– Ertragskonto
income accounting methods Gewinnermittlungsarten
income accounts Aufwands- und Ertragskonten
income bond Gewinnobligation
– Gewinnschuldverschreibung
income bracket Einkommensklasse
– Einkommensstufe
income bracket: lower income brackets untere Einkommensgruppen
income category Einkunftsart
income component Ertragsanteil
income consolidation Erfolgskonsolidierung
income determination Einkommensermittlung
– Gewinnermittlung
– Gewinnfeststellung
income distribution Einkommensverteilung
income earned abroad ausländische Einkünfte
income element of an annuity Ertragsanteil einer Rente
income from agriculture and forestry Einkünfte aus Land- und Forstwirtschaft
income from capital investments Einkünfte aus Kapitalvermögen
income from employment Einkünfte aus nichtselbständiger Arbeit
income from farming and forestry Einkünfte aus Land- und Forstwirtschaft
income from independent personal services Einkünfte aus selbständiger Arbeit
income from participating interests Beteiligungserträge
– Erträge aus Beteiligungen
income from participations Erträge aus Beteiligungen
income from previous activities nachträgliche Einkünfte
income from profit pooling erhaltene Gewinne aufgrund einer Gewinngemeinschaft
income from real property Einkünfte aus unbeweglichem Vermögen
income from royalties Lizenzeinnahmen
income from securities Wertpapiererträge
income from speculative transactions Einkünfte aus Spekulationsgeschäften
income from the disposal and write-up of financial assets Erträge aus dem Abgang von und der Zuschreibung zu Finanzanlagen
income from the disposal and write-up of investments Erträge aus dem Abgang von und der Zuschreibung zu Finanzanlagen
income from the retirement and write-up of fixed assets excluding financial assets Erträge aus dem Abgang vom und der Zuschreibung zum Anlagevermögen mit Ausnahme der Finanzanlagen
income from the reversal of accruals Erträge aus der Auflösung von Rückstellungen
income from the reversal of provisions Erträge aus der Auflösung von Rückstellungen
income from the transfer of losses Erträge aus Verlustübernahme
income from trade or business Einkünfte aus Gewerbebetrieb
income generation Einkommenserzielung
– Einkünfteerzielung
income group Einkommensgruppe
income item Erfolgsposten
– Ertragsposten
income limit Einkommensgrenze

I

income means Einkommensverhältnisse
income production Einkommenserzielung
- Einkünfteerzielung
- Einnahmeerzielung
income production: blanket deduction for income-production expenses Pauschbetrag für Werbungskosten
income qualification Einkünftequalifikation
income qualification conflict Einkünftequalifikationskonflikt
income realization event Einkünfterealisationstatbestand
income source Einkommensquelle
- Einkunftsquelle
income statement *AE* Erfolgsrechnung
- *AE* Ertragsrechnung
- *AE* Gewinn- und Verlustrechnung *GuV*
income statement: consolidated income statement *AE* konsolidierte Gewinn- und Verlustrechnung
- *AE* Konzernerfolgsrechnung
- *AE* Konzerngewinn- und Verlustrechnung
income statement: group income statement *AE* konsolidierte Gewinn- und Verlustrechnung
income statement: monthly income statement *AE* monatliche Erfolgsrechnung
income statement: net income statement *AE* Nettoerfolgsrechnung
income statement: operating income statement *AE* Betriebsergebnisrechnung
income statement: projected income statement *AE* Vorschauergebnisrechnung
income subject to wage tax lohnsteuerpflichtige Einkünfte
income tax Einkommensteuer
- Ertragsteuer
income tax: corporate income tax return Körperschaftsteuererklärung
income tax: liable for income tax einkommensteuerpflichtig
income tax: noncreditable foreign income tax nicht anrechenbare ausländische Einkommensteuer
income tax: progressive income tax progressive Einkommensteuer
income tax: state income tax bundesstaatliche Ertragsteuer
income tax: subject to income tax einkommensteuerpflichtig
Income Tax Act Einkommensteuergesetz *EStG*
income tax expense Einkommensteueraufwand
Income Tax Implementing Ordinance Einkommensteuer-Durchführungsverordnung *EStDV*
income tax law Einkommensteuerrecht
income tax liability Einkommensteuerpflicht
Income Tax Regulations Einkommensteuer-Richtlinien *EStR*
income tax return Einkommensteuererklärung
income tax scale Einkommensteuer-Tarif
income tax surcharge Ergänzungsabgabe
income tax withheld at source durch Steuerabzug erhobene Einkommensteuer
income taxation of nonresidents beschränkte Einkommensteuerpflicht
income taxed at source quellenbesteuertes Einkommen
income taxes ertragsabhängige Steuern
- Steuern vom Einkommen und Ertrag
income under license agreements *AE* Lizenzeinnahmen
income-based tax ertragsabhängige Steuer
- Ertragsteuer
income-connected expenses Werbungskosten
income-generation expenses Werbungskosten
income-producing assets Wirt-

schaftsgüter zur Erzielung von Einkünften
income-producing expenses: blanket deduction for income-producing expenses Werbungskosten-Pauschbetrag
income-production expenses: blanket deduction for income production expenses Werbungskosten-Pauschbetrag
income-related expenses Werbungskosten
incoming orders Auftragseingänge
incompatibility Unvereinbarkeit
incompatible {with} unvereinbar {mit}
incompetence Mangel an Zuständigkeit
– Unzuständigkeit
incontestability Unanfechtbarkeit
incorporate gründen *(Kapitalgesellschaft)*
– juristische Person gründen
incorporated gegründet *(Kapitalgesellschaft)*
incorporation Gründung *(einer Körperschaft)*
– Gründung einer Kapitalgesellschaft
incorporation: articles of incorporation Gesellschaftsstatuten
– Gesellschaftsvertrag
– Gründungsurkunde
– Satzung
incorporation: certificate of incorporation Eintragungsurkunde
– Gründungsurkunde
incorporation: law of incorporation Gründungsstatut
incorporation: place of incorporation Ort der Gründung
– Registrierungsort
incorporation of a company Gesellschaftsgründung *(Kapitalgesellschaft)*
incorporator Gründer *(Kapitalgesellschaft)*
incorporeal property immaterielle Vermögenswerte
increase Erhöhung
increase: rent increase Mieterhöhung
increase in capital Kapitalerhöhung
increase in inventories Bestandsmehrung
increase in net worth Vermögensmehrung
increase in share capital Kapitalerhöhung
increase in total assets and liabilities Bilanzverlängerung
increase in value Wertsteigerung
– Wertzuwachs
increase in wages Lohnerhöhung
increase of capital Kapitalerhöhung
increase of income Einkommenszuwachs
increase of wages Lohnerhöhung
increase or decrease in finished goods inventories and work in process *AE* Erhöhung oder Verminderung des Bestands an fertigen und unfertigen Erzeugnissen
– *AE* Erhöhung/Verminderung des Bestandes an fertigen und unfertigen Erzeugnissen sowie an noch nicht abrechenbaren Leistungen
increased-cost-of-living allowance Teuerungszulage
increasing zunehmend
incremental cost Grenzkosten
incremental revenues Grenzerlöse
incremental tax rate Grenzsteuersatz
incrimination: self-incrimination Selbstanklage
– Selbstanzeige
incumbency Amtsinhaberschaft
– Amtsinhabung
incumbent amtierend
incur a liability Verbindlichkeit eingehen
incur a loss Verlust erleiden
incur costs {for} Kosten aufwenden {für}
incur expenses {for} Aufwendungen machen {für}
incurred: expense as incurred sofort abschreiben
incurred: expensed as incurred sofort abgeschrieben
incurred: expenses incurred with

the generation of income Werbungskosten
incurred: expensing as incurred Sofortabschreibung
indebted: be indebted schulden
indebted: become indebted sich verschulden
indebtedness Verschuldung
indebtedness: acknowledgment of indebtedness Schuldanerkenntnis
indebtedness: certificate of indebtedness Schuldanerkenntnis
indebtedness: discharge of indebtedness Forderungserlaß
indefinite: contract of employment for an indefinite period of time unbefristeter Arbeitsvertrag
indemnification Abfindung *(Entschädigung)*
- Entschädigung
- Freistellung
- Schadloshaltung
indemnify entschädigen
- freistellen
- schadlos halten
indemnity Abfindung *(Entschädigung)*
- Abfindungssumme
- Entschädigungsbetrag
- Ersatzleistung
- Freistellung
- Schadensersatz
- Schadloshaltung
indemnity against liability Freistellung von der Haftung
indemnity clause Freistellungsklausel
indemnity insurance Haftpflichtversicherung
independent eigenständig
independent: activity of an independent character *(as opposed to activities under employment)* selbständige Tätigkeit
independent {of} unabhängig {von}
independent accounting firm unabhängige Wirtschaftsprüfungsgesellschaft
independent audit externe Revision
independent expert Sachverständiger
- unabhängiger Sachverständiger
independent personal services: income from independent personal services Einkünfte aus selbständiger Arbeit
independent profession *(e.g., lawyer, physician, accountant, architect etc.)* freier Beruf
independent professional activity freiberufliche Tätigkeit
independent professional services freiberufliche Dienstleistungen
indeterminate unbestimmt
index: consumer price index Verbraucherpreisindex
index: price index Preisindex
index: sales index Umsatzindex
index bond Indexobligation
index clause Wertsicherungsklausel
index fund Index-Fonds
index number Indexziffer
indexation Indexierung
index-linked security Indexanleihe
indict Anklage erheben
indictable offence *BE* Verbrechen
indictable offense *AE* Verbrechen
indictment Anklage
- Anklageschrift
indictment: withdrawal of the indictment Zurücknahme der Anklage
indirect indirekt
- mittelbar
indirect costs Gemeinkosten
indirect credit for notional taxes indirekte Anrechnung fiktiver Steuern
indirect labor *AE* Hilfslöhne
indirect labour *BE* Hilfslöhne
indirect method *(profit determination of a permanent establishment)* indirekte Methode *(der Betriebsstättengewinnermittlung)*
indirect method of depreciation indirekte Abschreibung
- passive Abschreibung
indirect tax indirekte Steuer
indirect tax credit indirekte Steueranrechnung
indirect taxation indirekte Besteuerung
indirect write-down Wertberichtigung
individual natürliche Person

individual: nonresident individual Steuerausländer
individual account Einzelkonto
individual accounts *BE* Einzelabschluß
individual financial statements Einzelabschluß
individual licence *BE* Einzellizenz
individual license *AE* Einzellizenz
individual proprietor Einzelgewerbetreibender
individual proprietorship Einzelfirma
– Einzelunternehmen
individual records Privatbuchführung
individual retirement account *AE* Rentenkonto
indorsement Indossament
indorsement: blank indorsement Blankoindossament
industrial accounting industrielles Rechnungswesen
industrial injuries insurance Betriebsunfallversicherung
– Unfallversicherung *(betrieblich)*
industrial park Gewerbepark
industrial property protection gewerblicher Rechtsschutz
industrial property right gewerbliches Schutzrecht
industrial proprietary right gewerbliches Schutzrecht
industrial zone Industriegebiet
industry Branche
industry: construction industry Baugewerbe
ineffective unwirksam
ineffective: legally ineffective rechtsunwirksam
ineffectiveness Unwirksamkeit
inequitable unbillig
inequity Unbilligkeit
inevitable unvermeidbar
infer ableiten
– folgern
– schließen
inferior court untergeordnetes Gericht
inflate aufblähen
inflated aufgebläht
inflation Geldentwertung
inflation: adjusted for inflation inflationsbereinigt
– nach Inflation
inflation: profit arising from inflation Inflationsgewinn
inflation: under presence of inflation unter Inflationsbedingungen
inflation accounting inflationsneutrale Rechnungslegung
– Substanzerhaltungsrechnung
inflation adjusted inflationsbereinigt
inflation reserve Substanzerhaltungsrücklage
inflationary gain Scheingewinn
inflict a punishment Strafe verhängen
inflow: cash inflow Einzahlung
influence Einfluß
influence: controlling influence beherrschender Einfluß
influence: exercise of influence Einflußnahme
influence: undue influence ungebührliche Beeinflussung
– unzulässige Beeinflussung
– unzulässige Einflußnahme
informal formlos
informal contribution verdeckte Einlage
information: access to information Zugang zu Informationen
information: duty to supply information Informationspflicht
information: exchange of information Auskunftsverkehr
– Informationsaustausch
information: segmental information Informationen nach Bereichen
information bulletin Mitteilungsblatt
information flow Informationsfluß
information return Steuermeldung
informational nachrichtlich
infra nachstehend
– unten
infra: see infra siehe unten
infringe verletzen
infringement Bruch
– Verletzung
infringement: copyright infringement Urheberrechtsverletzung

infringement of copyright Urheberrechtsverletzung
infringement of patent Patentverletzung
infringement of trademark Warenzeichenverletzung
inherent basis of a contract Geschäftsgrundlage
inherit {from} erben {von}
inherit equally zu gleichen Teilen erben
inherit in equal proportions zu gleichen Teilen erben
inherit the entire estate ganzes Vermögen erben
inheritable erbfähig
– vererblich
inheritance Erbe *(Vermögen)*
– Erbschaft
inheritance: accrual of an inheritance Erbanfall
inheritance: disclaimer of inheritance Ausschlagung einer Erbschaft
inheritance: law of inheritance Erbrecht
inheritance: repudiation of an inheritance Ausschlagung einer Erbschaft
– Erbausschlagung
Inheritance and Gift Tax Act Erbschaftsteuer- und Schenkungsteuergesetz
inheritance law Erbrecht
inheritance tax Erbschaftsteuer
Inheritance Tax Act Erbschaftsteuergesetz *ErbStG*
inheritor Erbe
inheritrix Erbin
in-house lawyer Syndikusanwalt
initial impossibility anfängliche Unmöglichkeit
initial lease term Grundmietzeit
initial order Erstauftrag
initial public offering *IPO* Erstemission
initiate einleiten
injunction einstweilige Verfügung
– gerichtliche Anordnung
– gerichtliche Verfügung
– Verfügung
injunction: apply for an injunction Erlaß einer einstweiligen Verfügung beantragen
injunction: interim injunction einstweilige Verfügung
injunction: temporary injunction einstweilige Verfügung
injure schädigen
– verletzen
injure a person Person verletzen
injure interests Interessen verletzen
injure rights Rechte verletzen
injured party Geschädigter
injury Schädigung
– Verletzung
injury: negligent physical injury fahrlässige Körperverletzung
injury: personal injury Personenschaden
injury: physical injury Körperverletzung
injury insurance: industrial injuries insurance Unfallversicherung *(betrieblich)*
injustice Ungerechtigkeit
– Unrecht
Inland Revenue *BE* Finanzbehörde
– *BE* Finanzverwaltung
inland revenue stamp *BE* Stempelmarke
innocent misrepresentation Falschdarstellung in gutem Glauben
innocent purchaser gutgläubiger Erwerber
inoperative nicht anwendbar
– rechtsunwirksam
– unanwendbar
– unwirksam
input tax Vorsteuer
input tax refund Vorsteuervergütung
input tax refund procedure Vorsteuervergütungsverfahren
input VAT Vorsteuer
input VAT: excess input VAT Vorsteuerüberhang
input VAT: non-recoverable input VAT nicht anrechenbare Vorsteuer
input VAT: recoverable input VAT anrechenbare Vorsteuer
input VAT refund Vorsteuervergütung

input VAT refund procedure Vorsteuervergütungsverfahren
input/output ratio Wirkungsgrad
inquiry Ermittlung
inquiry: credit inquiry Kreditauskunftsersuchen
insert *AE* Beilage
insertion *AE* Beilage
inside director s. Ausführungen unter 'board of directors'
insider dealing Insidergeschäft
insolvency Insolvenz
- Zahlungsunfähigkeit
insolvent zahlungsunfähig
inspect: right to inspect the books Einsichtsrecht in die Geschäftsbücher
inspect books Bücher einsehen
inspect the books and records Einblick in die Bücher nehmen
- Einsicht in die Bücher nehmen
inspection Kontrolle
inspection: evidence by inspection Beweis durch Augenschein
inspection: file inspection Akteneinsicht
inspection at delivery Wareneingangskontrolle
inspection of books and records Einsicht in die Bücher
inspection of documents Akteneinsicht
inspection of files Akteneinsicht
inspection of files: allow inspection of files Akteneinsicht gewähren
inspection of records Akteneinsicht
inspectorate Aufsichtsamt
- Aufsichtsbehörde
installation Montage
installation cost Installationskosten
installment *AE* Rate
installment: redemption installment *AE* Tilgungsrate
installment buy *AE* Abzahlungskauf
installment credit *AE* Abzahlungskredit
installment loan *AE* Abzahlungskredit
installment payment *AE* Abschlagszahlung
installment sale *AE* Abzahlungsverkauf
- *AE* Ratenzahlungsverkauf
- *AE* Teilzahlungsverkauf
- *AE* Verkauf auf Ratenzahlung
installment transaction *AE* Abzahlungsgeschäft
instalment Rate
instalment: contract for delivery by instalments Sukzessivlieferungsvertrag
instalment: payment by instalments Ratenzahlung
instalment: payment in instalments Ratenzahlung
instalment: redemption instalment Tilgungsrate
instalment buy Abzahlungskauf
instalment credit Abzahlungskredit
- Teilzahlungskredit
instalment payment Abschlagszahlung
- Ratenzahlung
- Teilzahlung
instalment sale Abzahlungsverkauf
instalment transaction Abzahlungsgeschäft
instance Instanz
- Instanzenzug
- Rechtszug
instance: appellate instance Rechtsmittelinstanz
instigation: at the instigation {of} auf Betreiben {von}
instigator Anstifter
institut: depository institut einlagennehmendes Institut
institute: petition to institute composition proceedings Vergleichsantrag
institute bankruptcy proceedings {against} Konkursverfahren einleiten {gegen}
- Konkursverfahren eröffnen {gegen}
Institute of German Certified Public Accountants Institut der Wirtschaftsprüfer *IDW*
institution Organ
institution: endowed institution Stiftung

institution: legal institution Rechtsinstitut
institution: lending institution Kreditinstitut
institution: petition for institution of composition proceedings Vergleichseröffnungsantrag
institution: public-law institution Anstalt des öffentlichen Rechts
institution: tax law institution steuerliches Rechtsinstitut
institution of composition proceedings Vergleichseröffnung
institutional investor institutioneller Anleger
instruct the bank to pay Bank zur Zahlung anweisen
instruction Anweisung
– Weisung
instruction: administrative instructions Verwaltungsvorschriften
instruction: bound by instructions weisungsgebunden
instruction: comply with instructions Anweisungen befolgen
instruction: follow instructions Weisungen befolgen
instruction: give instructions Weisungen erteilen
instruction: payment instructions Zahlungsanweisungen
instruction: right to give instructions Direktionsrecht
– Weisungsbefugnis
instruction about available remedies Rechtsbehelfsbelehrung
instrument Urkunde
instrument: bearer instrument Inhaberpapier
instrument: bearer of instrument Inhaber
instrument: enforceable instrument vollstreckbarer Titel
instrument: financial instrument Finanzierungsinstrument
– Finanztitel
instrument: hybrid financing instrument hybrides Finanzierungsinstrument
– hybrides Finanzinstrument
instrument: negotiable instrument begebbares Wertpapier
– Wertpapier *(Order- bzw. Inhaberpapier)*
instrument: order instrument Orderpapier
instrument made out to bearer Inhaberpapier
instrument made out to order Orderpapier
instrument of ratification Ratifikationsurkunde
instrument payable to bearer Inhaberpapier
instrument to order Orderpapier
insufficiency of assets: for insufficiency of assets mangels Masse
insufficiency of assets: suspension of bankruptcy preceedings due to insufficiency of assets Einstellung mangels Masse
insufficient unzureichend
insult Beleidigung
insurabe risk versicherbares Risiko
insurable interest versicherbares Interesse
insurance Versicherung
insurance: professional malpractice insurance Berufshaftpflichtversicherung
insurance: statutory health insurance gesetzliche Krankenversicherung
insurance against theft Diebstahlversicherung
insurance agent Versicherungsvertreter
insurance binder *AE* Deckungszusage *(Versicherung)*
– *AE* vorläufige Deckungszusage *(Versicherung)*
insurance broker Versicherungsmakler
insurance charges Versicherungskosten
insurance company Versicherungsgesellschaft
insurance company: captive insurance company Konzernversicherungsgesellschaft *(ausschließlich*

Konzerngesellschaften als Versicherungsnehmer)
insurance company: mutual insurance company Versicherungsverein auf Gegenseitigkeit *VVaG*
insurance contract Versicherungsvertrag
insurance coverage: provide insurance coverage Versicherungsschutz gewähren
insurance expenses Versicherungskosten
insurance fraud Versicherungsbetrug
insurance law Versicherungsrecht
insurance policy Versicherungsschein
insurance premium Versicherungsprämie
insurance society: mutual insurance society *BE* Versicherungsverein auf Gegenseitigkeit *VVaG*
insurance sum Versicherungssumme
insurance tax Versicherungsteuer
insurance tax: fire insurance tax Feuerversicherungsteuer
Insurance Tax Act Versicherungsteuergesetz
insured Versicherter
– Versicherungsnehmer
insured {against} versichert {gegen}
insured amount Versicherungssumme
insured event Versicherungsfall
insured person Versicherter
– Versicherungsnehmer
insured sum Deckungssumme
insured value Versicherungswert
insurer Versicherer
insurer: ceding insurer Erstversicherer
insurer: reinsurer Rückversicherer
intangible Immaterialgut
– immateriell
– immaterieller Vermögensgegenstand
– immaterieller Vermögenswert
– immaterielles Wirtschaftsgut
intangible asset Immaterialgut
– immaterieller Vermögensgegenstand
– immaterieller Vermögenswert
intangible assets immaterialle Anlagen
– immaterielle Aktiva
– immaterielle Werte
– immaterielle Wirtschaftsgüter
intangible assets: amortization of intangible assets Abschreibungen auf immaterielle Vermögensgegenstände
intangible fixed assets immaterielle Anlagen
– immaterielle Anlagewerte
– immaterielles Anlagevermögen
intangible property Immaterialgut
– immaterielle Vermögenswerte
intangible property right Immaterialgüterrecht
intangibles immaterielle Aktiva
– immaterielle Werte
– nichtkörperliche Gegenstände
integrated eingegliedert
– integriert
integrated accounting system integriertes Rechnungswesen
integrated corporation eingegliedertes Unternehmen
integrated cost accounting integriertes Rechnungswesen
integration: organizational integration organisatorische Eingliederung
integration: vertical integration vertikaler Unternehmenszusammenschluß
intellectual geistig
intellectual property geistiges Eigentum
intended taxpayer Steuerdestinatär
intended use bestimmungsgemäßer Gebrauch
intended user Endabnehmer
intent Vorsatz
intent: declaration of intent Willenserklärung
intent: legislative intent Absicht des Gesetzgebers
intent: letter of intent Absichtserklärung
intent: make a declaration of intent Willenserklärung abgeben

intent: statement of intent Absichtserklärung
intent: with intent vorsätzlich
intent of the parties Parteienwille
intent to contract Vertragswillen
intention Absicht
- Vorhaben
- Vorsatz
intention: express one's intention Willenserklärung abgeben
intention: legislative intention gesetzlich verfolgte Absicht
intention: mistake of intention Inhaltsirrtum
intention of the parties Parteienwille
intention to contract Rechtsbindungswille
intentional vorsätzlich
inter vivos unter Lebenden
inter vivos: gift inter vivos Schenkung unter Lebenden
inter vivos: transfer inter vivos Schenkung zu Lebzeiten
interbank market Interbanken-Markt
intercompany konzernintern
inter-company zwischenbetrieblich
intercompany charging Verrechnung konzerninterner Leistungen
intercompany consolidation Zwischenkonsolidierung
intercompany elimination of profits Zwischengewinneliminierung
intercompany loss konzerninterner Zwischenverlust
- Zwischenverlust *(konzernintern)*
intercompany price interner Verrechnungspreis
- Konzernverrechnungspreis
intercompany profit Gewinn aus konzerninternen Geschäften
- konzerninterner Zwischengewinn
- Zwischengewinn *(konzernintern)*
intercompany profit: elimination of intercompany profits Zwischengewinneliminierung
intercompany receivables konzerninterne Forderungen
intercompany sales Innenumsätze
- interner Umsatz
- konzerninterne Umsätze
intercompany sales: proceeds from intercompany sales Innenumsatzerlöse
intercompany transaction konzerninterner Geschäftsvorfall
intercompany turnover Innenumsätze
inter-corporate dividend exemption Schachtelprivileg
inter-corporate dividend relief *BE* Schachtelprivileg
interest Geschäftsanteil
- Zins
- Zinsen
interest: accrued interest aufgelaufene Zinsen
interest: bank interest Bankzinsen
interest: center of vital interests *AE (tax home)* Mittelpunkt der Lebensinteressen
interest: centre of vital interests *BE (tax home)* Mittelpunkt der Lebensinteressen
interest: community of interests Interessengemeinschaft
interest: compound interest Zinseszins
interest: construction period interest Bauzeitzinsen
- Herstellungszeitzinsen
interest: contractual interest vertragliche Zinsen
interest: controlling interest Mehrheitsbeteiligung
interest: default interest Verzugszinsen
interest: equity interest Beteiligung
interest: fictitious interest kalkulatorische Zinsen
interest: fixed interest feste Verzinsung
interest: floating rate interest variabler Zins
interest: fractional interest Bruchteil
interest: future interest Anwartschaft
interest: imputed interest kalkulatorische Zinsen
interest: income from participating interests Beteiligungserträge
- Erträge aus Beteiligungen

interest: insurable interest versicherbares Interesse
interest: investment interest Schuldzinsen auf Vermögensanlagen
interest: legal rate of interest gesetzlicher Zinssatz
interest: legitimate interest berechtigtes Interesse
interest: majority interest Mehrheitsbeteiligung
interest: minority interest Minderheitsbeteiligung
interest: mortgage interest Hypothekenzinsen
interest: net interest paid Nettozinsaufwand
interest: participating interests *BE* Beteiligungen *(iSd § 171 Abs 1 HGB)*
interest: pooling of interests Interessengemeinschaft
interest: public interest Allgemeininteresse
interest: running of interest Zinslauf
interest: security interest Sicherungsrecht
interest: statutory interest gesetzlicher Zins
interest: stipulated interest vertragliche Zinsen
interest: undivided interest ideeller Anteil
interest: yielding interest verzinslich
interest and similar charges Zinsen und ähnliche Anwendungen
interest and similar expenses Zinsen und ähnliche Anwendungen
interest at a fixed rate feste Verzinsung
interest bearing verzinslich
interest bearing: fixed interest bearing festverzinslich
interest charged for respite Stundungszinsen
interest component Zinsanteil
interest component of an annuity Zinsanteil einer Rente
interest coverage ratio Zinsdekkungsverhältnis
interest element Zinsanteil
interest element of an annuity Zinsanteil einer Rente
interest expense Zinsaufwand
interest flows Zinsströme
interest for default Verzugszinsen
interest income Zinsertrag
interest income: net interest income Zinsergebnis
interest income: other interest income sonstige Zinserträge
interest on matured bills of exchange Wechselzins
interest on securities Zinserträge aus Wertpapieren
interest paid Zinsaufwendungen
interest rate Zinssatz
interest rate swap Zinsswap
interest receivables Zinsforderungen
interest-bearing loan verzinsliches Darlehen
interest-bearing security Zinspapier
interest-free loan unverzinsliches Darlehen
– zinsloses Darlehen
interference {with} Einmischung {in}
interference with possession Besitzstörung
interfirm zwischenbetrieblich
interfirm comparison zwischenbetrieblicher Vergleich
inter-governmental agreement Regierungsabkommen
intergroup profit Zwischengewinn *(konzernintern)*
interim account Durchlaufkonto
interim accounts Zwischenabschluß
interim audit Zwischenprüfung
interim balance sheet Interimsbilanz
– Zwischenbilanz
interim credit Überbrückungsdarlehen
– Überbrückungskredit
– Zwischendarlehen
– Zwischenkredit
interim dividend Abschlagsdividende
– Vorabausschüttung
– Zwischendividende
interim financial report Zwischenabschluß

interim financial reporting Zwischenberichterstattung
interim financial statements Zwischenabschluß
interim financing Zwischenfinanzierung
interim injunction einstweilige Verfügung
interim loan Überbrückungsdarlehen
– Überbrückungskredit
– Zwischendarlehen
– Zwischenkredit
interim report Halbjahresbericht
interlocking directorate Personalunion
– Personalverflechtung im Hinblick auf leitende Angestellte
interlocutory judgment Zwischenurteil
intermediary Vermittler
intermediary: financial intermediary Finanzintermediär
intermediary company Zwischengesellschaft
intermediary holding company Zwischenholding
intermediate account Zwischenkonto
intermediate company Zwischengesellschaft
intermediate results Zwischenergebnis
intermediate value Zwischenwert
internal innerstaatlich
internal accounting internes Rechnungswesen
internal accounting transaction interner Buchungsvorfall
internal arrangements Innenverhältnis
internal audit Bilanzrevision
– Innenrevision
– interne Revision
internal auditing interne Revision
internal auditor Innenrevisor
– interner Revisor
internal balance sheet comparison interner Bilanzvergleich
internal billing interne Abrechnung
internal comparison interner Vergleich
internal control system internes Kontrollsystem
internal expenditure capitalized *BE* aktivierte Eigenleistungen
internal financing Selbstfinanzierung
internal funds Eigenmittel
internal rate of return interner Zinsfuß
internal relationship Innenverhältnis
Internal Revenue Bulletin *AE* Publikationsorgan der US-Steuerverwaltung
Internal Revenue Code *AE IRC* Bundessteuergesetzbuch
Internal Revenue Service *AE IRS* Bundessteuerbehörde
– *AE IRS* Bundessteuerverwaltung
internal rules Geschäftsordnung
internal sales: elimination of internal sales Eliminierung der Innenumsatzerlöse
internal sales revenue *AE* Innenumsatzerlöse
internal system of checks and balances internes Kontrollsystem
internal tax law innerstaatliche Steuerrechtsvorschriften
– innerstaatliches Steuerrecht
internal transfer price innerbetrieblicher Verrechnungspreis
internal turnover *BE* Innenumsatzerlöse
internal voucher Eigenbeleg
internal-order accounting Innenauftragsabrechnung
International Chamber of Commerce: Court of Arbitration at the International Chamber of Commerce Schiedsgerichtshof der Internationalen Handelskammer
international law: private international law Internationales Privatrecht
international relations internationale Beziehungen
– zwischenstaatliche Beziehungen
international tax law Internationales Steuerrecht

interoffice memorandum *memo* Hausmitteilung
interperiod expense allocation Aufwandsabgrenzung
interperiod income allocation Ertragsabgrenzung
interperiod tax allocation Abgrenzung latenter Steuern
– latente Steuerabgrenzung
interposed zwischengeschaltet
interposed company zwischengeschaltete Gesellschaft
– Zwischengesellschaft
interpret auslegen
interpret by reference to domestic law unter Bezugnahme auf nationales Recht auslegen
interpretation Auslegung
interpretation: broad interpretation extensive Auslegung
– weite Auslegung
interpretation: expansive interpretation extensive Auslegung
– weite Auslegung
interpretation: formal interpretation wörtliche Auslegung
interpretation: historical interpretation historische Auslegung
interpretation: liberal interpretation extensive Auslegung
– weite Auslegung
interpretation: linguistic interpretaion wörtliche Auslegung
interpretation: literal interpretation wörtliche Auslegung
interpretation: narrow interpretation enge Auslegung
– restriktive Auslegung
interpretation: restrictive interpretation enge Auslegung
– restriktive Auslegung
interpretation: rule of interpretation Auslegungsregel
– Auslegungsvorschrift
interpretation: strict interpretation enge Auslegung
– restriktive Auslegung
interpretation: teleological interpretation teleologische Auslegung
interpretation: wide interpretation extensive Auslegung
– weite Auslegung
interpretative rule Auslegungsregel
– Auslegungsvorschrift
interrogate verhören
– vernehmen
interrogation Verhör
– Vernehmen
– Vernehmung
interruption: business interruption Betriebsunterbrechung
interruption of a term Unterbrechung einer Frist
interruption of the running of the statute of limitations Unterbrechung der Verjährung
interstatement ratio gemischte Kennziffer
intervention Einschreiten
intervention {in} Einmischung {in}
intestate: die intestate ohne Testament versterben
intestate succession gesetzliche Erbfolge
intra-Community acquisition innergemeinschaftlicher Erwerb
intra-Community supply innergemeinschaftliche Lieferung
intra-company unternehmensintern
intra-company transfer price innerbetrieblicher Verrechnungspreis
intra-enterprise unternehmensintern
intra-group financing Konzernfinanzierung
intra-group funding Konzernfinanzierung
intra-group sales Innenumsätze
– interner Umsatz
intrinsic value innerer Wert
introduction Vorbemerkung
introductory einleitend
introductory remarks Vorbemerkung
invalid nicht rechtsgültig
– rechtsungültig
– rechtsunwirksam
– ungültig
invalid: legally invalid rechtsungültig
– rechtsunwirksam
invalidity Nichtigkeit

- Rechtsunwirksamkeit
invalidity of marriage Ehenichtigkeit
invention Erfindung
inventoriable inventarisierbar
inventories Vorräte
- Vorratsvermögen
inventory Bestände aufnehmen
- Bestandsaufnahme
- Bestandsliste
- Bestandsverzeichnis
- Inventar
- inventarisieren
- Inventarliste
- Inventur
- Lagerbestand
- Vorratsvermögen
inventory: annual inventory Jahresinventur
inventory: beginning inventory Anfangsbestand
inventory: book inventory Buchinventur
inventory: closing inventory Schlußbestand
- Schlußinventar
inventory: continuous inventory permanente Inventur
inventory: decrease in inventories Bestandsminderung
inventory: ending inventory Schlußbestand
inventory: end-of-period inventory Schlußbestand
- Stichtagsinventur
inventory: increase in inventories Bestandsmehrung
inventory: increase or decrease in finished goods inventories and work in process *AE* Erhöhung oder Verminderung des Bestands an fertigen und unfertigen Erzeugnissen
- *AE* Erhöhung/Verminderung des Bestandes an fertigen und unfertigen Erzeugnissen sowie an noch nicht abrechenbaren Leistungen
inventory: opening inventory Anfangsbestand
inventory: perpetual inventory permanente Inventur
inventory: physical inventory effektive Inventur
- körperliche Inventur
inventory: rate of inventory turnover Lagerumschlagshäufigkeit
inventory: sampling inventory Stichprobeninventur
inventory: take inventory Bestände aufnehmen
- inventarisieren
- Inventur machen
- Lagerbestände aufnehmen
inventory: taking inventory Inventur
inventory: target inventory Sollbestand
inventory: work-in-process inventory *AE* Bestand an unfertigen Erzeugnissen
inventory: work-in-progress inventory *BE* Bestand an unfertigen Erzeugnissen
inventory: write-down of inventories Abschreibungen auf Warenbestände *(teilweise)*
inventory: write-off of inventories Abschreibungen auf Warenbestände *(vollständig)*
inventory account Lagerkonto
- Vorrätekonto
inventory accounting department Lagerbuchhaltung
inventory adjustments Bestandsberichtigungen
inventory adjustments - finished goods Abschreibungen auf Fertigerzeugnisse
inventory adjustments - raw materials and supplies *AE* Abschreibungen auf Roh-, Hilfs- und Betriebsstoffe
inventory adjustments - work in process *AE* Abschreibungen auf unfertige Erzeugnisse
inventory audit Inventurprüfung
inventory book Inventarbuch
inventory carrying cost Lagerkosten
inventory count Bestandsaufnahme
- körperliche Bestandsaufnahme
inventory data Bestandsdaten
inventory date Inventurstichtag

inventory deficiency Lagerfehlbestand
inventory difference Inventurdifferenz
inventory discrepancies Inventurdifferenzen
inventory discrepancy Bestandsdifferenz
– Inventurdifferenz
inventory file Bestandskartei
– Lagerkartei
inventory guidelines Inventurrichtlinien
inventory list Bestandsliste
inventory reconciliation list Inventurabstimmliste
inventory record card Bestandskarte
inventory register Inventurbuch
inventory revaluation Neubewertung des Vorratsvermögens
inventory risk Beständewagnis
– Bestandsrisiko
– Bestandswagnis
inventory sheet Inventuraufnahmeliste
inventory taking Bestandsaufnahme
– Bestandsermittlung
inventory taking: physical inventory taking körperliche Bestandsaufnahme
inventory turnover Lagerumschlag
inventory turnover rate Lagerumschlagshäufigkeit
inventory valuation Bestandsbewertung
– Bewertung des Vorratsvermögens
– Lagerbestandsbewertung
– Lagerbewertung
– Vorratsbewertung
inventory valuation adjustment Wertberichtigung zu Vorräten
inventory valuation allowance Wertberichtigung auf das Vorratsvermögen
inventory valuation at acquisition or production cost Bestandsbewertung zu Anschaffungs- oder Herstellungskosten
inventory withdrawal Lagerentnahme
inverse yield curve inverse Zinsertragskurve
invest anlegen
investigate recherchieren
investigation Ermittlung
– Fahndung
– Recherche
– Untersuchung
investigation: credit investigation Kreditprüfung
investigation: credit status investigation Kreditprüfung
investigation: customs investigation Zollfahndung
investigation: preliminary investigation Ermittlungsverfahren
investigation: tax fraud investigation Steuerfahndung
investigation committee Untersuchungsausschuß
investigation of facts Sachaufklärung
investigator Ermittlungsbeamter
– Steuerfahnder
investigator: revenue investigator *BE* Steuerfahnder
investigator: tax fraud investigator Steuerfahnder
– Steuerfahndungsbeamter
investigator: tax investigator Steuerfahnder
investigatory measure Ermittlungshandlung
investment Beteiligung
– Investition
investment: amounts written off financial assets and short-term investments *BE* Abschreibungen auf Finanzanlagen und auf Wertpapiere des Umlaufvermögens
investment: current investments Wertpapiere des Umlaufvermögens
investment: income from capital investments Einkünfte aus Kapitalvermögen
investment: long-term investments langfristige Finanzanlagen
investment: other investments sonstige Finanzanlagen
investment: portfolio investment Portfolio-Beteiligung
– Streubesitz
investment: valuation allowance for

I

investments Wertberichtigung auf Beteiligungen
investment: write-down of investments Abschreibungen auf Beteiligungen
investment: write-down on financial assets and short-term investments Abschreibungen auf Finanzanlagen und auf Wertpapiere des Umlaufvermögens
investment adviser Anlageberater
investment bank Emissions- und Effektenbank
investment company Investmentgesellschaft
– Kapitalanlagegesellschaft
investment company: private investment company private Kapitalanlagegesellschaft
investment failure Fehlinvestition
investment fund Investmentfonds
– Kapitalanlagegesellschaft
investment grant Investitionszulage
investment incentive Investitionsanreiz
investment income steuerpflichtige Kapitalerträge
investment interest Schuldzinsen auf Vermögensanlagen
investment outlay Kapitaleinsatz
investment portfolio Wertpapierbestand
investment protection Anlageschutz
investment subsidy Investitionszulage
investment transaction Anlagegeschäft
investments *(balance sheet)* Beteiligungen
– Finanzanlagen
– Investitionen
investments by owners Eigenkapital
– Einlagen
investor Anleger
investor: institutional investor institutioneller Anleger
investor protection Anlegerschutz
inviolability of the home Unverletztlichkeit der Wohnung
inviolable unverletzlich
invitation to bid Ausschreibung *(öffentliche Aufforderung zur Abgabe von Angeboten)*
invitation to make an offer Aufforderung zur Angebotsabgabe
invitation to tender Ausschreibung *(öffentliche Aufforderung zur Abgabe von Angeboten)*
invoice berechnen
– Faktura
– fakturieren
– in Rechnung stellen
– Rechnung
invoice: proforma invoice Proforma-Rechnung
invoice: purchase invoice Eingangsrechnung
invoice amount Rechnungsbetrag
invoice received Eingangsrechnung
invoice total Gesamtrechnungsbetrag
invoice trail Rechnungsweg
invoiced sales abgerechnete Leistungen
invoicing Fakturierung
– Rechnungserteilung
invoicing department Rechnungsabteilung
invoicing machine Fakturiermaschine
invoicing route Rechnungsweg
invoke anrufen
– sich berufen {auf}
invoke the provisions of the treaty sich auf die Bestimmungen des Abkommens berufen
involvement: prior involvement Vorbefassung
IOU I owe you
IPO initial public offering *(Erstemission)*
IRC *AE* Internal Revenue Code *(Bundessteuergesetzbuch)*
irrebuttable presumption unwiderlegbare Vermutung
irredeemable nicht einziehbar
– untilgbar
irrefutable unwiderleglich
irrefutable presumption unwiderlegliche Vermutung
irregular depreciation außerplanmäßige Abschreibung

irrelevant: legally irrelevant unbedeutsam
irreparable unwiederbringlich
irrevocable unwiderruflich
IRS *AE* Internal Revenue Service *(Bundessteuerverwaltung)*
issuance Begebung
– Emission
issuance of securities Wertpapieremission
issuance of shares Aktienausgabe
– Aktienemission
issuance of stock *AE* Aktienausgabe
– *AE* Aktienemission
issue begeben
– Emission
– emittieren
– Frage
issue: case at issue Einzelfall
issue: conditions of issue Emissionsbedingungen
issue: legal issue Rechtsfrage
issue: open issue Zweifelsfrage
issue: original issue discount *OID* Ausgabedamnum
– *OID* Emissionsabgeld
issue: re-issue neuerliche Erteilung
issue: rights issue *BE* Bezugsrechtsemission
issue: scrip issue *BE* Ausgabe von Berichtigungsaktien
– *BE* Ausgabe von Gratisaktien
– *BE* Emission von Berichtigungsaktien
– *BE* Emission von Gratisaktien
– Gratisaktien
issue: tender issue Emission im Tenderverfahren
issue: yield upon issue Emissionsrendite
issue a tax assessment notice Steuerbescheid erlassen
issue costs Ausgabekosten
issue expenses Emissionskosten
issue note: material issue note Materialentnahmeschein
issue of shares Ausgabe von Anteilen
issue price Ausgabepreis
issue price of a share Aktienemissionskurs
issued capital ausgegebenes Kapital
issuer Emittent
issuer of a bill Wechselaussteller
issuer of a bill of exchange Wechselaussteller
issuer of a check *AE* Scheckaussteller
issuer of a cheque *BE* Scheckaussteller
issuing price Ausgabekurs
ITC investment tax credit
item Posten
item: balance sheet item Bilanzposition
– Bilanzposten
item: balancing item Ausgleichsposten
item: capitalize an item Posten aktivieren
item: collective item Sammelposten
item: correcting item Korrekturposten
item: credit an item Posten gutschreiben
item: credit item Habenposten
item: debit item Sollposten
item: deduction item Abzugsposten
item: deferral items transitorische Posten
item: deferred item Abgrenzungsposten *(transitorisch)*
– Rechnungsabgrenzungsposten *(transitorisch)*
– transitorischer Abgrenzungsposten
– transitorischer Rechnungsabgrenzungsposten
item: depreciation item Abschreibungsgegenstand
item: expense item Aufwandsposten
item: extraordinary items außerordentliche Posten
item: income item Erfolgsposten
– Ertragsposten
item: liability item *(balance sheet)* Passivposten
item: memo item Erinnerungswert
– Merkposten
– Vermerkposten
item: memorandum item Erinnerungsposten

– Erinnerungswert
– Merkposten
item: offsetting item Ausgleichsposten
– Korrekturposten
– Verrechnungsposten
item: open item offener Posten
item: overhead item Gemeinkostenart
item: prepaid item Abgrenzungsposten *(transitorisch)*
– Rechnungsabgrenzungsposten *(transitorisch)*
item: pro memoria item Merkposten
item: revenue and expense items Ertrags- und Aufwandsposten
item: suspense item Übergangsposten
item: tax preference item Steuervergünstigung
item: transitory item Durchgangsposten
– durchlaufender Posten
– Durchlaufposten
– Übergangsposten
item card Artikelkarte
item in transit durchlaufender Posten
item master file Artikelstammdatei
item number Artikelnummer
item numbering Artikelnumerierung
item on the agenda Tagesordnungspunkt
item to be booked to an asset account aktivierungspflichtiger Vermögensgegenstand
item to be capitalized aktivierungspflichtiger Vermögensgegenstand
item-by-item valuation Einzelbewertung
itemization Einzelaufführung
– Einzelnachweis
– Spezifizierung
itemize im einzelnen nachweisen
itemize expenses Einzelnachweis führen *(über Aufwendungen)*
itemized deductions im einzelnen nachgewiesene Abzüge
itemized valuation allowance Einzelwertberichtigung
– individuelle Wertberichtigung
items of the estate Nachlaßgegenstände
items on the agenda Punkte der Tagesordnung

J

jail Gefängnis
job Arbeitsplatz
job contract: processing under a job contract Lohnarbeit
– Lohnveredelung
job description Arbeitsplatzbeschreibung
job processing Lohnarbeit
– Lohnveredelung
job prospects Berufsaussichten
job specification Arbeitsplatzbeschreibung
jobless arbeitslos
jobless person Arbeitsloser
joblessness Arbeitslosigkeit
job-related continuing education expenses Aufwendungen für berufliche Weiterbildung
– Aufwendungen für die Berufsfortbildung
job-seeker Arbeitssuchender
join beitreten
joinder of actions Klagenhäufung
joinder of parties Streitgenossenschaft
joining as partner Eintritt in eine Personengesellschaft
joint and mutual will wechselbezügliches Testament
joint and several creditor Gesamtgläubiger
joint and several debt Gesamtschuld
joint and several debtor Gesamtschuldner
joint and several liability gesamtschuldnerische Haftung
joint assessment Zusammenveranlagung
joint control gemeinsame Beherrschung
joint costing Kostenrechnung bei Kuppelproduktion

joint creditor Gesamthandsgläubiger
joint custody gemeinsames Sorgerecht
joint decree gemeinsame Rundverfügung
joint household gemeinsamer Haushalt
joint owner Gesamthandseigentümer
joint ownership gesamthänderisches Miteigentum
– Gesamthandseigentum
joint products *(joint costing)* Kuppelprodukte
joint return gemeinsame Steuererklärung
– Zusammenveranlagung
joint statement gemeinsame Erklärung
joint tax return Zusammenveranlagung
joint tenancy Gesamthandseigentum
– Miteigentum zur gesamten Hand
joint tenant gesamthänderisch gebundener Miteigentümer
joint venture Gemeinschaftsunternehmen
joint venture enterprise Gemeinschaftsunternehmen
joint will gemeinsames Testament
– gemeinschaftliches Testament
jointly gemeinsam
– gesamthänderisch
– solidarisch
– zur gesamten Hand
jointly and severally gesamtschuldnerisch
jointly and severally: be jointly and severally liable gesamtschuldnerisch haften
jointly and severally: guarantee jointly and severally gesamtschuldnerisch bürgen
jouissance right Genußrecht
jouissance share Genußschein
journal Grundbuch
– Primanota
– Tagebuch
– *(periodical)* Zeitschrift
journal: cash disbursement journal Kassenausgangsbuch
journal: cash journal Kassenbuch
journal: cash receipts journal Einnahmenbuch
journal: daily transactions journal Geschäftstagebuch
journal: multi-column journal Mehrspaltenjournal
journal: sales journal Warenverkaufsbuch
journal: subsidiary journal Hilfsjournal
journal: tax journal Steuerfachzeitschrift
journal: two-column journal Zweispaltenjournal
journal entry Buchungsposten im Journal
– Journalbuchung
– Tagebucheintragung
journal voucher Journalbeleg
judge Richter
judge: lay judge Laienrichter
judge: presiding judge vorsitzender Richter
judge: professional judge Berufsrichter
judge: tax court judge Richter am Steuergericht
– Steuerrichter
judge-made law Fallrecht
– Präzedenzrecht
– Richterrecht
judgement = judgment
judgment Entscheidungsurteil
– Gerichtsentscheidung
– Gerichtsurteil
– richterliches Urteil
– Urteil
judgment: adverse judgment abweisendes Urteil
judgment: appealable judgment berufungsfähiges Urteil
judgment: court judgment Gerichtsentscheidung
– Gerichtsurteil
– richterliches Urteil
judgment: declaratory judgment for the change of a legal right or status Feststellungsurteil

judgment: delivery of a judgment Urteilsverkündung
judgment: enforceable judgment vollstreckbares Urteil
judgment: enforcement of a judgment Zwangsvollstreckung eines Urteils
judgment: execute a judgment Urteil vollstrecken
judgment: final and conclusive judgment rechtskräftiges Urteil
judgment: final judgment rechtskräftiges Urteil
judgment: fiscal court judgment Finanzgerichtsurteil
– Steuergerichtsurteil
judgment: interlocutory judgment Zwischenurteil
judgment: money judgment Urteil auf Zahlung eines bestimmten Geldbetrages
judgment: pronouncement of judgment Urteilsverkündung
judgment: reversal of a judgment Aufhebung eines Urteils
judgment: serve a judgment {upon} Urteil zustellen {an}
judgment: service of a judgment Zustellung eines Urteils
judgment: set aside a judgment Urteil aufheben
judgment: tax court judgment Finanzgerichtsurteil
– Steuergerichtsurteil
judgment: vacate a judgment Urteil aufheben
judgment: vacation of a judgment Aufhebung eines Gerichtsurteiles
– Urteilsaufhebung
judgment by default Versäumnisurteil
judgment of conviction Strafurteil
judgment ordering performance Leistungsurteil
judicature Rechtsprechung
judicial gerichtlich
judicial decision gerichtliche Entscheidung
– Gerichtsentscheidung
– Gerichtsurteil
judicial decisions Rechtsprechung
judicial decree gerichtliche Entscheidung
judicial dissolution gerichtliche Auflösung
judicial power rechtsprechende Gewalt
judicial review gerichtliche Überprüfung
judicial review of the constitutionality of laws Normenkontrolle
judiciary Justiz
junior nachrangig
junk bond unbesicherte hochrisikobehaftete Schuldverschreibung mit entsprechend hoher Verzinsung
junk value Schrottwert
juridical juristisch
juridical double taxation juristische Doppelbesteuerung
juridical person juristische Person
jurisdiction Gerichtsbarkeit
– Gerichtsstand
– Jurisdiktion
– Zuständigkeit
jurisdiction: appellate jurisdiction Berufungsinstanz
– Zuständigkeit in der Rechtsmittelinstanz
jurisdiction: arbitral jurisdiction Schiedsgerichtsbarkeit
jurisdiction: civil jurisdiction Zivilgerichtsbarkeit
jurisdiction: commercial jurisdiction Handelsgerichtsbarkeit
jurisdiction: concurrent jurisdiction gemeinsame Zuständigkeit
– konkurrierende Zuständigkeit
jurisdiction: court of general jurisdiction Gericht mit allgemeiner Zuständigkeit
jurisdiction: court of original jurisdiction erstinstanzliches Gericht
jurisdiction: exercise jurisdiction Gerichtsbarkeit ausüben
jurisdiction: fiscal court jurisdiction Rechtsprechung der Finanzgerichte
jurisdiction: fiscal jurisdiction Besteuerungsbefugnis
– Besteuerungsrecht
– Finanzgerichtsbarkeit

– Steuerhoheit
jurisdiction: local jurisdiction örtliche Zuständigkeit
jurisdiction: original jurisdiction Erstinstanz
jurisdiction: place of jurisdiction Gerichtsstand
jurisdiction: stipulate jurisdiction Gerichtstand vereinbaren
jurisdiction: taxing jurisdiction Besteuerungsbefugnis
– Besteuerungsrecht
– Steuerhoheit
jurisdiction to impose tax Steuerhoheit
jurisdiction to impose taxes Besteuerungsbefugnis
– Besteuerungsrecht
– Steuerhoheit
jurisdiction to tax Besteuerungsbefugnis
– Besteuerungsrecht
– Steuerhoheit
jurisprudence Rechtswissenschaft
jury Geschworene
– Geschworenenkollegium
jury: verdict of the jury Spruch der Geschworenen
just gerecht
just and equitable recht und billig
just cause: for just cause berechtigt
justice Gerechtigkeit
justice: court of justice Gerichtshof
justification Berechtigung
– Rechtfertigung
– Rechtfertigungsgrund
justification: legal justification Rechtfertigungsgrund
justified berechtigt
justified: legally justified rechtlich begründet
justify begründen
– rechtfertigen
justify a claim Anspruch begründen

K

keep an account Konto führen
– Konto unterhalten
keep books Bücher führen
– führen von Büchern
keep in abeyance ruhen lassen
keep in custody verwahren
keep the minutes Protokoll führen *(Versammlung)*
keep the record Protokoll führen *(Gericht)*
keeping of accounts Führung von Büchern
key: account key Kontenschlüssel
key: allocation key Umlageschlüssel
key: apportionment key Zerlegungsmaßstab
kickback Schmiergeld
kind: benefit in kind Sachleistung
– Sachzuwendung
kind: contribution in kind Sacheinlage
kind: distribution in kind Sachausschüttung
kind: dividend in kind Sachausschüttung
kind: payment in kind Sachleistung
kind: remuneration in kind Sachbezüge
kind: restitution in kind Naturalrestitution
kind: wage in kind Naturallohn
knowingly bewußt
– wissentlich
knowledge: as to our knowledge nach unserem Kenntnisstand
knowledge sharing Wissensaustausch

L

L. ed. Lawyers' Edition
L/C letter of credit *(Akkreditiv)*
labor: cost of supporting labor *AE* Hilfslöhne
labor: direct labor *AE* Einzellöhne
– *AE* Fertigungslöhne
labor: indirect labor *AE* Hilfslöhne
labor certification *AE* Arbeitserlaubnis
labor conflict *AE* Arbeitskampf
labor dispute *AE* Arbeitskampf

labor efficiency variance *AE* Arbeitszeitabweichung
labor force *AE* Arbeitnehmerschaft
labor law *AE* Arbeitsrecht
labor leasing *AE* Leiharbeit
labor rate variance *AE* Lohnsatzabweichung
labor union *AE* Gewerkschaft
labor union agreed wage *AE* Tariflohn
laborer *AE* Arbeiter
labour: direct labour *BE* Einzellöhne
– *BE* Fertigungslöhne
labour: indirect labour *BE* Hilfslöhne
labour certification *BE* Arbeitserlaubnis
labour conflict *BE* Arbeitskampf
labour costs *BE* Lohnkosten
labour council *BE* Betriebsrat
labour dispute *BE* Arbeitskampf
labour efficiency variance *BE* Arbeitszeitabweichung
labour law *BE* Arbeitsrecht
labour leasing *BE* Leiharbeit
labour permit *BE* Arbeitserlaubnis
labour rate variance *BE* Lohnsatzabweichung
labourer *BE* Arbeiter
lack of authority Mangel an Vertretungsmacht
lack of care Mangel an Sorgfalt
lack of competence Mangel an Zuständigkeit
– Unzuständigkeit
lack of power of representation Mangel an Vertretungsmacht
laid off entlassen
land Boden
– Grund und Boden
land: appurtenances to land Grundstückszubehör
land: buildings on leasehold land Bauten auf fremden Grundstücken
land: buildings on third party land *BE* Bauten auf fremden Grundstükken
land: developed land bebaute Grundstücke
land: third party land fremder Grund und Boden
– fremdes Grundstück
land: undeveloped land Grundstücke ohne Bauten
– unbebaute Grundstücke
land: unimproved property *AE* unbebaute Grundstücke
land: vacant land unbebaute Grundstücke
land and buildings Grundstücke und Bauten
land charge Grundpfandrecht
– Grundschuld
– Grundstücksbelastung
land charge in favor of the owner *AE* Eigentümergrundschuld
land charge in favour of the owner *BE* Eigentümergrundschuld
land development plan Flächennutzungsplan
land register Grundbuch
land register: abstract of land register Grundbuchauszug
land register office Grundbuchamt
land registry Grundbuchamt
land servitude *BE* Grunddienstbarkeit
land tax Grundsteuer
land title register Grundbuch
landlord Vermieter
– Verpächter
landmark Denkmal
language: official language Amtssprache
language: technical language Fachsprache
lapse ablaufen
– entfallen
– erlöschen
– Verfall
– verfallen
– verstreichen
– Wegfall
– wegfallen
lapsed abgelaufen
– verfallen
– verstrichen
larceny Diebstahl
large corporation große Kapitalgesellschaft
last in, first out Lifo

last resort: court of last resort letztinstanzliches Gericht
last will letztwillige Verfügung
late fee Verspätungszuschlag
late filing: penalty for late filing Verspätungszuschlag
late filing: penalty for late filing of return Verspätungszuschlag
late filing penalty Verspätungszuschlag
late payment: penalty for late payment Säumniszuschlag
late payment: penalty for late payment of tax Säumniszuschlag
late payment penalty Säumniszuschlag
latent defect verborgener Mangel
later will späteres Testament
launching costs Anlaufkosten
laundering *(money)* Geldwäsche
law Gesetz
– Recht
law: according to the law nach dem Gesetz
law: applicable law anwendbares Recht
law: as the law stands nach der gegenwärtigen Rechtslage
law: binding law zwingendes Recht
law: by law gesetzlich
– kraft Gesetzes
law: by operation of law kraft Gesetzes
law: company established under the laws of a country nach dem Recht eines Staates errichtete Gesellschaft
law: contrary to law gesetzwidrig
law: determinate by law gesetzlich regeln
law: gap in the law Gesetzeslücke
law: governed by law unter ein Gesetz fallen
law: governing law anwendbares Recht
– maßgebendes Recht
– maßgebliches Recht
law: in accordance with the law gesetzmäßig
– in Übereinstimmung mit dem Gesetz
law: lay down by law gesetzlich regeln
law: mandatory law zwingendes Recht
law: promulgate a law Gesetz verkünden
law: regulate by law gesetzlich regeln
law: self-executing law unmittelbar anwendbares Recht
law: subordinate law nachgeordnetes Recht
law: transpose into German law ins deutsche Recht umsetzen
law: transposition into German law {by means of} Umsetzung ins deutsche Recht {durch}
law: twist the law Recht verdrehen
law: unter present law nach geltendem Recht
law: wording of the law Gesetzestext
law alterable by agreement dispositives Recht
law enforcement Rechtsdurchsetzung
– Rechtsvollzug
law enforcement official Vollzugsbeamter
law governing civil procedure Zivilprozeßrecht
law governing criminal procedure Strafprozeßrecht
law governing tax consultancy Steuerberatungsgesetz
law governing the relationship of landlord and tenant Mietrecht
law in force geltendes Recht
law of contracts Vertragsrecht
law of evidence Beweisrecht
law of incorporation Gründungsstatut
law of inheritance Erbrecht
law of nations Völkerrecht
law of obligations Schuldrecht
law of property Sachenrecht
law of sales Kaufvertragsrecht
law of succession Erbrecht
law of taxation Steuerrecht
law of tenancy Mietrecht
law of torts Deliktsrecht
– Recht der unerlaubten Handlungen

L

law on bills of exchange Wechselrecht
Law on Composition Proceedings Vergleichsforderung
– Vergleichsordnung
law regarding fiscal offences *BE* Steuerstrafrecht
law regarding fiscal offenses *AE* Steuerstrafrecht
law relating to associations Vereinsrecht
law relating to cooperative associations Genossenschaftsrecht
law suit Prozeß
– Rechtsstreit
– Rechtsstreitigkeit
law-abiding gesetzestreu
lawful gesetzlich
– gesetzmäßig
– rechtmäßig
lawful possessor rechtmäßiger Besitzer
lawfulness Gesetzlichkeit
– Gesetzmäßigkeit
– Rechtmäßigkeit
lawgiver Gesetzgeber
lawgiving Gesetzgebung
lawless gesetzlos
lawlessness Gesetzlosigkeit
lawmaker Gesetzgeber
lawmaking Gesetzgebung
laws Gesetze
lawsuit Klage
– Prozeß
lawyer Jurist
lawyer: employed lawyer angestellter Anwalt
lawyer: in-house lawyer Syndikusanwalt
lawyer: tax lawyer Fachanwalt für Steuerrecht
– Steueranwalt
– Steuerjurist
lawyer's fees Anwaltshonorar
– Anwaltskosten
lay down by law gesetzlich regeln
lay judge Laienrichter
lay off entlassen
lay-off Entlassung
lay-off pay Abfindung *(Entlassung)*
lay-out: balance sheet lay-out Bilanzgliederung
layout of balance sheet Bilanzgliederung
LBO leveraged buy-out
lead manager *(syndicate)* Konsortialführer
leading question Suggestivfrage
League of Nations Völkerbund
leakage Schwund
leap-frog appeal Sprungrevision
lease mieten
– Pacht
– pachten
– Vermietung
– verpachten
lease: building lease Erbbaurecht
lease: fixed term lease Zeitmietvertrag
lease: initial lease term Grundmietzeit
lease: master lease Generalmietvertrag
lease: operational facility lease Betriebsüberlassungsvertrag
lease: sublease Untermiete
– untervermieten
lease: tenant under a building lease Erbbauberechtigter
lease agreement Leasingvertrag
– Mietvertrag
– Pachtvertrag
lease broker Leasingmakler
lease contract Pachtvertrag
lease renewal option Mietverlängerungsoption
lease term: fixed noncancelable lease term Grundmietzeit
lease term: initial lease term Grundmietzeit
leased asset Leasinggut
leased property Leasinggut
leasehold: buildings on leasehold land Bauten auf fremden Grundstükken
leasehold: hereditary leasehold Erbpachtrecht
leasehold estate pacht- bzw. mietmäßiges Besitzrecht

leasehold improvements Mietereinbauten
leasehold property gepachtetes Land
– Pachtland
leaseholder Pächter
leasing Miete
– Verpachten
– Verpachtung
leasing: business leasing contract Betriebspachtvertrag
leasing: captive leasing company Konzernleasinggesellschaft
leasing: consumer leasing Konsumentenleasing
leasing: equipment leasing Leasing beweglicher Anlagegüter
leasing: finance leasing Finanzierungsleasing
leasing: financial leasing Finanzierungsleasing
leasing: full-payout leasing Vollamortisationsleasing
leasing: labor leasing *AE* Leiharbeit
leasing: labour leasing *BE* Leiharbeit
leasing: non-full-payout leasing Teilamortisationsleasing
leasing: partial payout leasing Teilamortisationsleasing
leasing agreement Leasingvertrag
leasing company Leasinggesellschaft
leasing company: captive leasing company konzerneigene Leasinggesellschaft
leasing of business Betriebsverpachtung
leasing of operating facilities Betriebsüberlassung
leasing period Leasingdauer
leave Freistellung
leave: maternity leave Mutterschaftsurlaub
leave: unpaid leave unbezahlter Urlaub
leave from employment Freistellung von der Arbeitspflicht
leave outstanding stehen lassen
ledger Hauptbuch
ledger: accounts payable ledger Lieferantenbuch
ledger: accounts receivable and payable ledger Kontokorrentbuch
ledger: bought ledger *BE* Kreditorenbuch
ledger: creditors' ledger Kreditorenbuch
ledger: discount ledger Wechselkopierbuch
ledger: fixed asset detail ledger Anlagenbuchhaltung
ledger: fixed asset ledger Sachanlagebuch
ledger: general ledger Hauptbuch
ledger: purchase ledger Kreditorenbuch
ledger: subsidiary ledger Nebenbuch
ledger account Hauptkonto
ledger card Kontoblatt
ledgerless accounting Belegbuchführung
– kontenlose Buchführung
legacy Vermächtnis
legacy: conditional legacy bedingtes Vermächtnis
– Vermächtnis unter Auflage
legacy: disclaimer of legacy Ausschlagung eines Vermächtnisses
legacy: modal legacy Vermächtnis unter Auflage
legacy: recipient of a legacy Vermächtnisnehmer
legacy: specific legacy bestimmtes Vermächtnis
legacy hunter Erbschleicher
legacy hunting Erbschleicherei
legal gesetzlich
– gesetzmäßig
– juristisch
– rechtlich
legal: disregarding of legal transactions Nichtanerkennung von Rechtsgeschäften
legal: illegal ungesetzlich
legal act Rechtsgeschäft
– Rechtshandlung
legal action Klage
– Prozeß
– Rechtsstreit
legal action: service of legal action {upon} Klagezustellung {an}

L

legal action: take legal action {against} gerichtlich vorgehen {gegen}
- klagen {gegen}

legal action: threat of legal action Klageandrohung
legal aid Prozeßkostenhilfe
legal and consulting fees Rechts- und Beratungskosten
legal assistance Rechtshilfe
legal assistance in tax matters Rechtshilfe in Steuersachen
legal basis for a claim Anspruchsgrundlage
legal benefit rechtlicher Vorteil
- Rechtsvorteil

legal capacity Rechtsfähigkeit
legal capacity: association with legal capacity rechtsfähiger Verein
legal capacity: association without legal capacity nichtrechtsfähiger Verein
legal capacity: be of limited legal capacity beschränkt geschäftsfähig sein
legal capacity: be of restricted legal capacity beschränkt geschäftsfähig sein
legal capacity: having legal capacity rechtsfähig sein
legal capacity: limitation of legal capacity Beschränkung der Geschäftsfähigkeit
legal capacity: without legal capacity nichtrechtsfähig
legal certainty Rechtssicherheit
legal character Rechtscharakter
legal commitment rechtliche Verpflichtung
legal competency: limitation of legal competency Beschränkung der Geschäftsfähigkeit
legal compliance Befolgung gesetzlicher Vorschriften
- Befolgung rechtlicher Bestimmungen
- Einhaltung gesetzlicher Vorschriften
- Einhaltung rechtlicher Bestimmungen
- Erfüllung gesetzlicher Vorschriften
- Erfüllung rechtlicher Bestimmungen

legal concept Rechtsgedanke
legal conception Rechtsauffassung
legal defect Rechtsmangel
legal department Rechtsabteilung
legal detriment rechtlicher Nachteil
- Rechtsnachteil

legal dispute Rechtsstreit
- Rechtsstreitigkeit

legal doctrine Rechtslehre
legal duty of taxpayer to support taxable transactions by the underlying documents Belegzwang
legal duty of taxpayer to support taxable transactions by the underlying vouchers Belegzwang
legal employment rechtliches Arbeitsverhältnis
legal entity juristische Person
- rechtlich selbständige Einheit
- Rechtsgebilde
- Rechtspersönlichkeit
- Rechtsträger

legal existence rechtlicher Bestand
legal expenses Rechtsberatungskosten
legal expenses insurance Rechtsschutzversicherung
legal fees Rechtsberatungsgebühren
- Rechtsberatungskosten
- Rechtskosten

legal form rechtliche Form
- Rechtsform

legal form: for specific legal forms rechtsformspezifisch
legal foundation Rechtsgrund
legal heir gesetzlicher Erbe
legal import rechtlicher Gehalt
- rechtlicher Sinn

legal impossibility rechtliche Unmöglichkeit
legal incapacity Geschäftsunfähigkeit
legal institution Rechtsinstitut
legal issue Rechtsfrage
legal justification Rechtfertigungsgrund
legal liability gesetzliche Haftpflicht
legal nature Rechtscharakter
- Rechtsnatur

legal object Rechtsobjekt

legal obligation: be under a legal obligation gesetzlich verpflichtet sein
legal opinion Rechtsauffassung
– Rechtsgutachten
– Rechtsmeinung
legal order Rechtsordnung
legal owner formeller Eigentümer
– rechtlicher Eigentümer
– zivilrechtlicher Eigentümer
legal ownership rechtliches Eigentum
legal parlance rechtliche Terminologie
legal person juristische Person
– Rechtspersönlichkeit
legal personality Rechtspersönlichkeit
legal position rechtliche Postition
– rechtliche Stellung
– Rechtslage
– Rechtsstellung
legal precedent Vorentscheidung
legal predecessor Rechtsvorgänger
legal presumption gesetzliche Vermutung
legal procedure Rechtsverfahren
legal proceedings Gerichtsverfahren
– Prozeß
– Rechtsverfahren
legal protection Rechtsschutz
legal protection: object of legal protection Rechtsgut
legal provision gesetzliche Bestimmung
– Rechtsnorm
– Rechtsvorschrift
legal rate of interest gesetzlicher Zinssatz
legal reason for exemption from punishment Strafausschließungsgrund
legal recourse Rechtsweg
legal redress Rechtsbehelf
legal relations Rechtsbeziehungen
legal relationship Rechtsverhältnis
legal remedy Rechtsbehelf
– Rechtsmittel *(im weiteren Sinne)*
legal representation gesetzliche Vertretung
legal representative gesetzlicher Vertreter
legal reserve Pflichtrücklage
legal reserves gesetzliche Rücklagen
legal rule Rechtsvorschrift
– Regelung
legal science Rechtslehre
– Rechtswissenschaft
legal situation Rechtslage
legal situation: current legal situation gegenwärtige Rechtslage
legal status rechtliche Stellung
– Rechtslage
– Rechtsstellung
legal status: current legal status gegenwärtige Rechtslage
legal structure rechtliche Struktur
legal subject Rechtssubjekt
legal succession gesetzliche Erbfolge
legal successor Rechtsnachfolger
legal system Rechtsordnung
legal tax avoidance legale Steuervermeidung
legal tender gesetzliches Zahlungsmittel
legal term Rechtsbegriff
legal terminology rechtliche Terminologie
legal terms: in legal terms im Rechtssinne
legal terms: liability in legal terms Rechtsverbindlichkeit
legal terms: with binding effect in legal terms rechtsverbindlich
legal theory Rechtslehre
legal title {to} Eigentum {an/am}
– Eigentumsrecht {an/am}
– rechtliches Eigentum {an/am}
– Rechtstitel {an/am}
legal transaction Rechtsgeschäft
legal usage juristischer Sprachgebrauch
legal validity Rechtsgültigkeit
– Rechtsverbindlichkeit
legal view Rechtsauffassung
– Rechtsmeinung
legality Gesetzlichkeit
– Gesetzmäßigkeit
– Rechtmäßigkeit
legally binding {on/upon} rechtsverbindlich {für}

legally binding offer bindendes Angebot
legally distinct rechtlich eigenständig
legally distinct entity rechtlich selbständige Einheit
legally effective rechtswirksam
legally enforceable rechtlich durchsetzbar
legally established rechtlich begründet
legally founded rechtlich begründet
legally incapcitated person Geschäftsunfähiger
legally ineffective rechtsunwirksam
legally invalid rechtsungültig
- rechtsunwirksam
legally irrelevant unbedeutsam
legally justified rechtlich begründet
legally relevant rechtsbedeutsam
- rechtserheblich
legally separate rechtlich eigenständig
legally valid rechtsgültig
- rechtswirksam
legatee Vermächtnisnehmer
legislate Gesetz erlassen
- Gesetze machen
legislation Gesetzgebung
legislation: accounting legislation Bilanzierungsgesetzgebung
legislation: anti-abuse legislation Mißbrauchsgesetzgebung
legislation: fiscal legislation Steuergesetzgebung
legislation: tax legislation Steuergesetzgebung
legislative gesetzgebend
- gesetzgeberisch
legislative act: by legislative act im Wege der Gesetzgebung
legislative body Gesetzgeber
legislative competence Gesetzgebungsbefugnis
legislative intent Absicht des Gesetzgebers
legislative intention gesetzlich verfolgte Absicht
legislative period Legislaturperiode
legislative power gesetzgebende Gewalt
- Gesetzgebungsbefugnis
legislative procedure Gesetzgebungsverfahren
legislative purpose Gesetzeszweck
legislator Gesetzgeber
legislature Legislative
legitimacy Rechtmäßigkeit
legitimacy of a child Ehelichkeit
legitimate rechtmäßig
legitimate a child Kind für ehelich erklären
legitimate descent eheliche Abstammung
legitimate interest berechtigtes Interesse
legitimated child für ehelich erklärtes Kind
legitimation Berechtigung
lend verleihen
lend: onlend weiterverleihen
lend against collateral *(collateral security)* beleihen
lend against collateral security beleihen
lender Darlehensgeber
- Verleiher
lender liability Kreditgeberhaftung
lending Kapitalüberlassung
- Leihe
lending: capital lending Kapitalüberlassung
lending: onlending Weiterleihung
- Weiterverleihen
- Weiterverleihung
lending against collateral Beleihung
lending ceiling Beleihungsgrenze
lending contract Leihvertrag
lending institution Kreditinstitut
lending limit Beleihungsgrenze
lending of funds Kapitalüberlassung
lending rate Sollzins
lessee Leasingnehmer
- Mieter
- Pächter
lessee: sublessee Untermieter
lessor Leasinggeber
- Vermieter
- Verpächter
lessor: captive lessor konzerneigene Leasinggesellschaft

– Konzernleasinggesellschaft
let *BE* vermieten
– verpachten
let: sublet *BE* untervermieten
letter: demand letter Mahnschreiben
letter: follow-up letter Nachfaßbrief
letter: registered letter eingeschriebener Brief
– Einschreibebrief
letter box company Briefkastengesellschaft
letter demanding payment Mahnschreiben
letter of authorization Vollmachtsurkunde
letter of comfort Patronatserklärung
letter of credit *L/C* Akkreditiv
letter of credit: documentary letter of credit Dokumentenakkreditiv
letter of credit: establish a letter of credit Akkreditiv eröffnen
letter of credit: open a letter of credit Akkreditiv eröffnen
letter of intent Absichtserklärung
letter of representation Vollständigkeitserklärung
letter of representation: management letter of representation Vollständigkeitserklärung
letter of understanding Vorvertrag
letterbox company Briefkastenfirma
letting *BE* Miete
– Vermieten
– Vermietung
– Verpachten
– Verpachtung
letting: subletting *BE* Untervermietung
level: activity level Beschäftigungsgrad
– *(cost accounting)* Beschäftigungshöhe *(Kostenrechnung)*
level: at the federal level auf Bundesebene
– auf nationaler Ebene *(Bundesebene)*
level: at the national level *(federal)* auf Bundesebene
– auf nationaler Ebene
level: corporate level Gesellschaftsebene
level: entity level Gesellschaftsebene
level: entity-level tax Steuer auf Gesellschaftsebene
level: subsistence level Existenzminimum
level of activity *(cost accounting)* Beschäftigungsgrad
– *(cost accounting)* Beschäftigungshöhe
level of wage Lohnhöhe
leverage *AE* Verschuldungsgrad
leverage effect Hebelwirkung
leveraged fremdfinanziert
levied: execution levied upon movables Zwangsvollstreckung in das bewegliche Vermögen
levied: execution levied upon real property Zwangsvollstreckung in das unbewegliche Vermögen
levy Abgabe
– Abschöpfung
– auferlegen
– belegen
– erheben
– veranlagen
– vornehmen
levy: real estate levies Grundbesitzabgaben
levy: special levy Sonderabgabe
levy taxes Steuern erheben
levying of an assessment Durchführung einer Veranlagung
– Vornahme einer Veranlagung
liabilities Schulden
– Schuldverhältnisse
– Verbindlichkeiten
liabilities: total equity and liabilities Passiva
liabilities on bills accepted and drawn *BE* Verbindlichkeiten aus der Annahme gezogener Wechsel und der Ausstellung eigener Wechsel
liabilities on forward exchange contracts Verbindlichkeiten aus Währungstermingeschäften
liabilities side of the balance sheet Passivseite
liabilities to banks Verbindlichkeiten gegenüber Banken

L

– *AE* Verbindlichkeiten gegenüber Kreditinstituten
liabilities to credit institutions *AE* Verbindlichkeiten gegenüber Kreditinstituten
liabilities under warranties Verbindlichkeiten aus Gewährleistungen
liability Haftung
– Schuld
– Verbindlichkeit
liability: accrued liabilities antizipative Passiva *(Aufwandsabgrenzung/in Deutschland Ausweis unter 'sonstige Verbindlichkeiten' oder 'sonstige Rückstellungen')*
– Rückstellungen
liability: accrued liability {for} Rückstellung {für}
liability: carry as liability passivieren
liability: contingent liability ungewisse Verbindlichkeit
liability: current liabilities kurzfristige Verbindlichkeiten
liability: disclaimer of liability Haftungsausschluß
liability: endorsement liabilities Indossamentsverbindlichkeiten
liability: endorser's liabilities Indossamentverbindlichkeiten
liability: equity and liablities Passiva
liability: exclusion of liability Haftungsausschluß
liability: foreign liability Auslandsschuld
liability: government liability Amtshaftung
liability: increase in total assets and liabilities Bilanzverlängerung
liability: incur a liability Verbindlichkeit eingehen
liability: joint and several liability gesamtschuldnerische Haftung
liability: limitation of liability Haftungsbeschränkung
liability: long-term liabilities langfristige Verbindlichkeiten
liability: meet liabilities Verbindlichkeiten erfüllen
liability: noncurrent liabilities langfristige Verbindlichkeiten
liability: notice of liability Haftungsbescheid
liability: obligation to carry as liability Passivierungsgebot
– Passivierungspflicht
liability: option to carry as liability Passivierungswahlrecht
liability: other current liabilities sonstige kurzfristige Verbindlichkeiten
liability: other liabilities sonstige Verbindlichkeiten
liability: pension liabilities Verbindlichkeiten aus Pensionsansprüchen
liability: shareholders' equity and liabilities Passiva
liability: short-term liabilities kurzfristige Verbindlichkeiten
liability: stockholders' equity and liabilities *AE* Passiva
liability: strict liability Gefährdungshaftung
– verschuldensunabhängige Haftung
liability: tax liability Steuerpflicht
– Steuerschuld
– Steuerverbindlichkeit
liability: third-party liabilities fremde Verbindlichkeiten
liability: total liabilities Gesamtverbindlichkeiten
liability: undertake a liability Verbindlichkeit eingehen
liability: VAT liability Umsatzsteuerschuld
liability: vicarious liability Gehilfenhaftung
– Haftung für Verschulden Dritter *(zB Verrichtungsgehilfen, Erfüllungsgehilfen)*
liability account Passivkonto
liability coverage Haftungssumme
liability exclusion clause Haftungsausschlußklausel
liability exemption clause Haftungsausschlußklausel
liability for company debts Haftung für Gesellschaftsschulden
liability for fault Verschuldenshaftung
liability for partnership debts Haftung für Gesellschaftsschulden *(Personengesellschaft)*

liability for tax Steuerpflicht
liability for taxes to be withheld Steuerhaftung
liability for the fault of another Haftung für fremdes Verschulden
liability for VAT Umsatzsteuerpflicht
liability in legal terms Rechtsverbindlichkeit
liability in tort Delikthaftung
liability insurance Haftpflichtversicherung
liability insurance: automobile liability insurance KFZ-Haftpflichtversicherung
liability insurance: general liability insurance allgemeine Haftpflichtversicherung
liability insurance: personal liability insurance Privathaftpflichtversicherung
liability insurance: product liability insurance Produkthaftpflichtversicherung
liability is limited to the contribution Haftung ist auf die Einlage beschränkt
liability item *(balance sheet)* Passivposten
liability method *(deferred taxes)* Verbindlichkeitenmethode *(latente Steuern)*
liability of an official Amtshaftung
liability of the estate Nachlaßverbindlichkeit
liability of the heir Erbenhaftung
liability regardless of fault verschuldensunabhängige Haftung
liability to net worth tax Vermögensteuerpflicht
liability to pay taxes Steuerpflicht
liability to tax on a worldwide basis unbeschränkte Steuerpflicht
liability under a bill of exchange Wechselhaftung
liability without fault verschuldensunabhängige Haftung
liable: be jointly and severally liable gesamtschuldnerisch haften
liable: be liable {for} haften {für}
liable: be liable to the extent of one's property mit dem ganzen Vermögen haften
– mit dem gesamten Vermögen haften
liable: hold liable haftbar machen
liable: person liable to income tax Einkommensteuerpflichtiger
liable {for} haften {für}
liable for damages schadensersatzpflichtig
liable for income tax einkommensteuerpflichtig
liable for tax steuerpflichtig
liable to corporate income taxes körperschaftsteuerpflichtig
liable to pay duties abgabenpflichtig
liable to pay taxes abgabenpflichtig
liberal Liberaler
liberal interpretation extensive Auslegung
– weite Auslegung
liberal profession freier Beruf
liberalism Liberalismus
licence *BE* Erlaubnis
– *BE* Lizenz
licence: business licence *BE* Gewerbeerlaubnis
– *BE* Gewerbeschein
licence: individual licence *BE* Einzellizenz
licence: professional licence *BE* Berufszulassung
licence: trade licence *BE* Gewerbeerlaubnis
– *BE* Gewerbeschein
licence: trademark licence *BE* Warenzeichenlizenz
licence agreement *BE* Lizenzvereinbarung
– *BE* Lizenzvertrag
licence fee *BE* Lizenzgebühr
license *AE* Erlaubnis
– *AE* Lizenz
– lizenzieren
license: business license *AE* Gewerbeerlaubnis
– *AE* Gewerbeschein
license: individual license *AE* Einzellizenz
license: patent license *AE* Patentlizenz

license: professional license *AE* Berufszulassung
license: trade license *AE* Gewerbeerlaubnis
– *AE* Gewerbeschein
license: trademark license *AE* Warenzeichenlizenz
license agreement *AE* Lizenzvereinbarung
– *AE* Lizenzvertrag
license agreement: income under license agreements *AE* Lizenzeinnahmen
license fee *AE* Lizenzgebühr
license to practice: revocation of license to practice *AE* Widerruf der Zulassung
license to practise: revocation of licence to practise *BE* Widerruf der Zulassung
licensee Lizenznehmer
licenser Lizenzgeber
licensing: compulsory licensing Zwangslizenzierung
licensing consultant Lizenzberater
licensing right Lizenzrecht
licensor *AE* Lizenzgeber
lien Pfandrecht
– Zurückbehaltungsrecht *(an Sachen)*
lien: appurtenance lien Zubehörpfandrecht
lien: carrier's lien Frachtpfandrecht
– Pfandrecht des Frachtführers
lien: forwarding agent's lien Speditionspfandrecht
lien: statutory lien gesetzliches Pfandrecht
lien on a right Pfandrecht an einem Recht
lien on real property Grundpfandrecht
lienholder Pfandgläubiger
lienor Pfandgläubiger
life Laufzeit
– Nutzungsdauer
life: economic life wirtschaftliche Nutzungsdauer
life: expected life voraussichtliche Lebensdauer
life: probable remaining life wahrscheinliche Restnutzungsdauer
life: remaining life Restlebensdauer
life: technical life technische Nutzungsdauer
life: unexpired life Restlebensdauer
life: useful life betriebsgewöhnliche Nutzungsdauer
– Nutzungsdauer
life annuity Leibrente
life assurance *BE* Lebensversicherung
life expectancy Lebenserwartung
life insurance Lebensversicherung
life of patent Patentdauer
– Patentschutzdauer
lifetime transfer Schenkung unter Lebenden
– Schenkung zu Lebzeiten
lifo last in, first out
limit Grenze
limit: income limit Einkommensgrenze
limit: lending limit Beleihungsgrenze
limit: preclusive time limit Ausschlußfrist
limit: time limit Frist
limit: time limit for payment Zahlungsfrist
limitation: credit limitation Höchstbetrag der Anrechnung
limitation: loss deduction limitation Verlustabzugsbeschränkung
limitation: per country limitation *(tax credit)* einzellandbezogenes Anrechnungssystem
limitation: period of limitation Verjährungsfrist
limitation: tax credit limitation Anrechnungshöchstgrenze
– Höchstbetrag der Anrechnung
limitation: time limitation Befristung
limitation of legal capacity Beschränkung der Geschäftsfähigkeit
limitation of legal competency Beschränkung der Geschäftsfähigkeit
limitation of liability Haftungsbeschränkung
limitation of loss deduction Verlustabzugsbeschränkung

limitation on benefits *(tax treaty)* Einschränkung von Abkommensvergünstigungen
limitation period Verjährungsfrist
limitation period: be subject to a limitation period of four years Verjährungsfrist von 4 Jahren unterliegen
limited begrenzt
limited as to the amount der Höhe nach begrenzt
limited audit eingeschränkte Prüfung
– Teilprüfung
limited company *BE Ltd.* Gesellschaft mit beschränkter Haftung
limited examination eingeschränkte Prüfung
– Teilprüfung
limited in time befristet
limited liability beschränkte Haftung
limited liability company *(corporation)* Gesellschaft mit beschränkter Haftung
– *LLC (US-LLC)* Gesellschaft, die gesellschaftsrechtlich eine Mischform aus Personen- und Kapitalgesellschaft darstellt
limited liability of the heir beschränkte Erbenhaftung
limited partner beschränkt haftender Gesellschafter
– Kommanditist
limited partner's capital contribution Kommanditeinlage
limited partner's contribution Kommanditeinlage
limited partnership Kommanditgesellschaft *KG*
limited partnership with a limited company as general partner GmbH & Co KG
limited power of attorney beschränkte Vollmacht
limited review eingeschränkte Prüfung
– Teilprüfung
limited-life asset abnutzbarer Vermögensgegenstand
– abnutzbares Wirtschaftsgut
– Vermögensgegenstand mit beschränkter Nutzungsdauer
– Wirtschaftsgut mit beschränkter Nutzungsdauer
limted in time befristet
line: along the same lines as nach den gleichen Grundsätzen wie
line: business line Geschäftsbereich
– Geschäftssparte
– Geschäftszweig
– Unternehmenssparte
line: collateral line Seitenlinie
line: in direct line in gerader Linie
line of business Geschäftsbereich
– Geschäftssparte
– Geschäftszweig
line personnel Linienpersonal
– Personal mit Linienfunktion
lineal: relationship by lineal descent Verwandtschaft in gerader Linie
linear depreciation lineare Abschreibung
linguistic interpretaion wörtliche Auslegung
link: economic link wirtschaftlicher Zusammenhang
linked: profit-linked gewinnabhängig
liquid funds flüssige Mittel
– liquide Mittel
– verfügbare Mittel
liquidate abwickeln
– liquidieren
liquidate a provision Rückstellung auflösen
liquidate a reserve Rücklage auflösen
liquidated damages Konventionalstrafe
– vertraglich im voraus vereinbarte Schadensersatzsumme
– Vertragsstrafe
liquidated demand Vergleichsforderung
liquidating balance sheet Abwicklungsbilanz
liquidating dividend Liquidationsdividende
– Liquidationsquote
liquidation Abwicklung
liquidation: assets under liquidation Liquidationsmasse

L

liquidation: compulsory liquidation Zwangsliquidation
liquidation balance sheet Liquidationsbilanz
liquidation by order of the court Zwangsliquidation
liquidation costs Liquidationskosten
liquidation of reserves Rücklagenauflösung
liquidation period Liquidationszeitraum
liquidation proceeds Liquidationserlös
liquidation profit Liquidationsgewinn
liquidation sale Liquidationsverkauf
liquidation value Liquidationswert
liquidity Liquidität
liquidity: illiquidity Illiquidität
liquidity ratio Liquiditätsgrad
list of account balances Saldenliste
list of balances Saldenbilanz
list of creditors Gläubigerliste
– Gläubigerverzeichnis
list of creditors' claims Konkurstabelle
listed *(exchange)* börsennotiert
– notiert
listed: as listed above wie oben angeführt
listed above oben aufgeführt
– vorgenannt
– vorstehend
listing *(stock exchange)* Börsenzulassung
– *(stock exchange)* Notierung
listing: securities' listing Kurszettel
literal interpretation wörtliche Auslegung
litigate prozessieren
litigated: value being litigated Streitwert
litigation Prozeß
– Rechtsstreit
– Rechtsstreitigkeit
litigation costs Prozeßkosten
litigation expenses Prozeßkosten
live separated getrenntleben
livelihood Existenz
– Existenzgrundlage
– Lebensunterhalt
living: cost of living Lebenshaltungskosten
living apart Getrenntleben
living apart: spouses living apart permanently dauernd getrennt lebende Ehegatten
living apart permanently dauernd getrennt lebend
living expenses Lebenshaltungskosten
LLC limited liability company *(Gesellschaft, die gesellschaftsrechtlich eine Mischform aus Personen- und Kapitalgesellschaft darstellt)*
loan Anleihe
– Darlehen
– Darlehn
– Darlehnsschuld
– Kredit
– verleihen
loan: amortizing loan Tilgungsdarlehen
loan: as a loan leihweise
loan: balloon loan tilgungsfreies Darlehen
loan: grant a loan Kredit bewilligen
loan: interim loan Zwischendarlehen
– Zwischenkredit
loan: on loan leihweise
loan: other loans sonstige Ausleihungen
loan: profit-participating loan partiarisches Darlehen
loan: secure a loan Darlehen sichern
loan: take up a loan Kredit aufnehmen
loan: upstream loan Darlehen einer Tochtergesellschaft an ihre Muttergesellschaft
loan account Darlehenskonto
loan accounts: valuation allowance for losses on individual accounts receivable Einzelwertberichtigung auf Forderungen
loan at usurious interest Wucherdarlehen
loan capital Anleihekapital
loan commitment fee Bereitstellungsgebühr
– Bereitstellungsprovision

loan contract Darlehensvertrag
loan discount Disagio
- Emissionsdisagio
- Rückzahlungsagio
loan interest Darlehenszinsen
loan premium Darlehensagio
- Darlehensaufgeld
loan principal Darlehenssumme
loan without interest unverzinsliches Darlehen
- zinsloses Darlehen
loanable ausleihbar
loans Ausleihungen
loans to affiliated companies *BE* Ausleihungen an verbundene Unternehmen
loans to enterprises in which participating interests are held Ausleihungen an Unternehmen, mit denen ein Beteiligungsverhältnis besteht
loans to related persons Ausleihungen an nahestehende Personen
loans to shareholders Ausleihungen an Gesellschafter
loans to undertakings in which participating interests are held *BE* Ausleihungen an Unternehmen, mit denen ein Beteiligungsverhältnis besteht
local örtlich
local authority Gemeinde
- örtliche Behörde
local by-laws Satzung *(Gemeinde)*
local council Gemeinderat
local custom örtliche Gewohnheit
local government Gemeindeverwaltung
local jurisdiction örtliche Zuständigkeit
local law Kommunalrecht
local tax kummunale Steuer
local tax office Finanzamt
local tax office the district of which includes the situs of qualified taxpayer property Belegenheitsfinanzamt
located {in} belegen {in}
locked-up capital gebundenes Kapital
lodge an appeal {against} *BE* Rechtsbehelf einlegen {gegen}
- *BE* Rechtsmittel einlegen {gegen}
longs Langläufer
long-term langfristig
long-term investments langfristige Finanzanlagen
long-term liabilities langfristige Verbindlichkeiten
long-term securities Wertpapiere des Anlagevermögens
loophole: shut down tax loopholes Steuerlücken schließen
loophole: tax loophole Besteuerungslücke
loose-leaf accounting Loseblattbuchführung
loose-leaf system Loseblattsystem
loose-leaf system of bookkeeping Loseblattbuchführung
loss Schaden
- Verlust
loss: allocated loss zugewiesener Verlust
loss: close at a loss mit Verlust abschließen
loss: deduct losses Verluste abziehen
loss: expiration of unused tax losses Verfall von Verlustvorträgen
loss: income from the transfer of losses Erträge aus Verlustübernahme
loss: incur a loss Verlust erleiden
loss: net loss Reinverlust
loss: net loss for the financial year Jahresfehlbetrag
loss: notice of loss Anzeige eines Schadens
loss: passive activity loss Verlust aus passivem Erwerb
loss: realized loss realisierter Verlust
loss: report a loss mit Verlust abschließen
- Verlust ausweisen
loss: reporting a loss Verlustausweis
loss: set off losses Verluste ausgleichen
loss: set-off of losses Verlustausgleich

loss: show a loss Verlust ausweisen
loss: showing a loss Verlustausweis
loss: suffer a loss Verlust erleiden
loss: sustain a loss Schaden erleiden
– Verlust erleiden
loss: transfer of losses Verlustübernahme
loss allocation Verlustzuweisung
loss brought forward Verlustvortrag
– vorgetragener Verlust
loss carried back Verlustrücktrag
– zurückgetragener Verlust
loss carried forward Verlustvortrag
– vorgetragener Verlust
loss carried forward from the previous fiscal year Verlustvortrag aus dem Vorjahr
loss carryback Verlustrücktrag
loss carryback: tax loss carryback steuerlicher Verlustrücktrag
loss carryback: utillization of loss carryover or carryback Verlustabzug
loss carryforward Verlustvortrag
loss carryforward: tax loss carryforward steuerlicher Verlustvortrag
loss carryover: utillization of loss carryover or carryback Verlustabzug
loss company Verlustgesellschaft
loss corporation Verlustgesellschaft *(Kapitalgesellschaft)*
loss deduction Verlustabzug
loss deduction: ban on loss deduction Verlustabzugsverbot
loss deduction: limitation of loss deduction Verlustabzugsbeschränkung
loss deduction limitation Verlustabzugsbeschränkung
loss for the financial year Jahresfehlbetrag
– Verlust des Geschäftsjahres
loss for the year Jahresfehlbetrag
loss maker verlustbringende Sparte
– verlustbringender Bereich
– Verlustbringer
loss of earnings Verdienstausfall
loss of income Einkommensausfall
loss of profit entgangener Gewinn
loss of property Eigentumsverlust
loss of salary Verdienstausfall *(Gehalt)*
loss of use entgangener Gebrauchsvorteil
– Nutzungsausfall
loss of wage Lohnausfall
loss of wages Verdienstausfall *(Lohn)*
loss offsetting Verlustverrechnung
loss offsetting: ban on loss offsetting Verlustverrechnungsverbot
loss on disposal Veräußerungsverlust
loss set-off Verlustausgleich
loss shifting Verlustverlagerung
loss surrender Verlustübertragung
loss trafficking Mantelkauf *(zur Nutzung der Verlustvorträge)*
loss transfer Verlustübertragung
loss utilization Verlustnutzung
loss-allocating company Verlustzuweisungsgesellschaft
losses from the disposal of fixed assets Verluste aus Anlageabgängen
loss-making verlustbringend
lost profit entgangener Gewinn
lot *AE* Flurstück
– Parzelle
lot: division into lots Parzellierung
lottery tax Lotteriesteuer
low income housing sozialer Wohnungsbau
low taxation geringe Besteuerung
low-cost geringwertig
lower court Amtsgericht
– untergeordnetes Gericht
lower income brackets untere Einkommensgruppen
lower income groups untere Einkommensgruppen
lower of cost or market: valuation at the lower of cost or market Bewertung nach dem Niederstwertprinzip
Lower Saxony Niedersachsen
lower tax court Finanzgericht *(im Unterordnungsverhältnis zu einem anderen stehendes Gericht)*
lower tier nachgeordnet *(Gesellschaft)*
lower-of-cost-or-market principle Niederstwertprinzip
lower-of-cost-or-market value Niederstwert

lower-tier subsidiary nachgeschaltete Gesellschaft
low-tax country Niedrigsteuerland
low-taxed income niedrig besteuertes Einkommen
low-value geringwertig
loyality: duty of loyality Treuepflicht
Ltd. *BE* private company limited by shares
– *BE* private limited company
– *BE* limited company *(Gesellschaft mit beschränkter Haftung)*
luggage insurance Reisegepäckversicherung
lump sum Einmalbetrag
– Einmalzahlung
– Pauschalbetrag
– Pauschale
lump sum amount Einmalbetrag
– Pauschbetrag
lump sum deduction Pauschalabzug
– Pauschbetrag
lump sum deduction for handicapped persons Körperbehindertenpauschale
lump sum fee Einmalgebühr
lump sum payment Einmalzahlung
lump sum tax Pauschalsteuer
lump sum valuation allowance Globalwertberichtigung
– Pauschalwertberichtigung
lump sum valuation allowance for receivables Pauschalwertberichtigung zu Forderungen
lump sum valuation reserve for receivables Pauschalwertberichtigung zu Forderungen
luxury good Luxusgut
luxury object Luxusgegenstand
luxury tax Luxussteuer

M

machine: invoicing machine Fakturiermaschine
machine time record Maschinenstundenzettel
machinery maschinelle Anlagen
– Maschinen
– Maschinen und maschinelle Anlagen
machinery: plant and machinery Maschinen und maschinelle Anlagen
– Maschinen und technische Anlagen
– technische Anlagen und Maschinen
machinery: technical equipment and machinery technische Anlagen und Maschinen
machinery and equipment Maschinen und Betriebsausrüstung
– Maschinen und maschinelle Anlagen
made as of abgeschlossen am
made out: be made out to order an Order lauten
made out: instrument made out to bearer Inhaberpapier
mail: certified mail *AE* Einschreibebrief
– Einschreibesendung
mail: registered mail Einschreibebrief
– Einschreibesendung
mail-order sale Versendungskauf
maintain erhalten
– *(books and records)* führen *(Bücher, Aufzeichnungen)*
– *(upkeep)* instandhalten
maintain an account Konto führen
– Konto unterhalten
maintain books Bücher führen
maintain capital Kapital erhalten
maintenance Erhaltung
– Erhaltungsaufwendungen
– Unterhalt
– Wartung
maintenance: account maintenance Kontenführung
maintenance: deferred maintenance unterlassene Instandhaltung
maintenance: obligation to provide maintenance Unterhaltspflicht
maintenance: provision for deferred repairs and maintenance Rückstellung für unterlassene Aufwendungen für Instandhaltung
maintenance: repair and maintenance expenses Erhaltungsaufwendungen
maintenance: responsible for maintenance unterhaltspflichtig

maintenance expenses Erhaltungsaufwand
– Erhaltungsaufwendungen
maintenance expenses: ordinary maintenance expenses gewöhnlicher Erhaltungsaufwand
maintenance of two households doppelte Haushaltsführung
maintenance reserve Wartungsrückstellung
major repair Großreparatur
majority Mehrheit
– Volljährigkeit
majority interest Mehrheitsbeteiligung
majority of votes Stimmenmehrheit
majority shareholder mehrheitlich beteiligter Gesellschafter
– Mehrheitsaktionär
– Mehrheitsgesellschafter
majority view herrschende Meinung
majority voting system Mehrheitswahlsystem
majority-owned mehrheitlich beteiligt
make abschließen
make a contract Vertrag abschließen
make a declaration of intent Willenserklärung abgeben
make a deposit anzahlen
make a protest Widerspruch einlegen
make a will Testament machen
make an appeal in die Berufungsinstanz gehen
make an assertion Behauptung aufstellen
make an entry in the books buchen
make an entry in the title register Grundbucheintragung vornehmen
make an objection Einspruch einlegen
– Einspruch erheben
– Widerspruch einlegen
make an offer Angebot abgeben
make demands on somebody Ansprüche an jemanden stellen
– Forderungen an jemanden stellen
make out ausstellen
make out a check *AE* Scheck ausstellen
make out a cheque *BE* Scheck ausstellen
make reference {to} zurückkommen {auf}
make use {of} verwerten {von}
make use of a credit Kredit in Anspruch nehmen
maker Aussteller
maker of a bill Wechselaussteller
maker of a bill of exchange Wechselaussteller
making of an offer Abgabe eines Angebotes
malicious böswillig
maliciously böswillig
malpractice: professional malpractice insurance Berufshaftpflichtversicherung
malpractice insurance Berufshaftpflichtversicherung
– Haftpflichtversicherung *(freie Berufe)*
management Geschäftsführung
– Geschäftsleitung
management: asset management Vermögensverwaltung
management: exposure management Risikomanagement
management: place of effective management Ort der tatsächlichen Geschäftsleitung
management: place of management Geschäftssitz
– Ort der Geschäftsleitung
management: property management Vermögensverwaltung
management: property management company Vermögensverwaltungsgesellschaft
management: real estate management company Grundstücksverwaltungsgesellschaft
management accounting entscheidungsorientiertes Rechnungswesen
– führungsorientiertes Rechnungswesen
management audit Organisations- und Geschäftsführungsprüfung
management board Vorstand
management board: chairman of

the management board Vorstandsvorsitzender
management body geschäftsführendes Organ
management consultant Unternehmensberater
management contract Geschäftsführungsvertrag
management fee Geschäftsleitungsvergütung
management goal Managementziel
management letter of representation Vollständigkeitserklärung
management report Lagebericht
management report: group management report Konzernlagebericht
management seat Sitz *(Geschäftsleitung)*
manager Geschäftsführer
manager: asset manager Vermögensverwalter
manager: business manager Geschäftsleiter
manager: owner manager Gesellschafter-Geschäftsführer
manager: property manager Vermögensverwalter
manager: prudent and conscientious business manager ordentlicher und gewissenhafter Geschäftsleiter
manager: prudent business manager sorgfältiger Geschäftsleiter
managerial accounting entscheidungsorientiertes Rechnungswesen
managing geschäftsleitend
managing board Vorstand
managing board: chairman of the managing board Vorstandsvorsitzender
managing board: member of the managing board Mitglied des Vorstands
managing board member Vorstandsmitglied
managing director Geschäftsführer
mandate Auftrag
– beauftragen
– Mandat
mandatory obligatorisch
– verpflichtend
– zwingend
mandatory: subject to mandatory depreciation abschreibungspflichtig
mandatory accrual Passivierungspflicht
mandatory law zwingendes Recht
mandatory public service Anschluß- und Benutzungszwand
mandatory recording Buchungszwang
manipulate: tax-manipulate steuerlich manipulieren
manner Art
manner of payment Zahlungsweise
manual: accounting manual Bilanzierungshandbuch
manual of accounting Bilanzierungshandbuch
manual posting manuelle Buchung
manual work Handarbeit
manufacture: defect in manufacture Fabrikationsfehler
manufacturer Hersteller
manufacturing Fabrikation
– Fertigung
– Produktion
manufacturing account Herstellkonto
manufacturing cost Herstellungskosten
manufacturing overhead Fertigungsgemeinkosten
manufacturing process Produktionsverfahren
manufacturing supplies *AE* Hilfs- und Betriebsstoffe
margin Marge
– Spanne
margin: contribution margin Dekkungsbeitrag
margin: profit margin Gewinnspanne
margin: resale price margin Handelsspanne
– Wiederverkaufspreismarge
margin: trade margin Handelsspanne
margin: trade profit margin Handelsspanne
marginal cost Grenzkosten
marginal revenues Grenzerlöse

M

marginal tax rate Grenzsteuersatz
marine insurance Seeversicherung
marital deduction Ehegattenabzug *(Nachlaßsteuer/US)*
– *(estate tax)* Ehegattenfreibetrag
marital rights and duties eheliche Rechte und Pflichten
marital status Ehestand
– Familienstand
mark down herabsetzen
mark-down Herabsetzung
market: capital market Kapitalmarkt
market: cash market Kassamarkt
market: fair market marktgerecht
market: global market Weltmarkt
market: in line with market conditions marktgemäß
market: money market Geldmarkt
market: narrow market enger Markt
market: OTC market geregelter Freiverkehr
market: over-the-counter market geregelter Freiverkehr
market: primary market Primärmarkt
market: secondary market Sekundärmarkt
market: spot market Kassamarkt
market: stockmarket *AE* Aktienmarkt
market capitalization Börsenkapitalisierung
market efficiency Markteffizienz
market failure Marktversagen
market price Marktpreis
market price: cash market price Kassakurs
market price: current market price aktueller Marktpreis
– aktueller Tageskurs
market segment profit analysis Gewinnanalyse nach Marktsegmenten
market share Marktanteil
market value Kurswert
– Marktwert
market worth Marktwert
marketability Marktfähigkeit
– Marktgängigkeit
– Verkehrsfähigkeit
marketable börsenfähig
– börsengängig
– marktfähig
– marktgängig
– verkehrsfähig
marketable securities börsenfähige Wertpapiere
– börsengängige Wertpapiere
– Wertpapiere des Umlaufvermögens
marketable title {to} rechtsmängelfreies Eigentum {an/am}
marketing costs Marketingkosten
market-maker Primärhändler
marketplace efficiency Markteffizienz
mark-up *(profit)* Gewinnaufschlag
– *(price)* Preisaufschlag
mark-up: price mark-up Preisaufschlag
mark-up: profit mark-up Gewinnaufschlag
marriage Ehe
marriage: in first marriage in erster Ehe
marriage ceremony Trauung
marriage impediment Ehehindernis
marriage registrar Standesbeamter
married verheiratet
marry Ehe eingehen
– Ehe schließen
– heiraten
mass dismissal Massenentlassung
master account file Kontenstammdatei
master account record Kontenstammsatz
master agreement Rahmenvertrag
master card Stammkarte
master file Stammdatei
master file: item master file Artikelstammdatei
master files Stammdaten
master lease Generalmietvertrag
matching Abgleichung
– Abgrenzung
– Abstimmung
– Kongruenz
matching credit fiktive Anrechnung *(Wohnsitzstaat rechnet eine höhere Quellensteuer an, als sich diese nach den Vorschriften des DBA oder dem jeweiligen internen Recht des Quellenstaates ergäben hätte)*

– fiktive Steueranrechnung *(Wohnsitzstaat rechnet eine höhere Quellensteuer an, als sich diese nach den Vorschriften des DBA oder dem jeweiligen internen Recht des Quellenstaates ergäben hätte)*
matching of deduction and income Abgrenzung *(Aufwands- und Ertragsabgrenzung)*
matching of expenses and income Periodenabgrenzung
matching of revenue and expense Periodenabgrenzung
matching principle Grundsatz der Periodenabgrenzung
– Periodisierungsprinzip
– Prinzip der periodengerechten Aufwandszuordnung
matching-of-revenue-and-cost principle Grundsatz der Periodenabgrenzung
material erheblich
– materiell-rechtlich
– wesentlich
material: cost of materials Materialaufwand
material: direct material Einzelkostenmaterial
– Einzelmaterial
material: raw materials Rohstoffe
material account Materialbestandskonto
material breach erhebliche Vertragsverletzung
– erheblicher Vertragsbruch
material breach of contract erhebliche Vertragsverletzung
– erheblicher Vertragsbruch
material consumption Materialverbrauch
material event bedeutsames Ereignis
material issue note Materialentnahmeschein
material participation *(interest)* wesentliche Beteiligung
– *(engagement)* wesentliche Mitwirkung
material price variance Materialpreisabweichung
material shareholding wesentliche Beteiligung
material usage variance Materialverbrauchsabweichung
materiality materielle Bedeutung
– Wesentlichkeit
materiality: principle of materiality Grundsatz der Wesentlichkeit
materiality principle Grundsatz der Wesentlichkeit
maternity leave Mutterschaftsurlaub
maternity pay Mutterschaftsgeld
maternity protection Mutterschutz
Maternity Protection Act Mutterschutzgesetz
matrimonial disputes Ehestreitigkeiten
matrimonial property eheliches Vermögen
matrimonial property agreement Ehevertrag
matrimonial property regime Güterstand
matrix accounting Matrizenbuchführung
matter: copyrightable matter Copyright-schutzfähiges Werk
matter: in matters of für
matter: subject matter Gegenstand
– Sachgebiet
– Thematik
matter: tax matters steuerliche Angelegenheiten
– Steuersachen
matter in dispute Streitgegenstand
matter in dispute: value of the matter in dispute Streitwert
matter of convenience: as a matter of convenience aus Zweckmäßigkeitsgründen
matured bond zur Rückzahlung fällige Obligation
maturing {on} fällig werden {am}
maturity Fälligkeit
maturity: at maturity bei Fälligkeit
maturity: on maturity bei Fälligkeit
maturity: redemption prior to maturity vorzeitige Tilgung
maturity: yield to maturity Rendite über die Restlaufzeit

– Rückzahlungsrendite
maturity date Fälligkeitsdatum
– Fälligkeitstermin
– Verfalltag
maturity list Fälligkeitsverzeichnis
maturity of a bill Wechselfälligkeit
maturity of a pledge Pfandreife
maturity premium Disagio
– Emissionsdisagio
– Rückzahlungsagio
maximum amount Höchstbetrag
maximum amount mortgage Höchstbetragshypothek
maximum credit allowed Höchstbetrag der Anrechnung
maximum penalty Höchststrafe
maximum sentence Höchststrafe
maximum tax credit allowed Höchstbetrag der Anrechnung
maximum value Höchstwert
maximum withholding tax rate Quellensteuerhöchstsatz
mayor Bürgermeister
MBA Master of Business Administration
MBCA Model Business Corporation Act
MBO management buy-out
mean Mittel...
– *(value)* Mittelwert
mean value Mittelwert
meaning Bedeutung
meaning: ascribe a specific meaning to a term einem Ausdruck eine bestimmte Bedeutung beilegen
meaning: broad meaning breite Bedeutung
meaning: within the meaning {of} im Sinne {von/der/des}
meaning of its own eigenständige Bedeutung
means: by means of durch
means: income means Einkommensverhältnisse
measure Maßnahme
measure: administrative measure Verwaltungsakt
– Verwaltungsmaßnahme
measure: coercive measure Zwangsmaßnahme
measure: compulsory measure Zwangsmaßnahme
measure: development measure Fördermaßnahme
– Förderungsmaßnahme
measure: enforcement measure Vollstreckungsmaßnahme
measure: investigatory measure Ermittlungshandlung
measure: protective measure Schutzmaßnahme
measure: retaliatory measure Vergeltungsmaßnahme
measure: unilateral measure einseitige Maßnahme
measurement Bewertung
measurement concept Bewertungsgrundsatz
– Bewertungskonzept
mediation Schlichtung
– Vermittlung
mediation committee Schlichtungsausschuß
– Vermittlungsausschuß
mediator Schlichter
– Vermittler
medical report ärztlicher Befund
medical treatment medizinische Betreuung
medium-sized corporation mittelgroße Kapitalgesellschaft
meet erfüllen
meet: fail to meet obligations Verbindlichkeiten nicht nachkommen
meet liabilities Verbindlichkeiten erfüllen
meet obligations Verbindlichkeiten nachkommen
meeting Konferenz
– Sitzung
– Versammlung
meeting: annual general meeting of shareholders Jahreshauptversammlung
meeting: annual shareholders' meeting Jahreshauptversammlung
meeting: board of directors' meeting Sitzung des Board of Directors
meeting: creditors' meeting Gläubigerversammlung

meeting: general meeting Generalversammlung
meeting: minutes of a meeting Sitzungsprotokoll
meeting: organizational meeting Gründungsversammlung
meeting: shareholders' meeting Gesellschafterversammlung
– Hauptversammlung
meeting: supervisory board meeting Aufsichtsratssitzung
meeting of creditors Gläubigerversammlung
member Angehöriger
– Mitglied
member: family member Familienangehöriger
– Familienmitglied
member {of} Angehöriger *(einer Organisation)*
Member of Parliament Abgeordneter
member of the managing board Mitglied des Vorstands
member of the supervisory board Mitglied des Aufsichtsrats
member of the works council Betriebsratmitglied
membership right Mitgliedschaftsrecht
membership rights tantamount to participation in a corporation's capital kapitalmäßigen Beteiligung gleichkommende Mitgliedschaftsrechte
memo memorandum for file *(Aktenvermerk)*
– memorandum *(Vermerk)*
memo item Erinnerungswert
– Merkposten
– Vermerkposten
memorandum *memo* Aktennotiz
– *memo* Aktenvermerk
– *memo* Aufzeichnung
– *memo* Notiz
– *memo* Vermerk
memorandum: interoffice memorandum *memo* Hausmitteilung
memorandum for file *memo* Aktennotiz
– *memo* Aktenvermerk
memorandum item Erinnerungsposten
– Erinnerungswert
– Merkposten
memorandum of understanding Vorvertrag
mental incapacity Unzurechnungsfähigkeit
mercantile sale Handelskauf
merchandise Handelsware
– Ware
merchandise: consignment merchandise Kommissionsware
merchandise: cost of merchandise sold Einstandspreis der verkauften Handelsware
merchandise account Warenkonto
merchandise in transit unterwegs befindliche Ware
merchandise on call Waren auf Abruf
merchandise on consignment Kommissionsware
merchandise purchase account Wareneinkaufskonto
merchandise sales account Warenverkaufskonto
merchant Kaufmann
merchant: status of a merchant Kaufmannseigenschaft
merchant by nature of type of business Mußkaufmann
merchant by virtue of registration Sollkaufmann
merchantability: warranty of merchantability Gewährleistung für handelsübliche Qualität
merge {into} verschmelzen {auf}
merger Fusion
– Verschmelzung
merger: conglomerate merger Fusion branchenunterschiedlicher Unternehmen
merger: de-merger Aufspaltung
merger: upstream merger Fusion einer Tochter auf die Muttergesellschaft
– Verschmelzung einer Tochtergesellschaft auf ihre Muttergesellschaft
merger agreement Fusionsvertrag
– Verschmelzungsvertrag

merger balance sheet Fusionsbilanz
– Verschmelzungsbilanz
merger control Fusionskontrolle
merger gain Fusionsgewinn
– Verschmelzungsgewinn
merger surplus Verschmelzungsmehrwert
mergers and acquisitions Fusionen und Übernahmen
merging of accounts Kontenzusammenlegung
merits: on the merits and in terms of amount dem Grunde und der Höhe nach
method: accounting method Gewinnermittlungsmethode
method: bookkeeping method Buchführungstechnik
method: cash method Zufluß-/Abflußprinzip
method: depreciation method Abschreibungsverfahren
method: exemption method Befreiungsmethode
method: payback method Amortisationsrechnung
method: revaluation method Neubewertungsmethode
method: valuation method Bewertungsverfahren
method of depreciation: declining-balance method of depreciation degressives Abschreibungsverfahren
method of determining profits Gewinnermittlungsmethode
– Gewinnermittlungsverfahren
method of gross presentation Bruttoausweisverfahren
– Bruttoverfahren
method of net presentation Nettoausweisverfahren
– Nettoverfahren
method of profit determination Gewinnermittlungsmethode
– Gewinnermittlungsverfahren
method of reporting income and deductions Gewinnermittlungsmethode
– Gewinnermittlungsverfahren
method of valuation Bewertungsmethode
– Bewertungsverfahren
methods of depreciation Abschreibungsarten
meticulous genau
– minuziös
mezzanine financing Mezzanine-Finanzierung
middle price Einheitskurs
miner Bergarbeiter
– Bergmann
mineral oil tax Mineralölsteuer
mineral right Abbaurecht
– Mineralgewinnungsrecht
– Schürfrecht
minerals Bodenschätze
minimum bid Mindestgebot
minimum exemption Mindestfreibetrag
minimum holding Mindestbeteiligung
minimum holding quota Mindestbeteiligungshöhe
– Mindestbeteiligungsquote
minimum holding requirement Mindestbeteiligungshöhe
– Mindestbeteiligungsquote
minimum penalty Mindeststrafe
minimum sentence Mindeststrafe
minimum stay Mindestaufenthaltsdauer
minimum taxation Mindestbesteuerung
minimum wage Mindestlohn
mining right Abbaurecht
– Mineralgewinnungsrecht
Minister: Federal Minister of Finance Bundesminister der Finanzen *BMF*
Minister of Finance Finanzminister
Ministry: Federal Ministry of Finance Bundesfinanzministerium
Ministry of Finance Finanzministerium
minor geringfügig
– Minderjähriger
minor: guardian for a minor Vormund für einen Minderjährigen
minority Minderheit
– Minderjährigkeit

minority: blocking minority Sperrminorität
minority interest Minderheitsbeteiligung
minority right Minderheitsrecht
minority shareholder Minderheitsaktionär
– Minderheitsgesellschafter
minute book Protokollbuch
minutes Niederschrift
– Protokoll
minutes: keep the minutes Protokoll führen *(Versammlung)*
minutes of a meeting Sitzungsprotokoll
mirrored spiegelbildlich
misappropriate money Geld veruntreuen
misappropriation Unterschlagung
– Veruntreuung
miscellaneous sonstige
miscellaneous expenses sonstige Aufwendungen
miscellaneous risks sonstige Wagnisse
misconduct Fehlverhalten
misconduct: dismissal caused by misconduct verhaltensbedingte Kündigung
misconduct: professional misconduct Berufsvergehen
misdemeanor *AE* Vergehen
misdemeanour *BE* Vergehen
mislead irreführen
– täuschen
misrepresentation irreführende Darstellung
– Irreführung
– unrichtige Angaben
misrepresentation: fraudulent misrepresentation Falschdarstellung in Täuschungs- oder Betrugsabsicht
misrepresentation: innocent misrepresentation Falschdarstellung in gutem Glauben
misrepresentation: negligent misrepresentation fahrlässig gemachte Falschdarstellung
mistake Fehler
– Irrtum
mistake: bilateral mistake beidseitiger Irrtum
mistake: mutual mistake beidseitiger Irrtum
mistake: unilateral mistake einseitiger Irrtum
mistake as to material qualities of the subject matter Eigenschaftsirrtum
mistake as to the contents of a declaration Inhaltsirrtum
mistake of expression Erklärungsirrtum
mistake of intention Inhaltsirrtum
mistaken: be mistaken sich irren
misuse Fehlgebrauch
mitigation of sentence Strafmilderung
mixed account gemischtes Konto
mixed costs Mischkosten
mixed-use gemischtgenutzt
mixed-use zone Mischgebiet
modal legacy Vermächtnis unter Auflage
model agreement Mustervertrag
model contract Mustervertrag
model statutes Mustergesetze
model tax treaty Musterabkommen
modernization subsidy Modernisierungsbeihilfe
modification: contract modification Vertragsänderung
modification {of} Änderung
modification of a contract Vertragsänderung
modification of an agreement Vertragsänderung
modify ändern
modular home Fertighaus
monetary compensation Entschädigung in Geld
monetary funds Geldmittel
monetary payment Geldzahlung
monetary penalty Geldbuße
– Geldstrafe
money: call money Tagesgeld *(jederzeit abrufbar)*
money: overnight money Tagesgeld *(mit 24 Std. Festlaufzeit)*
money claim Geldforderung

M

money debt Geldschuld
money equivalent Geldwert
– monetärer Gegenwert
money judgment Urteil auf Zahlung eines bestimmten Geldbetrages
money laundering Geldwäsche
money market Geldmarkt
money market paper Geldmarktpapier
money order Zahlungsanweisung
– Zahlungsauftrag
money-market fund Geldmarktfonds
– in Geldmarktpapiere investierende Investmentfonds
monies Gelder
– Geldmittel
monies received Einzahlungen
– Geldeingänge
monitoring Kontrolle
– Überwachung
monopoly Monopol
monthly monatlich
monthly accounting system monatliches Abrechnungsystem
monthly balance sheet Monatsbilanz
monthly closing Monatsabschluß
monthly income statement *AE* monatliche Erfolgsrechnung
monthly result Monatsergebnis
monthly VAT declaration monatliche Umsatzsteuervoranmeldung
monthly VAT return Umsatzsteuervoranmeldung
monthly/quarterly VAT return Umsatzsteuervoranmeldung
moot strittig
– umstritten
morale: tax morale Steuermoral
mortgage Hypothek
mortgage: assumption of a mortgage Hypothekenübernahme
– Übernahme einer Hypothek
mortgage: blanket mortgage Gesamthypothek
mortgage: charge land with a mortgage Grundstück mit einer Hypothek belasten
mortgage: chattel mortgage Fährnishypothek
mortgage: collateralized mortgage obligation hypothekarisch gesicherter Schuldtitel
mortgage: create a mortgage Hypothek bestellen
mortgage: debt secured by mortgage hypothekarisch gesicherte Forderung
mortgage: discharge of a mortgage Erlöschen einer Hypothek
mortgage: encumber land with a mortgage Grundstück mit einer Hypothek belasten
mortgage: endowment mortgage Hypothekendarlehen mit Tilgungssicherung durch einen Lebensversicherungsvertrag
mortgage: maximum amount mortgage Höchstbetragshypothek
mortgage: pay off a mortgage Hypothek tilgen
mortgage: paying off of a mortgage Hypothekentilgung
mortgage: recording of a mortgage Eintragung einer Hypothek
mortgage: redeem a mortgage Hypothek tilgen
mortgage: redemption of a mortgage Hypothekentilgung
mortgage: registration of a mortgage Eintragung einer Hypothek
mortgage: taking over of a mortgage Hypothekenübernahme
mortgage association Hypothekenkreditanstalt
mortgage bank Hypothekenbank
mortgage bond Pfandbrief
mortgage certificate Hypothekenbrief
mortgage charge Hypothekenbelastung
mortgage creditor Hypothekengläubiger
mortgage debt Hypothekenschuld
mortgage debtor Hypothekenschuldner
mortgage document Hypothekenbrief
mortgage for the benefit of the owner Eigentümerhypothek
mortgage interest Hypothekenzinsen

mortgage law Hypothekenrecht
mortgage property Grundstück mit einer Hypothek belasten
mortgage-backed hypothekarisch gesichert
mortgagee Hypothekargläubiger
- Hypothekengläubiger
mortgagor Hypothekenschuldner
mortis causa von Todes wegen
mortis causa: disposition mortis causa Verfügung von Todes wegen
mortis causa: donatio mortis causa Schenkung von Todes wegen
most-favored-nation clause *AE* Meistvergünstigungsklausel
most-favoured-nation clause *BE* Meistvergünstigungsklausel
mother-in-law Schwiegermutter
motion Antrag
motion: dismiss a motion Antrag ablehnen *(Gericht)*
motion: the authorities in their own motion von Amts wegen
motion {for} Antrag {auf}
motion for dismissal Klageabweisungsantrag
motive: profit motive Einkünfteerzielungsabsicht
- Gewinnerzielungsabsicht
motor vehicle insurance Kraftfahrzeug-Haftpflichtversicherung
motor vehicle tax KFZ-Steuer
- Kraftfahrzeugsteuer
movable property bewegliche Sachen
- bewegliche Vermögensgegenstände
- bewegliches Vermögen
movables bewegliches Vermögen
- Mobilien
move bewegen
move {for} beantragen
move {to} umziehen {nach}
movement: account movement Kontobewegung
movement: fixed-asset movement schedule Anlagenspiegel
movement total Betrag der Gesamtbewegungen
- Gesamtbewegung *(Konto)*
- Verkehrszahl
moving average gleitender Durchschnitt
moving expenses Umzugskosten
moving party Antragsteller
moving weighted average gleitender gewogener Durchschnitt
multi-column journal Mehrspaltenjournal
multi-family residential Mehrfamilienhaus
multinational group multinationale Unternehmensgruppe
- multinationaler Konzern
multiple posting Mehrfachbuchung
multiple taxation Mehrfachbesteuerung
multiple vote stock *AE* Mehrstimmrechtsaktie
multiple voting right Mehrstimmrecht
multiple voting share Mehrstimmrechtsaktie
multi-tiered mehrstöckig
municipal bond Kommunalobligation
municipal right of first refusal gemeindliches Vorkaufsrecht
municipal tax Gemeindesteuer
municipality Gemeinde
municipality the district of which includes the situs of qualified taxpayer property Belegenheitsgemeinde
mutual gegenseitig
- wechselseitig *(gegenseitig)*
mutual agreement beiderseitiges Einverständnis
- gegenseitiger Vertrag
- Verständigungsvereinbarung
mutual agreement procedure Verständigungsverfahren
mutual assent {to} beiderseitige Zustimmung {zu}
mutual consent: by mutual consent einverständlich
mutual contract gegenseitiger Vertrag
mutual fund *AE* Investmentfonds
- *AE* Kapitalanlagegesellschaft
- *AE* Kapitalanlagegesellschaft nach Fondsprinzip
- *AE* offener Investmentfonds

Mutual Funds Act *AE* Gesetz über Kapitalanlagegesellschaften *KAGG*
mutual insurance company Versicherungsverein auf Gegenseitigkeit *VVaG*
mutual insurance society *BE* Versicherungsverein auf Gegenseitigkeit *VVaG*
mutual mistake beidseitiger Irrtum
mutual savings bank Sparkasse nach Genossenschaftsprinzip
mutual terms: on mutual terms auf Gegenseitigkeit
mutuality Gegenseitigkeit

N

NAA National Association of Accountants
naked nicht gedeckt
– ungedeckt
name: business name Firma
name: corporate name Firma
name: in the name and on behalf of im Namen und im Auftrag von
– namens und auftrags
name: in the name of namens
narrative Buchungstext
narrow interpretation enge Auslegung
– restriktive Auslegung
narrow market enger Markt
NASD National Association of Securities Dealers
NASDAQ National Association of Securities Dealers Automated Quotation
national Staatsangehöriger
– Staatsbürger
national level: at the national level *(federal)* auf Bundesebene
national tax revenue nationales Steueraufkommen
– Steueraufkommen
national waters Hohheitsgewässer
nationality Staatsangehörigkeit
nationalization Verstaatlichung
natural person natürliche Person
nature: legal nature Rechtsnatur
nature: of whatsoever nature welcher Art auch immer
nature and purpose of the business Unternehmensgegenstand
necessary notwendig
negative amount negativer Betrag
negative capital account negatives Kapitalkonto
negative volume variance Kosten der Unterbeschäftigung
– Leerkosten
– Unterbeschäftigungskosten
neglect vernachlässigen
negligence Fahrlässigkeit
– Verschulden
negligence: comparative negligence Mitverschulden
negligence: contributory negligence Mitverschulden
negligence: degree of negligence Fahrlässigkeitsgrad
negligence: gross negligence grobe Fahrlässigkeit
negligence: slight negligence leichte Fahrlässigkeit
negligent fahrlässig
– nachlässig
– säumig
– schuldhaft
negligent misrepresentation fahrlässig gemachte Falschdarstellung
negligent physical injury fahrlässige Körperverletzung
negligible vernachlässigbar
negotiable begebbar
– übertragbar
– umlauffähig
– verkehrsfähig
negotiable by endorsement durch Indossament übertragbar
negotiable instrument begebbares Wertpapier
– Wertpapier *(Order- bzw. Inhaberpapier)*
negotiate begeben
– verhandeln
negotiate a bill Wechsel begeben
negotiation Verhandlung
negotiation: contract negotiations Vertragsverhandlungen

negotiation: settlement negotiations Vergleichsverhandlungen
net netto
net amount payable Zahllast
net assets Reinvermögen
net book value fortgeführte Anschaffungskosten
– fortgeführter Buchwert
– Nettobuchwert
net capital tax Vermögensteuer
net cash bar ohne Abzug
net cash flow Einzahlungsüberschuß
net current assets Nettoumlaufvermögen
net earnings Nettoergebnis
net equity Nettoeigenkapital
net equity position Nettoeigenkapitalposition
net income Nettoeinkommen
– Reineinkommen
– Reinertrag
net income: appropriation of net income Verwendung des Reingewinns
net income: consolidated net income Konzerngewinn
net income for the year Jahresüberschuß
net income statement *AE* Nettoerfolgsrechnung
net interest income Zinsergebnis
net interest paid Nettozinsaufwand
net loss Reinverlust
net loss for the financial year Jahresfehlbetrag
net loss for the year Jahresfehlbetrag
net of abzüglich
– nach Abzug von
net of tax nach Steuern
– netto nach Steuern
– unter Berücksichtigung von Steuern
net operating loss Nettobetriebsverlust
net operating profit Nettobetriebsgewinn
net out saldieren
net present value Kapitalwert
– Nettobarwert
net present value method Barwertmethode
net presentation Nettoausweis
net proceeds Nettoerlös
– Nettoerlöse
net profit Nettogewinn
– Reingewinn
net profit after taxes Nettogewinn nach Steuern
net profit for the financial year Jahresüberschuß
net profit for the year Jahresreingewinn
net purchase price Nettoeinkaufspreis
– Nettoeinkaufswert
net realizable value Nettorealisationswert
net result Nettoergebnis
net revenue Nettoerlös
net sales Nettoerlöse
– Nettoumsatz
– *AE* Nettoumsatzerlöse
– Reinumsatz
net sales value Nettoabsatzwert
net statement Nettoausweis
net turnover *BE* Nettoumsatz
– *BE* Nettoumsatzerlöse
– *BE* Reinumsatz
net variance Gesamtabweichung
net VAT payable Umsatzsteuerzahllast
net wage Nettolohn
net working capital Nettoumlaufvermögen
net worth Nettovermögen
– Reinvermögen
net worth: increase in net worth Vermögensmehrung
net worth tax Vermögensteuer
net worth tax: liability to net worth tax Vermögensteuerpflicht
Net Worth Tax Act Vermögensteuergesetz
Net Worth Tax Regulations Vermögensteuer-Richtlinien
net worth tax return Vermögensteuererklärung
neutral: revenue neutral aufkommensneutral
neutral: tax neutral steuerunschädlich

N

neutrality: tax neutrality Steuerunschädlichkeit
neutrality: violation of neutrality Neutralitätsverletzung
new building Neubau
new issue share junge Aktie
new issue stock *AE* junge Aktie
new share junge Aktie
new stock *AE* junge Aktie
new trial: application for a new trial Wiederaufnahmeantrag
new trial: proceedings of a new trial Wiederaufnahmeverfahren
newly established neu errichtet
– *(newly formed)* neu gegründet
newly established company neu errichtete Gesellschaft
newly formed neu errichtet
– neu gegründet
newly formed company neu gegründete Gesellschaft
newly founded neu gegründet
nexus Verbindung
– Zusammenhang
NIF note issuance facility *(Absicherungsfazilität)*
nil Null
no par share nennwertlose Aktie
– Ouotenaktie
– Quotenaktie
no par stock *AE* nennwertlose Aktie
– *AE* Quotenaktie
nominal amount Nennbetrag
nominal capital Grundkapital
– Nennkapital
– Stammkapital
nominal damages nomineller Schadensersatz
nominal value Nennwert
– Nominalwert
nominee Strohmann
non-acceptance Nichtabnahme
non-appealability Bestandskraft
non-appealability: suppression of non-appealability Durchbrechung der Bestandskraft
non-appealable *(assessment)* bestandskräftig
– *(judgment)* rechtskräftig
non-assignable nicht abtretbar
non-capitalizable nicht aktivierbar
noncapitalizable expenditures nicht aktivierungsfähige Aufwendungen
non-cash bargeldlos
– unbar
non-cash transactions unbare Geschäftsvorfälle
non-compensated unentgeltlich
noncompete agreement Wettbewerbsverzicht
– Wettbewerbsverzichtsvereinbarung
non-compete provision Wettbewerbsklausel
noncompetition convenant Wettbewerbsverbotsklausel
non-compliance Nichteinhaltung
– Nichterfüllung
non-contractual liability außervertragliche Haftung
noncreditable foreign income tax nicht anrechenbare ausländische Einkommensteuer
noncurrent langfristig
noncurrent ... Anlagevermögens...
noncurrent asset Anlagevermögensgegenstand
noncurrent assets Anlagevermögen
noncurrent liabilities langfristige Verbindlichkeiten
noncurrent securities Wertpapiere des Anlagevermögens
non-declaration Nichtangabe
– Nichterklärung
non-deductibility Nichtabzugsfähigkeit
nondeductible nicht abzugsfähig
nondeductible business expenses nicht abzugsfähige Betriebsausgaben
nondeductible capital cost aktivierungspflichtige Anschaffungs- bzw. Herstellungskosten
nondeductible capital expenditure aktivierungspflichtiger Aufwand
nondeductible expense nicht abzugsfähiger Aufwand
nondeductible for tax purposes steuerlich nicht abzugsfähig
non-discrimination Gleichbehandlung

non-discrimination clause Gleichbehandlungsklausel
non-discrimination precept Gleichbehandlungsgebot
non-discrimination rule Diskriminierungsverbot
non-exclusive nicht ausschließlich
– nicht exklusiv
non-exhaustive nicht abschließend
non-exhaustive enumeration nicht abschließende Aufzählung
non-freehold estate pacht- bzw. mietmäßiges Besitzrecht
non-fulfilment Nichterfüllung
non-fulfilment: plea of non-fulfilment Einrede der Nichterfüllung
non-full-payout leasing Teilamortisationsleasing
nonimmigrant visa Nichteinwanderungsvisum
non-income taxes ertragsunabhängige Steuern
noninterest-bearing zinslos
nonliability: notice of nonliability for tax Freistellungsbescheid
nonoperating betriebsfremd
nonoperating expense betriebsfremde Aufwendungen
– betriebsfremder Aufwand
– neutrale Aufwendungen
– neutraler Aufwand
nonoperating income neutrale Erträge
– neutraler Erfolg
nonoperating profit neutraler Gewinn
nonoperating results neutrales Ergebnis
nonoperating revenue betriebsfremde Erträge
– betriebsfremder Ertrag
– neutrale Erträge
nonpar value share nennbetragslose Aktie
non-pecuniary damage Nichtvermögensschaden
non-performance Nichterfüllung
non-performance: damages for non-performance Schadenersatz wegen Nichterfüllung
non-performance: plea of non-performance Einrede der Nichterfüllung
non-performing loan notleidender Kredit
nonpersonal account Sachkonto
non-personal tax Realsteuer
– Sachsteuer
non-profit nicht gewinnorientiert
– ohne Gewinnerzielungsabsicht
non-profit organization nicht auf Gewinnerzielung ausgerichtete Organisation
– nicht gewinnorientierte Organisation
non-recourse factoring echtes Factoring
non-recoverable input VAT nicht anrechenbare Vorsteuer
nonrecurrent charges außerordentlicher Aufwand
nonrecurrent expenses außerordentlicher Aufwand
nonrecurrent income außerordentliche Erträge
non-recurring expenses einmalige Aufwendungen
non-recurring income einmalige Erträge
nonresident beschränkt Steuerpflichtiger
– Gebietsfremder
– Steuerausländer
nonresident: income taxation of nonresidents beschränkte Einkommensteuerpflicht
nonresident: subject to income taxation of nonresidents beschränkt einkommensteuerpflichtig
nonresident: subject to nonresident taxation beschränkt steuerpflichtig
nonresident individual Steuerausländer
nonresident shareholder ausländischer Anteilseigner
nonresident tax liablility beschränkte Steuerpflicht
nonresident taxation beschränkte Steuerpflicht
nonresident taxpayer beschränkt Steuerpflichtiger
– Steuerausländer

non-scheduled depreciation außerplanmäßige Abschreibung
nonspecific obligation Gattungsschuld
nontaxable nicht steuerbar
– nicht steuerpflichtig
non-taxation Nichtbesteuerung
non-taxation: double non-taxation Doppelnichtbesteuerung
nontraditional neuartig
non-transferable nicht abtretbar
non-use Nichtgebrauch
– Nichtverwendung
non-voting stimmrechtslos
non-voting preference share stimmrechtslose Vorzugsaktie
non-voting preferred stock *AE* stimmrechtslose Vorzugsaktie
non-voting share stimmrechtslose Aktie
non-voting stock *AE* stimmrechtslose Aktie
nonwasting nicht abnutzbar
no-par-value share nennwertlose Aktie
– Quotenaktie
no-par-value stock *AE* nennwertlose Aktie
– *AE* Ouotenaktie
– *AE* Quotenaktie
not affecting income ergebnisneutral
not called up nicht eingefordert
not competent {for} nicht zuständig {für}
not for profit nicht gewinnorientiert
– ohne Gewinnerzielungsabsicht
not inheritable unvererblich
not of age minderjährig
not presented nicht vorgelegt
not requiring any specific form formlos
not subject to mandatory capitalization nicht aktivierungspflichtig
not subject to taxation steuerfrei
notarial notariell
notarial attestation notarielle Beglaubigung
notarial deed: executing of a notarial deed notarielle Beurkundung
notarial form: establish by agreement in notarial form durch notariellen Vertrag gründen
notarial recording notarielle Beurkundung
notarial will notarielles Testament
notarised *BE* notariell beglaubigt
– *BE* notariell beurkundet
notarization notarielle Beglaubigung
– notarielle Beurkundung
notarized *AE* notariell beglaubigt
– *AE* notariell beurkundet
notary Notar
notary public Notar
– öffentlich bestellter Notar
note Anmerkung
– Fußnote
– Mitteilung
– Notiz
– Schuldtitel
– Schuldverschreibung
note: balance sheet note Bilanzvermerk
note: cover note *BE (insurance)* Dekkungszusage *(Versicherung)*
note: credit note Gutschrift
– Gutschriftsanzeige
– Rechnungsgutschrift
note: debit note Belastungsanzeige
– Lastschrift
note: exchange of notes Notenwechsel
note: floating rate note variabel verzinsliche Anleihe
note: material issue note Materialentnahmeschein
note: promissory note eigener Wechsel
– Eigenwechsel
– Solawechsel
note issuance facility *NIF* Absicherungsfazilität
note of fees Gebührenrechnung
– Honorarabrechnung
note payable: drafts and notes payable *AE* Verbindlichkeiten aus der Annahme gezogener Wechsel und der Ausstellung eigener Wechsel
notes *(to financial statements)* Anhang *(Jahresabschluß)*

notes: balance sheet notes Bilanzerläuterungen
notes payable Schuldwechsel
notes to balance sheet and income statement *AE* Erläuterungen zur Bilanz und zur Gewinn- und Verlustrechnung
notes to balance sheet and profit and loss account *BE* Erläuterungen zur Bilanz und zur Gewinn- und Verlustrechnung
notes to consolidated accounts *BE* Anhang zum Konzernabschluß
notes to consolidated financial statements Anhang zum Konzernabschluß
– Konzernanhang
notes to financial statements Anhang
– Erläuterungen zum Jahresabschluß
notes to group financial statements Konzernanhang
notice Bescheid
– Kündigung
notice: assessment notice Bescheid
– Steuerbescheid
notice: dismiss without notice fristlos kündigen *(durch Arbeitgeber)*
notice: due notice ordnungsgemäße Kündigung
notice: duty to give notice Anzeigepflicht
notice: extraordinary notice außerordentliche Kündigung
notice: final notice of assessment endgültiger Steuerbescheid
notice: give notice kündigen
notice: give notice of termination kündigen
notice: ground for notice Kündigungsgrund
notice: one month's notice Kündigungsfrist von einem Monat
notice: ordinary notice ordentliche Kündigung
notice: reason for notice Kündigungsgrund
notice: subject to notice kündbar
notice: termination upon notice Kündigung
notice: three months' notice dreimonatige Kündigungsfrist
– Kündigungsfrist von drei Monaten
notice: upon notice bei Bekanntgabe
– nach Mitteilung
notice: without notice fristlos
notice in writing schriftliche Kündigung
notice of adjustment Berichtigungsbescheid
notice of appeal on points of law Revisionsschrift
notice of apportionment Zerlegungsbescheid
notice of apportionment of trade tax base Gewerbesteuerzerlegungsbescheid
notice of assessment Steuerbescheid
notice of defects Mängelrüge
notice of liability Haftungsbescheid
notice of loss Anzeige eines Schadens
notice of nonliability for tax Freistellungsbescheid
notice of protest Wechselprotestanzeige
notice of tax assessment Steuerbescheid
notice of termination Bescheid
– Kündigung
notice period Kündigungsfrist
notification Anzeige
– Bekanntgabe *(Steuerbescheid, etc.)*
– Bekanntmachung
– Benachrichtigung
– Mitteilung
– Zustellung
notification: official notification förmliche Zustellung
notification of defects Mängelrüge
notification of the police polizeiliche Meldung
notional tax: credit for notional tax fiktive Anrechnung *(allgemein)*
– fiktive Steueranrechnung *(allgemein)*
notwithstanding unbeschadet
novation Schuldumschaffung
novelty Neuheit
nuisance Beeinträchtigung

N

– Belästigung
– Störung
null and void nichtig
nullity Nichtigkeit
nullity of marriage Ehenichtigkeit
number Ziffer
number: index number Indexziffer
numbering Numerierung
NYFE New York Futures Exchange
NYSE *AE* New York Stock Exchange

O

oath: examination under oath eidliche Vernehmung
oath sworn by a witness Zeugeneid
object Widerspruch einlegen
object: legal object Rechtsobjekt
object: luxury object Luxusgegenstand
object: tax object Besteuerungsgegenstand
– Steuerobjekt
object: taxable object steuerpflichtiger Gegenstand
object {to} Einspruch erheben {gegen}
– Einwendung erheben
object of legal protection Rechtsgut
object of purchase Kaufgegenstand
object of the company Gegenstand der Gesellschaft
– Gesellschaftszweck
objection: grounds for objection Ablehnungsgrund
objection: make an objection Einspruch einlegen
– Einspruch erheben
– Widerspruch einlegen
objection: raise an objection Widerspruch einlegen
objection {to} Ablehnung
– Einrede
– Einspruch {gegen}
– Einwendung
– Widerspruch {gegen}
objection to a judge Ablehnung eines Richters
objectionable: unobjectionable unbedenklich
obligatio Verpflichtung
obligation Pflicht
– Schuldverhältnis
– Verbindlichkeit
– Verpflichtung
obligation: be under a legal obligation gesetzlich verpflichtet sein
obligation: be under a statutory obligation gesetzlich verpflichtet sein
obligation: be under an obligation verpflichtet sein
obligation: fail to meet obligations Verbindlichkeiten nicht nachkommen
obligation: law of obligations Schuldrecht
obligation: meet obligations Verbindlichkeiten nachkommen
obligation: nonspecific obligation Gattungsschuld
obligation: pension obligation Pensionsverpflichtung
obligation: specific obligation Speziesschuld
– Stückschuld
obligation: without obligation unverbindlich
obligation to accrue {for} Passivierungsgebot
– Passivierungspflicht
obligation to carry as liability Passivierungsgebot
– Passivierungspflicht
obligation to keep books of account *BE* Buchführungspflicht
obligation to pay wages Lohnzahlungspflicht
obligation to perform services Dienstpflicht
obligation to provide maintenance Unterhaltspflicht
obligation to provide services Dienstpflicht
obligation to retain records Aufbewahrungspflicht
obligation to support Unterhaltspflicht
obligation to work Arbeitspflicht

obligatory obligatorisch
– verbindlich
– verpflichtend
obligatory share: person entitled to an obligatory share in the estate Pflichtteilsberechtigter
obligatory share in the estate Pflichtteil
obliged: be obliged verpflichtet sein
obligee Gläubiger
obligopoly Obligopol
obligor Gläubiger
– Schuldner
OBRA Omnibus Budget Reconciliation Act of 1987
observation {of} Einhaltung
observe einhalten
observe a period of time Frist einhalten
– Frist wahren
obsolescence Überholung
– Veralterung
obsolescence: write-down due to technical obsolescense Abschreibung wegen technischer Veralterung
obsolete veraltet
obtain erhalten
– erlangen
obtain a benefit Vorteil erlangen
obtain possession Besitz erlangen
occupant Besitzer
occupation Beruf
– Berufstätigkeit
– Beschäftigung
occupation: owner occupation Eigennutzung
occupation: secondary occupation Nebenbeschäftigung
– Nebentätigkeit
occupation: side-line occupation Nebenbeschäftigung
– Nebentätigkeit
occupational beruflich
occupational ... Berufs...
Occupational Safety and Health Act Gesetz über Sicherheit und Gesundheit am Arbeitsplatz
occupied: owner-occupied eigengenutzt
occupy besitzen
occurrence of damage Schadenseintritt
– Schadensereignis
– Schadensfall
OECD Organization for Economic Cooperation and Development
of age volljährig
of full age volljährig
of its own eigenständig
of legal relevance rechtserheblich
of no binding force unverbindlich
of whatsoever nature welcher Art auch immer
of which davon
of which convertible davon konvertibel
of which from affiliated companies *AE* davon aus verbundenen Unternehmen
of which relating to group undertakings *BE* davon aus verbundenen Unternehmen
off balance sheet bilanzneutral
– bilanzunwirksam
off the record außerhalb des Protokolls
– nicht zur Veröffentlichung bestimmt
– vertraulich
off-balance-sheet reserve nicht ausgewiesene Rücklage
off-balance-sheet reserves stille Reserven
off-balance-sheet transaction bilanzunwirksame Transaktion
offence *BE* Gesetzesübertretung
offence: bankruptcy offence *BE* Konkursstraftat
offence: commission of an offence *BE* Begehung einer Straftat
– *BE* Verübung einer Straftat
offence: commit an offence *BE* Straftat begehen
– *BE* Straftat verüben
offence: criminal offence *BE* Straftat
offence: criminal proceedings for fiscal offences *BE* Steuerstrafverfahren
offence: elements of an offence *BE* Tatbestand *(Straftat)*

offence: fiscal offence *BE* Steuerordnungswidrigkeit
– *BE* Steuerstraftat
offence: law regarding fiscal offences *BE* Steuerstrafrecht
offence: penal proceedings for fiscal offences *BE* Steuerstrafverfahren
offence: tax offence *BE* Steuerdelikt
– *BE* Steuerordnungswidrigkeit
– *BE* Steuerstraftat
offence {against} *BE* Verstoß {gegen}
offence of the law *BE* Gesetzesübertretung
offender Täter
offense *AE* Gesetzesübertretung
offense: bankruptcy offense *AE* Konkursstraftat
offense: commission of an offense *AE* Begehung einer Straftat
– *AE* Verübung einer Straftat
offense: commit an offense *AE* Straftat begehen
– *AE* Straftat verüben
offense: criminal offense *AE* Straftat
offense: criminal proceedings for fiscal offenses *AE* Steuerstrafverfahren
offense: elements of an offense *AE* Tatbestand *(Straftat)*
offense: fiscal offense *AE* Steuerordnungswidrigkeit
– *AE* Steuerstraftat
offense: law regarding fiscal offenses *AE* Steuerstrafrecht
offense: penal proceedings for fiscal offenses *AE* Steuerstrafverfahren
offense: tax offense *AE* Steuerdelikt
– *AE* Steuerordnungswidrigkeit
– *AE* Steuerstraftat
offense {against} *AE* Verstoß {gegen}
offense of the law *AE* Gesetzesübertretung
offer anbieten
– Angebot
– Offerte
offer: accept an offer Angebot annehmen
offer: acceptance of an offer Annahme eines Angebots
offer: binding offer verbindliches Angebot
offer: conditional offer bedingtes Angebot
offer: counter-offer Gegenangebot
offer: decline an offer Angebot ablehnen
offer: firm offer Festangebot
offer: invitation to make an offer Aufforderung zur Angebotsabgabe
offer: legally binding offer bindendes Angebot
offer: make an offer Angebot abgeben
offer: making of an offer Abgabe eines Angebotes
offer: package offer Pauschalangebot
offer: refusal of an offer Ablehnung eines Angebots
offer: refuse an offer Angebot ablehnen
offer: reject an offer Angebot ablehnen
offer: rejection of an offer Ablehnung eines Angebots
offer: subscription offer Zeichnungsangebot
offer: tender offer Übernahmeangebot
– Zeichnungsangebot *(im Tenderverfahren)*
offer of proof Beweisangebot
offer price Verkaufspreis
offer to pay Zahlungsangebot
offeree Angebotsempfänger
offering: public offering öffentliche Plazierung
offering: securities offering Wertpapieremission
offeror Anbietender
office Amt
– Büro
– Praxis
office: branch office Filiale
– Niederlassung
– Zweigniederlassung

office: cash office Kasse *(Geschäftsraum)*
office: coordination office Koordinierungsstelle
office: customs office Zollamt
office: head office Stammhaus
office: home office Arbeitszimmer
– häusliches Arbeitszimmer
office: land register office Grundbuchamt
office: local tax office Finanzamt
office: patent office Patentamt
office: payroll office Lohnbüro
office: regional customs office Hauptzollamt
office: registered office Sitz *(eingetragene Hauptniederlassung)*
office: removal from office Abberufung
– Amtsenthebung
office: remove from office abberufen
office: tax office Finanzamt
office equipment Geschäftsausstattung
office equipment: factory and office equipment Betriebs- und Geschäftsausstattung
office equipment and furniture Büroausstattung
office space Büroräume
office stationery Bürobedarf
office supplies *AE* Büromaterial
office-at-home expenses Arbeitszimmeraufwendungen
– Aufwendungen für Arbeitszimmer
officer Amtsinhaber
– Führungskraft
– leitender Angestellter
officer: chief executive officer *CEO* Hauptgeschäftsführer
– *CEO* Vorsitzender der Geschäftsleitung
officer: public officer Amtsperson
– Amtsträger
– Beamter
official amtlich
– Beamter
– Funktionär
– Funktionsträger
– offiziell
official: government official Staatsbediensteter
official: law enforcement official Vollzugsbeamter
official: public official Amtsperson
– Amtsträger
– Beamter
– öffentlicher Amtsträger
official: tax official Steuerbeamter
official authentication öffentliche Beglaubigung
official channel Amtsweg
– offizieller Weg
official channels: through official channels auf dem Amtsweg
official document: record in an official document beurkunden
official document: recording in an official document Beurkundung
Official Gazette of the Federal Ministry of Finance Bundessteuerblatt
official language Amtssprache
official notification förmliche Zustellung
official recording öffentliche Beurkundung
official verification öffentliche Beglaubigung
offset aufrechnen
– Aufrechnung
– verrechnen
– Verrechnung
offset {against} aufrechnen {mit}
– Aufrechnung {mit}
offset account Gegenkonto
offsetable aufrechenbar
offsetting: ban on loss offsetting Verlustverrechnungsverbot
offsetting: loss offsetting Verlustverrechnung
offsetting entry Ausgleichsbuchung
– Gegenbuchung
– Stornobuchung
offsetting error ausgleichender Fehler
offsetting item Ausgleichsposten
– Korrekturposten
– Verrechnungsposten
OID original issue discount *(Emissionsabgeld)*

O

old-age allowance Altersentlastungsbetrag
- Altersfreibetrag

old-age benefits Altersversorgungsbezüge

old-age exclusion Altersfreibetrag

old-age exemption Altersfreibetrag

old-age insurance Altersversicherung

omission Auslassung
- Unterlassen
- Unterlassung
- Versäumnis

omission: crime by omission Unterlassungsdelikt

omission: errors and omissions excepted Irrtum vorbehalten

omit auslassen
- unterlassen
- versäumen

on a commission basis auf Provisionsbasis

on a monthly basis monatlich

on a quarterly basis vierteljährlich

on a semi-annual basis halbjährlich

on account: pay on account anzahlen

on account: payments received on account {of} *BE* erhaltene Anzahlungen {auf}

on account of: payments received on account of orders *BE* erhaltene Anzahlungen auf Bestellungen

on account of performance erfüllungshalber

on an accrual basis periodengerecht

on an annual basis jährlich

on an ongoing basis auf Dauer
- dauerhaft

on behalf of für
- im Auftrag von
- namens

on behalf of: act on behalf of für jemanden tätig sein

on behalf of: authorization to sign on behalf of the company Zeichnungsberechtigung für die Gesellschaft

on behalf of: authorized to sign on behalf of the company zeichnungsberechtigt für die Gesellschaft

on behalf of: in the name and on behalf of im Namen und im Auftrag von
- namens und auftrags

on call auf Abruf

on credit auf Ziel

on credit: buy on credit auf Kredit kaufen

on demand {of/from} auf Anforderung {von}
- auf Verlangen {von}

on due date bei Fälligkeit

on grounds of equity aus Billigkeitsgründen

on hand auf Lager

on hand: balance of cash on hand Kassenstand

on hand: bills of exchange on hand Wechsel im Bestand

on hand: cash on hand Barbestand
- Kassenbestand

on hand: goods on hand Lagerbestand

on loan leihweise

on maturity bei Fälligkeit

on mutual terms auf Gegenseitigkeit

on one's own account für eigene Rechnung

on own account auf eigene Rechnung
- für eigene Rechnung

on own risk auf eigene Gefahr

on probation auf Bewährung

on request auf Anfrage

on stock auf Lager

on the condition that unter der Voraussetzung, daß

on the merits and in terms of amount dem Grunde und der Höhe nach

on the one hand einerseits

on the other hand andererseits

on the part of seitens

on these grounds aus diesen Gründen

on time fristgerecht
- rechtzeitig
- zeitgerecht

on trial: employment on trial Probearbeitsverhältnis

on trial: sale on trial Kauf auf Probe
on-bill weiterbelasten
– weiterberechnen
on-charge weiterbelasten
– weiterberechnen
one month's notice einmonatige Kündigungsfrist
– Kündigungsfrist von einem Monat
one-off payment Einmalzahlung
one-off wealth accrual einmaliger Vermögensanfall
one-shareholder company Einmanngesellschaft
one-time einmalig
one-write system *AE* Durchschreibebuchführung
one-write system of bookkeeping *AE* Durchschreibebuchführung
ongoing laufend
ongoing: on an ongoing basis auf Dauer
onlend weiterverleihen
onlending Weiterleihung
– Weiterverleihen
– Weiterverleihung
onsale Weiterverkauf
– weiterverkaufen
onward distribution Durchschüttung
– Weiterausschüttung
open *(assessment)* nicht bestandskräftig
open a letter of credit Akkreditiv eröffnen
open an account Konto anlegen
– Konto eröffnen
open an account at a bank Konto auf einer Bank eröffnen
open an account with a bank Konto auf einer Bank eröffnen
open court: hearing in open court in öffentlicher Verhandlung
open issue Zweifelsfrage
open item offener Posten
open position offene Position
open-end unbefristet
open-end fund offener Fonds
– offener Investmentfonds
open-ended fund offener Investmentfonds
opening balance Anfangssaldo
– Eröffnungsbestand
– Eröffnungssaldo
– Saldovortrag
opening balance sheet Anfangsbilanz
– Eröffnungsbilanz
opening entry Eröffnungsbuchung
opening inventory Anfangsbestand
opening of a will Testamentseröffnung
opening of an account Eröffnung eines Kontos
– Kontoeröffnung
opening of business Geschäftsgründung
opening of composition proceedings Eröffnung des Vergleichsverfahrens
operate betreiben
operating: other operating charges *BE* sonstige betriebliche Aufwendungen
operating: other operating expenses *AE* sonstige betriebliche Aufwendungen
operating: other operating income sonstige betriebliche Erträge
operating assets Betriebsmittel
operating capital Betriebskapital
operating charges betriebliche Aufwendungen
operating company Betriebsgesellschaft
operating expense betriebsbedingter Aufwand
– betriebsbezogener Aufwand
operating expenses betriebliche Aufwendungen
– Betriebsaufwand
– Betriebsaufwendungen
– Betriebsausgaben
– Betriebskosten
operating income betrieblicher Ertrag
– Betriebsergebnis
– Betriebsertrag
operating income statement *AE* Betriebsergebnisrechnung
operating loss Betriebsverlust
operating loss: net operating loss Nettobetriebsverlust

O

operating profit Betriebsgewinn
operating profit: net operating profit Nettobetriebsgewinn
operating receipts Betriebseinnahmen
operating result Geschäftsergebnis
– ordentliches Betriebsergebnis
operating results Betriebsergebnis
operating revenue Betriebsertrag
operating statement Betriebsergebnisrechnung
operating surplus Betriebsüberschuß
operating unit Betrieb
– Betriebseinheit
operation Betrieb
– Geschäftsbereich
– Tätigkeit
operation: bookkeeping operation Buchungsvorgang
operation: branch operation Niederlassung
operation: business operation Geschäftsbereich
operation: by operation of law kraft Gesetzes
operation: discontinued operation eingestellter Betrieb
operation: subrogation by operation of law gesetzlicher Forderungsübergang
operation {of} Anwendung {von}
operational betrieblich
– betriebsbereit
operational facility lease Betriebsüberlassungsvertrag
operational format Umsatzkostenverfahren
operational requirements: dismissal due to operational requirements betriebsbedingte Kündigung
operations Geschäftstätigkeit
operations: current business operations laufender Geschäftsbetrieb
operations: statement of operations Betriebsergebnisrechnung
operations oriented format Umsatzkostenverfahren
operative betrieblich
– rechtswirksam
operative: remain operative bestehen bleiben
opinion Anschauung
– Ansicht
– Fachgutachten
– *(expert opinion)* Gutachten
– Meinung
– Stellungnahme
opinion: antiquated opinion überholte Auffassung
opinion: audit opinion Bestätigungsvermerk
opinion: be of the opinion der Meinung sein
– Meinung haben
opinion: clean opinion uneingeschränkter Bestätigungsvermerk
opinion: expert opinion Gutachten
– Sachverständigengutachten
opinion: legal opinion Rechtsauffassung
– Rechtsgutachten
– Rechtsmeinung
opinion: professional opinion Fachgutachten
– Gutachten
opinion: qualified opinion eingeschränkter Bestätigungsvermerk
opinion: valuation opinion Bewertungsgutachten
opionion Auffassung
opportunity cost Opportunitätskosten
opposition party Oppositionspartei
opt {for} optieren {für}
– sich entscheiden {für}
opt {out} optieren {gegen}
opt in beitreten
opt out austreten
option Wahlmöglichkeit
– Wahlrecht
option: call option Kaufoption
option: commodity option Option auf den Erwerb einer Ware oder eines Waren-Terminkontraktes
option: holder of an option Optionsinhaber
option: lease renewal option Mietverlängerungsoption
option: purchase option Kaufoption

option: put option Verkaufsoption
option: seller of an option Stillhalter
option: stock option *AE* Aktienoption
option: valuation option Bewertungswahlrecht
option: writer of an option Stillhalter
option premium Optionsprämie
option price Optionsprämie
– Prämie *(Option)*
option to accrue {for} Passivierungswahlrecht
option to capitalize Aktivierungswahlrecht
– Bilanzierungswahlrecht
option to carry as liability Passivierungswahlrecht
optional law dispositives Recht
oral mündlich
order Anordnung
– Auftrag
– Beschluß
– bestellen *(Auftrag erteilen)*
– *(purchase)* Bestellung
– Reihenfolge
order: constitutional order verfassungsmäßige Ordnung
order: court order gerichtliche Verfügung
– Gerichtsbeschluß
order: incoming orders Auftragseingänge
order: initial order Erstauftrag
order: instrument made out to order Orderpapier
order: instrument to order Orderpapier
order: legal order Rechtsordnung
order: liquidation by order of the court Zwangsliquidation
order: money order Zahlungsanweisung
order: payment order Zahlungsanweisung
order: place an order bestellen
– Bestellung aufgeben
order: purchase order Bestellung
order: re-order Nachbestellung
order: repeat order Nachbestellung
order: restraining order *AE* einstweilige Verfügung
– *AE* richterliches Verbot
order: standing order Dauerauftrag
order: temporary restraining order *AE* einstweilige Verfügung
order acknowledgement Auftragsbestätigung
order acknowledgment Auftragsbestätigung
order cancellation Auftragsstornierung
order check *AE* Orderscheck
order cheque *BE* Orderscheck
order document Orderpapier
order for transfer of an action Verweisungsbeschluß
order instrument Orderpapier
order of attachment and transfer of garnished claim Pfändungs- und Überweisungsbeschuß
order of the day Tagesordnung
order paper Orderpapier
order to sell Verkaufsauftrag
order to take evidence Beweisbeschluß
order-filling agent Bestellvertreter
orders received Auftragseingänge
ordinance *(having the force of law)* Rechtsverordnung
ordinance: implementing ordinance *(to individual tax laws)* Durchführungsverordnung *DV/DVO*
ordinance: Income Tax Implementing Ordinance Einkommensteuer-Durchführungsverordnung *EStDV*
ordinance: Wage Tax Implementing Ordinance Lohnsteuer-Durchführungsverordnung
ordinance: zoning ordinance Bauordnung
– Raumordnung
ordinary gewöhnlich
– ordentlich
ordinary activities gewöhnliche Geschäftstätigkeit
– normale Geschäftstätigkeit
ordinary activities: profit (loss) on ordinary activities Ergebnis der gewöhnlichen Geschäftstätigkeit
ordinary activities: results from or-

dinary activities Ergebnis der gewöhnlichen Geschäftstätigkeit
ordinary course of business ordnungsgemäßer Geschäftsgang
ordinary creditor nicht bevorzugter Gläubiger
ordinary debt gewöhnliche Konkursforderung
ordinary depreciation Normalabschreibung
– ordentliche Abschreibung
ordinary diligence angemessene Sorgfalt
– verkehrsübliche Sorgfalt
ordinary maintenance expenses gewöhnlicher Erhaltungsaufwand
ordinary notice ordentliche Kündigung
ordinary share *BE* Stammaktie
ordinary shares gewöhnliche Anteile
organization Organisation
organization: exempt organization steuerbefreite Organisation
organization: non-profit organization nicht auf Gewinnerzielung ausgerichtete Organisation
– nicht gewinnorientierte Organisation
organization: professional organization Standesvertretung
organization expenses Gründungskosten
– Organisationskosten
organizational integration organisatorische Eingliederung
organizational meeting Gründungsversammlung
organized strike organisierter Streik
orginal impossibility anfängliche Unmöglichkeit
origin: certificate of origin Ursprungszeugnis
origin: country of origin Ursprungsland
origin principle Ursprungsprinzip
origin system Ursprungslandprinzip
original orginär
original cost Anschaffungs- bzw. Herstellungskosten
original document Originalbeleg
original entry: book of original entry Journal
original entry: records of original entry Uraufzeichnungen
original issue discount *AE OID* Ausgabeabgeld
– *OID* Ausgabedamnum
– *AE OID* Ausgabedisagio
– *OID* Emissionsabgeld
original jurisdiction Erstinstanz
originate entstehen
ostensible anscheinend
ostensible ... Anscheins...
– Schein...
ostensible agent Anscheinsvertreter
ostensible authority Anscheinsvollmacht
ostensible company Scheingesellschaft
ostensible partner Scheingesellschafter
OTC over the counter
OTC market geregelter Freiverkehr
other sonstige
other assets sonstige Aktiva
– sonstige Vermögensgegenstände
other current assets sonstige Posten des Umlaufvermögens
other current liabilities sonstige kurzfristige Verbindlichkeiten
other developed land sonstige bebaute Grundstücke
other expenses sonstige Aufwendungen
other improved properties *AE* sonstige bebaute Grundstücke
other income sonstige Bezüge
– sonstige Einkünfte
other interest income sonstige Zinserträge
other investments sonstige Finanzanlagen
other liabilities sonstige Verbindlichkeiten
other loans sonstige Ausleihungen
other operating charges *BE* sonstige betriebliche Aufwendungen
other operating expenses *AE* sonstige betriebliche Aufwendungen

other operating income sonstige betriebliche Erträge
other receivables sonstige Forderungen
other securities sonstige Wertpapiere
other than außer
out of bond verzollt
out of force außer Kraft
out of time nicht fristgerecht
– verspätet
out of work arbeitslos
outbound in das Ausland
– nach dem Ausland
outdated usage überholter Sprachgebrauch
outflow *(funds)* Abfluß *(Finanzmittel)*
outflow: cash outflow Auszahlung
outflow: stream of cash outflows Auszahlungsreihe
outlaw strike wilder Streik
outlay Auslage
outlay: cash outlay Barauslage
outlay: investment outlay Kapitaleinsatz
outlays Ausgaben
outlying area Außenbereich
out-of-court außergerichtlich
out-of-court settlement außergerichtlicher Vergleich
out-of-pocket expenses Auslagen
– Spesen
out-of-state außerbundesstaatlich *(Einzelstaat)*
output Leistung
output tax Umsatzsteuer
outside advisor unabhängiger Berater
outside auditor unabhängiger Prüfer
outside director s. Ausführungen unter 'board of directors'
outside expert unabhängiger Gutachter
outside processing Lohnarbeit
– Lohnveredelung
outside the scope of taxation von der Besteuerung ausgenommen
outside the scope of VAT nicht steuerbar *(Umsatzsteuer)*
outsource auslagern
– fremdvergeben
outsourcing Auslagerung
– *(outside resourcing)* Auslagerung einzelner Aufgabenbereiche an externe Dienstleister
– Fremdvergabe
outstanding ausstehend
– *(invoice, debt)* nicht beglichen
– *(unpaid)* nicht bezahlt
– nicht vorgelegt
– *(accounts)* offen
– offenstehend
– *(invoice, debt)* unausgeglichen
– *(invoice, debt)* unbeglichen
– *(unpaid)* unbezahlt
– *(undone)* unerledigt
outstanding: amount outstanding offener Betrag
outstanding: debts outstanding Außenstände
outstanding: leave outstanding stehen lassen
outstanding: receivables outstanding Außenstände
outstanding accounts Außenstände
outstanding balances offene Salden
outstanding contributions ausstehende Einlagen
overall profit Gesamtgewinn
overall tax burden Gesamtsteuerbelastung
– steuerliche Gesamtbelastung
overall tax rate Gesamtsteuersatz
overcapitalization Überkapitalisierung
overdepreciation Überabschreibung
overdraft Kontokorrentkredit
– Kontoüberziehung
– Überziehung
overdraft: bank loans and overdraft *BE* Verbindlichkeiten gegenüber Kreditinstituten
overdraft fee Überziehungsprovision
overdraw credit {by} Kredit überziehen {um}
overdrawing Kontoüberziehung
overdrawing: credit overdrawing Kreditüberziehung
overdrawn überzogen
overestimate of costs *(cost variance)*

O

Kostenüberdeckung *(Kostenabweichung)*
– *(cost variance)* Überdeckung *(Kostenabweichung)*
overfunding Überfinanzierung
overhaul Überholung
overhead Gemeinkosten
overhead: apply overhead to apportionment Aufteilung von Gemeinkosten
overhead: capitalized overhead aktivierte Gemeinkosten
overhead: factory overhead Fertigungsgemeinkosten
overhead: manufacturing overhead Fertigungsgemeinkosten
overhead: unabsorbed overhead Kosten der Unterbeschäftigung
– Leerkosten
– Unterbeschäftigungskosten
overhead cost item Gemeinkostenart
overhead expenses Gemeinkosten
overhead item Gemeinkostenart
overhead variance Gemeinkostenabweichung
overindebted überschuldet
overindebtedness Überschuldung
overindebtedness: statement of overindebtedness Überschuldungsbilanz
overinsurance Überversicherung
over-leverage Überschuldung
overnight money Tagesgeld *(mit 24 Std. Festlaufzeit)*
overnight rate Tagesgeldsatz *(auf Tagesgeld mit 24 Std. Festlaufzeit)*
overpaid überzahlt
overpaid: refund of overpaid tax Steuerrückerstattung
overpaid: refund of overpaid taxes Erstattung überzahlter Steuern
overpaid tax überzahlte Steuern
overpayment Überzahlung
overprice überbewerten
overpricing Überbewertung
overproduction Überproduktion
override: treaty override Abkommensverdrängung
– Verletzung einer Abkommensverpflichtung
overrule a case früheres Urteil aufheben
– Urteil aufheben
overrun: cost overrun Kostenüberschreitung
overrun: production overrun Überproduktion
oversight: professional oversight Berufsaufsicht
overstate überbewerten
– überhöht ausweisen
– zu hoch ausweisen
overstating Überbewertung
oversubscribed überzeichnet
oversubscription Überzeichnung
over-the-counter Freiverkehr
over-the-counter market geregelter Freiverkehr
over-the-counter trade geregelter Freiverkehr
overtime Überstunden
overtime pay Überstundenvergütung
overtime payment Überstundenvergütung
overvaluation Überbewertung
overvalue überbewerten
overvalued überbewertet
owe schulden
owed: tax owed geschuldete Steuer
owing to aufgrund von
– durch
own: meaning of its own eigenständige Bedeutung
own: of its own eigenständig
own account: for one's own account für eigene Rechnung
own account: for own account für eigene Rechnung
own household eigener Hausstand
own shares eigene Anteile
own shares: reserve for own shares Rücklage für eigene Anteile
own work capitalized aktivierte Eigenleistungen
own work capitalized as fixed assets im Anlagevermögen berücksichtigte Eigenleistungen
owned: majority-owned mehrheitlich beteiligt
owner Eigentümer

owner: beneficial owner Nutzungsberechtigter
– wirtschaftlicher Eigentümer
owner: co-owner Miteigentümer
owner: copyright owner Copyright-Inhaber
owner: economic owner wirtschaftlicher Eigentümer
owner: investments by owners Einlagen
owner: joint owner Gesamthandseigentümer
owner: legal owner formeller Eigentümer
– rechtlicher Eigentümer
– zivilrechtlicher Eigentümer
owner: patent owner Patentinhaber
owner in common Bruchteilseigentümer
owner manager Gesellschafter-Geschäftsführer
owner occupation Eigennutzung
owner of a patent Patentinhaber
owner of an account Kontoinhaber
owner-occupied eigengenutzt
owners' equity Eigenkapital
ownership Eigentum
ownership: beneficial ownership wirtschaftliches Eigentum
ownership: condominium ownership *AE* Miteigentum an einem Wohnhaus
– *AE* Wohnungseigentum
ownership: cooperative ownership Beteiligung an einer Wohnungsbaugenossenschaft gekoppelt an ein Mietverhältnis bezogen auf eine Wohneinheit
ownership: co-ownership Miteigentum
– Miteigentum nach Bruchteilen
ownership: economic ownership wirtschaftliches Eigentum
ownership: joint ownership gesamthänderisches Miteigentum
– Gesamthandseigentum
ownership: legal ownership rechtliches Eigentum
ownership: reservation of ownership Eigentumsvorbehalt
ownership: share ownership Aktienbesitz
– Anteilsbesitz
ownership: stock ownership *AE* Aktienbesitz
– *AE* Beteiligungsbesitz
ownership: transfer of ownership Eigentumsübertragung
ownership in common Bruchteilseigentum
ownership reservation Eigentumsvorbehalt
ownership right {to} Eigentumsrecht {an/am}
ownership transfer Eigentumsübertragung

P

p.p. post paid
P/A power of attorney *(schriftlich erteilte Vollmacht)*
p/e ratio Kurs-Gewinn-Verhältnis *KGV*
P/N promissory note
package: bond/warrant package Optionsanleihe
package deal Gesamtvereinbarung
– Geschäftsbündelung
– Leistungspaket
– Pauschalangebot
– Verhandlungspaket
package offer Pauschalangebot
packaging: repackaging Umgestaltung *(zB von Finanzinstrumenten)*
packaging costs Verpackungskosten
paid bezahlt
– *(cheque)* eingelöst *(Scheck)*
paid: advances paid geleistete Anzahlungen
paid: customs paid verzollt
paid: duty paid verzollt
paid: partly paid nicht voll eingezahlt
paid: unpaid ausstehend
– unbezahlt
paid in: called up, not yet paid in eingefordert, noch nicht eingezahlt
paid in: partly paid in teileingezahlt
paid vacation bezahlter Urlaub

paid vacation: right to paid vacation Urlaubsanspruch
paid-in capital *AE (contributed capital)* eingelegtes Kapital *(der Teil des Eigenkapitals, der auf Bar- oder Sacheinlagen beruht)*
– *AE (contributed capital)* eingezahltes Kapital *(der Teil des Eigenkapitals, der auf Bar- oder Sacheinlagen beruht)*
panel Ausschuß
– Diskussionsgruppe
– Forum
– Gremium
paper: commercial paper kurzfristige Geldmarktpapiere *(Laufzeit zwischen 5 und 365 Tagen)*
– kurzfristiger Schuldtitel *(Laufzeit zwischen 5 und 365 Tagen)*
paper: commercial papers Handelspapiere
paper: money market paper Geldmarktpapier
paper: working papers Arbeitspapiere
paperless beleglos
par pari
par: below par unter Nennwert
par value Nennbetrag
– Nennwert
– Nominalwert
par value: no par-value stock *AE* Ouotenaktie
par value: no-par-value share nennwertlose Aktie
– Quotenaktie
par value: no-par-value stock *AE* nennwertlose Aktie
– *AE* Quotenaktie
paradise: fiscal paradise Steueroase
paragraph Absatz
– Ziffer
parcel of land Flurstück
pardon: act of pardon Gnadenakt
pardon: grant of pardon Begnadigung
pardon: petition for pardon Gnadengesuch
parent Muttergesellschaft
parent: common parent gemeinsame Muttergesellschaft
parent company Muttergesellschaft
parent company theory *(consolidation)* Interessentheorie *(Konsolidierung)*
parental custody elterliche Sorge
parlance: legal parlance rechtliche Terminologie
parliament Parlament
parliament: dissolve the parliament Parlament auflösen
parliament: Member of Parliament Abgeordneter
parliament: seat in parliament Sitz im Parlament
parliamentary consent parliamentarische Zustimmung
parliamentary group Fraktion
parliamentary system parlamentarisches System
parol agreement mündlicher Vertrag
part: component part Bestandteil
part: in part teilweise
part: on the part of seitens
part delivery Teillieferung
part payment Teilzahlung
part shipment Teillieferung
partial *(biassed)* befangen
– parteiisch
– teilweise
– voreingenommen
partial: impartial unbefangen
– unparteiisch
– unvoreingenommen
partial agreement Teilabkommen
partial audit eingeschränkte Prüfung
– Teilprüfung
partial consolidation Teilkonsolidierung
partial payout leasing Teilamortisationsleasing
partial performance teilweise Erfüllung
partiality: impartiality Unparteilichkeit
participant Beteiligter
participate in management mitbestimmen
participating: profit-participating loan partiarisches Darlehen

participating bond Gewinnschuldverschreibung
participating interest: expenses on participating interests Aufwendungen aus Beteiligungen
participating interest: income from participating interests Beteiligungserträge
– Erträge aus Beteiligungen
participating interest: payable to enterprises in which the company has a participating interest *AE* Verbindlichkeiten gegenüber Unternehmen, mit denen ein Beteiligungsverhältnis besteht
participating interests *BE* Beteiligungen *(iSd § 171 Abs 1 HGB)*
participating loan partiarisches Darlehen
participation Beteiligung
– Mitwirkung
participation: amounts owed to undertakings in which the company has a participating interest *BE* Verbindlichkeiten gegenüber Unternehmen, mit denen ein Beteiligungsverhältnis besteht
participation: material participation *(interest)* wesentliche Beteiligung
– *(engagement)* wesentliche Mitwirkung
participation: profit participation Gewinnbeteiligung
participation exemption Schachtelprivileg
participation exemption with activity test Schachtelprivileg mit Aktivitätsklausel
participation in profits Gewinnbeteiligung
partition Teilung
partition of the estate Teilung des Nachlasses
partly teilweise
partly paid nicht voll eingezahlt
partly paid in teileingezahlt
partner Gesellschafter
– Teilhaber
partner: continuing liability of departed partner Nachhaftung
partner: corporate general partner Komplementär-GmbH
partner: departing partner ausscheidender Gesellschafter
partner: departure of a partner Ausscheiden eines Gesellschafters
partner: dormant partner stiller Gesellschafter
partner: general partner Komplementär
– unbeschränkt haftender Gesellschafter
– voll haftender Gesellschafter
partner: joining as partner Eintritt in eine Personengesellschaft
partner: limited partner beschränkt haftender Gesellschafter
– Kommanditist
partner: ostensible partner Scheingesellschafter
partner: silent partner stiller Gesellschafter
partner's current account Privatkonto
partnership Personengesellschaft
partnership: balance sheet of a partnership prepared upon a partner's departure Abschichtungsbilanz
partnership: dissolve a partnership Personengesellschaft auflösen
partnership: general partnership offene Handelsgesellschaft
partnership: limited partnership Kommanditgesellschaft *KG*
partnership: silent partnership stille Gesellschaft
partnership: silent partnership organized under German law *(participation in the trade or business of another person [natural or juridical] constituting an association which is not outwardly apparent to the public and which does not have capital of* stille Gesellschaft
partnership: subparticipation not taxed as partnership typische Unterbeteiligung
partnership: subparticipation taxed

P

as partnership atypische Unterbeteiligung
partnership: subpartnership Unterbeteiligung
partnership: tenancy in partnership im Namen einer Personengesellschaft gehaltenes Grundvermögen
partnership agreement Gesellschaftsvertrag *(Personengesellschaft)*
partnership assets Gesellschaftsvermögen einer Personengesellschaft
partnership balance sheet for tax purposes Gesellschaftsbilanz *(im Gegensatz zur Sonderbilanz oder Ergänzungsbilanz)*
partnership drawing Entnahme
part-time work Teilzeitarbeit
part-time worker Teilzeitarbeiter
party: acceding party beitretende Partei
party: adverse party Gegenpartei
– gegnerische Partei
party: contracting party Vertragspartei
party: defending party Antragsgegner
party: governing party Regierungspartei
party: injured party Geschädigter
party: intent of the parties Parteienwille
party: intention of the parties Parteienwille
party: moving party Antragsteller
party: opposition party Oppositionspartei
party: political party politische Partei
party: related party nahestehende Person
party: renouncing party Verzichtleistender
party: secured party Sicherungsnehmer
party: third party Dritter
– fremder Dritter
party: unrelated party fremder Dritter
party {to} Partei
– Vertragspartei
party appearing erschienene Partei
party at fault schuldige Partei
party failing to appear nicht erschienene Partei
party liable on a bill of exchange Wechselverpflichteter
party providing security Sicherungsgeber
party to a contract Vertragspartei
party to an action Prozeßpartei
pass: competent to pass a resolution beschlußfähig
pass: property passes Eigentum geht über
pass: title passes Eigentum geht über
pass a bill Gesetz verabschieden
pass on abwälzen
pass through durchfließen
– durchleiten
– durchreichen
– durchschleusen
passage: title passage Eigentumsübergang
– Rechtsübergang
passage of risk Gefahrenübergang
passage of title Eigentumsübergang
passbock Sparbuch
passes {to} geht über {auf}
passing: upon passing of title to the good mit Übereignung der Sache
passing of property Eigentumsübergang
passing of risk Gefahrenübergang
– Gefahrübergang
passing of title Eigentumsübergang
passing on Abwälzung
passive activity loss Verlust aus passivem Erwerb
– Verlust aus passiver Tätigkeit
passive income passive Einkünfte
past accounting year abgelaufenes Geschäftsjahr
past due überfällig
patent: life of patent Patentdauer
– Patentschutzdauer
patent: owner of a patent Patentinhaber
patent: petty patent Gebrauchsmuster
patent application Patentantrag

patent attorney *AE* Patentanwalt
patent holder Patentinhaber
patent law Patentrecht
patent license *AE* Patentlizenz
patent office Patentamt
patent owner Patentinhaber
patent pending anhängiges Patentverfahren
patent procedure Patentverfahren
patent protection Patentschutz
patent search Suche nach bereits registrierten, einschlägigen Patenten
patentability Patentfähigkeit
patentable patentfähig
– patentierbar
patentee Patentinhaber
patenting Patentierung
patenting procedure Patentierungsverfahren
– Patentverfahren
patenting process Patentierungsverfahren
– Patentverfahren
paternity Vaterschaft
pattern: revenue pattern Einnahmestruktur
pawn Pfand
pawnbroker Pfandleiher
pawned object Pfandgegenstand
pawnee Pfandgläubiger
pawner Pfandschuldner
pawning Pfandrechtsbestellung
pay Entlohnung
– Lohn
pay: ability to pay Zahlungsfähigkeit
pay: capacity to pay Zahlungsfähigkeit
pay: deduction from pay Lohnabzug
pay: holiday pay Urlaubsgeld
pay: inability to pay Zahlungsunfähigkeit
pay: lay-off pay Abfindung *(Entlassung)*
pay: offer to pay Zahlungsangebot
pay: overtime pay Überstundenvergütung
pay: redundancy pay Abfindung *(Entlassung)*
pay: severance pay Abfindung *(Entlassung)*
pay: vacation pay Urlaubsgeld
pay a deposit anzahlen
pay back zurückzahlen
pay cash bar bezahlen
pay down anzahlen
pay down in cash bar anzahlen
pay in advance Anzahlung leisten
pay in cash bar bezahlen
pay into an account auf ein Konto einzahlen
pay off abbezahlen
pay off a mortgage Hypothek tilgen
pay off debt Schuld abbezahlen
pay office Lohnbüro
pay on account anzahlen
pay schedule Lohntabelle
pay slip Gehaltsabrechnung
– Gehaltsstreifen
– Lohnabrechnung
– Lohnbeleg
– Lohnstreifen
– Lohnzettel
pay statement Lohnbeleg
pay taxes Steuern entrichten
pay taxes {on} versteuern
payable: accounts payable Kreditoren
– Verbindlichkeiten
payable: accounts payable - trade Verbindlichkeiten aus Lieferungen und Leistungen
payable: bills of exchange payable Verbindlichkeiten aus Wechseln
– Wechselverbindlichkeiten
payable: bills payable Akzeptobligo
payable: bills payable to banks Wechselverbindlichkeiten gegenüber Banken
payable: instrument payable to bearer Inhaberpapier
payable: notes payable Schuldwechsel
payable: trade payables Verbindlichkeiten aus Lieferungen und Leistungen
– Verbindlichkeiten aus Warenlieferungen und Leistungen
payable {to} zahlbar {an}
payable after more than one year zahlbar nach einem Jahr

P

payable to affiliated companies *AE* Verbindlichkeiten gegenüber verbundenen Unternehmen
payable to enterprises in which the company has a participating interest *AE* Verbindlichkeiten gegenüber Unternehmen, mit denen ein Beteiligungsverhältnis besteht
payables Kreditoren
– Verbindlichkeiten
payables list Kreditorenliste
payables turnover Kreditorenumschlag
payables turnover rate Kreditorenumschlagshäufigkeit
pay-as-you-earn *BE PAYE* Lohnsteuerabzug
– *BE PAYE* Quellenabzug *(Lohnsteuer, Abgaben)*
pay-as-you-go *AE* Quellenabzug
payback method Amortisationsrechnung
payback period Amortisationsdauer
PAYE *BE* pay-as-you-earn *(Lohnsteuerabzug)*
payee Zahlungsempfänger
payee of a bill Wechselnehmer
paying agency Zahlstelle
paying agent Zahlstelle
paying off Abzahlung
paying off of a mortgage Hypothekentilgung
payment Zahlung
payment: advance payment Vorauszahlung
payment: alimony payment Unterhaltsleistungen *(an geschiedenen oder dauernd getrennt lebenden Ehegatten)*
– Unterhaltszahlung *(an geschiedenen oder dauernd getrennt lebenden Ehegatten)*
payment: back payment Nachzahlung
payment: balancing payment Ausgleichszahlung
payment: cash payment Barzahlung
– Geldzahlung
payment: default in payment Zahlungsverzug
payment: deferment of payment Stundung
payment: delay in payment Zahlungsverzug
payment: down payment Anzahlung
payment: early payment vorzeitige Zahlung
payment: estimated payment Vorauszahlung
payment: estimated tax payment Steuervorauszahlung
payment: exceeding of time limit for payment Überschreiten der Zahlungsfrist
payment: extension of time for payment Stundung
payment: extension of time for the payment of taxes Steuerstundung
payment: final payment Abschlußzahlung
payment: grant an extension of time for payment stunden
payment: in lieu of payment an Zahlungs statt
payment: installment payment *AE* Abschlagszahlung
payment: instalment payment Abschlagszahlung
payment: lump sum payment Einmalzahlung
payment: manner of payment Zahlungsweise
payment: monetary payment Geldzahlung
payment: one-off payment Einmalzahlung
payment: overtime payment Überstundenvergütung
payment: part payment Teilzahlung
payment: redemption payment Tilgung
– Tilgungszahlung
payment: respite for payment Stundung
payment: respite for the payment of taxes Steuerstundung
payment: suspension of payments Zahlungseinstellung
payment: tax back payment Steuernachzahlung

payment: tax payment Steuerzahlung
payment: terms of payment Zahlungsbedingungen
payment: time limit for payment Zahlungsfrist
payment: upfront payment Vorauszahlung
payment authorization Zahlungsanweisung
payment by instalments Ratenzahlung
payment difficulties Zahlungsschwierigkeiten
payment extension: ask for payment extension um Zahlungsaufschub bitten
payment in instalments Ratenzahlung
payment in kind Sachleistung
payment instructions Zahlungsanweisungen
payment of a bill Wechseleinlösung
payment of balance Restzahlung
payment of taxes Steuerentrichtung
payment of taxes {on} Versteuerung
payment on account *BE* Abschlagszahlung
– *BE* Anzahlung
payment order Zahlungsanweisung
payment system Entlohnungssystem
payment terms Zahlungsbedingungen
payment transactions Zahlungsverkehr
payments on account *BE* Anzahlungen
payments on account {of} *BE* geleistete Anzahlungen {auf}
payments on account received *BE* Anzahlungen von Kunden
payments received on account {of} *BE* erhaltene Anzahlungen {auf}
payments received on account of orders *BE* erhaltene Anzahlungen auf Bestellungen
payroll Gehaltsliste
– Lohn- und Gehaltsliste
– Lohnliste
payroll account Gehaltskonto
– Lohnkonto
payroll accounting Lohn- und Gehaltsabrechnung
– Lohnabrechnung
– Lohnbuchführung
– Lohnbuchhaltung
payroll accounts department Lohnabrechnung *(Abteilung)*
payroll department Lohnbuchhaltung
payroll office Lohnbüro
payroll record Lohn- und Gehaltsabrechnung
payroll register Lohnliste
payroll taxes lohn- und gehaltsbezogene Steuern und Abgaben
payroll total Lohn- und Gehaltssumme
– Lohnsumme
payroll-related taxes vom Entgelt abhängige Abgaben
pecuniary claim Geldforderung
pecuniary compensation Entschädigung in Geld
pecuniary damage Vermögensschaden
pecuniary loss *(insurance)* Vermögensschaden
pecuniary penalty Geldstrafe
penal proceedings Strafverfahren
penal proceedings for fiscal offences *BE* Steuerstrafverfahren
penal proceedings for fiscal offenses *AE* Steuerstrafverfahren
penal proceedings for tax fraud and other fiscal offences *BE* Steuerstrafverfahren
penal proceedings for tax fraud and other fiscal offenses *AE* Steuerstrafverfahren
penalty Strafe
penalty: administrative penalty Ordnungsstrafe
penalty: contract penalty Konventionalstrafe
– Vertragsstrafe
penalty: contractual penalty Vertragsstrafe
penalty: enforcement penalty Erzwingungsgeld
penalty: late filing penalty Verspätungszuschlag

penalty: late payment penalty Säumniszuschlag
penalty: maximum penalty Höchststrafe
penalty: minimum penalty Mindeststrafe
penalty: monetary penalty Geldbuße
– Geldstrafe
penalty: pecuniary penalty Geldstrafe
penalty: prepayment penalty Vorfälligkeitsentschädigung
penalty: tax penalty Steuerstrafe
penalty clause Vertragsstrafenklausel
penalty for late filing Verspätungszuschlag
penalty for late filing of return Verspätungszuschlag
penalty for late payment Säumniszuschlag
penalty for late payment of tax Säumniszuschlag
pendency Anhängigkeit
– Rechtshängigkeit
pendency: commencement of pendency Eintritt der Rechtshändigkeit
pending anhängig
– rechtshängig
– schwebend
pending: gains pending realization noch nicht realisierte Gewinne
pending: patent pending anhängiges Patentverfahren
pending: profits pending realization noch nicht realisierte Gewinne
pending before the court bei Gericht anhängig
pending in court rechtshängig
pension Ruhegehalt
– Ruhegeld
pension: provisions for pensions and similar obligations Rückstellungen für Pensionen und ähnliche Verpflichtungen
pension: social security, pension and other benefits soziale Abgaben und Aufwendungen für Altersversorgung und für Unterstützung
pension: statutory pension scheme gesetzliche Rentenversichung
pension accrual Pensionsrückstellung
pension accruals Pensionsrückstellungen
pension claim Pensionsanspruch
pension contribution Pensionsbeitrag
pension fund Pensionsfonds
– Pensionskasse
pension liabilities Verbindlichkeiten aus Pensionsansprüchen
pension obligation Pensionsverpflichtung
pension plan Pensionsplan
pension provision Pensionsrückstellung
pension reserve *(outdated usage)* Pensionsrückstellung
pension scheme Pensionsplan
per country limitation *(tax credit)* einzellandbezogenes Anrechnungssystem
– *(tax credit)* länderweise Bemessung der Steueranrechnung
– *(tax credit)* Pro-Staat-Begrenzung
per month monatlich
per quarter vierteljährlich
per year jährlich
percentage Prozentsatz
percentage: voting right percentage Stimmrechtsanteil *(Prozentanteil)*
percentage-of-completion-method Ergebnisrealisierung nach Baufortschritt
– Ergebnisrealisierung nach Herstellungsfortschritt
– Gewinnrealisierung nach Baufortschritt
– Gewinnrealisierung nach Herstellungsfortschritt
peremptory plea dauernde Einrede
– peremptorische Einrede
perfomance evaluation Leistungsbewertung
perform ausüben
– erfüllen
perform: failure to perform Nichterfüllung
perform: obligation to perform services Dienstpflicht

perform: person obliged to perform services Dienstverpflichteter
perform services Dienstleistungen erbringen
perform work Arbeit leisten
– Arbeit verrichten
performance Wertentwicklung
performance: claim to performance Erfüllungsanspruch
performance: contemporaneous performance Erfüllung Zug um Zug
– Leistung Zug um Zug
– Zug um Zug Leistung
performance: country of performance Tätigkeitsstaat
performance: defective performance mangelhafte Erfüllung
performance: impossiblility of performance Unmöglichkeit der Leistung
performance: in lieu of performance an Erfüllungs Statt
performance: on account of performance erfüllungshalber
performance: partial performance teilweise Erfüllung
performance: place of performance Erfüllungsort
performance: simultaneous performance Erfüllung Zug um Zug
performance: specific performance vertragsgemäße Erfüllung
performance: sue for specific performance auf Erfüllung klagen
performance: withholding of performance Leistungsverweigerung
performance: work performance Arbeitsleistung
performance {of} Erfüllung *(Vertrag, Leistung)*
– Leistung {von}
performance assessment Leistungsbewertung
performance bond Erfüllungsbürgschaft
– Gewährleistungsgarantie
performance by a third party Leistung durch einen Dritten
performance by way of set-off Erfüllung im Wege der Aufrechnung
performance of a contract Erfüllung eines Vertrages
– Vertragserfüllung
performance of independent personal services Ausübung einer selbständigen Arbeit
performance of professional services Erbringung von freiberuflichen Dienstleistungen
performance-tied leistungsabhängig
– leistungsbezogen
performing entertainer darstellender Künstler
peril Gefahr
period for preliminary self-assessment Voranmeldungszeitraum
period of depreciation Abschreibungsdauer
– Abschreibungszeitraum
period of grace Nachfrist
period of limitation Verjährungsfrist
period of notice Kündigungsfrist
period of prescription Verjährungsfrist
period of probation Bewährungsfrist
period of time Frist
period of time: compliance with a period of time Fristeinhaltung
period of time: comply with a period of time Frist einhalten
– Frist wahren
period of time: computation of a period of time Fristberechnung
period of time: expiration date of a period of time Fristende
period of time: expiration of a period of time Fristablauf
period of time: extend a period of time Frist verlängern
period of time: fixing of a period of time Fristsetzung
period of time: granting of a period of time Gewährung einer Frist
period of time: observe a period of time Frist einhalten
– Frist wahren
period of time: prolong a period of time Frist verlängern
period of time: reduce a period of time Frist verkürzen

P

period of time: shorten a period of time Frist verkürzen
period of time: termination of a period of time Fristende
period of use Nutzungsperiode
period under review Prüfungszeit
periodic depreciation charges periodische Abschreibungen
periodic tenancy sich periodisch verlängerndes Mietverhältnis
– sich periodisch verlängerndes Pachtverhältnis
perish untergehen
perishing: accidental perishing zufälliger Untergang
perishing of a thing Untergang einer Sache
perishing of goods Untergang von Waren
perjure Meineid leisten
– meineidig werden
perjurer Meineidiger
perjury Meineid
permanent condition Dauerzustand
permanent diminution in value dauernde Wertminderung
permanent domicile dauerhafte Wohnstätte
permanent establishment Betriebsstätte
– Betriebstätte
permanent establishment: force of attraction of permanent establishment Attraktivkraft der Betriebsstätte
permanent establishment prerogative Betriebsstättenvorbehalt
permanent establishment principle Betriebsstättenprinzip
permanent home ständige Wohnstätte
permanent representative ständiger Vertreter
permanent residence ständiger Aufenthalt
– ständiger Wohnsitz
permanent resident unbeschränkt Steuerpflichtiger
permissable zulässig
permissable: impermissable unzulässig
permissible under tax law steuerlich zulässig
permission Erlaubnis
permission: building permission Baugenehmigung
permission: grant of permission Erteilung der Genehmigung
permission: grant permission Bewilligung erteilen
– Erlaubnis erteilen
– Genehmigung erteilen
permission: special permission Ausnahmegenehmigung
permit erlauben
permit: building permit Baugenehmigung
permit: employment permit Arbeitserlaubnis
permit: labour permit *BE* Arbeitserlaubnis
permit: residence permit Aufenthaltsgenehmigung
permit: work permit Arbeitserlaubnis
perpetual auf Dauer
– ewig
– immerwährend
– ohne feste Endfälligkeit
– ohne zeitliche Begrenzung
– Schuldtitel ohne Laufzeitbegrenzung
– unkündbar
– untilgbar
– zeitlich unbegrenzt
– zeitlich unbeschränkt
perpetual annuity ewige Annuität
– ewige Rente
– unendliche Annuität
perpetual bond Anleihe ohne Laufzeitbegrenzung
– Anleihe ohne planmäßige Tilgung des Anleihebetrages
– Annuitätenanleihe
– Schuldtitel ohne festen Rückzahlungstermin
perpetual inventory permanente Inventur
perpetuity ewige Rente
person: association of persons Personenvereinigung

person: body of persons Personengemeinschaft
- Personenvereinigung
- Personenzusammenschluß

person: insured person Versicherungsnehmer

person: juridical person juristische Person

person: legal person juristische Person
- Rechtspersönlichkeit

person: natural person natürliche Person

person: related person nahestehende Person

person: self-employed person selbständig Tätiger

person authorized to accept service Zustellungsbevollmächtigter

person authorized to sign Zeichnungsberechtigter

person entitled to an obligatory share in the estate Pflichtteilsberechtigter

person holding proxy Stimmrechtsbevollmächtigter

person in charge Amtsträger
- Verantwortlicher

person liable to duties or taxes Abgabenschuldner

person liable to income tax Einkommensteuerpflichtiger

person obliged to perform services Dienstverpflichteter

person seeking employment Arbeitssuchender

personal personenbezogen
- persönlich

personal accident insurance Unfallversicherung *(privat)*

personal account Personenkonto

personal allowance persönlicher Freibetrag
- persönlicher Steuerfreibetrag

personal allowances and reliefs personenbezogene Vergünstigungen

personal consumption by taxpayer Eigenverbrauch

personal estate bewegliches Vermögen

personal exemption personenbezogener Freibetrag
- persönliche Befreiung
- persönlicher Freibetrag

personal injury Personenschaden

personal insurance Personenversicherung

personal liability persönliche Haftung

personal liability insurance Privathaftpflichtversicherung

personal property bewegliches Vermögen

personal scope persönlicher Anwendungsbereich
- persönlicher Geltungsbereich

personal services: dependent personal services unselbständige Arbeit

personal services: performance of independent personal services Ausübung einer selbständigen Arbeit

personal services in an independent capacity selbständige Tätigkeit

personal status Familienstand

personal tax Personensteuer

personalty bewegliches Vermögen

personal-use property privat genutztes Vermögen
- Privatvermögen

personnel Belegschaft
- Personal

personnel: advances to personnel Personalvorschüsse

personnel: line personnel Linienpersonal
- Personal mit Linienfunktion

personnel: staff personnel Personal mit Stabsfunktion
- Stabspersonal

personnel costs Personalaufwand

personnel expenses Personalaufwand

petition: bankruptcy petition Konkursantrag

petition for bankruptcy Konkursantrag

petition for divorce auf Scheidung klagen

petition for divorce: file a petition

P

for divorce Scheidungsklage einreichen
petition for instituting composition proceedings Vergleichsantrag
petition for institution of composition proceedings Vergleichseröffnungsantrag
petition for pardon Gnadengesuch
petition for the institution of composition proceedings Vergleich anmelden
petition in bankruptcy Antrag auf Konkurseröffnung
petition in bankruptcy: file a petition in bankruptcy Konkurs beantragen
petition to institute composition proceedings Vergleichsantrag
petty geringfügig
– klein
– unbedeutend
petty cash Handkasse
– Portokasse
petty cash book Kassenbuch
petty patent Gebrauchsmuster
phantom profit Scheingewinn
phase out auslaufen lassen
– schrittweise außer Kraft setzen
– schrittweise reduzieren
– stufenweise außer Kraft setzen
– stufenweise reduzieren
physical injury Körperverletzung
physical inventory effektive Inventur
– körperliche Inventur
physical inventory taking körperliche Bestandsaufnahme
physical possession unmittelbarer Besitz
physical wear and tear substantielle Abnutzung
physical work körperliche Arbeit
piece of evidence Beweismittel
– Beweisstück
piece wage Akkordlohn
piece work Akkordarbeit
piece worker Akkordarbeiter
piecework: group piecework Gruppenakkord
pierce the corporate veil den Schleier der juristischen Person durchbohren
piercing the corporate veil Durchgriffshaftung *(Kapitalgesellschaft)*
pinpoint strike Schwerpunktstreik
place: in place of anstatt von
place an order bestellen
– Bestellung aufgeben
place in default in Verzug setzen
place of abode: customary place of abode gewöhnlicher Aufenthaltsort
place of business: principal place of business Sitz *(Geschäftsleitung)*
place of effective management Ort der tatsächlichen Geschäftsleitung
place of incorporation Ort der Gründung
– Registrierungsort
place of jurisdiction Gerichtsstand
place of management Geschäftssitz
– Ort der Geschäftsleitung
place of performance Erfüllungsort
place of residence ständiger Aufenthaltsort
place of sojourn Aufenthaltsort *(zeitweilig, kurzweilig)*
place of work Arbeitsstätte
place on record zu Protokoll geben *(Verfahren)*
place under the control of a guardian entmündigen
placement Plazierung
placement: private placement private Plazierung
– Privatplazierung
place-of-work principle Arbeitsortprinzip
plain vanilla einfach strukturiert
– in Grundausstattung
– klassisch strukturiert *(bezogen auf Finanzinstrumente)*
– ohne zusätzliche Eigenschaften
plaintiff Kläger
plaintiff's claim Klagebegehren
plan Vorhaben
plan: financial plan Finanzplan
plan: pension plan Pensionsplan
plan: zoning plan Bebauungsplan
planned geplant
planned depreciation planmäßige Abschreibung
planner: tax planner Steuerplaner

planning: financial planning Finanzplanung
planning: tax planning Steuerplanung
plant: property, plant and equipment Sachanlagen
– Sachanlagevermögen
plant: property, plant, equipment and intangible assets Sachanlagen und immaterielle Anlagewerte
plant accounting department Werksbuchhaltung
plant and equipment maschinelle Anlagen
– Maschinen und maschinelle Anlagen
plant and equipment: depreciation of plant and equipment Abschreibungen auf Betriebsanlagen
plant and machinery Maschinen und maschinelle Anlagen
– Maschinen und technische Anlagen
– technische Anlagen und Maschinen
plant under construction Anlagen im Bau
– im Bau befindliche Anlagen
plc public limited company *(Aktiengesellschaft)*
Plc. *BE* public limited company
plea Einrede
plea: dilatory plea aufschiebende Einrede
– dilatorische Einrede
plea: peremptory plea dauernde Einrede
– peremptorische Einrede
plea as to jurisdiction Einrede der Unzuständigkeit
plea of non-fulfilment Einrede der Nichterfüllung
plea of non-performance Einrede der Nichterfüllung
pleading Schriftsatz
– Vorbringen
plebiscite Plebiszit
– Volksabstimmung
pledge Pfand
– Pfandrecht
– verpfänden
pledge: create a pledge Pfandrecht bestellen
pledge: creation of a pledge Pfandrechtsbestellung
pledge: maturity of a pledge Pfandreife
pledge a right Recht verpfänden
pledge deposit Pfandgeld
pledged verpfändet
pledged: funds pledged as security Sicherungsgelder
pledgee Pfandgläubiger
pledger Pfandschuldner
pledging Pfandrechtsbestellung
plurality of persons Personenmehrheit
pluralty of heirs Erbenmehrheit
point of attachment Anknüpfungskriterium
– Anknüpfungsmerkmal
– Anknüpfungspunkt
point of view: economic point of view wirtschaftliche Betrachtungsweise
police: notification of the police polizeiliche Meldung
policy: accounting policy Bilanzierungspolitik
– Bilanzpolitik
policy: administrative policy Verwaltungspraxis
policy: conditions of policy Versicherungsbedingungen
policy: depreciation policy Abschreibungspolitik
policy: distribution policy Ausschüttungspolitik
policy: dividend policy Dividendenpolitik
policy: renewal policy Ersatzpolice
policy depreciation Abschreibung aus bilanzpolitischen Gründen
policyholder Policeninhaber
political politisch
political party politische Partei
political party: donations to political parties Parteispenden
– Spenden an politische Parteien
politician Politiker
poll tax Kopfsteuer
pooling: income from profit pooling

P

erhaltene Gewinne aufgrund einer Gewinngemeinschaft
pooling: profit pooling Ergebnisabführung
– Gewinnabführung
– Gewinngemeinschaft
– Gewinnpoolung
pooling: profit pooling agreement Ergebnisabführungsvertrag
– Gewinnabführungsvertrag
pooling agreement Pool-Vertrag
pooling of interests Interessengemeinschaft
porportional rate Proportionalsatz
portfolio Portefeuille
portfolio: investment portfolio Wertpapierbestand
portfolio investment Portfolio-Beteiligung
– Streubesitz
position: cash position Barliquidität
position: financial position Finanzlage
position: foreign exchange position Devisenposition
position: legal position Rechtslage
position: net equity position Nettoeigenkapitalposition
position: open position offene Position
possess besitzen
possession Besitz
possession: actual possession unmittelbarer Besitz
possession: adverse possession Ersitzung
possession: constructive possession mittelbarer Besitz
possession: enjoy possession Besitz ausüben
possession: exercise the right of possession Besitz ausüben
possession: obtain possession Besitz erlangen
possession: physical possession unmittelbarer Besitz
possession: relinquish possession Besitz aufgeben
possession: relinquishment of possession Besitzaufgabe
possession: take possession {of} in Besitz nehmen
possession or economic control Sachherrschaft
possessor Besitzer
possessor: interference with possession Besitzstörung
possessor: lawful possessor rechtmäßiger Besitzer
possessor: unlawful possessor unrechtmäßiger Besitzer
possessor's agent Besitzdiener
post buchen
– buchmäßig erfassen
– verbuchen
post security {for} Sicherheit stellen {für}
post to an account auf ein Konto buchen
postal check *AE* Postscheck
postal cheque *BE* Postscheck
post-capitalize nachaktivieren
postdate mit einem späteren Datum versehen
– vordatieren
posting Verbuchung
posting: manual posting manuelle Buchung
posting: multiple posting Mehrfachbuchung
posting: subsequent posting nachträgliche Buchung
posting status Buchungsstatus
postponement of a hearing Terminverlegung
postponement of tax Steueraufschub
– Steuerverschiebung *(in die Zukunft)*
postretirement benefits Altersversorgungsbezüge
power Berechtigung
– Ermächtigung
– Machtbefugnis
power: bargaining power Verhandlungsposition
power: delegate power {to} Befugnisse delegieren {an}
– Befugnisse übertragen {auf}
power: delegation of powers Delegation von Befugnissen

power: discretionary power Ermessen
– Ermessensbefugnis
power: earnings power Ertragskraft
power: execution of discretionary power Ermessensausübung
power: lack of power of representation Mangel an Vertretungsmacht
power: purchasing power Kaufkraft
power: representative without power Vertreter ohne Vertretungsmacht
power: taxing power Besteuerungsbefugnis
– Besteuerungsrecht
– Steuerhoheit
power of agency Vertretungsmacht
power of attorney *P/A* schriftlich erteilte Vollmacht
– Vertretungsmacht
– *P/A* Vollmacht *(schriftlich)*
– *P/A* Vollmachtsurkunde
power of attorney: commercial power of attorney Handlungsvollmacht
power of attorney: grant power of attorney Vollmacht erteilen
power of attorney: granting of power of attorney Vollmachtserteilung
power of attorney: grantor of power of attorney Vollmachtgeber
power of attorney: holder of power of attorney Vollmachtsinhaber
power of attorney: limited power of attorney beschränkte Vollmacht
power of attorney: pursuant to power of attorney kraft Vollmacht
power of attorney: unlimited power of attorney unbeschränkte Vollmacht
power of decision Entscheidungsbefugnis
power of disposal Verfügungsgewalt
– Verfügungsmacht
power of disposition Verfügungsgewalt
– Verfügungsmacht
power of representation Vertretungsbefugnis
– Vertretungsmacht
powers and duties Rechte und Pflichten
ppd. prepaid
practice *AE* ausüben
– *AE* praktizieren
– *AE* üben
practice: accounting practice Bilanzierungspraxis
practice: administrative practice Verwaltungspraxis
practice: commercial practice Handelsbrauch
– Handelsusancen
practice: prevailing practice Verkehrssitte
practice: trade practice Handelsbrauch
– Handelsübung
– Handelsusancen
practice: treaty practice Abkommenspraxis
– Vertragspraxis
practise *BE* ausüben
– *BE* praktizieren
– *BE* üben
preamble Präambel
preaudit Vorprüfung
precedence: take precedence {over} vorgehen {vor}
– Vorrang haben {vor}
– vorrangig sein {vor}
precedent Präjudiz
– Präzedenzfall
– Vorentscheidung
precedent: condition precedent aufschiebende Bedingung
precedent: legal precedent Vorentscheidung
precedential effect Präzedenzwirkung
precept: equal treatment precept Gleichbehandlungsgebot
precept: non-discrimination precept Gleichbehandlungsgebot
preclude ausschließen
preclusion: term of preclusion Ausschlußfrist
preclusive period Ausschlußfrist
preclusive time limit Ausschlußfrist

P

predatory price Kampfpreis
– Verdrängungspreis
predecessor: legal predecessor Rechtsvorgänger
predecessor in title Rechtsvorgänger
predecent: set a precedent Präzedenzfall schaffen
predetermined cost vorkalkulierte Kosten
predetermined target costs Plankosten
predictability Prognostizierbarkeit
predistribution Vorabausschüttung
pre-emption Vorkauf
pre-emption: exercise the right of pre-emption Vorkaufsrecht ausüben
pre-emption: right of pre-emption Vorkaufsrecht
pre-emption contract Vorkaufsvertrag
pre-emption right Vorkaufsrecht
pre-emptive: shareholder's pre-emptive right Aktionärsbezugsrecht
pre-emptive: stockholder's pre-emptive right *AE* Aktionärsbezugsrecht
pre-emptive right Bezugsrecht
pre-emptive right: stockholder's pre-emptive right *AE* Aktionärsbezugsrecht
– *AE* Bezugsrecht
pre-fabricated home Fertighaus
preferably vorzugsweise
preference: tax preference item Steuervergünstigung
preference provision Vorrangbestimmung
preference share Vorzugsaktie
preferential: subject to preferential treatment begünstigt
preferential claim bevorrechtigte Forderung
preferential claim against the bankrupt's estate Masseanspruch
preferential creditor bevorrechtigter Gläubiger
– bevorzugter Gläubiger
preferential debt bevorrechtigte Konkursforderung
preferential right Vorrecht
preferential tax treatment bevorzugte steuerliche Behandlung
– Steuervergünstigung
preferential treatment begünstigte Behandlung
preferred profit Gewinnvorab
preferred share Vorzugsaktie
preferred stock *AE* Vorzugsaktie
pregnancy Schwangerschaft
prejudgment seizure Arrest
prejudice Befangenheit
– Präjudiz
– Voreingenommenheit
– Vorurteil
preliminary einführend
– einleitend
– vorbereitend
– vorläufig
preliminary account Vorkonto
preliminary agreement Vorvertrag
preliminary assessment vorläufige Veranlagung
preliminary assessment subject to review Steuerfestsetzung unter Vorbehalt der Nachprüfung
preliminary balance sheet Probebilanz
– vorläufige Bilanz
preliminary financial statements vorläufiger Abschluß
preliminary investigation Ermittlungsverfahren
preliminary procedure Vorverfahren
preliminary ruling Vorabentscheidung
preliminary tax assessment vorläufige Steuerfestsetzung
pre-manufactured home Fertighaus
prematurely: profits shown prematurely vorzeitiger Erfolgsausweis
premises: business premises Geschäftsgebäude
premium Agio
– Aufgeld
– Optionsprämie
– Prämie *(Versicherung)*
premium: at a premium über Nennwert
premium: control premium Paketzuschlag

premium: insurance premium Versicherungsprämie
premium: loan premium Darlehensagio
– Darlehensaufgeld
premium: maturity premium Disagio
– Emissionsdisagio
– Rückzahlungsagio
premium: option premium Optionsprämie
premium: risk premium Risikoprämie
premium: share premium Agio
– Aufgeld
– Emissionsagio
prenuptial agreement Ehevertrag
prepaid and deferred items Rechnungsabgrenzungsposten *(transitorisch)*
prepaid costs transitorische Aktiva *(Aufwandsabgrenzung)*
prepaid expenses *AE* aktive Rechnungsabgrenzung *(Aufwandsabgrenzung/mit Ausweis als Umlaufvermögensgegenstand = Nutzungsdauer bis 1 Jahr)*
– aktive Rechnungsabgrenzung *(Aufwandsabgrenzung)*
– *AE (balance sheet item)* aktiver Rechnungsabgrenzungsposten *(Aufwandsabgrenzung/mit Ausweis als Umlaufvermögensgegenstand = Nutzungsdauer bis 1 Jahr)*
– *(balance sheet item)* aktiver Rechnungsabgrenzungsposten *(Aufwandsabgrenzung)*
– transitorische Aktiva *(Aufwandsabgrenzung)*
prepaid expenses and deferred charges *AE* aktive Rechnungsabgrenzung *(Aufwandsabgrenzung/siehe Klammererläuterungen unter 'prepaid expenses' und 'deferred charges')*
– *AE* transitorische Aktiva *(siehe Klammererläuterungen unter 'prepaid expenses' und 'deferred charges')*
prepaid income transitorische Passiva *(Ertragsabgrenzung)*
prepaid item Abgrenzungsposten *(transitorisch)*
– Rechnungsabgrenzungsposten *(transitorisch)*
preparation Aufstellung *(Bilanz etc)*
preparation of accounts Bilanzierung
preparation of annual financial statements Aufstellung des Jahresabschlusses
preparation of the balance sheet Bilanzerstellung
preparatory vorbereitend
preparatory action Vorbereitungshandlung
preparatory activity vorbereitende Tätigkeit
prepare a balance sheet bilanzieren
prepare accounts bilanzieren
prepare financial statements Abschluß machen
prepare the accounts *BE* Abschluß machen
prepare the financial statements Abschluß machen
– Jahresabschluß aufstellen
– Jahresabschluß erstellen
prepay Anzahlung leisten
prepayment Anzahlung
– Vorauszahlung
prepayment: tax prepayment Steuervorauszahlung
prepayment of taxes Steuervorauszahlung
prepayment penalty Vorfälligkeitsentschädigung
prepayments geleistete Anzahlungen
prerequisite Voraussetzung
prerogative: permanent establishment prerogative Betriebsstättenvorbehalt
prescribed vorgeschrieben
prescribed: become prescribed verjähren
prescribed: form prescribed by the law gesetzliche Form
prescription Ersitzung
– Verjährung
prescription: acquisitive prescription Ersitzung
prescription: extinctive prescription Verjährung

P

prescription: period of prescription Verjährungsfrist
prescription of title Ersitzung
prescription period Verjährungsfrist
prescriptive title: acquisition of a prescriptive title to land Buchersitzung
presence: in the presence {of} in Gegenwart {von}
presence: under presence of inflation unter Inflationsbedingungen
present vorlegen
present: unter present law nach geltendem Recht
present a bill for payment Wechsel zur Zahlung vorlegen
present separately gesondert ausweisen
present value Barwert
– Kapitalwert
present value: net present value Kapitalwert
– Nettobarwert
presentation: account-type presentation kontenmäßige Darstellung
presentation: account-type presentation of a balance sheet Kontoform der Bilanz
presentation: continuity of financial statement presentation Bilanzkontinuität
presentation: gross presentation Bruttoausweis
presentation: method of gross presentation Bruttoausweisverfahren
– Bruttoverfahren
presentation: method of net presentation Nettoausweisverfahren
– Nettoverfahren
presentation: net presentation Nettoausweis
presentation: principle of fair presentation Grundsatz der Bilanzklarheit
presentation of balance sheet Bilanzvorlage
presentation of documents Aktenvorlage
presentation of files Aktenvorlage
presentation of financial statements Vorlage des Jahresabschlusses
presented vorgelegt
presenter of a bill Wechseleinreicher
present-value depreciation Barwertabschreibung
preservation of evidence Beweissicherung
preservation of evidence: procceedings for the preservation of evidence Beweissicherungsverfahren
preserve erhalten
preserve capital Kapital erhalten
preside {over} Vorsitz haben
presiding judge vorsitzender Richter
presumption: irrebuttable presumption unwiderlegbare Vermutung
presumption: irrefutable presumption unwiderlegliche Vermutung
presumption: legal presumption gesetzliche Vermutung
presumption of law gesetzliche Vermutung
presumption of the accuracy of the deed registry öffentlicher Glaube *(Grundbuch)*
presumption of title Eigentumsvermutung
presumptive evidence Indizienbeweis
pretax accounting income handelsrechtliches Ergebnis vor Steuern
pretax financial income handelsrechtliches Ergebnis vor Steuern
pretax income Einkommen vor Steuern
pretax profit Gewinn vor Steuern
– Vorsteuergewinn
pretax profit: group pretax profits Konzerngewinn vor Steuern
pretax profit for the year Jahresüberschuß vor Steuern
pretend vortäuschen
pre-trial außergerichtlich
– vor Prozeßbeginn
pre-trial confinement Untersuchungshaft
pre-trial remedy außergerichtlicher Rechtsbehelf
prevail {over} vorgehen {vor}

prevailing herrschend
prevailing custom Verkehrssitte
prevailing practice Verkehrssitte
prevent verhindern
prevention Verhinderung
– Verhütung
prevention of accidents Unfallverhütung
preventive detention Sicherungsverwahrung
previous assent Einwilligung
– vorherige Zustimmung
previous conviction Vorstrafe
previous period Vorperiode
previously convicted {for} vorbestraft {wegen}
price Börsenkurs
– Kurs
– Preis
price comparison: external price comparison äußerer Preisvergleich
price earnings ratio Kurs-Gewinn-Verhältnis *KGV*
price escalator clause Preisgleitklausel
price index Preisindex
price index: consumer price index Verbraucherpreisindex
price mark-up Preisaufschlag
price per unit Einzelpreis
price reduction Preisminderung
– Preisnachlaß
price risk Preisrisiko
price setting Preissetzung
price variance Preisabweichung
price/earnings ratio Kurs-Gewinn-Verhältnis *KGV*
pricing Preisbildung
– Preisgestaltung
– Preissetzung
pricing: overpricing Überbewertung
pricing: underpricing Unterbewertung
prima facie evidence Anscheinsbeweis
– Beweis des ersten Anscheins
primary vorrangig
primary adjustment Erstberichtigung
– Primärberichtigung
primary dealer Primärhändler
primary market Primärmarkt
prime cost Einzelkosten
principal Auftraggeber
– *(loan)* Darlehenssumme
– Geschäftsherr
– hauptsächlich
– Kapialsumme
– Kapital
– *(capital)* Kapitalsumme
– Kommittent
– Vertretener
principal: agent authorized by a principal Vertreter
principal: disclosed principal offenkundig Vertretener
principal: loan principal Darlehenssumme
principal: redemption of principal Kapitalrückzahlung
– Tilgung
principal: undisclosed principal verdeckt Vertretener
principal debtor Hauptschuldner
principal place of business Sitz *(Geschäftsleitung)*
principal repayment Tilgung
– Tilgungsleistung
– Tilgungszahlung
principle Grundsatz
– Prinzip
principle: accounting principle of prudence Vorsichtsprinzip
principle: country of destination principle Bestimmungslandprinzip
principle of conservatism Vorsichtsprinzip
principle of cost recovery Kostendeckungsprinzip
principle of disclosure Publizitätsprinzip
principle of equality Gleichheitsgrundsatz
principle of fair presentation Grundsatz der Bilanzklarheit
principle of materiality Grundsatz der Wesentlichkeit
principle of party disposition Dispositionsmaxime
principle of prudence Vorsichtsprinzip

principle of residence Wohnsitzprinzip
principle of source Quellenprinzip
print Druck
prior: taxes for prior years Steuern aus Vorjahren
prior involvement Vorbefassung
prior period Vorperiode
prior period accumulated losses brought forward Verlustvortrag aus dem Vorjahr
prior period unappropriated retained earnings brought forward Gewinnvortrag aus dem Vorjahr
priority Priorität
– Rang
priority: reservation of priority Rangvorbehalt
priority notice Vormerkung
prior-period adjustments Berichtigung früherer Jahre
prior-year profit Vorjahresgewinn
prior-year result Vorjahresergebnis
prison Gefängnis
prison: release from prison Haftentlassung
private: going private durch gezielten Aktienaufkauf bewirkte 'Umwandlung' einer Publikumsgesellschaft in eine Nicht-Publikumsgesellschaft
private account Privatkonto
private assets Privatvermögen
private bank Privatbank
private company *BE* Gesellschaft mit beschränkter Haftung
private company limited by shares *BE* Gesellschaft mit beschränkter Haftung
private document Privaturkunde
private drawing Privatentnahme
private insurance Privatversicherung
private international law Internationales Privatrecht
private investment company private Kapitalanlagegesellschaft
private law bürgerliches Recht
– Privatrecht
– Zivilrecht
private limited company *BE* Gesellschaft mit beschränkter Haftung
private nuisance Besitzstörung
private placement private Plazierung
– Privatplazierung
private property Privateigentum
– *(as opposed to business property)* Privatvermögen
private residential use private Wohnzwecke
private sector Privatwirtschaft
private withdrawals Privatentnahmen
privatization Privatisierung
privatize privatisieren
privilege Vorrecht
privilege: affiliation privilege Schachtelprivileg
privilege: depreciation privileges Abschreibungsvergünstigungen
privilege: tax privilege Steuerprivileg
– Steuervergünstigung
privilege of a witness Zeugnisverweigerungsrecht
privileged: fiscally privileged steuerlich begünstigt
privileged: tax-privileged steuerbegünstigt
– steuerlich begünstigt
– steuerlich privilegiert
privileged: tax-privileged saving steuerbegünstigtes Sparen
privileged creditor bevorrechtigter Gläubiger
privileged will Nottestament
privity of contract vertragliche Rechtsbeziehung
– vertragliches Verhältnis
– Vertragsbeziehung
pro memoria figure Erinnerungswert
pro memoria item Merkposten
pro rata anteilig
– im Verhältnis
pro rata temporis zeitanteilig
probable remaining life wahrscheinliche Restnutzungsdauer
probate court Nachlaßgericht
probation Bewährung
probation: on probation auf Bewährung
probation: period of probation Bewährungsfrist
probation officer Bewährungshelfer

probationary period Probezeit
probative value Beweiskraft
probative value: having probative value beweiskräftig
procceedings for the preservation of evidence Beweissicherungsverfahren
procedural law formelles Recht
– Prozeßrecht
– Verfahrensrecht
procedural requirements Verfahrensvorschriften
procedure Verfahren
proceed by stages schrittweise
proceedings Verfahren
proceedings: fiscal court proceedings Finanzgerichtsverfahren
proceedings: tax court proceedings Finanzgerichtsverfahren
proceedings for deregistration Löschungsverfahren
proceedings of a new trial Wiederaufnahmeverfahren
proceedings restricted to documentary evidence Urkundenprozeß
proceeds Einnahmen
– Erlös
proceeds: liquidation proceeds Liquidationserlös
proceeds: net proceeds Nettoerlös
– Nettoerlöse
proceeds: sales proceeds Verkaufserlöse
proceeds from intercompany sales Innenumsatzerlöse
proceeds from the sale of scrap Schrotterlös
process bearbeiten
– verarbeiten
– Verfahren
process: bidding process Auktionsverfahren
– Bietungsverfahren
process: construction in process *AE* im Bau befindliche Anlagen
process: manufacturing process Produktionsverfahren
process: work in process *AE WIP* unfertige Erzeugnisse
– *AE WIP* unfertige Leistungen
process: work in progress *BE* unfertige Leistungen
processed bearbeitet
– verarbeitet
processing: contract processing Lohnarbeit
– Lohnveredelung
processing: job processing Lohnarbeit
– Lohnveredelung
processing: outside processing Lohnarbeit
– Lohnveredelung
processing under a job contract Lohnarbeit
– Lohnveredelung
processor Verarbeiter
producer Hersteller
producing: yield-producing ertragbringend
product Erzeugnis
– Produkt
product: by-product Nebenprodukt
product: finished products fertige Erzeugnisse
– Fertigerzeugnisse
product: generic product Produkt mit Gattungsbezeichnung ohne Markennamen
product: joint products *(joint costing)* Kuppelprodukte
product: semi-finished product Halbfertigerzeugnis
product: unfinished products unfertige Erzeugnisse
product liability Produkthaftung
product liability insurance Produkthaftpflichtversicherung
production Fertigung
– Produktion
production: cost of production Herstellungskosten
production: income production Einkommenserzielung
– Einkünfteerzielung
– Einnahmeerzielung
production: overproduction Überproduktion
production activity range Beschäftigungsbereich

P

production cost Herstellungskosten
production cost: inventory valuation at acquisition or production cost Bestandsbewertung zu Anschaffungs- oder Herstellungskosten
production cost: valuation at acquisition and production cost Bewertung zu Anschaffungs- und Herstellungskosten
production method of depreciation Mengenabschreibung
production of files Aktenvorlage
production of income Einkünfteerzielung
production overrun Überproduktion
production range Beschäftigungsbereich
production site Fertigungsstätte
production-unit-basis method Abschreibung nach Maßgabe der Beanspruchung
– leistungsbezogene Abschreibung
– Mengenabschreibung
productive: unproductive unproduktiv
productive result of work Arbeitsertrag
profession Beruf
– Berufsstand
profession: independent profession *(e.g., lawyer, physician, accountant, architect etc.)* freier Beruf
profession: liberal profession freier Beruf
professional freiberuflich
professional: independent professional activity freiberufliche Tätigkeit
professional: independent professional services freiberufliche Dienstleistungen
professional: performance of professional services Erbringung von freiberuflichen Dienstleistungen
professional association Berufsverband
– Sozietät
professional certificate Berufsurkunde
professional confidentiality Berufsgeheimnis
professional expertise Fachkenntnis
professional indemnity insurance Berufshaftpflichtversicherung
professional journal Fachzeitschrift
professional judge Berufsrichter
professional liability insurance Haftpflichtversicherung *(freie Berufe)*
professional licence *BE* Berufszulassung
professional license *AE* Berufszulassung
professional malpractice insurance Berufshaftpflichtversicherung
professional misconduct Berufsvergehen
professional opinion Fachgutachten
– Gutachten
professional organization Standesvertretung
professional oversight Berufsaufsicht
professional register Berufsregister
professional services freiberufliche Dienstleistungen
professional tax advice geschäftsmäßige Hilfeleistung in Steuersachen
professional training Berufsausbildung
professionally berufsmäßig
profit Gewinn
profit (loss) on ordinary activities Ergebnis der gewöhnlichen Geschäftstätigkeit
profit: deemed profit distribution verdeckte Gewinnausschüttung
profit: direct profit allocation method direkte Gewinnermittlungsmethode
profit: diversion of profits Gewinnverlagerung
profit: divert profits verlagern von Gewinnen
profit: engaged in an activity for profit erwerbswirtschaftlich tätig sein
profit: engaged in an endeavor for

profit *AE* erwerbswirtschaftlich tätig sein
profit: engaged in an endeavour for profit *BE* erwerbswirtschaftlich tätig sein
profit: for profit erwerbswirtschaftlich
profit: group pretax profits Konzerngewinn vor Steuern
profit: imputed profit kalkulatorischer Gewinn
profit: method of determining profits Gewinnermittlungsverfahren
profit: method of profit determination Gewinnermittlungsverfahren
profit: net profit Reingewinn
profit: not for profit nicht gewinnorientiert
– ohne Gewinnerzielungsabsicht
profit: proposal for the appropriation of profits Gewinnverwendungsvorschlag
profit: proposed appropriation of profits Gewinnverwendungsvorschlag
profit: realized profits realisierte Gewinne
profit: reduction in profit Mindergewinn
profit: retain profits thesaurieren
profit: retained profits thesaurierter Gewinn
profit: retention of profits Thesaurierung von Gewinnen
profit: separate determination of profits gesonderte Gewinnfeststellung
profit: share in profits Gewinnbeteiligung
profit: show a profit Gewinn ausweisen
profit: undistributed profits unverteilte Gewinne
profit: uniform determination of profits einheitliche Gewinnfeststellung
profit: with a view to making profit gewinnorientiert
profit adjustment Gewinnberichtigung
profit after tax Gewinn nach Steuern
profit allocation Gewinnzurechnung
profit analysis Erfolgsanalyse
profit and loss absorption agreement Gewinnabführungsvertrag
profit and loss account *BE* Ertragsrechnung
– *BE* Gewinn- und Verlustrechnung
– *BE* GuV-Rechnung
profit and loss account: consolidated profit and loss account *BE* konsolidierte Gewinn- und Verlustrechnung
– *BE* konsolidierte Konzerngewinn- und Verlustrechnung
– *BE* Konzernerfolgsrechnung
– *BE* Konzerngewinn- und Verlustrechnung
profit and loss statement Erfolgsrechnung
– Gewinn- und Verlustrechnung *GuV*
profit and loss statement: uncondensed profit and loss statement unverkürzte Gewinn- und Verlustrechnung
profit and loss transfer agreement Ergebnisabführungsvertrag
profit appropriation statement Gewinnverwendungsbilanz
profit arising from inflation Inflationsgewinn
profit before tax Gewinn vor Steuern
profit before taxes Gewinn vor Steuern
profit determination Gewinnermittlung
profit determination: method of profit determination Gewinnermittlungsmethode
profit distribution Gewinnausschüttung
profit distribution: resolution on distribution of profits Gewinnverteilungsbeschluß
profit diversion Gewinnverlagerung
profit erosion Gewinnabsaugung
profit for the financial year Gewinn des Geschäftsjahres
– Jahresüberschuß
profit for the period Jahresüberschuß
profit for the year Jahresgewinn

– Jahresüberschuß
profit intervall: comparable profit intervall Vergleichsgewinnbandbreite
profit margin Gewinnspanne
profit margin: trade profit margin Handelsspanne
profit mark-up Gewinnaufschlag
profit motivation Gewinnerzielungsabsicht
profit motive Einkünfteerzielungsabsicht
– Gewinnerzielungsabsicht
profit participation Gewinnbeteiligung
profit pooling Ergebnisabführung
– Gewinnabführung
– Gewinngemeinschaft
– Gewinnpoolung
profit pooling: income from profit pooling erhaltene Gewinne aufgrund einer Gewinngemeinschaft
profit pooling agreement Ergebnisabführungsvertrag
– Gewinnabführungsvertrag
profit realization Gewinnrealisation
– Gewinnverwirklichung
profit reporting Gewinnausweis
profit reserve Gewinnrücklage
profit retention Gewinnthesaurierung
– Thesaurierung
profit share Gewinnanteil
profit share: distributed profit share ausgeschütteter Gewinnanteil
profit share percentage Gewinnanteil
profit sharing Gewinnbeteiligung
profit shifting Gewinnverlagerung
– Gewinnverschiebung
profit taxes Gewinnsteuern
profit transfer Gewinnabführung
profit/capital ratio Kapitalrendite
profitability Ertragskraft
– Rentabilität
profitable profitabel
profit-based tax gewinnabhängige Steuer
profit-linked gewinnabhängig
profit-participating loan partiarisches Darlehen
profits pending realization noch nicht realisierte Gewinne
profits shown prematurely vorzeitiger Erfolgsausweis
profit-sharing loan partiarisches Darlehen
profit-sharing securities Wertpapiere mit Gewinnbeteiligung
proforma invoice Proforma-Rechnung
program: development program *AE* Förderprogramm
– *AE* Förderungsmaßnahme
– *AE* Förderungsprogramm
program trading *AE* Programmhandel
programme: development programme *BE* Förderprogramm
programme trading *BE* Programmhandel
programming language *AE* Programmiersprache
progress: construction in progress *BE* im Bau befindliche Anlagen
progress: in process *AE* unfertig
progress: in progress *BE* unfertig
progress: work in progress *BE* unfertige Erzeugnisse
progression: exemption with progression Befreiung mit Progressionsvorbehalt
– Freistellung mit Progressionsvorbehalt
– Freistellung unter Progressionsvorbehalt
progression: proviso safeguarding progression Progressionsvorbehalt
progression: rate of progression Progressionssatz
progressive progressiv
progressive depreciation progressive Abschreibung
progressive income tax progressive Einkommensteuer
progressivity proviso Progressionsvorbehalt
prohibited verboten
prohibition Verbot
prohibition: statutory prohibition gesetzliches Verbot
project fortschreiben

project: construction project Bauausführung
project accounting projektbezogene Buchhaltung
project finance Projektfinanzierung
projected balance sheet Vorschaubilanz
projected income statement *AE* Vorschauergebnisrechnung
projection Fortschreibung
prolong prolongieren
prolong a period of time Frist verlängern
prolongation Verlängerung
prolongation of a bill Wechselprolongation
prolongation of a bill of exchange Wechselprolongation
promise: collateral promise Schuldbeitritt
promise of marriage Eheversprechen
promise to make a gift Schenkungsversprechen
promisee Angebotsempfänger
promissory note eigener Wechsel
- Eigenwechsel
- Solawechsel
promote fördern
promotion Beförderung
promotion: sales promotion Verkaufsförderung
promulgate bekanntmachen *(öffentlich)*
- erlassen
- öffentlich bekanntmachen *(Gesetz)*
- verkünden *(öffentlich)*
promulgate a law Gesetz verkünden
promulgation Bekanntmachung
- öffentliche Bekanntmachung
- Verkündung
pronouncement of judgment Urteilsverkündung
proof Beweis
- Beweismittel
- Nachweis
proof: burden of proof Beweislast
proof: furnish proof Nachweis erbringen
proof: offer of proof Beweisangebot
proof of debt: file proof of debt in bankruptcy Anmeldung einer Konkursforderung
proper ordnungsgemäß
- ordnungsmäßig
proper valuation sachgerechte Bewertung
property Eigentum
- Vermögen
property: improved properties *AE* bebaute Grundstücke
property administration Vermögensverwaltung
property administrator Vermögensverwalter
property collateral dingliche Sicherheit
property damage Sachschaden
property dealer gewerblicher Grundstückshändler
property in cash Barschaft
- Barvermögen
property insurance Sachversicherung
property law Sachenrecht
property limit Grundstücksgrenze
property management Grundstücksverwaltung
- Vermögensverwaltung
property management company Vermögensverwaltungsgesellschaft
property manager Vermögensverwalter
property passes Eigentum geht über
property regime: matrimonial property regime Güterstand
property right dingliches Recht
- Eigentumsrecht
property right: industrial property right gewerbliches Schutzrecht
property right: intangible property right Immaterialgüterrecht
property tax Vermögensteuer
property, plant and equipment Sachanlagen
- Sachanlagevermögen
property, plant, equipment and intangible assets Sachanlagen und immaterielle Anlagewerte
proportion: in proportion {to} im Verhältnis {zu}

P

– proportional {zu}
proportional verhältnismäßig
proportional {to} anteilmäßig
– proportional {zu}
– verhältnismäßig
proportional tax Proportionalsteuer
proportional voting system Verhältniswahlsystem
proportionate proportional
proportionate {to} im Verhältnis {zu}
– proportional {zu}
proposal Angebot
– Vorschlag
proposal for settlement Vergleichsvorschlag
proposal for the appropriation of earnings Gewinnverwendungsvorschlag
proposal for the appropriation of profits Gewinnverwendungsvorschlag
proposed appropriation of earnings Gewinnverwendungsvorschlag
proposed appropriation of profits Gewinnverwendungsvorschlag
proprietary goods Markenartikel
proprietary right Schutzrecht
proprietor Eigentümer
proprietor: individual proprietor Einzelgewerbetreibender
proprietor: sole proprietor Einzelkaufmann
– Einzelunternehmer
proprietor's drawing account Privatkonto
proprietors' equity Eigenkapital *(Einzelunternehmen)*
proprietorship: individual proprietorship Einzelfirma
– Einzelunternehmen
proprietorship: sole proprietorship Einzelunternehmen
pro-rata-temporis depreciation zeitanteilige Abschreibung
prorate anteilig verteilen
prosecution Anklagevertretung
– Rechtsverfolgung *(Strafrecht)*
– Strafverfolgung
prosecution: department of public prosecution Staatsanwaltschaft
prosecutor Anklagevertreter
prosecutor: public prosecutor Staatsanwalt
prosecutor: public prosecutor's office Staatsanwaltschaft
prospective erwartet
prospects: job prospects Berufsaussichten
prospectus Prospekt
protect abschirmen
protection: consumer protection Verbraucherschutz
protection: investment protection Anlageschutz
protection: investor protection Anlegerschutz
protection: legal protection Rechtsschutz
protection: object of legal protection Rechtsgut
protection: patent protection Patentschutz
protection: treaty protection Abkommensschutz
protection against unfair dismissal Kündigungsschutz
protection from execution Pfändungsschutz
– Vollstreckungsschutz
protection of creditors' interests Wahrung von Gläubigerinteressen
protection of workers Arbeitsschutz
protective clause Schutzklausel
protective law Schutzgesetz
protective measure Schutzmaßnahme
protective period Schutzfrist
protest Einspruch
– Widerspruch
protest: bill protest Wechselprotest
protest: make a protest Widerspruch einlegen
protest: notice of protest Wechselprotestanzeige
protest fees Wechselprotestkosten
protest procedure Widerspruchsverfahren
protocol Protokoll
provable beweisbar
– nachweisbar

provide: contract provides that Vertrag bestimmt, daß
provide: duty to provide information Auskunftspflicht
provide: obligation to provide services Dienstpflicht
provide a guarantor Bürgen stellen
provide capital finanzieren
provide insurance coverage Versicherungsschutz gewähren
provide security {for} Sicherheit leisten {für}
– Sicherheit stellen {für}
provided: as provided for {in} wie geregelt {in}
provided: unless provided to the contrary soweit nicht anders bestimmt
provided for behandelt
provided for: as provided for {in} wie in ... geregelt
provided that unter der Voraussetzung, daß
– vorausgesetzt, daß
provider: service provider Dienstleister
provider of services Dienstleister
provision *(contract)* Bestimmung
– Klausel
– Norm
– Rechtsvorschrift
– Regelung
– *(balance sheet)* Rückstellung
– Vertragsbestimmung
provision: conflict-of-laws provision *(private international law)* Kollisionsnorm *(Internationales Privatrecht)*
provision: contract provision Vertragsbestimmung
– Vertragsklausel
provision: del credere provision Delkredererückstellung
provision: exemption provision Befreiungsvorschrift
provision: express provision ausdrückliche Bestimmung
– ausdrückliche Regelung
provision: form a provision Rückstellung bilden
provision: general provision Pauschalwertberichtigung
provision: general provision for doubtful accounts Pauschalwertberichtigung zu Forderungen
provision: income from the reversal of provisions Erträge aus der Auflösung von Rückstellungen
provision: invoke the provisions of the treaty sich auf die Bestimmungen des Abkommens berufen
provision: legal provision gesetzliche Bestimmung
provision: liquidate a provision Rückstellung auflösen
provision: non-compete provision Wettbewerbsklausel
provision: pension provision Pensionsrückstellung
provision: preference provision Vorrangbestimmung
provision: renewal provision Erneuerungsrückstellung
provision: retransfer a provision Rückstellung auflösen
provision: reverse a provision Rückstellung auflösen
provision: set up a provision Rückstellung bilden
provision: special provision Sonderrückstellung
provision: specific provision Einzelwertberichtigung
provision: statutory provision gesetzliche Bestimmung
provision: supplementary provision ergänzende Regelung
provision: tax provision steuerrechtliche Vorschrift
provision: tax provisions Steuerrückstellungen
provision: vacation provisions Urlaubsrückstellungen
provision {for} Rückstellung {für}
– Wertberichtigung {auf}
provision for contingencies Rückstellung für ungewisse Verbindlichkeiten
provision for deferred repairs Reparaturrückstellung

P

provision for deferred repairs and maintenance Rückstellung für unterlassene Aufwendungen für Instandhaltung
provision for guarantees *BE* Garantierückstellung
provision for guaranties *AE* Garantierückstellung
provision for income Rückstellung für Ertragsteuern
provision for pensions Rückstellung für Pensionen
provision for severance payments *OE* Rückstellung für Abfertigungen
provision for specific doubtful accounts Einzelwertberichtigung zu Forderungen
provision for taxes Steuerrückstellung
provision for trade taxes Gewerbesteuerrückstellung
provision for warranties Rückstellung für Gewährleistungen
provision of a collective-bargaining agreement tarifliche Bestimmung
provisional vorläufig
provisional heir Vorerbe
provisionally vorläufig
provisionally enforceable: declare a judgment to be provisionally enforceable Urteil für vorläufig vollstreckbar erklären
provisions Rückstellungen
provisions for deferred taxes *BE* Rückstellungen für latente Steuern
provisions for pensions and similar obligations Rückstellungen für Pensionen und ähnliche Verpflichtungen
proviso Vorbehalt
proviso: progressivity proviso Progressionsvorbehalt
proviso safeguarding progression Progressionsvorbehalt
proxy Stimmrechtsbeauftragung
– Stimmrechtsbevollmächtigter
– Stimmrechtsübertragung
– Stimmrechtsvertreter
– Stimmrechtsvollmacht
proxy: person holding proxy Stimmrechtsbevollmächtigter
proxy regulations Bestimmungen über Stimmrechtsbevollmächtigung
pruchase price: net purchase price Nettoeinkaufswert
prudence Vorsicht
prudence: accounting principle of prudence Bilanzierungsgrundsatz der kaufmännischen Vorsicht
– Vorsichtsprinzip
prudence: commercial prudence kaufmännische Vorsicht
prudence: principle of prudence Vorsichtsprinzip
prudence concept Vorsichtsprinzip
prudence principle Vorsichtsprinzip
prudent: care of a prudent businessman kaufmännische Sorgfalt
prudent: care taken by a prudent business manager Sorgfalt eines ordentlichen Geschäftsleiters
prudent: diligence of a prudent businessman kaufmännsiche Sorgfalt
prudent and conscientious business manager ordentlicher und gewissenhafter Geschäftsleiter
prudent business manager sorgfältiger Geschäftsführer
– sorgfältiger Geschäftsleiter
prudent businessman: due care and diligence of a prudent businessman Sorgfalt eines ordentlichen Kaufmannes
public: going public an die Börse gehen
public accountant Wirtschaftsprüfer *WP*
public auction: execution sale by public auction Zwangsversteigerung
public auction: sale by public auction öffentliche Versteigerung
public authority Amtsgewalt
– öffentliche Hand
public authority: unauthorized assumption of public authority Amtsanmaßung
public authority: unlawful assumption of public authority Amtsanmaßung

public bid öffentliche Ausschreibung
public budget öffentlicher Haushalt
public company Publikumsgesellschaft
public company limited by shares *BE* Aktiengesellschaft
public corporation *BE* juristische Person des öffentlichen Rechts
– *BE* Körperschaft des öffentlichen Rechts
public document öffentliche Urkunde
public funds: subsidy from public funds Zuschuß aus öffentlichen Mitteln
public hearing öffentliche Anhörung
public interest Allgemeininteresse
public international law Völkerrecht
public law Öffentliches Recht
public law: body corporate under public law Körperschaft des öffentlichen Rechts
public law body Anstalt des öffentlichen Rechts
public limited company *BE plc* Aktiengesellschaft
public offering öffentliche Plazierung
public offering: initial public offering *IPO* Erstemission
public officer Amtsperson
– Amtsträger
– Beamter
public official Amtsperson
– Amtsträger
– Beamter
– öffentlicher Amtsträger
public policy gute Sitten
– ordre public
– Staatsraison
public policy: act against public policy gegen die guten Sitten verstoßen
public policy: contrary to public policy gegen die guten Sitten
– sittenwidrig
public property öffentliches Eigentum
public prosecutor Staatsanwalt
public prosecutor's office Staatsanwaltschaft
public register öffentliches Register
public service: mandatory public service Anschluß- und Benutzungszwand
public service accounting *BE* kameralistische Buchführung
public utility öffentlicher Versorgungsbetrieb
– öffentliches Versorgungsunternehmen
public welfare: furtherance of public welfare Förderung der Allgemeinheit
public-law institution Anstalt des öffentlichen Rechts
publicly-held company Publikumsgesellschaft
published accounts *BE* veröffentlichter Abschluß
published financial statements veröffentlichter Abschluß
punishability Strafbarkeit
punishment Strafe
punishment: aggravation of punishment Strafverschärfung
punishment: inflict a punishment Strafe verhängen
punishment: legal reason for exemption from punishment Strafausschließungsgrund
purchase Anschaffung
– Anschaffungsgeschäft
– Erwerb
– Kauf
– kaufen
purchase: bargain purchase Gelegenheitskauf
purchase: cash purchase Bareinkauf
– Barkauf
purchase: credit purchase Kreditkauf
– Zielkauf
purchase: date of purchase Anschaffungsdatum
– Anschaffungszeitpunkt
purchase: hire purchase *BE* Kreditkauf
– Mietkauf
purchase: repurchase Rückkauf
purchase: returned purchases Rücksendungen
purchase account: merchandise

P

purchase account Wareneinkaufskonto
purchase agreement Kaufvertrag
purchase book Wareneingangsbuch
purchase by description Gattungskauf
purchase cost Einstandskosten
purchase invoice Eingangsrechnung
purchase ledger Kreditorenbuch
purchase of real estate Grundstückskauf
purchase of specific goods Spezieskauf
– Stückkauf
purchase on commission Kommissionskauf
purchase on credit Kreditkauf
– Zielkauf
purchase option Ankaufsrecht
– Kaufoption
purchase order Bestellung
– Kaufauftrag
purchase price Einkaufspreis
– Kaufpreis
purchase price: net purchase price Nettoeinkaufspreis
purchased goodwill derivativer Firmenwert
purchased services bezogene Leistungen
purchaser Erwerber
– Käufer
purchaser: bona fide purchaser gutgläubiger Erwerber
purchaser: innocent purchaser gutgläubiger Erwerber
purchaser in good faith gutgläubiger Erwerber
purchasing account Einkaufskonto
purchasing branch office Einkaufsniederlassung
purchasing order Kaufauftrag
purchasing power Kaufkraft
purchasing power: fluctuation of purchasing power Kaufkraftänderung
purchasing power accounting kaufkraftindizierte Rechnungslegung
purchasing power fluctuation Kaufkraftänderung
purchasing transaction Anschaffungsgeschäft
purpose: corporate purpose Gesellschaftszweck
purpose: for the purpose {of} zum Zwecke {der/einer)
purpose: legislative purpose Gesetzeszweck
purpose: sole purpose ausschließlicher Zweck
purpose: tax purposes Steuerzwekke
pursuant to entsprechend
– gemäß
– laut
– zufolge
pursuant to power of attorney kraft Vollmacht
push down runterdrücken
push up hochdrücken
put Verkaufsoption
put option Verkaufsoption
pysical check *(audit)* materielle Buchprüfung

Q

qualification Qualifikation
qualification: income qualification Einkünftequalifikation
qualification conflict: income qualification conflict Einkünftequalifikationskonflikt
qualification of auditor's report Einschränkung des Bestätigungsvermerks
qualified opinion eingeschränkter Bestätigungsvermerk
qualifying date Stichtag
quality Eigenschaft
quality: defect as to quality Sachmangel
quality: essential quality of a subject matter wesentliche Eigenschaft einer Sache
quality: guarantee of quality *BE* Zusicherung einer Eigenschaft
quality: guaranteed quality zugesicherte Eigenschaft

quality: guaranty of quality *AE* Zusicherung einer Eigenschaft
quality: guranteed quality zugesicherte Eigenschaft
quality: mistake as to material qualities of the subject matter Eigenschaftsirrtum
quality: warranted quality zugesicherte Eigenschaft
quality: warranty of quality Gewährleistung für Sachmängel
– Zusicherung einer Eigenschaft
quality control Qualitätskontrolle
quantitative risk Mengenrisiko
quantity discount Mengenrabatt
– Rückvergütung *(gesamtumsatzabhängig)*
quantity unit Mengeneinheit
quantity variance Mengenabweichung
– Verbrauchsabweichung
quarterly vierteljährlich
quarterly financial statements Quartalsabschluß
quarterly report Vierteljahresbericht
quarterly VAT declaration vierteljährliche Umsatzsteuervoranmeldung
quarterly VAT return Umsatzsteuervoranmeldung
question: leading question Suggestivfrage
question of fact Tatfrage
questionaire Fragenkatalog
questioning Vernehmung
questionnaire Fragebogen
quitclaim deed Urkunde zur Grundstücksübertragung mit Haftungsausschluß für Rechtsmängel
quorum Beschlußfähigkeit
quota Quote
quota: composition quota Vergleichsquote
quota: minimum holding quota Mindestbeteiligungshöhe
quota: settlement quota Vergleichsquote
quotation *(offer)* Angebot
– Börsenkurs
– Kostenvoranschlag
– *(exchange)* Kurs *(Börse)*
– *(exchange)* Notierung *(Börse)*
– Notiz
– Preisangabe
– Zitat
quotation: spot quotation Kassanotierung
quotation halt Aussetzung der Notierung
– Notierungsaussetzung
quote Zitat
quoted börsennotiert
– *(exchange)* notiert *(Börse)*
quoted: unquoted *(stock exchange)* nicht notiert *(Börse)*

R

raise aufbringen
raise a claim Anspruch geltend machen
raise a credit Kredit aufnehmen
raise an objection Widerspruch einlegen
raise capital Kapital aufbringen
raising: fund raising Mittelbeschaffung
raising of credit Kreditaufnahme
random access wahlfreier Zugriff
range: activity range *(cost accounting)* Beschäftigungsbereich
ranking Rangfolge
rape Vergewaltigung
rate Kurs
rate: average rate Durchschnittssatz
rate: borrowing rate Habenzins
rate: default rate Ausfallquote
rate: entry-level-bracket rate Eingangssatz *(Steuertarif)*
rate: exchange rate Devisenkurs
rate: floating rate variabler Zins
– zinsvariabel
rate: inventory turnover rate Lagerumschlagshäufigkeit
rate: lending rate Sollzins
rate: split tax rate gespaltener Steuersatz
rate: variable rate variabler Zins
rate of depreciation Abschreibungssatz

rate of interest Zinssatz
rate of inventory turnover Lagerumschlagshäufigkeit
rate of progression Progressionssatz
rate of return: effective rate of return Effektivverzinsung
rate of return: internal rate of return interner Zinsfuß
ratification Ratifikation
ratification: agency by ratification nachträgliche Genehmigung eines Vertretungsaktes
ratification: instrument of ratification Ratifikationsurkunde
ratify ratifizieren
rating Beurteilung
– Bewertung
rating: credit rating Bonität
– Bonitätsprüfung
– Kreditwürdigkeit
ratio Kennzahl
– Kennziffer
ratio: activity ratio Beschäftigungsgrad
ratio: balance sheet ratio Bilanzkennzahl
ratio: capital ratio Eigenkapitalquote
ratio: debt service ratio Schuldendienstquote
ratio: debt-equity ratio Verschuldungsgrad
ratio: debtor/sales ratio Forderungsumschlagshäufigkeit
ratio: debt-to-equity ratio Verschuldungsgrad
ratio: financial ratios finanzwirtschaftliche Kennzahlen
ratio: input/output ratio Wirkungsgrad
ratio: interest coverage ratio Zinsdeckungsverhältnis
ratio: interstatement ratio gemischte Kennziffer
ratio: liquidity ratio Liquiditätsgrad
ratio: p/e ratio Kurs-Gewinn-Verhältnis *KGV*
ratio: price earnings ratio Kurs-Gewinn-Verhältnis *KGV*
ratio: price/earnings ratio Kurs-Gewinn-Verhältnis *KGV*
ratio: profit/capital ratio Kapitalrendite
ratio: turnover ratio Umsatzverhältnis
rationalization Rationalisierung
raw materials Rohstoffe
raw materials: cost of raw materials, consumables and goods for resale *BE* Aufwendungen für Roh-, Hilfs- und Betriebsstoffe und für bezogene Waren
raw materials: cost of raw materials, supplies and goods for resale *AE* Aufwendungen für Roh-, Hilfs- und Betriebsstoffe und für bezogene Waren
raw materials: inventory adjustments - raw materials and supplies *AE* Abschreibungen auf Roh-, Hilfs- und Betriebsstoffe
raw materials and consumables *BE* Roh-, Hilfs- und Betriebsstoffe
raw materials and supplies *AE* Roh-, Hilfs- und Betriebsstoffe
read and approved verlesen und genehmigt
read the record Protokoll verlesen *(Verfahren)*
readings Lesungen
ready money Bargeld
– Barschaft
– Barvermögen
real account Bestandskonto
real estate Grundbesitz
– Grundeigentum
– Grundstück
– Grundvermögen
– Immobilien
– unbewegliches Vermögen
real estate: development of real estate Erschließung von Grundstücken
real estate: undeveloped real estate unbebaute Grundstücke
real estate categories Grundstücksarten
real estate company Grundstücksgesellschaft
– Immobiliengesellschaft
real estate deed Grundeigentumsurkunde

real estate foundation Grundstücksstiftung
real estate investor Immobilieninvestor
real estate levies Grundbesitzabgaben
real estate management company Grundstücksverwaltungsgesellschaft
real estate register Grundbuch
– Grundregister
real estate registry Grundbuchamt
real estate tax Grundsteuer
real estate transfer tax Grunderwerbsteuer
Real Estate Transfer Tax Act Grunderwerbsteuergesetz
real property Grundbesitz
– Grundeigentum
– Grundstück
– Grundstückseigentum
– Grundvermögen
– Immobilien
– unbewegliches Vermögen
real property: charge on real property Grundpfandrecht
real property: income from real property Einkünfte aus unbeweglichem Vermögen
real property: lien on real property Grundpfandrecht
real property: residential real property Mietwohnungsgrundstück
real property: unimproved real property *AE* Grundstücke ohne Bauten
real property company Grundstücksgesellschaft
– Immobiliengesellschaft
real property foundation Grundstücksstiftung
real property holding company Immobilienholding
real property income Grundvermögenseinkünfte
real property law Immobilienrecht
real property management company Grundstücksverwaltungsgesellschaft
real property tax Grundsteuer
Real Property Tax Regulations Grundsteuer-Richtlinien
real property taxes Steuern vom Grundbesitz
real property transfer tax Grunderwerbsteuer
Real Property Transfer Tax Act Grunderwerbsteuergesetz
real right dinglicher Anspruch
real servitude Grunddienstbarkeit
real time processing Realzeitbetrieb
realisiert: unrealized appreciation *(difference between book value and fair market value of an asset)* nicht realisierte Wertsteigerung
realizable: net realizable value Nettorealisationswert
realization Realisation
realization: gains pending realization noch nicht realisierte Gewinne
realization: income realization event Einkünfterealisationstatbestand
realization: profit realization Gewinnrealisation
– Gewinnverwirklichung
realization: profits pending realization noch nicht realisierte Gewinne
realization event Realisationstatbestand
realization of a security Verwertung einer Sicherheit
realization of hidden reserves Aufdeckung stiller Reserven
realization of profits Gewinnrealisierung
realization of the pledge Pfandverwertung
realization principle Realisationsprinzip
realization triggering event realisationsauslösendes Ereignis
realization value Realisationswert
realize flüssig machen
– realisieren
– verflüssigen
realized: unrealized nicht realisiert
realized appreciation realisierte Wertsteigerung
realized earnings realisierter Ertrag
realized gains realisierte Gewinne

R

realized loss realisierter Verlust
realized profit realisierter Gewinn
realized profits realisierte Gewinne
realty Grundeigentum
– Grundstückseigentum
– Immobilien
– unbewegliches Vermögen
reason: by reason of auf Grund von
reason: for reasons of aus Gründen der
reason: time limit for statement of reasons Begründungsfrist
reason for notice Kündigungsgrund
reasonable angemessen
– vernünftig
– zumutbar
reasonable care im Verkehr erforderliche Sorgfalt
reasonable self-retention zumutbare Belastung
– zumutbare Eigenbelastung
reassessment Neuveranlagung
reassessment of tax Neufestsetzung einer Steuer
reassignment Rückübertragung
rebate Rabatt
rebook umbuchen
rebooking Umbuchung
recapitalization Kapitalberichtigung
– Kapitalumschichtung
– Kapitalumstrukturierung
– Sanierung
recapitalization balance sheet Sanierungsbilanz
recapitalization gain Sanierungsgewinn
recapitalize Kapital berichtigen
– Kapital umschichten
– Kapital umstrukturieren
recapture *(taxation)* Nachholbesteuerung
– *(taxation)* Nachversteuerung
– wiedergewinnen
recapture tax Nachsteuer
recapture taxation Nachversteuerung
recaptured: amount to be recaptured nachzuversteuernder Betrag
receibable: tax receivable Steuerforderung
receipt Empfang
– Empfang bescheinigen
– Empfang quittieren
– Empfangsbestätigung
– Quittung
receipt: donation receipt Spendenquittung
receipt: return receipt Rückschein
receipt: warehouse receipt Lagerschein
receipt {of} Erhalt {von}
receipts Einnahmen
receipts: cash receipts Kasseneingänge
– Kasseneinnahmen
receipts: cash receipts and disbursement method Einnahmen-Ausgabenrechnung
receipts: gross receipts Bruttoerlöse
receipts: operating receipts Betriebseinnahmen
receipts and disbursements Einnahmen und Ausgaben
receivable Forderung
receivable: lump sum valuation allowance for receivables Pauschalwertberichtigung zu Forderungen
receivable: other receivables sonstige Forderungen
receivable risk Forderungsrisiko
receivables Außenstände
receivables from affiliated companies Forderungen gegen verbundene Unternehmen
receivables from companies in which the company has a participating interest Forderungen gegen Unternehmen, mit denen ein Beteiligungsverhältnis besteht
receivables outstanding Außenstände
receivables turnover Debitorenumschlag
receive erhalten
received zugegangen
received: advances received Kundenanzahlungen
received: discounts received Diskonterträge
received: invoice received Eingangsrechnung

received: monies received Einzahlungen
- Geldeingänge

received: orders received Auftragseingänge

received rents vereinnahmte Mieten

receiver *(bankruptcy)* Konkursverwalter
- Liquidator
- Masseverwalter
- Zwangsverwalter

receiver in bankruptcy Konkursverwalter

receivership *(bankruptcy)* Konkursverwaltung
- Masseverwaltung
- Vermögensverwaltung
- Zwangsverwaltung

receiving stolen goods Hehlerei

recipient Empfänger

recipient: authorized recipient Zustellungsbevollmächtigter

recipient: service recipient Dienstleistungsempfänger

recipient of a legacy Vermächtnisnehmer

reciprocal gegenseitig *(wechselseitig)*
- wechselseitig

reciprocal claims gegenseitige Forderungen

reciprocity Gegenseitigkeit

reclassification Umgliederung
- Umklassifizierung

reclassify umgliedern
- umkassifizieren

recognition: revenue recognition Ertragsrealisierung

recognition of a state Anerkennung eines Staates

reconcile abstimmen

reconcile accounts Konten abstimmen

reconciliation Abgleich
- Abstimmen
- Abstimmung

reconciliation: account reconciliation Kontenabstimmung

reconciliation: balance reconciliation Saldenabstimmung

reconciliation: detail reconciliation Einzelabstimmung

reconciliation: inventory reconciliation list Inventurabstimmliste

reconciliation of accounts Abstimmung von Konten
- Kontenabstimmung

reconciliation of bank account Abstimmung des Bankkontos

reconciliation of cash Kassenabstimmung

reconciliation sheet Abstimmungsbogen

record Akte
- aufzeichnen
- buchen
- buchmäßig erfassen
- eintragen
- erfassen
- Protokoll
- verbuchen

record: books and records Bücher und sonstige Aufzeichnungen

record: inspection of records Akteneinsicht

record: keep the record Protokoll führen *(Gericht)*

record: machine time record Maschinenstundenzettel

record: master account record Kontenstammsatz

record: off the record außerhalb des Protokolls
- nicht zur Veröffentlichung bestimmt
- vertraulich

record: place on record zu Protokoll geben *(Verfahren)*

record: read the record Protokoll verlesen *(Verfahren)*

record: time record Lohnzettel

record in an official document beurkunden

record keeping Buchführung

record keeping requirement Aufzeichnungspflicht
- Buchführungspflicht

recording Aufzeichnung
- Eintragung

recording: notarial recording notarielle Beurkundung

R

recording: official recording öffentliche Beurkundung
recording in an official document Beurkundung
recording in the deed registry Grundbucheintragung
recording of a mortgage Eintragung einer Hypothek
recording of business transactions Erfassung von Geschäftsvorfällen
recording system Aufzeichnungssystem
– Buchungssystem
recordkeeping Buchführung
records Akten
– Aufzeichnungen
– Niederschrift
– Protokolle
– Unterlagen
records: accounting records Buchhaltung *(Gesamtheit)*
records: books and records Bücher
– Geschäftsbücher
records: detail records Einzelaufzeichnungen
records: duty to keep records Aufzeichnungspflicht
records: duty to retain records Aufbewahrungspflicht
records: individual records Privatbuchführung
records: inspect the books and records Einblick in die Bücher nehmen
– Einsicht in die Bücher nehmen
records: obligation to retain records Aufbewahrungspflicht
records: payroll records Lohn- und Gehaltsabrechnung
records: right to inspect books and records Recht auf Prüfung der Bücher
records of original entry Uraufzeichnungen
records retention period Aufbewahrungsfrist
recourse Regreß
– Rückgriff
recourse: exhaustion of legal recourse Rechtswegerschöpfung
recourse: factoring with recourse unechtes Factoring
recourse: factoring without recourse echtes Factoring
recourse: legal recourse Rechtsweg
recourse: with recourse mit Regreß
– mit Rückgriff
recourse to an endorser Wechselregreß
– Wechselrückgriff
recourse to an endorser of a bill Wechselrückgriff
recourse to the courts Rechtsweg
recourse to the law Rechtsweg
recoverable input VAT anrechenbare Vorsteuer
recovered: bad debts recovered Eingang abgeschriebener Forderungen
recovery: claim for segregation and recovery of assets not belonging to the bankrupt's estate Aussonderungsanspruch
recovery: cost recovery Kostendeckung
recovery period Desinvestitionsperiode
recruitment Einstellung
rectify berichtigen
recurrent wiederkehrend
recurring wiederkehrend
recurring income wiederkehrende Bezüge
Red Herring *AE* vorläufiger Emissionsprospekt *(zur Einreichung bei der SEC)*
redeem tilgen
redeem a mortgage Hypothek tilgen
redeemable einziehbar
redeemable: irredeemable untilgbar
redeemable shares einziehbare Aktien
– einziehbare Gesellschaftsanteile
redemption Einlösung
– Tilgung
redemption: debt redemption Schuldentilgung
redemption: distribution in redemption Kapitalherabsetzung
redemption: early redemption vorzeitige Tilgung

redemption: right of redemption Ablösungsrecht
redemption: sale with right of redemption Kauf mit Rückgaberecht
redemption: yield to redemption Rückzahlungsrendite
redemption component Tilgungsanteil
redemption component of an annuity Tilgungsanteil einer Rente
redemption element of an annuity Tilgungsanteil einer Rente
redemption installment *AE* Tilgungsrate
redemption instalment Tilgungsrate
redemption of a mortgage Hypothekentilgung
redemption of principal Kapitalrückzahlung
– Tilgung
redemption of shares Einziehung von Aktien
redemption payment Tilgung
– Tilgungszahlung
redemption prior to maturity vorzeitige Tilgung
redistribute weiterausschütten
redistribution Umverteilung
– Weiterausschüttung
redress: legal redress Rechtsbehelf
reduce a period of time Frist verkürzen
reduce the purchase price mindern
reduced ermäßigt
reduced tax rate ermäßigter Steuersatz
reduced VAT rate reduzierter Umsatzsteuersatz
reducing: revenue reducing erlösmindernd
reducing-balance depreciation degressive Abschreibung
reduction Verkürzung
reduction: capital reduction Kapitalherabsetzung
reduction: price reduction Preisminderung
– Preisnachlaß
reduction: tax reduction Steuerermäßigung
– Steuerminderung
– Steuersenkung
reduction in price Preisminderung
reduction in profit Mindergewinn
reduction in tax Steuerminderung
reduction of capital Kapitalherabsetzung
reduction of share capital Kapitalherabsetzung
reduction of the purchase price Minderung
reduction of wage Lohnkürzung
redundancy pay Abfindung *(Entlassung)*
re-employment Wiedereinstellung
reestablishment Wiedereinsetzung
– Wiederherstellung
re-examination neuerliche Prüfung
refer {to} verweisen {an/zu}
– zurückkommen {auf}
reference Zeugnis
reference: by reference to unter Bezugnahme auf
reference: construe by reference to domestic law unter Bezugnahme auf nationales Recht auslegen
reference: interpret by reference to domestic law unter Bezugnahme auf nationales Recht auslegen
reference: make reference {to} zurückkommen {auf}
reference: with further references mit weiteren Nachweisen
reference: with reference to bezüglich
– bezugnehmend auf
– hinsichtlich
– in bezug auf
reference: with reference to our letter {of} im Nachgang zu unserem Schreiben {vom}
reference: without reference to ohne Bezugnahme auf
reference number Aktenzeichen
reference number: client reference number Kundennummer
referring {to} bezüglich
– bezugnehmend {auf}
refinancing Refinanzierung
reform: tax reform Steuerreform

Reform Act: Tax Reform Act Steuerreformgesetz
refrain {from} Handlung unterlassen
refund: input tax refund Vorsteuervergütung
refund: input tax refund procedure Vorsteuervergütungsverfahren
refund: input VAT refund Vorsteuervergütung
refund: input VAT refund procedure Vorsteuervergütungsverfahren
refund: tax refund Steuererstattung
– Steuerrückerstattung
– Steuerrückzahlung
– Steuervergütung
refund: tax refund notice Steuervergütungsbescheid
refund: VAT refund Umsatzsteuervergütung
refund: wage tax refund Lohnsteuerrückerstattung
refund claim Erstattungsanspruch
– Vergütungsanspruch
refund claim: file a refund claim Antrag auf Steuerrückerstattung stellen
refund claim: tax refund claim Steuererstattungsanspruch
– Steuerrückerstattungsanspruch
refund of overpaid tax Steuerrückerstattung
refund of overpaid taxes Erstattung überzahlter Steuern
refund procedure Erstattungsverfahren
refund procedure: input tax refund procedure Vorsteuervergütungsverfahren
refund procedure: input VAT refund procedure Vorsteuervergütungsverfahren
refusal Ablehnung
– Versagung
refusal of an offer Ablehnung eines Angebots
refuse ablehnen
refuse an offer Angebot ablehnen
refute widerlegen
refute an assertion Behauptung widerlegen
regard anerkennen
regard: in regard of in bezug auf
regard: with regard to hinsichtlich
regarded anerkannt
regarded: disregarded nicht anerkannt
regarded for tax purposes steuerlich anerkannt
regarding betreffs
– bezüglich
– hinsichtlich
– im Hinblick auf
regime: tax regime Steuerregime
regional customs office Hauptzollamt
regional fiscal office Bezirksfinanzdirektion
register: capital expenditure register *BE* Anlagenbuchhaltung
register: commercial register Handelsregister
register: deregister {with} löschen {beim/im} *(Handelsregister)*
register: duty to register Anmeldepflicht
register: entry in the commercial register Handelsregistereintragung
register: inventory register Inventurbuch
register: land register Grundbuch
register: payroll register Lohnliste
register: professional register Berufsregister
register: public register öffentliches Register
register: real estate register Grundbuch
– Grundregister
register: voucher register Belegregister
register {in} eintragen {in}
register {with} eintragen {beim/im}
register of deeds Grundbuch
registered eingetragen
registered bond Namensobligation
registered branch eingetragene Zweigniederlassung
registered capital eingetragenes Kapital
registered letter eingeschriebener Brief

– Einschreibebrief
registered mail Einschreibebrief
– Einschreibesendung
registered office Sitz *(eingetragene Hauptniederlassung)*
registered office of the company Sitz der Gesellschaft
registered seat Sitz
registered security Namenspapier
registered share Namensaktie
registered share capital Stammkapital
registered share with restricted transferability vinkulierte Aktie
– vinkulierter Geschäftsanteil
registered stock *AE* Namensaktie
registered trademark eingetragenes Warenzeichen
registrability Eintragungsfähigkeit
– Registrierbarkeit
registrar Registerführer
Registrar of Companies *BE* Gesellschaftsregister
registration: application for registration Anmeldung zur Eintragung
registration: be subject to mandatory registration eintragungspflichtig
registration: merchant by virtue of registration Sollkaufmann
registration: title registration office Grundbuchamt
registration {with} Eintragung {bei}
– Registrierung {bei}
registration fee Eintragungsgebühr
– Registrierungsgebühr
registration in the commercial register Eintragung in das Handelsregister
registration of a company Eintragung einer Gesellschaft
registration of a mortgage Eintragung einer Hypothek
registry: land registry Grundbuchamt
registry: real estate registry Grundbuchamt
registry office Standesamt
regression: tax regression Steuerregression
regressive regressiv
regular customers Stammkundschaft
regular depreciation planmäßige Abschreibung
regular tax rate Normalsteuersatz
regulate by law gesetzlich regeln
regulation Rechtsvorschrift
– Regelung
– Verordnung
regulation: implementing regulation Durchführungsbestimmung
regulation: proxy regulations Bestimmungen über Stimmrechtsbevollmächtigung
regulation: self-regulation Selbstverwaltung
regulations *(interpretive intructions which are internally binding on the tax authorities)* Richtlinien
regulations: Corporate Income Tax Regualtions Körperschaftsteuer-Richtlinien
regulations: Income Tax Regulations Einkommensteuer-Richtlinien *EStR*
regulations: Net Worth Tax Regulations Vermögensteuer-Richtlinien
regulations: Real Property Tax Regulations Grundsteuer-Richtlinien
regulations: Trade Tax Regulations Gewerbesteuer-Richtlinien
regulations: Wage Tax Regulations Lohnsteuer-Richtlinien
regulations of competition Wettbewerbsregeln
regulatory agency Aufsichtsbehörde
rehabilitation Sanierung
rehabilitation: financial rehabilitation Sanierung
reimbursement Ersatz
– Vergütung *(Rückerstattung)*
reimbursement: expense reimbursement Spesenerstattung
reimbursement: travel expense reimbursement Reisekostenersatz
reimbursement: travelling expense reimbursement *BE* Reisekostenersatz
reimbursement claim Erstattungsanspruch
– Vergütungsanspruch

R

reimbursement of expenses Ersatz von Aufwendungen
reimbursement of travel expenses Reisekostenersatz
reimbursement of travelling expenses *BE* Reisekostenersatz
reinstate wiedereinsetzen
– wiederherstellen
reinstated write-downs Zuschreibungen
reinstatement Wiedereinsetzung
– Wiederherstellung
reinstatement into the status quo ante Wiedereinsetzung in den vorigen Stand
reinstatement value Neuwert
reinstatement value insurance Neuwertversicherung
reinsurance Rückversicherung
reinsurance contract Rückversicherungsvertrag
reinsurer Rückversicherer
reinvestment: reserve for reinvestment Reinvestitionsrücklage
re-issue neuerliche Erteilung
reject ablehnen
reject a bill Gesetz ablehnen
– Gesetz verwerfen
reject a request due to formal reasons Antrag aus formellen Gründen zurückweisen
reject a request due to substantive reasons Antrag aus materiellen Gründen zurückweisen
reject an offer Angebot ablehnen
reject goods Waren zurückweisen
rejection Ablehnung
– Versagung
– Zurückweisung
rejection of an offer Ablehnung eines Angebots
rejoinder Duplik
– Erwiderung
related nah
– nahestehend
– verbunden
related: volume-related beschäftigungsabhängig
– mengenabhängig
related company verbundenes Unternehmen
related party nahestehende Person
related person nahestehende Person
related person: loans to related persons Ausleihungen an nahestehende Personen
relatedness: economic relatedness wirtschaftliche Zusammengehörigkeit
relating to bezüglich
– hinsichtlich
– in bezug auf
relation: in relation {to} im Verhältnis {zu}
relation between cause and effect Kausalzusammenhang
relationship Verwandtschaft
relationship: employment relationship Anstellungsverhältnis
– Arbeitsverhältnis
– Dienstverhältnis
relationship: shareholding relationship Beteiligungsverhältnis
relationship: triangular relationship Dreiecksverhältnis
relationship: trustee relationship Treuhand
– Treuhandverhältnis
relationship by lineal descent Verwandtschaft in gerader Linie
relationship by marriage Schwägerschaft
relative Angehöriger *(Verwandtschaft)*
– Familienangehöriger
– Verwandter
relative: close relative naher Angehöriger
– naher Verwandter
relative: third-degree relative Verwandter dritten Grades
relatives Angehörige
– Verwandten
– Verwandtschaft
release Auflösung *(Rechnungsabgrenzungsposten)*
release: claim for release from bankrupt's estate Aussonderungsanspruch

release {from} *(contract)* entbinden {von} *(Vertrag)*
release a reserve to income Rücklage erfolgswirksam auflösen
release from bankrupt's estate aussondern
- Aussonderung
release from debt Erlaß einer Schuld
- von einer Schuld freistellen
release from prison Haftentlassung
release of a security Freigabe einer Sicherheit
release of reserves Auflösung von Rücklagen
relevance: of legal relevance rechtserheblich
relevancy in law Rechtserheblichkeit
relevant: legally relevant rechtsbedeutsam
- rechtserheblich
relief Abhilfe
relief: application for equitable relief Billigkeitsantrag
relief: demand for relief Klageantrag
relief: depreciation relief Abschreibungserleichterung
relief: equitable relief Billigkeitserlaß
relief: equitable tax relief Billigkeitserlaß
relief: grant relief Erleichterung bewilligen
relief: grant tax relief Steuererleichterungen gewähren
relief: group relief Organschaft
- *(for losses)* steuerliche Verlustverrechnung im Konzern
relief: inter-corporate dividend relief *BE* Schachtelprivileg
relief: personal allowances and reliefs personenbezogene Vergünstigungen
relief: tax relief Steuerentlastung
- Steuererleichterung
- Steuerermäßigung
- Steuervergünstigung
relief: treaty relief Abkommensvergünstigung
- Abkommensvorteil
relief: underlying tax relief indirekte Steueranrechnung
relief for underlying taxes indirekte Steueranrechnung
relieved {from} befreit {von}
religious religiös
religious freedom Glaubensfreiheit
relinquish possession Besitz aufgeben
relinquishment of business Betriebsaufgabe
- Geschäftsaufgabe
relinquishment of possession Besitzaufgabe
remain in effect in Kraft bleiben
remain in force in Kraft bleiben
remain operative bestehen bleiben
remainder Anwartschaft *(auf Grundbesitz)*
remaining credit balance Restguthaben
remaining life Restlebensdauer
remarks: introductory remarks Vorbemerkung
remarriage Wiederverheiratung
remarry wiederverheiraten
remedial procedure Abhilfeverfahren
- Rechtsbehelfsverfahren
- Rechtsmittelverfahren
remedial proceedings Abhilfeverfahren
- Rechtsbehelfsverfahren
- Rechtsmittelverfahren
remedied behoben
- wiedergutgemacht
remedy Abhilfe
- Rechtsbehelf
- Rechtsmittel *(im weiteren Sinne)*
remedy: advice on available remedies Rechtsbehelfsbelehrung
remedy: exhaust all legal remedies alle Rechtsmittel erschöpfen
remedy: exhaustion of all remedies Ausschöpfung aller Rechtsmittel
remedy: instruction about available remedies Rechtsbehelfsbelehrung
remedy: legal remedy Rechtsbehelf
- Rechtsmittel *(im weiteren Sinne)*
remedy: pre-trial remedy außergerichtlicher Rechtsbehelf
remedy a defect Mangel beseitigen
remind mahnen

R

reminder Mahnung
– Zahlungserinnerung
reminder: second reminder zweite Mahnung
reminder letter Mahnschreiben
remission Erlaß *(von Steuern, sonst. Abgaben, Schulden etc.)*
remission of a liability Erlaß einer Schuld
remission of debt Schuldenerlaß
– Schuldennachlaß
remission of tax for reasons of equity Billigkeitserlaß *(von Steuern)*
remit erlassen *(Schulden, Strafe)*
– überweisen
remittance Überweisung
remittance: bank remittance Banküberweisung
remittee Überweisungsempfänger
removal: cost for removal Demontagekosten
removal costs Abbruchkosten
– Demontagekosten
removal from office Abberufung
– Amtsenthebung
remove from office abberufen
remuneration Bezüge
– Entgelt
– Entlohnung
– Vergütung
remuneration in cash Barbezüge
remuneration in kind Sachbezüge
render services Dienstleistungen erbringen
render tax advice steuerlich beraten
renderer: service renderer Dienstleister
rendering of accounts Rechnungslegung
renew erneuern
– verlängern
renew a credit Kredit verlängern
renewable erneuerbar
renewal Erneuerung
– Prolongation
– Verlängerung
renewal of a bill Wechselerneuerung
– Wechselprolongation
renewal of a bill of exchange Wechselprolongation
renewal option Verlängerungsoption
renewal option: lease renewal option Mietverlängerungsoption
renewal policy Ersatzpolice
renewal provision Erneuerungsrückstellung
renewal reserve Erneuerungsrückstellung
renewed erneuert
renounce verzichten
renounce a right auf ein Recht verzichten
renouncement {of} Verzicht {auf}
renouncing party Verzichtleistender
rent Miete
– Mietzins
– pachten
– Pachtzins
– vermieten
rent: imputed rent kalkulatorische Miete
rent: received rents vereinnahmte Mieten
rent adjustment Mietanpassung
rent increase Mieterhöhung
– Mietsteigerung
rent out *AE* vermieten
rental Miete *(Mietzins)*
– Mietzins
– Vermieten
– Vermietung
– Verpachten
– Verpachtung
rental: gross annual rental Bruttomietwert
rental agreement Mietvertrag
rental and royalty income Einkünfte aus Vermietung und Verpachtung
rental equipment Mietanlagen
rental expense Mietaufwand
rental income Einkünfte aus Vermietung und Verpachtung
– Mieterträge
– Vermietungseinkünfte
rentals Miet- und Pachteinnahmen
renter Mieter
renting Vermietung
rents Mieteinkünfte
– Pachteinkünfte
– Vermietungseinkünfte

renunciation: deed of renunciation Verzichtsurkunde
renunciation {of} Verzicht {auf}
renunciation of future successional rights Erbverzicht
renunciation of future successional rights of a future inheritance Erbverzicht
reopening Wiederaufnahme
reopening of an assessment Änderung einer bestandskräftigen Veranlagung
– Änderung einer Veranlagung
re-order Nachbestellung
reorganization Reorganisation
– Restrukturierung
– Sanierung
– Umstellung
– Umstrukturierung
reorganization: divisive reorganization Aufspaltung
reorganization balance sheet Sanierungsbilanz
– Umwandlungsbilanz
reorganization gain Sanierungsgewinn
reorganization statement Sanierungsbilanz
repackage umgestalten
repackaging Umgestaltung *(zB von Finanzinstrumenten)*
repair Reparatur
repair: major repair Großreparatur
repair and maintenance expenses Erhaltungsaufwand
– Erhaltungsaufwendungen
repair expense Reparaturaufwand
repairs Erhaltungsaufwendungen
repairs: reserve for repairs Reparaturrücklage
reparable wiederbringlich
repatriation Rückführung
repayment: principal repayment Tilgung
– Tilgungsleistung
– Tilgungszahlung
repayment amount Rückzahlungsbetrag
repayment date Rückzahlungstermin
repayment of capital Kapitalrückzahlung
repeal aufheben
– Aufhebung *(Gesetz)*
repeal an administrative act Verwaltungsakt aufheben
repealed aufgehoben
repeat business Wiederholungsgeschäft
– wiederkehrendes Geschäft
repeat order Nachbestellung
repeated fortgesetzt
– wiederholt
replacement Ersatz
– Ersetzung
– Wiederbeschaffung
replacement asset Ersatzwirtschaftsgut
replacement cost Wiederbeschaffungskosten
– Wiederbeschaffungswert
replacement cost: valuation at replacement cost Bewertung zum Wiederbeschaffungspreis
replacement cost accounting Rechnungslegung zu Wiederbeschaffungskosten
replacement method of depreciation Abschreibung auf Basis der Wiederbeschaffungskosten
– Abschreibung vom Wiederbeschaffungspreis
– Abschreibung vom Wiederbeschaffungswert
replacement reserve Erneuerungsrücklage
– Ersatzbeschaffungsrücklage
– Rücklage für Ersatzbeschaffung
– Wiederbeschaffungsrücklage
replacement value Erneuerungswert
– Wiederbeschaffungswert
replacements Ersatzbeschaffung
replication Replik
reply Erwiderung
report Bericht
report: accountant's report Prüfungsbericht
report: accounts payable report Kreditorenbericht

R

report: annual report Geschäftsbericht
– Jahresbericht
report: audit report Prüfungsbericht
report: auditor's report Bestätigungsvermerk
– Prüfungsbericht
report: dependence report Abhängigkeitsbericht
report: dependent company report Abhängigkeitsbericht
report: interim financial report Zwischenabschluß
report: interim report Halbjahresbericht
report: management report Lagebericht
report: medical report ärztlicher Befund
report: quarterly report Vierteljahresbericht
report: semi-annual report Halbjahresbericht
Report: special purpose report Sonderbericht
report: special report Sonderbericht
report: tax audit report Betriebsprüfungsbericht
report {on} Bericht erstatten {über}
report a loss mit Verlust abschließen
– Verlust ausweisen
report on the balance sheet in der Bilanz ausweisen
reported ausgewiesen
reported amount Ansatz der Höhe nach
– ausgewiesener Betrag
– Bilanzansatz der Höhe nach
reported amount on the balance sheet Bilanzansatz der Höhe nach
reporting berichtend
– Berichterstattung
– Berichtswesen
reporting: detailed reporting detaillierte Berichterstattung
reporting: external reporting externe Rechnungslegung
reporting: group reporting Konzernberichtswesen
reporting: method of reporting income and deductions Gewinnermittlungsmethode
– Gewinnermittlungsverfahren
reporting: profit reporting Gewinnausweis
reporting: segmental reporting Segmentberichterstattung
reporting a loss Verlustausweis
reporting date Stichtag *(Bilanzstichtag)*
reporting entity consolidated Konsolidierungskreis
reporting period Berichtszeitraum
reporting requirement Meldepflicht
– Mitteilungspflicht
reporting requirements Offenlegungspflichten
reporting standards Berichtsnormen
reporting year Berichtsjahr
repost umbuchen
reposting Umbuchung
represent zusichern
represent: authority to represent Vertretungsbefugnis
– Vertretungsberechtigung
represent: authorized to represent vertretungsberechtigt
represent in court gerichtlich vertreten
representation Stellvertretung
– Vertretung
– Zusicherung
representation: lack of power of representation Mangel an Vertretungsmacht
representation: legal representation gesetzliche Vertretung
representation: letter of representation Vollständigkeitserklärung
representation: management letter of representation Vollständigkeitserklärung
representation: misrepresentation irreführende Darstellung
– Irreführung
– unrichtige Angaben
representation: power of representation Vertretungsbefugnis
– Vertretungsmacht

representation: staff representation Personalvertretung
representative Repräsentant
– Stellvertreter
– Vertreter
representative: authorized representative Vertretungsberechtigter
representative: employees' representative Arbeitnehmervertreter
representative: fiscal representative Fiskalvertreter
– Vertreter in steuerlichen Angelegenheiten
representative: legal representative gesetzlicher Vertreter
representative: permanent representative ständiger Vertreter
representative: sales representative Verkaufsrepräsentant
representative: tax representative steuerlicher Vertreter
– Steuervertreter
representative without power Vertreter ohne Vertretungsmacht
represetation: employees' representation Arbeitnehmervertretung
reproduction Vervielfältigung
reproduction cost Reproduktionskosten
repudiate Erfüllung verweigern *(Vertragspflicht)*
– Vertrag für unverbindlich erklären
– vom Vertrag zurücktreten
– zurücktreten *(Ablehnung der Vertragserfüllung)*
repudiation Rücktritt *(Vertrag)*
repudiation of an inheritance Ausschlagung einer Erbschaft
– Erbausschlagung
repudiation of debt Nichtanerkennung einer Schuld
repurchase Rückerwerb
– Rückkauf
repurchase: sale with option of repurchase Verkauf mit Recht auf Wiederkauf
repurchase agreement Pensionsgeschäft
– Rückkaufsvereinbarung
repurchase right Rückkaufsrecht
request Antrag
– beantragen
request: at the request {of} auf Anforderung {von}
request: on request auf Anfrage
request: ruling request Antrag auf Erteilung einer verbindlichen Auskunft
request for arbitration Schiedsantrag
request for respite Stundungsantrag
require a specific form formbedürftig
required vorgeschrieben
required: as required {by} wie gefordert {von}
required: as required by gemäß
required: required by contract vertraglich vorgeschrieben
required by contract vertraglich vorgeschrieben
required form erforderliche Form
requirement: disclosure requirement Bekanntmachungspflicht
requirement: disclosure requirements Angabepflichten
– Offenlegungspflichten
requirement: formal requirement Formerfordernis
requirement: holding requirement Verbleibensvoraussetzung
requirement: minimum holding requirement Mindestbeteiligungshöhe
requirement: procedural requirements Verfahrensvorschriften
requirement: record keeping requirement Aufzeichnungspflicht
– Buchführungspflicht
requirement: reporting requirement Meldepflicht
– Mitteilungspflicht
requirement: reporting requirements Offenlegungspflichten
requirement: residence requirement Wohnsitzvoraussetzung
requirement: unanimous vote requirement Einstimmigkeitserfordernis
requirement of consent Zustimmungserfordernis
requirement to accrue {for} Passivierungsgebot
– Passivierungspflicht

R

requirement to reverse write-downs where the reasons for them no longer exist Wertaufholungsgebot
- Zuschreibungsgebot

requirements: bookkeeping requirements Buchführungspflichten
requirements: disclosure requirements Ausweispflichten
requiring further explanation erklärungsbedürftig
requisite of form Formerfordernis
res judicata Rechtskraft
resale Weiterverkauf
resale: goods for resale Handelsware
resale price maintenance Preisbindung der zweiten Hand
resale price margin Handelsspanne
- Wiederverkaufspreismarge

resale value Wiederverkaufswert
reschedule debt umschulden
rescheduling: debt rescheduling Umschuldung
rescind auflösen
- wandeln
- zurücktreten *(bei wesentlicher Vertragsverletzung)*

rescind: exclusion of the right to rescind Ausschluß des Rücktrittsrechts
rescind: right to rescind Rücktrittsrecht
rescind a contract Rücktritt vom Vertrag erklären
- zurücktreten

rescind a sale wandeln
rescind a treaty Staatsvertrag aufheben
rescission Rücktritt
- rückwirkende Auflösung
- *(contract)* Vertragsaufhebung

rescission: ground for rescission Rücktrittsgrund
rescission by the trustee in bankruptcy Konkursanfechtung
rescission of a contract Rücktritt vom Vertrag
rescission of sale Wandelung
research: cost of research and development Forschungs- und Entwicklungskosten
research activity Forschungstätigkeit
research and development Forschung und Entwicklung
research and development: contract research and development Auftragsforschung und -entwicklung
research and development expenditures Forschungs- und Entwicklungsaufwand
- Forschungs- und Entwicklungsausgaben

research and development expenses Forschungs- und Entwicklungsaufwand
research costs Forschungskosten
research department Forschungsabteilung
resell verkaufen
reselling Weiterverkauf
reservation: ownership reservation Eigentumsvorbehalt
reservation: with the reservation that unter dem Vorbehalt, daß
reservation of ownership Eigentumsvorbehalt
reservation of priority Rangvorbehalt
reservation of property Eigentumsvorbehalt
reservation of title Eigentumsvorbehalt
reserve Rücklage
reserve: add to reserves Rücklagen dotieren
reserve: additions to reserves Erhöhung von Rücklagen
reserve: allocation to reserves Rücklagendotierung
- Zuweisung zu den Rücklagen

reserve: appropriated reserve gebundene Rücklage
reserve: appropriated reserves zweckgebundene Rücklagen
reserve: appropriation to reserves Zuführung in die Rücklagen
reserve: change in reserves Veränderung der Rücklagen
reserve: concealed reserves stille Reserven

reserve: consolidated reserves Konzernrücklagen
reserve: create reserves Rücklagen bilden
reserve: disclosed reserves offene Rücklagen
reserve: formation of reserves Bildung von Rücklagen
reserve: free reserves freie Rücklagen
reserve: fund a reserve Rücklage speisen
reserve: funding of reserves Rücklagendotierung
reserve: hidden reserves stille Reserven
reserve: inflation reserve Substanzerhaltungsrücklage
reserve: legal reserves gesetzliche Rücklagen
reserve: liquidate a reserve Rücklage auflösen
reserve: liquidation of reserves Rücklagenauflösung
reserve: maintenance reserve Wartungsrückstellung
reserve: off-balance-sheet reserve nicht ausgewiesene Rücklage
reserve: release a reserve to income Rücklage erfolgswirksam auflösen
reserve: release of reserves Auflösung von Rücklagen
reserve: replacement reserve Rücklage für Ersatzbeschaffung
reserve: retransfer a reserve Rücklage auflösen
reserve: retransfer of reserves Rücklagenauflösung
reserve: reversal of reserves Auflösung von Rücklagen
– Rücklagenauflösung
reserve: reverse a reserve Rücklage auflösen
reserve: set up a reserve Rücklage bilden
reserve: setting-up of reserves Bildung von Rücklagen
reserve: set-up of reserves Rücklagenbildung
reserve: statutory reserve statutarische Rücklage
reserve: statutory reserves gesetzliche Rücklagen
– satzungsmäßige Rücklagen
reserve: strengthen reserves Rücklagen stärken
reserve: transfer from reserves Entnahme aus den Rücklagen
reserve: transfer to profit reserves Einstellung in die Gewinnrücklagen
reserve: transfer to reserves Dotierung von Rücklagen
– Einstellung in die Rücklagen
– Rücklagen dotieren
– Rücklagendotierung
– Rücklagenzuweisung
– Zuführung in die Rücklagen
– Zuführung zu den Rücklagen
– Zuweisung zu den Rücklagen
reserve: unappropriated reserve freie Rücklage
reserve: unappropriated reserves ungebundene Rücklagen
reserve: uncommitted reserves freie Rücklagen
reserve: undisclosed reserve nicht ausgewiesene Rücklage
reserve: undisclosed reserves stille Reserven
reserve: untaxed reserve steuerfreie Rücklage
reserve: untaxed reserves unversteuerte Rücklagen
reserve {for} Rückstellung {für}
reserve account Rücklagenkonto
reserve for accrued commissions Provisionsrückstellung
reserve for guaranties Rückstellung für Bürgschaftsverpflichtungen
reserve for own shares Rücklage für eigene Anteile
reserve for reinvestment Reinvestitionsrücklage
reserve for repairs Reparaturrücklage
reserve for treasury stock *AE* Rücklage für eigene Anteile
reserve prescribed by articles statutarische Rücklage

reserves Reserven
reserves: appropriation to reserves Zuweisung zu den Rücklagen
reserves: off-balance-sheet reserves stille Reserven
reserves: realization of hidden reserves Aufdeckung stiller Reserven
reserves: set-up of reserves Reservebildung
reserves at disposal freie Rücklagen
reserves concealed in the pretransfer book value stille Reserven
reserves provided for by the articles of association satzungsmäßige Rücklagen
reserves under the by-laws satzungsmäßige Rücklagen
resicence: dual residence Doppelwohnsitz
residence Ansässigkeit
– Wohnsitz
residence: dual residence company doppelt ansässige Gesellschaft
residence: establish a tax residence steuerlichen Wohnsitz begründen
residence: family residence Familienwohnort
– Familienwohnsitz
residence: permanent residence ständiger Aufenthalt
– ständiger Wohnsitz
residence: place of residence ständiger Aufenthaltsort
residence: principle of residence Wohnsitzprinzip
residence: state of residence Ansässigkeitsstaat
– Wohnsitzstaat
residence: tax residence steuerlicher Wohnsitz
– Steuerwohnsitz
residence: transfer of residence Verlegung des Wohnsitzes
– Wohnsitzwechsel
residence permit Aufenthaltsgenehmigung
residence principle Wohnsitzprinzip
residence requirement Wohnsitzvoraussetzung
residency Ansässigkeit
residency: country of residency Wohnsitzstaat
residency: double residency Doppelansässigkeit
– doppelte Ansässigkeit
residency: dual residency doppelte Ansässigkeit
resident ansässig
– ansässige Person
– Gebietsansässiger
– Steuerinländer
– unbeschränkt Steuerpflichtiger
– wohnhaft
resident: dual resident doppelt ansässig
resident: dual resident company doppelt ansässige Gesellschaft
resident: permanent resident unbeschränkt Steuerpflichtiger
resident taxation *(liability to tax on a worldwide basis)* unbeschränkte Steuerpflicht
resident taxpayer inländischer Steuerpflichtiger
– Steuerinländer
residential: multi-family residential Mehrfamilienhaus
residential area Wohngebiet
residential real property Mietwohnungsgrundstück
residing {at} wohnhaft {in}
residual book value Restbuchwert
residual value Buchrestwert
– Restwert
residuary clause Auffangbestimmung
– Auffangvorschrift
resign *(from office)* zurücktreten
resignation Rücktritt *(Amt)*
resistance to state authority Widerstand gegen die Staatsgewalt
resistance to taxation Steuerwiderstand
resolution Beschluß *(Dividende)*
resolution: board resolution Beschluß des Board of Directors
resolution: competent to pass a resolution beschlußfähig
resolution: distribution resolution Ausschüttungsbeschluß

resolution: dividend resolution Dividendenbeschluß
resolution: shareholders' resolution Aktionärsbeschluß
– Gesellschafterbeschluß
resolution: supervisory board resolution Verwaltungsratsbeschluß
resolution on distribution of profits Gewinnverteilungsbeschluß
resolution to dissolve Auflösungsbeschluß
resolutory condition auflösende Bedingung
resolve beschließen
resort {to} Gebrauch machen {von}
– Zugriff nehmen {auf}
– zurückgreifen {auf}
resources: allocation of resources Vergabe von Mitteln
– Zuteilung von Mitteln
resources: human asset resources Humanvermögen
respect: in respect of bezüglich
respect: with respect to bezüglich
respite Stundung
respite: grant a respite Aufschub gewähren
– stunden
respite: interest charged for respite Stundungszinsen
respite: request for respite Stundungsantrag
respite for payment Stundung
respite for the payment of taxes Steuerstundung
respondent Antragsgegner
– Beklagter
responsibility Haftung
– Verantwortlichkeit
– Vertretenmüssen
responsibility: accept responsibility {for} verantworten
responsibility: criminal responsibility Zurechnungsfähigkeit
responsibility: scope of responsibility Verantwortungsbereich
responsible: be responsible for zu vertreten haben
responsible {for} verantwortlich {für}
responsible for maintenance unterhaltspflichtig
restitute herausgeben
restitution Entschädigung
– Rückerstattung
– Rückgabe erhaltener Leistungen
– Rückgewähr
– Wiedereinsetzung in den vorherigen Stand
– Wiederherstellung
– Wiederherstellung des früheren Rechtszustandes
restitution in integrum Wiedereinsetzung in den vorigen Stand
restitution in kind Naturalrestitution
restoration Wiederherstellung
restore the original conditions ursprünglichen Zustand wiederherstellen
restraining order *AE* einstweilige Verfügung
– *AE* richterliches Verbot
restraint {on} Beschränkung {hinsichtlich}
restraint of competition Wettbewerbsbeschränkung
– Wettbewerbsverbot
restraint on disposal Verfügungsbeschränkung
restrict transferability vinkulieren
restricted: with restricted transferability vinkuliert
restriction: foreign exchange restrictions Devisenbeschränkungen
restriction of title Eigentumsbeschränkung
restrictions on the flow of funds Beschränkungen des Kapitalverkehrs
– Kapitalverkehrsbeschränkungen
restrictive interpretation enge Auslegung
– restriktive Auslegung
restructure debt umschulden
restructuring Umstellung
– Umstrukturierung
restructuring: debt restructuring Umschuldung
restructuring: start-up, business expansion and restructuring expenses Aufwendungen für das In-

R

gangsetzen, Erweitern und Umstellen eines Betriebes
result Ergebnis
result: monthly result Monatsergebnis
result: net result Nettoergebnis
result: operating result Betriebsergebnis
– Geschäftsergebnis
– ordentliches Betriebsergebnis
result: operating results Betriebsergebnis
result: prior-year result Vorjahresergebnis
result: semi-annual result Halbjahresergebnis
result after taxes Ergebnis nach Steuern
result for the year Jahreserfolg
– Jahresergebnis
results: extraordinary results außerordentliches Ergebnis
results: financial results Finanzergebnis
results: intermediate results Zwischenergebnis
results: nonoperating results neutrales Ergebnis
results: statement of results Ergebnisübersicht
results from ordinary activities Ergebnis der gewöhnlichen Geschäftstätigkeit
resume payments Zahlungen wiederaufnehmen
resumption Wiederaufnahme
retail trade Einzelhandel
retailer Einzelhändler
retain einbehalten
– nicht ausschütten
– thesaurieren
– zurückbehalten
retain: duty to retain records Aufbewahrungspflicht
retain: obligation to retain records Aufbewahrungspflicht
retain earnings thesaurieren
retain profits thesaurieren
retain title {to} sich das Eigentum vorbehalten {an/am}
retained einbehalten
– nicht ausgeschüttet
– nicht verteilt
– thesauriert
retained earnings einbehaltene Gewinne
– nicht ausgeschütteter Gewinn
– thesaurierter Gewinn
retained profits thesaurierter Gewinn
retainer Honorarvorschuß
retainer fee Gebührenvorschuß
retaining of earnings Thesaurierung
retaliatory measure Vergeltungsmaßnahme
retention Einbehalt
– Selbstbehalt
– Selbstbeteiligung
– Thesaurierung
– Zurückbehaltung
retention: earnings retention Thesaurierung
retention: guarantee retention *BE* Garantieeinbehalt
retention: guaranty retention *AE* Garantieeinbehalt
retention: profit retention Gewinnthesaurierung
– Thesaurierung
retention: records retention period Aufbewahrungsfrist
retention: right of retention Zurückbehaltungsrecht
retention: self-retention Eigenbelastung
– Selbstbehalt
– Selbstbeteiligung
retention: trader's right of retention kaufmännisches Zurückbehaltungsrecht
retention of earnings Gewinnthesaurierung
– Thesaurierung
– Thesaurierung von Gewinnen
retention of profits Gewinnthesaurierung
– Thesaurierung
– Thesaurierung von Gewinnen
retention of property Eigentumsvorbehalt

retention of right to tax Besteuerungsvorbehalt
retention of title Eigentumsvorbehalt
retention of wage Lohneinbehaltung
retention period Aufbewahrungsfrist
retention-of-title clause Eigentumsvorbehaltsklausel
retired asset ausgeschiedenes Wirtschaftsgut
retirement Ruhestand
retirement: asset retirements Abgänge
retirement: fixed asset retirements Anlagenabgänge
retirement fund Pensionskasse
retirement of a fixed asset Stillegung eines Anlagegutes
retirement of fixed assets Anlagenabgänge
retirements Abgänge
retransfer rückübertragen
– Rückübertragung
retransfer a provision Rückstellung auflösen
retransfer a reserve Rücklage auflösen
retransfer of reserves Rücklagenauflösung
retransfer of valuation allowances Auflösung von Wertberichtigungen
retroaction Rückwirkung
retroactive rückwirkend
retroactive: with retroactive effect mit rückwirkender Kraft
retroactive effect rückwirkende Kraft
retroactivity Rückwirkung
retroactivity: constitutional ban on retroactivity Rückwirkungsverbot
– verfassungsrechtliches Rückwirkungsverbot
retroactivity: detrimental retroactivity Rückwirkung zum Nachteil *(zB des Steuerpflichtigen)*
retrospective rückwirkend
retrospective effect rückwirkende Kraft
retrospectivity Rückwirkung
return Ertrag
– Rendite
– rückerstatten
– Rücksendung
return: cash return Barüberschuß
return: effective rate of return Effektivverzinsung
return: in return {for} als Gegenleistung {für}
return: information return Steuermeldung
return: internal rate of return interner Zinsfuß
return: joint return gemeinsame Steuererklärung
– Zusammenveranlagung
return: sales returns Rücksendungen
return: self-assessment return Steueranmeldung
return: separate return getrennte Veranlagung
return: VAT return on a monthly/quarterly basis Umsatzsteuervoranmeldung
return charge Rückbelastung
return debit Rückbelastung
return of capital Kapitalrückgewähr
– Kapitalrückgewährung
– Kapitalrückzahlung
return of work Arbeitsertrag
return receipt Rückschein
return to work Arbeit wiederaufnehmen
returned purchases Rücksendungen
returned sales Rücksendungen
returns Retouren
returns and allowances Retouren, Rabatte und sonstige Nachlässe
revaluation Neubewertung
revaluation: inventory revaluation Neubewertung des Vorratsvermögens
revaluation: surplus arising from revaluation Gewinn aus Neubewertung
revaluation: upward revaluation Höherbewertung
revaluation method Neubewertungsmethode
revaluation reserve Neubewertungsrücklage
revenue: accrued revenue antizipative Aktiva *(Ertragsabgrenzung/in*

R

Deutschland Ausweis unter 'sonstige Vermögensgegenstände')
revenue: deferred revenue passive Rechnungsabgrenzung *(Ertragsabgrenzung)*
– transitorische Passiva *(Ertragsabgrenzung)*
revenue: differential revenues Grenzerlöse
revenue: gross operating revenue betriebliche Bruttoerträge
revenue: gross revenue Bruttoerlöse
revenue: incremental revenues Grenzerlöse
revenue: marginal revenues Grenzerlöse
revenue: matching of revenue and expense Periodenabgrenzung
revenue: matching-of-revenue-and-cost principle Grundsatz der Periodenabgrenzung
revenue: national tax revenue nationales Steueraufkommen
– Steueraufkommen
revenue: net revenue Nettoerlös
revenue: nonoperating revenue betriebsfremder Ertrag
– neutrale Erträge
revenue: operating revenue Betriebsertrag
revenue: tax revenue Steueraufkommen
revenue: unrealized revenue unrealisierter Ertrag
revenue account Erlöskonto
– Ertragskonto
revenue accounting Erlösrechnung
revenue and expense account Erfolgskonto
revenue and expense items Ertrags- und Aufwandsposten
revenue authority *BE* Steuerbehörde
revenue controlling Ertragscontrolling
revenue investigator *BE* Steuerfahnder
revenue law Finanzrecht
revenue neutral aufkommensneutral
revenue office Finanzamt
revenue pattern Einnahmestruktur
revenue planning Ertragsplanung
revenue recognition Ertragsrealisierung
revenue reducing erlösmindernd
revenue reserves *BE* Gewinnrücklagen
revenue stream Einnahmenstrom
– Erlösstrom
revenues: sales revenue *AE* Umsatzerlöse
revenues: sales revenues Verkaufserlöse
reversal Stornierung
– Storno
reversal: income from the reversal of accruals Erträge aus der Auflösung von Rückstellungen
reversal: income from the reversal of provisions Erträge aus der Auflösung von Rückstellungen
reversal of a judgment Aufhebung eines Urteils
reversal of accruals Auflösung von Rückstellungen
reversal of accrued liabilities Auflösung von Rückstellungen
reversal of an entry Stornierung
– Storno
reversal of reserves Auflösung von Rücklagen
– Rücklagenauflösung
reversal of the burden of proof Umkehr der Beweislast
reversal of write-downs Zuschreibungen
reverse: requirement to reverse write-downs where the reasons for them no longer exist Wertaufholungsgebot
– Zuschreibungsgebot
reverse a provision Rückstellung auflösen
reverse a reserve Rücklage auflösen
reverse an entry Buchung stornieren
– stornieren
reverse entry Rückbuchung
reversing entry Stornierungsbuchung
– Stornobuchung
reversion Anwartschaft *(auf Grundbesitz)*

– Heimfall
reversionary heir Nacherbe
reversionary succession Nacherbfolge
revert Heimfall
revert {to} heimfallen {an}
– zurückfallen {an}
– *(subject, letter)* zurückkommen {auf}
review Überprüfung
review: court of review Berufungsgericht
review: judicial review gerichtliche Überprüfung
review: limited review eingeschränkte Prüfung
– Teilprüfung
review: period under review Prüfungszeit
review: preliminary assessment subject to review Steuerfestsetzung unter Vorbehalt der Nachprüfung
reviewability Nachprüfbarkeit
– Rechtsmittelfähigkeit
reviewable nachprüfbar
– rechtsmittelfähig
revocation Rücktritt
– Widerruf
revocation of a gift Widerruf einer Schenkung
revocation of a will Testamentswiderruf
– Widerruf eines Testaments
revocation of an appointment Abberufung
revocation of authorization Widerruf der Genehmigung
revocation of licence to practise *BE* Widerruf der Zulassung
revocation of license to practice *AE* Widerruf der Zulassung
revoke widerrufen
revoke a gift Schenkung widerrufen
revoke a will Testament widerrufen
revolving revolvierend
rework: cost of rework Nachbesserungskosten
rework expenses Nachbesserungskosten
right Berechtigung
– Recht
right: assert a right Recht geltend machen
right: base oneself upon a right sich auf ein Recht berufen
right: claim a right Recht geltend machen
right: enjoy a right Recht genießen
right: exercise a right Recht ausüben
right: forfeit a right eines Rechts verlustig gehen
right: hold a right Recht innehaben
right: renounce a right auf ein Recht verzichten
right: subject of rights and duties Träger von Rechten und Pflichten
right: subrogation to the rights {of} Eintritt in die Rechte {von}
right in rem dinglicher Anspruch
– dingliches Recht
right of asylum Asylrecht
right of first refusal Vorkaufsrecht
right of pre-emption Vorkaufsrecht
right of redemption Ablösungsrecht
right of retention Zurückbehaltungsrecht
right of self-determination Selbstbestimmungsrecht
right of verification Kontrollrecht
right of way Wegerecht
right ot objection Einspruchsrecht
right to collect Hebeberechtigung
right to demonstrate Demonstrationsrecht
right to give instructions Direktionsrecht
– Weisungsbefugnis
right to inspect books and records Recht auf Prüfung der Bücher
right to inspect the books Einsichtsrecht in die Geschäftsbücher
right to paid vacation Urlaubsanspruch
right to rescind Rücktrittsrecht
right to strike Streikrecht
right to tax Besteuerungsbefugnis
– Besteuerungsrecht
– Steuerhoheit
right to tax: retention of right to tax Besteuerungsvorbehalt

right to use Nutzungsrecht
right to vote Stimmrecht
right to withdraw Entnahmerecht
- Rücktrittsrecht
rights and duties Rechte und Pflichten
rights issue *BE* Bezugsrechtsemission
risk Gefahr
- Risiko
risk: for account and risk of auf Rechnung und Gefahr von
risk: on own risk auf eigene Gefahr
risk: passing of risk Gefahrübergang
risk: run a risk Risiko eingehen
risk of accidental loss of the good Risiko des zufälligen Untergangs der Sache
risk of escape Fluchtgefahr
risk of flight Fluchtgefahr
risk of spoilage Ausschußwagnis
risk premium Risikoprämie
risk shifting Risikoverlagerung
robbery Raub
rollover Überleitung
rollover: basis rollover Buchwertfortführung
- Buchwertfortsetzung
- Buchwertverknüpfung
rollover: tax neutral rollover of basis Buchwertfortführung
- Buchwertverknüpfung
rollover of basis Buchwertfortführung
- Buchwertverknüpfung
rollover of basis of assets and liabilities Buchwertfortführung
- Buchwertverknüpfung
rough überschlägig
rough calculation überschlägige Berechnung
roughly überschlägig
round off abrunden
round up aufrunden
rounding off Abrundung
rounding up Aufrundung
route: invoicing route Rechnungsweg
royalty Lizenzgebühr
royalty: copyright royalty Urheberrechtslizenz
royalty: income from royalties Lizenzeinnahmen
royalty income Lizenzeinnahmen
royalty income: rental and royalty income Einkünfte aus Vermietung und Verpachtung
rule Bestimmung
- Norm
- Rechtsvorschrift
- Regelung
rule: accounting rule Bilanzierungsgrundsatz
- Bilanzierungsvorschrift
rule: anti-abuse rule Mißbrauchsbestimmung
- Mißbrauchsvorschrift
rule: anti-avoidance rules Mißbrauchsvorschriften
rule: attribution rule Zurechnungsregel
rule: basic rule Grundregel
rule: capitalization rule Ansatzvorschrift
rule: conflict rule *(private international law)* Kollisionsnorm *(Internationales Privatrecht)*
rule: conflict-of-laws rule *(private international law)* Kollisionsnorm *(Internationales Privatrecht)*
rule: de minimis amount rule Kleinbetragsregelung
rule: de minimis rule Bagatellregelung
rule: derogation rule Ausnahmevorschrift
rule: distributive rule Verteilungsnorm
rule: exemption rule Befreiungsvorschrift
rule: express rule ausdrückliche Regelung
rule: general rule Grundregel
rule: grandfather rule Übergangsregelung für Altfälle
rule: internal rules Geschäftsordnung
rule: interpretative rule Auslegungsregel
- Auslegungsvorschrift
rule: non-discrimination rule Diskriminierungsverbot
rule: substance over form rule Rege-

lung, die den wirtschaftlichen Gehalt einer Transaktion über die formale Gestaltung stellt
rule: tie-breaker rule *AE* Bestimmung für Stichentscheid
rule: transition rule Übergangsbestimmung
– Übergangsregelung
– Übergangsvorschrift
rule: transitional rule Übergangsbestimmung
– Übergangsregelung
– Übergangsvorschrift
rule: valuation rule Bewertungsgrundsatz
– Bewertungsvorschrift
rule of interpretation Auslegungsregel
– Auslegungsvorschrift
ruled to be abusive by case law von der Rechtsprechung als mißbräuchlich erachtet
rules of competition Wettbewerbsregeln
rules of procedure Geschäftsordnung
– Verfahrensregeln
– Verfahrensvorschriften
rules of valuation and classification Bewertungs- und Gliederungsvorschriften
ruling *(authority, court)* Entscheidung *(Behörde, Gericht)*
– *(court)* Gerichtsentscheidung
– *(court)* Urteil
ruling: advance ruling verbindliche Auskunft
ruling: binding ruling verbindliche Auskunft
ruling: court ruling gerichtliche Entscheidung
– Gerichtsentscheidung
– Gerichtsurteil
ruling: court rulings Rechtsprechung
ruling: preliminary ruling Vorabentscheidung
ruling: tariff ruling Zolltarifauskunft
ruling: tax court ruling finanzgerichtliche Entscheidung
ruling request Antrag auf Erteilung einer verbindlichen Auskunft
run: term runs Frist läuft
run a risk Risiko eingehen
running laufend
running: interruption of the running of the statute of limitations Unterbrechung der Verjährung
running: suspension of the running of the statute of limitations Hemmung der Verjährung
running business laufender Geschäftsbetrieb
running of interest Zinslauf
running-in expenses *BE* Anlaufkosten

S

S&L Savings and Loan Association *(bausparkassenähnliches Kreditinstitut)*
safe-custody charge Depotgebühr
safe-custody fee Depotgebühr
safeguard clause Schutzklausel
safeguarding clause Schutzklausel
safety: work safety Arbeitssicherheit
safety at work Arbeitssicherheit
said genannt
salaried employee Gehaltsempfänger
salary Gehalt
salary: advance on salary Gehaltsvorschuß
salary: aggregate wages and salaries Lohnsumme
salary: base salary Grundgehalt
salary: basic salary Grundgehalt
salary: gross salary Bruttogehalt
salary: loss of salary Verdienstausfall *(Gehalt)*
salary: total of wages and salaries Lohnsumme
salary: wages and salaries Löhne und Gehälter
salary account Gehaltskonto
salary advance Gehaltsvorschuß
salary increase Gehaltserhöhung
salary raise Gehaltserhöhung
salary total Gehaltssumme

sale Verkauf
sale by public auction öffentliche Versteigerung
sale by sample Kauf nach Muster
sale of a pledge Pfandverkauf
sale of business Betriebsveräußerung
– Geschäftsveräußerung
sale on approval Kauf auf Probe
sale on credit Verkauf auf Ziel
– Zielverkauf
sale on trial Kauf auf Probe
sale or return Kauf mit Rückgaberecht
sale with option of repurchase Verkauf mit Recht auf Wiederkauf
sale with right of redemption Kauf mit Rückgaberecht
sales Umsatz
– *AE* Umsatzerlöse
sales account Leistungskonto
sales account: merchandise sales account Warenverkaufskonto
sales agent Handelsvertreter
sales and income accounts Leistungs- und Erlöskonten
sales book Warenausgangsbuch
sales chain Absatzweg
sales commission Verkaufskommission
sales contract Kaufvertrag
sales costs Vertriebskosten
sales director Verkaufsleiter
sales index Umsatzindex
sales journal Warenverkaufsbuch
sales law Kaufvertragsrecht
sales order Verkaufsauftrag
sales price Verkaufspreis
sales proceeds Verkaufserlöse
sales promotion Verkaufsförderung
sales representative Verkaufsrepräsentant
sales returns Rücksendungen
sales revenue *AE* Umsatzerlöse
sales revenue: gross sales revenue Bruttoumsatzerlös
sales revenue: internal sales revenue *AE* Innenumsatzerlöse
sales revenue: internal turnover *BE* Innenumsatzerlöse
sales revenues Verkaufserlöse
sales value Veräußerungswert
sales warranties Gewährleistung des Verkäufers für Sach- und Rechtsmängel
salesman Verkäufer
– Vertreter
salvage value Altmaterialwert
– Restwert
– Schrottwert
sample Muster
– Stichprobe
– Warenmuster
sample: sale by sample Kauf nach Muster
sample: statistical sample statistische Stichprobe
sampling Stichprobenprüfung
sampling: audit sampling bewußte Auswahl
sampling: statistical sampling Stichprobenprüfung
sampling inventory Stichprobeninventur
sanction Sanktion
– sanktionieren
sanction: economic sanctions wirtschaftliche Sanktionen
sanction: impose sanctions Sanktionen verhängen
SAS Statements on Auditing Standards
satisfaction: accord and satisfaction an Erfüllungs Statt
– Annahme an Erfüllungs Statt
– Leistung an Erfüllungs Statt
– vergleichsweise Erfüllung
satisfaction: demonstrate to the satisfaction {of} glaubhaft machen {gegenüber}
satisfaction: separate satisfaction Absonderung
savers' exemption Sparerfreibetrag
saving: tax saving Steuerersparnis
saving: tax-privileged saving steuerbegünstigtes Sparen
saving clause Schutzklausel
savings: cost savings Kostenersparnisse
Savings and Loan Association *S&L*

bausparkassenähnliches Kreditinstitut
savings and loan bank Bausparkasse
savings bank Sparkasse
savings bank: mutual savings bank Sparkasse nach Genossenschaftsprinzip
savings book Sparbuch
Schachtelprivileg: participation exemption with activity test Schachtelprivileg mit Aktivitätsklausel
schedule Aufstellung
– Liste
– planen
– Zeitplan
schedule: according to schedule nach Plan
– planmäßig
schedule: depreciation schedule Abschreibungsplan
schedule: fixed-asset movement schedule Anlagenspiegel
schedule: pay schedule Lohntabelle
schedule: tax rate schedule Steuersatztabelle
schedule: tax schedule Steuertabelle
schedule: wage schedule Lohntabelle
schedule of creditors in bankruptcy Konkurstabelle
scheduled geplant
– vorgesehen
scheduled depreciation planmäßige Abschreibung
scheme: pension scheme Pensionsplan
scheme: tax avoidance scheme Steuervermeidungsmodell
scheme: tax circumvention scheme Steuervermeidungsmodell
science: auditing science Revisionslehre
science: computer science Informatik
scope Anwendungsbereich
– Geltungsbereich
– Regelungsbereich
scope: audit scope Prüfungsumfang
scope: outside the scope of taxation von der Besteuerung ausgenommen
scope: personal scope persönlicher Anwendungsbereich
– persönlicher Geltungsbereich
scope: territorial scope räumlicher Anwendungsbereich
scope: turnover outside the scope of VAT nichtsteuerbare Umsätze
scope: within the scope of VAT steuerbar *(USt)*
scope of application Anwendungsbereich
– Geltungsbereich
– Regelungsbereich
scope of audit Prüfungsumfang
scope of authority Geltungsbereich der Vertretungsbefugnis
– Geltungsbereich der Vollmacht
– Umfang der Vertretungsbefugnis
– Umfang der Vollmacht
scope of coverage Deckungshöhe
scope of discretion Ermessensspielraum
scope of duties Aufgabenbereich
scope of duty of care Umfang der Sorgfaltspflicht
scope of responsibility Verantwortungsbereich
scrap Altmaterial
scrap: proceeds from the sale of scrap Schrotterlös
scrap value Altmaterialwert
– Schrottwert
scrip issue *BE* Ausgabe von Berichtigungsaktien
– *BE* Ausgabe von Gratisaktien
– *BE* Emission von Berichtigungsaktien
– *BE* Emission von Gratisaktien
– Gratisaktien
scrip share Berichtigungsaktie
– Gratisaktie
sea: high seas hohe See
seal: company seal Firmensiegel
seal: contract under seal gesiegelter Vertrag
seal: corporate seal Gesellschaftssiegel
search Durchsuchung

S

– Recherche
– recherchieren
search: patent search Suche nach bereits registrierten, einschlägigen Patenten
search: title search Suche nach dem rechtmäßigen Eigentümer *(eines Grundstückes)*
seasonal variance Saisonabweichung
seat Sitz
seat: management seat Sitz *(Geschäftsleitung)*
seat: registered seat Sitz
seat: statutory seat Registersitz
– satzungsmäßiger Sitz
seat in parliament Sitz im Parlament
seat of a corporation Sitz
SEC Securities and Exchange Commission *(US-Wertpapier- und Börsenaufsichtsbehörde)*
second reminder zweite Mahnung
secondary adjustment Folgeanpassung
– Folgeberichtigung
– Sekundärberichtigung
– sekundäre Berichtigung
secondary market Sekundärmarkt
secondary occupation Nebenbeschäftigung
– Nebentätigkeit
second-tier subsidiary Enkelgesellschaft
secrecy: bank secrecy Bankgeheimnis
secrecy in tax matters Steuergeheimnis
secret: business secret Betriebsgeheimnis
– Geschäftsgeheimnis
secret: disclose a secret Geheimnis preisgeben
secret: trade secret Betriebsgeheimnis
– Geschäftsgeheimnis
section Abschnitt
– Paragraph *(Gesetzesparagraph)*
sector: construction sector Baugewerbe
sector: private sector Privatwirtschaft
secure sichern
secure a credit Kredit sichern
secure a loan Darlehen sichern
– Kredit sichern
secured gesichert
secured: debt secured by mortgage hypothekarisch gesicherte Forderung
secured: unsecured ungesichert
secured by property dinglich besichert
secured creditor absonderungsberechtigter Gläubiger
secured loan gesichertes Darlehen
secured party Sicherungsnehmer
securities Wertpapiere
Securities and Exchange Act Wertpapier- und Börsenaufsichtsgesetz
Securities and Exchange Commission *SEC* US-Börsenaufsichtsbehörde
– *SEC* US-Wertpapier- und Börsenaufsichtsbehörde
securities broker Effektenmakler
securities exchange Effektenbörse
securities' listing Kurszettel
securities offering Wertpapieremission
securities tax Wertpapiersteuer
securities turnover tax Börsenumsatzsteuer
securitization Verbriefung
securitize verbriefen
security Kreditsicherheit
– Sicherheit
– Wertpapier
security: accessory security akzessorische Sicherheit
security: assignment for security Sicherungsabtretung
security: bearer security Inhaberpapier
security: debt security Schuldverschreibung
security: equity security Anteilspapier
– Dividendenpapier

security: fixed-interest security festverzinsliches Wertpapier
security: funds pledged as security Sicherungsgelder
security: fungible securities Effekten
security: furnish security {for} Sicherheit stellen {für}
security: furnsih security {for} Sicherheit leisten {für}
security: give security {for} Sicherheit leisten {für}
– Sicherheit stellen {für}
security: income from securities Wertpapiererträge
security: index-linked security Indexanleihe
security: interest on securities Zinserträge aus Wertpapieren
security: interest-bearing security Zinspapier
security: issuance of securities Wertpapieremission
security: lend against collateral security beleihen
security: long-term securities Wertpapiere des Anlagevermögens
security: marketable securities börsenfähige Wertpapiere
– börsengängige Wertpapiere
– Wertpapiere des Umlaufvermögens
security: noncurrent securities Wertpapiere des Anlagevermögens
security: other securities sonstige Wertpapiere
security: party providing security Sicherungsgeber
security: profit-sharing securities Wertpapiere mit Gewinnbeteiligung
security: provide security {for} Sicherheit leisten {für}
– Sicherheit stellen {für}
security: registered security Namenspapier
security: release of a security Freigabe einer Sicherheit
security: securities Wertpapiere
security: tax on securities Wertpapiersteuer
security: value as collateral security Beleihungswert
security: work security Arbeitsschutz
security: write-down of securities Abschreibungen auf Wertpapiere
security agreement Sicherungsvertrag
security clause Sicherungsklausel
security deposit Kaution
security for costs Kostenvorschuß
security for rent Mietkaution
security interest Sicherungsrecht
see above siehe oben
see below siehe unten
see infra siehe unten
see supra siehe oben
segment: market segment profit analysis Gewinnanalyse nach Marktsegmenten
segmental information Informationen nach Bereichen
segmental reporting Segmentberichterstattung
segregation Abgrenzung
segregation: claim for segregation and recovery of assets not belonging to the bankrupt's estate Aussonderungsanspruch
segregation from bankrupt's estate Aussonderung
seize beschlagnahmen
– pfänden
seized beschlagnahmt
seizing Beschlagnahme
seizure Beschlagnahme
– Pfändung
seizure: anticipatory seizure Arrest
seizure: exemption from seizure Pfändungsschutz
seizure: prejudgment seizure Arrest
seizure of property by tax authorities Steuerpfändung
self insurance Selbstversicherung
self-accusation Selbstanklage
– Selbstanzeige
self-accusation of tax evasion Selbstanzeige
self-assessment Selbstveranlagung
self-assessment: period for preliminary self-assessment Voranmeldungszeitraum

S

self-assessment return Steueranmeldung
self-assessment wage tax return to be filed by employer Lohnsteueranmeldung
self-constructed selbsterstellt *(Materialgut)*
self-construction - own expenses capitalized *AE* aktivierte Eigenleistungen
self-contained in sich geschlossen
self-contained unit geschlossene Anlage
self-contracting Insichgeschäft
self-dealing Insichgeschäft
self-defence *BE* Notwehr
self-defense *AE* Notwehr
self-determination: right of self-determination Selbstbestimmungsrecht
self-developed selbsterstellt *(Immaterialgut)*
self-employed activity selbständige Tätigkeit
self-employed person selbständig Tätiger
self-employment income Einkünfte aus selbständiger Arbeit
self-executing law unmittelbar anwendbares Recht
self-financing Selbstfinanzierung
self-generated goodwill originärer Firmenwert
self-incrimination Selbstanklage
– Selbstanzeige
self-policing Selbstkontrolle
self-prepared document Eigenbeleg
self-prepared voucher Eigenbeleg
self-regulation Selbstverwaltung
self-retention Eigenbelastung
– Selbstbehalt
– Selbstbeteiligung
self-retention: reasonable self-retention zumutbare Belastung
– zumutbare Eigenbelastung
sell veräußern
– verkaufen
sell on weiterverkaufen
seller Stillhalter
– Verkäufer
seller of an option Stillhalter
selling Verkauf
selling costs Vertriebskosten
selling expenses Vertriebsaufwendungen
– Vertriebskosten
selling off in bits and pieces Einzelverkauf
selling price Verkaufspreis
selling short Leerverkauf
semi-annual halbjährlich
semi-annual: on a semi-annual basis halbjährlich
semi-annual balance sheet Halbjahresbilanz
semi-annual report Halbjahresbericht
semi-annual result Halbjahresergebnis
semi-finished goods unfertige Erzeugnisse
semi-finished product Halbfertigerzeugnis
semi-fixed costs intervallfixe Kosten
– sprungfixe Kosten
– Sprungfixkosten
semi-variable costs teilproportionale Kosten
send senden
– versenden
send c.o.d. *(cash on delivery/US: collect on delivery)* per Nachnahme senden
sender Versender
senior bevorrechtigt
– ranghöher
– vorrangig
senior creditor bevorrechtigter Gläubiger
seniority bonus Treueprämie
sentence Strafe
– Strafmaß
– Strafurteil
sentence: maximum sentence Höchststrafe
sentence: minimum sentence Mindeststrafe
sentence: mitigation of sentence Strafmilderung
sentencing Verurteilung
separate absondern

separate: legally separate rechtlich eigenständig
separate accounting method *(profit determination of a permanent establishment)* direkte Methode *(der Betriebsstättengewinnermittlung)*
separate assessment getrennte Veranlagung
separate determination of profits gesonderte Gewinnfeststellung
separate entity fiction Selbständigkeitsfiktion
separate return getrennte Veranlagung
separate satisfaction Absonderung
separate stating of VAT Ausweis von Umsatzsteuer
separately {therefrom} unabhängig {davon}
separation Absonderung
– Trennung
separation of powers Gewaltenteilung
separation of property Gütertrennung
sequence Reihenfolge
sequestrate beschlagnahmen
– zwangsverwalten
sequestration Beschlagnahme *(gerichtlich angeordnet)*
– Zwangsverwaltung
series of payments Zahlungsreihe
servant: civil servant Beamter
– öffentlich Bediensteter
serve {upon} zustellen {an} *(gerichtlich/verwaltungsmäßig)*
serve a judgment {upon} Urteil zustellen {an}
serve as tätig sein als
serve the company as tätig sein für die Gesellschaft als
service Dienstleistung
– *(mail, post)* Zustellung *(förmlich)*
service: ancillary service Hilfsleistung
– Nebenleistung
service: assist services Hilfsleistungen
service: civil service öffentlicher Dienst
service: cost of purchased services Aufwendungen für bezogene Leistungen
service: financial services Finanzdienstleistungen
service: goods and services Waren und Dienstleistungen
service: government service öffentlicher Dienst
service: independent professional services freiberufliche Dienstleistungen
service: perform services Dienstleistungen erbringen
service: performance of professional services Erbringung von freiberuflichen Dienstleistungen
service: person authorized to accept service Zustellungsbevollmächtigter
service: personal services in an independent capacity selbständige Tätigkeit
service: professional services freiberufliche Dienstleistungen
service: provider of services Dienstleister
service: render services Dienstleistungen erbringen
service: supply of services Erbringung sonstiger Leistungen
– Erbringung von Dienstleistungen
service: support services Hilfsleistungen
service abroad Zustellung im Ausland
service establishment Dienstleistungsbetriebsstätte
service ex officio Zustellung von Amts wegen
service in a foreign country Zustellung im Ausland
service life: estimated service life geschätzte Nutzungsdauer
service mark Dienstleistungsmarke
service of a judgment Zustellung eines Urteils
service of legal action {upon} Klagezustellung {an}
service provider Dienstleister

service recipient Dienstleistungsempfänger
service renderer Dienstleister
service-output method of depreciation Abschreibung nach Maßgabe der Beanspruchung
services: unfinished goods or services unfertige Leistungen
services not yet invoiced nocht nicht abrechenbare Leistungen
services received bezogene Leistungen
servitude: land servitude *BE* Grunddienstbarkeit
servitude: real servitude Grunddienstbarkeit
session Sitzung
session: in closed session unter Ausschluß der Öffentlichkeit
set festgesetzt
set: within the set period fristgerecht
set a precedent Präzedenzfall schaffen
set aside außer Kraft setzen
– beiseite legen
– für unwirksam erklären
set aside a judgment Urteil aufheben
set aside an agreement Vertrag für ungültig erklären
set in motion einleiten
set of books Buchungskreis
set of formulas Formelwerk
set off aufrechnen
– saldieren
set off {against} aufrechnen {mit}
– verrechnen {mit}
set off a claim against another claim Anspruch gegen einen anderen aufrechnen
set off losses Verluste ausgleichen
set up bilden *(Bilanzposten)*
– einrichten
– gründen
set up a balance sheet account Bilanzposten bilden
set up a provision Rückstellung bilden
set up a reserve Rücklage bilden
set up an account Konto einrichten
set-off Aufrechnen
– Aufrechnung
– Verrechnung
set-off: balance set-off Saldenverrechnung
set-off: be subject to set-off aufrechenbar
set-off: loss set-off Verlustausgleich
set-off: performance by way of set-off Erfüllung im Wege der Aufrechnung
set-off {against} Aufrechnung {mit}
set-off difference Aufrechnungsdifferenz
set-off of benefits Vorteilsausgleich
set-off of losses Verlustausgleich
setting in motion Einleitung
setting up: cost of setting up Einrichtungskosten
setting-up Aufstellung
– Bildung
setting-up of reserves Bildung von Rücklagen
settle Vergleich schließen
settle a dispute by compromise Streit durch Vergleich beilegen
settle amicably gütlich regeln
settle an account Konto glattstellen
settle by contract vertraglich regeln
settle contractually vertraglich regeln
settlement Begleichung
– Beilegung
– Regelung
– Schlichtung
– Vergleich
settlement: balance sheet for settlement purposes Auseinandersetzungsbilanz
settlement: cash settlement Ausgleichszahlung *(Finanzinstrument)*
– Barausgleich
– Differenzausgleich in Geld
settlement: claim settlement expenses Schadensregulierungskosten
settlement: claims settlement Schadensregulierung
settlement: compulsory settlement Zwangsvergleich
settlement: court settlement gerichtlicher Vergleich

settlement: dispute settlement Streitbeilegung
settlement: end-of-month settlement Ultimoabrechnung
settlement: out-of-court settlement außergerichtlicher Vergleich
settlement: voluntary settlement freiwillige Schlichtung
settlement account Abrechnungskonto
settlement agreement Vergleichsvereinbarung
settlement balance Auseinandersetzungsguthaben
settlement by arbitration schiedsgerichtliche Beilegung
settlement date Abrechnungstermin
settlement in court gerichtlicher Vergleich
settlement negotiations Vergleichsverhandlungen
settlement of dispute Streitbeilegung
settlement of disputes Beilegung von Streitigkeiten
settlement out of court außergerichtliche Einigung
settlement period Abrechnungszeitraum
settlement quota Vergleichsquote
settlement talks Vergleichsverhandlungen
settlor *(foundation)* Stifter
– *(trust)* Treugeber
set-up Aufstellung
– Bildung
set-up of accruals Bildung von Rückstellungen
set-up of accrued liabilities Bildung von Rückstellungen
set-up of books Einrichten von Büchern
set-up of reserves Reservebildung
– Rücklagenbildung
severable teilbar
several: joint and several creditor Gesamtgläubiger
several: joint and several debt Gesamtschuld
several: joint and several debtor Gesamtschuldner
severally: jointly and severally gesamtschuldnerisch
severance pay Abfindung *(Entlassung)*
– Abfindung bei Entlassung
severance payment: accrual for severance payments *OE* Rückstellung für Abfertigungen
severance payment: provision for severance payments *OE* Rückstellung für Abfertigungen
sewage Abwasser
sexual offence *BE* Sexualstraftat
sexual offense *AE* Sexualstraftat
SFAS Statement of Financial Accounting Standards
shady *(informal)* zweifelhaft
shall be in writing bedarf der Schriftform
sham Scheingeschäft
– Scheinhandlung
sham transaction Scheingeschäft
share Aktie
– Anteil
– Geschäftsanteil
share: block of shares Anteilspaket
share: distributed profit share ausgeschütteter Gewinnanteil
share: issuance of shares Aktienausgabe
– Aktienemission
share: no par share nennwertlose Aktie
share: no-par-value share nennwertlose Aktie
share: reserve for own shares Rücklage für eigene Anteile
share capital Aktienkapital
– Gesellschaftskapital
– Grundkapital
– Nennkapital
– Stammkapital
share capital - unpaid ausstehende Einlagen auf das gezeichnete Kapital
share capital: increase in share capital Kapitalerhöhung
share capital: reduction of share capital Kapitalherabsetzung
share capital: registered share capital Stammkapital

share certificate Aktienschein
– Aktienurkunde
– Anteilsschein
share exchange Anteilstausch
share in profits Gewinnbeteiligung
share of profits Gewinnanteil
share option Aktienbezugsrecht
– Aktienoption
– Anteilsbezugsrecht
share ownership Aktienbesitz
– Anteilsbesitz
share premium Agio
– Aufgeld
– Emissionsagio
share premium account Agiorücklage
– Kapitalrücklage
share premium reserve Agiorücklage
share price Aktienkurs
share split Aktiensplit
share swap Anteilstausch
share-for-share exchange Anteilstausch
shareholder Aktionär
– Anteilseigner
– Anteilsinhaber
– Gesellschafter
shareholder: annual shareholders' meeting Jahreshauptversammlung
shareholder: loans to shareholders Ausleihungen an Gesellschafter
shareholder: majority shareholder mehrheitlich beteiligter Gesellschafter
– Mehrheitsaktionär
– Mehrheitsgesellschafter
shareholder: minority shareholder Minderheitsaktionär
– Minderheitsgesellschafter
shareholder: nonresident shareholder ausländischer Anteilseigner
shareholder: one-shareholder company Einmanngesellschaft
shareholder contribution Gesellschaftereinlage
shareholder debt Gesellschafterdarlehen
shareholder debt financing Gesellschafterfremdfinanzierung
shareholder entitled to an imputation credit anrechnungsberechtigter Anteilseigner
shareholder loan Gesellschafterdarlehen
shareholder loans Gesellschafterfremdfinanzierung
shareholder not entitled to imputation tax credit nicht anrechnungsberechtigter Anteilseigner
shareholders' equity Eigenkapital
shareholders' equity: statement of shareholders' equity *BE* Eigenkapitalspiegel
shareholders' equity and liabilities Passiva
shareholders' meeting Gesellschafterversammlung
– Hauptversammlung
shareholders' meeting: convene a shareholders' meeting Gesellschafterversammlung einberufen
shareholder's pre-emptive right Aktionärsbezugsrecht
shareholders' resolution Aktionärsbeschluß
– Gesellschafterbeschluß
shareholding Beteiligung
– Beteiligungsbesitz
shareholding: cross shareholdings wechselseitige Beteiligungen
shareholding: material shareholding wesentliche Beteiligung
shareholding: substantial shareholding wesentliche Beteiligung
shareholding relationship Beteiligungsverhältnis
shares: bonus shares Gratisaktien
shares: contribution of shares Anteilseinbringung
shares in affiliated companies Anteile an verbundenen Unternehmen
shares in affiliated undertakings *BE* Anteile an verbundenen Unternehmen
shares in group undertakings *BE* Anteile an verbundenen Unternehmen
sharing: knowledge sharing Wissensaustausch

sharing: profit sharing Gewinnbeteiligung
sharing: profit-sharing loan partiarisches Darlehen
sheet: coupon sheet Zinsbogen
sheet: dividend coupon sheet Dividendenbogen
shelf company Vorratsgesellschaft
shell: corporate shell Firmenmantel
shell company funktionslose Gesellschaft
– inaktive Gesellschaft
– Mantelgesellschaft
shelter abschirmen
shelter: tax shelter Steuersparmodell
shelter: tax shelter company *(based on accelerated depreciation)* Abschreibungsgesellschaft
– *(loss allocating company)* Verlustzuweisungsgesellschaft
shelter: tax shelter company based on tax loss allocations due to accelerated depreciation or non-capitalizable expenses Abschreibungsgesellschaft
shift work Schichtarbeit
shifting: loss shifting Verlustverlagerung
shifting: profit shifting Gewinnverlagerung
– Gewinnverschiebung
shifting: risk shifting Risikoverlagerung
ship liefern
– versenden
shipment Lieferung
shipment: part shipment Teillieferung
shipper Spediteur
shipping Spedition
shipping contract Speditionsvertrag
shop Betrieb *(Werkstatt)*
– Laden
shoplifting Ladendiebstahl
short: selling short Leerverkauf
short business year Rumpfwirtschaftsjahr
short description Kurzbezeichnung
short period Rumpfgeschäftsjahr
– Rumpfwirtschaftsjahr
short year Rumpfwirtschaftsjahr
shortage Fehlbestand
– Fehlbetrag
shorten a period of time Frist verkürzen
shortfall Fehlbestand
shortfall: contribution shortfall Dekkungslücke
shortfall: depreciation shortfall unterlassene Abschreibungen
short-swing profit Spekulationsgewinn
short-term kurzfristig
short-term investments Wertpapiere des Umlaufvermögens
short-term liabilities kurzfristige Verbindlichkeiten
short-time work Kurzarbeit
show: show on the balance sheet in der Bilanz ausweisen
show a loss Verlust ausweisen
show a profit Gewinn ausweisen
show in the balance sheet bilanzieren
show of hands: voting by show of hands Abstimmung durch Handzeichen
show on the balance sheet in der Bilanz ausweisen
show separately gesondert ausweisen
showing a loss Verlustausweis
shrinkage Schwund
– Verminderung
shut down schließen
shut down tax loopholes Steuerlükken schließen
shutdown Schließen
– Schließung
sick pay Lohnfortzahlung im Krankheitsfall
sickness: continuation of wage payments during sickness Lohnfortzahlung im Krankheitsfall
sickness benefits Krankengelder
side agreement Nebenabrede
– Nebenvereinbarung
side-line occupation Nebenbeschäftigung
– Nebentätigkeit
sight deposit Sichteinlage

sight document Sichtpapier
sign abschließen
sign: authority to sign Zeichnungsrecht
– Zeichnungsvollmacht
sign: authorization to sign on behalf of the company Zeichnungsberechtigung für die Gesellschaft
sign: authorized to sign zeichnungsberechtigt
sign: authorized to sign on behalf of the company zeichnungsberechtigt für die Gesellschaft
sign: person authorized to sign Zeichnungsberechtigter
sign a blank document blanko unterschreiben
sign a contract Vertrag abschließen
sign in blank blanko unterschreiben
signatory: authorized signatory Zeichnungsberechtigter
– Zeichnungsbevollmächtigter
signature Unterschrift
significance Bedeutung
significance: broad significance breite Bedeutung
significance of its own eigenständige Bedeutung
significant wesentlich
silent partner stiller Gesellschafter
silent partnership stille Gesellschaft
silent partnership organized under German law *(participation in the trade or business of another person [natural or juridical] constituting an association which is not outwardly apparent to the public and which does not have capital of its own)* stille Gesellschaft
similar ähnlich
similar income ähnliche Erträge
similarity Ähnlichkeit
simple entry einfacher Buchungssatz
simultaneous performance Erfüllung Zug um Zug
single ledig
single-asset depreciation individuelle Abschreibung
single-asset valuation Einzelbewertung
single-entry bookkeeping einfache Buchführung
single-family home Einfamilienhaus
single-line einzeilig
singular succession Einzelrechtsnachfolge
sinking fund Tilgungsfonds
sister company Schwestergesellschaft
site Gelände
– Grundstück
site: building site Bauausführung
site: production site Fertigungsstätte
site: work-site Arbeitsstätte
situated {in} belegen {in}
situs: country of situs Staat der Belegenheit
situs: state of situs Belegenheitsstaat
situs principle Belegenheitsprinzip
situs state Belegenheitsstaat
situs-of-property principle Belegenheitsprinzip
size of firm Unternehmensgröße
skeleton company Mantelgesellschaft
skilled worker Facharbeiter
slight negligence leichte Fahrlässigkeit
slip Beleg
slip: pay slip Gehaltsstreifen
– Lohnbeleg
– Lohnstreifen
– Lohnzettel
slip system of accounting Belegbuchführung
small-sized corporation kleine Kapitalgesellschaft
smuggling Schmuggel
so as to um zu
social benefits Sozialaufwendungen
– Sozialleistungen
social contributions soziale Abgaben
social costs Sozialaufwand
– Sozialkosten
social expenses Sozialaufwendungen
social law Sozialrecht
social responsibility of ownership Sozialbindung des Eigentums
social security Sozialversicherung
social security: statutory social se-

curity gesetzlich vorgeschriebene Sozialabgaben
social security: statutory social security contributions gesetzliche soziale Aufwendungen
social security: subject to social security contributions sozialversicherungspflichtig
social security benefits Sozialversicherungsleistungen
social security card Sozialversicherungsausweis
social security contributions soziale Abgaben
– Sozialversicherungsbeiträge
social security costs soziale Aufwendungen
social security law Sozialversicherungsrecht
social security taxes soziale Abgaben
social security, pension and other benefits soziale Abgaben und Aufwendungen für Altersversorgung und für Unterstützung
socialism Sozialismus
socialist Sozialist
– sozialistisch
socially unfair dismissal sozial ungerechtfertigte Kündigung
society Verein
society: cooperative society *BE* Genossenschaft
society: state society of CPAs *AE* einzelstaatliche Vereinigung von Wirtschaftsprüfern ohne Mitgliedschaftszwang
soil contamination Bodenverschmutzung
sojourn kurzweiliger Aufenthalt
– zeitweiliger Aufenthalt
sojourn: country of sojourn Aufenthaltsland *(zeitweilig, kurzweilig)*
sojourn: place of sojourn Aufenthaltsort *(zeitweilig, kurzweilig)*
sold: cost of goods sold Wareneinsatz
sole and exclusive fault Alleinverschulden
sole heir Alleinerbe
– Universalerbe
sole proprietor Einzelkaufmann
– Einzelunternehmer
sole proprietorship Einzelunternehmen
sole purpose ausschließlicher Zweck
sole trader Einzelkaufmann
sole trader enterprise *BE* Einzelunternehmen
sole tradership *BE* Einzelunternehmen
solicit business Aufträge hereinholen
solicitor *BE* Anwalt
– *BE* Rechtsanwalt
solvency Solvenz
– Zahlungsfähigkeit
solvent zahlungsfähig
son-in-law Schwiegersohn
sorting term Sortierbegriff
source Quelle
source: at source an der Quelle
source: collection at source Steuererhebung an der Quelle
source: country of source Quellenstaat
source: deduction at source Quellenabzug
– Quellenbesteuerung
source: deduction of taxes at source Einbehaltung von Steuern
source: financing source Finanzierungsquelle
source: foreign source income ausländische Einkünfte
– ausländisches Einkommen
source: income source Einkommensquelle
– Einkunftsquelle
source: income tax withheld at source durch Steuerabzug erhobene Einkommensteuer
source: income taxed at source quellenbesteuertes Einkommen
source: principle of source Quellenprinzip
source: state of source Quellenstaat
source: tax at source Abzugsteuer
– Quellensteuer
source: tax collected at source Quellensteuer

S

source: taxation at source Quellenbesteuerung
– Steuerabzugsverfahren
source: taxed at source quellenbesteuert
source country Quellenstaat
source document Ersterfassungsbeleg
– Urbeleg
source of funds Mittelherkunft
source of income Einkunftsquelle
source of law Rechtsquelle
source taxation Quellenbesteuerung
source-based taxation beschränkte Steuerpflicht
sovereign act Hoheitsakt
sovereignty: territorial sovereignty Gebietshoheit
sparkling wine: tax on sparkling wine Sektsteuer
special allowance Sonderfreibetrag
special area Spezialgebiet
special audit Sonderprüfung
special auditor Sonderprüfer
special depreciation Sonderabschreibung
special exception Ausnahmegenehmigung
special gratuities Sonderzuwendungen
special levy Sonderabgabe
special permission Ausnahmegenehmigung
special provision Sonderrückstellung
special purpose audit Sonderprüfung
special purpose auditor Sonderprüfer
special purpose balance sheet Sonderbilanz
special purpose report Sonderbericht
special purpose reserve Sonderrücklage
special report Sonderbericht
specific bequest bestimmtes Vermächtnis
specific form: contract requiring specific form formbedürftiger Vertrag
specific goods: purchase of specific goods Spezieskauf
– Stückkauf
specific legacy bestimmtes Vermächtnis
specific obligation Speziesschuld
– Stückschuld
specific performance vertragsgemäße Erfüllung
specific performance: action for specific performance Erfüllungsklage
specific performance: claim to specific performance Erfüllungsanspruch
specific performance: sue for specific performance auf Erfüllung klagen
specific provision Einzelwertberichtigung
specification: job specification Arbeitsplatzbeschreibung
specify angeben
speculation Spekulation
speculative gain Spekulationsgewinn
speculative transaction: income from speculative transactions Einkünfte aus Spekulationsgeschäften
split {into} aufspalten {in}
split tax rate gespaltener Steuersatz
split-rate of corporate income tax gespaltener Körperschaftsteuersatz
split-rate system System des gespaltenen Steuersatzes
split-up Aufspaltung
spoilage Ausschuß
spoilage: risk of spoilage Ausschußwagnis
spot delivery Kassalieferung
spot market Kassamarkt
spot price Kassakurs
spot quotation Kassanotierung
spot rate Kassakurs
spot trading Kassahandel
spot transaction Kassageschäft
spouse Ehegatte
spouse: surviving spouse überlebender Ehegatte
spouse: taxation of spouses Ehegattenbesteuerung

spouses Eheleute
spouses living apart permanently dauernd getrennt lebende Ehegatten
spread Differenz
– Marge
– Spanne
– verteilen
spread: bid-offer spread Spanne zwischen Abgabe- und Abnahmepreis
spread: even spread gleichmäßige Verteilung
spread: yield spread Ertragsspanne
spread costs {over} *(over various periods)* Kosten verteilen {über}
spread sheet Kalkulationstabelle
spreading Verteilung
spreading of acquisition and production costs Verteilung der Anschaffungs- und Herstellungskosten
SSA Social Security Administration
staff Belegschaft
– Personal
staff costs Personalaufwand
– Personalkosten
staff council Personalrat
staff member Mitarbeiter
staff personnel Personal mit Stabsfunktion
– Stabspersonal
staff representation Personalvertretung
stage-of-completion-method Ergebnisrealisierung nach Baufortschritt
– Ergebnisrealisierung nach Herstellungsfortschritt
– Gewinnrealisierung nach Baufortschritt
– Gewinnrealisierung nach Herstellungsfortschritt
stamp Gebührenmarke
stamp: fee stamp Gebührenmarke
– Stempelmarke
stamp: inland revenue stamp *BE* Stempelmarke
stamp: tax stamp Steuermarke
stamp duty Stempelabgabe
– Stempelgebühr
– Stempelsteuer
stamp duty on stock exchange transfers Börsenumsatzsteuer
stand-alone financial statements Einzelabschluß
standard: accounting standards Rechnungslegungsgrundsätze
standard: arm's length standard Fremdvergleichsgrundsatz
standard: auditing standard Prüfungsnorm
standard: auditing standards Prüfungsgrundsätze
standard: generally accepted auditing standards Grundsätze ordnungsmäßiger Abschlußprüfung
– Grundsätze ordnungsmäßiger Prüfung
standard: reporting standards Berichtsnormen
standard agreement Mustervertrag
standard amount Pauschalbetrag
– Pauschbetrag
standard chart of accounts Kontenrahmen
standard conditions Allgemeine Geschäftsbedingungen
standard contract Mustervertrag
standard deduction Pauschalbetrag
– Pauschbetrag
standard depreciation Normalabschreibung
standard of care Sorgfaltsmaßstab
standard of evidence Beweismaß
standard of valuation Bewertungsmaßstab
standard tax rate Standardsteuersatz
standard terms Allgemeine Geschäftsbedingungen
standard terms of business Allgemeine Geschäftsbedingungen
standard VAT rate normaler Umsatzsteuersatz
standard wage tariflich vereinbarter Lohn
– Tariflohn
standby charges Bereitstellungsgebühren
– Bereitstellungskosten
standby duty Bereitschaftsdienst
stand-by fee Bereitstellungsprovision

standby underwriting Garantie der Übernahme der nicht verkauften Wertpapiere eines Emittenten
standing laufend
standing: analysis of credit standing Kreditwürdigkeitsanalyse
standing: credit standing Bonität
– Kreditwürdigkeit
standing: credit standing check Kreditwürdigkeitsprüfung
standing: financial standing Finanzlage
standing order Dauerauftrag
start-up: expenses for the start-up and expansion of the business Aufwendungen für die Ingangsetzung und Erweiterung des Geschäftsbetriebs
start-up: start-up and business expansion expenses Aufwendungen für die Ingangsetzung und Erweiterung des Geschäftsbetriebs
start-up and business expansion expenses Aufwendungen für die Ingangsetzung und Erweiterung des Geschäftsbetriebs
start-up costs Anlaufkosten
– Ingangsetzungskosten
– Kosten der Ingangsetzung
start-up expenditures Anlaufkosten
start-up expenses Anlaufkosten
start-up loss Anlaufverlust
start-up, business expansion and restructuring expenses Aufwendungen für das Ingangsetzen, Erweitern und Umstellen eines Betriebes
state Bundesstaat
– Einzelstaat
– Staat
state: constituent state Gliedstaat
state: contracting state Vertragsstaat
state: out-of-state außerbundesstaatlich *(Einzelstaat)*
state: situs state Belegenheitsstaat
state board of accountancy einzelstaatliche Verwaltungsbehörde für Prüfungswesen und Rechnungslegung
state court Landgericht
state income tax bundesstaatliche Einkommensteuer
– bundesstaatliche Ertragsteuer
State Minister of Finance Landesfinanzminister
State Ministery of Finance Landesfinanzministerium
state of emergency Notstand
state of residence Ansässigkeitsstaat
– Wohnsitzstaat
state of situs Belegenheitsstaat
state of source Quellenstaat
state society of CPAs *AE* einzelstaatliche Vereinigung von Wirtschaftsprüfern ohne Mitgliedschaftszwang
state tax bundesstaatliche Steuer
– einzelstaatliche Steuer
state territory Staatsgebiet
state-chartered bank Bank mit einzelstaatlicher Konzession
stated festgesetzt
– genannt
stated: as stated above wie oben angeführt
stated above oben aufgeführt
– vorgenannt
– vorstehend
stated capital Grundkapital
– Stammkapital
stated value Nennwert
– Nominalwert
stateless person Staatenloser
statement Aufstellung
– Aussage
– Auszug
– Kontoauszug
statement: account statement Kontoauszug
statement: accounting statement buchhalterische Übersicht
statement: accounts receivable statement Debitorenkontoauszug
statement: adoption of statements Feststellung des Jahresabschlusses
statement: balance-of-account statement Saldenaufstellung
statement: bank statement Kontoauszug
statement: cash flow statement Cash-Flow-Rechnung

– Kapitalflußrechnung
statement: cash statement Kassenbericht
statement: closing statement Schlußvortrag
statement: comparative statement Vergleichsübersicht
statement: detailed statement Abrechnung
– Einzelaufstellung
statement: financial statements handelsrechtlicher Jahresabschluß
statement: funds statement Fondsrechnung
statement: gross statement Bruttoausweis
statement: income statement *AE* Erfolgsrechnung
– *AE* Ertragsrechnung
– *AE* Gewinn- und Verlustrechnung *GuV*
statement: joint statement gemeinsame Erklärung
statement: net statement Nettoausweis
statement: operating statement Betriebsergebnisrechnung
statement: pay statement Lohnbeleg
statement: profit and loss statement Erfolgsrechnung
– Gewinn- und Verlustrechnung *GuV*
statement: profit appropriation statement Gewinnverwendungsbilanz
statement: reorganization statement Sanierungsbilanz
statement: subordination statement Rangrücktrittserklärung
statement: summary statement zusammenfassende Übersicht
statement: wage statement Lohnabrechnung
statement of account Kontoauszug
statement of account transactions Summenbilanz
– Umsatzbilanz
statement of affairs Vergleichsbilanz
statement of affairs in composition proceedings Vergleichsbilanz
– Vergleichsstatus
statement of application of funds Kapitalflußrechnung
statement of assets Vermögensaufstellung
statement of assets and liabilities Status
– Vermögensbilanz
– Vermögensstatus
– Vermögensübersicht
statement of assignment Abtretungserklärung
statement of balance Saldenbestätigung
statement of bankrupt's assets and liabilities Konkursbilanz
– Konkursstatus
statement of cash flow Kapitalflußrechnung
statement of cash flows Finanzflußrechnung
– Kapitalflußrechnung
statement of changes in financial position Herkunfts- und Verwendungsrechnung
– Kapitalflußrechnung
statement of claim Klagebegründung
– Klageschrift
– Schriftsatz
statement of claim: amendment of the statement of claim Klageänderung
statement of costs Kostenaufstellung
statement of defence *BE* Klageerwiderung
statement of earnings Ergebnisrechung
– Gewinn- und Verlustrechnung *GuV*
statement of fees Gebührenaufstellung
statement of financial position Bilanz
– Vermögensaufstellung
statement of income *AE* Gewinn- und Verlustrechnung
statement of intent Absichtserklärung
statement of operations Betriebsergebnisrechnung
statement of overindebtedness Überschuldungsbilanz

statement of results Ergebnisübersicht
statement of shareholders' equity *BE* Eigenkapitalspiegel
statement of stockholders' equity *AE* Eigenkapitalspiegel
stating of VAT Ausweis von Umsatzsteuer
– Umsatzsteuerausweis
stationary Büromaterial
stationery Schreibwaren
stationery: office stationery Bürobedarf
statistical statistisch
statistical account statistisches Konto
statistical sample statistische Stichprobe
statistical sampling Stichprobenprüfung
statistics Statistik
status: legal status rechtliche Stellung
– Rechtslage
– Rechtsstellung
status: marital status Ehestand
– Familienstand
status: posting status Buchungsstatus
status of a merchant Kaufmannseigenschaft
status quo ante: reinstatement into the status quo ante Wiedereinsetzung in den vorigen Stand
statute Gesetz
statute: anti-trust statutes Kartellgesetze
statute: by statute gesetzlich
statute: company statutes Gesellschaftssatzung
statute: model statutes Mustergesetze
statute: tax statute Steuergesetz
statute of limitations Verjährung
– Verjährungsgesetz
statute of limitations: barred by the statute of limitations verjährt
statute of limitations: become barred by the statute of limitations after 10 years in 10 Jahren verjähren
statute of limitations: claim barred by the statute of limitations verjährter Anspruch
statute of limitations: fall under the statute of limitations verjähren
statute of limitations: interruption of the running of the statute of limitations Unterbrechung der Verjährung
statute of limitations: suspension of the running of the statute of limitations Hemmung der Verjährung
statute-barred verjährt
statute-barred: become statute-barred verjähren
statute-barred: become statute-barred after 10 years in 10 Jahren verjähren
statute-barred claim verjährter Anspruch
statutes Satzung *(Statuten)*
– Statuten
statutes of frauds Schriftform vorsehende Gesetze
statutory gesetzlich
– satzungsmäßig
statutory: subject to statutory audit prüfungspflichtig
statutory audit Abschlußprüfung
– Pflichtprüfung
statutory audit: subject to annual statutory audit prüfungspflichtig
statutory audit requirement Prüfungspflicht
statutory auditor Abschlußprüfer
statutory books Handelsbücher
statutory claim gesetzlicher Anspruch
statutory disclose provisions Publizitätsvorschriften
statutory disclosure requirement Publizitätspflicht
statutory forced share *AE* Pflichtteil
statutory form gesetzliche Form
statutory health insurance gesetzliche Krankenversicherung
statutory heir gesetzlicher Erbe
statutory interest gesetzlicher Zins

statutory law Gesetz
– Gesetzesrecht *(im Gegensatz zum common law)*
– kodifiziertes Recht
statutory lien gesetzliches Pfandrecht
statutory obligation: be under a statutory obligation gesetzlich verpflichtet sein
statutory obligation to support gesetzliche Unterhaltspflicht
statutory pension scheme gesetzliche Rentenversichung
statutory prohibition gesetzliches Verbot
statutory provision gesetzliche Bestimmung
– gesetzliche Regelung
statutory provisions for the classification of financial statements Gliederungsvorschriften
statutory provisions relating to audits Prüfungsvorschriften
statutory reserve statutarische Rücklage
statutory reserves gesetzliche Rücklagen
– satzungsmäßige Rücklagen
statutory rule gesetzliche Regelung
statutory seat Registersitz
– satzungsmäßiger Sitz
statutory social security gesetzlich vorgeschriebene Sozialabgaben
statutory social security contributions gesetzliche soziale Aufwendungen
statutory VAT rate gesetzlicher Umsatzsteuersatz
stave off abwenden
stay: minimum stay Mindestaufenthaltsdauer
stay: temporary stay vorübergehender Aufenthalt
stay of bankruptcy proceedings Konkurseinstellung
stay of execution Aussetzung der Vollziehung
step by step schrittweise
step into the shoes of in die Schuhe treten von
step-down Abstockung
step-down in basis Abstockung
stepped costs intervallfixe Kosten
– sprungfixe Kosten
– Sprungfixkosten
step-up Aufstockung
– Buchwertaufstockung
step-up in basis Aufstockung
– Buchwertaufstockung
stepwise schrittweise
stewardship costs Gesellschafteraufwand
– Regie- und Kontrollkosten
stipulate abmachen
– ausbedingen
– vertraglich regeln
– vertraglich vereinbaren
stipulate jurisdiction Gerichtstand vereinbaren
stipulated interest vertragliche Zinsen
stipulation Abmachung
– Ausbedingung
– Bedingung
– Bestimmung
– Klausel
– Regelung
– vertragliche Regelung
– Vertragsbestimmung
– Vertragsklausel
stipulation {of} Vereinbarung {über}
– vertragliche Vereinbarung {über}
stock *AE* Aktie
– Lagerbestand
stock: bearer stock *AE* Inhaberaktie
stock: capital stock *AE* Aktienkapital
– *AE* Grundkapital
– *AE* Stammkapital
stock: changes in stock of finished goods and work in progress *BE* Erhöhung oder Verminderung des Bestands an fertigen und unfertigen Erzeugnissen
– *BE* Erhöhung/Verminderung des Bestandes an fertigen und unfertigen Erzeugnissen sowie an noch nicht abrechenbaren Leistungen
stock: class of stock *AE* Aktiengattung
stock: closing stock Schlußbestand

S

stock: common stock *AE* Stammaktie
stock: contribution of stock *AE* Anteilseinbringung *(Aktien)*
stock: issuance of stock *AE* Aktienausgabe
– *AE* Aktienemission
stock: new issue stock *AE* junge Aktie
stock: new stock *AE* junge Aktie
stock: no par stock *AE* nennwertlose Aktie
– *AE* Quotenaktie
stock: non-voting preferred stock *AE* stimmrechtslose Vorzugsaktie
stock: non-voting stock *AE* stimmrechtslose Aktie
stock: no-par-value stock *AE* nennwertlose Aktie
– *AE* Quotenaktie
stock: on stock auf Lager
stock: preferred stock *AE* Vorzugsaktie
stock: registered stock *AE* Namensaktie
stock: reserve for treasury stock *AE* Rücklage für eigene Anteile
stock: take stock inventarisieren
– Inventur machen
stock: treasury stock *AE* eigene Anteile
stock: voting stock *AE* stimmberechtigte Aktie
– *AE* Stimmrechtsanteil *(Gesellschaftsanteil)*
stock: withdrawal from stock Lagerentnahme
stock book Inventurbuch
stock certificate *AE* Aktienschein
stock corporation *AE* Aktiengesellschaft
Stock Corporation Act *AE* Aktiengesetz *AktG*
stock difference Inventurdifferenz
stock dividend *AE (proportionate distribution)* Freianteile
– *AE (proportionate distribution)* Gratisaktien
– *AE (proportionate distribution)* Gratisanteile
stock exchange Effektenbörse
– Wertpapierbörse
Stock Exchange Act Börsengesetz
stock exchange broker Börsenmakler
stock exchange supervision Börsenaufsicht
stock exchange trading Börsenhandel
stock exchange turnover tax Börsenumsatzsteuer
stock file Lagerkartei
stock list Bestandsliste
stock market price Börsenkurs
– Börsenwert
stock option *AE* Aktienbezugsrecht
– *AE* Aktienoption
stock ownership *AE* Aktienbesitz
– *AE* Beteiligungsbesitz
stock record book *AE* Aktienbuch
stock record card Lagerbestandskarte
stock split *AE* Aktiensplit
stock taking Lagerbestandsaufnahme
stock warrant *AE* Aktienbezugsrecht
– *AE* Aktienoptionsschein
stockbroker Effektenmakler
– Wertpapiermakler
stockholder *AE* Aktionär
stockholders' equity *AE* Eigenkapital *(Aktiengesellschaft)*
stockholders' equity: statement of stockholders' equity *AE* Eigenkapitalspiegel
stockholders' equity and liabilities *AE* Passiva
stockholder's pre-emptive right *AE* Aktionärsbezugsrecht
– *AE* Bezugsrecht
stockkeeper Lagerverwalter
stockmarket *AE* Aktienmarkt
stockroom Lager
stocks Vorräte
stocktaking Bestandsaufnahme
– Bestandsermittlung
– Inventur
– Inventuraufnahme
stop payment order Schecksperre
stop work Arbeit niederlegen

stoppage: work stoppage Arbeitsniederlegung
storability Lagerfähigkeit
storage costs Lagerkosten
storage location Lagerort
storage number Lagernummer
storage period Lagerdauer
storage room Lagerraum
straight line linear
straight-line depreciation Abschreibung in gleichen Beträgen
– lineare Abschreibung
straight-line method of depreciation lineare Abschreibung
stream: dividend stream Dividendenstrom
stream: revenue stream Einnahmenstrom
– Erlösstrom
stream of cash inflows Einzahlungsreihe
stream of cash outflows Auszahlungsreihe
strengthen reserves Rücklagen stärken
strict construction enge Auslegung
strict interpretation enge Auslegung
– restriktive Auslegung
strict liability Gefährdungshaftung
– verschuldensunabhängige Haftung
strike Streik
– streiken
strike: be on strike streiken
strike: call a strike Streik ausrufen
strike: general strike Generalstreik
strike: go on strike streiken
strike: go-slow strike Bummelstreik
strike: illegal strike wilder Streik
strike: organized strike organisierter Streik
strike: outlaw strike wilder Streik
strike: pinpoint strike Schwerpunktstreik
strike: warning strike Warnstreik
strike a balance bilanzieren
strike breaker Streikbrecher
strike date Verfalltag *(Option)*
– Verfalltermin *(Option)*
strike price Ausübungspreis *(Option)*
– Basispreis
striker streikender Arbeitnehmer
striking a balance Bilanzierung
strip trennen *(Mantel und Zinskupon einer Anleihe)*
stripping Abtrennung
– Trennung einer Anleihe in Mantel (Kapitalkomponente) und Kupons (Zinsscheine)
stripping: asset stripping Unternehmenskauf mit anschließendem Verkauf von Teilen des erworbenen Unternehmens
stripping: earnings stripping Absaugung von Erträgen
– Gewinnabsaugung
stripping of earnings Gewinnabsaugung
stripping of profits Gewinnabsaugung
strong suspicion dringender Verdacht
structural defect baulicher Mangel
structure: capital structure Kapitalstruktur
structure: cost structure Kostenstruktur
structure: legal structure rechtliche Struktur
structuring: abuse of legal structuring options Gestaltungsmißbrauch
stub period *(informell)* Rumpfwirtschaftsjahr
suable einklagbar
subaccount Unterkonto
subagent Untervertreter
subcontractor Subunternehmer
subcribed capital gezeichnetes Kapital
subgroup Teilkonzern
subgroup accounts *BE* Teilkonzernabschluß
subgroup accounts: consolidated subgroup accounts *BE* konsolidierter Teilkonzernabschluß
subject: be subject to unterliegen
subject: be subject to income tax der Einkommensteuer unterliegen
subject: be subject to tax der Steuer unterliegen
subject: legal subject Rechtssubjekt

S

subject: not subject to taxation steuerfrei
subject: tax subject Steuersubjekt
subject {to} abhängig {von}
subject area Sachgebiet
subject matter behandelter Gegenstand
- Gegenstand
- Sachgebiet
- Thematik
subject matter: essential quality of a subject matter wesentliche Eigenschaft einer Sache
subject matter: mistake as to material qualities of the subject matter Eigenschaftsirrtum
subject matter of a contract Vertragsgegenstand
subject of rights and duties Träger von Rechten und Pflichten
subject to unter der Voraussetzung, daß
- unterliegend
- unterwerfen
subject to annual statutory audit prüfungspflichtig
subject to consumption taxes verbrauchsteuerpflichtig
subject to depreciation abnutzbar
subject to import duties eingangsabgabenpflichtig
subject to income tax einkommensteuerpflichtig
subject to income taxation of nonresidents beschränkt einkommensteuerpflichtig
subject to mandatory depreciation abschreibungspflichtig
subject to nonresident taxation beschränkt steuerpflichtig
subject to notice kündbar
subject to payment of duties abgabenpflichtig
subject to payment of taxes abgabenpflichtig
subject to preferential treatment begünstigt
subject to social security contributions sozialversicherungspflichtig
subject to statutory audit prüfungspflichtig
subject to tax steuerpflichtig
subject to taxation der Besteuerung unterliegend
- steuerpflichtig
subject to termination kündbar
subject to the same depreciation treatment einheitlich abschreiben
subject to the same tax treatment steuerlich gleichgestellt
subject to VAT umsatzsteuerpflichtig
subject to wage tax lohnsteuerpflichtig
subject to wear and tear abnutzbar
subjective value subjektiver Wert
subjectivity to taxation Steuerpflicht
subject-to-tax clause Rückfallklausel
- Subject-to-Tax-Klausel
sublease Untermiete
- untervermieten
subleasing Untervermietung
sublessee Untermieter
sublessor Untermieter
sublet *BE* untervermieten
subletting *BE* Untervermietung
submission {to} Unterwerfung {unter}
submit {to} abgeben {bei}
- einreichen {bei}
- unterwerfen {unter}
- vorlegen {bei}
submit evidence Beweis antreten
subnormal capacity usage Unterbeschäftigung
subordinate nachgeordnet
- nachrangig
- Untergebener
- untergeordnet
subordinate law nachgeordnetes Recht
- nachrangiges Recht
subordinated nachrangig
subordination Rangrücktritt
subordination: declaration of subordination Rangrücktrittserklärung
subordination agreement Rangrücktrittsvereinbarung
subordination statement Rangrücktrittserklärung
subparticipant Unterbeteiligter

subparticipation Unterbeteiligung
subparticipation not taxed as partnership typische Unterbeteiligung
subparticipation taxed as partnership atypische Unterbeteiligung
subpartnership Unterbeteiligung
subpoena vorladen
– Zeugenvorladung vor Gericht
subrogation *(claim)* Forderungsübergang
– Rechtsübergang
subrogation by operation of law gesetzlicher Forderungsübergang
subrogation of rights Rechtseintritt
subrogation to the rights {of} Eintritt in die Rechte {von}
subscribe {for/to} *(capital)* Anteil am Kapital zeichnen
subscribe for shares Aktien zeichnen
subscribed: oversubscribed überzeichnet
subscribed capital gezeichnetes Kapital
subscribed capital - unpaid ausstehende Einlagen auf das gezeichnete Kapital
subscribed capital: unpaid contributions to subscribed capital ausstehende Einlagen auf das gezeichnete Kapital
subscription: oversubscription Überzeichnung
subscription {for/to} Subskription
– Zeichnung
subscription offer Zeichnungsangebot
subscription right Bezugsrecht
subsection Absatz
subsequent nachgeordnet *(Produktionsstufe)*
subsequent: condition subsequent auflösende Bedingung
subsequent: the subsequent der spätere
subsequent approval Genehmigung
– nachträgliche Zustimmung
subsequent charge Nachbelastung
subsequent debit Nachbelastung
subsequent entry Nachbuchung
– nachträgliche Buchung
– Nachtragsbuchung
subsequent event wertbegründendes Ereignis nach dem Bilanzstichtag und vor Ausgabe des Prüfungsberichtes
subsequent impossibility nachträgliche Unmöglichkeit
subsequent income nachträgliche Einkünfte
subsequent posting nachträgliche Buchung
subsequently: charge subsequently nachbelasten
subservience Dienstbarkeit
subsidiarity Subsidiarität
subsidiary nachrangig
– subsidiär
– Tochtergesellschaft
subsidiary: co-subsidiary Schwestergesellschaft
subsidiary: fellow subsidiary Schwestergesellschaft
subsidiary: first-tier subsidiary Tochtergesellschaft
subsidiary: lower-tier subsidiary nachgeschaltete Gesellschaft
subsidiary: second-tier subsidiary Enkelgesellschaft
subsidiary: sub-subsidiary Enkelgesellschaft
subsidiary account Hilfskonto
– Unterkonto
subsidiary agreement Nebenabrede
– Nebenvereinbarung
subsidiary book Nebenbuch
subsidiary books of account Hilfsbücher
– Nebenbücher
subsidiary journal Hilfsjournal
subsidiary ledger Nebenbuch
subsidiary liability subsidiäre Haftung
subsidization Subventionierung
subsidization out of public funds Subventionierung aus öffentlichen Mitteln
subsidized subventioniert
subsidized out of public funds aus öffentlichen Mitteln subventioniert
subsidy Beihilfe
– Subvention

S

– Zuschuß
subsidy: investment subsidy Investitionszulage
subsidy: modernization subsidy Modernisierungsbeihilfe
subsidy fraud Subventionsbetrug
subsidy from public funds Zuschuß aus öffentlichen Mitteln
subsistence level Existenzminimum
substance: diverge in substance inhaltlich abweichen
substance: economic substance wirtschaftlicher Gehalt
substance: in substance materiell
substance over form wirtschaftliche Betrachtungsweise
substance over form rule Regelung, die den wirtschaftlichen Gehalt einer Transaktion über die formale Gestaltung stellt
substantial wesentlich
substantial shareholding wesentliche Beteiligung
substantiate begründen
– belegen
– beweisen
– glaubhaft machen
– nachweisen
substantiated nachgewiesen
substantive materiell-rechtlich
substantive defect materieller Mangel
substantive law materielles Recht
substantive reasons: reject a request due to substantive reasons Antrag aus materiellen Gründen zurückweisen
substitute heir Ersatzerbe
sub-subsidiary Enkelgesellschaft
subsume subsumieren
subtenant Untermieter
subtotal Zwischensumme
subunit: economic subunit wirtschaftliche Untereinheit
succeed to beerben
successful party obsiegende Partei
succession Erbfolge
succession: business succession Unternehmensnachfolge
succession: hereditary succession Erbfolge
– gesetzliche Erbfolge
succession: intestate succession gesetzliche Erbfolge
succession: law of succession Erbrecht
succession: legal succession gesetzliche Erbfolge
succession: reversionary succession Nacherbfolge
succession: singular succession Einzelrechtsnachfolge
succession: testamentary succession gewillkürte Erbfolge
– testamentarische Erbfolge
succession: universal succession Gesamtrechtsnachfolge
– Universalsukzession
succession upon death Erbfolge
successional right: renunciation of future successional rights Erbverzicht
successional right: renunciation of future successional rights of a future inheritance Erbverzicht
successor Erbe
successor: legal successor Rechtsnachfolger
sucessor in title Rechtsnachfolger
sue for divorce auf Scheidung klagen
sue for specific performance auf Erfüllung klagen
sue to recover damages auf Schadensersatz klagen
sued: capacity to be sued Passivlegitimation
suffer a loss Verlust erleiden
suffer damage Schaden erleiden
sufferance: tenancy at sufferance durch Duldung bestehendes Mietverhältnis
sufferance: tenant at sufferance geduldeter Pächter
sufficient genügend
sufficient cause wichtiger Grund
suit Klage
suitable zweckmäßig
suitable as collateral beleihbar
– beleihungsfähig

summarized zusammengefaßt
summarizing entry Sammelbuchung
summary Kurzfassung
– Zusammenfassung
summary account Sammelkonto
summary bill enforcement proceedings Wechselprozeß
summary dismissal fristlose Kündigung
summary entry Sammelbuchung
summary examination abgekürzte Außenprüfung
summary notice to pay Mahnbescheid *(gerichtlich)*
summary proceedings for order to pay debts Mahnverfahren
summary statement zusammenfassende Übersicht
summary tax audit abgekürzte Außenprüfung
summary voucher Sammelbeleg
summon auffordern zu erscheinen
– laden
summon: duly summon to appear ordnungsgemäß laden
summon to appear laden
summoned party vorgeladene Partei
summons Aufforderung
– Ladung
– Vorladung
summons to appear Ladung
sum-of-the-years-digit method of depreciation arithmetisch-degressive Abschreibung
– Digitalabschreibung
sumptuary tax Luxussteuer
sundries Diverses
– Verschiedenes
sundries account Konto Verschiedenes
sundry sonstige
sundry accruals sonstige Rückstellungen
sundry expenses diverse Aufwendungen
– sonstige Aufwendungen
– verschiedene Aufwendungen
sundry receivables sonstige Forderungen
superannuation fund Pensionskasse
superior court übergeordnetes Gericht
supersede an die Stelle treten
supersede {by} ersetzen {durch}
superseded {by} abgelöst {von}
– ersetzt {durch}
supervising tax officer Sachgebietsleiter
supervision Aufsicht
– Dienstaufsicht
supervision: stock exchange supervision Börsenaufsicht
supervisor Sachgebietsleiter
supervisory authority Aufsichtsbehörde
supervisory board *(under German company law: body of persons nominated to supervise a company's management)* Aufsichtsrat
– Verwaltungsrat
supervisory board: member of the supervisory board Mitglied des Aufsichtsrats
supervisory board meeting Aufsichtsratssitzung
– Verwaltungsratssitzung
supervisory board member Aufsichtsratsmitglied
supervisory board members' fees Aufsichtsratsvergütungen
supervisory board resolution Verwaltungsratsbeschluß
supervisory board's annual report Aufsichtsratsbericht
supervisory body Aufsichtsorgan
– Aufsichtsrat
– Verwaltungsrat
supplement: balance sheet supplement Bilanzanlage
supplementary agreement Zusatzabkommen
supplementary benefit Zusatzleistung
supplementary insurance Zusatzversicherung
supplementary provision ergänzende Regelung
supplementary tax Ergänzungsabgabe
supplier Lieferant

– Lieferer
supplier account Lieferantenkonto
supplier credit Lieferantenkredit
supplier current account Lieferantenkontokorrent
supplies *AE* Betriebsstoffe
– *AE* Hilfs- und Betriebsstoffe
supplies: consumable supplies *AE* Verbrauchsstoffe
supplies: cost of raw materials, supplies and goods for resale *AE* Aufwendungen für Roh-, Hilfs- und Betriebsstoffe und für bezogene Waren
supplies: inventory adjustments - raw materials and supplies *AE* Abschreibungen auf Roh-, Hilfs- und Betriebsstoffe
supplies: manufacturing supplies *AE* Hilfs- und Betriebsstoffe
supplies: office supplies *AE* Büromaterial
supplies: raw materials and supplies *AE* Roh-, Hilfs- und Betriebsstoffe
supply: intra-Community supply innergemeinschaftliche Lieferung
supply: taxable supply steuerbare Leistung
– steuerbarer Umsatz
– steuerpflichtige Leistung
supply: tax-exempt supply steuerfreie Lieferung
supply contract Liefervereinbarung
supply of goods Lieferung
supply of services Erbringung sonstiger Leistungen
– Erbringung von Dienstleistungen
support: child support Kindesunterhalt
– Unterhaltsaufwendungen *(Kind)*
– Unterhaltsleistungen *(Kind)*
– Unterhaltszahlung *(Kind)*
support: child support payment Unterhaltszahlung *(Kind)*
support: legal duty of taxpayer to support taxable transactions by the underlying documents Belegzwang
support: legal duty of taxpayer to support taxable transactions by the underlying vouchers Belegzwang
support: obligation to support Unterhaltspflicht
support: statutory obligation to support gesetzliche Unterhaltspflicht
support services Hilfsleistungen
suppression Unterdrückung
– Verheimlichung
suppression of facts Unterdrückung von Tatsachen
suppression of non-appealability Durchbrechung der Bestandskraft
supra oben
supra: see supra siehe oben
supreme court oberstes Gericht
Supreme Tax Court Bundesfinanzhof *BFH*
surcharge: income tax surcharge Ergänzungsabgabe
surety Bürge
– Garant
surety: be surety {for} bürgen {für}
surety: co-surety Mitbürge
suretyship Bürgschaft
surplus Überschuß
surplus: capital surplus Kapitalrücklage
surplus: merger surplus Verschmelzungsmehrwert
surplus: operating surplus Betriebsüberschuß
surplus arising from revaluation Gewinn aus Neubewertung
surrender: loss surrender Verlustübertragung
surrender losses Verluste übertragen
surrender value Rückkaufwert
surtax Ergänzungsabgabe
– Zusatzsteuer
surveillance Überwachung
surveillance: credit surveillance Kreditüberwachung
survey of land Vermessung
surviving company aufnehmende Gesellschaft
surviving corporation aufnehmende Gesellschaft
surviving spouse überlebender Ehegatte

survivorship annuity Hinterbliebenenrente
survivorship annuity insurance Hinterbliebenenversicherung
suspend diplomatic relations diplomatische Beziehungen abbrechen
suspend payments Zahlungen einstellen
suspended tax assessment ausgesetzte Steuerfestsetzung
suspense: in suspense schwebend
suspense account Interimskonto
– Zwischenkonto
suspense item Übergangsposten
suspension Aussetzung
– Hemmung
suspension of a term Hemmung einer Frist
suspension of bankruptcy preceedings due to insufficiency of assets Einstellung mangels Masse
suspension of execution Aussetzung der Vollziehung
suspension of expiry of a time limit Ablaufhemmung
– Hemmung einer Frist
suspension of payments Zahlungseinstellung
suspension of tax assessment Aussetzung der Steuerfestsetzung
suspension of the running of the statute of limitations Hemmung der Verjährung
suspensive condition aufschiebende Bedingung
suspensive effect aufschiebende Wirkung
suspicion Verdacht
suspicion: strong suspicion dringender Verdacht
sustain a loss Schaden erleiden
– Verlust erleiden
sustainable nachhaltig
sustained nachhaltig
swap: interest rate swap Zinsswap
swap: share swap Anteilstausch
swear schwören
sweeping weitreichend
sweeping clause Generalklausel
sweetener Schmiergeld
SWIFT Society for Worldwide Financial Telecommunications
switchboard Telefonzentrale
– Vermittlung
switch-over clause Abkommensbestimmung für den Wechsel von der Freistellungs- zur Anrechnungsmethode
sworn vereidigt
sworn accounting expert vereidigter Buchsachverständiger
S-X Regulation S-X *(SEC)*
syndicate Konsortium
syndicate: underwriting syndicate Übernahme-Konsortium
syndicated loan Konsortialkredit
system: imputation system Anrechnungsverfahren
system: recording system Aufzeichnungssystem
system of accounts Kontensystem
systems analyst Systemanalytiker

T

table: depreciation rate table Abschreibungstabelle
table: depreciation table Abschreibungstabelle
table: guideline table Richttafel
table: tax rate table Steuertabelle
table: tax table Steuertabelle
table: wage tax table Lohnsteuertabelle
table: wage tax withholding table Lohnsteuertabelle
table of representative rents Mietspiegel
tacit stillschweigend
tacit agreement stillschweigende Vereinbarung
tacitly stillschweigend
tacitly: agree tacitly stillschweigend zustimmen
take annehmen
take: tax take Besteuerungszugriff
take drawings entnehmen
take inventory Bestände aufnehmen
– inventarisieren

- Inventur machen
- Lagerbestände aufnehmen

take legal action {against} gerichtlich vorgehen {gegen}
- klagen {gegen}

take out entnehmen
take over übernehmen
take possession {of} in Besitz nehmen
take precedence {over} vorgehen {vor}
- Vorrang haben {vor}
- vorrangig sein {vor}

take stock inventarisieren
- Inventur machen

take to court vor Gericht bringen
take up a loan Kredit aufnehmen
takeover Übernahme
- Unternehmensübernahme

takeover: corporate takeover attempt Übernahmeversuch
takeover: hostile takeover feindliche Übernahme
takeover attempt Übernahmeversuch
takeover bid Übernahmeangebot
taking: deposit-taking einlagennehmend
taking: inventory taking Bestandsaufnahme
- Bestandsermittlung

taking: stock taking Lagerbestandsaufnahme
taking inventory Inventur
taking of evidence Beweisaufnahme
taking over of a mortgage Hypothekenübernahme
takings: cash takings Kasseneinnahmen
talks: settlement talks Vergleichsverhandlungen
tangible assets Sachanlagevermögen
tangible assets - construction in progress *BE* Sachanlagen im Bau
tangible assets under construction Sachanlagen im Bau
tangible fixed assets materielles Anlagevermögen
- Sachanlagen
- Sachanlagevermögen

tangibles körperliche Gegenstände
target Ziel
- Zielgesellschaft

target company Zielgesellschaft
target inventory Sollbestand
tariff Tarif
- Zoll
- Zolltarif

tariff agreement Zollabkommen
tariff law Zollrecht
tariff ruling Zolltarifauskunft
task Aufgabe
task force Arbeitsgruppe
tax Abgabe
- besteuern
- Steuer
- steuerlich

tax: accumulated earnings tax *AET* Steuer auf Gewinnthesaurierung mit Strafcharakter
tax: assessed taxes veranlagte Steuern
tax: assessment of tax Steuerfestsetzung
tax: avoid taxes Steuern umgehen
tax: capital transfer tax Kapitalverkehrsteuer
tax: collect taxes Steuern einziehen
tax: credit for notional tax fiktive Anrechnung *(allgemein)*
- fiktive Steueranrechnung *(allgemein)*

tax: cut taxes Steuern senken
tax: deferment of tax Steueraufschub
- Steuerverschiebung *(in die Zukunft)*

tax: entity-level tax Steuer auf Gesellschaftsebene
tax: estimated tax payment Steuervorauszahlung
tax: imposition of taxes Steuererhebung
tax: jurisdiction to impose taxes Besteuerungsbefugnis
- Besteuerungsrecht

tax: jurisdiction to tax Besteuerungsbefugnis
- Besteuerungsrecht
- Steuerhoheit

tax: levy taxes Steuern erheben
tax: liability for tax Steuerpflicht

tax: liable for income tax einkommensteuerpflichtig
tax: liable for tax steuerpflichtig
tax: liable to pay taxes abgabenpflichtig
tax: lump sum tax Pauschalsteuer
tax: net of tax nach Steuern
– netto nach Steuern
– unter Berücksichtigung von Steuern
tax: non-personal tax Realsteuer
– Sachsteuer
tax: pay taxes Steuern entrichten
tax: person liable to duties or taxes Abgabenschuldner
tax: personal tax Personensteuer
tax: postponement of tax Steuerverschiebung *(in die Zukunft)*
tax: provision for taxes Steuerrückstellung
tax: reassessment of tax Neufestsetzung einer Steuer
tax: right to tax Besteuerungsbefugnis
– Besteuerungsrecht
tax: stock exchange turnover tax Börsenumsatzsteuer
tax: subject to income tax einkommensteuerpflichtig
tax: subject to payment of taxes abgabenpflichtig
tax: subject to tax steuerpflichtig
tax: tee tax Teesteuer
tax: unpaid tax nicht entrichtete Steuern
– unbezahlte Steuern
tax: withheld taxes einbehaltene Steuern
tax abatement Steuererlaß
– Steuernachlaß
tax accounting steuerliche Gewinnermittlung
tax accounting principles steuerliche Bilanzierungsgrundsätze
tax accruals Steuerrückstellungen
Tax Act Steuergesetz
Tax Act: Inheritance and Gift Tax Act Erbschaftsteuer- und Schenkungsteuergesetz
tax administration Steuerverwaltung
tax advantage Steuervorteil
tax advantage: dual tax advantage doppelter Steuervorteil
tax advantage: unjustified tax advantages ungerechtfertigte Steuervorteile
tax advice: professional tax advice geschäftsmäßige Hilfeleistung in Steuersachen
tax advice: render tax advice steuerlich beraten
tax adviser Steuerberater
tax adviser: Act Regulating the Profession of Tax Advisers Steuerberatungsgesetz
tax advisor Steuerberater
tax affairs steuerliche Angelegenheiten
tax allocation: interperiod tax allocation Abgrenzung latenter Steuern
– latente Steuerabgrenzung
tax allowance Steuerfreibetrag
Tax Amendment Act Steueränderungsgesetz
tax amnesty Steueramnestie
tax amount Steuerbetrag
tax arrears Steuerrückstände
tax aspects steuerliche Aspekte
tax assessment Steuerfestsetzung
– steuerliche Veranlagung
– Steuerveranlagung
tax assessment: additional tax assessment Steuernachforderung
tax assessment: amendment of tax assessment Änderung des Steuerbescheides
– Berichtigung der Steuerfestsetzung
tax assessment: annulment of tax assessment notice Aufhebung eines Steuerbescheides
tax assessment: appeal against the tax assessment Einspruch gegen den Steuerbescheid
tax assessment: conflicting tax assessments widerstreitende Steuerfestsetzungen
tax assessment: final tax assessment endgültige Steuerfestsetzung
tax assessment: issue a tax assessment notice Steuerbescheid erlassen

T

tax assessment: notice of tax assessment Steuerbescheid
tax assessment: preliminary tax assessment vorläufige Steuerfestsetzung
tax assessment: suspended tax assessment ausgesetzte Steuerfestsetzung
tax assessment: suspension of tax assessment Aussetzung der Steuerfestsetzung
tax assessment: uncontestable tax assessment notice unanfechtbarer Steuerbescheid
tax assessment notice Steuerbescheid
– Veranlagungsbescheid
tax assessment procedure Steuerfestsetzungsverfahren
– Steuerveranlagungsverfahren
tax at source Abzugsteuer
– Quellensteuer
tax attribute Besteuerungsanknüpfungspunkt
– Besteuerungsgrundlage
tax audit Betriebsprüfung
– steuerliche Betriebsprüfung
tax audit: summary tax audit abgekürzte Außenprüfung
tax audit: wage tax audit Lohnsteuerprüfung
tax audit guidelines Betriebsprüfungsgrundsätze
tax audit report Betriebsprüfungsbericht
tax auditor Betriebsprüfer
tax authorities Finanzbehörden
– Steuerbehörden
tax authority Finanzbehörde
– Steuerbehörde
tax avoidance Steuervermeidung
tax avoidance: legal tax avoidance legale Steuervermeidung
tax avoidance scheme Steuervermeidungsmodell
tax back payment Steuernachzahlung
tax balance sheet Steuerbilanz
tax base Bemessungsgrundlage
– Steuerbemessungsgrundlage
– Steuerwert
tax basis Besteuerungsgrundlage
– Steuerbilanzwert
– steuerlicher Wertansatz
tax benefit Steuerentlastung
– Steuervergünstigung
– Steuervorteil
tax benefit: dual tax benefit doppelter Steuervorteil
tax benefits steuerliche Vorteile
tax bracket Steuerstufe
tax burden Steuerbelastung
– Steuerlast
tax burden: comparison of effective tax burden Steuerbelastungsvergleich
tax burden: comparison of tax burden Steuerbelastungsvergleich
tax burden: effective tax burden effektive Steuerbelastung
tax burden: overall tax burden Gesamtsteuerbelastung
– steuerliche Gesamtbelastung
tax burden on distributed earnings Ausschüttungsbelastung
tax capacity Steuerkapazität
tax charge Steuer
tax circumvention Steuerumgehung
tax circumvention device Steuerumgehungskonstruktion
tax circumvention scheme Steuerumgehungsmodell
– Steuervermeidungsmodell
tax claim Steueranspruch
tax collected at source Quellensteuer
tax collection Steuerbeitreibung
– Steuereinziehung
– Steuererhebung
tax committee Steuerausschuß
tax computation Steuerberechnung
tax concession Steuervergünstigung
tax consequences steuerliche Konsequenzen
tax consolidation Organschaft
– steuerliche Konsolidierung
tax consultancy Steuerberatung
tax consultancy: law governing tax consultancy Steuerberatungsgesetz

tax consultant Steuerberater
tax consulting Steuerberatung
tax counsel Steuerberater
tax counselor Steuerberater
tax court Finanzgericht
– Steuergericht
tax court: appeal to the tax court finanzgerichtliche Klage
tax court: Federal Tax Court Bundesfinanzhof *BFH*
tax court: lower tax court Finanzgericht *(im Unterordnungsverhältnis zu einem anderen stehendes Gericht)*
tax court: Supreme Tax Court Bundesfinanzhof *BFH*
tax court decisions steuerliche Rechtsprechung
tax court judge Richter am Steuergericht
– Steuerrichter
tax court judgment Finanzgerichtsurteil
– Steuergerichtsurteil
tax court proceedings Finanzgerichtsverfahren
tax court ruling finanzgerichtliche Entscheidung
tax credit Steueranrechnung
– Steuergutschrift
tax credit: deemed foreign tax credit fiktive Anrechnung *(allgemein)*
– fiktive Steueranrechnung *(allgemein)*
tax credit: deemed tax credit fiktive Anrechnung *(allgemein)*
– fiktive Steueranrechnung *(allgemein)*
tax credit: direct foreign tax credit direkte Steueranrechnung
tax credit: direct tax credit direkte Steueranrechnung
tax credit: excess foreign tax credit Anrechnungsüberhang
tax credit: excess tax credit Anrechnungsüberhang
tax credit: foreign tax credit Anrechnung ausländischer Steuern
tax credit: indirect tax credit indirekte Steueranrechnung
tax credit: maximum tax credit allowed Höchstbetrag der Anrechnung
tax credit: shareholder not entitled to imputation tax credit nicht anrechnungsberechtigter Anteilseigner
tax credit limitation Anrechnungshöchstgrenze
– Höchstbetrag der Anrechnung
tax credit method Anrechnungsmethode
– Steueranrechnungsmethode
tax credit period Anrechnungszeitraum
tax credit procedure Steueranrechnungsverfahren
tax credit system Steueranrechnungsverfahren
tax crime Steuerstraftat
tax cut Steuersenkung
tax deductibility steuerliche Abzugsfähigkeit
tax deductible abzugsfähig
– steuerlich absetzbar
– steuerlich abzugsfähig
tax deductible as expense Aufwandsteuer
tax deduction Steuerabzug
– steuerliche Absetzung
tax deduction opportunities steuerliche Abzugsmöglichkeiten
tax deductions steuerlich abzugsfähige Beträge
tax deferment Steueraufschub
– Steuerverschiebung *(in die Zukunft)*
tax deferral Steueraufschub
– Steuerstundung *(Phasenverschiebung)*
– Steuerverschiebung *(in die Zukunft)*
tax deficiency claim Steuernachforderung
tax department Steuerabteilung
tax depreciation Absetzung für Abnutzung *AfA*
– steuerliche Abschreibung
tax depreciation: accelerated tax depreciation erhöhte Absetzungen
tax differentials Besteuerungsunterschiede
tax discrimination steuerliche Benachteiligung
– steuerliche Diskriminierung

tax dodger *(informal)* Steuerhinterzieher
tax due fällige Steuer
- geschuldete Steuer
- Steuerschuld
- Steuerzahllast
tax due date Fälligkeit von Steuerzahlungen
- Steuerfälligkeitstermin
- Steuertermin
tax escaper Steuerflüchtiger
tax estimation Steuerschätzung
tax evader Steuerhinterzieher
tax evasion Hinterziehung von Steuern
- Steuerhinterziehung
- Steuerverkürzung
tax evasion: attempt at tax evasion Versuch der Steuerhinterziehung
tax evasion: self-accusation of tax evasion Selbstanzeige
tax examination Betriebsprüfung
tax examiner Betriebsprüfer
tax exemption Steuerbefreiung
- Steuerfreibetrag
- Steuerfreistellung
tax expenses Steueraufwand
tax expert Steuerfachmann
tax fairness Steuergerechtigkeit
tax ferret *(informal)* Steuerfahnder
- *(informal)* Steuerfahndungsbeamter
tax field audit steuerliche Außenprüfung
tax form Steuerformular
- Steuervordruck
tax fraud Steuerbetrug
- Steuerhinterziehung
tax fraud: criminal proceedings for tax fraud and other fiscal offences *BE* Steuerstrafverfahren
tax fraud: criminal proceedings for tax fraud and other fiscal offenses *AE* Steuerstrafverfahren
tax fraud: penal proceedings for tax fraud and other fiscal offences *BE* Steuerstrafverfahren
tax fraud: penal proceedings for tax fraud and other fiscal offenses *AE* Steuerstrafverfahren
tax fraud investigation Steuerfahndung
tax fraud investigator Steuerfahnder
- Steuerfahndungsbeamter
tax free steuerfrei
tax haven Steueroase
- Steuerparadies
tax home steuerlicher Wohnsitz
tax imputation: full tax imputation Vollanrechnung
tax imputation: full tax imputation system Vollanrechnungssystem
tax incentive Steueranreiz
- steuerlicher Anreiz
tax investigator Steuerfahnder
tax journal Steuerfachzeitschrift
tax law Steuergesetz
- Steuerrecht
tax law: according to tax law steuerlich
tax law: domestic tax law innerstaatliche Steuerrechtsvorschriften
- innerstaatliches Steuerrecht
- nationales Steuerrecht
tax law: income tax law Einkommensteuerrecht
tax law: internal tax law innerstaatliche Steuerrechtsvorschriften
- innerstaatliches Steuerrecht
tax law: international tax law Internationales Steuerrecht
tax law: permissible under tax law steuerlich zulässig
tax law affecting businesses Steuerrecht der Unternehmen
tax law institution steuerliches Rechtsinstitut
tax lawyer Fachanwalt für Steuerrecht
- Steueranwalt
- Steuerjurist
tax legislation Steuergesetzgebung
tax liability Steuerpflicht
- Steuerschuld
- Steuerverbindlichkeit
tax liability: comprehensive tax liability unbeschränkte Steuerpflicht
tax liability: extended personal tax liability erweiterte Steuerpflicht
tax liability: income tax liability Einkommensteuerpflicht

tax liability: nonresident tax liablility beschränkte Steuerpflicht
tax liability: wage tax liability Lohnsteuerpflicht
tax load Steuerlast
tax loophole Besteuerungslücke
tax loophole: shut down tax loopholes Steuerlücken schließen
tax loss steuerlicher Verlust
tax loss: expiration of unused tax losses Verfall von Verlustvorträgen
tax loss carryback steuerlicher Verlustrücktrag
tax loss carryforward steuerlicher Verlustvortrag
tax loss company based on accelerated depreciation schemes Abschreibungsgesellschaft
tax matters steuerliche Angelegenheiten
– Steuersachen
tax matters: advise in tax matters steuerlich beraten
tax matters: criminal proceedings on tax matters Steuerstrafverfahren
tax matters: legal assistance in tax matters Rechtshilfe in Steuersachen
tax matters: secrecy in tax matters Steuergeheimnis
tax morale Steuermoral
tax net: taxation upon leave of the tax net Entstrickungsbesteuerung
– Steuerentstrickung
tax neutral steuerunschädlich
tax neutral rollover of basis Buchwertfortführung
– Buchwertverknüpfung
tax neutrality Steuerunschädlichkeit
tax oasis Steueroase
– Steuerparadies
tax object Besteuerungsgegenstand
– Steuerobjekt
tax offence *BE* Steuerdelikt
– *BE* Steuerordnungswidrigkeit
– *BE* Steuerstraftat
tax offense *AE* Steuerdelikt
– *AE* Steuerordnungswidrigkeit
– *AE* Steuerstraftat
tax office Finanzamt
tax office: competence of the local tax office Zuständigkeit des Finanzamts
tax office: Federal Tax Office Bundesamt für Finanzen
tax office: local tax office Finanzamt
tax office: local tax office the district of which includes the situs of qualified taxpayer property Belegenheitsfinanzamt
tax office for corporations Finanzamt für Körperschaften
tax officer: supervising tax officer Sachgebietsleiter
tax official Steuerbeamter
tax on bills of exchange Wechselsteuer
tax on capital appreciation Wertzuwachssteuer
tax on consumption Verbrauchsteuer
tax on distributed earnings Steuer auf Ausschüttungen
tax on income Einkommensteuer
– Ertragsteuer
tax on liquors Branntweinsteuer
tax on profit or loss Steuern vom Einkommen und vom Ertrag
tax on securities Wertpapiersteuer
tax on sparkling wine Sektsteuer
tax owed geschuldete Steuer
tax payment Steuerzahlung
tax penalty Steuerstrafe
tax planner Steuerplaner
tax planning Steuerplanung
tax preference item Steuervergünstigung
tax prepayment Steuervorauszahlung
tax privilege Steuerprivileg
– Steuervergünstigung
tax procedure Besteuerungsverfahren
tax profit Steuerbilanzgewinn
– steuerpflichtiger Gewinn
tax provision steuerrechtliche Vorschrift
tax provisions Steuerrückstellungen
tax purpose: disregarded for tax purposes steuerlich nicht anerkannt
tax purposes steuerliche Zwecke
– Steuerzwecke
tax rate Steuersatz

T

tax rate: maximum withholding tax rate Quellensteuerhöchstsatz
tax rate: split tax rate gespaltener Steuersatz
tax rate schedule Steuersatztabelle
tax rate system: corporate income tax rate system Körperschaftsteuertarif
tax rate table Steuertabelle
tax receivable Steuerforderung
tax reduction Steuerermäßigung
– Steuerminderung
– Steuersenkung
tax reform Steuerreform
Tax Reform Act Steuerreformgesetz
tax refund Steuererstattung
– Steuerrückerstattung
– Steuerrückzahlung
– Steuervergütung
tax refund: input tax refund Vorsteuervergütung
tax refund: VAT tax refund Umsatzsteuerrückvergütung
tax refund claim Steuererstattungsanspruch
– Steuerrückerstattungsanspruch
tax refund notice Steuervergütungsbescheid
tax regime Steuerregime
tax regression Steuerregression
tax regulations Steuerrichtlinien
tax relief Steuerentlastung
– Steuererleichterung
– Steuerermäßigung
– Steuervergünstigung
Tax Relief Act Steuerentlastungsgesetz
tax representative steuerlicher Vertreter
– Steuervertreter
tax residence steuerlicher Wohnsitz
– Steuerwohnsitz
tax residence: establish a tax residence steuerlichen Wohnsitz begründen
tax return Steuererklärung
tax return: corporate income tax return Körperschaftsteuererklärung
tax return: due date of tax return Abgabetermin für die Steuererklärung
tax return: extension of time for filing the tax return Fristverlängerung für die Abgabe der Steuererklärung
tax return: extension of time limit for filing the tax return Fristverlängerung für die Abgabe der Steuererklärung
tax return: file a tax return Steuererklärung abgeben
tax return: filing date for the tax return Termin für die Abgabe der Steuererklärung
– Zeitpunkt für die Abgabe der Steuererklärung
tax return: filing of tax return Abgabe der Steuererklärung
tax return: gift tax return Schenkungsteuererklärung
tax return: income tax return Einkommensteuererklärung
tax return: joint tax return Zusammenveranlagung
tax return: net worth tax return Vermögensteuererklärung
tax return: trade tax return Gewerbesteuererklärung
tax return filing date Termin für die Abgabe der Steuererklärung
– Zeitpunkt für die Abgabe der Steuererklärung
tax revenue Steueraufkommen
tax revenue: national tax revenue nationales Steueraufkommen
tax saving Steuerersparnis
tax savings scheme Steuersparmodell
tax scale Steuertarif
tax scale: income tax scale Einkommensteuer-Tarif
tax scale bracket Tarifstufe
tax schedule Steuertabelle
tax schedule: basic income tax schedule Einkommensteuer-Grundtabelle
tax schedule: basic tax schedule Grundtabelle
tax shelter Steuersparmodell
tax shelter company *(based on accelerated depreciation)* Abschreibungsgesellschaft

– *(loss allocating company)* Verlustzuweisungsgesellschaft
tax shelter company based on tax loss allocations due to accelerated depreciation or non-capitalizable expenses Abschreibungsgesellschaft
tax sparing credit fiktive Anrechnung *(Wohnsitzstaat rechnet die Quellensteuer an, die sich nach dem Recht des Quellenstaates ohne eine Sonderermäßigung ergeben hätte)*
– fiktive Steueranrechnung *(Wohnsitzstaat rechnet die Quellensteuer an, die sich nach dem Recht des Quellenstaates ohne eine Sonderermäßigung ergeben hätte)*
tax stamp Steuermarke
tax statistics Steuerstatistik
tax status: having equal tax status steuerlich gleichgestellt
tax statute Steuergesetz
tax subject Steuersubjekt
tax system Besteuerungssystem
– Steuersystem
tax table Steuertabelle
tax take Besteuerungszugriff
Tax Technical Corrections Act Steuerbereinigungsgesetz
tax treatment steuerliche Behandlung
– steuerrechtliche Behandlung
tax treatment: preferential tax treatment bevorzugte steuerliche Behandlung
– Steuervergünstigung
tax treatment: subject to the same tax treatment steuerlich gleichgestellt
tax treaty Abkommen
– Doppelbesteuerungsabkommen
– Steuerabkommen
tax treaty: model tax treaty Musterabkommen
tax unit Besteuerungseinheit
tax valuation steuerrechtliche Bewertung
tax valuation rules steuerliche Bewertungsvorschriften
tax value Steuerwert
tax withholding Steuereinbehalt
tax year Steuerjahr
tax year: current tax year laufendes Steuerjahr
taxability Steuerbarkeit
– Steuerpflicht
taxable steuerbar
– steuerpflichtig
– zu versteuern
taxable base Bemessungsgrundlage
– Steuerbemessungsgrundlage
taxable disjunction *(taxation of profits deemed to arise in connection with the transfer of assets from one country to another)* Steuerentstrickung
taxable entity Steuersubjekt
taxable estate steuerpflichtiger Nachlaß
taxable event Besteuerungstatbestand
– steuerbares Ereignis
– steuerbegründender Tatbestand
– steuerpflichtiges Ereignis
– Steuertatbestand
taxable income steuerpflichtiges Einkommen
– zu versteuerndes Einkommen
taxable income: determination of taxable income Einkommensermittlung
– Ermittlung des zu versteuernden Einkommens
taxable object steuerpflichtiger Gegenstand
taxable person Steuerpflichtiger
– Steuerschuldner
taxable profit steuerpflichtiger Gewinn
taxable supply steuerbare Leistung
– steuerbarer Umsatz
– steuerpflichtige Leistung
taxable turnover steuerpflichtiger Umsatz
tax-assessing authority veranlagende Behörde
taxation Besteuerung
taxation: attaching taxation {to} Anknüpfung der Besteuerung {an}
taxation: attract taxation der Besteuerung unterliegen
– Steuern nach sich ziehen

T

taxation: be subject to taxation der Besteuerung unterliegen
taxation: by attaching taxation {to} durch die Anknüpfung der Besteuerung {an}
taxation: economic double taxation wirtschaftliche Doppelbesteuerung
taxation: escaping from taxation Steuerflucht
taxation: exempt from taxation steuerlich befreien
taxation: juridical double taxation juristische Doppelbesteuerung
taxation: nonresident taxation beschränkte Steuerpflicht
taxation: not subject to taxation steuerfrei
taxation: outside the scope of taxation von der Besteuerung ausgenommen
taxation: subject to taxation der Besteuerung unterliegend
– steuerpflichtig
taxation: theory of taxation Steuertheorie
taxation at source Quellenbesteuerung
– Steuerabzugsverfahren
taxation of businesses Besteuerung gewerblicher Unternehmen
taxation of capital appreciation Wertzuwachsbesteuerung
taxation of corporations Körperschaftbesteuerung
taxation of households Haushaltsbesteuerung
taxation of income Besteuerung von Einkommen
taxation of profits Gewinnbesteuerung
taxation of spouses Ehegattenbesteuerung
taxation on the basis of worldwide income Welteinkommensbesteuerung
taxation period Besteuerungszeitraum
taxation upon leave of the tax net Entstrickungsbesteuerung
– Steuerentstrickung
tax-attracting steuerbegründend
– steuerpflichtig
tax-discriminated steuerlich benachteiligt
– steuerlich diskriminiert
taxed besteuert
– versteuert
taxed: zero-taxed income weiße Einkünfte
taxed at source quellenbesteuert
taxed at source: income taxed at source quellenbesteuertes Einkommen
taxes and other fiscal charges Steuern und Abgaben
taxes for prior years Steuern aus Vorjahren
taxes on capital Substanzsteuern
taxes on income Ertragsteuern
– Steuern vom Einkommen und vom Ertrag
tax-exempt nicht steuerbar
– nicht steuerpflichtig
– steuerfrei
– von der Besteuerung ausgenommen
tax-exempt amount Steuerfreibetrag
tax-exempt supply steuerfreie Lieferung
tax-exempt threshold Steuerfreigrenze
tax-favored *AE* steuerlich begünstigt
tax-favoured *BE* steuerlich begünstigt
tax-free nicht steuerbar
– nicht steuerpflichtig
– steuerfrei
tax-free amount Steuerfreibetrag
– Steuerfreigrenze
tax-free amount: basic tax-free amount Grundfreibetrag
tax-free exchange steuerfreier Tausch
tax-free income steuerfreie Bezüge
taxing jurisdiction Besteuerungsbefugnis
– Besteuerungsrecht
– Steuerhoheit
taxing power Besteuerungsbefugnis
– Besteuerungshoheit
– Besteuerungsrecht
– Steuerhoheit

taxing right Besteuerungsrecht
taxman Steuerfiskus
tax-manipulate steuerlich manipulieren
taxpayer Abgabenpflichtiger
– Steuerpflichtiger
– Steuerschuldner
– Steuersubjekt
– Steuerzahler
taxpayer: government-taxpayer relationship Steuerschuldverhältnis
taxpayer: intended taxpayer Steuerdestinatär
taxpayer: nonresident taxpayer beschränkt Steuerpflichtiger
– Steuerausländer
taxpayer: resident taxpayer inländischer Steuerpflichtiger
– Steuerinländer
taxpayer confidentiality Steuergeheimnis
taxpayer identification number *TIN* Steuernummer
taxpayer identity Steuersubjektidentität
– Subjektidentität
taxpayer in default säumiger Steuerpflichtiger
tax-privileged steuerbegünstigt
– steuerlich begünstigt
– steuerlich privilegiert
tax-privileged conversion steuerbegünstigte Umwandlung
tax-privileged saving steuerbegünstigtes Sparen
tax-remote vehicle Steuerverschiebungsvehikel
tax-triggering steuerbegründend
taxwise steuerlich
technical technisch
technical correction Steuerbereinigung
technical corrections bill Steuerbereinigungsgesetzentwurf
technical design technische Ausführung
technical equipment technische Anlagen
technical equipment and machinery technische Anlagen und Maschinen
technical language Fachsprache
technical life technische Nutzungsdauer
technical risk technisches Risiko
technique: accounting technique Buchführungstechnik
tee tax Teesteuer
Teilwert fair value
teleological interpretation teleologische Auslegung
temporarily vorläufig
temporary temporär
– vorläufig
temporary injunction einstweilige Verfügung
temporary restraining order *AE* einstweilige Verfügung
temporary stay vorübergehender Aufenthalt
temporary worker Aushilfskraft
tenancy Miete *(Mietverhältnis)*
tenancy: joint tenancy Gesamthandseigentum
– Miteigentum zur gesamten Hand
tenancy: law of tenancy Mietrecht
tenancy: periodic tenancy sich periodisch verlängerndes Mietverhältnis
– sich periodisch verlängerndes Pachtverhältnis
tenancy at sufferance durch Duldung bestehendes Mietverhältnis
– durch Duldung bestehendes Pachtverhältnis
tenancy at will jederzeit fristlos kündbares Mietverhältnis
– jederzeit fristlos kündbares Pachtverhältnis
tenancy by the entirety Gesamtberechtigung an Grundvermögen von Eheleuten
tenancy for a term befristetes Mietverhältnis
– befristetes Pachtverhältnis
tenancy in common Bruchteilseigentum
– Bruchteilsgemeinschaft
– Miteigentum nach Bruchteilen
tenancy in partnership im Namen einer Personengesellschaft gehaltenes Grundvermögen

tenant Mieter
– Pächter
tenant: joint tenant gesamthänderisch gebundener Miteigentümer
tenant at sufferance geduldeter Mieter
– geduldeter Pächter
tenant improvements Mietereinbauten
tenant in common Bruchteilseigentümer
– Miteigentümer nach Bruchteilen
tenant protection Mieterschutz
tenant under a building lease Erbbauberechtigter
tender: invitation to tender Ausschreibung *(öffentliche Aufforderung zur Abgabe von Angeboten)*
tender: legal tender gesetzliches Zahlungsmittel
tender issue Emission im Tenderverfahren
tender offer Übernahmeangebot
– Zeichnungsangebot *(im Tenderverfahren)*
tender system Tenderverfahren
term Begriff
– Dauer
– Frist
– Laufzeit
term: ascribe a specific meaning to a term einem Ausdruck eine bestimmte Bedeutung beilegen
term: beginning of a term Fristbeginn
term: colloquial term umgangssprachlicher Begriff
term: commencement of a term Fristbeginn
term: composite term zusammengesetzter Begriff
term: essential terms wesentliche Bestimmungen
term: expiry of a term Fristablauf
term: fixed noncancelable lease term Grundmietzeit
term: fixing of a term Fristsetzung
term: for a term to begin on ... and to expire on ... für einen Zeitraum von ... bis ...
term: generic term Oberbegriff
term: in legal terms im Rechtssinne
term: interruption of a term Unterbrechung einer Frist
term: legal term Rechtsbegriff
term: sorting term Sortierbegriff
term: suspension of a term Hemmung einer Frist
term: tenancy for a term befristetes Mietverhältnis
– befristetes Pachtverhältnis
term: vernacular term fachsprachlicher Ausdruck
term expires Frist endet
– Frist läuft ab
term of a credit Laufzeit eines Kredites
term of insurance Versicherungsdauer
term of preclusion Ausschlußfrist
term of validity Geltungsdauer
term runs Frist läuft
terminable kündbar
terminate beenden
– kündigen
terminate: waiver of right to terminate Kündigungsverzicht
termination Ablauf
– Beendigung
– Einstellung
– Erlöschen *(Vollmacht)*
– Kündigung
– Rücktritt
termination: cause for termination Kündigungsgrund
termination: effective date of termination Kündigungstermin
termination: exceptional cause termination außerordentliche Kündigung
termination: exclusion of grounds for termination Kündigungsausschluß
termination: extraordinary termination außerordentliche Kündigung
termination: give notice of termination kündigen
termination: notice of termination Bescheid
– Kündigung

termination: subject to termination kündbar
termination: upon termination bei Beendigung
termination: waiver of right of termination Kündigungsverzicht
termination fee: early termination fee Vorfälligkeitsentschädigung
termination for exceptional reasons außerordentliche Kündigung
termination for grave cause Kündigung aus wichtigem Grund
termination of a contract Vertragsauflösung
– Vertragsbeendigung
termination of a period of time Fristende
termination of an agreement Vertragsauflösung
– Vertragsbeendigung
termination of bankruptcy proceedings Konkursbeendigung
termination of business Betriebsaufgabe
– Geschäftsaufgabe
termination upon notice Kündigung
terminology Terminologie
terminology: legal terminology rechtliche Terminologie
terms: contractual terms vertragliche Bedingungen
terms: credit terms Kreditbedingungen
terms: delivery terms Lieferbedingungen
terms: essential terms of a contract wesentliche Vertragsbestandteile
terms: on mutual terms auf Gegenseitigkeit
terms: payment terms Zahlungsbedingungen
terms: standard terms Allgemeine Geschäftsbedingungen
terms: standard terms of business Allgemeine Geschäftsbedingungen
terms and conditions Bedingungen
– Geschäftsbedingungen
terms and conditions: commercial terms and conditions Geschäftsbedingungen
terms and conditions: general terms and conditions Allgemeine Geschäftsbedingungen
terms of an agreement Vertragsbedingungen
terms of delivery Lieferbedingungen
terms of freight Frachtbedingungen
terms of insurance Versicherungsbedingungen
terms of payment Zahlungsbedingungen
terms of the contract Vertragsbedingungen
– Vertragsinhalt
terms of work Arbeitsbedingungen
territorial räumlich
territorial: extra-territorial extraterritorial
territorial application räumlicher Anwendungsbereich
– territorialer Anwendungsbereich
territorial claim Gebietsanspruch
territorial scope räumlicher Anwendungsbereich
territorial sovereignty Gebietshoheit
territoriality principle Territorialitätsprinzip
territory Gebiet
– Hoheitsgebiet
– Staatsgebiet
territory: state territory Staatsgebiet
test: activity test Aktivitätsklausel
– Aktivitätsvorbehalt
testamentary testamentarisch
testamentary capacity: having testamentary capacity testierfähig
testamentary freedom Testierfreiheit
testamentary heir testamentarischer Erbe
testamentary incapacity Testierunfähigkeit
testamentary succession gewillkürte Erbfolge
– testamentarische Erbfolge
testate testieren
testator Erblasser
– Testierender
testcheck stichprobenweise prüfen
testify aussagen *(Zeugenaussage)*
testimonial evidence Zeugenbeweis

T

testimony Aussage
– Zeugenaussage
testimony: expert testimony Sachverständigenaussage *(Gericht)*
– Sachverständigengutachten
testimony of expert Sachverständigengutachten
the authorities in their own motion von Amts wegen
the former der frühere
the subsequent der spätere
theft Diebstahl
theft: insurance against theft Diebstahlversicherung
theory: accounting theory Buchhaltungstheorie
theory: legal theory Rechtslehre
theory: tort theory Theorie des deliktischen Schadensersatzrechtes
theory of taxation Steuertheorie
thereafter danach
thereof davon
thereof falling due after more than one year davon fällig in mehr als einem Jahr
thereof falling due in less than one year davon fällig in weniger als einem Jahr
thereon danach
thereupon danach
thin capitalization Unterkapitalisierung
thing Sache
third country Drittland
third party Dritter
– fremder Dritter
third party: buildings on third party land *BE* Bauten auf fremden Grundstücken
third party: performance by a third party Leistung durch einen Dritten
third party land fremder Grund und Boden
– fremdes Grundstück
third-degree relative Verwandter dritten Grades
third-party action against execution Drittwiderspruchsklage
– Widerspruchsklage
third-party insurance *BE* Haftpflichtversicherung
third-party liabilities fremde Verbindlichkeiten
third-party transaction Fremdgeschäft
threat of legal action Klageandrohung
three months' notice dreimonatige Kündigungsfrist
– Kündigungsfrist von drei Monaten
three-tiered dreistufig
threshold: de minimis threshold Bagatellgrenze
threshold: exempt threshold Freigrenze
threshold: tax-exempt threshold Steuerfreigrenze
thrift Sparkreditinstitut *(Oberbegriff für savings and loan associations, (mutual)* savings banks und credit unions)
through official channels auf dem Amtsweg
throughput time Durchlaufzeit
throw-off: cash throw-off Barüberschuß
tick off abhaken
tie vinkulieren
tie-breaker rule *AE* Bestimmung für Stichentscheid
tied vinkuliert
tied: performance-tied leistungsabhängig
tied share vinkulierte Aktie
tied-up capital gebundenes Kapital
tier: lower tier nachgeordnet *(Gesellschaft)*
tiered: three-tiered dreistufig
time: cycle time Durchlaufzeit
time: down time Ausfallzeit
time: extension of time Fristverlängerung
time: extension of time for payment Stundung
time: for a fixed time befristet
time: for the time being fürs erste
– vorläufig
time: in time fristgerecht
– rechtzeitig

– zeitgerecht
time: limited in time befristet
time: on time fristgerecht
– rechtzeitig
– zeitgerecht
time: out of time nicht fristgerecht
– verspätet
time: throughput time Durchlaufzeit
time deposit Festgeld
– Festgeldanlage
– Festgeldeinlage
time for entering an appearance Einlassungsfrist
time limit Frist
time limit: application for extension of time limit Antrag auf Fristverlängerung
– Fristverlängerungsantrag
time limit: exceeding of time limit Fristüberschreitung
time limit: exceeding of time limit for payment Überschreiten der Zahlungsfrist
time limit: extension of time limit Fristverlängerung
time limit: preclusive time limit Ausschlußfrist
time limit: suspension of expiry of a time limit Ablaufhemmung
– Hemmung einer Frist
time limit for appeal Einspruchsfrist
– Rechtsbehelfsfrist
– Rechtsmittelfrist
time limit for payment Zahlungsfrist
time limit for payment of a bill Wechselfrist
time limit for statement of reasons Begründungsfrist
time limit for the adoption Transformationsfrist
time limitation Befristung
time record Lohnzettel
time record: machine time record Maschinenstundenzettel
time wage Zeitlohn
timely fristgerecht
– rechtzeitig
– zeitgerecht
TIN *AE* taxpayer identification number *(Steuernummer)*
tips Trinkgelder
tips and gratuities Bedienungsgelder
title Überschrift
– urkundlicher Nachweis eines dinglichen Rechts
title: account group title Kontengruppenbezeichnung
title: account title Kontenbezeichnung
title: certificate of title Eigentumsurkunde
title: defect as to title Rechtsmangel
title: defective title Rechtsmangel *(bezogen auf Eigentum)*
title: executory title vollstreckbare Urkunde
title: full title Volleigentum
title: good title {to} rechtsmängelfreies Eigentum {an/am}
– von Rechten Dritter freies Eigentum {an/am}
– von Rechten Dritter freies Eigentumsrecht {an/am}
title: legal title {to} Eigentum {an/am}
– Eigentumsrecht {an/am}
– rechtliches Eigentum {an/am}
– Rechtstitel {an/am}
title: marketable title {to} rechtsmängelfreies Eigentum {an/am}
title: passage of title Eigentumsübergang
title: passing of title Eigentumsübergang
title: predecessor in title Rechtsvorgänger
title: prescription of title Ersitzung
title: presumption of title Eigentumsvermutung
title: reservation of title Eigentumsvorbehalt
title: restriction of title Eigentumsbeschränkung
title: retain title {to} sich das Eigentum vorbehalten {an/am}
title: retention of title {to} Eigentumsvorbehalt {an/am}
title: retention-of-title clause Eigentumsvorbehaltsklausel
title: sucessor in title Rechtsnachfolger

T

title: transfer of title Eigentumsübertragung
title: transfer title Eigentum übertragen
title: unencumbered title {to} unbelastetes Eigentum {an/am}
title: upon passing of title to the good mit Übereignung der Sache
title: warranty of title Gewährleistung für eigene Verfügungsmacht
– Gewährleistung für Rechtsmängel
title {to} Anspruch {auf}
– Berechtigung {an/am}
– dingliche Berechtigung {an}
– Eigentum {an/am}
– Eigentumsrecht {an/am}
– rechtliches Eigentum {an/am}
– Rechtstitel {an/am}
– Titel {an/am}
title in land Grundstückseigentum
title insurance Versicherung gegen Rechtsmängel beim Immobilienerwerb
title passage Eigentumsübergang
– Rechtsübergang
title passes Eigentum geht über
title register Grundbuch
title register: enter into the title register ins Grundbuch eintragen
title register: extract from the title register Grundbuchauszug
title register: make an entry in the title register Grundbucheintragung vornehmen
title registration office Grundbuchamt
title search Suche nach dem rechtmäßigen Eigentümer *(eines Grundstückes)*
titleholder Eigentümer
to no avail vergeblich
to opt out austreten
to the credit of zugunsten von
to the debit {of} zu Lasten {von}
to the extent necessary im erforderlichen Ausmaß
tobacco tax Tabaksteuer
tolerate dulden
toleration Duldung
tools Werkzeuge
tools: cost of tools Werkzeugkosten
top rate Höchstsatz
top tax rate Höchststeuersatz
– Spitzensteuersatz
tort Delikt
– unerlaubte Handlung
tort: commit a tort unerlaubte Handlung begehen
tort: damages in tort Schadenersatz wegen unerlaubter Handlung
tort: law of torts Deliktsrecht
– Recht der unerlaubten Handlungen
tort: liability in tort Delikthaftung
tort claim Anspruch aus unerlaubter Handlung
tort theory Theorie des deliktischen Schadensersatzrechtes
tortious deliktisch
tortious: capacity for tortious liability Deliktsfähigkeit
tortious conduct deliktische Handlung
tortious liability deliktische Haftung
total: account total Kontosumme
total: balance sheet total Bilanzsumme
– Bilanzvolumen
total: control total Kontrollsumme
total: invoice total Gesamtrechnungsbetrag
total: movement total Betrag der Gesamtbewegungen
– Gesamtbewegung *(Konto)*
– Verkehrszahl
total: payroll total Lohn- und Gehaltssumme
– Lohnsumme
total: salary total Gehaltssumme
total: wage total Lohnsumme
total amount Gesamtbetrag
total assets Aktivsumme
– Summe der Aktiva
total burden Gesamtbelastung
total deductions Summe der Abzüge
total equity and liabilities Passiva
total expenses Gesamtaufwand
total liabilities Gesamtverbindlichkeiten
total of wages and salaries Lohnsumme

total profit Gesamtgewinn
total sales Gesamtumsatz
total tax rate Gesamtsteuersatz
total turnover *BE* Gesamtumsatz
total-life accounting Totalrechnung
total-life-of-business accounting Totalrechnung
trade Gewerbebetrieb
– Handel
– Handel treiben
– Handelsgewerbe
trade: carry on a trade Handel treiben
– Handelsgewerbe betreiben
trade: custom of the trade Handelsbrauch
trade: dormant trade or business ruhender Gewerbebetrieb
trade: foreign exchange trade Devisenhandel
trade: over-the-counter trade geregelter Freiverkehr
trade: retail trade Einzelhandel
trade: wholesale trade Großhandel
trade accounts payable Verbindlichkeiten aus Lieferungen und Leistungen
– Verbindlichkeiten aus Warenlieferungen und Leistungen
trade association Fachverband
trade capital Gewerbekapital
trade capital tax Gewerbekapitalsteuer
trade creditors *BE* Verbindlichkeiten aus Lieferungen und Leistungen
trade custom Handelsbrauch
– Handelsübung
– Handelsusancen
trade debtors *BE* Forderungen aus Lieferungen und Leistungen
trade discount Händlerrabatt
trade establishment Betrieb *(Unternehmen)*
trade fixtures gewerbliche Einbauten
trade freedom Handelsfreiheit
trade income Gewerbeertrag
trade income tax Gewerbeertragsteuer
trade licence *BE* Gewerbeerlaubnis
– *BE* Gewerbeschein
trade license *AE* Gewerbeerlaubnis
– *AE* Gewerbeschein
trade loss Gewerbeverlust
trade margin Handelsspanne
trade mark Warenzeichen
trade mark right Markenrecht
trade name Firma
– Firmenname
trade or business Gewerbe
– Gewerbebetrieb
– gewerblicher Betrieb
trade or business income Einkünfte aus Gewerbebetrieb
– gewerbliche Einkünfte
trade or business taxation Gewerbebesteuerung
trade payables Verbindlichkeiten aus Lieferungen und Leistungen
– Verbindlichkeiten aus Warenlieferungen und Leistungen
trade practice Handelsbrauch
– Handelsübung
– Handelsusancen
trade profit margin Handelsspanne
trade receivables Forderungen aus Lieferungen und Leistungen
trade secret Betriebsgeheimnis
– Geschäftsgeheimnis
trade tax Gewerbesteuer
trade tax: notice of apportionment of trade tax base Gewerbesteuerzerlegungsbescheid
trade tax: provision for trade taxes Gewerbesteuerrückstellung
Trade Tax Act Gewerbesteuergesetz *GewStG*
trade tax assessment notice Gewerbesteuerbescheid
trade tax on capital Gewerbekapitalsteuer
– Steuer auf das Gewerbekapital
trade tax on income Gewerbeertragsteuer
Trade Tax Regulations Gewerbesteuer-Richtlinien
trade tax return Gewerbesteuererklärung
trade taxation Gewerbebesteuerung
trade union *BE* Gewerkschaft

trade union activity gewerkschaftliche Betätigung
trade union agreed wage *BE* Tariflohn
trade usage Handelsbrauch
– Handelsgepflogenheiten
– Handelsusancen
trademark Warenzeichen
trademark: registered trademark eingetragenes Warenzeichen
trademark franchising Warenzeichenfranchising
trademark licence *BE* Warenzeichenlizenz
trademark license *AE* Warenzeichenlizenz
trader Händler
– Kaufmann
trader: sole trader Einzelkaufmann
trader's right of retention kaufmännisches Zurückbehaltungsrecht
tradership: sole tradership *BE* Einzelunternehmen
trading: after hours trading nachbörslicher Handel
trading: block trading Pakethandel
trading: program trading *AE* Programmhandel
trading: programme trading *BE* Programmhandel
trading: spot trading Kassahandel
trading: stock exchange trading Börsenhandel
trading business Handelsgeschäft
trading company Handelsgesellschaft
trail Verhandlung
trail: audit trail Prüfungspfad
trail: employment on a trial basis Einstellung zur Probe
trail: invoice trail Rechnungsweg
trained worker Facharbeiter
trainee Anzulernender
training Ausbildung
training: professional training Berufsausbildung
transaction Geschäftsvorfall
– Transaktion
transaction: disregarding of legal transactions Nichtanerkennung von Rechtsgeschäften
transaction: winding up of current business transactions Abwicklung des laufenden Geschäfts
transaction tax Verkehrsteuer
transactional net margin method geschäftsfallbezogene Nettomargenmethode
transactions avoidable by creditors due to fraudulent transfer of property anfechtbare Rechtsgeschäfte wegen Gläubigerbenachteiligung
transfer abtreten
– Abtretung
– Überführung
– übertragen
– Übertragung
– überweisen
– Überweisung
– Versetzung
– zedieren
– zuführen
– Zuführung
– Zuweisung
transfer: bank transfer Banküberweisung
transfer: gratuitons transfer schenkungsweise Übertragung
transfer: income from the transfer of losses Erträge aus Verlustübernahme
transfer: lifetime transfer Schenkung unter Lebenden
– Schenkung zu Lebzeiten
transfer: loss transfer Verlustübertragung
transfer: order for transfer of an action Verweisungsbeschluß
transfer: ownership transfer Eigentumsübertragung
transfer {to} Einstellung {in}
transfer a claim Forderung abtreten
transfer balance sheet Übertragungsbilanz
transfer for use Gebrauchsüberlassung
– Nutzungsüberlassung
transfer from reserves Entnahme aus den Rücklagen

transfer gain Überführungsgewinn
– Übertragungsgewinn
transfer inter vivos Schenkung zu Lebzeiten
transfer losses Verluste übertragen
transfer of an action to the competent court Verweisung an das zuständige Gericht
transfer of business Betriebsübergang
transfer of file Aktenübersendung
transfer of losses Verlustübernahme
transfer of ownership Eigentumsübertragung
transfer of property Eigentumsübertragung
transfer of residence Verlegung des Wohnsitzes
– Wohnsitzwechsel
transfer of rights Rechtsübergang
– Rechtsübertragung
transfer of risk of loss Gefahrübergang
transfer of shares Übertragung von Anteilen
transfer of title Eigentumsübertragung
transfer price Transferpreis
– Verrechnungspreis
transfer price: internal transfer price innerbetrieblicher Verrechnungspreis
transfer price: intra-company transfer price innerbetrieblicher Verrechnungspreis
transfer property Eigentum übertragen
transfer tax: capital transfer tax Kapitalverkehrsteuer
transfer title Eigentum übertragen
transfer to another account umbuchen
– Umbuchung
transfer to another court an ein anderes Gericht verweisen
transfer to another job versetzen
transfer to profit reserves Einstellung in die Gewinnrücklagen
transfer to reserves Dotierung von Rücklagen
– Einstellung in die Rücklagen
– Rücklagen dotieren
– Rücklagendotierung
– Rücklagenzuweisung
– Zuführung in die Rücklagen
– Zuführung zu den Rücklagen
– Zuweisung zu den Rücklagen
transferability Übertragbarkeit
transferability: restrict transferability vinkulieren
transferability: with restricted transferability vinkuliert
transferable abtretbar
– übertragbar
transferable: commercially transferable verkehrsfähig
transferable credit übertragbares Akkreditiv
transferee Übernehmer
– Übernehmerin
transferor Abtretender
– Zedent
transferrer Übertragender
transferring abgebend
transgression Überschreitung
transit Durchfuhr
transit: goods in transit Transithandelsgüter
– unterwegs befindliche Ware
transit: item in transit durchlaufender Posten
transit: merchandise in transit unterwegs befindliche Ware
transit goods Transithandelsgüter
transition rule Übergangsbestimmung
– Übergangsregelung
– Übergangsvorschrift
transitional rule Übergangsbestimmung
– Übergangsregelung
– Übergangsvorschrift
transitory durchlaufend
– transitorisch
– vorübergehend
transitory account Durchlaufkonto
– Interimskonto
transitory item Durchgangsposten
– durchlaufender Posten
– Durchlaufposten
– Übergangsposten

transitory tax durchlaufende Steuer
translate *(foreign language)* übersetzen
– *(foreign currency)* umrechnen
translation *(foreign language)* Übersetzung
– *(foreign currency)* Umrechnung
translation: foreign currency translation Fremdwährungsumrechnung
translation factor Umrechnungsfaktor
translation gain Umrechnungsgewinn
– Wechselkursgewinn
translation gain: foreign currency translation gain Umrechnungsgewinn
– Wechselkursgewinn
translation gain: foreign currency translation loss Wechselkursverlust
translation loss Umrechnungsverlust
– Wechselkursverlust
translation of foreign currencies Fremdwährungsumrechnung
– Kursumrechnung
transport costs Transportkosten
transport insurance Transportversicherung
transportation conditions Beförderungsbedingungen
transportation contract Beförderungsvertrag
transportation equipment Transportanlagen
transportation tax Beförderungsteuer
Transportation Tax Act Beförderungsteuergesetz
transpose umsetzen
transpose into German law ins deutsche Recht umsetzen
transposition Umsetzung
transposition into German law {by means of} Umsetzung ins deutsche Recht {durch}
travel expense reimbursement Reisekostenersatz
travel expenses Reisekosten
travel expenses: reimbursement of travel expenses Reisekostenersatz
travel insurance Reiseversicherung
traveling expenses: blanket amount for traveling expenses *AE* Reisekosten-Pauschbetrag
traveller's check *AE* Reisescheck
traveller's cheque *BE* Reisescheck
travelling expense reimbursement *BE* Reisekostenersatz
travelling expenses *BE* Reisekosten
travelling expenses: blanket amount for travelling expenses *BE* Reisekosten-Pauschbetrag
travelling expenses: reimbursement of travelling expenses *BE* Reisekostenersatz
Treasury *AE* Finanzministerium
treasury bill Schatzwechsel
treasury stock *AE* eigene Aktien
– *AE* eigene Anteile
treasury stock: reserve for treasury stock *AE* Rücklage für eigene Anteile
Treaties of Rome Römische Verträge
treatment Behandlung
treatment: accounting treatment buchhalterische Behandlung
– buchmäßige Behandlung
treatment: medical treatment medizinische Betreuung
treatment: preferential tax treatment bevorzugte steuerliche Behandlung
– Steuervergünstigung
treatment: preferential treatment begünstigte Behandlung
treatment: subject to the same tax treatment steuerlich gleichgestellt
treatment: tax treatment steuerliche Behandlung
– steuerrechtliche Behandlung
treaty Abkommen
– Doppelbesteuerungsabkommen
– Staatsvertrag
treaty: invoke the provisions of the treaty sich auf die Bestimmungen des Abkommens berufen
treaty: model tax treaty Musterabkommen
treaty abuse Abkommensmißbrauch
treaty application Abkommensanwendung

treaty benefits Abkommensvergünstigungen
– Abkommensvorteile
treaty conflict Abkommenskonflikt
treaty development Abkommensfortentwicklung
treaty entitlement Abkommensberechtigung
treaty exemption in respect of dividends received Schachtelprivileg
treaty override Abkommensverdrängung
– Verletzung einer Abkommensverpflichtung
treaty practice Abkommenspraxis
– Vertragspraxis
treaty protection Abkommensschutz
treaty relief Abkommensvergünstigung
– Abkommensvorteil
trespass Besitzstörung
– Hausfriedensbruch
trespass: criminal trespass Hausfriedensbruch
trespasser Besitzstörer
trial Verhandlung
trial: employment on trial Probearbeitsverhältnis
trial: pre-trial außergerichtlich
– vor Prozeßbeginn
trial: sale on trial Kauf auf Probe
trial balance Probebilanz
trial balance: general ledger trial balance Hauptabschlußübersicht
trial balance sheet vorläufige Bilanz
trial employment Einstellung zur Probe
trial period Probezeit
trial period: employment for a trial period Probearbeitsverhältnis
triangular case Dreiecksfall
triangular relationship Dreiecksverhältnis
tribunal: arbitration tribunal Schiedsgericht
triggering: tax-triggering steuerbegründend
trip: business trip Geschäftsreise
trips home Heimfahrten
trover: action of trover Schadensersatzklage wegen rechtswidriger Aneignung beweglicher Sachen
trust treuhänderisch verwaltetes Vermögen
– Treuhandschaft
– Treuhandvermögen
trust: assets held in trust Treuhandvermögen
trust: damage caused by breach of trust Vertrauensschaden
trust: in trust treuhänderisch
trust: unit trust *BE* offener Investmentfonds
trust arrangement Treuhandverhältnis
trust bond: collateral trust bond treuhänderische Hinterlegung von Wertpapieren
trust bond: equipment trust bond treuhänderische Übertragung der Besitzrechte an Anlagen besicherte Schuldverschreibung
trust property Treugut
– Treuhandvermögen
trustee Treuhänder
– Vermögensverwalter
trustee: bankruptcy trustee Konkursverwalter
trustee in bankruptcy Konkursverwalter
– Masseverwalter
trustee in composition proceedings Vergleichsverwalter
trustee relationship Treuhand
– Treuhandverhältnis
trusteeship Treuhandschaft
– Treuverwaltung
trustor Treugeber
truthful wahrheitsgetreu
turn down ablehnen
turnaround: business turnaround Sanierung
turnover Umsatz
– *BE* Umsatzerlöse
turnover: annual turnover Jahresumsatz
turnover: geographical allocation of turnover Umsatz nach Ländern
turnover: gross turnover Bruttoumsatz

turnover: intercompany turnover Innenumsätze
turnover: inventory turnover Lagerumschlag
turnover: inventory turnover rate Lagerumschlagshäufigkeit
turnover: net turnover *BE* Nettoumsatz
- *BE* Nettoumsatzerlöse
- *BE* Reinumsatz
turnover: payables turnover Kreditorenumschlag
turnover: rate of inventory turnover Lagerumschlagshäufigkeit
turnover: receivables turnover Debitorenumschlag
turnover: taxable turnover steuerpflichtiger Umsatz
turnover: total turnover *BE* Gesamtumsatz
turnover outside the scope of VAT nichtsteuerbare Umsätze
turnover rate Umschlagshäufigkeit
turnover rate: payables turnover rate Kreditorenumschlagshäufigkeit
turnover ratio Umsatzverhältnis
turnover tax Umsatzsteuer
turnover tax: exchange turnover tax Börsenumsatzsteuer
turnover tax: securities turnover tax Börsenumsatzsteuer
turnover tax: stock exchange turnover tax Börsenumsatzsteuer
turnover tax on imports Einfuhrumsatzsteuer
twist verdrehen
twist the law Recht verdrehen
two-column journal Zweispaltenjournal
type of expense Aufwandsart
type-of-expenditure format *BE* Gesamtkostenverfahren
types of transactions Geschäftsarten

U

UCC Uniform Commercial Code
ullage Schwund
ultimate buyer Endabnehmer
ultimate consumer Endabnehmer
umbrella organization Spitzenverband
umbrella organization of unions Gewerkschaftsspitzenverband
unable to pay zahlungsunfähig
unabsorbed overhead Kosten der Unterbeschäftigung
- Leerkosten
- Unterbeschäftigungskosten
unamortized debt discount nicht abgeschriebenes Damnum
unamortized discount nicht abgeschriebenes Disagio
unanimous einhellig
- einstimmig
unanimous vote requirement Einstimmigkeitserfordernis
unappealability *(assessment)* Bestandskraft
- *(judgment)* Rechtskraft
unappropriated profits brought forward Gewinnvortrag
unappropriated reserve freie Rücklage
unappropriated reserves ungebundene Rücklagen
unappropriated retained earnings brought forward Gewinnvortrag
unascertained good Gattungssache
unaudited nicht testiert
unaudited accounts *BE* nicht testierter Abschluß
unaudited financial statements nicht testierter Abschluß
unauthorized unberechtigt
unauthorized agency Vertretung ohne Vertretungsmacht
unauthorized assumption of authority Amtsanmaßung
unauthorized assumption of public authority Amtsanmaßung
unbalanced entry Buchung ohne Gegenbuchung
unbiased unbefangen
- unparteiisch
- unvoreingenommen
unbiassed unbefangen
- unparteiisch
- unvoreingenommen

uncalled nicht eingefordert
uncalled capital nicht eingefordertes Kapital
– noch nicht eingefordertes Kapital
uncollectible accounts uneinbringliche Forderungen
uncollectible accounts: allowance for uncollectible accounts Wertberichtigung auf Forderungen
– Wertberichtigung auf uneinbringliche Forderungen
uncollectible receivables uneinbringliche Forderungen
uncollectibles uneinbringliche Forderungen
uncommitted reserves freie Rücklagen
uncompensated unentgeltlich
uncondensed balance sheet unverkürzte Bilanz
uncondensed profit and loss statement unverkürzte Gewinn- und Verlustrechnung
unconscionable contract sittenwidriges Rechtsgeschäft
unconstitutional verfassungswirdig
unconstitutionality Verfassungswidrigkeit
unconstitutionality: complaint of unconstitutionality Verfassungsbeschwerde
uncontestable tax assessment notice unanfechtbarer Steuerbescheid
uncontrolled transaction Fremdgeschäft
uncrossed cheque *BE* Barscheck
under age minderjährig
under applicable law nach geltendem Recht
under arrest in Haft
under coercion Nötigung
– unter Zwang
under commercial law handelsrechtlich
under common control unter einheitlicher Leitung
under company law gesellschaftsrechtlich
under construction: fixed assets under construction Anlagen im Bau
under construction: plant under construction Anlagen im Bau
– im Bau befindliche Anlagen
under current law nach der gegenwärtigen Rechtslage
under detention in Haft
under presence of inflation unter Inflationsbedingungen
under this agreement gemäß dieser Vereinbarung
under-accrual Rückstellungsfehlbetrag
undercapitalization Unterkapitalisierung
undercapitalized unterkapitalisiert
underdepreciation Unterabschreibung
underground economy Schattenwirtschaft
underinsurance Unterversicherung
underlying right or property Stammrecht
underlying tax: credit for underlying taxes indirekte Steueranrechnung
underlying tax: relief for underlying taxes indirekte Steueranrechnung
underlying tax relief indirekte Steueranrechnung
underprice unterbewerten
underpricing Unterbewertung
underreport zu niedrig ausweisen
understate unterbewerten
– zu niedrig ausweisen
understating Unterbewertung
undertake a liability Haftung übernehmen
– Verbindlichkeit eingehen
undertake a risk Risiko übernehmen
undertake an obligation Verpflichtung übernehmen
undertaking *BE* Unternehmen
undertaking: amounts owed to group undertakings *BE* Verbindlichkeiten gegenüber verbundenen Unternehmen
undervaluation Unterbewertung
undervalue unterbewerten
undervalued unterbewertet
underwrite unterschreiben
– versichern

U

– Wertpapieremission garantieren
– Wertpapieremission übernehmen
underwriter Emissionsgarant
underwriting Emissionsgarantie
underwriting: best efforts underwriting Verkauf der Emission nach bestem Bemühen ohne Risikoübernahme
underwriting: firm commitment underwriting Übernahme der gesamten Emission durch den Emissionsgaranten und Verkauf auf eigenes Risiko
underwriting: standby underwriting Garantie der Übernahme der nicht verkauften Wertpapiere eines Emittenten
underwriting syndicate Übernahme-Konsortium
undeveloped land Grundstücke ohne Bauten
– unbebaute Grundstücke
undeveloped real estate unbebaute Grundstücke
undisclosed agency verdeckte Stellvertretung
undisclosed appreciation in value stille Reserven
undisclosed principal verdeckt Vertretener
undisclosed reserve nicht ausgewiesene Rücklage
undisclosed reserves stille Reserven
undistributed nicht ausgeschüttet
– unverteilt
undistributed profits unverteilte Gewinne
undivided estate ungeteilter Nachlaß *(nach angloamerikanischem Recht ist das 'undivided estate' bis zum Zeitpunkt der Erbauseinandersetzung selbständiges Steuersubjekt)*
undivided interest ideeller Anteil
undue *(payment)* noch nicht fällig
– unzulässig
undue delay in delivery Lieferverzug
undue influence ungebührliche Beeinflussung
– unzulässige Beeinflussung
– unzulässige Einflußnahme
unearned income *(periodical income received from property and investments)* Kapitaleinkünfte
unemployed arbeitslos
– Arbeitsloser
unemployed person Arbeitsloser
unemployed worker Arbeitsloser
unemployment Arbeitslosigkeit
unemployment benefits Arbeitslosengeld
– Arbeitslosenunterstützung
unemployment compensation Arbeitslosengeld
– Arbeitslosenunterstützung
unemployment insurance Arbeitslosenversicherung
unencumbered unbelastet
unencumbered title {to} unbelastetes Eigentum {an/am}
unenforceability Undurchsetzbarkeit
unenforceable undurchsetzbar
unentitled unberechtigt
unentitled person Nichtberechtigter
unequivocal eindeutig
– unmißverständlich
unexpired life Restlebensdauer
unfair competition unlauterer Wettbewerb
unfinished unfertig
unfinished goods unfertige Erzeugnisse
unfinished goods or services unfertige Leistungen
unfinished products unfertige Erzeugnisse
unfit for work arbeitsunfähig
unforeseeability Unvorhersehbarkeit
unforeseeable unvorhersehbar
unfounded unbegründet
unified accounting Gesamtbuchhaltung
uniform determination of profits einheitliche Gewinnfeststellung
uniform system of accounts Kontenrahmen
unilateral einseitig
unilateral contract einseitig verpflichtender Vertrag
unilateral measure einseitige Maßnahme

unilateral mistake einseitiger Irrtum
unimproved properties *AE* unbebaute Grundstücke
unimproved real property *AE* Grundstücke ohne Bauten
unincorporated civil law association Gesellschaft bürgerlichen Rechts *GbR*
– Gesellschaft des bürgerlichen Rechts *GbR*
unincorporated civil-law association BGB-Gesellschaft
union Gewerkschaft
union: credit union Kreditgenossenschaft
union: labor union *AE* Gewerkschaft
union: trade union *BE* Gewerkschaft
unissued capital nicht ausgegebenes Kapital
unit: accounting unit Abrechnungsbereich
– Abrechnungseinheit
– Abrechnungsstelle
unit: business unit Geschäftseinheit
– Sparte
– Unternehmenssparte
unit: economic unit wirtschaftliche Einheit
– Wirtschaftseinheit
unit: fiscal unit Besteuerungseinheit
unit: functional unit Funktionseinheit
unit: operating unit Betriebseinheit
unit: price per unit Einzelpreis
unit: self-contained unit geschlossene Anlage
unit: tax unit Besteuerungseinheit
unit: valuation unit Bewertungseinheit
unit costs Stückkosten
unit depreciation Einzelabschreibung
unit of quantity Mengeneinheit
unit price Einzelpreis
unit profit Stückerfolg
unit trust *BE* offener Investmentfonds
unitary taxation *(profit split at state level)* Besteuerung von in einem in den USA ansässigen Konzernunternehmen nach dem weltweiten Gesamtgewinn des Konzerns
unit-of-output method of depreciation Leistungsabschreibung
unit-of-product method of depreciation Leistungsabschreibung
unit-of-production depreciation Abschreibung nach Leistungseinheiten
unit-of-production method leistungsbezogene Abschreibung
– Mengenabschreibung
unit-of-production method of depreciation Abschreibung nach Maßgabe der Beanspruchung
universal bank Universalbank
universal heir Alleinerbe
– Universalerbe
universal succession Gesamtrechtsnachfolge
– Universalsukzession
unjust ungerecht
unjust enrichment ungerechtfertigte Bereicherung
unjustified unberechtigt
unjustified tax advantages ungerechtfertigte Steuervorteile
unjustly zu Unrecht
unlawful gesetzwidrig
– illegal
– rechtswidrig
– ungesetzlich
– unzulässig
unlawful assumption of authority Amtsanmaßung
unlawful assumption of public authority Amtsanmaßung
unlawful compulsion Nötigung
unlawful detention Freiheitsberaubung
unlawful possessor unrechtmäßiger Besitzer
unlawfulness Gesetzwidrigkeit
– Rechtswidrigkeit
– Unzulässigkeit
unless provided to the contrary soweit nicht anders bestimmt
unlimited liability unbeschränkte Haftung
unlimited liability of the heir unbeschränkte Erbenhaftung
unlimited power of attorney unbeschränkte Vollmacht

U

unmarried ledig
unobjectionable unbedenklich
unpaid ausstehend
– unbezahlt
unpaid contributions to subscribed capital ausstehende Einlagen auf das gezeichnete Kapital
unpaid leave unbezahlter Urlaub
unpaid tax nicht entrichtete Steuern
– unbezahlte Steuern
unplanned depreciation außerplanmäßige Abschreibung
unproductive unproduktiv
unqualified audit certificate uneingeschränkter Bestätigungsvermerk
unqualified audit opinion uneingeschränkter Bestätigungsvermerk
unquoted *(stock exchange)* nicht notiert *(Börse)*
unrealized nicht realisiert
unrealized appreciation *(difference between book value and fair market value of an asset)* nicht realisierte Wertsteigerung
– nicht realisierter Wertzuwachs
– *(difference between book value and fair market value of an asset)* stille Reserven
unrealized gains nicht realisierte Gewinne
unrealized loss nicht realisierter Verlust
unrealized profits nicht realisierte Gewinne
unrealized revenue unrealisierter Ertrag
unreasonable unzumutbar
unrelated party fremder Dritter
unreported: go unreported nicht ausgewiesen werden
unsecured ohne Deckung
– ungesichert
unsecured creditor ungesicherter Gläubiger
unseizable unpfändbar
unskilled worker ungelernter Arbeiter
unsuccessful party unterlegene Partei
unsuitable attempt untauglicher Versuch
unsworn statement uneidliche Aussage
untaxed unversteuert
untaxed reserve steuerfreie Rücklage
untaxed reserves unversteuerte Rücklagen
unter Berücksichtigung von allowing for
unter present law nach geltendem Recht
unterminable unkündbar
unused: acquisition of an unused asset Neuanschaffung
unworthiness to inherit Erbunwürdigkeit
unworthy to inherit erbunwürdig
updating Fortschreibung
upfront payment Vorauszahlung
upkeep Instandhaltung
upon delivery bei Lieferung
upon expiration {of} mit Ablauf {des}
upon notice bei Bekanntgabe
– nach Mitteilung
upon passing of title to the good mit Übereignung der Sache
upon termination bei Beendigung
upper carrying value limit Höchstwert
upper limit Obergrenze
upstream loan Darlehen einer Tochtergesellschaft an ihre Muttergesellschaft
upstream merger Fusion einer Tochter auf die Muttergesellschaft
– Verschmelzung einer Tochtergesellschaft auf ihre Muttergesellschaft
upward adjustment Erhöhung
upward revaluation Höherbewertung
urban renewal area Sanierungsgebiet
US United States
– United States of America
usage Usance
usage: business usage Handelsbrauch
– Handelsusancen
usage: commercial usage Handelsbrauch
– Handelsusancen
usage: legal usage juristischer Sprachgebrauch

usage: outdated usage überholter Sprachgebrauch
usage: trade usage Handelsbrauch
– Handelsgepflogenheiten
– Handelsusancen
usage variance Verbrauchsabweichung
use *(wear and tear)* Verschleiß
use: first use Erstgebrauch
use: intended use bestimmungsgemäßer Gebrauch
use: loss of use entgangener Gebrauchsvorteil
– Nutzungsausfall
use: make use {of} verwerten {von}
use: mixed-use gemischtgenutzt
use: period of use Nutzungsperiode
use: right to use Nutzungsrecht
use: transfer for use Gebrauchsüberlassung
– Nutzungsüberlassung
use as collateral beleihen
use of funds Mittelverwendung
useful life betriebsgewöhnliche Nutzungsdauer
– Nutzungsdauer
useful life: economic useful life wirtschaftliche Nutzungsdauer
useful life: estimated useful life geschätzte Nutzungsdauer
user: end user Endabnehmer
user: intended user Endabnehmer
using as collateral Beleihung
usufruct Nießbrauch
– Nutzungsrecht
usufructuary den Nießbrauch betreffend
– Nießbraucher
– Nutzungsberechtigter
usufructuary right Nießbrauchsrecht
– Nutzungsrecht
usurious loan Wucherdarlehen
usury Wucher
utility Versorgungsbetrieb
– Versorgungsunternehmen
utility: public utility öffentlicher Versorgungsbetrieb
– öffentliches Versorgungsunternehmen
utilization Nutzbarmachung
– Nutzung
– Verwendung
utilization: loss utilization Verlustnutzung
utilization rate Ausnutzungsgrad
utilization value Gebrauchswert
utilize nutzbar machen
– nutzen
– verwenden
utillization of loss carryover or carryback Verlustabzug

V

vacancy Leerstand
vacant land unbebaute Grundstücke
vacate a judgment Urteil aufheben
vacation *(judgment)* Aufhebung *(Gerichtsurteil)*
– Urlaub
vacation: carry over vacation to the following year Urlaub auf das nächste Jahr übertragen
vacation: paid vacation bezahlter Urlaub
vacation: right to paid vacation Urlaubsanspruch
vacation bonus Urlaubsgeld
vacation home Ferienwohnung
vacation of a judgment Aufhebung eines Gerichtsurteiles
– Urteilsaufhebung
vacation pay Urlaubsgeld
vacation provisions Urlaubsrückstellungen
valid gültig
– rechtsgültig
– rechtswirksam
valid: conversion of a void transaction into a valid one Umdeutung eines nichtigen Rechtsgeschäfts
valid: invalid nicht rechtsgültig
valid: legally valid rechtsgültig
– rechtswirksam
valid contract gültiger Vertrag
valid under civil law zivilrechtlich gültig
validation: cross validation Abgleichprüfung

validity Geltung
– Gültigkeit
– Rechtsgültigkeit
validity: legal validity Rechtsgültigkeit
– Rechtsverbindlichkeit
validity: term of validity Geltungsdauer
valuation Bewertung
valuation: basis of valuation Bewertungsbasis
valuation: book valuation handelsrechtliche Bewertung
valuation: composite method of valuation Gruppenbewertung
valuation: fixed asset valuation Anlagenbewertung
valuation: group valuation Gruppenbewertung
– Sammelbewertung
valuation: group-of-asset valuation Gruppenbewertung
valuation: inventory valuation Bestandsbewertung
– Bewertung des Vorratsvermögens
– Lagerbestandsbewertung
– Lagerbewertung
– Vorratsbewertung
valuation: item-by-item valuation Einzelbewertung
valuation: method of valuation Bewertungsmethode
– Bewertungsverfahren
valuation: overvaluation Überbewertung
valuation: proper valuation sachgerechte Bewertung
valuation: revaluation Neubewertung
valuation: single-asset valuation Einzelbewertung
valuation: standard of valuation Bewertungsmaßstab
valuation: tax valuation steuerrechtliche Bewertung
valuation: tax valuation rules steuerliche Bewertungsvorschriften
valuation: undervaluation Unterbewertung
valuation account Wertberichtigungskonto
Valuation Act Bewertungsgesetz
valuation adjustment: inventory valuation adjustment Wertberichtigung zu Vorräten
valuation allowance: global valuation allowance Pauschalwertberichtigung
– Sammelwertberichtigung
valuation allowance: inventory valuation allowance Wertberichtigung auf das Vorratsvermögen
valuation allowance: itemized valuation allowance Einzelwertberichtigung
– individuelle Wertberichtigung
valuation allowance: lump sum valuation allowance Globalwertberichtigung
– Pauschalwertberichtigung
valuation allowance: lump sum valuation allowance for receivables Pauschalwertberichtigung zu Forderungen
valuation allowance: retransfer of valuation allowances Auflösung von Wertberichtigungen
valuation allowance {for} Bewertungsabschlag {auf}
– Wertberichtigung {auf}
valuation allowance for accounts receivable Wertberichtigung auf Forderungen
valuation allowance for current assets Wertberichtigung auf Umlaufvermögen
valuation allowance for fixed assets Wertberichtigung auf Anlagevermögen
valuation allowance for investments Wertberichtigung auf Beteiligungen
valuation allowance for losses on individual accounts receivable Einzelwertberichtigung auf Forderungen
valuation at acquisition and production cost Bewertung zu Anschaffungs- und Herstellungskosten
valuation at average prices Durchschnittsbewertung
valuation at historical cost Bewertung zu Anschaffungs- und Herstellungskosten

valuation at replacement cost Bewertung zum Wiederbeschaffungspreis
valuation at the lower of cost or market Bewertung nach dem Niederstwertprinzip
valuation based on standard values and quantities Festbewertung
valuation difference Bewertungsunterschied
valuation for financial statement purposes handelsrechtliche Bewertung
valuation guidelines Bewertungsrichtlinien
valuation law Bewertungsrecht
valuation method Bewertungsmethode
– Bewertungsverfahren
valuation opinion Bewertungsgutachten
valuation option Bewertungswahlrecht
valuation principle Bewertungsregel
valuation reserve Bewertungsreserve
valuation rule Bewertungsgrundsatz
– Bewertungsvorschrift
valuation rules Bewertungsregeln
valuation unit Bewertungseinheit
valuation variance Bewertungsdifferenz
value Wert
value: net book value Nettobuchwert
value: undisclosed appreciation in value stille Reserven
value added tax *VAT* Mehrwertsteuer
– Umsatzsteuer
Value Added Tax Act Umsatzsteuergesetz *UStG*
value added taxation Umsatzbesteuerung
value adjustment Wertkorrektur
value as collateral security Beleihungswert
value being litigated Streitwert
value for tax purposes Steuerwert
value of additions Zugangswert
value of the matter in dispute Streitwert
value to the business unternehmensspezifischer Wert
value when new Neuwert
valued: overvalued überbewertet
valued: undervalued unterbewertet
variable capital account variables Kapitalkonto
variable costing Teilkostenrechnung
variable costs variable Kosten
variable rate variabler Zins
variance Abweichung
variance: capacity usage variance Beschäftigungsabweichung
variance: cost center variance *AE* Kostenstellenabweichung
variance: cost centre variance *BE* Kostenstellenabweichung
variance: cost variance Kostenabweichung
variance: labor efficiency variance *AE* Arbeitszeitabweichung
variance: labor rate variance *AE* Lohnsatzabweichung
variance: labour efficiency variance *BE* Arbeitszeitabweichung
variance: labour rate variance *BE* Lohnsatzabweichung
variance: material price variance Materialpreisabweichung
variance: material usage variance Materialverbrauchsabweichung
variance: negative volume variance Kosten der Unterbeschäftigung
variance: net variance Gesamtabweichung
variance: overhead variance Gemeinkostenabweichung
variance: price variance Preisabweichung
variance: quantity variance Mengenabweichung
– Verbrauchsabweichung
variance: seasonal variance Saisonabweichung
variance: usage variance Verbrauchsabweichung
variance: volume variance Beschäftigungsabweichung
variance: wage rate variance Lohnsatzabweichung

variance account Verrechnungskonto *(Kostenrechnung)*
variance analysis Abweichungsanalyse
VAT value added tax *(Umsatzsteuer)*
VAT: excess input VAT Vorsteuerüberhang
VAT: exemption from VAT Umsatzsteuerfreiheit
VAT: input VAT Vorsteuer
VAT: input VAT refund Vorsteuervergütung
VAT: liability for VAT Umsatzsteuerpflicht
VAT: monthly VAT declaration monatliche Umsatzsteuervoranmeldung
VAT: net VAT payable Umsatzsteuerzahllast
VAT: non-recoverable input VAT nicht anrechenbare Vorsteuer
VAT: outside the scope of VAT nicht steuerbar *(Umsatzsteuer)*
VAT: quarterly VAT declaration vierteljährliche Umsatzsteuervoranmeldung
VAT: recoverable input VAT anrechenbare Vorsteuer
VAT: reduced VAT rate reduzierter Umsatzsteuersatz
VAT: separate stating of VAT Ausweis von Umsatzsteuer
VAT: standard VAT rate normaler Umsatzsteuersatz
VAT: stating of VAT Ausweis von Umsatzsteuer
– Umsatzsteuerausweis
VAT: statutory VAT rate gesetzlicher Umsatzsteuersatz
VAT: subject to VAT umsatzsteuerpflichtig
VAT: turnover outside the scope of VAT nichtsteuerbare Umsätze
VAT: within the scope of VAT steuerbar *(USt)*
VAT Act Umsatzsteuergesetz *UStG*
VAT audit Umsatzsteuerprüfung
VAT declaration on a monthly/quarterly basis Umsatzsteuervoranmeldung
VAT exemption Umsatzsteuerbefreiung
VAT law Umsatzsteuerrecht
VAT liability Umsatzsteuerschuld
VAT on imports: basis for assessing VAT on imports Einfuhrumsatzsteuerwert
VAT rate Umsatzsteuersatz
VAT refund Umsatzsteuervergütung
VAT return: monthly VAT return Umsatzsteuervoranmeldung
VAT return: monthly/quarterly VAT return Umsatzsteuervoranmeldung
VAT return: quarterly VAT return Umsatzsteuervoranmeldung
VAT return on a monthly/quarterly basis Umsatzsteuervoranmeldung
VAT tax refund Umsatzsteuerrückvergütung
VATA *BE* Value Added Tax Act
vehicle: tax-remote vehicle Steuerverschiebungsvehikel
vend verkaufen
vendor Verkäufer
venture capital Risikokapital
venue: agreement on venue Gerichtsstandsvereinbarung
venue {in matters of} Gerichtsstand {für}
verbal contract mündlicher Vertrag
verdict Geschworenenspruch
– Jury-Urteil
verdict of the jury Spruch der Geschworenen
verification: official verification öffentliche Beglaubigung
verification: right of verification Kontrollrecht
verify beglaubigen
vernacular term fachsprachlicher Ausdruck
vertical integration vertikaler Unternehmenszusammenschluß
viability Realisierbarkeit
vicarious agent Verrichtungsgehilfe *(unerlaubte Handlung)*
vicarious liability Gehilfenhaftung
– Haftung für Verschulden Dritter *(zB Verrichtungsgehilfen, Erfüllungsgehilfen)*

victim Tatopfer
view Auffassung
view: antiquated view überholte Auffassung
view: economic point of view wirtschaftliche Betrachtungsweise
view: in view of angesichts
- im Hinblick auf
- in Anbetracht
view: legal view Rechtsauffassung
- Rechtsmeinung
view: majority view herrschende Meinung
view: with a view to making profit gewinnorientiert
violate verletzen
violate the law Gesetz brechen
violation Verletzung
violation of duties Pflichtverletzung
violation of neutrality Neutralitätsverletzung
violation of the law Gesetzesverletzung
visa: immigrant visa Einwanderungsvisum
visa: nonimmigrant visa Nichteinwanderungsvisum
vis-à-vis third parties im Außenverhältnis
vocational beruflich
vocational ... Berufs...
void anfechten
- nichtig
- rechtsunwirksam
void: becoming void außer Kraft treten
- Außerkrafttreten
void: conversion of a void transaction into a valid one Umdeutung eines nichtigen Rechtsgeschäfts
void: null and void nichtig
voidability Anfechtbarkeit
voidable anfechtbar
- annulierbar
- aufhebbar
voided {by} für nichtig erklärt {von}
voidness Nichtigkeit
volatility Volatilität
volume variance Beschäftigungsabweichung
volume variance: negative volume variance Leerkosten
- Unterbeschäftigungskosten
volume-related beschäftigungsabhängig
- mengenabhängig
volume-related cost driver beschäftigungsabhängiger Kostenverursachungsfaktor
- mengenabhängiger Kostenverursachungsfaktor
voluntary freiwillig
voluntary grants freiwillige Zuwendungen
voluntary settlement freiwillige Schlichtung
vote Abstimmung
- Wahl
vote: entitled to vote stimmberechtigt
- wahlberechtigt
vote: majority of votes Stimmenmehrheit
vote: right to vote Stimmrecht
vote: unanimous vote requirement Einstimmigkeitserfordernis
voter Wahlberechtiger
- Wähler
voting Abstimmung
voting by show of hands Abstimmung durch Handzeichen
voting right Stimmrecht
voting right: multiple voting right Mehrstimmrecht
voting right percentage Stimmrechtsanteil *(Prozentanteil)*
voting share stimmberechtigte Aktie
- stimmberechtigter Anteil
voting stock *AE* stimmberechtigte Aktie
- *AE* Stimmrechtsanteil *(Gesellschaftsanteil)*
voting system: majority voting system Mehrheitswahlsystem
voting system: proportional voting system Verhältniswahlsystem
voucher Abrechnungsbeleg
- Beleg
voucher: account distribution of vouchers Belegkontierung

– Kontierung von Belegen
voucher: bookkeeping voucher Buchungsbeleg
voucher: cash voucher Kassenbeleg
voucher: collective entry voucher Sammelbeleg
voucher: credit voucher Gutschriftsbeleg
voucher: debit voucher Lastschriftbeleg
voucher: disbursement voucher Ausgabenbeleg
voucher: entry-supporting voucher Buchungsbeleg
voucher: external voucher Fremdbeleg
voucher: internal voucher Eigenbeleg
voucher: journal voucher Journalbeleg
voucher: self-prepared voucher Eigenbeleg
voucher: summary voucher Sammelbeleg
voucher audit Belegprüfung
voucher copy Belegdoppel
– Belegkopie
voucher number Belegnummer
voucher numbering Belegnumerierung
voucher register Belegregister
voucher routing Beleglauf
voucher system Belegorganisation
– Belegsystem
voucher-based accounting Belegbuchführung

W

w/ with
w/o without
wage Lohn
wage: advance on wage Lohnvorschuß
wage: aggregate wages and salaries Lohnsumme
wage: basic wage Grundlohn
wage: collectively agreed wage tariflich vereinbarter Lohn
– Tariflohn
wage: deduction from wage Lohnabzug
wage: garnishment of wages Gehaltspfändung
– Lohnpfändung
wage: gross annual wage Jahresbruttolohn
wage: gross wage Bruttolohn
wage: labor union agreed wage *AE* Tariflohn
wage: loss of wages Verdienstausfall *(Lohn)*
wage: net wage Nettolohn
wage: standard wage tariflich vereinbarter Lohn
– Tariflohn
wage: total of wages and salaries Lohnsumme
wage: trade union agreed wage *BE* Tariflohn
wage: wages and salaries Löhne und Gehälter
wage advance Lohnabschlag
wage and salary account Lohn- und Gehaltskonto
wage and salary advances Lohn- und Gehaltsvorschüsse
wage costs Lohnkosten
wage costs: incidental wage costs Lohnnebenkosten
wage earners' tax allowance Lohnsteuerfreibetrag
wage exempt from garnishment unpfändbarer Lohn
wage in kind Naturallohn
wage rate variance Lohnsatzabweichung
wage schedule Lohntabelle
wage statement Lohnabrechnung
wage tax Lohnsteuer
wage tax: annual wage tax equalization Lohnsteuerjahresausgleich
wage tax: certificate of wage tax deduction Lohnsteuerbescheinigung
wage tax: employment subject to wage tax lohnsteuerpflichtige Beschäftigung
wage tax: income subject to wage tax lohnsteuerpflichtige Einkünfte

wage tax: self-assessment wage tax return to be filed by employer Lohnsteueranmeldung
wage tax: subject to wage tax lohnsteuerpflichtig
wage tax audit Lohnsteuerprüfung
wage tax card: employee's wage tax card Lohnsteuerkarte
wage tax deduction card Lohnsteuerkarte
wage tax field audit Lohnsteueraußenprüfung
Wage Tax Implementing Ordinance Lohnsteuer-Durchführungsverordnung
wage tax liability Lohnsteuerpflicht
wage tax refund Lohnsteuerrückerstattung
Wage Tax Regulations Lohnsteuer-Richtlinien
wage tax table Lohnsteuertabelle
wage tax withheld einbehaltene Lohnsteuer
wage tax withholding Lohnsteuerabzug
wage tax withholding table Lohnsteuertabelle
wage total Lohnsumme
wages and salaries Löhne und Gehälter
wages sheet Lohnliste
waive verzichten
waiver Verzicht
– Verzichtserklärung
waiver {of} Verzicht {auf}
waiver of exemption Verzicht auf Steuerbefreiung
waiver of right of termination Kündigungsverzicht
waiver of right to terminate Kündigungsverzicht
waiver of rights Rechtsaufgabe
– Rechtsverzicht
ward Mündel
ward under guardianship Mündel unter Vormundschaft
warehouse Lager
warehouse charge Lagergebühr
warehouse receipt Lagerschein
warehouseman Lagerverwalter
warehouser Lagerhalter
warning strike Warnstreik
warrant gewährleisten
– Haftbefehl
– Optionsschein
– zusichern
warrant: bond with warrant Optionsschuldverschreibung
warrant: bond/warrant package Optionsanleihe
warrant: equity warrant Aktienoptionsschein
warrant: stock warrant *AE* Aktienbezugsrecht
– *AE* Aktienoptionsschein
warrant for arrest Haftbefehl
warrant of arrest Haftbefehl
warranted quality zugesicherte Eigenschaft
warranties Garantieleistungen
– Gewährleistungsverpflichtungen
warranty Garantie
– Garantiezusage
– Gewährleistung
– Zusicherung
warranty: breach of warranty Verletzung der Gewährleistung
warranty: express warranty ausdrückliche Zusicherung *(ggf über gesetzliche Gewährleistung hinausgehend)*
warranty: liabilities under warranties Verbindlichkeiten aus Gewährleistungen
warranty: provision for warranties Rückstellung für Gewährleistungen
warranty: sales warranties Gewährleistung des Verkäufers für Sach- und Rechtsmängel
warranty arising from the course of dealing or trade usage Gewährleistung aufgrund bisheriger Geschäftsabwicklung oder Handelsgepflogenheiten
warranty claim Gewährleistungsanspruch
warranty deed Urkunde zur Grundstücksübertragung mit Haftung für Rechtsmängel/Zusicherungen
warranty for fitness for a particular

W

purpose Gewährleistung für Eignung für einen bestimmten Zweck
warranty of merchantability Gewährleistung für handelsübliche Qualität
warranty of quality Gewährleistung für Sachmängel
– Zusicherung einer Eigenschaft
warranty of title Gewährleistung für eigene Verfügungsmacht
– Gewährleistung für Rechtsmängel
warranty risk Gewährleistungswagnis
wastage Schwund
Waste Removal Act Abfallgesetz
water damage insurance Wasserschadensversicherung
waybill *AE* Frachtbrief
– *AE* Konnossement
wear and tear Abnutzung
– Gebrauchsverschleiß
– Verschleiß
– Wertminderung durch Verschleiß
wear and tear: extraordinary wear and tear außergewöhnlicher Verschleiß
wear and tear: physical wear and tear substantielle Abnutzung
wear and tear: subject to wear and tear abnutzbar
wear-and-tear depreciation nutzungsbedingte Abschreibung
weekly wöchentlich
weighted gewogen
weighted average gewichteter Durchschnitt
– gewogener Durchschnitt
weighted average: moving weighted average gleitender gewogener Durchschnitt
white knight Retter in der Not
white-collar worker Angestellter
wholesale trade Großhandel
wholesaler Großhändler
wide interpretation extensive Auslegung
– weite Auslegung
widely dispersed weit gestreut *(Aktienbesitz)*
widely-held company Publikumsgesellschaft
wilful bewußt
– vorsätzlich
wilful deceit arglistige Täuschung
wilfully bewußt
– vorsätzlich
will Testament
will: bequeath by will testamentarisch vermachen
will: dispose by will testamentarisch verfügen
will: draw up a will Testament aufsetzen
will: holographic will eigenhändiges Testament
will: joint and mutual will wechselbezügliches Testament
will: joint will gemeinsames Testament
– gemeinschaftliches Testament
will: last will letztwillige Verfügung
will: later will späteres Testament
will: make a will Testament machen
will: notarial will notarielles Testament
will: opening of a will Testamentseröffnung
will: privileged will Nottestament
will: tenancy at will jederzeit fristlos kündbares Mietverhältnis
– jederzeit fristlos kündbares Pachtverhältnis
will made in the presence of witnesses Zeugentestament
willful *AE* vorsätzlich
willfully *AE* vorsätzlich
wind up abwickeln
– liquidieren
winding up Abwicklung
– Liquidation
winding up of current business affairs Abwicklung des laufenden Geschäfts
winding up of current business transactions Abwicklung des laufenden Geschäfts
winding-up balance sheet Abwicklungsbilanz
– Liquidationsbilanz
window dressing Bilanzverschönerung

WIP work in process *(unfertige Leistungen)*
with a view to making profit gewinnorientiert
with annotations {from} mit Anmerkungen {von}
with binding effect in legal terms rechtsverbindlich
with foreign implications mit Auslandsberührung
with further references mit weiteren Nachweisen
with intent vorsätzlich
with recourse mit Regreß
– mit Rückgriff
with reference to bezüglich
– bezugnehmend auf
– hinsichtlich
– in bezug auf
with reference to our letter {of} im Nachgang zu unserem Schreiben {vom}
with regard to hinsichtlich
with respect to bezüglich
– hinsichtlich
– im Hinblick auf
– in Anbetracht
with restricted transferability vinkuliert
with retroactive effect mit rückwirkender Kraft
with the attendant expenses mit dem damit verbundenen Aufwand
with the reservation that unter dem Vorbehalt, daß
withdraw abheben
– widerrufen
– zurücknehmen
– zurücktreten
withdraw: exclusion of the right to withdraw Ausschluß des Rücktrittsrechts
withdraw: right to withdraw Entnahmerecht
– Rücktrittsrecht
withdraw a credit Kredit kündigen
withdraw an appeal Rechtsmittel zurücknehmen
withdraw from the contract Rücktritt vom Vertrag erklären
– zurücktreten
withdraw money from an account von einem Konto abheben
withdrawal Abhebung
– Entnahme
– Rücktritt
– Zurücknahme
withdrawal: cash withdrawal Barabhebung
– Barentnahme
withdrawal: inventory withdrawal Lagerentnahme
withdrawal: private withdrawals Privatentnahmen
withdrawal {from} Entnahme {aus}
withdrawal from a contract Rücktritt vom Vertrag
withdrawal from stock Lagerentnahme
withdrawal of action Klagerücknahme
withdrawal of the indictment Zurücknahme der Anklage
withheld: income tax withheld at source durch Steuerabzug erhobene Einkommensteuer
withheld: liability for taxes to be withheld Steuerhaftung
withheld: wage tax withheld einbehaltene Lohnsteuer
withheld taxes einbehaltene Steuern
withhold einbehalten
– vorenthalten
– zurückbehalten
withholding Einbehalt
– Zurückbehaltung
withholding: certificate of deduction of withholding tax Quellensteuerabzugsbescheinigung
withholding: guarantee withholding *BE* Garantieeinbehalt
withholding: guaranty withholding *AE* Garantieeinbehalt
withholding: maximum withholding tax rate Quellensteuerhöchstsatz
withholding: tax withholding Steuereinbehalt
withholding: wage tax withholding Lohnsteuerabzug

W

withholding category Steuerklasse *(Lohnsteuer)*
withholding exemption Quellensteuerbefreiung
withholding of performance Leistungsverweigerung
withholding of taxes Einbehaltung von Steuern
withholding tax Abzugsteuer
– Kapitalertragsteuer
– Quellensteuer
withholding tax: amount of withholding tax Steuerabzugsbetrag
withholding tax certificate Steuerabzugsbescheinigung
withholding tax on capital yields Steuerabzug vom Kapitalertrag
within innerhalb
within the meaning {of} im Sinne {von/der/des}
within the scope of VAT steuerbar *(USt)*
within the set period fristgerecht
without delay unverzüglich
without grounds unbegründet
without legal capacity nichtrechtsfähig
without notice fristlos
without obligation unverbindlich
without reference to ohne Bezugnahme auf
witness Zeuge
witness: in witness thereof Urkund dessen
witnesseth Urkund dessen
wording Formulierung
– Wortlaut
wording: clear-cut wording eindeutiger Wortlaut
wording: contravene the wording of im Widerspruch zum Wortlaut des ... stehen
– in Widerspruch zum Wortlaut des ... stehen
wording of the law Gesetzestext
work Arbeit
work: acceptance of the work Abnahme des Werkes
work: carry out work Arbeit leisten
– Arbeit verrichten
work: closing work Abschlußarbeiten
work: own work capitalized aktivierte Eigenleistungen
work: perform work Arbeit leisten
– Arbeit verrichten
work break Arbeitspause
work in process *AE WIP* unfertige Erzeugnisse
– *AE WIP* unfertige Leistungen
work in process: inventory adjustments - work in process *AE* Abschreibungen auf unfertige Erzeugnisse
work in progress *BE* unfertige Erzeugnisse
– *BE* unfertige Leistungen
work performance Arbeitsleistung
work permit Arbeitserlaubnis
work place Arbeitsstätte
work safety Arbeitssicherheit
work security Arbeitsschutz
work sheet Arbeitsblatt
work stoppage Arbeitsniederlegung
worker Arbeiter
– Arbeitnehmer
worker: blue-collar worker Arbeiter
worker: part-time worker Teilzeitarbeiter
worker: skilled worker Facharbeiter
worker: trained worker Facharbeiter
worker: unemployed worker Arbeitsloser
worker: unskilled worker ungelernter Arbeiter
worker: white-collar worker Angestellter
worker belonging to a trade union gewerkschaftlich organisierter Arbeiter
worker on strike streikender Arbeitnehmer
workers' compensation insurance Arbeitslosenversicherung
workers' council Betriebsrat
worker's participation in management Mitbestimmung der Arbeitnehmer
working funktionstüchtig
working capacity Arbeitsfähigkeit
working capital Betriebskapital

– Nettoumlaufvermögen
working capital: net working capital Nettoumlaufvermögen
working hours Arbeitszeit
working hours: flexible working hours flexible Arbeitszeit
– gleitende Arbeitszeit
working papers Arbeitspapiere
work-in-process account Fabrikationskonto
– Herstellkonto
work-in-process inventory *AE* Bestand an unfertigen Erzeugnissen
work-in-progress inventory *BE* Bestand an unfertigen Erzeugnissen
workman Arbeitnehmer
workman's compensation insurance *AE* Unfallversicherung *(betrieblich)*
workout außergerichtlicher Vergleich
works council Betriebsrat
works council: chairman of the works council Betriebsratsvorsitzender
works council: convening of the works council Einberufung des Betriebsrates
works council: election of the members of the works council Betriebsratswahl
works council: member of the works council Betriebsratmitglied
works meeting Betriebsversammlung
workshop Betrieb *(Werkstatt)*
work-site Arbeitsstätte
worldwide accounts Weltabschluß
worldwide balance sheet Weltbilanz
worldwide consolidated balance sheet Weltkonzernbilanz
worldwide financial statements Weltabschluß
worldwide income Welteinkommen
worth: market worth Marktwert
worth: net worth Nettovermögen
– Reinvermögen
write off ausbuchen
write off of formation expenses Gründungskosten abschreiben *(Vollabschreibung)*
write up zuschreiben
write-down Abschreibung *(außerplanmäßig, teilweise)*
– Abwertung
– Teilabschreibung
write-down: indirect write-down Wertberichtigung
write-down: reinstated write-downs Zuschreibungen
write-down: requirement to reverse write-downs where the reasons for them no longer exist Wertaufholungsgebot
– Zuschreibungsgebot
write-down: reversal of write-downs Zuschreibungen
write-down due to technical obsolescense Abschreibung wegen technischer Veralterung
write-down of financial assets Abschreibungen auf Finanzanlagen
write-down of financial assets and short-term investments Abschreibungen auf Finanzanlagen und auf Wertpapiere des Umlaufvermögens
write-down of inventories Abschreibungen auf Warenbestände *(teilweise)*
write-down of investments Abschreibungen auf Beteiligungen
write-down of raw materials and consumables *AE* Abschreibungen auf Roh-, Hilfs- und Betriebsstoffe
write-down of securities Abschreibungen auf Wertpapiere
write-down on finished goods Abschreibungen auf unfertige Erzeugnisse
write-off Abschreibung *(außerplanmäßig, vollständig)*
– Vollabschreibung *(außerplanmäßig)*
write-off: bad debt write-off Ausbuchen einer uneinbringlichen Forderung
write-off: immediate write-off Sofortabschreibung
write-off amount Abschreibungsbetrag *(bei vollständiger Abschreibung)*
write-off of Inventories Abschreibungen auf Warenbestände *(vollständig)*

W

write-off of low-cost assets Abschreibung geringwertiger Wirtschaftsgüter
- Abschreibungen auf geringwertige Wirtschaftsgüter

writer Aussteller
- *(option)* Optionsverkäufer
- Stillhalter

writer of a check *AE* Scheckaussteller
writer of a cheque *BE* Scheckaussteller
writer of an option Stillhalter
write-up Wertaufholung
- Zuschreibung

write-up due to appreciation Zuschreibung
write-up of fixed assets Zuschreibung von Gegenständen des Anlagevermögens
writing: contract in writing schriftlicher Vertrag
writing: fixated in writing schriftlich fixiert
writing: fixation in writing schriftliche Fixierung
- schriftliche Niederlegung

writing: in writing schriftlich
writing: notice in writing schriftliche Kündigung
writing: shall be in writing bedarf der Schriftform
written schriftlich
written accusation Anklageschrift
written agreement schriftlicher Vertrag
written form Schriftform
written off abgeschrieben *(voll)*
written off: amounts written off financial assets *BE* Abschreibungen auf Finanzanlagen
written off: amounts written off financial assets and short-term investments *BE* Abschreibungen auf Finanzanlagen und auf Wertpapiere des Umlaufvermögens
wrong Unrecht
wrongfully zu Unrecht

Y

year: accounting year Bilanzjahr
- Geschäftsjahr
- Rechnungsjahr

year: additions during the year Zugänge im Geschäftsjahr
year: assessment year Veranlagungsjahr
year: business year Geschäftsjahr
- Wirtschaftsjahr

year: calendar year Kalenderjahr
year: current tax year laufendes Steuerjahr
year: depreciation for the year Abschreibung für das laufende Jahr
year: due within 1 year Restlaufzeit bis zu 1 Jahr
year: during the course of the year unterjährig
year: financial year Bilanzjahr
- Geschäftsjahr

year: fiscal year Steuerjahr
year: net income for the year Jahresüberschuß
year: net loss for the year Jahresfehlbetrag
year: payable after more than one year zahlbar nach einem Jahr
year: per year jährlich
year: profit for the year Jahresgewinn
- Jahresüberschuß

year: reporting year Berichtsjahr
year: result for the year Jahreserfolg
- Jahresergebnis

year: short business year Rumpfwirtschaftsjahr
year: short year Rumpfwirtschaftsjahr
year: tax year Steuerjahr
year of acquisition Zugangsjahr
year-end accruals and deferrals Jahresabgrenzungen
year-end closing entries Jahresabschlußbuchungen
year-end procedures Abschlußarbeiten
yield abwerfen
- erbringen
- Ertrag

- Rendite
- rentieren
- Verzinsung

yield: capital yield Kapitalertrag
yield: effective yield Effektivverzinsung
yield curve: inverse yield curve inverse Zinsertragskurve
yield spread Ertragsspanne
yield to maturity Rendite über die Restlaufzeit
- Rückzahlungsrendite

yield to redemption Rückzahlungsrendite
yield upon issue Emissionsrendite
yield-generating ertragbringend
yielding interest verzinslich
yield-producing ertragbringend

Z

zero balance Nullsaldo
zero bond Nullkuponanleihe
zero rate Nullsatz
zero rate bracket Grundfreibetrag *(Steuertarif)*
zero taxation Nichtbesteuerung
zero-rated steuerfrei *(USt - steuerbar aber steuerbefreit)*
zero-taxed income weiße Einkünfte
zone: duty-free zone Zollfreigebiet
zone: free-trade zone Freihandelszone
zoning law Baurecht
zoning laws Bebauungsvorschriften
zoning ordinance Bauordnung
- Bebauungsplan
- Raumordnung

zoning plan Bebauungsplan

Bilanz und GuV (Deutschland)
Balance Sheet and Income Statement (Germany)

Übersetzung der Bilanz und GuV nach deutschem HGB (Einzelabschluß) ins Englische

I. Vorbemerkung

Die Unterschiede im US-amerikanischen und britischen Sprachgebrauch sind zum Teil nicht tatsächlich in dem Maße gegeben, wie es die nachfolgenden Übersichten mitunter nahelegen. Oft ist der jeweilige US-amerikanische Begriff auch im britischen geläufig und umgekehrt. Unterschiede können daher zB einer Tendenz in der Häufigkeit des Sprachgebrauchs Rechnung tragen oder auf bestehende gesetzliche Formulierungen (Umsetzung der Vorgaben der EG-Bilanzrichtlinien in Großbritannien) zurückzuführen sein.

Bei Verwendung der jeweiligen Übersetzungen außerhalb des Gesamtkontexts der Bilanz oder GuV können Anpassungen erforderlich werden. So reicht für die Übersetzung "Wertpapiere des Anlagevermögens" im Gesamtkontext der Bilanz "Securities", weil schon aus der Klassifizierung als Anlagevermögensgegenstand der nähere Charakter deutlich wird. Bei isolierter Verwendung ist dagegen die Übersetzung "long-term securities" (wie diese zum Teil in der GuV Verwendung findet) angezeigt.

II. Bilanzgliederung (Einzelabschluß) für Kapitalgesellschaften nach deutschen Bilanzierungsgrundsätzen (§ 266 HGB) - Balance Sheet Classification (Individual Statements) for Incorporated Companies under German GAAP (§ 266 Commercial Code)

1. Aktiva - Assets

Germany	United States	United Kingdom
AKTIVA	ASSETS	ASSETS
A. Anlagevermögen	A. Fixed assets	A. Fixed assets
I. Immaterielle Vermögensgegenstände	I. Intangible assets	I. Intangible assets
1. Konzessionen, gewerbliche Schutzrechte, und ähnliche Rechte und Werte sowie Lizenzen an solchen Rechten und Werten	1. Concessions, industrial property and similar rights and assets, and licenses in such rights and assets	1. Concessions, industrial property and similar rights and assets, and licences in such rights and assets

Germany	United States	United Kingdom
2. Geschäfts- oder Firmenwert	2. Goodwill	2. Goodwill
3. geleistete Anzahlungen	3. Prepayments	3. Payments on account
II. Sachanlagen	II. Tangible assets	II. Tangible assets
1. Grundstücke, grundstücksgleiche Rechte und Bauten einschließlich der Bauten auf fremden Grundstücken	1. Land, similar rights and buildings including buildings on leasehold land	1. Land, similar rights and buildings including buildings on third party land
2. technische Anlagen und Maschinen	2. Technical equipment and machinery	2. Technical equipment and machinery
3. andere Anlagen, Betriebs- und Geschäftsausstattung	3. Other equipment, factory and office equipment	3. Other equipment, factory and office equipment
4. geleistete Anzahlungen und Anlagen im Bau	4. Prepayments and construction in process	4. Payments on account and assets in the course of construction
III. Finanzanlagen	III. Financial assets	III. Financial assets
1. Anteile an verbundenen Unternehmen	1. Shares in affiliated companies	1. Shares in group undertakings
2. Ausleihungen an verbundene Unternehmen	2. Loans to affiliated companies	2. Loans to group undertakings
3. Beteiligungen	3. Participating interests	3. Participating interests
4. Ausleihungen an Unternehmen, mit denen ein Beteiligungsverhältnis besteht	4. Loans to companies in which the company has a participating interest	4. Loans to undertakings in which the company has a participating interest
5. Wertpapiere des Anlagevermögens	5. Securities	5. Securities
6. sonstige Ausleihungen	6. Other loans	6. Other loans
B. Umlaufvermögen	B. Current assets	B. Current assets
I. Vorräte	I. Inventories	I. Stocks
1. Roh-, Hilfs- und Betriebsstoffe	1. Raw materials and supplies	1. Raw materials and consumables
2. unfertige Erzeugnisse, unfertige Leistungen	2. Work in process	2. Work in progress

Germany	United States	United Kingdom
3. fertige Erzeugnisse und Waren	3. Finished goods and merchandise	3. Finished goods and goods for resale
4. geleistete Anzahlungen	4. Prepayments	4. Payments on account
II. Forderungen und sonstige Vermögensgegenstände	II. Receivables and other assets	II. Debtors and other assets
1. Forderungen aus Lieferungen und Leistungen	1. Trade receivables	1. Trade debtors
2. Forderungen gegen verbundene Unternehmen	2. Receivables from affiliated companies	2. Amounts owed by group undertakings
3. Forderungen gegen Unternehmen, mit denen ein Beteiligungsverhältnis besteht	3. Receivables from companies in which the company has a participating interest	3. Amounts owed by undertakings in which the company has a participating interest
4. sonstige Vermögensgegenstände	4. Other assets	4. Other assets
III. Wertpapiere	III. Securities	III. Securities
1. Anteile an verbundenen Unternehmen	1. Shares in affiliated companies	1. Shares in group undertakings
2. eigene Anteile	2. Treasury stock	2. Own shares
3. sonstige Wertpapiere	3. Other securities	3. Other securities
IV. Schecks, Kassenbestand, Bundesbank- und Postgiroguthaben, Guthaben bei Kreditinstituten	IV. Checks, cash on hand, central bank and postal giro balances, bank balances	IV. Cheques, cash in hand, central bank and postal giro balances, bank balances
C. Rechnungsabgrenzungsposten	C. Prepaid expenses and deferred charges	C. Prepaid expenses

2. Fallweise zu ergänzende Postitionen der Aktivseite (Auswahl) - Other asset items (only required in certain circumstances/non-exhaustive)

Germany	United States	United Kingdom
Ausstehende Einlagen auf das gezeichnete Kapital davon eingefordert (§ 272 Abs. 1 HGB)	Unpaid contributions to subscribed capital of which called	Unpaid contributions to subscribed capital of which called

Germany	United States	United Kingdom
Aufwendungen für die Ingangsetzung und Erweiterung des Geschäftsbetriebs (§ 269 HGB)	Expenses for the start-up and expansion of the business	Expenses for the start-up and expansion of the business
Aktivische latente Steuern (§ 274 Abs. 2 HGB)	Deferred taxes	Deferred taxes
Nicht durch Eigenkapital gedeckter Fehlbetrag (§ 268 Abs. 3 HGB)	Cumulative losses not covered by equity	Cumulative losses not covered by equity

3. Passiva - Shareholders' Equity and Liabilities/Equity and Liabilities

Germany	United States	United Kingdom
PASSIVA	SHAREHOLDERS' EQUITY AND LIABILITIES	EQUITY AND LIABILITIES
A. Eigenkapital	A. Shareholders' equity	A. Equity
I. Gezeichnetes Kapital	I. Subscribed capital	I. Subscribed capital
II. Kapitalrücklagen	II. Capital reserves	II. Capital reserves
III. Gewinnrücklagen	III. Earnings reserves	III. Revenue reserves
1. gesetzliche Rücklage	1. Statutory reserve	1. Statutory reserve
2. Rücklage für eigene Anteile	2. Reserve for treasury stock	2. Reserve for own shares
3. satzungsmäßige Rücklagen	3. Reserves provided for by the company by-laws	3. Reserves provided for by the articles of association
4. andere Gewinnrücklagen	4. Other earnings reserves	4. Other revenue reserves
IV. Gewinnvortrag/Verlustvortrag	IV. Unappropriated retained earnings brought forward/Cumulative losses brought forward	IV. Unappropriated profits brought forward/Cumulative losses brought forward
V. Jahresüberschuß/Jahresfehlbetrag	V. Net income for the year/Net loss for the year	V. Profit (Loss) for the year
B. Rückstellungen	B. Accruals	B. Provisions
1. Rückstellungen für Pensionen und ähnliche Verpflichtungen	1. Accruals for pensions and similar obligations	1. Provisions for pensions and similar obligations

2. Steuerrückstellungen	2. Tax accruals	2. Tax provisions
3. sonstige Rückstellungen	3. Other accruals	3. Other provisions
C. Verbindlichkeiten	C. Accounts payable	C. Creditors
1. Anleihen davon konvertibel	1. Bonds of which convertible	1. Debenture loans of which convertible
2. Verbindlichkeiten gegenüber Kreditinstituten	2. Bank loans and overdrafts	2. Bank loans and overdrafts
3. erhaltene Anzahlungen auf Bestellungen	3. Customer advances	3. Payments received on account
4. Verbindlichkeiten aus Lieferungen und Leistungen	4. Trade payables	4. Trade creditors
5. Verbindlichkeiten aus der Annahme gezogener Wechsel und der Ausstellung eigener Wechsel	5. Drafts and notes payable	5. Bills of exchange payable
6. Verbindlichkeiten gegenüber verbundenen Unternehmen	6. Payables to affiliated companies	6. Amounts owed to group undertakings
7. Verbindlichkeiten gegenüber Unternehmen, mit denen ein Beteiligungsverhältnis besteht	7. Payables to companies in which the company has a participating interest	7. Amounts owed to undertakings in which the company has a participating interest
8. sonstige Verbindlichkeiten davon aus Steuern davon im Rahmen der sozialen Sicherheit	8. Other liabilities of which taxes of which social security payables	8. Other creditors of which taxes of which relating to social security
D. Rechnungsabgrenzungsposten	D. Deferred income	D. Deferred income

Germany	United States	United Kingdom

4. Fallweise zu ergänzende Postitionen der Passivseite (Auswahl) - Other equity and liability items (only required in certain circumstances/non-exhaustive)

Germany	United States	United Kingdom
Sonderposten mit Rücklageanteil (§ 247 Abs. 3 HGB)	Special account with reserve characteristics	Special account with reserve characteristics
Rückstellungen für latente Steuern (§ 274 Abs. 1 HGB)	Accruals for deferred taxes	Provisions for deferred taxes

III. Gliederung der Gewinn- und Verlustrechnung (Einzelabschluß) für Kapitalgesellschaften nach deutschen Bilanzierungsgrundsätzen (§ 275 HGB) - Income Statement/Profit and Loss Account Classification (Individual Statements) for Incorporated Companies under German GAAP (§ 275 Commercial Code)

1. Gesamtkostenverfahren (§ 275 Abs. 2 HGB) - Cost categories oriented format/Type of expenditure format

Germany	United States	United Kingdom
1. Umsatzerlöse	1. Sales	1. Turnover
2. Erhöhung oder Verminderung des Bestands an fertigen und unfertigen Erzeugnissen	2. Increase or decrease in finished goods and work in process	2. Increase or decrease in finished goods and work in progress
3. andere aktivierte Eigenleistungen	3. Other own work capitalized	3. Other own work capitalized
4. sonstige betriebliche Erträge	4. Other operating income	4. Other operating income
5. Materialaufwand:	5. Cost of materials:	5. Cost of materials:
a) Aufwendungen für Roh-, Hilfs- und Betriebsstoffe und für bezogene Waren	a) Cost of raw materials, supplies and merchandise	a) Cost of raw materials, consumables and goods for resale
b) Aufwendungen für bezogene Leistungen	b) Cost of purchased services	b) Cost of purchased services
6. Personalaufwand	6. Personnel expenses:	6. Staff costs:
a) Löhne und Gehälter	a) Wages and salaries	a) Wages and salaries

Germany	United States	United Kingdom
b) soziale Abgaben und Aufwendungen für Altersversorgung und für Unterstützung davon für Altersversorgung	b) Social security, pension and other benefits of which relating to pensions	b) Social security, pension and other benefits of which relating to pensions
7. Abschreibungen:	7. Amortization and depreciation:	7. Amortization and depreciation:
a) auf immaterielle Vermögensgegenstände des Anlagevermögens und Sachanlagen sowie auf aktivierte Aufwendungen für die Ingangsetzung und Erweitung des Geschäftsbetriebs	a) of fixed intangible and tangible assets and of capitalized start-up and business expansion expenses	a) of fixed intangible and tangible assets and of capitalized start-up and business expansion expenses
b) auf Vermögensgegenstände des Umlaufvermögens, soweit diese die in der Kapitalgesellschaft üblichen Abschreibungen überschreiten	b) of current assets in excess of normal depreciation	b) exceptional amounts written off current assets
8. sonstige betriebliche Aufwendungen	8. Other operating expenses	8. Other operating charges
9. Erträge aus Beteiligungen davon aus verbundenen Unternehmen	9. Income from participating interests of which from affiliated companies	9. Income from participating interests of which from group undertakings
10. Erträge aus anderen Wertpapieren und Ausleihungen des Finanzanlagevermögens davon aus verbundenen Unternehmen	10. Income from other long-term securities and loans of which from affiliated companies	10. Income from other long-term securities and loans of which from group undertakings
11. sonstige Zinsen und ähnliche Erträge davon aus verbundenen Unternehmen	11. Other interest and similar income of which from affiliated companies	11. Other interest receivables and similar income of which from group undertakings
12. Abschreibungen auf Finanzanlagen und auf Wertpapiere des Umlaufvermögens	12. Write-down of long-term financial assets and current securities	12. Amounts written off long-term financial assets and current securities

Germany	United States	United Kingdom
13. Zinsen und ähnliche Aufwendungen davon an verbundene Unternehmen	13. Interest and similar expenses of which to affiliated companies	13. Interest payable and other similar charges of which to group undertakings
14. Ergebnis der gewöhnlichen Geschäftstätigkeit	14. Net operating income (loss)	14. Profit (Loss) on ordinary activities
15. außerordentliche Erträge	15. Extraordinary income	15. Extraordinary income
16. außerordentliche Aufwendungen	16. Extraordinary expenses	16. Extraordinary charges
17. außerordentliches Ergebnis	17. Extraordinary net income (loss)	17. Extraordinary profit (loss)
18. Steuern vom Einkommen und vom Ertrag	18. Taxes on income	18. Tax on profit (loss)
19. sonstige Steuern	19. Other taxes	19. Other taxes
20. Jahresüberschuß/ Jahresfehlbetrag	20. Net income/Net loss for the year	20. Profit (Loss) for the year

2. Umsatzkostenverfahren (§ 275 Abs. 3 HGB) - Cost of sales format/Operational format

Germany	United States	United Kingdom
1. Umsatzerlöse	1. Sales	1. Turnover
2. Herstellungskosten der zur Erzielung der Umsatzerlöse erbrachten Leistungen	2. Cost of sales	2. Cost of sales
3. Bruttoergebnis vom Umsatz	3. Gross profit (loss) on sales	3. Gross profit (loss) on sales
4. Vertriebskosten	4. Selling expenses	4. Distribution costs
5. allgemeine Verwaltungskosten	5. General administrative expenses	5. General administrative expenses
6. sonstige betriebliche Erträge	6. Other operating income	6. Other operating income
7. sonstige betriebliche Aufwendungen	7. Other operating expenses	7. Other operating charges
8. Erträge aus Beteiligungen davon aus verbundenen Unternehmen	8. Income from participating interests of which from affiliated companies	8. Income from participating interests of which from group undertakings

Germany	United States	United Kingdom
9. Erträge aus anderen Wertpapieren und Ausleihungen des Finanzanlagevermögens davon aus verbundenen Unternehmen	9. Income from other long-term securities and loans of which from affiliated companies	9. Income from other long-term securities and loans of which from group undertakings
10. sonstige Zinsen und ähnliche Erträge davon aus verbundenen Unternehmen	10. Other interest and similar income of which from affiliated companies	10. Other interest receivables and similar income of which from group undertakings
11. Abschreibungen auf Finanzanlagen und auf Wertpapiere des Umlaufvermögens	11. Write down of long-term financial assets and current securities	11. Amounts written off long-term financial assets and current securities
12. Zinsen und ähnliche Aufwendungen davon an verbundene Unternehmen	12. Interest and similar expenses of which to affiliated companies	12. Interest payable and other similar charges of which to group undertakings
13. Ergebnis der gewöhnlichen Geschäftstätigkeit	13. Net operating income (loss)	13. Profit (Loss) on ordinary activities
14. außerordentliche Erträge	14. Extraordinary income	14. Extraordinary income
15. außerordentliche Aufwendungen	15. Extraordinary expenses	15. Extraordinary charges
16. außerordentliches Ergebnis	16. Extraordinary net income (loss)	16. Profit (Loss) on extraordinary activities
17. Steuern vom Einkommen und Ertrag	17. Taxes on income	17. Tax on profit (loss)
18. sonstige Steuern	18. Other taxes	18. Other taxes
19. Jahresüberschuß/ Jahresfehlbetrag	19. Net income/Net loss for the year	19. Profit (Loss) for the year

PwC Deutsche Revision/ PricewaterhouseCoopers

Wir über uns

Bei PwC Deutsche Revision arbeiten ca. 10.000 Mitarbeiter an über 40 Standorten in Deutschland für nationale und internationale Mandanten jeder Größe. Mit rund 600 Partnern aus den Bereichen Wirtschaftsprüfung, Unternehmensberatung, Steuerberatung, Corporate & Public Finance-, Human Resource-Beratung zählen wir mit einem Umsatz von zirka 2,4 Milliarden DM zu den führenden Dienstleistungsunternehmen in Deutschland. Wir betreuen große deutsche und ausländische Unternehmen aus allen Industrien und Dienstleistungsbereichen, führende Finanzdienstleister, mittelständische Firmen, kommunale Auftraggeber und Einrichtungen der öffentlichen Hand ebenso wie Regierungen oder Privatpersonen.

Als Mitglied im Verbund PricewaterhouseCoopers können wir weltweit einheitliche Leistungen auf hohem Qualitätsniveau anbieten. Mit 160.000 Mitarbeitern in 150 Ländern eröffnet PricewaterhouseCoopers globale Präsenz an allen wichtigen Wirtschaftsstandorten der Welt. PricewaterhouseCoopers International ist eine Company limited by guarantee, registriert in England und Wales.

Wirtschaftsprüfung und prüfungsnahe Beratung

Der Bereich der Wirtschaftsprüfung und prüfungsnahen Beratung ist neben der Steuerberatung, der Unternehmensberatung sowie der Corporate & Public Finance- und Human Resource-Beratung integraler Bestandteil der PwC Deutsche Revision. Mit 4.100 Spezialisten in Deutschland und 67.000 weltweit beraten wir Unternehmen in folgenden drei Kernbereichen:

- Wirtschaftsprüfung (Assurance Services)
- Global Risk Management Services
- Transaction Services

Zu unseren Mandanten gehören führende Industrie- und Dienstleistungsunternehmen, Unternehmen der Öffentlichen Hand, Verbände, kommunale Träger und weitere Organisationen.

In unseren Prüfungs- und Projektteams arbeiten wir in hohem Maße interdisziplinär. Nur wenn Steuerexperten, Organisationsberater und Corporate & Public Finance-Spezialisten Hand in Hand arbeiten, können auch komplexe Prüfungs- und Beratungsprojekte zielführende Lösungen bringen. Dabei stellen wir die Größe und die Zusammensetzung unserer Teams ganz auf Ihre individuellen Bedürfnisse ab. Unsere Teams arbeiten mit modernster IT-Unterstützung und Softwaremodellen, die allen Anforderungen an eine effiziente Prüfung gerecht werden.

Weitere Auskünfte: Birge Volkmann, Olof-Palme-Strasse 35, 60439 Frankfurt am Main
Telefon: 069-9585-1912, Fax: 069-9585-1546

Steuerberatung

Unsere Steuerberatungsabteilung berät Sie in allen Fragestellungen, die bei der Optimierung Ihrer Steuerposition auftreten. Für international ausgerichtete Aufgaben bedienen wir uns der ausgewiesenen Expertise innerhalb des weltweiten und engmaschigen PwC-Verbundes. Dieses Netzwerk verknüpft neben dem globalen Wissen das Know-how in der Steuer- und Rechtsberatung mit dem der Wirtschaftsprüfung, Unternehmensberatung, Corporate & Public Finance-Beratung und der Human Resource-Beratung.

In Deutschland sind wir an mehr als 20 Standorten mit über tausend Fachkräften präsent. Weltweit arbeiten 25.000 PricewaterhouseCoopers-Mitarbeiter im Geschäftsbereich Steuern. Unsere Fachteams sind in fast jedem Land der Welt für Sie vor Ort.

Unser Beratungsangebot umfaßt u. a.

- Laufende Steuerberatung
- Strategische Steueroptimierung
- Mergers & Acquisitions
- Steueroptimale Entsendungspolitik
- Finance & Treasury
- Umsatzsteueroptimierung
- Unternehmensnachfolge

Weitere Auskünfte: Elke Galenski, Gervinusstrasse17, 60322 Frankfurt am Main
Telefon: 069-9585-6145, Fax: 069-9585-6573

Corporate & Public Finance Beratung

Die Corporate & Public Finance Teams beraten strategisch bei Unternehmenstransaktionen, Umstrukturierungsprozessen, Finanzierungs- und Besicherungsfragen.

Dieser umfassende Beratungsansatz wird durch ein breites Beratungsspektrum ermöglicht, das es erlaubt, unser Know-how jeweils entsprechend den individuellen Kundenerfordernissen zu bündeln. Dabei orientieren sich die Corporate & Public Finance-Berater - in Deutschland rund 800 Spezialisten - an internationalen Qualitätsstandards. Unsere Kunden können hierdurch bei zukunftsweisenden und wertschaffenden Entscheidungen den wachsenden Anforderungen, z. B. aus der Internationalisierung der Kapitalmärkte, erfolgreich begegnen. Einen wichtigen Erfolgsschlüssel bildet dabei unsere stark ausgeprägte Branchenexpertise.

Die Beratungsschwerpunkte des Corporate & Public Finance-Netzwerks umfassen:

- Unternehmensbewertung und Shareholder Value-Beratung
- Going Public-Beratung
- Mergers & Acquisitions

- Projektfinanzierung und Privatisierung
- Dispute Analysis and Investigations
- Immobilienberatung
- Sanierungs- und Insolvenzberatung
- Public Services

Dabei stellt das internationale PricewaterhouseCoopers-Netzwerk das gesamte Know-how bereit, aus dem wir, je nach den individuellen Kundenerfordernissen, in unserem Corporate & Public Finance-Projektteam Branchenspezialisten, unsere Transaction Support-Gruppe oder Steuer- und Rechtsexperten integrieren.

Weitere Auskünfte: Johannes Drastik, Lise-Meitner-Str. 14, 10589 Berlin
Telefon: 030-3496-6358, Fax: 030-3496-8960

Unternehmensberatung

Die PricewaterhouseCoopers Unternehmensberatung GmbH ist mit ca. 1.800 Mitarbeiterinnen und Mitarbeitern eines der führenden Beratungsunternehmen in Deutschland. Wir beraten Wirtschaftsunternehmen aller Branchen sowie öffentliche und private Organisationen in allen Fragen der Unternehmensstrategie und -planung, des Reengineering, Change Management und im IT-Bereich. Im Verbund PricewaterhouseCoopers sind wir in über 150 Ländern und allen wichtigen Wirtschaftszentren vertreten. Weltweit stehen rund 46.000 Beraterinnen und Berater für international ausgerichtete Projekte zur Verfügung.

Die kontinuierliche Ausweitung unserer Produktpalette, die hohe Spezialisierung unserer Experten, die enge Einbindung in das leistungsstarke Netzwerk von PricewaterhouseCoopers und unsere hohen Investitionen in moderne Beratungs- und Prüfungssoftware kommen unseren Kunden in kleineren Projekten ebenso zugute wie bei großen, international ausgerichteten Aufgaben.

Weitere Auskünfte: Dr. Katja Weinig, Olof-Palme-Strasse 35, 60439 Frankfurt am Main
Telefon: 069-9585-1877, Fax: 069-9585-1743

PwC Human Resource

PricewaterhouseCoopers Human Resource bietet weltweit maßgeschneiderte und integrierte Lösungen für alle Fragestellungen des modernen Human Resource-Management. Die Palette unserer Dienstleistungen reicht dabei von Veränderungsmanagement über Personaldiagnostik bis zu Internationalem Personalmanagement sowie von leistungsorientierten Vergütungssystemen einschließlich Stock-Option-Programmen bis zu zeitgemäßer Gestaltung von betrieblicher Altersversorgung. Kreative Problemlösungen bieten wir Ihnen für modernes Human Capital Management ebenso wie bei der Implementierung von Management-Instrumenten und bei der Prozeßoptimierung. Personal-Service-Modelle, Front-End Technologien sowie Datawarehouse-Systeme runden unser Produktportfolio ab.

In Deutschland arbeiten mehr als 100 Experten für PricewaterhouseCoopers Human Resource und bilden gemeinsam mit 9.500 weiteren HR-Professionals auf fünf Kontinenten die größte Human Resource-Beratungsorganisation der Welt.

Weitere Auskünfte: Hans-Rainer Pohl, Überseering 35, 22279 Hamburg
Telefon: 040-6378-1629, Fax: 040-6378-1053

PricewaterhouseCoopers in Germany

Our Company

PricewaterhouseCoopers in Germany has more than 10,000 partners and staff working from over 40 locations for national and international clients of all sizes. With a turnover of DM 2.4 billion and around 600 partners in the areas Assurance and Business Advisory Services, Management Consulting Services, Tax Services, Corporate & Public Finance and Human Resource Consulting, we are among the leading professional service organisations in Germany. Our clients include large corporations in every field of industry and service, leading financial service providers, medium sized businesses, local authorities and other public utilities and institutions, as well as governments and private individuals.

We at PricewaterhouseCoopers ensure a worldwide uniform standard of quality for our services. With 160,000 employees working in 150 countries we maintain a global presence in all important places of business in the world. PricewaterhouseCoopers International is a company limited by guarantee, registered in England and Wales.

Assurance and Business Advisory Services (Audit)

Assurance and Business Advisory Services is one of the main service lines of PwC in Germany, along with Tax, Management, Corporate & Public Finance and Human Resource Consultancy. Our 4,100 specialists in Germany and 67,000 worldwide offer services in the three main areas of:

- Audit (Assurance Services)
- Global Risk Management Services
- Transaction Services

Among our clients are leading industrial concerns and service providers, public utilities, trade associations, local authorities and other organisations.

Audit assignments and other projects are performed by multi-disciplinary teams. Successful completion of complex projects depends on working hand in hand with tax experts, management consultants and with corporate finance specialists. The team is individually established to best meet the specific requirements of the assignment. Our teams work with the most modern IT systems and programs in order to meet the highest standards of efficiency.

Contact: Birge Volkmann, Olof-Palme-Strasse 35, 60439 Frankfurt am Main
Telephone: 069-9585-1912, Fax: 069-9585-1546

Tax Services

Our tax department advises on all aspects of tax optimisation. Where this has international implications, we can call on the relevant expertise through our close-knit global network. This network not only provides tax and legal services with global competency, but also establishes the necessary links with the other service lines around the world.

Over 1,000 professionals work in Tax Services from more than 20 locations throughout Germany. There are 25,000 Tax Service people worldwide. Teams are resident in almost every country.

Our main services are:

- Compliance and other on-going consultancy
- Strategic Tax Planning
- Mergers and Acquisitions
- Tax Efficient Employee Secondments
- Finance and Treasury
- VAT
- Inheritance Issues

Contact: Elke Galenski, Gervinusstrasse17, 60322 Frankfurt am Main
Telephone: 069-9585-6145, Fax: 069-9585-6573

Corporate & Public Finance

The Corporate & Public Finance Teams advise on strategic issues in connection with business transactions, restructuring procedures, and financing an collateral matters.

This concept of full service is based on a wide spectrum of individual skills allowing us to form an individually tailored team. Our 800 consultants in Germany follow international standards of quality. This enables us to support our clients in their strategic decisions for the enhancement of shareholder value in the face of ever-growing regulatory demand. Our familiarity with specific industry sectors is one of the keys to our success.

Our corporate finance network offers consultancy in the following fields:

- Business Valuations and Consultancy Projects for the Enhancement of Shareholder Value
- Going Public
- Mergers and Acquisitions
- Project Finance and Privatisation
- Dispute Analyses and Investigations
- Real Estate Consultancy
- Corporate Recovery and Insolvency
- Public Services

In performing these services, we have access to the entire knowledge and experience of the PwC international network enabling us to integrate industry specialists, our transaction support group, and tax and legal experts into our project team as necessary.

Contact: Johannes Drastik, Lise-Meitner-Str. 14, 10589 Berlin
Telefon: 030-3496-6358, Fax: 030-3496-8960

Management Consultancy

With a headcount of some 1,800, PricewaterhouseCoopers Unternehmensberatung GmbH is one of the leading management consultants in Germany. We advise businesses of all types as well as public and private organisations on all questions of business planning and strategy, reengineering, change management and in IT. The PricewaterhouseCoopers network is active in all important business centres in over 150 countries. Worldwide we can call on 46,000 consultants for support on international projects.

Regardless of whether the projects are great or small, local or international, clients will benefit from the continual expansion of our product line, the high degree of specialisation of our consultants, the close integration into the powerful network of PwC, and from our intensive investment in modern software.

Contact: Dr. Katja Weinig, Olof-Palme-Strasse 35, 60439 Frankfurt am Main
Telephone: 069-9585-1877, Fax: 069-9585-1743

Human Resources Consultancy

PwC Human Resources Consultancy offers worldwide integrated, tailored solutions for all problems of modern human resource management. Typical of our services are change management, the design of performance-based remuneration systems including stock option programmes, analyses of human resources against the manpower requirements, and the design of modern pension plans. We provide creative solutions in the fields of human capital management, the implementation of management instruments, and of process optimisation. These product lines are augmented by personal services for employees, front-end technologies, and by a data warehouse.

In Germany, more than 100 consultants are active in our field of Human Resource Consultancy, and these, together with a further 9,500 HR specialists in five continents, are a proud part of the largest human resource consultancy organisation in the world.

Contact: Hans-Rainer Pohl, Überseering 35, 22279 Hamburg
Telefon: 040-6378-1629, Fax: 040-6378-1053

PwC Niederlassungen in Deutschland
PwC Offices in Germany

ACHERN

Eisenbahnstrasse 19-23
77855 Achern
Tel. (0 78 41) 7 08-0
Fax (0 78 41) 7 08-3 01

Spitalstrasse 9
77855 Achern
Tel. (0 78 41) 7 08-4 00
Fax (0 78 41) 7 08-4 01

BERLIN

Lise-Meitner-Strasse 1
10589 Berlin
Tel. (0 30) 34 96-60
Fax (0 30) 34 96-65 27

BIELEFELD

Niederwall 28
33602 Bielefeld
Tel. (05 21) 9 64 97-0
Fax (05 21) 17 69 47

Welle 8
33602 Bielefeld
Tel. (05 21) 9 66 14-0
Fax (05 21) 9 66 14-14

BONN

Walter-Flex-Strasse 2
53113 Bonn
Tel. (02 28) 21 20 21
Fax (02 28) 22 00 34

BREMEN

Hanseatenhof 6
(Bremer Carrée)
28195 Bremen
Tel. (04 21) 3 08 99-0
Fax (04 21) 3 08 99-50

Zweite Schlachtpforte 7
28195 Bremen
Tel. (04 21) 36 86-0
Fax (04 21) 36 86-1 00

Stresemannstrasse 1-7
28207 Bremen
Tel. (04 21) 49 00 96
Fax (04 21) 4 98 59 91

CHEMNITZ

Zwickauer Strasse 16
09112 Chemnitz
Tel. (03 71) 36 67-0
Fax (03 71) 36 67-1 11

Promenadenstrasse 3
09111 Chemnitz
Tel. (03 71) 3 82 37-0
Fax (03 71) 3 82-37-10

Bahnhofstrasse 54
09111 Chemnitz
Tel. (03 71) 6 90 64-0
Fax (03 71) 6 90 64-44

DORTMUND

Florianstrasse 3
44139 Dortmund
Tel. (02 31) 9 11 90-0
Fax (02 31) 10 45 51

Königswall 21
44137 Dortmund
Tel. (02 31) 91 44 29-0
Fax (02 31) 91 44 29-12

DRESDEN

Boltenhagener Platz 9
01109 Dresden
Tel. (03 51) 8 85 27-0
Fax (03 51) 8 85 27-40

Ostra-Allee 11
01067 Dresden
Tel. (03 51) 44 02-7 70
Fax (03 51) 44 02-6 66

DÜSSELDORF

Moskauer Strasse 19
40227 Düsseldorf
Tel. (02 11) 9 81-0
Fax (02 11) 9 81-10 00

Graf-Recke-Strasse 82
40239 Düsseldorf
Tel. (02 11) 9 81-0
Fax (02 11) 9 81-77 00

ERFURT

Maximilian-Welsch-Strasse 4
99084 Erfurt
Tel. (03 61) 55 86-0
Fax (03 61) 55 86-2 60

ESSEN

Friedrich-List-Str. 20
45128 Essen
Tel. (02 01) 4 38-0
Fax (02 01) 4 38-10 00

Baumstr. 25
45128 Essen
Tel. (02 01) 6 16-0
Fax (02 01) 6 16-60 00

FRANKFURT AM MAIN

Bockenheimer Anlage 15
60322 Frankfurt a. Main
Tel. (0 69) 95 85-0
Fax (0 69) 95 85-20 00

Gervinusstrasse 17
60322 Frankfurt a. Main
Tel. (0 69) 95 85-60 00
Fax (0 69) 95 85-61 07

Olof-Palme-Strasse 35
60439 Frankfurt a. Main
Tel. (0 69) 95 85-0
Fax (0 69) 95 85-10 00

Berner Strasse 49
60437 Frankfurt a. Main
Tel. (0 69) 9 50 85-01
Fax (0 69) 9 50 85-1 00

FREIBURG

Erbprinzenstrasse 2 a
79098 Freiburg
Tel. (07 61) 2 82 97-0
Fax (07 61) 2 82 97-40

HALLE

Ankerstrasse 3 a
06108 Halle
Tel. (03 45) 21 24-7 00
Fax (03 45) 21 24-7 50

Thomas-Müntzer-Platz 4
06114 Halle
Tel. (03 45) 52 00-1 11
Fax (03 45) 52 00-0 66

HAMBURG

New-York-Ring 13
22297 Hamburg
Tel. (0 40) 63 78-0
Fax (0 40) 63 78-10 30

ABC-Strasse 45
20354 Hamburg
Tel. (0 40) 63 78-80
Fax (0 40) 63 78-81 23

HANNOVER

Fuhrberger Strasse 5
30625 Hannover
Tel. (05 11) 53 57-0
Fax (05 11) 53 57-2 87

Hildesheimer Strasse 9
30169 Hannover
Tel. (05 11) 28 45-0
Fax (05 11) 28 45-1 99

Rathenaustrasse 13-14
30159 Hannover
Tel. (05 11) 32 08 24
Fax (05 11) 32 34 95

HILDESHEIM

Weinberg 65
31134 Hildesheim
Tel. (0 51 21) 17 89-0
Fax (0 51 21) 17 89-50

JENA

Sophienstrasse 10
07743 Jena
Tel. (0 36 41) 88 89-0
Fax (0 36 41) 44 32 64

KARLSRUHE

Blücherstrasse 17
76185 Karlsruhe
Tel. (07 21) 8 40 02-0
Fax (07 21) 8 40 02-1 00

Kaiserstrasse 231-233
76133 Karlsruhe
Tel. (07 21) 9 19 57-0
Fax (07 21) 9 19 57-11

KASSEL

Bertha-von-Suttner-Strasse 3
34131 Kassel
Tel. (05 61) 93 58-0
Fax (05 61) 93 58-1 00

KIEL

Lorentzendamm 43
24103 Kiel
Tel. (04 31) 99 69-0
Fax (04 31) 99 69-3 33

Hopfenstrasse 65-69
24103 Kiel
Tel. (04 31) 6 61 76-0
Fax (04 31) 6 61 76-12

KÖLN

Hohenzollernring 21-23
50672 Köln
Tel. (02 21) 20 84-0
Fax (02 21) 20 84-2 10

Aachener Str. 364-370
50933 Köln
Tel. (02 21) 54 80 47
Fax (02 21) 54 35 58

LEIPZIG

Käthe-Kollwitz-Strasse 21
04109 Leipzig
Tel. (03 41) 98 56-0
Fax (03 41) 98 56 1-11

LÖRRACH

Haagener Strasse 25
79539 Lörrach
Tel. (0 76 21) 40 98-0
Fax (0 76 21) 40 98-98

MAGDEBURG

Hegelstrasse 4
39104 Magdeburg
Tel. (03 91) 53 72-0
Fax (03 91) 53 72-1 63

MAINZ

Hindenburgstrasse 32
55118 Mainz
Tel. (0 61 31) 63 03-56
Fax (0 61 31) 63 03-44

MÜNCHEN

Elsenheimerstrasse 31
80687 München
Tel. (0 89) 57 90-50
Fax (0 89) 57 90-59 99

Arnulfstrasse 25
80335 München
Tel. (0 89) 57 90-50
Fax (0 89) 57 90-62 22

Kobellstrasse 2
80336 München
Tel. (0 89) 54 41 16-0
Fax (0 89) 54 41 16-66

NEU-ISENBURG

Kirchstrasse 29
63263 Neu-Isenburg
Tel. (0 23 61) 10 24-0
Fax (0 23 61) 10 24-80

NÜRNBERG

Dürrenhofstrasse 4
90402 Nürnberg
Tel. (09 11) 9 49 85-0
Fax (09 11) 9 49 85-50

OFFENBURG

Lange Strasse 14a
77652 Offenburg
Tel. (07 81) 8 09-0
Fax (07 81) 8 09-100

OLDENBURG

Donnerschweer Strasse 90
26123 Oldenburg
Tel. (04 41) 9 80 67-0
Fax (04 41) 9 80 67-40

OSNABRÜCK

Niedersachsenstrasse 4
49074 Osnabrück
Tel. (05 41) 33 04-0
Fax (05 41) 33 04-1 00

PADERBORN

Klingenderstrasse 5
33100 Paderborn
Tel. (0 52 51) 52 69 70
Fax (0 52 51) 52 69 71

PIRMASENS

Simter Strasse
666955 Pirmasens
Tel. (0 63 31) 24 78-0
Fax (0 63 31) 24 78-99

POTSDAM

Steinstrasse 104-106 (Haus 13)
14480 Potsdam
Tel. (03 31) 62 60-623
Fax (03 31) 62 60-625

RECKLINGHAUSEN

Erlbruch 38
45657 Recklinghausen
Tel. (0 23 61) 10 24-0
Fax (0 23 61) 10 24-80

ROSTOCK

Rungestrasse 17
18055 Rostock
Tel. (03 81) 7 76 16-0
Fax (03 81) 7 76 16-24

SAARBRÜCKEN

Am Halberg 4
66121 Saarbrücken
Tel. (06 81) 98 14-1 00
Fax (06 81) 98 14-1 01

SCHWERIN

Werderstrasse 74 b
19055 Schwerin
Tel. (03 85) 5 92 41-0
Fax (03 85) 5 92 41-20

Bleicherufer 9
19053 Schwerin
Tel. (03 85) 5 58 91-0
Fax (03 85) 5 58 91-13

SIEGEN

Koblenzer Strasse 7
57072 Siegen
Tel. (02 71) 33 58 20
Fax (02 71) 33 91 62

STUTTGART

Industriestrasse 2
70565 Stuttgart
Tel. (07 11) 78 43-0
Fax (07 11) 78 43-1 00

Heilbronner Strasse 69
70191 Stuttgart
Tel. (07 11) 16 56-9 05
Fax (07 11) 2 56 00 40

Heilbronner Strasse 190
70191 Stuttgart
Tel. (07 11) 16 52-0
Fax (07 11) 16 52-2 22

SUHL

Puschkinstrasse 6
98527 Suhl
Tel. (0 36 81) 79 40-0
Fax (0 36 81) 79 40-14

WALLDORF

Altrottstrasse 26 a
69190 Walldorf
Tel. (0 62 27) 73 22-00
Fax (0 62 27) 73 22-01

PricewaterhouseCoopers Veltins Rechtsanwaltsgesellschaft mbH

PricewaterhouseCoopers Veltins wurde im Juni 1998 in Frankfurt/Main gegründet. Die Rechtsanwaltskanzlei ist Mitglied des Global Legal Services Network von PricewaterhouseCoopers unter der Bezeichnung Landwell, das weltweit in 42 Ländern mit über 1.450 Rechtsanwälten besteht.

Die Kanzlei ist mit mehr als 110 Rechtsanwälten an sieben Standorten vertreten: Berlin, Düsseldorf, Frankfurt/Main, Hamburg, Köln, München und Stuttgart.

PricewaterhouseCoopers Veltins bietet umfassende wirtschaftsrechtliche Rechtsberatung für national und international handelnde Unternehmen an. Die Rechtsanwälte verfügen über fundiertes Spezialwissen, Branchen-Know-how und Erfahrung, sie denken unternehmerisch und arbeiten multidisziplinär: Die Kooperation mit Steuerberatern, Wirtschaftsprüfern und Unternehmensberatern sowie Corporate Finance Experten führt zu Lösungen, die die komplexen Anliegen der Mandanten in erfolgreiche Strategien umwandeln.

TÄTIGKEITSSCHWERPUNKTE UND ANSPRECHPARTNER

Mergers & Acquisitions
Prof. Dr. Michael A. Veltins
Friedhold E. Andreas
Corporate Restructuring
Friedhold E. Andreas
Financial Services
Andreas R. Voigtländer-Tetzner
E-Business, Media and Telecommunications
Prof. Dr. Georg Gounalakis
Michael Schmittmann
Employment & Human Resources
Dr. Stefan Nägele
Hans Stefan Korsch
Commercial & Competition
Dr. Lutz Steffen
Real Estate / Environment
Dr. Michael W. Mütze
Intellectual Property
Prof. Dr. Michael A. Veltins
Thomas Kerkhoff
Public Law
Prof. Dr. Martin Weber
Dispute Resolution
Thomas Nägele, M.B.L.-HSG
Dr. Reiner Ponschab

Weitere Auskünfte: Patricia Bergmann, Im Trutz Frankfurt 55, 60322 Frankfurt/Main
Telefon: 069-15242-201, Telefax: 069-15242-111

PricewaterhouseCoopers Veltins Rechtsanwaltsgesellschaft mbH

PricewaterhouseCoopers Veltins was formed in Frankfurt/Main in June 1998. PwC Veltins is a member of the Global Legal Services Network of Pricewaterhouse-Coopers under the name of Landwell, which has over 1,450 lawyers working in more than 42 countries.

PricewaterhouseCoopers Veltins now consists of more than 110 lawyers in seven locations: Berlin, Düsseldorf, Frankfurt/Main, Hamburg, Cologne, Munich and Stuttgart.

PricewaterhouseCoopers Veltins provides comprehensive legal consultancy for businesses active both locally and internationally. The lawyers combine their own special fields with specific industry knowledge and experience, they are business-minded and work multi-disciplinarily: They are used to co-operate with tax consultants, auditors and management consultants as well as corporate finance experts in order to solve complex problems with successful strategies.

MAIN AREAS AND CONTACTS

Mergers & Acquisitions
Prof. Dr. Michael A. Veltins
Friedhold E. Andreas

Corporate Restructuring
Friedhold E. Andreas

Financial Services
Andreas R. Voigtländer-Tetzner

E-Business, Media and Telecommunications
Prof. Dr. Georg Gounalakis
Michael Schmittmann

Employment & Human Resources
Dr. Stefan Nägele
Hans Stefan Korsch

Commercial & Competition
Dr. Lutz Steffen

Real Estate / Environment
Dr. Michael W. Mütze

Intellectual Property
Prof. Dr. Michael A. Veltins
Thomas Kerkhoff

Public Law
Prof. Dr. Martin Weber

Dispute Resolution
Thomas Nägele, M.B.L.-HSG
Dr. Reiner Ponschab

Contact: Patricia Bergmann, Im Trutz Frankfurt 55, 60322 Frankfurt/Main
Telephone: 069-15242-201, Telefax: 069-15242-111

PwC Veltins Niederlassungen in Deutschland
PwC Veltins Offices in Germany

BERLIN

Lise-Meitner-Straße 1
10589 Berlin
Tel. (030) 3496-6177/8
Fax (030) 3496-6528

DÜSSELDORF

Berliner Allee 15
(Schadow-Arkaden)
40212 Düsseldorf
Tel. (0211) 828938-0
Fax (0211) 828938-10

FRANKFURT AM MAIN

Im Trutz Frankfurt 55
60322 Frankfurt am Main
Tel. (069) 15242-0
Fax (069) 15242-111

HAMBURG

New-York-Ring 13
22297 Hamburg
Tel. (040) 6378-1466
Fax (040) 6378-1301

KÖLN

Kaiser-Wilhelm-Ring 2–4
50672 Köln
Tel. (0221) 13911-94
Fax (0221) 13911-98

MÜNCHEN

Brienner Straße 9 / Amiraplatz
80333 München
Tel. (089) 29097-0
Fax (089) 29097-200

STUTTGART

Heilbronner Strasse 18
70191 Stuttgart
Tel. (0711) 22840-0
Fax (0711) 22840-111

Anregungen/Verbesserungsvorschläge zum Wörterbuch - Suggestions Regarding the Dictionary

Bei Anregungen und Verbesserungsvorschlägen zum Wörterbuch bitten wir um Kontaktaufnahme mit:

Please direct any suggestions regarding the dictionary to:

Uwe Woywode
c/o e-Lex Verlag
Raiffeisenstr. 4
34628 Willingshausen
Germany
Fax: 06691-928490
E-mail: elexverlag@aol.com